SONG HONGBING

WÄHRUNGSKRIEGE II
Die Macht des Goldes

Song Hongbing

Song Hongbing ist ein junger Wirtschaftsforscher, der in die Vereinigten Staaten ausgewandert ist. Dort arbeitet er als Berater für die amerikanischen Pensionsfonds Freddie Mac und Fanny Mae, Pensionsfonds, die während der Finanzkrise 2008 verschwinden werden.

货币战争②金权天下

WÄHRUNGSKRIEGE II
Die Macht des Goldes

Aus dem Chinesischen übersetzt und veröffentlicht von
Omnia Veritas Limited

www.omnia-veritas.com

© Omnia Veritas Ltd - 2022

Alle Rechte vorbehalten. Kein Teil dieser Veröffentlichung darf ohne vorherige Genehmigung des Herausgebers in irgendeiner Form vervielfältigt werden. Das Gesetz zum Schutz des geistigen Eigentums verbietet Kopien oder Vervielfältigungen zur gemeinsamen Nutzung. Jede Wiedergabe oder Reproduktion, ganz oder teilweise, mit welchen Mitteln auch immer, ist ohne die Zustimmung des Herausgebers rechtswidrig und stellt eine Verletzung dar, die nach dem Urheberrechtsgesetz geahndet wird.

VORWORT 13

KAPITEL I 17

DEUTSCHLAND: DIE GEBURTSSTÄTTE DER INTERNATIONALEN BANKIERS 17

Wer ist der internationale Banker? 18
Der Krieg, der aufhörte 22
Der alte Bleichröder: Rothschilds Agent 25
Oppenheimer: Der Finanzfürst von Köln 28
Die Revolution von 1848 und die Bankenrettung 32
Der Aufstieg von Bismarck 36
Bleichröder: Bismarcks Privatbankier 38
Die Dänemark-Krise: Bismarcks unerwartete Chance 42
Der Preußische Krieg: Ein Test der goldenen Macht 45
Parlamentarische Liberale: Hindernisse auf dem Weg zur deutschen Wiedervereinigung 49
Privatisierung der Köln-Mindener Eisenbahn: eine Quelle des Reichtums für den österreichisch-preußischen Krieg 51
Warum der Österreichisch-Preußische Krieg zu einem abrupten Ende kam 55
"Der Kampf um die Popularisierung des Rechts: 10.000 Goldtael beim Klang einer Kanone. 58
5 Milliarden Franken Kriegsentschädigung: Der "grosse Kuchen" der Banker 62

KAPITEL II 66

DAS VEREINIGTE KÖNIGREICH: DIE HÖHEN DER GOLDMACHT 66

Francis, der Gründer der Baring-Dynastie 67
Die Niederlande: der Gipfel des kommerziellen Kapitalismus 70
Die Familie Hope: Baring ist der reichste Mann in Europa 73
"Red Top Businessmen": Goldene Macht an der Macht 75
Transatlantisches Netzwerk von Menschen 78
Louisiana-Finanzierung: Der erstaunlichste Finanzfall aller Zeiten .. 80
Der anglo-amerikanische Krieg von 1812: Die Familie Baring in und aus .. 81
Frankreichs Nachkriegsauszahlung: Baring steigt zur sechsten Macht in Europa auf 85
Französische Staatsschuldenverträge: eine Fehde zwischen zwei Männern 88
Rothschild ist endlich der König 91
Financiers und Politiker 96
Der Suezkanal: Rothschilds finanzieller Blitzkrieg 98
Die Rettung der Bank von Baring 102
Goldenes Kreuz 104
China betreten 107

KAPITEL III 111

FRANKREICH: DIE ABTRETUNG DES GOLDES 111

Die Schweizer Bankiersfamilie hinter der Französischen Revolution *112*
Banque de France: Die Kapitalrendite des "Putsches von 18 Brumaire" .. *116*
Das Monopol ist gebrochen: Der Aufstieg der jüdischen Bankiersfamilie 119
Revolution in der Finanzinnovation *122*
Credit Mobilier: Die Herausforderung von Pereire *125*
"Sowohl ein Lügner als auch ein Prophet". *128*
Bank von Frankreich: Strategischer Vorteil für den Sieg über Pereire *133*
Krimkrieg *138*
Katholische Bankiers: Die dritte Kraft *142*
Die Entwicklung der Goldmacht: vom Eigentum zur Kontrolle *142*

KAPITEL IV 147

DIE VEREINIGTEN STAATEN: DER "KREIS DER GOLDENEN MACHT" 147

Seligman: Vom kleinen Geschäftsmann zum internationalen Bankier *148*
August Belmonts "Federal Reserve" *151*
Die New Yorker High Society *153*
Der König der Staatsschulden, Seligman. *157*
Seligman schüttelt Finanzminister *161*
Seligman: Amerikas Rothschild *166*
"Seligman: der wahre "Vater von Panama" *171*
Das Zeitalter der Schiffe *177*
Schiff und der Russisch-Japanische Krieg *184*
Neuer Kreis und alter Kreis *187*

KAPITEL V 193

EIN TURBULENTES EUROPA 193

Eine unstillbare Sehnsucht: zurückkehren, zurück nach Zion *194*
Die deutsche Bankenfamilie: das Feuer der Hoffnung auf eine Rückkehr 195
Das palästinensische Dilemma *200*
Belagerung und Aufstieg: Der strategische Wettbewerb von Yingde *203*
Hamburg-Amerika-Linie: Der Kampf um die maritime Hegemonie *204*
Max Warburg: Der Wirtschaftszar der Zukunft *206*
Berlin-Bagdad-Bahn: Deutschlands strategischer Korridor gegen
Belagerung *210*
Agadir-Zwischenfall *212*
Die Balfour-Erklärung und der Traum der Bankiers *215*
Verrat: Die Widersprüchlichkeit der britischen Führungselite und des
Zionismus *218*
Wirtschaftswaffen und der Versailler Vertrag *222*

Die "Unabhängigkeit" der Deutschen Bundesbank im Jahr 1922: das "Auge des Windes" des superinflationären Orkans 226
Der "Währungskrieg", der die Weimarer Republik stürzte 229
Schachts Kampf um die "Grundrentenmarke" 232
Der Dawes-Plan: Unterstützung des Aufbruchs in Deutschland 236

KAPITEL VI 240

HITLERS "NEW DEAL" 240

"Zynischer Hitler" 242
Feder: Hitlers finanzieller Mentor 245
Brauereiaufruhr: Hitlers Ruhm 248
Hitler wurde vom Gott des Reichtums in die Taille getroffen 251
Freundeskreis des Führers des Dritten Reiches 257
Das Haavara-Abkommen 259
Schacht: der Vermittler der internationalen Bankiers 262
Das große Spiel des Schachs 267
Soziale Machtplattform in Nazi-Deutschland 271
Das Wirtschaftssystem von Nazi-Deutschland 275
Hitlers "New Deal" 278
Hitlers erstes Feuer des New Deal: Verstaatlichung der Zentralbank 280
"Federity": Deutschlands Lincoln Greenbacks 282
"Finanzinnovation" rettete die deutsche Wirtschaft 286
Rothschild und Hitler 289
Hitlers Machtspiel 292

KAPITEL VII 296

BANKER UND GEHEIMDIENSTNETZWERKE 296

Die "Cambridge Five" des KGB 297
"Der Fünfte Mann" 300
Der Kreis des Apostolischen Konzils 302
Philbys Vater 307
Kim Philby und Victor Rothschild 310
Die "Cambridge Five" durchdrangen den britischen Geheimdienst 312
Zwischen Sumerern und Amerikanern, den zwei Seiten derselben Medaille 314
Kernstück vertraulich 316
Victors Preis: Der geheime Tausch von Atombomben gegen die Gründung des Staates Israel 322
"Zielscheibe Patton" 327
Donovans Herkunft 331
OSS - "Oh So Social" 333
Das Motiv für den Mord an Patton 335

KAPITEL VIII 337

DIE HERRSCHENDE ELITE UND DIE "UNSICHTBAREN OLIGARCHEN" 337

Der mysteriöse Absturz von Korean Air KAL007 338
Das Diamantenimperium und die Elite der Väter 343
Der Lodz Club, die "Whampoa Military Academy" der britischen Führungselite 346
"Milner-Gruppe" 350
Die Deutschlandpolitik der "Milner-Gruppe" basiert auf zwei Kernpunkten 353
"Anglo-amerikanischer Machtblock" 355
Die Stiftung: Das unsichtbare Rothschild des Reichtums 358
Die Hühnersuppe des Herzens sagt: Je mehr du aufgibst, desto mehr hast du 362
Die Rockefellers, die "Familie der Straße" 365
Hebelwirkung und Vermögenskontrolle 370
Untersuchung des Kongresses 375
Stiftungen, elitäre Gruppen und Regierungen 377
Stiftungen und das Bildungssystem 382
Öffentliche Meinungsbildung 383
Weltregierung: das Ziel des "anglo-amerikanischen Machtblocks" 385

KAPITEL IX 391

NACH DEM FINANZ-TSUNAMI 391

Greenspan: Ingenieur der Wirtschaftsmaschine 394
Der Koreakrieg machte Greenspan über Nacht zum Erfolg 398
Ayn Rand: Greenspans spiritueller Leiter 400
Wer ist die Hand Gottes? 404
Ayn Rands Pseudo-Propaganda 406
"Wenn Herkules zuschlägt" 409
Gold: die ideale Währung für die Elite 412
Der verzerrte Dollar und die "Schuldenlagune" 416
Die Zukunft der Weltwirtschaft: 14 Jahre der "Großen Depression" 421

KAPITEL X 426

ZURÜCK IN DIE ZUKUNFT 426

Am 1. Januar 2024 wird die einheitliche Weltwährung eingeführt 427
Die einheitliche Währung: das Ende der Geschichte 432
Die Krise kommt zum richtigen Zeitpunkt 439
Das Schicksal des Geldes und das Schicksal der Nationen 445
Die perfekte und tödliche Kombination: Welt-Einheitswährung = Gold + Kohlenstoffwährung 453
Das Ende des Dollars 457

"Die Welt unter Herkules"	460
Danksagungen und Überlegungen	463
Nachwort	466
ANDERE TITEL	**469**

VORWORT

Am 11. Juni 2009 um 2:41 Uhr nachts wurde "Der Währungskrieg 2 - Die Welt der goldenen Macht" endlich fertiggestellt. Seit der Fertigstellung von "Währungskrieg" im Sommer 2006 haben wir daran gearbeitet, Informationen für diesen zweiten Band zu sammeln. In den letzten drei Jahren haben wir sorgfältig die Verbindungen zwischen allen großen Bankiersfamilien in Deutschland, England, Frankreich und den Vereinigten Staaten über mehr als zweihundert Jahre hinweg durchkämmt und ihre Verbindungen zu Kriegen, Revolutionen, Staatsstreichen und Krisen in verschiedenen Ländern, beginnend mit dem Jahr 1723 und endend mit dem Jahr 2024, mit vielen wichtigen historischen Ereignissen in Europa und den Vereinigten Staaten und den dahinter stehenden Finanzoperationen, untersucht, um eine Karte der Verbindungen zwischen den "17 großen Bankiersfamilien" der Welt zu erstellen.

In mehr als 1.000 Tagen und Nächten, in denen er Hunderte von Familiengeschichten, Wirtschaftsgeschichten verschiedener Länder, alle Arten von Dokumenten, Karten, Zeitschriften, Zeitungen, Online-Artikeln usw. las, überschritt das Gesamtlesevolumen 50 Millionen Wörter, durchschnittlich 50.000 Wörter pro Tag, und beendete schließlich diese Arbeit, an die jetzt nicht mehr zu denken ist. In den Tagen des Jahres 2009 schlief er im Durchschnitt nicht mehr als vier Stunden pro Tag und arbeitete acht Wochen lang nachts.

Ich bin selbstverständlich der Meinung, dass *Currency Wars 2 - Die Welt der goldenen Macht* mehr als zehnmal so informativ ist wie das erste Buch, mit bis zu 200 Charakteren mit Nachnamen, und ich glaube, dass Menschen, die das erste Buch gelesen haben, es nach der Lektüre des zweiten Buches nicht als Zeitverschwendung betrachten sollten. Die Logik der beiden Bücher ist vollkommen in sich geschlossen, eine große Anzahl historischer Fakten bestätigen sich gegenseitig, und viele der großen historischen Rätsel haben eine rationale und vereinheitlichende Logik, die sie unterstützt.

Es gibt einen großen blinden Fleck in der chinesischen theoretischen Gemeinschaft, wenn es darum geht, die Funktionsweise der westlichen Gesellschaft zu untersuchen, und das ist die Vernachlässigung der menschlichen Verbindungen in der westlichen Gesellschaft. Jede Gesellschaft besteht aus Menschen, und das Studium der Gesellschaft sollte den Menschen in den Mittelpunkt stellen, insbesondere die wichtigen Minderheitengruppen, die in einer Gesellschaft eine bedeutende Rolle spielen. Ein gründliches Verständnis des Beziehungsnetzes dieser Menschen ist eine wichtige Grundlage für ein angemessenes Verständnis der westlichen Gesellschaft.

Tatsächlich ist die Struktur jeder menschlichen Gesellschaft eine typische Pyramide, in der eine kritische Minderheit von Menschen aufgrund ihrer eigenen Intelligenz und ihres Fleißes, in einigen Fällen auch durch Gewalt und Betrug, allmählich in der sozialen Struktur aufsteigt. Wenn sie über genügend finanzielle Macht und Einfluss verfügen, werden sie ihrerseits ihre Interessen festigen und ausbauen, indem sie die Spielregeln ändern und eine herrschende Elite mit ineinander greifenden Interessen schaffen. Wenn die Machtpyramidenstruktur der östlichen Gesellschaften auf Regimen beruht, so ist die westliche Herrschaftspyramide eine Kette sehr versteckter Schulden, die die verschiedenen Gesellschaftsschichten fest zusammenhalten. In den westlichen Gesellschaften haben die Gläubiger eine dominierende Macht und die Schuldner eine beherrschende Stellung, und die Hauptfunktion des Staatsapparats besteht darin, die Zuverlässigkeit dieser Kette zu schützen und zu verstärken. Im Westen ist derjenige, der der größte Gläubiger ist, der ultimative Gesetzgeber des Spiels, und die Zentralbanken, die seit dem 19. Jahrhundert von internationalen Bankiers kontrolliert werden, sind zweifellos die größten Gläubiger der Gesellschaft als Ganzes, während der Rest der Gesellschaft, einschließlich der Regierungen, ihre Schuldner sind. Aus dieser Perspektive ist der Westen heute tatsächlich ein finanzielles Machtzentrum, das die Entscheidungen der Regierungen kontrolliert.

China entwickelt sich zunehmend zu einer Großmacht mit globalem Einfluss. Chinas neue Generation strategischer Denker muss eine breite globale Perspektive und eine tiefe historische Sichtweise haben, um eine langfristige und praktische nationale Strategie zu entwickeln. Die Prämisse jeder Strategiebildung ist, dass es notwendig ist, den primären strategischen Gegner zu bestimmen, dass eine Strategie ohne Gegner keine Strategie ist und dass eine Strategie, die auf dem falschen primären Gegner basiert, keine effektive Strategie sein kann. Ein umfassendes und gründliches Verständnis der historischen Ursprünge und Verbindungen der internationalen Finanzmächte ist der Eckpfeiler einer richtigen nationalen Strategie für China.

Dieses Buch beschreibt umfassend die Entstehung, Entwicklung, Ausgrenzung, Konflikte, Allianzen und Gegengewichte der großen Finanzmächte in Europa und den Vereinigten Staaten über einen Zeitraum von 300 Jahren, analysiert systematisch die Funktionsweise und den Entscheidungsmechanismus der dominierenden Kräfte hinter den Kulissen der heutigen Welt und lüftet zum ersten Mal das Geheimnis des "internationalen Bankenfamilienclubs", der die Welt beherrscht. Das Buch stellt die subtilen Beziehungen zwischen den Finanzmächten, die heute die Welt beherrschen, in einer panoramischen und dreidimensionalen Weise dar, mit spannenden Geschichten, einer lebendigen Sprache, einer breiten finanziellen Perspektive, einer breiten historischen Perspektive, einem tiefen theoretischen Fundament und soliden historischen Daten.

Es handelt sich um ein riesiges Netzwerk internationaler Kontakte, das den Chinesen bisher fast völlig unbekannt war, mit der Finanzindustrie als Kern, verflochten mit Regierungsbehörden, Ölkonsortien, militärisch-industriellen Komplexen, biopharmazeutischen Konzernen, strategischen Geheimdienstsystemen, nationalen Streitkräften, Nachrichtenmedien und Lobbygruppen, Justiz- und Gesetzgebungsorganen, Organisationen ohne Grenzen, riesigen Stiftungssystemen, Denkfabriken, religiösen Gruppen, geheimen Eliten und anderen wichtigen gesellschaftlichen Kräften. Es ist der Kompass für ein angemessenes Verständnis der häufigen Finanzkrisen, Kriege und Konflikte, revolutionären Unruhen, Umwälzungen und Staatsstreiche, religiösen Krisenherde, globalen Agenden, Geopolitik, Großmachtbeziehungen und internationalen Organisationen in der heutigen Welt.

Aufgrund der großen Zeitspanne, der komplexen Zusammenhänge, der Wendungen der historischen Ereignisse und meiner begrenzten theoretischen Kenntnisse sind Fehler und Auslassungen unvermeidlich.

Autor.

Peking, 20. Juni 2009

KAPITEL I

Deutschland: die Geburtsstätte der internationalen Bankiers

Seit dem 19. Jahrhundert haben sich 17 große internationale Bankiersfamilien, vertreten durch die Rothschilds, von den Niederlanden, England, Frankreich und Deutschland aus nach und nach in Russland, Österreich, Italien und den Vereinigten Staaten ausgebreitet und schließlich ein Rückgrat von Finanzkontakten mit weitreichenden Auswirkungen auf die heutige Welt gebildet.

Die internationalen Bankiers sind eine kritische Minderheit in einer Welt mit enormer Energie, und die Art und Weise, wie sie denken und handeln, bestimmt weitgehend das Schicksal der Menschheit. In den letzten zweihundert Jahren waren diese Familien auf der Weltbühne sehr mächtig, und das ausgedehnte und komplexe Netz menschlicher Beziehungen, das diese Familien im Kern der westlichen Gesellschaft gebildet haben, hat eine wichtige Rolle bei der Entwicklung der Menschheitsgeschichte und der Gestaltung des gegenwärtigen Weltbildes gespielt. Einige Familien sind inmitten der steigenden und fallenden Gezeiten untergegangen, aber die meisten üben auch heute noch einen wichtigen und sogar entscheidenden Einfluss aus.

Die Chinesen sind mit der menschlichen Geschichte der Macht keineswegs unvertraut, aber mit der menschlichen Geschichte des Reichtums schon gar nicht. Beginnen wir also diese verschlungene Entdeckungsreise in Deutschland, dem international bankenintensivsten Ursprungsland.

Im kritischen Moment des österreichisch-preußischen Krieges bestand der preußische Kanzler Bismarck darauf, das Kriegsflugzeug unter Androhung des Rücktritts aufzugeben und von einem Gebäude zu springen, als die preußische Armee in einer guten Position war, die österreichische Hauptstadt Wien mit einem Schlag einzunehmen.

Hinter dem abrupten Ende des Krieges steht ein internationaler Bankier nach dem anderen, Rothschild, Bleichröder, Oppenheimer ... und hinter diesen Figuren steht ein gut vernetztes, tief verwurzeltes, vertikal verbundenes Familienfinanznetzwerk. Sie sind füreinander geboren und arbeiten zusammen, während sie sich bekämpfen und eine Falle aufstellen.

Dieses allgegenwärtige, allmächtige Netzwerk der goldenen Macht manipuliert, kontrolliert und bestimmt im Wesentlichen die Feinheiten der nationalen innerstaatlichen Diplomatie, Kriege und Revolutionen, Regime und Intrigen in Europa. Vom Aufstieg des eisernen Kanzlers Bismarck, dem Prozess der deutschen Wiedervereinigung, der Revolution von 1848, der dänischen Krise bis hin zum Deutsch-Französischen Krieg und dem Deutsch-Französischen Krieg besteht kein Zweifel, dass dieses mächtige Netzwerk der goldenen Macht untrennbar miteinander verbunden ist. Die Geschichte spielt sich auch auf spannende Weise ab, wenn sie sich in Wolken und Regen verwandelt.

Wer ist der internationale Banker?

Seit dem 19. Jahrhundert haben sich 17 große internationale Bankiersfamilien, vertreten durch die Rothschilds, von den Niederlanden, England, Frankreich und Deutschland aus nach und nach in Russland, Österreich, Italien und den Vereinigten Staaten ausgebreitet und schließlich ein Rückgrat von Finanzkontakten mit weitreichenden Auswirkungen auf die heutige Welt gebildet. Als die Welle der französischen bürgerlichen Revolution über den Kontinent schwappte, gingen religiöse und feudale Königtümer unter, die alten sozialen Herrschaftsblöcke zerfielen und das aufstrebende Bürgertum füllte schnell das soziale Machtvakuum. Im Zuge der explosionsartigen Ausbreitung von Eisenbahnen, Metallurgie, Bergbau, Militärindustrie, Maschinen, Kommunikation und anderen Industrien, die aus der Industriellen Revolution resultierte, und als infolge des Machtungleichgewichts der europäischen Mächte mehrere Kriege ausbrachen, ergriffen die internationalen Bankiers scharfsinnig die große historische Chance, über die Finanzmärkte rasch große Geldsummen für die industrielle Expansion und die Kriege zwischen den Nationen zu beschaffen, wodurch sie zu großem und erstaunlichem Reichtum gelangten und gleichzeitig großen Einfluss auf den Lauf der Geschichte ausübten.

Die Macht des Reichtums spiegelt sich in der Aushöhlung der Macht, dem Wunsch nach Macht und der Kontrolle der Macht wider. Die internationalen Bankiers haben die Kanäle der weltweiten Kapital- und Kreditströme zunehmend kontrolliert, um das Kapitalangebot an die Nachfrage anzudocken, und haben eine Reihe von Spielregeln entwickelt.

Die Chinesen von heute sind mit dem Konzept "Kanal ist König" vertraut, und wenn selbst die Kanalkontrolle und die Verhandlungsmacht von Wal-Mart im Bereich des Warenvertriebs von vielen Unternehmern auswendig gelernt wurde, dann ist der soziale Einfluss der monopolistischen Kontrolle über die Kanäle des Kapital- und Kreditflusses, die jeder in der Gesellschaft braucht, bei weitem nicht so groß wie bei Wal-Mart.

Von ihren bescheidenen Anfängen in der Gesellschaft haben sich die internationalen Bankiers von einer Position der Unterordnung unter die Mächtigen und die Elite in jedem Land entwickelt und allmählich große wirtschaftliche Macht und Kontrolle über die Kapital- und Flusskanäle jedes Landes erlangt, indem sie allmählich die Kontrolle über die Industrie- und Handelssysteme übernahmen und Interessenverflechtungen schufen, die dann begannen, die nationale Politik zum größeren Wohl zu beeinflussen. Sie sind zunehmend mit den Interessen der Mächtigen und der Elite verflochten und nutzen die Verlockung des Geldes, der nur schwer zu widerstehen ist, und beherrschen zunehmend die Auswahl der Politiker, von der Ernennung der Regierungsbeamten bis zu den Präsidentschaftswahlen, von der Formulierung der Wirtschaftspolitik bis zur Ausarbeitung außenpolitischer Strategien, vom Betrieb strategischer Nachrichtendienste bis zur Beförderung von Militärgenerälen, von der Bildung von Elitegruppen bis zur Beeinflussung der öffentlichen Agenda, von der Verwaltung der "Selbstregulierung" der Medienveröffentlichungen bis zur Beeinflussung sozialer Informationsquellen, von der Erziehung kultureller Präferenzen bis zur Formung der Ideologie... Nach mehr als zweihundert Jahren der Entwicklung hat die Goldene Macht allmählich den historischen Wandel von der Keimung zum Wachstum, vom Einfluss zum Monopol, von der Front zum Hintergrund vollzogen und ist zu einer unsichtbaren beherrschenden Kraft in der westlichen Gesellschaft geworden, die die gesetzgebende, exekutive und judikative Macht außer Kraft setzt und den Wandel zur Diktatur der Goldenen Macht vollendet.

Zu dieser energiegeladenen Gruppe von internationalen Bankern gehören:

- Die Familie Rothschild, der "große Bruder" der internationalen Finanzwelt seit über 200 Jahren.
- Bleichroder, der Berliner Bankier, der ein Vertrauter des hartgesottenen deutschen Kanzlers Bismarck war.
- Die Familie Oppenheim aus Köln, Deutschland.
- Die Familie Warburg (Warburg) aus Hamburg, Deutschland.
- Die Familie Seligman (Selingman), Wall Street Banker bayerischer Herkunft in Deutschland.
- Die Familie Schiff (Schiff) aus Frankfurt, Deutschland, die in den Vereinigten Staaten zu Superstars wurde.
- Die Familie Schroder (Schiff), die in Hamburg, Deutschland, begann und später nach London und New York expandierte.
- Die Familie Speyer (Speyer), die in Frankfurt am Main begann und dann in den Vereinigten Staaten auftauchte.
- Die Familie Mendelsohn (Mendelssohn), die älteste Bankiersfamilie in Berlin, Deutschland.
- Die englische Familie Baring (Baring), die im 19. Jahrhundert zusammen mit den Rothschilds berühmt wurde.
- Die Familie Hope (Hope) aus Amsterdam, Niederlande.
- Die Familie Fould (Fould), auf die sich die französische Königsfamilie verlassen hat.
- Die Familie Mallet (Mallet), eine französische Familie, die seit einem Jahrhundert Direktor der Banque de France ist.
- Die Familie Pereire, Gründer des Crédit Mobilier in Frankreich, die die Rothschilds herausforderte.
- Die Familie Mirabeau (Mirabaud), die Titanen der Schweizer Bankiers.
- Die Rockefellers und die J.P. Morgan-Familie, die ursprünglich von den Rothschilds abstammt und durch den Aufstieg der Vereinigten Staaten schnell zu den dominierenden Finanzkräften der Welt geworden ist.

Wie sich herausstellte, waren es die Rockefellers und die Morgans, die durch den Aufstieg der Vereinigten Staaten nach der Familie Roche schnell zur dominierenden Finanzkraft in der heutigen Welt wurden.

Die internationalen Bankiers sind eine kritische Minderheit in einer Welt mit enormer Energie, und die Art und Weise, wie sie denken und handeln, entscheidet weitgehend über das Schicksal der Menschheit. Wo sie hinkommen, gibt es Wohlstand, wo sie weggehen, gibt es Rezession und Depression. Sie sind in der Lage, die Schaffung von massivem Wohlstand in der Gesellschaft zu stimulieren, indem sie Hände in Wolken verwandeln, und sie sind auch in der Lage, riesige Geldmengen zu ergreifen, indem sie Hände in Regen verwandeln.

In den letzten zweihundert Jahren waren diese Familien auf der Weltbühne sehr mächtig, und das ausgedehnte und komplexe Netz menschlicher Beziehungen, das diese Familien im Kern der westlichen Gesellschaft gebildet haben, hat eine wichtige Rolle bei der Entwicklung der Menschheitsgeschichte und der Gestaltung der gegenwärtigen Weltstruktur gespielt. Einige Familien sind inmitten der steigenden und fallenden Gezeiten untergegangen, aber die meisten üben auch heute noch einen wichtigen und sogar entscheidenden Einfluss aus.

Die Welt verändert sich jeden Tag aufs Neue, aber die menschliche Natur wiederholt sich ständig. Wie gierig und ängstlich die menschliche Natur vor Tausenden von Jahren nach Reichtum war, wie obsessiv und verflucht sie nach Macht war, ist auch heute noch wahr. Der Wunsch der Menschen nach Freiheit, aber sie leiden darunter, ihr Streben nach Gerechtigkeit, aber ihr Egoismus, ihr Wunsch nach dem Guten, aber ihre Unfähigkeit, das Böse abzulehnen, ob es sich nun um das politische Spiel in den "vierundzwanzig Geschichten" Chinas oder um die Geld- und Machtspiele in der westlichen Geschichte handelt, wiederholt sich ständig das Wesen der Menschheit. An dieser Stelle ist es sinnvoll, die Zukunft durch das Studium der Geschichte zu begreifen. Alle Phänomene, die heute in der menschlichen Natur auftreten, können in der Geschichte einen Präzedenzfall finden.

Die Chinesen sind mit der menschlichen Geschichte der Macht keineswegs unvertraut, aber mit der menschlichen Geschichte des Reichtums schon gar nicht. Beginnen wir also diese verschlungene Entdeckungsreise in Deutschland, dem international bankenintensivsten Ursprungsland.

Der Krieg, der aufhörte

> *„In den letzten zweihundert Jahren ihrer Geschichte haben sich die Rothschilds auf zwei große Ereignisse konzentriert: Krieg und Revolution. Egal, ob es sich um einen Krieg oder eine Revolution handelt, die kriegführenden Parteien sind gezwungen, beträchtliche Finanzmittel bereitzustellen, um groß angelegte und organisierte Gewalttaten auszuführen."*
>
> Niall Ferguson.

In der Morgendämmerung des 3. Juli 1866 rückte eine 35 000 Mann starke Streitmacht lautlos und schnell durch den Regenvorhang auf die Festung Königgrätz im Dorf Sadova in Böhmen (heute tschechisches Gebiet) vor. Ein junges, kantiges Gesicht, das von Spannung, Aufregung und Vorfreude erfüllt war. Diese Jungs von der preußischen Elbe wussten, dass sie im Begriff waren, 200.000 österreichisch-sächsische verbündete Truppen anzugreifen. Da der Feind zahlenmäßig unterlegen war, konnten sie nur damit rechnen, dass das Erste Preußische Korps mit 85.000 Mann unter dem Kommando von Prinz Friedrich Karl zur gleichen Zeit von der anderen Seite angriff. Nach der Strategie von General Helmuth Karl Bernhard von Moltke, dem Chef des preußischen Generalstabs, hätte der Angriff 100.000 Mann des Zweiten Korps umfassen sollen, das vom preußischen Kronprinzen, dem späteren Kaiser Wilhelm II. geführt wurde.

Aufgrund der übermäßigen Eile verlängerte das preußische Elbkorps seine Angriffslinie nicht ausreichend, und sein Feuer kreuzte den Angriffsweg des Ersten Korps, so dass die Lage eine Zeit lang sehr chaotisch war. Um 11 Uhr vormittags wurde der preußische Angriff unter schwerem österreichischen Gegenstoß und intensivem Artilleriefeuer gestoppt, und die Reserven waren in einen bereits intensiven Frontalangriff verwickelt. Hätten die Österreicher zu diesem Zeitpunkt einen entschlossenen Kavallerieangriff unternommen, hätten die Preußen vielleicht vom Feld vertrieben werden können. Doch der allzu vorsichtige österreichische Befehlshaber, Marschall Benedek, ließ die Kavallerie ihre Truppen in Position halten. Die beiden Seiten verharrten auf dem chaotischen Schlachtfeld in einer Pattsituation.

Als die preußische Armee kurz vor der Niederlage stand, bemerkte Otto von Bismarck, der preußische Ministerpräsident, der Mauch begleitet hatte, plötzlich, dass sich einige Kilometer östlich des Schlachtfeldes eine Reihe von baumähnlichen Objekten bewegte. Mauch nahm das Fernrohr in die Hand und beobachtete einen Moment lang, dann sagte er aufgeregt zu König Wilhelm I., der neben ihm stand: "Seine Majestät hat nicht nur die Schlacht, sondern auch den Krieg gewonnen. "Es stellte sich heraus, dass gerade in dem Moment, als die preußische Elbe und das Erste Korps in ein erbittertes Gefecht mit der österreichischen Armee verwickelt waren, ein Kurier mehr als 30 Kilometer weit reiste, um dem Kronprinzen die zwingenden Befehle des Königs zu überbringen, und das Zweite Korps begann sofort, sich nach Norden zu bewegen, die "bewegten Bäume", die Bismarck sah. Um 14:30 Uhr greift das Zweite Korps die österreichische Verteidigungszone im Norden an. Die österreichische Verteidigungslinie bricht zusammen. Marschall Benedek befiehlt um 15 Uhr den vollständigen Rückzug. Doch die preußische Offensive ist so heftig, dass die österreichische Erste Armee nur einen Kavallerie-Gegenangriff starten kann, um die Artillerie zu unterstützen und den Rückzug der befreundeten Nachbartruppen zu decken. Die Operation führte innerhalb von 20 Minuten zu 10.000 Verlusten, und die Erste Armee war nahezu lahmgelegt. Doch der Gegenangriff verschaffte Zeit, und fast 180.000 österreichische Truppen konnten sich aus der Lücke zurückziehen, bevor sie völlig umzingelt wurden. In der Schlacht von Sadua errang die preußische Seite einen entscheidenden Sieg, und 10 Tage später näherten sich die Preußen der österreichischen Hauptstadt Wien und eroberten die Festung Frosloff, die nur 6 km von Wien entfernt lag, so dass die Einnahme Wiens und die Eroberung Österreichs unmittelbar bevorstanden.

In diesem Moment geschah etwas Seltsames: Der bald siegreiche König Wilhelm I. von Preußen, Ministerpräsident Bismarck und Generalmajor Mauch, Chef des Generalstabs, gerieten in diesem Moment plötzlich in Streit. Mauch wollte, natürlich aus soldatischer Sicht, diese seltene Gelegenheit nutzen, um die bereits isolierte Stadt Wien auf einen Schlag einzunehmen. Kanzler Bismarck bemühte sich jedoch, "Wasser in den kochenden Wein zu gießen", indem er darauf bestand, den Angriff auf Wien aufzugeben und den militärischen Vorteil zu nutzen, um so schnell wie möglich einen Waffenstillstand mit Österreich zu schließen, was ein großer Erfolg wäre, solange das Ziel, Österreich aus der deutschen Familie auszuschließen, erreicht würde. Als der König nicht einlenken wollte, vergoss Bismarck heiße Tränen, drohte mit seinem Rücktritt als preußischer Ministerpräsident und wollte sogar aus vier Stockwerken springen. Der Streit dauerte bis spät in die Nacht, als der König schließlich unter Schmerzen versprach, den Angriff aufzugeben, die Umstände aber im Staatsarchiv festzuhalten, "um zu beweisen, wie hilflos und mitleidig er war".

Später schloss Preußen mit Österreich den "Untertanenbund" ohne Landabtretungen und Österreich trat aus dem Deutschen Bund aus. Bismarck verzichtete jedoch auf die Gelegenheit, Wien anzugreifen, um die Ergebnisse des Krieges unter äußerst günstigen Umständen zu erweitern, und die Angelegenheit wurde zu einem ungelösten Fall in der Geschichte des Weltkrieges.

Warum hat Bismarck die heranrückende preußische Armee selbst unter Androhung der Resignation und des Sprungs von einem Gebäude entschlossen daran gehindert, gegen den Willen des Heiligen Geistes in Wien einzumarschieren? Zweitens: Obwohl die Preußen in der Schlacht von Sadua einen entscheidenden Sieg errangen, gelang es ihnen nicht, die Hauptstreitmacht der österreichischen Armee zu vernichten, und die 180.000 Mann starke österreichische Armee konnte die Belagerung durchbrechen und sich zur Verteidigung der Hauptstadt zurückziehen. Als brillanter Stratege hatte Bismarck eine eher langfristige Vision.

Tatsächlich bezeichnete sich Bismarck nicht als brillanter Stratege, sondern einfach als glücklicher Abenteurer. Nur vier Jahre später, im Deutsch-Französischen Krieg, bestand Bismarck darauf, das besiegte Frankreich zu zwingen, die Provinzen Elsass und Lothringen abzutreten und eine riesige Kriegsentschädigung von 5 Milliarden Francs zu zahlen, womit er den stolzen und stolzen Franzosen eine ewig schmerzende Klinge ins Herz stieß und Frankreich dazu brachte, sich in die Arme von Deutschlands eigentlichem künftigen strategischen Gegner, den Briten, zu begeben. Deutschland hätte die Franzosen nicht absichtlich demütigen müssen, um in der Zukunft den anglo-französischen Konflikt für den strategischen Zweck des deutschen Aufstiegs zur Weltmacht auszunutzen, aber Bismarcks Kurzsichtigkeit sah in Deutschland einen gewaltigen und unbesiegbaren Feind und veranlasste anglo-französische Bündnisse, Deutschlands Aufstieg zur Macht in Europa zu belagern, und Deutschlands katastrophale Niederlagen in den beiden späteren Weltkriegen waren mit Bismarcks rücksichtsloser Strategie des Jahres verbunden.

Tatsächlich gab es einen weiteren Grund für Bismarcks Krieg, der unter der Stadt Wien zu einem abrupten Ende kam. Als nämlich der österreichisch-preußische Krieg seine siebte Woche erreichte, war Bismarck, der sich unter der Stadt Wien den Grenzen seiner finanziellen Mobilisierungskapazität näherte, machtlos, den Krieg fortzusetzen. Um die Situation der preußischen Armee zu dieser Zeit zu verstehen, müssen wir unseren Horizont auf den historischen Prozess des preußischen Aufstiegs zur Macht erweitern, um die entscheidende

Rolle der finanziellen Kräfte zu beobachten, und ohne die finanziellen Kräfte hinter den Kriegen und Revolutionen zu verstehen, können wir nicht wirklich das ganze Bild der Geschichte sehen.

Der alte Bleichröder: Rothschilds Agent

Deutschland liegt an der Nahtstelle zwischen Ost- und Westeuropa, und insbesondere Berlin liegt im geografischen Zentrum Europas und ist ein Verkehrsknotenpunkt. Händler von Nord bis Süd und von Ost bis West kamen in Berlin zusammen, so dass sich alle Währungen Europas in Berlin konzentrierten. Seit den Anfängen des Römischen Reiches war Berlin das Zentrum des Währungsumtauschs, und nach der Besetzung des Gebiets durch Napoleon wurde die Nachfrage nach dem Währungsumtausch noch größer.

Der alte Bleichröder hieß Samuel, und sein Hauptgeschäft war der An- und Verkauf von Kommunalobligationen, wobei er mit dem An- und Verkauf eine Gewinnspanne erzielte. Um 1828 begann die Familie Bleichröder eine Geschäftsbeziehung mit der Familie Rothschild. Da sich die Rothschilds auf dem Höhepunkt der europäischen Finanzmacht befanden, war es diese Art von Geschäftspartnerschaft mit den "großen Namen", die die Bleichröders von den übrigen Berliner Bankiers abhob, und nach 1830 begannen die Bleichröders regelmäßige Provisionen von den Rothschilds zu erhalten, während die älteste Berliner Bankiersfamilie Mendelssohn allmählich an den Rand gedrängt wurde.

Unter dem einheitlichen Kommando der Familie Roche suchte Bleichröder nach Arbitragemöglichkeiten zwischen den Finanzmärkten von London, Paris, Frankfurt, Berlin, Wien und Neapel, indem er niedrig kaufte und hoch verkaufte. Da die Preise der verschiedenen Anleihen und Währungen auf dem europäischen Markt von Stadt zu Stadt leicht variieren können, liegt der Schlüssel zur Arbitrage mit geografischen Spreads darin, sich genaue Informationen zu beschaffen und den richtigen Moment zu nutzen. Die Finanzindustrie hatte von Anfang an einen sehr hohen Bedarf an Nachrichtendiensten, und in der Tat basieren moderne internationale Nachrichtendienste auf dem frühen Nachrichtensystem der internationalen Bankenfamilie. Das damals fortschrittlichste Nachrichtensystem war zweifellos das Kuriersystem der Familie Rothschild, dessen Reichweite, Geschwindigkeit, Vertraulichkeit, Genauigkeit und Raffinesse die offiziellen Systeme der Regierungen bei weitem übertrafen.

Die Familie Bleichröder hatte bereits in den 1830er Jahren den Wunsch, Zugang zum Geheimdienstnetzwerk der Familie Rothschild zu erhalten. Sie waren in Berlin geschäftlich tätig, und es dauerte sechs Tage, um Korrespondenz von Paris nach Berlin zu erhalten, und wenn es nur fünf Tage dauerte, um durch das Nachrichtendienstnetz von Roche zu gelangen, würde dieser eine Tag Unterschied enorme geschäftliche Vorteile bedeuten. Die Rothschilds haben die Bleichröders nach und nach in ihr eigenes nachrichtendienstliches System integriert, das auf jahrelangen Kontrollen beruht.

Im Jahr 1831 wurden die Bleichröders zu treuen Agenten der Rothschilds in Berlin, die den Rothschilds ständig Informationen über verschiedene Aspekte der preußischen Innenpolitik sowie der Finanzmärkte übermittelten, wie z. B. die politische Haltung der fünf europäischen Mächte, wie des Königs der Niederlande, gegenüber dem neu geschaffenen Belgien und die Haltung und Position des zaristischen Russlands gegenüber dem polnischen Aufstand. Die Familie Bleichröder berichtete auch über die Ausbreitung der Pest in Europa sowie über die Dynamik der Revolution von 1848 in Berlin und sicherte wiederholt das für die Rothschilds gekaufte Gold und die Anleihen. [1]Die verschiedenen Arten von Informationen, die durch die Bleichröders gesammelt und weitergegeben wurden und die kontinuierlich in das europäische Nachrichtensystem der Familie Rothschild eingespeist wurden, halfen der Familie Rothschild, Informationsasymmetrien auszunutzen und so die Innen- und Außenpolitik der europäischen Länder auf breite und tiefe Weise zu beeinflussen, und sie profitierte auch stark von den Finanzmarkttransaktionen in ganz Europa.

Der Berliner Finanzmarkt war in den 1830er und 1940er Jahren klein, und das aktivste Finanzprodukt waren Eisenbahnanleihen. In dem Bemühen, "Kapital" nach außen zu bringen, lenkte die preußische Regierung die Aufmerksamkeit internationaler Bankiers wie der Rothschilds auf Eisenbahnanleihen und versuchte, die Rothschilds zu Investitionen in die preußische Eisenbahnindustrie zu bewegen. Im Zuge dieser Investitionen wuchs der Einfluss der Familie Rothschild in der preußischen Industrie beträchtlich, und sie wurden nach und nach zu Direktoren mehrerer Eisenbahngesellschaften.

---

[1] Niall Ferguson, *Das Haus Rothschild*.

Im Jahr 1836 übernahm James Rothschild aus Paris die Führung der Familie, als Nathan, der Leiter der Bank of England der Familie Rothschild und Oberhaupt der gesamten Familie, starb. In den ersten Tagen von Bleichröders Übertritt zu James waren die beiden Seiten völlig ungleich, und Bleichröder musste auf viele Vorteile verzichten, um in das privilegierte Finanznetz der Familie Rothschild aufgenommen zu werden. Zu dieser Zeit behandelte James Bleichröder nicht gut und ermahnte ihn oft, die Interessen der Familie Rothschild nicht zu vernachlässigen. Diese Warnung bedeutete eigentlich, dass die Familie Rothschild mit ihrer Zusammenarbeit nicht sehr zufrieden war und versuchte, neue Agenten und Partner zu finden.

Um diesen besonderen Kanal mit der Familie Rothschild aufrechtzuerhalten, mussten die Bleichröders häufig ihre eigenen Interessen opfern, insbesondere während der großen Krise auf den deutschen Finanzmärkten im Jahr 1840, als die Bleichröders ihre Provisionen im Austausch für Aufträge der Familie Rothschild verloren. Die Jahre vergingen, und die Zusammenarbeit stellte die Rothschilds immer noch nicht zufrieden, so dass die Bleichröders manchmal nicht nur keine Provisionen erhielten, sondern sogar Geld zurückzahlen mussten, um ihre Geschäftsbeziehung mit der Familie Rothschild aufrechtzuerhalten.

Die Zugehörigkeit der beiden Parteien lässt sich aus einem Brief Bleichröders sen. an die Familie Rothschild ablesen. Darin empfiehlt Semio seinen 17-jährigen Sohn Gerson dem Baron Salomon Rothschild in Wien.

> *„Erlauben Sie mir, Ihnen von ganzem Herzen und aus tiefster Liebe zu danken. Im Laufe der Jahre wurde ich durch Ihre Großzügigkeit und Freundlichkeit geehrt, als hätte man ein Staubkorn aus einer Sandwolke herausgepickt. Du bist ein edler und wohlmeinender Edelmann. Ich kann Ihnen nicht genug dafür danken, dass Sie mir eine so wichtige Position in einer großen Familie gegeben haben. Solange ich lebe, wird Ihr Bildnis bis zum Ende meines Lebens in meinem Herzen und meinem Geist bleiben, und ich werde Ihnen, meinem Wohltäter, immer vollkommen treu sein. Nun bitte ich Sie, dass Sie Ihre Liebe und Fürsorge für mich an meinen Sohn weitergeben können."*[2]

---

[2] S. Bleichröder an Baron Anselm Salomon, 17. Nov. 1839.

Mitte des 19. Jahrhunderts breitete sich die industrielle Revolution in Deutschland rasch aus, und die Berliner Finanzmärkte traten in eine Ära beispiellosen Wohlstands ein, der durch die industrielle Entwicklung angeheizt wurde. Zu diesem Zeitpunkt bleibt das wichtigste Kapital der Bleichröders ihre lange und enge Geschäftsbeziehung mit Rothschild. Dieses Modell der Zusammenarbeit wurde in der Zeit, in der Gerson die Leitung der Familie Bleichröders übernahm, weiter gefestigt. Gleichzeitig begann Gerson damit, seine eigenen Machtzentren zu errichten. Er bildete mit zahlreichen anderen jüdischen Bankiers in Berlin eine große Interessengemeinschaft und drang weit in die Metallurgie, den Eisenbahnbau und andere Branchen vor. Ihr wichtigster Partner war damals die Familie Oppenheimer aus Köln.

Oppenheimer: Der Finanzfürst von Köln

Abraham Oppenheimer heiratete 1834 die 23-jährige Charlotte Dreyfus, eine Enkelin von Rothschild senior. Von da an hatte Abraham einen reichen und mächtigen Schwiegervater und Onkel - Amschel, der die Frankfurter Finanzpolitik bestimmte, Salomon, der die Schlüssel zur österreichischen Staatskasse innehatte, Nathan, der die Finanzstadt London beherrschte, Karl, der das italienische Steuerwesen kontrollierte, und James, der das Bankwesen in Paris eroberte.

Die Oppenheimers, die die Tochter der Rothschilds heiraten konnten, waren gewiss nicht mittelmäßig. Die Familie Oppenheimer gehörte zur höchsten jüdischen Schicht, den "Hofjuden", und 1789 gründete Abrahams Vater Salomon Oppenheimer im Alter von 17 Jahren die Oppenheimer Familienbank in Bonn, die später nach Köln umzog. Der junge Salomon, der schon seit vielen Jahren in die Fußstapfen seines Vaters auf dem Finanzmarkt getreten war, war sich bewusst, dass die feudale Aristokratie im Zeitalter der rasanten Ausbreitung der finanziellen Macht des aufstrebenden Bürgertums allmählich die Kontrolle verloren hatte.

Jede dominante soziale Gruppe wird unweigerlich eine zerklüftete Situation des Machtkampfes schaffen, wenn ihre Kontrolle über verschiedene andere soziale Gruppen abnimmt. In der chinesischen Geschichte, vom Niedergang der Zhou-Dynastie bis zum Aufstieg der fünf Hegemonen der Frühlings- und Herbstperiode, vom Zerfall der Östlichen Han-Dynastie bis zur Bildung der drei Königreiche, vom internen Kampf der Jin-Dynastie bis zum Chaos der Fünf Hu, vom Ende der Tang-Dynastie bis zur Herrschaft der Clans und der zehn Königreiche der Fünf Dynastien - jeder Kontrollverlust führt zwangsläufig zu einem Machtvakuum, und in dieser Zeit kommen die äußeren und inneren Kräfte ins Spiel, die einen subversiven sozialen Wiederaufbau bewirken. So ist es im Osten und so ist es im Westen. Der Kapitalismus mit dem Streben nach Profit als zentralem Wert hat sich im Europa des späten 18. Jahrhunderts ausgebreitet und die feudale Aristokratie und die religiöse Theokratie, die früher alle Bereiche der Gesellschaft zusammenhielten, geknackt, und die traditionellen Machtstrukturen der untergehenden Gesellschaften sind zerbröckelt. Die Macht des Geldes wird schnell durch die Risse im sozialen Gefüge und die Ruinen des Zusammenbruchs der Macht nach oben kriechen, und sie werden Haken und Netze schlagen, an den Wänden und Nähten hochklettern, gedeihen und schließlich den Himmel überschatten.

Der junge Solomon Oppenheimer beschloss, vom traditionellen Hofkredit- und Geldwechselgeschäft auf das aufkommende Geschäft mit Staatsanleihen und marktübergreifender Arbitrage umzusteigen. Im Jahr 1810 erreichte das Vermögen der Oppenheimer-Familienbank 1 Million Franken, womit sie zu den führenden Bankenfamilien gehörte. Die ehrgeizige Familie Oppenheimer war entschlossen, dem Erfolgsmodell der Familie Rothschild nachzueifern, die sich schließlich zu einem riesigen Finanzimperium entwickelte. Zu diesem Zweck war Salomon jedes Mittel recht, um seine Ziele zu erreichen. Am 18. März 1814 warnten die Rothschilds in einem Brief an ihre Partner in Amsterdam vor den Methoden Oppenheimers.

> *„Wir freuen uns zu sehen, dass das Geld, das Ihnen von unserer James-Stelle (Rothschild-Filiale in Paris) und Oppenheimer in Köln geschickt wird, genau das ist, was Sie brauchen. Letzteres wird auch durch unsere Vettern gehen, um wieder eine Summe zu liefern. Aber achten Sie besonders auf alles, was die Oppenheimer schicken, das muss sorgfältig geprüft werden; sie sind sehr gierig und halten sich nicht immer an die Regeln, man muss also aufpassen, dass man ihnen keine Aufträge ohne Obergrenze gibt, sonst gehört der Gewinn ganz ihnen."*[3]

1813 heiratete er seine 15-jährige Tochter mit Benedict Fould, dem Sohn der Fould-Familie, einer prominenten jüdischen Bankiersfamilie

---

[3] Michael Sturmer, Gabriele Teichmann und Wilbelm Treue, *Striking the Balance - Sal. Oppenheim jr. & Cie. Eine Familie und eine Bank*, 1994, S. 37.

in Paris, Frankreich, und mit der Unterstützung der Fould-Familie bestieg der spätere französische Kaiser Napoleon III. den Thron. Durch die Heirat dehnte die Familie Oppenheimer ihren Einfluss auf die französischen Kapitalmärkte aus. Die beiden Familien der Braut und des Bräutigams trugen gemeinsam 60.000 Francs zur Gründung des berühmten Hauses B. L. Fould & Fould-Oppenheim bei.

1815, nach der verheerenden Niederlage in der Schlacht von Waterloo, sah sich Frankreich mit noch härteren Reparationsbedingungen konfrontiert als im Pariser Frieden von 1814, vor allem Preußen, das in der Vergangenheit wiederholt von Frankreich erobert worden war, forderte Kriegsreparationen von bis zu 170 Millionen Taylor (preußisches Silber, 1 Taylor = 3,54 Francs). Es wäre ein großes Geschäft gewesen, diese große Summe im Namen des Agenten zu zahlen, denn zu diesem Zeitpunkt war das Kölner Rheingebiet von Preußen als Rheinprovinz übernommen worden. Oppenheimer, ein Neupreuße, beeilte sich, mit seiner frisch verheirateten französischen Schwiegereltern Fould Kontakt aufzunehmen, um gemeinsam an dem großen Geschäft zu arbeiten. Mit Hilfe seiner französischen Schwiegereltern zog Oppenheimer die alte Berliner Bankiersfamilie Mendelssohn heran und erreichte schließlich 1818, dass die große Rechnung von 52,5 Millionen Francs von der Kriegsreparationsagentur bezahlt wurde.

Die Familie Mendelssohn in Berlin ist eine der ältesten jüdischen Bankiersfamilien in Berlin. Der weltberühmte Komponist, Pianist und Dirigent Felix Mendelssohn aus dem 19. Jahrhundert ist ein direkter Nachfahre dieser Familie. Sein Großvater war der berühmte deutsche Philosoph Moses Mendelssohn, dessen Vater, der Bankier Abraham, einmal mit dem Gedanken kokettierte: "Ich war der Sohn eines berühmten Vaters und wurde später der Vater eines berühmten Sohnes. "[4] Die Bank der Familie Mendelssohn wurde um 1850 zur königlichen Agentenbank des zaristischen Russlands ernannt und war bis zum Ausbruch des Ersten Weltkriegs für die Zeichnung großer Mengen russischer Staatsanleihen auf dem europäischen Markt verantwortlich.

Am 4. November 1818 schloss Oppenheimer ein Abkommen mit der Liquidationskommission des siegreichen Landes, die innerhalb von 14 Tagen 52,5 Millionen Francs in Paris aufnahm und an die

---

[4] Sebastian Hensel, tr. Carl Klingemann, *Die Familie Mendelssohn 1729-1847*.

Liquidationskommission in Aachen zahlte, mit einer 0,75-prozentigen Gebühr für die Geldbeschaffung, den Austausch, den Transport und die Bürgschaften, was ein gewaltiges Einkommen von fast 400.000 Francs bedeutete. Für dieses Geschäft legte Oppenheimer auch sein gesamtes bewegliches und unbewegliches Vermögen an. Das Geschäft lief hervorragend und erntete von allen Seiten Lob. In den Augen der traditionellen preußischen Bankiers war dieses Honorar nicht viel, denn sie stellten sich vor, dass die Beschaffung einer so großen Summe in so kurzer Zeit und die Lieferung von Silbermünzen ein langwieriges und kompliziertes Projekt von Menschenfütterung und bewaffneter Eskorte sein würde, nicht ahnend, dass nach dem Aufbau eines internationalen Netzwerks von Bankiers und Kontakten die Beschaffung von 52.5 Millionen Francs einfach nicht ausreichen, um auf dem französischen Kapitalmarkt unter der Kontrolle der jüdischen Bankiers verteilt zu werden, und nicht weniger umstritten waren als die kurzfristigen Finanzierungsscheine und mittelfristigen Wechsel, die heute auf dem chinesischen Interbankenmarkt so beliebt sind. Es war so einfach, einen Wechsel zwischen Paris und der Bank von Köln für einen so großen Bargeldbetrag zu transferieren, dass Oppenheimer und andere mit Leichtigkeit und Vergnügen 400.000 Francs machten. Das rückständige preußische Bankensystem wurde durch das entstehende Netz von Finanzkontakten tief erschüttert.

Der Einfluss der Familie Oppenheimer auf die europäischen Kapitalmärkte blühte nach ihrer Heirat mit den Folds auf. Im Jahr 1826 waren die Geschäfte Oppenheimers und der Familie Rothschild untrennbar miteinander verbunden. Zu dieser Zeit unterhielt Salomon Oppenheimer fast täglich enge Handelskontakte mit den Rothschilds in Frankfurt, Wien, Paris, London und Neapel. Mit der Entwicklung der touristischen Ressourcen im Rheingebiet wurden Reisen an den Rhein zu einer Modeerscheinung in der britischen Oberschicht. Diese Touristen aus der wohlhabenden Schicht scheuen sich, zu viel Bargeld mit sich zu führen. Die Rothschilds schlossen sich daraufhin mit Oppenheimer zusammen, um ein Akkreditiv in der englischen Rothschild-Familie zu eröffnen, das es ermöglichte, Bargeld bei der Bank der Familie Oppenheimer im Rheingebiet abzuheben, und die Beziehung wurde weiter gefestigt.

Im Jahr 1834 heiratete Abraham Charlotte Befes, und auf seiner anschließenden Hochzeitsreise besuchte er seine Onkel und Großeltern. In einem Brief an seinen mächtigsten Onkel, Nathan Rothschild, erwähnt Abraham bescheiden.

> „Da ich vor kurzem das Glück hatte, Ihre Nichte zu heiraten, die mir Zugang zu Ihrem Asyl verschaffte, maße ich mir nicht an, darüber zu spekulieren, ob Sie in der Lage sein werden, die früheren Beziehungen zwischen unseren beiden Familien wiederherzustellen und uns einen höheren Stellenwert als die Familie Schaffhausen einzuräumen. Ich werde Sie auch zu einer bevorzugten Wahl für unsere Familienpartnerschaft machen. Ich hoffe, dass meine Bitte von Ihnen angenommen wird. Ich habe die Ehre, Ihnen die höchste Anerkennung zu zollen."[5]

Seit 1830 schlossen sich die Familien Oppenheimer und Hansemann zusammen, um die Eisenbahn- und Schifffahrtsindustrie zu finanzieren und eine neue Aktiengesellschaft zu gründen, die in das Rheinbahnprojekt investieren sollte. Aufgrund der rasanten industriellen Entwicklung in der preußischen Region ist die gesamte Region in Geldnot geraten, und fast alle Industrieunternehmen haben die Grenzen ihrer Kreditwürdigkeit erreicht. Abraham nutzte die Gunst der Stunde und begann einen starken Vorstoß in die Kreditversicherung für Unternehmen und Investitionen. In Zusammenarbeit mit der Familie Rothschild gründet Abraham die erste Rückversicherungsgesellschaft der Welt.

1842 knüpfte Abraham Oppenheimer enge Geschäftsbeziehungen zu den prominenten jüdischen Bankiers von Berlin, der Familie Bleichröder, die später eine wichtige Rolle im Prozess der deutschen Wiedervereinigung spielte. Seitdem hat sich das europäische Beziehungsnetz der Familie Oppenheimer als internationales Bankhaus mit einer dominierenden Stellung in Köln, einer führenden Rolle in Preußen und einem nicht zu übersehenden Einfluss in Frankreich, Österreich, Italien und England herausgebildet.

Die Revolution von 1848 und die Bankenrettung

Die Zeit um 1830 war ein wichtiger Wendepunkt in der jüngeren Weltgeschichte, da sich die Ausbreitung der industriellen Revolution von Großbritannien auf dem europäischen Kontinent erheblich beschleunigte. Länder wie Frankreich, Deutschland und Österreich sind in eine völlig neue Phase der wirtschaftlichen Entwicklung eingetreten.

---

[5] Michael Sturmer, Gabriele Teichmann und Wilbelm Treue, *Striking the Balance - Sal. Oppenheim jr. & Cie. Eine Familie und eine Bank*, 1994.

Der Prozess der Industrialisierung hat einerseits zu einer beispiellosen Entwicklung des Bergbaus, der Textilindustrie, des Maschinenbaus, der Eisenbahn, der Schifffahrt und anderer Industriezweige geführt und andererseits eine große Zahl von Gewinnern für die industrielle Bourgeoisie und gleichzeitig eine noch größere Zahl von Verlierern geschaffen, nämlich die enteigneten Bauern, die durch den Verlust von Land in die Städte gezwungen wurden, die Arbeiter, die unter extrem harten Bedingungen arbeiten, die arbeitslosen Handwerker und die Klasse der städtischen Armen. Die Gewinner der industriellen Revolution waren unzufrieden damit, dass ihre politische Macht nicht mit der wachsenden wirtschaftlichen Macht mithalten konnte, und verlangten mehr Macht von ihren Herrschern, während die feudale Autorität an Einfluss verlor. Gleichzeitig sind die Verlierer der industriellen Revolution seit langem unzufrieden mit den tragischen Realitäten des Lebens, einschließlich des starken Widerstands der Juden gegen mehr als tausend Jahre religiöser und sozialer Diskriminierung, und diese mächtigen Kräfte der Agitation haben sich zu Themen wie Bürgerrechte für volle Gleichheit und gewaltsame Revolution zusammengeschlossen. Unter einer scheinbar boomenden Industrielandschaft braut sich plötzlich ein Sturm zusammen.

Von 1845 bis 1847 gab es in vielen europäischen Ländern drei Jahre mit Naturkatastrophen und Hungersnöten in großen Gebieten. Schlechte landwirtschaftliche Ernten, steigende Lebensmittelpreise und ein rückläufiger Absatz von landwirtschaftlichen Erzeugnissen führten zu einer Verringerung des Umfangs der Agrarkredite und zu einem Rückgang der Beschäftigung. Gleichzeitig begann die europäische Industrie ab 1840 zu stagnieren, zumal der Eisenbahnbau weitgehend an Wachstum verlor und die Industriekredite knapper wurden. Das Zusammenwirken dieser beiden Kräfte führte in vielen Teilen Europas zur wirtschaftlichen Depression von 1848, und die seit dem Ende der napoleonischen Kriege im Jahr 1815 geschaffene Stabilität wurde durch den enormen Druck der wirtschaftlichen Schrumpfung zerbrochen.

Nachdem er die weit verbreitete Kapitalknappheit auf verschiedenen europäischen Kapitalmärkten beobachtet hatte, sah Abraham Oppenheimer bereits eine große Krise voraus.

Im Februar 1848 brach die Börse in Paris zusammen, und die lang erwartete Revolution brach endlich aus. Der Unmut des Volkes und der Drang der Bourgeoisie zur Machtergreifung lösten einen Vulkanausbruch sozialer Missstände aus, und am 26. Februar übermittelte die Familie Fould in Frankreich die Nachricht, dass die

Revolution erfolgreich gewesen zu sein schien und die Zweite Republik erfolgreich eingeführt werden könnte. Im März erreichte die Welle der französischen Revolution Köln, und die Revolutionäre baten Abraham Oppenheimer, als ihr Vertreter mit der Regierung zu verhandeln, was Abraham ohne zu überlegen ablehnte. Tatsächlich hatte die Familie Oppenheimer eine ungewöhnliche Verbindung zu den Revolutionären, da Abrahams dritter Bruder, Dagobert Oppenheim, direkt an der Finanzierung der revolutionären Agitation beteiligt war und im Sommer 1842, nachdem er sein Studium an der Universität Marx abgeschlossen hatte, als Chefredakteur der von Dagobert Oppenheimer finanzierten Rheinischen Zeitung arbeitete und die preußische Regierung oft mit schwerer Artillerie beschoss.

Der Immobilienmarkt in Köln brach zusammen und die Schaffhauser Bank geriet in eine Zahlungskrise, weil sie zu viel in Immobilien investiert hatte. Oppenheimer hat nicht viel in Immobilien investiert. In der Tradition der internationalen Bankiers, die wegen ihrer extremen Abneigung gegen illiquide Vermögenswerte nur selten in Immobilien investieren, stellte die Schaffhauser Bank am 29. März die Zahlungen an 170 Kunden und mehr als 40.000 Mitarbeiter ein. Verängstigte Einleger eilten herbei, um ihr Geld abzuholen, die Bank von Schaffhausen war nicht mehr zahlungsfähig und das Überleben der Bank stand auf dem Spiel. Wenn die Schaffhauser Bank zusammenbricht, bricht das gesamte Bankensystem in der Rheinprovinz zusammen, es handelt sich also um eine Bank, die zu groß ist, um zu scheitern (Too Big to Fail).

Wenn die Schaffhauser Bank fällt, wird es auch für die Familie Oppenheimer, mit der sie Geschäfte macht, ernsthafte Probleme geben. Die Colon-Minden-Eisenbahn, die von der Familie Oppenheimer finanziert wird, ist knapp bei Kasse und benötigt eine halbe Million Taylors in bar, während die Oppenheimer Bank den gleichen Betrag benötigt, um durchzukommen. Abrahams Bruder Simon, der das Eisenbahngeschäft der Familie leitete, schrieb am 3. April an Abraham,

> *„Ich habe großes Vertrauen in Ihre Fähigkeiten und bin überzeugt, dass es Ihnen gelingen wird, uns mindestens eine halbe Million Taylor von der Regierung für ein Jahr oder länger zu verschaffen."*

Drei Tage später übermittelte Simon weitere schlechte Nachrichten:

DIE MACHT DES GOLDES

„Mein lieber Abraham, heute hat Colon Minden wieder 3.000 Taylor ausgegeben, und Dagburke sagt, sie brauchen morgen mehr Geld. "Am 10. April, als die gute Nachricht von Abraham noch nicht eingetroffen war, war Simeon besorgt: "Wir sind in einer sehr merkwürdigen Lage, und Hansemann (der preußische Finanzminister) hätte nachgegeben. Wir sind die größte und zur Zeit fast die einzige Bank, die in der Rheinprovinz noch in Betrieb ist, und es liegt im Interesse der Regierung (uns zu retten), und jeder wird zustimmen, dass es sehr klug ist, ein Unternehmen wie das unsere zu schützen. "Am 11. April drängte Simon erneut: "Ich hoffe, dass der Allmächtige die Frucht unserer Hoffnung, die gestern reif war, segnen wird, und dass Hansemann beschlossen hat, uns die Summe von einer halben Million Taylor zur Verfügung zu stellen. Lieber Abraham, du musst sicher sein, dass wir dieses Geld haben müssen, wenn wir jede Nacht ruhig schlafen wollen. "[6]

Am 1. April war Abraham persönlich nach Berlin gereist, um seinen alten Freund Hansemann um einen Regierungskredit von 500.000 Taylor gegen Immobilien und Aktien zur Rettung der Schaffhauser Bank zu bitten, wobei die Rettung der Schaffhauser Bank seine eigene Rettung bedeutete. Nach zweiwöchigem Hin und Her beschloss Hansemann, einen Kompromiss zwischen den Gläubigern und den Bankiers zu erzielen, und um dies zu erreichen, musste Geld von Berlin verlangt werden. Die Berliner Seite sträubte sich zunächst, Geld zu geben, und Abraham drohte damit, dass es bei der Rettung der Banken nicht nur darum gehe, die Liquidität einzelner Banken zu retten, sondern darum, ob die Revolution eingedämmt werden könne, eine wichtige politische Frage für das Überleben der preußischen Regierung. Er kam zu dem Schluss, dass ohne die Wiederherstellung des Bankkredits die Banken der bestehenden Gesellschaftsordnung zusammenbrechen würden. Die preußische Regierung war so beunruhigt, dass sie sofort einen Krisen-Koordinationsausschuss mit Hansemann auf der Seite der Regierung und Abraham auf der Seite der Bankiers einrichtete, um sich auf konkrete Wege zur Rettung der Schaffhauser Bank zu einigen. Bald einigte man sich darauf, die Schaffhauser Bank in eine Aktiengesellschaft umzuwandeln, und die erste Aktiengesellschaft in der preußischen Geschichte war geboren.

---

[6] Ebd.

Dies war Teil der Finanzreformpolitik, die Liberale und Abraham seit 1830 von der Regierung gefordert hatten.

Um den Druck auf die Regierung zu erhöhen, drohte Abraham sogar damit, dass die Abspaltung des Rheinlands von Preußen unausweichlich sei, wenn nicht rechtzeitig eine Lösung der Finanzkrise erreicht werden könne. Offensichtlich erhob Abraham die Bürgschaftsbank zur nationalen Souveränität, ein mörderischer Schachzug, während die preußische Regierung zu sehr damit beschäftigt war, die sozialen Unruhen zu beruhigen, um ihn zu stören. Zu dieser Zeit ging der preußischen Regierung Stabilität über alles, und es herrschte die von Abraham, Hansemann und anderen vertretene Ansicht vor, dass "politische Stabilität finanzielle Stabilität voraussetzt". All dies war in Wirklichkeit eine Strategie, die vor langer Zeit von Leuten wie Abraham und Hansemann inszeniert wurde, deren Ziel eine Revolution der Finanzen und der Politik von oben nach unten war. Durch soziale Unruhen und politisches Chaos erreicht Abraham schließlich sein Traumziel.

Anfang Mai erhielt Oppenheimer von der preußischen Regierung eine Bürgschaft von 500.000 Taylor, und das preußische Finanzsystem begann sich grundlegend zu verändern.

Vergleicht man diese Geschichte mit der gegenwärtigen Finanzkrise und der Rettungsaktion der US-Regierung, so könnte sie mit einigen geringfügigen Anpassungen der Chronologie und des Namens auch direkt auf der Titelseite des heutigen Wall Street Journal veröffentlicht werden. Er trägt den Titel "Bankenrettung und Finanzreform: Finanzminister und Banker einigen sich auf Ziele".

Die menschliche Natur wiederholt sich in der Geschichte immer wieder, und dieses Mal ist sie keine Ausnahme.

Der Aufstieg von Bismarck

Wenn die Vereinigung Deutschlands ohne Bismarck nicht möglich gewesen wäre, so wäre Bismarcks Erfolg ohne den jüdischen Bankier hinter ihm, Gerson Bleichröder, nicht möglich gewesen. Bismarcks Stellung in der deutschen Geschichte ist vergleichbar mit der von Qin Shi Huang in der chinesischen Geschichte, die beide mit Hartnäckigkeit und eisernem Willen die Einigung des Landes durchsetzten und damit eine unauslöschliche Spur in der Geschichte hinterließen. In Deutschland gibt es mehr als 7.000 verschiedene Monographien über

Bismarck, und seine Leistungen und sein Scheitern sind von der deutschen Geschichtsgemeinschaft gründlich analysiert und untersucht worden. Doch der Einfluss des riesigen Finanzkonzerns, der hinter Bismarcks Politik stand, wird in dieser Pullover-Literatur fast vollständig ignoriert. In Bismarcks eigener dreibändiger Biographie, in der die Familie Bleichröder nur einmal beim Tod Kaiser Wilhelms II. erwähnt wird, scheint der Einfluss jüdischer Bankiers auf die deutsche Politik ein blinder Fleck der Forschung zu sein.

Tatsächlich ging Bismarcks Korrespondenz mit den Familien Breiszlauer und Rothschild während seiner gesamten politischen Laufbahn in die Tausende, und während seiner gesamten Laufbahn versorgte er die Rothschilds fast täglich mit Informationen über Veränderungen in der deutschen Politik, den militärischen Bewegungen und den Finanzmärkten.[7] Anhand dieser Mitteilungen können wir genau beurteilen, dass Bismarck ohne die starke finanzielle Unterstützung von Bleichröder und Rothschild kaum in der deutschen Politik hätte Fuß fassen können, geschweige denn die große Aufgabe der Einigung Deutschlands hätte bewältigen können. Mehr als hundert Jahre lang ist Bleichröder im Mülleimer der Geschichte versunken, und seine Wiederausgrabung wird den bedeutenden Einfluss der lange vernachlässigten finanziellen Kräfte in der deutschen Geschichte authentisch wiederherstellen.

Bismarck wurde mit einem goldenen Löffel in der Hand geboren und gehörte der Junkerklasse der Grundbesitzer an. Von klein auf war er ehrgeizig, und es war diese angeborene Überlegenheit, die Bismarck seine einzigartige Persönlichkeit verlieh, denn viele der gesellschaftlichen Positionen und Reichtümer, die in den Augen des einfachen Mannes unerreichbar waren, waren für ihn leicht zugänglich und einfach. Er war jähzornig, aufbrausend, kühn und zäh, hart und ungehobelt, sogar ein wenig eigensinnig.

Bismarck war ehrgeizig und hatte ein großes Interesse an der Politik. Gleichzeitig hatte er, wie andere Junker, ein großes Verlangen nach Geld. Sein Hauptzweck, Geld zu besitzen, bestand darin, ohne Skrupel eine Position zu erlangen, indem er große Geldsummen zur Befriedigung politischer Ambitionen und Machtgelüste einsetzte.

---

[7] Fritz Stern, *Gold und Eisen - Bismarck, Bleichröder und der Aufbau des Deutschen Reiches*, 1977, S. 21.

Sollte er eines Tages seiner politischen Karriere überdrüssig werden, kann er sich ohne Probleme aus der Politik zurückziehen, frei von wirtschaftlichem Einfluss und Zwang.

Seit Bismarck in die Politik gegangen ist, ist sein Appetit auf Geld gewachsen, und er hatte immer weniger Zeit, es selbst zu verwalten. Also musste er die Sensibilität des Juden für Geld und sein Talent für Vermögensverwaltung nutzen, um bei der privaten Geldverwaltung behilflich zu sein und eine Anhäufung und Vermehrung des Vermögens zu erreichen. Dabei nahm Bismarck eine pragmatische Haltung gegenüber jüdischen Bankiers ein, die von Natur aus nicht sonderlich judenfreundlich waren, und glaubte sogar, dass Juden nicht in öffentliche Regierungsinstitutionen eintreten sollten, und dass das, was er von Juden verlangen musste, ihre überlegenen finanziellen Fähigkeiten waren, und dass er sich zu einem großen Teil auf diese gewitzten jüdischen Bankiersfamilien verließ, um sein persönliches Vermögen zu vermehren.

Das große Machtvakuum, das durch die europäischen Revolutionen von 1848 entstanden war, bot Bismarck große Entfaltungsmöglichkeiten, förderte seinen politischen Ehrgeiz und trug weiter zu seiner charakteristischen realistischen Haltung bei. In der Welle der Revolution entschied sich Bismarck schließlich dafür, ein überzeugter Royalist zu werden. Bismarck war davon überzeugt, dass Deutschland letztendlich auf eine Einigung zusteuern müsse und dass dieser Prozess auf der Stärke einer starken Monarchie beruhen müsse. Er glaubte, dass die Demokratie nur zu Schwäche und Laxheit führen würde, und dass er zu diesem Zweck ein entschiedener Verfechter des Königs sein musste. Im Gegenzug für diese Worte und Taten ernannte Friedrich Wilhelm IV. Bismarck 1851 zum preußischen Delegierten auf dem Kongress des Deutschen Bundes in Frankfurt.

Von da an wurde Bismarck offiziell zu einer öffentlichen Person und betrat die Bühne der Geschichte.

Bleichröder: Bismarcks Privatbankier

Gerson Bleichröder war sowohl Privatbankier von Bismarck, dem ersten Kanzler des Deutschen Reiches, als auch Bankier für die deutsche Öffentlichkeit. Mit geschicktem Geschick und Geduld hat er sich große Vorteile verschafft. Die Rothschilds waren seine Vorbilder und heimlichen Verbündeten, aber noch mehr war er ein Mann, der seinen eigenen Weg ging und seine Werte verwirklichte.

Fritz Stern.

Bismarck kam 1851 nach Frankfurt und erregte bald die Aufmerksamkeit von Amschel Rothschild, dem Oberhaupt der Rothschild-Familie, die damals in Frankfurt ansässig war. Amschel, der älteste der fünf Rothschild-Brüder, war zu diesem Zeitpunkt bereits in den Achtzigern. Bismarck war von seiner ersten Bekanntschaft an sehr beeindruckt von Amschel und imitierte für seine Frau oft Rothschilds Akzent, wenn er nach Hause kam, einschließlich der Verwendung jüdischer Akzente und Grammatik, um Deutsch auszudrücken. Er hatte einen sehr starken Eindruck von dem großen Reichtum und der Macht der Familie Rothschild und freute sich auch, die Familie Rothschild zu treffen. Wann immer er in der Zukunft von den Rothschilds eingeladen wurde, fühlte er sich geschmeichelt, eingeladen zu werden. Er beschrieb Amschel Rothschild einmal folgendermaßen:

> *„Er war ein sehr alter Jude, mit Tonnen von Gold und Silber, mit vielen, vielen goldenen Tellern und Messern und Gabeln. Da Amschel keine Nachkommen hatte, obwohl er reich war, hatte er auch keine Nachkommen, die erben konnten. Er war eher ein armer Mann in einem Luxuspalast, umgeben von zahllosen Leuten, die ihn betrogen und intrigierten, um an sein Geld zu kommen. Seine Verwandten, die ihn umgaben, um seinen Reichtum zu erben, hatten in Wirklichkeit keine echte Liebe oder Dankbarkeit für ihn."*[8]

Bismarck war fleißig und gelehrt, sehnte sich verzweifelt nach Macht und Weisheit, und seine Ambitionen und Bestrebungen in der Politik fielen bald sowohl Amschel als auch seinem Stiefsohn Meyerkar auf. Die Rothschilds hatten eine besondere Vorliebe für die Förderung politischer Emporkömmlinge, und sie rühmten sich oft, ein Segen zu sein. Im Laufe der jüngeren Geschichte Europas hat die Familie Rothschild eine Reihe von politischen Stars hervorgebracht. Rothschild ist davon überzeugt, dass Bismarck eine sehr lohnende potenzielle Aktie ist, in die man investieren kann. Neben Bismarck wählten die Rothschilds Benjamin Disraeli aus, der später Premierminister des Vereinigten Königreichs werden sollte; die Rothschilds wählten auch den Earl of Rosebery aus, der in seiner Jugend drei große Lebensziele

---

[8] Bleichröder an Baron James, 21. Februar 1863.

hatte: das Derby-Rennen zu gewinnen, eine superreiche Frau zu heiraten und Premierminister des Vereinigten Königreichs zu werden, was er schließlich auch alles erreichte. Die Rothschilds waren es, die die schwergewichtigen Politiker, die die gesamte Weltgeschichte beeinflusst haben, entdeckten, kultivierten und zu ihnen heranwuchsen.[9]

Obwohl Nathan Rothschild einst behauptete, er habe "die Ausgabe von Geld im britischen Empire kontrolliert", haben die alten Aristokraten Europas immer noch eine tief sitzende Verachtung für Rothschild und andere jüdische Bankiers, die das "Mega-Geld" hervorbringen. In bestimmten Fällen musste sich jedoch auch der Adel der Macht des Geldes beugen. Bismarck vertrat eine ähnliche Mentalität, indem er die jüdischen Bankiers sowohl ausnutzte als auch verachtete.

Bismarck kam zunächst in Frankfurt an und begann bald eine recht gemütliche Hochzeitsreise mit den Rothschilds, aber es dauerte nicht lange, bis ein ungewöhnlich heftiger Streit mit den Rothschilds ausbrach. Alles begann damit, dass Österreich, das damalige Oberhaupt des Deutschen Bundes, sich gegenüber der preußischen Regierung oft willkürlich und respektlos verhielt, während Bismarck ein äußerst sensibler und mächtiger Mann war, der sich als Diplomat nur dem politischen Willen der Berliner Seite unterordnen konnte, der aber oft über die Arroganz und die Details der österreichischen Seite wütend war. 1852 kam es zwischen Österreich und Preußen zu einem nicht ganz so ernsten Konflikt über den Deutschen Bund. Der Deutsche Bund verfügte damals nur über eine kleine Flotte, die schlecht finanziert und schwer zu unterhalten war, und brauchte dringend eine Summe, um die Besatzung zu bezahlen. Österreich bat die Familie Rothschild direkt um ein Darlehen in Höhe von 60.000 Gulden, trotz des entschiedenen Widerstands Preußens. Rothschild zögerte zwar, diese Flotte zu finanzieren, war aber dennoch bereit, den Anweisungen des Habsburgerhauses Folge zu leisten. Dieser Vorfall erzürnte Bismarck sehr und es kam zu einem heftigen Streit mit Amschel.

Die Rothschilds waren, auch wenn sie reich waren, zwangsläufig Ratten in der Windbüchse und befanden sich während des Streits zwischen der preußischen und der österreichischen Regierung in einer

---

[9] Niall Ferguson, *Das Haus Rothschild*.

schwierigen Lage. Diese feudal herrschenden Aristokraten betrachteten die Juden immer noch als eine minderwertige, untergeordnete Gruppe, und aufgrund der historischen Umstände der damaligen Zeit löste Geld das Problem des minderwertigen politischen Status der Juden nicht.

Auch nach dem großen Kampf hat sich Bismarcks Zorn nicht völlig gelegt. Er hatte das Gefühl, dass die Rothschilds Österreich näher standen als Preußen, und in seinem Zorn begann er, die Einladungen der Rothschilds abzulehnen, während er gleichzeitig die preußische Regierung überredete, die Bestman-Bank, einen Rivalen der Rothschilds, als offizielle Bank der gesamten preußischen Regierung einzusetzen. Leider war das preußische Finanzministerium nicht so impulsiv wie Bismarck, und die Rothschilds wurden nicht ersetzt. Der Hauptgrund dafür ist, dass die Position der Rothschilds im Grunde unersetzlich ist. Die preußische Regierung wusste auswendig, dass nur die Rothschilds entscheidende Hilfe leisten konnten, wenn Geld wirklich gebraucht wurde. Nach einem solchen Streit verließ der österreichische Botschafter entrüstet Frankfurt, und Bismarck glaubte, den Kampf gewonnen zu haben. Wie das Sprichwort sagt, kein Kampf, kein Geschäft. Auch in der Begegnung mit den Rothschilds wog Bismarck das Gewicht seines Gegners ab.

1853 unterstützte Bismarck den Vorschlag der Regierung, die Rothschilds in Frankfurt zu den offiziellen Bankiers der preußischen Regierung zu machen. Und nicht nur das, er beantragte auch die Verleihung des Roten Adlers von Preußen an Sir Meyerkar (Amschels Stiefsohn). Jetzt, wo die Beziehung wiederhergestellt ist, ist sie viel realistischer und enger als zuvor.

1858 ernannte der preußische Kronprinz (der spätere Kaiser Wilhelm I.) Bismarck zum Botschafter in St. Petersburg, und bevor er Frankfurt im März 1859 verließ, bat Bismarck Meyer Karl Rothschild ausdrücklich darum, ihm einen zuverlässigen Bankier in Berlin zu empfehlen, und Bismarck bestand darauf, dass der für seine persönlichen Finanzen in Berlin zuständige Privatbankier Jude sein müsse. Bismarck bestand darauf, dass der für seine persönlichen Finanzen in Berlin zuständige Privatbankier ein Jude sein musste, da er aus verschiedenen Gründen glaubte, dass nur ein jüdischer Bankier über genügend Talent und Fähigkeiten verfügte, um ihm bei der Erreichung seiner Ziele im Finanzmanagement zu helfen. Der eigentliche Grund dafür war, dass er auf diesem Weg seine besondere und enge Beziehung zu den Rothschilds fortsetzen wollte. So empfahlen die Rothschilds offiziell Gerson Bleichröder als Bismarcks Privatbankier.

Bis 1861 hatte sich Bleichröder zu einem äußerst einflussreichen jüdischen Bankier in Berlin entwickelt. Obwohl es zu dieser Zeit mehrere ältere Bankiersfamilien in Berlin gab, wie z. B. Mendelssohn, und diese älteren Familien Bleichröder an Größe und Tiefe überlegen waren, stiegen die Bleichröders durch ihre engen Geschäftsbeziehungen zu den Rothschilds schnell zu "aufsteigenden Sternen" im Berliner Bankwesen auf. Mit anderen Worten: Je enger die Beziehungen zu den Rothschilds unter den vielen Bankiersfamilien sind, desto besser sind die Chancen für denjenigen, der sich im Wettbewerb am Markt durchsetzen kann.

Die Familie Bleichröder übernahm diese Rolle schnell, nachdem sie Bismarcks Privatbankiers geworden war. Bismarcks gesamtes Gehalt und andere Einkünfte wurden der Bleichröder-Familienbank übergeben, während sie die Begleichung von Bismarcks privaten Schulden verwaltete, Bankkonten im Ausland für ihn einrichtete und verwaltete und für die Verwaltung von Bismarcks Vermögen, das zu dieser Zeit nicht groß war, verantwortlich war.

Von diesem Zeitpunkt an korrespondierten Bismarck und die Familie Bleichröder eng miteinander. Wie die Rothschilds sind alle Bankiersfamilien überempfindlich gegenüber politischen Nachrichten und Marktinformationen, denn hinter diesen Informationen verbergen sich eine Fülle von Geschäftsmöglichkeiten. Die Bleichröders verlangten von Bismarck keine finanzielle Gegenleistung, sondern lediglich politische Informationen und einige Insider-Informationen.

Die Dänemark-Krise: Bismarcks unerwartete Chance

Hinter jedem Krieg stehen Geld und Nahrungsmittel, und wer über die größeren wirtschaftlichen Ressourcen verfügt, wird mit größerer Wahrscheinlichkeit den endgültigen Sieg im Krieg davontragen. Das erste, was Bismarck in dem historischen Prozess der Einigung Deutschlands begegnete, war das Gelddilemma.

Als Wilhelm I. 1861 den Thron bestieg, war das erste Hindernis, mit dem er konfrontiert wurde, ein von den Liberalen besetztes Parlament. Seit der französischen bürgerlichen Revolution Ende des 18. Jahrhunderts hat die liberale Ideologie mit der Demokratie als Kernstück Europa erfasst, und insbesondere nach der Revolution von 1848 hat sich der Einfluss der Liberalen in Europa sogar noch verstärkt, bis hin zu Gewalt und Blutvergießen bei dem Versuch, die feudale, autoritäre gesellschaftliche Machtstruktur vollständig aufzubrechen. In Preußen, einem Land mit einer eher konservativen ideologischen Tradition, streben die Liberalen einerseits nach dem französischen und britischen Modell der Demokratie, andererseits fürchten sie aus tiefstem Herzen die blutige Revolution, die Frankreich erlebt hat. Dies ist die fatalste Schwäche der preußischen Liberalen, die bis auf die Knochen erdverbundene Nationalisten bleiben und sich lediglich in die Haut der Liberalen hüllen.

Wilhelm I. hat eine preußische Militärtradition geerbt, und seine Militärdienstjahre veranlassen ihn, sich besonders für den Aufbau seiner Armee zu interessieren. Er war die entschlossenste Minderheit bei der gewaltsamen Niederschlagung der europäischen Revolutionen von 1848 und lehnte jeden politischen Kompromiss ab. 1862 entschloss sich Wilhelm I. schließlich, den umstrittenen Bismarck zum Ministerpräsidenten und Außenminister Preußens zu machen, nachdem das Heeresreformgesetz vom Parlament blockiert worden war. In seiner Antrittsrede vertrat Bismarck die berühmte Theorie des eisernen Blutes: "Die großen Probleme unserer Zeit können nicht durch Reden und Mehrheitsbeschlüsse gelöst werden; das ist der Fehler, den wir in den Jahren 1848 und 1849 begangen haben; (diese Probleme) können nur durch Eisen und Blut gelöst werden. "Bismarck gab Wilhelm I. gleichzeitig einen Denkanstoß: "Da wir früher oder später sterben werden, können wir nicht anständiger sterben ... Seiner Majestät bleibt kein anderer Weg, als sich zu bemühen! "Bismarck hat seitdem die feste Unterstützung Wilhelms I. für seine Politik gewonnen.[10]

Im Mittelpunkt des Militärreformgesetzes steht die Stärkung der regulären Armee und die Schwächung der Nationalgarde. Mit dem Gesetzentwurf wird die Dienstzeit in der regulären Armee von zwei auf drei Jahre verlängert. Der vordergründige Grund für den Widerstand des Kongresses ist, dass die Militärausgaben zu hoch sind, und im Grunde genommen ist es der Unmut über die Degradierung der Nationalgarde. Im preußischen Militärapparat, in dem der Kern der regulären Armee die feudale Junkeraristokratie war und die Nationalgarde die aufstrebende bürgerliche Macht der städtischen Mittelschicht repräsentierte, führte die Stärkung der regulären Armee unweigerlich zu einer weiteren Stärkung der autoritären Macht

---

[10] Holborn, *Modernes Deutschland*.

Preußens, was das liberale Parlament zutiefst fürchtete. Ihre Taktik bestand darin, die Genehmigung des Regierungshaushalts zu verweigern und Bismarck in der Geldfrage in die Enge zu treiben. Bismarck zeigte keine Anzeichen von Schwäche und drohte sofort damit, das Parlament zu vertagen und ohne es zu regieren.

Die Dänenkrise brach in einer Zeit des Pattes zwischen den beiden Seiten aus. Im März 1863 wollte der dänische König die umstrittenen Gebiete Schleswig und Holstein an die preußische Grenze angliedern, was sofort den preußischen Nationalismus schürte. Obwohl diese beiden Gebiete gemäß dem Londoner Vertrag von 1852 von Dänemark verwaltet wurden, blieb ihre Souveränität beim Deutschen Bund. Das Unheil des Krieges begann sich über Preußen abzuzeichnen. [11]

Für Bismarck ist dies eine einmalige Gelegenheit. Er wird den Krieg gegen Dänemark nutzen, um die liberale Opposition im eigenen Land deutlich zu schwächen und seine Macht zu festigen. Zu diesem Zeitpunkt brauchte Bismarck einen Sieg im auswärtigen Krieg zu dringend. Strategisch betrachtet, ist Bismarcks Vorgehen ruhig und altmodisch. Um sein Ziel, Dänemark zu besiegen, zu erreichen, musste er Österreich einbinden. Zu diesem Zweck schlug er geschickt vor, Schleswig unter preußische und Holstein unter österreichische Herrschaft zu stellen, was von Österreich bereitwillig akzeptiert wurde. Um die Einmischung anderer europäischer Mächte zu besänftigen, unterstützte Bismarck gleichzeitig mit einer Geste den Londoner Vertrag und die Erhaltung der bestehenden europäischen Ordnung, um Großbritannien, Frankreich und Russland zu beschwichtigen.

Bismarcks politisches Manöver und diplomatisches Geschick in der dänischen Krise waren optimal, und die preußische Militärmaschinerie war mehr als ausreichend, um mit Dänemark fertig zu werden. Was Bismarck jedoch am meisten beunruhigte, war die Tatsache, dass seine enormen Kriegskosten nicht gedeckt waren, dass das Parlament sich seiner Innen- und Außenpolitik hartnäckig widersetzte und dass es unmöglich war, sein Kriegsbudget zu verabschieden.

---

[11] Eyck, Erich, *Bismarck and the German Empire*, W. W. Norton & Company. (1964).

Der Preußische Krieg: Ein Test der goldenen Macht

Bismarcks einzige Hoffnung bestand darin, die parlamentarischen Haushaltsbeschränkungen zu umgehen und einen anderen Weg zur Finanzierung des Krieges zu finden. Er setzte seine größten Hoffnungen auf seinen eigenen Privatbankier Bleichröder. Bleichröder unterhielt enge Beziehungen zu der mit allen Wassern gewaschenen Familie Rothschild, die nicht nur in der Lage war, die enormen finanziellen Probleme zu lösen, sondern auch außergewöhnlichen Einfluss auf Napoleon III. von Frankreich hatte. Im Krieg gegen Dänemark war die Neutralität Napoleons III. der Schlüssel zum Erfolg oder Misserfolg.

Zu dieser Zeit beobachtete Bismarck, flankiert von Bleichröder, in aller Stille eine Reihe von Umwälzungen in der preußischen Politik und überlegte, wie dieser große politische Wandel zu großem wirtschaftlichen Vorteil genutzt werden könnte. Was das persönliche Gut und Böse betrifft, so neigt Bleichröder als Jude eher zu liberalen Ideen. In der Tat waren die Juden in der Revolution von 1848 eine wichtige Kraft für ihre eigene gerechte Macht. Aber als Bankier muss sein Urteil absolut rational, ja kalt sein, und er muss Interessen wählen!

Durch die tägliche Korrespondenz mit der Familie Rothschild floss ein ständiger Strom von Handelsmarktinformationen und politischmilitärischen Informationen von Berliner Seite an James Rothschild in Paris... Am 1. Mai 1863 enthüllte Bleichröder in einer Geheimdienstwarnung an Rothschild, dass die dänische Krise zu einer

> *"Unser Finanzminister hatte ein Darlehen von 50 Millionen Taylor für den Bau der Marine vorgesehen, aber (die dänische Krise) reduzierte das Darlehen auf 30 Millionen Taylor, hauptsächlich für die Verteidigung der Häfen in der Ostsee... (Bismarck) teilte mit, dass die dänischen Ereignisse zu ernsten Komplikationen führen könnten, dass aber drei Monate lang nichts geschehen würde, da die militärischen Vorbereitungen noch nicht abgeschlossen seien".* [12]

Von Mai bis November 1863 stand Bismarck bei seinen Kriegsvorbereitungen unter starkem Gelddruck. Nach wiederholten Verhandlungen mit Rothschild unterbreitete Bleichröder Bismarck im

---

[12] Fritz Stern, *Gold und Eisen - Bismarck, Bleichröder und der Aufbau des Deutschen Reiches*, 1977, S. 32.

November schließlich ein Angebot. Bleichröders Vorschlag war einfach: Preußen könnte zur Finanzierung staatseigene Vermögenswerte verkaufen. Die Rothschilds waren an den reichen Kohlereserven im Saargebiet interessiert, die sich hauptsächlich unter der Kontrolle der preußischen Regierung befanden, und Bleichröder schlug vor, sie an die Rothschilds in Frankreich zu verkaufen. Tatsächlich gab es bereits 1861 Gerüchte, dass die Rothschilds bereit waren, 20 Millionen Taylor für die Kohleminen im Saargebiet zu zahlen. Bismarck wusste seit langem, dass auch Napoleon III. an den Kohlebergwerken in der Region interessiert war, und Napoleon III. machte Bismarck sogar direkt klar, dass Frankreich, wenn es im Preußischen Krieg neutral bleiben wollte, die preußischen Sal-Kohlebergwerke eintauschen musste.

In einem Brief an Rothschild vom 7. Dezember 1863 teilte Bleichröder mit, dass die Regierung im Begriff sei, dem Parlament einen Haushaltsplan von 10 Millionen Taylor vorzulegen, der möglicherweise abgelehnt würde. Zwei Tage später schlug Bismarck entschlossen ein Budget von 12 Millionen Taylor für den Krieg in Preußen vor. Die preußische Staatskasse verfügte zu diesem Zeitpunkt über 21 Millionen Taler für den Krieg gegen Dänemark, aber Bismarck vertrat aus einer vorsichtigen Einschätzung der Kriegsausgaben heraus die Ansicht, dass das Geld für den Fall unvorhergesehener Umstände aufbewahrt werden müsse, und am 22. Januar 1864 lehnte das Parlament Bismarcks Antrag mit einer knappen Mehrheit von 275 zu 51 Stimmen ab.[13]

Bismarck musste einen anderen Weg finden, um an Geld zu kommen. Zu diesem Zeitpunkt trat der Frankfurter Bankier Raphael von Erlanger an Bismarcks Tür, in der Hoffnung, ein Darlehen von 15 Millionen Taylor anbieten zu können. Der Vorfall verärgerte die Familie Rothschild, denn die Familie Erlanger, die ursprünglich der Familie Rothschild unterstand, hatte sich zu einem der Hauptkonkurrenten der Familie Rothschild entwickelt und war in die Riege der internationalen Bankiers aufgestiegen. Die Rothschilds hatten den Verrat ihrer eigenen Jünger immer gehasst, ganz zu schweigen von der Tatsache, dass die Familie Erlanger die

---

[13] Ebd., S. 39.

französischen Familien Foulds und Pereire oft dazu gebracht hatte, der Familie Rothschild Geschäfte zu stehlen.

James Rothschild ist darüber empört und beschimpft Brexler für seine Unfähigkeit. Bleichröder beeilte sich zu versichern, dass das Parlament jegliche Kreditvergabe an die Regierung durch private Banken ohne die Zustimmung und Genehmigung des Parlaments strikt ablehne und dass „Erlangs Ansatz zur Kreditvergabe an die Regierung vollständig abgelehnt worden sei."[14]

Der Krieg gegen Dänemark wurde von den österreichisch-preußischen Streitkräften am 1. Februar 1864 offiziell eröffnet, und am 3. Februar warnte Bleichröder nach einem Treffen mit Bismarck diesen im Namen der Rothschilds erneut davor, das Darlehen von Erlangen anzunehmen. Rothschild forderte Bismarck sogar auf, Erlanger in der preußischen Presse zu verleumden. Bismarck lehnte dieses überzogene Ansinnen ab, versicherte aber, dass die preußische Regierung eine Zusammenarbeit mit Erlanger sorgfältig prüfen werde. Bleichröder schlug Bismarck daraufhin vor, die vom Parlament einst für den Eisenbahnbau bewilligten Anleihen zu verpfänden und mit einem gewissen prozentualen Abschlag an die Bankiers zu finanzieren, die ihrerseits die Anleihen in voller Höhe an Investoren verkauften.

In der ersten Woche des Krieges überwogen Bismarcks Sorgen um die Finanzierung des Anschlusskrieges, die Kosten des Krieges überstiegen deutlich seine Prognosen, und ohne Anschlussfinanzierung könnte Bismarcks Armee nur noch etwa zwei Monate durchhalten. Wäre der Krieg bis dahin nicht beendet worden, wäre Bismarck zwischen dem wahllosen Bombardement des Parlaments und dem hämischen Spott der europäischen Mächte gefangen gewesen. Es ist nicht übertrieben zu sagen, dass der Name Bismarck zum Gespött Europas wird und er selbst von der Bühne der Geschichte verschwinden wird.

Als die preußische Bank Anfang März eine geheime Vereinbarung mit der Familie Erlanger traf, war Rothschild empört und bezeichnete Bleichröder erneut als inkompetent, und am 14. März schrieb Bleichröder zurück und beschwor, dass "Bismarck davon keine

---

[14] Bohme, *Deutschlands Weg*, Kapitel 2 und 3.

Kenntnis hatte und durch diesen Akt zutiefst beunruhigt war". Bismarck verpflichtete sich, den zuständigen Finanzminister zu verurteilen.

Natürlich war auch Bismarck nicht gerade ein Sparfüchse. Als er den Widerspruch zwischen Rothschild und Erlanger sah, übertrieb er bewusst und unbewusst die potenzielle Bedrohung durch Erlanger, um so schnell wie möglich den bestmöglichen Kredit von Rothschild zu den besten Bedingungen zu erhalten. Er wandte die Weisheit der internationalen Politik auf den finanziellen Aspekt an und spielte den Trick "Geld gegen Geld" wirklich clever aus. Am Ende erhielt Bismarck eine Kriegsfinanzierung zu 4,5 Prozent Zinsen, und Rothschild erhielt eine lukrative Provision für einen Finanzmakler.

Am 18. April 1864 errang Preußen einen entscheidenden Sieg. Aber die Kosten des Krieges führten auch zu einer ernsten Krise, und "den ganzen Sommer 1864 hindurch war Bismarck von der durch den preußischen Krieg verursachten Liquiditätsanspannung beunruhigt. "Der Krieg hatte insgesamt 22,5 Millionen TTL gekostet, und der Haushaltsüberschuss der vorangegangenen Jahre von 5,3 Millionen TTL sowie die von der preußischen Regierung aufgebrachten Mittel von 17 Millionen TTL waren aufgebraucht. [15]

Durch den Krieg erkannte Bismarck schließlich die Bedeutung des Geldes, insbesondere in kritischen Zeiten, in denen Politiker oft gezwungen sind, große Kompromisse mit den Bankiers einzugehen. Der preußische Krieg brach etwa zur gleichen Zeit aus wie der amerikanische Bürgerkrieg, und in einem Kommentar zum Krieg und zur Ermordung Lincolns sagte Bismarck: "Es kann kein Zweifel daran bestehen, dass die Teilung der Vereinigten Staaten in zwei schwächere Konföderationen, den Norden und den Süden, von den Finanzmächten Europas schon lange vor Ausbruch des Bürgerkriegs beschlossen worden war. „Er (Lincoln) erhielt vom Kongress die Befugnis, Kredite aufzunehmen, indem er die Staatsschulden an das Volk verkaufte, so dass die Regierung und das Land aus der Falle der ausländischen Finanziers sprangen. Als es ihnen (den internationalen Bankiers) dämmerte, dass Amerika sich ihrem Zugriff entziehen würde, war Lincolns Tod nicht mehr weit entfernt. Lincolns Tod war ein großer Verlust für die christliche Welt. Niemand in Amerika wird in der Lage

---

[15] Fritz Stern, *Gold und Eisen - Bismarck, Bleichröder und der Aufbau des Deutschen Reiches*.

sein, in seine großen Fußstapfen zu treten, und die Banker werden die Kontrolle über die Reichen zurückgewinnen. Ich fürchte, dass die ausländischen Bankiers mit ihrer Selbstherrlichkeit und Grausamkeit Amerikas Reichtum an sich reißen und ihn dann nutzen werden, um die moderne Zivilisation systematisch zu korrumpieren."

Bismarcks Worte hätten von Herzen kommen müssen.

Der Preußische Krieg war Bismarcks erster großer Sieg, mit dem er gleich mehrere Fliegen mit einer Klappe schlug. Erstens nutzte er den Rivalen Österreich, um seine eigenen strategischen Ziele zu erreichen, zweitens lenkte er Österreich von seinen Verbündeten ab und drittens brachte er die liberale Opposition im Land zum Schweigen.

Parlamentarische Liberale: Hindernisse auf dem Weg zur deutschen Wiedervereinigung

Im Jahr 1815 endeten die Napoleonischen Kriege. Nach dem Zusammenbruch des Heiligen Römischen Reiches schlossen sich zahlreiche deutsche Staaten zum locker organisierten Deutschen Bund zusammen, und Österreich übernahm die Führung des Deutschen Bundes. Seit der Europäischen Revolution von 1848 gab es zwei Vorstellungen von der deutschen Einigung: die Errichtung eines großen germanischen Reiches, das alle germanischen Regionen einschließlich Österreichs umfasste, ein Vielvölkerreich, und die Errichtung eines kleinen Deutschlands ohne Österreich, mit Preußen als Kern. Bismarck entschied sich aus praktischen Erwägungen heraus für die kleindeutsche Variante.

Nach dem Ende des Preußischen Krieges wurde Österreich zum Haupthindernis für Bismarcks Bestreben, Deutschland zu vereinen. Um dieses strategische Ziel zu erreichen, verfolgte Bismarck nach wie vor die Strategie, durch Kriege im Ausland einen innenpolitischen Konsens herbeizuführen und den Reichstag zu zwingen, seine Macht abzugeben und seine Position innerhalb Preußens zu festigen. An der diplomatischen Front sah Bismarck eine Gelegenheit für Italien, sich der österreichischen Herrschaft zu widersetzen und ein strategisches Bündnis mit Italien zu schließen. Gleichzeitig wurde Frankreich durch das große Interesse an den Kohleminen des Saargebiets dazu verleitet, Napoleon III. neutral zu halten. Bismarck nutzte auch den russisch-österreichischen Streit auf dem Balkan, um das Verständnis Russlands zu gewinnen. Schließlich war da noch die Haltung Großbritanniens, das gegenüber einer möglichen Veränderung des Kräfteverhältnisses auf dem Kontinent unempfindlich war, und obwohl Großbritannien nicht wollte, dass Preußen Deutschland vereinigte, schien Österreich angesichts der Situation bessere Siegchancen zu haben, ganz zu schweigen von der Trägheit des Denkens, das durch die napoleonische Ära geschaffen worden war, um Frankreich einzudämmen, und Bismarck ging davon aus, dass Großbritannien mit dem österreichisch-preußischen Krieg nicht zufrieden sein würde, aber auch nicht heftig dagegen sein würde. Nach Bismarcks Operation hatte Preußen im Sommer 1864 mehr Freunde als Österreich und weniger Feinde als Österreich.

Im Moment war es das Geld, das Bismarck die größten Sorgen bereitete. Die preußische Staatskasse war durch den preußischen Krieg schwer verwundet worden, und jahrelange finanzielle Überschüsse waren mit der Asche des Krieges ausgelöscht worden, und Bismarck spürte dies am unmittelbarsten an seiner erstaunlichen Fähigkeit, Reichtum zu verschlingen. Der Krieg wird in der Tat mit Geld und Lebensmitteln geführt!

Von 1864 bis 1866 versuchte Bismarck zweierlei: Er tat sein Bestes, um für Preußen jeden Pfennig für die Kriegsvorbereitungen zu bekommen, und er tat sein Bestes, um Österreich daran zu hindern, auf den europäischen Finanzmärkten Geld für den Krieg zu beschaffen. Bismarcks Strategie bestand darin, seine Gegner finanziell in den Ruin zu treiben und die nationale Macht Österreichs durch die Kriegsdrohung zu schwächen. Die finanzielle Lage Österreichs ist in der Tat schlechter als die Preußens, das seit langem erschöpft ist und am Rande des Bankrotts steht, weil es jahrelang nationalistische Unruhen auf dem Balkan und anderswo niedergeschlagen hat. Keine der beiden Seiten ist gewillt, ihre finanzielle Verlegenheit öffentlich zu zeigen, beide sammeln heimlich Geld hinter den Kulissen und sind bereit, in großem Stil zuzuschlagen.

Was Bismarck am meisten auf die Palme brachte, war, dass das Parlament wie zuvor alle seine Budgets ablehnte und erklärte, dass die Regierung nicht das Recht habe, öffentliche Mittel ohne die Zustimmung des Parlaments zu verwenden, da dies sonst verfassungswidrig sei und die Minister die volle Verantwortung dafür trügen. Bismarck antwortete noch am selben Tag mit scharfen Worten und bezeichnete die parlamentarische Opposition als "Verräter", die die Außenpolitik des Königs behinderten und objektiv den Eindruck erweckten, mit dem Feind zu kollaborieren. Tatsächlich wusste

Bismarck, dass viele der parlamentarischen Liberalen sich innerlich über den preußischen Sieg im preußischen Krieg freuten und dass sein Vorwurf des Hochverrats ein bewusster Versuch war, diese Leute in ihrem Selbstwertgefühl zu treffen und sie so zum Umdenken zu bewegen. Auch die Fanatiker unter den Parlamentsliberalen sind keine Vegetarier, und einige haben Bismarck angegriffen, weil er das Parlament und den König betrogen hat. Als Bismarck dies hörte, war er wütend und forderte sofort ein Duell. Die gesamte Berliner Politikszene war schockiert, als sie erfuhr, dass Duelle eine Mischung aus Mut und Leichtsinn sind, dass es, wenn sie einmal begonnen haben, keine Möglichkeit gibt, einen Rückzieher zu machen oder den Kampf abzubrechen, und dass die Wahrscheinlichkeit, dass eine der beiden Seiten stirbt oder verletzt wird, extrem hoch ist. Wenn der preußische Ministerpräsident in einem Duell gestorben wäre, hätte sich die gesamte Lage in Europa schlagartig verändert. Dieser Bismarck war ein sehr jähzorniger Mann, der schon in seiner Studienzeit 27 Duelle bestritten hatte, und er hatte eine unglaubliche Portion Mut. Bleichröder und andere beeilten sich, privat davon abzuraten, und selbst Rothschild, der weit weg in Paris weilte, war über das Duell besorgt. Während der endgültige Showdown abgewendet wurde, wuchs Bismarcks Wut und Angst über die Ablehnung des Regierungshaushalts durch das Parlament von Tag zu Tag.

Bismarck war zu gierig nach Geld, und ohne Geld konnten seine Ideale nur Träume sein, und seine Träume würden schließlich in der Fantasie verblassen.

Privatisierung der Köln-Mindener Eisenbahn: eine Quelle des Reichtums für den österreichisch-preußischen Krieg

Im Jahr 1865 hängt die Waage von Krieg und Frieden ein wenig über der Richtung des Kreditflusses, und im Juli kommt Bismarcks lang erwartete Kriegsfinanzierung endlich in Sicht. Dies ist die Privatisierung der Köln-Mindener Eisenbahn.

Die Köln-Mindener Eisenbahn war eine der ersten Eisenbahnstrecken in Preußen. Sie wurde 1833 geplant und 1859 vollständig fertiggestellt und wurde zum Knotenpunkt des preußischen Eisenbahnnetzes. Das Bahnprojekt wurde ursprünglich gebaut, um Kohle aus dem Ruhrgebiet kostengünstig zu den industriellen Produktionsstätten zu transportieren. Bleichröder spielte eine Schlüsselrolle bei der Finanzierung der Köln-Mindener Eisenbahn, denn er wurde Direktor der Eisenbahngesellschaft und Bankier, der das Unternehmen finanzierte. In Anbetracht der Tatsache, dass das Eisenbahntransportsystem in zukünftigen Kriegen große Mengen an militärischem Personal und Material mit hoher Effizienz und geringem Verbrauch transportieren kann, ist die Verstaatlichung der Eisenbahngesellschaften die Hauptrichtung der Entwicklung des Unternehmens. In der Tat war die Köln-Mindener Eisenbahn von Anfang an ein großes öffentliches Infrastrukturprojekt unter der Leitung der preußischen Regierung. Die preußische Regierung erwarb 1/7der ursprünglichen Aktien und garantierte die Eisenbahnanleihen zu einem Zinssatz von 3,5% für 14 Millionen TTL. Im Jahr 1854 setzte die preußische Regierung unter dem Einfluss der freien Marktwirtschaft den Verstaatlichungsprozess bis 1870 aus und entschied dann je nach Entwicklung, ob er fortgesetzt werden sollte. Die Garantie der Regierung für die Zinsen auf die Eisenbahnanleihen ist jedoch nach wie vor in Kraft, und die Garantie in Höhe von 14 Millionen Dollar ist auf einem speziellen Konto hinterlegt und nicht verfügbar.

Bismarcks Kriegsvorbereitungen für Österreich erforderten insgesamt etwa 60 Millionen Taylor, und die Last, diese astronomischen Kriegskosten aufzubringen, fiel auf die Schultern von Bleichröder. Bereits im Dezember 1862 hatte Bleichröder nach sorgfältiger Berechnung und reiflicher Überlegung die umstrittene Privatisierung der Köln-Mindener Eisenbahn vorgeschlagen. Kernpunkt des Plans war, dass die preußische Regierung anstelle des massiven Kaufs der Eisenbahnaktien durch den Staat im Jahr 1870, der die Finanzen enorm belastete, sofort eine Entschädigung von der Bahn erhalten und gleichzeitig auf die Garantie für die Zinsen der Anleihen verzichten und einen Teil der Marge von 14 Millionen Taylor sofort auflösen konnte.

Schon bei seiner Einführung wurde es von vielen Menschen abgelehnt, die in dem Brexler-Lauder-Programm eine Möglichkeit sahen, die Aktionäre der Eisenbahngesellschaft, darunter auch Brexler selbst, zu Profiteuren auf Kosten der langfristigen Verluste der Regierung zu machen. In diesem Szenario würde der Staat insgesamt 30 Mio. T$ an verschiedenen Ansprüchen verlieren und im Gegenzug 10 Mio. T$ an Entschädigung und 14 Mio. T$ an verfügbarem Spielraum erhalten. Die Bahnstrecke Köln-Minden ist ein sehr rentables Projekt, in das der Staat investiert hat, und das Privatisierungsprogramm wird dem Staat kurzfristig eine Notfinanzierung verschaffen, allerdings um den Preis, dass er gute

DIE MACHT DES GOLDES

Vermögenswerte mit einem Abschlag von weniger als 50% verkauft und das Recht auf künftige langfristige Erträge verliert, was für den Staat in jedem Fall kein gutes Geschäft ist.

Als es 1865 so weit war, änderten sich die Dinge dramatisch. Bismarcks Ehrgeiz, Deutschland zu vereinen, war überwältigend, und es gab kaum etwas anderes zu tun, um einen Krieg gegen den Riesen Österreich vorzubereiten. Deshalb lieben internationale Bankiers den Krieg, und wenn Regierungen dazu gezwungen sind, verkaufen sie hochwertige Vermögenswerte zu ungewöhnlich niedrigen Preisen, wenn sich die Gelegenheit ergibt, ein Vermögen zu machen. Wenn die internationalen Bankiers eine gewisse Machtfülle erreichen, stimulieren sie nationalistische Gefühle, schüren nationale Antagonismen, fördern massive staatliche Rüstungsinvestitionen, entfachen potenzielle Widersprüche, leiten den Kriegsprozess ein und treten dann vor, um die Kriegsauszahlungen in würdiger Weise abzuwickeln. Die internationalen Bankiers werden immer hohe Gebühren für ihre Dienste erhalten, solange eine große Menge Geld durch ihre Hände fließt. Wo es einen Geld- und Kreditfluss gibt, gibt es auch einen Investmentbanker.

Am 18. Juli 1865 unterzeichnete die preußische Regierung einen Vertrag mit der Köln-Mindener Eisenbahngesellschaft. Das Ergebnis war, dass die Regierung auf ihre Befugnis zur Verstaatlichung der Eisenbahnen verzichtete und mit 13 Millionen Taler entschädigt wurde, wobei die erste Zahlung von 3 Millionen Taler in bar am 1. Oktober 1865 und die zweite Zahlung von 2,705 Millionen Taler in bar am 2. Januar 1866 fällig wurde und der Rest durch die Ausgabe neuer Aktien durch die Eisenbahngesellschaft ausgeglichen wurde. In Anerkennung von Breislauders Kreditwürdigkeit beauftragte Bismarck Breislauder mit der Überweisung der Gelder aus dem Vertrag zwischen Preußen und Österreich. Die Überweisung von 2,5 Millionen Tael erfolgte an die österreichischen Rothschilds, und Bleichröder war so freundlich, 1% der "Verwaltungsgebühr" einzustecken.

Als die finanziellen Mittel ausblieben, bereitete Bismarck eine andere Lösung auf diplomatischem Wege vor, und die Verhandlungen zogen sich über einen langen Zeitraum hin. Als Bismarck erfuhr, dass der Regierungsvertrag mit der Eisenbahn offiziell unterzeichnet war, ging er sofort diplomatisch hart gegen Österreich vor. Am Tag der Vertragsunterzeichnung schickte Bismarck sofort ein Telegramm an den preußischen Kronprinzen: "Seine Majestät haben auf der Regensburger Konferenz beschlossen, dass die finanziellen Mittel für einen vollen Kriegsbeginn und einen einjährigen Krieg in Höhe von etwa 60 Millionen Taler vorhanden sind. "Eine Woche später berichtet Bismarcks Kriegsminister Roon in einem Brief an einen Freund,

> *„Wir haben genug Geld, um uns größere diplomatische Freiheiten zu verschaffen, und wir können alle unsere militärischen Kräfte für einen totalen Krieg mobilisieren, wenn es nötig ist. Das stärkt unsere Position, und wir können Österreich zwingen, unsere vernünftigen Forderungen zu akzeptieren, so dass beide Seiten einen unnötigen Krieg vermeiden können. Woher kommt das Geld? Ohne das Gesetz zu brechen, wurde die Neuordnung durch die Colon-Minden-Eisenbahn erreicht."*[16]

Die österreichische Seite erkannte bald, dass es sich bei der Finanzierung der Köln-Mindener Eisenbahn um eine Notlösung für den Kriegsbeginn handelte und dass die österreichische Seite noch weit von der Kriegsreife entfernt war und begann, ihre Position in den diplomatischen Verhandlungen aufzuweichen. Auf der anderen Seite erkannte auch Bismarck, nachdem die anfängliche Euphorie abgekühlt war, allmählich, dass die Finanzierung der Köln-Mindener Eisenbahn noch lange nicht gesichert war, und nach den Rückmeldungen aus Brexlers Kontakten mit internationalen Bankiers zu urteilen, war die Lage nicht gut. Die Übertragung der 9-Millionen-Taylor-Forderung zwischen der Familie Rothschild und der Mindener Eisenbahn kam ins Stocken, als sich die Parteien nicht auf einen Preis einigen konnten. Angesichts des Problems der Kriegsfinanzierung, das wie ein Schwert über seinem Kopf hing, war Bismarck wieder einmal Feuer und Flamme, und er wollte vor allem wissen, wann das Geld eintreffen würde.

Zu diesem Zeitpunkt geriet auch Bismarcks fester Wille zum Krieg ins Wanken und er musste ernsthaft die Möglichkeit einer diplomatischen Lösung in Betracht ziehen.

Am 10. August 1865 verkündet Bismarck seinen Plan: "Wir brauchen noch Zeit, um Geldmittel zu beschaffen und Frankreich neutral zu halten... In der Zwischenzeit können wir unsere Ehre bewahren und uns die Option des Krieges offen halten. "Bismarcks Urteil beeinflusste auch seine privaten Investitionsentscheidungen, und

---

[16] Roon, *Denkwurdigkeiten*, S. 354-355.

er gab eine Nachricht an Bleichröderder in Auftrag: "Wenn ich noch Obligationenanlagen in meinem Anlagekonto habe, was ich hier jetzt nicht wissen kann, so hätte er sie (die Mindener Eisenbahn) nicht nur wegen verfrühter Kriegssorgen verkaufen dürfen. " [17]Bismarcks Verhalten ist nach heutigen Maßstäben verdächtig, Insiderinformationen zu nutzen, um zu investieren und illegale Vorteile zu erlangen.

In dieser Atmosphäre schlossen Preußen und Österreich das Gasteiner Abkommen, in dem Preußen Schleswig und Österreich Holstein verwaltete und beide Parteien weiterhin die Souveränität teilten. Doch sowohl Preußen als auch Österreich wussten genau, dass das Abkommen nur eine Verzögerungstaktik war, und sie warteten auf einen großen Durchbruch in der Frage der Kriegsfinanzierung.

Warum der Österreichisch-Preußische Krieg zu einem abrupten Ende kam

Im Februar 1866 stießen die Bemühungen von Bleichröder, auf dem europäischen Markt Mittel für den Kauf von Aktien der Köln-Mindener Eisenbahn zu beschaffen, auf einen allgemeinen Boykott durch die internationalen Bankiers, allen voran die Rothschilds, die glaubten, dass die Mittel von Preußen für den Krieg verwendet würden und dass der Frieden das "gemeinsame Ideal" der internationalen Bankiers sei; Mitte Februar wurde in einem geheimen Brief von Bleichröder an Rothschild in verschlüsselter Sprache erwähnt, dass die Regierung den Verkauf des Steinkohlenbergwerks Saar in Erwägung ziehen könnte, und auf dem Markt kursierten Gerüchte, dass Rothschild und Oppenheimer als Käufer in Frage kämen. Offenbar bedeutete die Blockade des Verkaufs der Mindener Eisenbahnaktien im Vorgriff auf den Besitzerwechsel des Saarbergwerks, dass die internationalen Bankiers die potenziellen Gewinne aus dem Bergwerk für noch größer hielten, und die preußische Regierung würde sicherlich zögern, das Saarbergwerk erneut zu verkaufen, wenn sie es Bismarck ermöglichte, durch eine reibungslose Übertragung von Eisenbahnaktien genug Geld zu bekommen.

---

[17] Rohl, "Kriegsgefahr", S. 102.

Am 28. März 1866 begann die preußische Armee, sich in großem Umfang auf den Krieg vorzubereiten, und Ende März begann das preußische Finanzministerium, ohne Hoffnung, privat einen Käufer zu finden, mit dem öffentlichen Verkauf von Aktien der Köln-Mindener Eisenbahn auf dem Markt. Am 8. April gab Preußen sein Militärbündnis mit Italien bekannt, und die Börse stürzte ab. Rothschilds Anweisungen an Bleichröder lauteten, alle Anleihen von Law in Berlin zu veräußern, sobald der Krieg beginnen würde. Zu diesem Zeitpunkt hatte Bleichröder die Anleihen der Rothschilds bereits in großem Stil verkauft, was die Rothschilds wütend machte, da sie ihrer Meinung nach niemals einen Krieg beginnen würden, solange Bismarck nicht über beträchtliche Geldmittel verfügte, so dass ein Bündnis mit Italien nicht bedeutete, dass ein Krieg unmittelbar bevorstand.

Bleichröder hat eindeutig den Fehler gemacht, die Zähne zu versenken.

Rothschild sagte in seinem Brief: "Es gibt keinen Beweis dafür, dass Sie die Interessen unserer Familie schützen, und wir möchten eine Erklärung für Ihr Dumping unserer Anleihen hören. Unser Telegramm an Sie von heute Morgen besagt, dass wir Ihren jüngsten Verkauf (von Anleihen) nicht akzeptieren." Am 18. April erklärte Bleichröder in aller Eile, dass der Verkauf der Anleihen wegen der jüngsten Entspannung der Beziehungen zu Österreich ganz eingestellt worden sei.

Im Mai 1866 begann die preußische Generalmobilmachung, und die Kosten, um alle neun Legionen in den Zustand der Bereitschaft zu versetzen, beliefen sich auf 24 Millionen Taler und stiegen monatlich um 6 Millionen Taler.[18] Am 18. Mai sah sich die preußische Regierung angesichts der gravierenden Mittelknappheit gezwungen, die Einrichtung einer öffentlichen Kreditagentur und die Bereitstellung eines ungesicherten Kredits in Höhe von 25 Millionen Taler anzukündigen, während sie gleichzeitig alle Dekrete aufhob, die die hohen Zinssätze beschränkten, und versuchte, privates Kapital für Kredite zu gewinnen. Dennoch hat sich die Kreditklemme nicht gelockert, und der Finanzminister beklagte, dass er nicht mehr genug

---

[18] Michael Sturmer, Gabriele Teichmann und Wilhelm Treue, *Striking the Balance - Sal. Oppenheim jr. & Cie. Eine Familie und eine Bank*, 1994.

Geld habe, um einen Krieg zu führen, nicht einmal, um zwei Monate später seine Ausgaben zu decken. [19]

Bei der letzten Hürde vor dem Ausbruch des Krieges spielte Bleichröders Eisenbahnprojekt Köln-Minden eine entscheidende Rolle. Nachdem alle Versuche, Geld aufzutreiben, gescheitert waren, war das preußische Finanzministerium fest entschlossen, Bleichröder und Hansemann zu beauftragen, ein Konsortium zum Kauf der Eisenbahnaktien zu bilden. Der Preis für den Aktienkauf wurde mit 110 Tk angegeben, und der Markt handelte mit 117 Tk. Andere Bankiers als die beiden versuchten, die finanzielle Notlage der Regierung auszunutzen und den Preis auf 105 Tk zu drücken. Die Regierung konnte ein so niedriges Angebot nicht akzeptieren und beschloss, die Aktien nach und nach zu verkaufen. Wenn die Kämpfe gut verlaufen, werden die Aktienkurse ganz nach oben klettern. Es ist aber auch ein riskanter Schritt, denn wenn der Krieg schlecht verläuft, wird die Regierung unter dem Druck sowohl der erschöpften Finanzmittel als auch der fallenden Aktienkurse stehen. Aber Bismarck war entschlossen, das Risiko einzugehen!

Durch den Verzicht der Regierung auf die Verstaatlichung und die Freigabe der Zinsgarantie des Kredits erhielt man sofort 14 Millionen Taler, und dieses Geld war es, das den Krieg für die nächsten sieben Wochen aufrechterhielt, zusätzlich zu den Mitteln aus dem Verkauf der Köln-Mindener Eisenbahnaktien für die allgemeine militärische Mobilisierung. Als Bismarcks Armee in Wien eintraf, betrug das Geld bereits weniger als 3 Millionen Tael, und mit 180.000 österreichischen Truppen, die noch in Wien stationiert waren, wäre Bismarck der ungerechteste Politiker der Geschichte, wenn er Österreich nicht innerhalb von zwei Wochen zur Kapitulation zwingen könnte.

Bismarcks abrupte Beendigung des Krieges machte ihn zum Triumphator in diesem großen Spiel um das Schicksal Deutschlands und sein persönliches Schicksal!

---

[19] Ebd.

Der Kampf um die Popularisierung des Gesetzes: 10.000 Goldtael beim Klang einer Kanone

Der Verlierer des Österreichisch-Preußischen Krieges war Napoleon III. von Frankreich, der den raschen Aufstieg Preußens unter seiner Aufsicht mit ansehen musste. Anstatt eine substanzielle "Neutralitätsentschädigung" für Bismarcks strategische Täuschung zu erhalten, wurde Frankreich von Bismarck im Falle Luxemburgs verhöhnt und lächerlich gemacht. Der Fehler Napoleons III., Österreich zu entfremden, war der gleiche wie der von König Huai von Chu, der von Zhang Yi dazu verleitet wurde, die diplomatischen Beziehungen zu Qi abzubrechen, indem er "Händlern 600 Meilen Land anbot".

Großbritannien, das schon immer das Spiel der Machtparität gespielt hatte, war nicht so sensibel, wie es hätte sein sollen, für die gefährliche Aussicht, dass Preußen zum größten Herausforderer Großbritanniens bei der Einigung Deutschlands werden könnte. Großbritannien wurde immer noch von dem bluff-liebenden Napoleon III. übersehen, der die Stärke des Zweiten Französischen Reiches überschätzte. Der 1859 von Frankreich gebaute Suezkanal wurde 1869 fertiggestellt und für die Schifffahrt freigegeben. Die Briten sahen darin eine direkte Bedrohung für den Nahen Osten und das von ihnen beherrschte Indien: Die Unterbrechung der Kommunikationslinie zwischen dem britischen Festland und den indischen Kolonien würde bedeuten, das Rückgrat des britischen Empire zu durchtrennen, was die britischen Imperialisten auf keinen Fall tolerieren konnten. So nutzte die strategisch kurzsichtige britische Regierung Preußen als Gegengewicht zu Frankreich und gab Preußen grünes Licht für die Einigung Deutschlands. Die britische Sorge um Frankreich übertrumpfte die Sorge um die deutsche Einigung.

Die Beziehungen des zaristischen Russlands zu Großbritannien und Frankreich waren seit der vernichtenden Niederlage im Krimkrieg nur noch lauwarm. Es war angeblich neutral, unterstützte aber in Wirklichkeit Preußen in seinem Kampf gegen Frankreich, um von den Fischern zu profitieren und sich für die Ohrfeige aus jenem Jahr zu rächen. Der träge und verschlossene Zar konzentrierte sich darauf, die Flammen auf dem Balkan zu schüren, ohne die Vorteile Preußens, eines ehemaligen antifranzösischen Verbündeten und Dutzender kleiner, loser deutscher Konföderationsstaaten voll auszuschöpfen, und legte damit den Grundstein für eine künftige Niederlage.

Österreich, gerade besiegt und am Rande der Zahlungsunfähigkeit, ist nicht mehr in der Lage, Frankreich bei der Vergeltung gegen Preußen zu unterstützen.

Bismarck war kein großer Stratege, sondern ein glücklicher Abenteurer, dessen Glück in der strategischen Nachlässigkeit seiner Gegner und dem blitzschnellen Aufstieg zur Macht lag, den er selbst nicht erwartet hatte. Nach dem Ende des österreichisch-preußischen Krieges wusste nur Bismarck, dass die Einigung Deutschlands ohne einen Sieg über das mächtige Frankreich nicht zu erreichen war. Ein volksrechtlicher Krieg wird unvermeidlich sein.

Auslöser des Deutsch-Französischen Krieges war der so genannte "Ames-Telegraf", in dem ein Prinz der preußischen Hohenzollern-Familie Anfang Juli 1870 zum Erben des spanischen Throns gewählt wurde. Napoleon III. wies den französischen Botschafter in Preußen an, unter dem Vorwand zu protestieren, dass Frankreich keine Bedrohung sowohl von der Ost- als auch von der Westflanke dulden könne. Zu dieser Zeit erholte sich Wilhelm I. im Kurort Ames, als er dem französischen Botschafter zu verstehen gab, dass die Hohenzollern in Erwägung ziehen könnten, auf ihren Anspruch auf den spanischen Thron zu verzichten. Napoleon III. gab jedoch keine Ruhe und befahl dem französischen Botschafter, Wilhelm I. aufzusuchen, um ihm eine schriftliche Zusicherung zu geben. Wilhelm I. versprach, nach Berlin zurückzukehren, um die Angelegenheit erneut zu verhandeln, und schickte gleichzeitig ein Telegramm an Bismarck. Als Bismarck das Telegramm erhielt, machte er einen Teil des Inhalts zu einem Telegramm von Wilhelm I., der sich weigerte, mit dem französischen Botschafter zu verhandeln, und veröffentlichte es in den Zeitungen. Am 19. Juli 1870 erklärte Napoleon III. Preußen unter dem Vorwand der Beleidigung den Krieg.

Und zu diesem Zeitpunkt hatte Frankreich nicht einmal einen Verbündeten.

Als Hauptverantwortlicher für den Pu'ao-Krieg ist Bleichröders Position nicht mehr das, was sie einmal war, und er ist vom jüngeren Bruder der Rothschilds zu einem gleichberechtigten Partner geworden. Bismarcks Vertrauen in ihn war größer als seine Ehrfurcht vor den Rothschilds, und kurz nach dem Ende des Österreichisch-Preußischen Krieges übertrug Bismarck entschlossen sein gesamtes Privatkonto von der Frankfurter Rothschild-Bank auf die Bleichröder-Bank.

Nur zehn Tage vor Ausbruch des Krieges erkundigt sich Bleichröder in einem vertraulichen Brief an Bismarck nach der Möglichkeit eines Krieges und erwähnt listig die Investitionen auf Bismarcks Privatkonto. In dem Brief fragt er.

> „Sollte ich mich in meiner Einschätzung irren und Sie glauben, dass unangenehme Ereignisse bevorstehen, so bitte ich Sie, mich rechtzeitig zu warnen."

Wie sich herausstellte, wagte es Bismarck nicht, nachlässig zu sein, wenn es um den Gewinn und Verlust von Bismarcks persönlichem Vermögen ging, und am nächsten Tag traf eine Antwort ein, allerdings im Namen von Frau Bismarck, die lautete.

> „Er glaubte nicht, dass irgendjemand plötzlich gegen uns in die Offensive gehen würde, weil die spanische Abstimmung für niemanden günstig ausfiel. Aber er hatte das Gefühl, dass die Vorfreude auf einen Krieg vielleicht irgendwann größer sein würde als jetzt, so dass es eine gute Idee sein könnte, die Eisenbahnaktien zu verkaufen, und er würde das Geld hier sowieso brauchen."

Als er die Antwort erhielt, verstand Bleichröder sofort, dass der Krieg unmittelbar bevorstand. Am nächsten Tag schickt er diese wertvolle Information sofort an Rothschild in Paris: "Alle Angebote fallen schnell. "Gleichzeitig wies er Händler auf verschiedenen europäischen Märkten an, alle seine verschiedenen Vermögenswerte zu verkaufen, einige davon sogar mit Verlust. Bleichröder konnte das zu diesem Zeitpunkt egal sein.

Ein Ergebnis des Österreichisch-Preußischen Krieges war, dass die preußische Verfassungskrise beendet wurde und Bismarcks Regierung ein beträchtliches Maß an finanzieller Freiheit erhielt, und am 21. Juli 1870 bewilligte das von Preußen dominierte Parlament des Norddeutschen Bundes einen Kriegskredit in Höhe von 120 Millionen Taylor.

In den ersten Tagen des Krieges grenzte die Börsensituation in Berlin an Panik, und selbst Qualitätsaktien wie die Köln-Mindener Eisenbahn fielen um 30%. Die preußische Regierung versuchte in einem Notverkauf von 100 Millionen Taylors ersten Kriegsanleihen den von den Bankiers monopolisierten Zeichnungskanal loszuwerden und bot sie direkt auf dem Markt unter der Bedingung von 5 Prozent Zinsen und 88 Prozent Rabatt an, während das Angebot der Bankiers von 85 Prozent Rabatt von der Regierung abgelehnt wurde. "Dies ist unter den derzeitigen Marktbedingungen eine lächerliche Bedingung", betonte Oppenheimer in einem Schreiben an Brexit. Infolgedessen erlitt der Verkauf einen großen Misserfolg und die Anleihe wurde für nur 60 Millionen Taylor verkauft. Die Wurzel des Problems liegt darin, dass die Banker keine Zeichnungsgebühren verdienen können, wenn die Regierung direkt verkauft, so dass sie auf einen kollektiven Boykott zurückgreifen. Dieser Punkt zeigt einmal mehr die Macht der "Kanäle als König" auf den Finanzmärkten. [20]

Am 1. September 1870 kam es bei Sedan zu einer allgemeinen Schlacht zwischen Frankreich und Preußen, in der die französische Armee erneut eine Niederlage erlitt. Am folgenden Tag kapitulierte Napoleon III. mit 100 000 französischen Soldaten, und am 4. September kam es zu einem bewaffneten Aufstand der Pariser Arbeiter, um die Herrschaft Napoleons III. zu stürzen.

Nach der Schlacht von Sedan gerieten bis zu 300 000 französische Gefangene in preußische Gefangenschaft. Bleichröder war sich bewusst, dass dies eine gute Gelegenheit war, Geld zu verdienen, und erklärte sich bereit, die "Verantwortung" für die Zahlung der monatlichen Lebenshaltungskosten der Kriegsgefangenen zu übernehmen. Für ihn ist das ein todsicheres Kreditgeschäft, und wer auch immer in Zukunft die französische Regierung vertritt, muss für die Tilgung und die Zinsen dieses riesigen Kredits aufkommen, der Teil der Kriegsentschädigung sein wird. Bleichröder hatte keine Angst vor dem französischen Betrug, denn solange die preußische Armee keine Kriegsentschädigung erhielt, würde sie den französischen Boden nicht verlassen. Und die französische Armee ist völlig zerschlagen, und es gibt keine Möglichkeit, sie kurzfristig wieder aufzustellen.

Als sich der Krieg näherte und ausbrach, wurde die tägliche Handelskorrespondenz zwischen Bleichröder und Rothschild in Paris immer schwieriger, und später musste der direkte Kontakt zwischen Berlin und Paris über Brüssel und Amsterdam umgeleitet werden. Wie üblich berichtet Bleichröder über den Berliner Markt. Vor der Schlacht von Sedan informierte Bleichröder Rothschild eindringlich darüber, dass sie ihre Anteile an der Köln-Mindener Eisenbahn so schnell wie möglich verkaufen sollten, und Bleichröder verkaufte daraufhin 1.250 Eisenbahnaktien für Rothschild zu 128 Taylor, was im Juli 95,72 Taylor

---

[20] Ebd., S. 176.

entsprach. Nach dem 15. September brach der Kontakt ab, Paris wurde belagert und Rothschild saß am 20. September in der Falle. Erst im Februar 1871 wurde die Verbindung wiederhergestellt. Während dieser Zeit konnte Roche in Paris nur gelegentlich Informationen mittels Ballons weitergeben, und am 5. Oktober enteignete die preußische Armee das Anwesen der Familie Rothschild in Ferrier, um es unter das Kommando von Wilhelm I., Bismarck und dem preußischen Marschall Mauch zu stellen. Hier fand das berühmte "Ferrier-Treffen" statt, bei dem der französische Außenminister erfolglos versuchte, Bismarck zur Unterzeichnung des Friedensvertrags zu bewegen.

Ende Oktober 1870 zog die preußische Regierung die Lehren aus dem letzten Mal und beauftragte Hansemann mit der Bildung einer Emissionsgruppe, die die 20-Millionen-Anleihe Taylor II in London und Berlin verkaufen sollte. Durch die rasche Meldung der preußischen Armee stiegen die Preise für diese Anleiheverträge, die Regierung konnte bald einen Teil der verpfändeten Kreditlinien zwangsversteigern, und schließlich wurde der Zinssatz für die Kriegsanleihen auf fünf Prozent für einen Zeitraum von fünf Jahren festgelegt. Den preußischen Armeen an der französischen Front flossen enorme Kriegsgelder zu, und am 30. November folgten die Bankiers ihren Bemühungen mit einer weiteren erfolgreichen Emission in England, einer 92-fachen Anleihe von 34 Millionen Taylor, mit einer Option auf die Ausgabe weiterer 17 Millionen Taylor. Und zur gleichen Zeit, obwohl die Briten begannen, mit dem unglücklichen Frankreich zu sympathisieren, wurden französische Anleihen in England kaum verkauft, und an der unsichtbaren Front der Finanzen scheiterte Frankreich erneut.

Am 18. Januar 1871 wurde König Wilhelm I. von Preußen in Versailles zum Kaiser gekrönt und das Deutsche Reich proklamiert; am 28. wurde ein Waffenstillstand zwischen den beiden Kriegsparteien und am 26. Februar ein vorbereitender Friedensvertrag unterzeichnet. Zu diesem Zeitpunkt war der Deutsch-Französische Krieg beendet, und die Gesamtkosten des gesamten Krieges beliefen sich in Preußen auf 22 Millionen Taylor.

5 Milliarden Franken Kriegsentschädigung: Der "grosse Kuchen" der Banker

Bismarcks Armee begann zu ruhen, aber die internationalen Bankiers waren noch emsiger. Das Geschäft mit den

Kriegsreparationen in Höhe von bis zu 5 Milliarden Franken ist ein riesiges Geschäft, auf das alle scharf sind, und wenn man einen Gemeinkostenzuschlag von 1% berechnet, sind das allein 50 Millionen Franken!

Im November 1870, als der Krieg bereits in vollem Gange war, bot Rothschild aus Österreich Bismarck seine Dienste für Preußen an, um künftige Kriegsreparationen von Frankreich einzutreiben. Natürlich konkurrierten auch Oppenheimer und andere internationale Bankiersfamilien um ihre Dienste. Bismarck suchte den Rat von Bleichröder, der die Sache natürlich selbst in die Hand nehmen wollte, und Bleichröder kam am 7. Februar 1871 freiwillig nach Versailles. Er erhielt die beiden großen Aufträge, die ihm am meisten am Herzen lagen: 200 Millionen Francs für Kriegsreparationen in Paris aufzubringen und die Koordinierung der Kriegsreparationen in ganz Frankreich zu veranlassen.

Was die Höhe der Kriegsreparationen betrifft, so hatte die französische Regierung von Tigre 5 Milliarden Francs vorgesehen, aber Bismarck nahm ein Stück Papier und schrieb blitzschnell 6 Milliarden Francs auf! Teiyaer sprang blitzschnell auf wie ein Hund, der einen Bissen abbekommen hatte. Die beiden Männer begannen sich heftig zu streiten. Ein weiterer Grund für Bismarcks Wut über die französische Opposition war die plötzliche Intervention der britischen Seite, die Bismarck bat, dem Ganzen Einhalt zu gebieten. Thiers argumentierte, dass übermäßige Kriegsreparationen weder gerecht noch realistisch seien und dass Frankreich nicht so viel Geld aufnehmen könne. Bismarck reagierte donnernd und unversöhnlich. Schließlich schlug Thiers vor, Rothschild zu bitten, zu intervenieren. Als Rothschild erschien, richtete Bismarck seinen ganzen Zorn auf Rothschild, und alle Anwesenden waren erstaunt. Rothschild ist gleichgültig und beharrt immer noch darauf, dass 5 Milliarden Franken eine "tragbare" Entschädigungssumme sind. Später erwähnte Bleichröder die Angelegenheit in einem Brief an Kaiser Wilhelm II, der ebenfalls sehr unglücklich über Bismarcks absichtliches rüdes Verhalten war.

Die Wut war unerschütterlich, Rothschilds Position auf den internationalen Finanzmärkten war unerschütterlich, und ohne die Annahme seiner Bedingungen gab es keine Hoffnung, ausreichende Kriegsreparationen auf den europäischen Märkten aufzubringen, die preußische Armee würde auf unbestimmte Zeit im feindlichen Frankreich bleiben müssen, alle täglichen Ausgaben für die Versorgung der Armee stiegen rapide an, und die Unzufriedenheit mit Bismarck nahm in Preußen und in den europäischen Ländern rasch zu. Nach Abwägung der Vor- und Nachteile musste Bismarck das Angebot Rothschilds über 5 Milliarden Francs annehmen. Was die französische Regierung in Tigray nicht bewältigen konnte, erledigte die Familie Rothschild sofort.

Am 10. Mai 1871 unterzeichneten Deutschland und Frankreich offiziell den Frieden von Frankfurt. Der Vertrag sieht die Zahlung von 5 Milliarden Francs durch Frankreich für die Abtretung des gesamten Elsass und des größten Teils von Lothringen vor.

Unmittelbar danach begann die französische Seite mit der Vorbereitung der ersten Kriegsreparationsanleihen in Höhe von 2 Milliarden Francs, deren Zinssatz auf 5% festgesetzt wurde, und es wurde ein deutsches Emissionskonsortium unter der Leitung von Bleichröder gegründet, an dem sich die Familien Oppenheimer, Warburg und andere beteiligten. Die daraufhin begebene Anleihe war ein großer Erfolg und bis zu 14-fach überzeichnet. Die gesamten Reparationszahlungen wurden vorzeitig abgeschlossen und von der Bank der Familie Rothschild direkt an die Banken Bleichröder und Hansemann überwiesen. 1872 wurde die zweite Kriegsreparationsanleihe in Höhe von 3 Milliarden Franken 13-fach überzeichnet, wobei die Familie Oppenheimer allein 490 Millionen Taylor zeichnete, von denen sie selbst 74 Millionen hielt. Die Reparationen verliefen erstaunlich reibungslos, und im Sommer 1873 waren die Kriegsreparationen, die sich auf stolze 5 Milliarden Francs beliefen, abgeschlossen. Die deutschen Truppen begannen, sich aus dem französischen Staatsgebiet zurückzuziehen. Die gewaltigen Möglichkeiten der modernen Finanzmärkte zur Mittelbeschaffung waren in der Vergangenheit völlig unvorstellbar. Während die Kriegsreparationen in der Qing-Dynastie in der Regel direkt dem armen einfachen Volk in Form von Steuern zugute kamen, bot der Westen den Reichen eine Investitionsmöglichkeit in Form von Anleihen. Unterschiedliche Ideen erzeugen völlig unterschiedliche Wirkungen.

In diesem Prozess spielen die internationalen Banker eine doppelte Rolle. Sie fungieren einerseits als Problemlöser und andererseits als Problemverursacher. Sie bieten beiden Seiten des Krieges ein umfassendes Paket von Kriegslösungen an, von der Börsennotierung von Rüstungsunternehmen, der Ausgabe von Rüstungsanleihen, der Betriebsfinanzierung bis hin zur Ausgabe nationaler Kriegsanleihen, der Übernahme von Reparationsanleihen in der Nachkriegszeit, dem Transfer von Reparationsgeldern, der Finanzierung des nationalen

Wiederaufbaus und anderen Operationen. In einem Krieg, in dem die Regierung keine Kosten verursacht, ist dies die perfekte Gelegenheit für Banker, staatliche Vermögenswerte zu einem günstigen Preis zu erwerben. Ein chinesisches Sprichwort besagt: Sobald eine Kanone abgefeuert wird, ist Gold 10.000 Tael wert! Unabhängig vom Ausgang des Krieges sind die internationalen Bankiers auf beiden Seiten gleichermaßen profitabel.

Oder hat Napoleon es durchschaut: Geld hat kein Vaterland, nur Profit in den Augen der Banker!

KAPITEL II

Das Vereinigte Königreich: die Höhepunkte der Goldmacht

Seit dem Aufkommen des Handelskapitalismus im 16. Jahrhundert hat Großbritannien den Zeitpunkt, die Lage und die Menschen genutzt, um den Überseehandel und die koloniale Expansion voll auszuschöpfen, und dabei rasch riesige Mengen an Reichtum angehäuft. Mit dem Aufkommen des Industriekapitalismus, repräsentiert durch die Watt-Dampfmaschine in den 1870er Jahren, wurde die Produktivität Englands erheblich gesteigert, und die Gründung der Bank of England im Jahr 1694 war ein bedeutendes Ereignis in der Geschichte der Menschheit, als englische Bankiers schließlich das Geheimnis des Kredits entdeckten, von dem erwartet wurde, dass er ein wichtiger Bestandteil des Geldes werden würde. Unterstützt durch eine starke materielle Produktionskapazität ist die finanzielle Energie Großbritanniens stark vergrößert. Die Kreditrevolution, die industrielle Revolution und der kommerzielle Kapitalismus wurden vollständig integriert, und die Schaffung von Reichtum erreichte ein noch nie dagewesenes Ausmaß an Erstaunen und schuf schließlich ein aufstrebendes Imperium, das so mächtig war wie nie zuvor in der Geschichte der Menschheit.

Jahrhundert war eine entscheidende historische Periode für die Entwicklung und das Wachstum der internationalen Bankiers, deren Aufstieg zur Macht in Großbritannien, Frankreich, Deutschland und den Vereinigten Staaten unterschiedlichen Mustern folgte. Unter diesen Ländern ist das Vereinigte Königreich der speziellste Fall. Aufgrund der Stärke des Privatkapitals hing die Entwicklung der Textil-, Metallurgie-, Kohle-, Schifffahrts-, Eisenbahn-, Maschinenbau- und Militärindustrie der vorindustriellen Revolution weitgehend von den Investitionen der Privatbanken und der Finanzierung des inländischen Kapitals ab, und Großbritannien verfügte noch immer über einen Kapitalüberschuss, der den Kapitalbedarf der industriellen Revolution deckte. Abgesehen von den großen Beträgen, die das Vereinigte Königreich und das Ausland zur Finanzierung von Staatsschulden benötigen, ist der Kapitalbedarf der internationalen Bankiers für die inländische industrielle Entwicklung nicht groß. Trotz des relativ laxen britischen Gesellschaftsrechts hat die Überkapitalisierung zu einer relativ langsamen Entwicklung der Aktienbanken geführt, und das Privatbankwesen ist nach wie vor die dominierende Kraft im britischen Finanzsektor, wobei die entsprechende Geheimhaltung zu einer wichtigen Tradition geworden ist.

Hinter dem Vorhang der Geheimhaltung verbergen sich 17 britische Privatbankiersfamilien, die die Bank of England während der gesamten britischen Geschichte kontrolliert haben, selbst nach der Verstaatlichung der Bank of England im Jahr 1946. Unter ihnen sind die Familien Baring, Rothschild und Schroeder besonders hervorzuheben. Sie kontrollieren die Finanzkanäle für die Emission von Anleihen in Großbritannien und sogar in Europa und den Vereinigten Staaten und monopolisieren die Richtung des weltweiten Kapital- und Kreditflusses. Nachdem sie sich einen enormen Reichtum angeeignet hatten, begannen sie allmählich, Regierungsentscheidungen in außen- und innenpolitischen Angelegenheiten zu beeinflussen. Sie schürten privat nationale Streitigkeiten, unterstützten massiv die Rüstungsindustrie, finanzierten Kriege mit Wetten von beiden Seiten, schürten mit ihren Händen Staatsstreiche und verwalteten Kriegsreparationen von innen und außen. Ihre Interessen können auch in Konflikt geraten. Sie umarmen jeweils politische Wortführer, konkurrieren miteinander um Großprojekte, und im Extremfall stehen sie sich auf den Finanzmärkten gegenüber.

Wo es Geld gibt, gibt es ein Interessenspiel, wo es mehr Geld gibt, gibt es einen Machtkampf, und wo es gebündelte Macht gibt, gibt es mehr Geld.

Francis, der Gründer der Baring-Dynastie

Die Familie Baring ist älter als die Rothschilds, und während die Baring-Banken in London die europäischen Mächte finanzierten, betrieb die Familie Rothschild in Frankfurt noch ein kleines Goldmünzengeschäft. Die Familie Baring ist als christliche Bankiers eine der wenigen internationalen Bankiers, aber die früheste und einflussreichste, und ihr bahnbrechendes Modell eines modernen multinationalen Bankennetzes wurde später von der Familie Rothschild nachgeahmt. [21]

Die Familie Baring stammte ursprünglich aus Norddeutschland, und ihre frühesten aufgezeichneten Vorfahren lebten in Groningen, wo sie stark von den christlichen Lutheranern beeinflusst wurden. Die meisten ihrer Nachkommen waren christlich-lutherische Geistliche und Regierungsbeamte und begannen in der Generation von John Baring, Geschäfte zu machen. John zog 1717 nach Exeter, England, und heiratete 1723 die Tochter eines wohlhabenden örtlichen Kaufmanns, womit die legendäre Reise der Familie Baring begann.

Es war Francis Baring, der die Familie Baring wirklich nach vorne brachte. Im Laufe des 18. Jahrhunderts führte die zunehmende Durchdringung des indischen Subkontinents, Südostasiens und des Fernen Ostens durch Europa in Verbindung mit den boomenden Märkten der Neuen Welt in Nordamerika zu einem Boom des internationalen Handels mit Europa als Mittelpunkt. Angesichts der enormen Nachfrage auf der einen Seite, einer boomenden Rohstoffproduktion auf der anderen Seite und einer bereitstehenden Seetransportindustrie, aber einem rückständigen Finanzsektor, der den gesamten internationalen Handelsprozess bediente, verlagerte Francis das Familienunternehmen entschlossen vom traditionellen Produktions- und Handelssektor auf den Finanzsektor. Er gründete getrennte Niederlassungen in Exeter und London, wo er sich gegenseitig unterstützte, und leistete Pionierarbeit für ein neues Geschäftsmodell, das Handel, Industrie und Notengeschäft umfasste. Dieses Modell wurde erst 25 Jahre später von den Rothschilds auf europäischer Ebene nachgeahmt.

Doch Francis' kühner Wechsel ins Finanzwesen verlief nicht reibungslos, und seine Entscheidung stieß auf heftigen Widerstand von Seiten der Familie aus Exeter. Aufgrund unterschiedlicher Geschäftsideen und gegensätzlicher Interessen mussten mehrere Brüder der Baring-Familie 1777 einen Trennungsvertrag unterzeichnen, wobei Francis den Londoner Zweig des Familienunternehmens übernahm. London löste damals Amsterdam als Finanzzentrum der Welt ab, und Francis führte die Familie Baring auf ihrem Weg in die Geschichte an.

---

[21] Byron, *Don Juan*, 1821.

Nach der Abspaltung will Francis seine Arme ablegen und im Finanzsektor für Furore sorgen. Die sich verändernde internationale Lage scheint dem ehrgeizigen Francis jedoch nicht zu gefallen. Der Sieg im Amerikanischen Unabhängigkeitskrieg schmälerte nicht nur die militärische Macht des Britischen Empire, sondern zerstörte auch fast die britische Wirtschaft: Der imperiale Handel brach zeitweise ein, und der Exeter-Zweig der Baring-Familie wurde hart getroffen und war bis 1790 fast verschwunden. Auch der Londoner Zweig von Francis Barring blieb verschont, dank seiner Frau, der Erbin des ehemaligen Erzbischofs von Canterbury, und ihrer Managementfähigkeiten, die ihm halfen zu überleben. Frau Barring hielt die Kosten für den Betrieb des Hauses auf 800 Pfund pro Jahr, und so beklagte sich Francis nach dem Tod seiner Frau:

> *„Wenn in diesen schwierigen Jahren die Kosten für den Unterhalt des Hauses ohne die Betreuung durch meine Frau sicher 1.200 Pfund pro Jahr erreicht hätten, wäre ich verloren gewesen."*

Nach der Krise ging es mit dem Familienunternehmen wieder bergauf: Die Gewinne stiegen von 3.400 Pfund im Jahr 1777 auf 10.300 Pfund im Jahr 1781 und einen Rekordwert von 12.000 Pfund im Jahr 1788. Zu Beginn des Amerikanischen Unabhängigkeitskrieges im Jahr 1776 betrug das Grundkapital des Unternehmens nur 19.452 Pfund, bis zum Ende des Krieges im Jahr 1783 war es auf 43.951 Pfund gestiegen.[22] Um 1780 waren die wichtigen Niederlassungen der Familie über die Britischen Inseln und Kontinentaleuropa verteilt, mit je einer Niederlassung in Exeter, London, St. Petersburg, Cartagena in Spanien und Leghorn in Italien, zusätzlich zu zwei Niederlassungen in Amsterdam, dem damaligen Weltfinanzzentrum, und ein Finanznetzwerk, das den Geld-, Logistik- und Informationsfluss in ganz Europa verband, nahm bereits Gestalt an, und die Wolken der zukünftigen Finanzdynastie Baring hingen nun über Europa.

---

[22] Philip Ziegler, *Die sechste Großmacht,* Alfred A. Knopf, 1988.

Die Niederlande: der Gipfel des kommerziellen Kapitalismus

Vor dem Aufstieg von London war Amsterdam das Finanzzentrum Europas. Die Niederlande, die ihre Anfänge im Osthandel hatten, konkurrierten mit Portugal um die Vorherrschaft im Osthandel und waren im Schiffbau stark vertreten. Von 1605 bis 1665 nutzten die holländischen Werften ihre Maschinen voll aus und bauten Schiffe in einem ziemlich schnellen Tempo, fast ein Schiff pro Tag. Insgesamt verfügten die Niederlande über Zehntausende von Schiffen, die gemessen an der Tonnage drei Viertel des europäischen Schiffsverkehrs ausmachten, und der größte Teil des Welthandels wurde von niederländischen Handelsschiffen befördert, die damals als "Kutscher der See" bekannt waren. Die Gesamtzahl der Seeleute in den Niederlanden beläuft sich auf 250.000. Im Vergleich dazu verfügt Portugal über eine Flotte von nur etwa 300 Schiffen und insgesamt nur 4.000 Seeleute. Nach 60 Jahren Handelskonkurrenz und bewaffneten Konflikten besiegten die Niederlande in der zweiten Hälfte des 17. Jahrhunderts schließlich Portugal und übernahmen die Kontrolle über das Kap der Guten Hoffnung, das sie zu einem Drehkreuz des Ost-West-Handels machten. Auf ihrem Höhepunkt hatte die Niederländische Ostindien-Kompanie 15.000 Niederlassungen und handelte mit der Hälfte des gesamten Welthandels. Mit mehr als 10.000 Handelsschiffen unter der niederländischen Trikolore, die auf den vier Weltmeeren kreuzten, wurden die Niederlande zum Zentrum der kommerziellen kapitalistischen Welt.

Das explosive Wachstum des niederländischen Handels schuf eine große Nachfrage nach Finanzdienstleistungen, und 1609 wurde die erste Nationalbank der Welt, die Bank von Amsterdam, gegründet.

Ein wichtiger Grund für die Gründung der Bank von Amsterdam war die Regulierung des Finanzwesens, das zu dieser Zeit sehr chaotisch war. Damals gab es in der Amsterdamer Finanzindustrie zwei große Kreise: eine Gruppe jüdischer Bankiers, die aus Antwerpen eingewandert waren, und eine Gruppe einheimischer Bankiers, deren Kern Christen waren. Die jüdischen Bankiers beschäftigten sich hauptsächlich mit ihren traditionellen hauswirtschaftlichen Tätigkeiten: Währungsumtausch, Wechseldiskontierung, Einlagengeschäft und Kreditvergabe, und eines der größten Probleme bei diesen Geschäften waren die großen Schwankungen der Zinssätze und die Unübersichtlichkeit der Verwaltung.

> „Der Hauptgrund für die Gründung dieser Institution (Bank von Amsterdam) war nicht die Bereitstellung von Krediten, sondern die Verhinderung von skrupellosem und wucherndem Währungsumtausch und exzessiver Spekulation bei der Diskontierung von Wechseln, um so einen effizienten und stabilen Diskontierungsdienst (für den Handel) bereitzustellen. Der entscheidende Punkt für sie (die Bank von Amsterdam) ist, dass sie in öffentlichem Besitz und nicht in privatem Besitz oder unter privater Leitung ist."[23]

In den mehr als einhundert Jahren seit ihrer Gründung hat die Bank von Amsterdam wesentlich zur Entwicklung des niederländischen Handels beigetragen, die Position des Landes als Welthandelszentrum gefestigt und den Niederlanden beispiellosen Wohlstand und Reichtum beschert. Mit ihr sind einige sehr reiche Familien entstanden, von denen die Familie Hoper ein prominenter Vertreter ist.

Die Familie Hope, deren Vorfahren schottische Händler waren, betrieb später Schifffahrts-, Lager-, Versicherungs- und Kreditgeschäfte in Amsterdam und Rotterdam in den Niederlanden, vor allem in Rotterdam, wo sie gegen Bezahlung die Auswanderung von Laien in die Neue Welt organisierte und den Amsterdamer Sklavenhandel betrieb. Im ersteren Fall zahlt die Kirche 60 Gulden für jeden Laien, der auswandert, während im letzteren Fall die Behandlung der Sklaven während des Seetransports katastrophal ist und zu einer durchschnittlichen Sterblichkeitsrate von 16% führt. Während des Siebenjährigen Krieges (1756-1763) verdiente die Familie Hoper ein Vermögen mit diesem Spekulationsgeschäft.

Nach dem Siebenjährigen Krieg stieg die Familie Hoper in das internationale Finanzgeschäft ein und vermittelte Staatsanleihen für Schweden, Russland, Portugal und Bayern. Sie leitete das anglo-holländische Syndikat, das diese Staatsschulden übernahm, wofür Hoper selbst eine Provision von 5 bis 9 Prozent erhielt. Die Familie konzentrierte sich auch auf die Kreditvergabe an westindische Pflanzer und erhielt im Gegenzug Zucker, Kaffee und Tabak, die dann auf dem Amsterdamer Markt verkauft wurden. Aufgrund der umfangreichen Kredite, die die Familie Hope dem portugiesischen Königshaus gewährte, erteilten die Portugiesen Hope eine Lizenz für den

---

[23] Stephen Zarlenga, *Die verlorene Wissenschaft des Geldes* (American Monetary Institute 2002).

brasilianischen Diamantenhandel und machten Amsterdam so zum Zentrum des europäischen Diamantenhandels. [24]

Die wichtigste Kundin der Familie Hoper war die russische Kaiserin Katharina die Große, die ihr, ebenfalls aufgrund des großen Finanzierungskredits, den Hoper der zaristischen Regierung gewährte, das Exklusivrecht für die Einfuhr von Zucker aus Russland sowie die Vertretung des europäischen Handels mit russischem Getreide und Holz gewährte. Durch ihre Handels- und Finanzgeschäfte wurden die Hopes fast zur reichsten Familie Europas, und ihr Einfluss kontrollierte nicht nur die Niederländische Ostindien-Kompanie und die Westindien-Kompanie, sondern bildete auch ein anglo-holländisches Syndikat mit ihren wichtigsten britischen Verbündeten, um die politischen und außenpolitischen Angelegenheiten der europäischen und amerikanischen Länder mit finanzieller Macht zu beeinflussen.

Ab 1779 leitete Henry Hope das Unternehmen Hope & Co. und 1786 widmete Adam Smith die vierte Auflage seines Meisterwerks Der Wohlstand der Nationen Henry Hope.

> *„Ursprünglich hatte ich in dieser Ausgabe 4 keinerlei Änderungen vorgenommen. Nun halte ich es jedoch für meine Pflicht, Herrn Henry Hope aus Amsterdam zu danken. Dank dieses Mannes war ich in der Lage, einige einzigartige und umfassende Informationen über ein so interessantes und wichtiges Thema wie die Bank von Amsterdam zu erhalten. Bevor er mir half, waren die Kontoinformationen der Amsterdamer Bank für mich nicht zufriedenstellend, ja sogar unverständlich. Der ehrenwerte Name dieses Herrn ist in Europa so bekannt, dass derjenige, der solche Informationen von ihm erhält, über die Maßen geehrt wird. Meine Eitelkeit lässt mich sehr darauf bedacht sein, Herrn Henry Hope meinen Dank auszusprechen, damit ich die Ehre habe, ihn der letzten überarbeiteten Ausgabe des unbeholfenen Werkes beizufügen, als die beste Werbung dafür."* [25]

---

[24] Schama, S., *Patrioten und Befreier, Revolution in den Niederlanden 1780-1813.*

[25] Adam Smith, *Eine Untersuchung über die Natur und die Ursachen des Wohlstands der Nationen* (4. Auflage).

Eine Geschäftsbeziehung mit der Familie Hope herzustellen, bedeutete damals den Zugang zu Reichtum und Macht in europäischen Bankkreisen. Francis Baring ist einer der Glücklichen.

Die Familie Hope: Baring ist der reichste Mann in Europa

Francis' kühles Auftreten, sein ruhiges Gemüt und sein Festhalten an Integrität verschafften ihm allmählich große Glaubwürdigkeit in der Finanzwelt, und sein Unternehmen machte in den Napoleonischen Kriegen große Fortschritte. Im Jahr 1771 wurde Francis zum Direktor der Royal Exchange Assurance ernannt, die wiederum enge Beziehungen zur Familie Hoper unterhielt. Diese Position öffnete Francis die Tür zur Zusammenarbeit mit der Familie Hoper und war eine wichtige Gelegenheit, sich weiterzuentwickeln.

Die Familie Hoper versuchte, den britischen Markt mit einer Anleiheemission zu erschließen, und Francis nutzte die Gelegenheit, um die Anleiheemission der Familie Hoper im Wert von 15.000 Pfund in Ordnung zu bringen, und seitdem sind die beiden Familien verbündet. Der französische Bankier John Mallet kommentierte die Angelegenheit mit den Worten:

> *„Die Familie Hope ist nicht nur von dem Enthusiasmus und der Ausführung von Baring beeindruckt, sondern auch von dem ausgezeichneten Ruf und den reichhaltigen Ressourcen des Unternehmens. Von diesem Moment an wurde die Familie Baring zu einem wichtigen Freund der Familie Hoper."*

1790 entschuldigte sich William Hope für die Verspätung seines Schreibens an Francis, die auf seinen vollen Terminkalender zurückzuführen war:

> *„Mein lieber Herr, unsere Korrespondenz ist so intim wie eine Familienkorrespondenz, und in der Tat beruht diese Intimität auf der Tatsache, dass Sie uns auf dieselbe Weise behandelt haben."*[26]

In der Folgezeit übernachteten die Mitglieder der Familie Hoper bei ihren Besuchen in London stets im Hause Baring. Bis 1796 waren die Partner der Familie Hoper mit der Tochter von Francis Baring

---

[26] Philip Ziegler, *Die sechste Großmacht*, Alfred A. Knopf, 1988.

verheiratet, und die Vereinigung der beiden Familien markierte die endgültige Gründung der Hoper-Baring-Allianz.

Im Januar 1794 schrieb Henry Hope an Francis:

> *„Ich habe das Gefühl, dass England und Holland immer freundschaftlich und im gleichen Geist miteinander umgegangen sind, und dass ich in England (bei Baring) wie zu Hause geblieben bin."*[27]

Ein Jahr später bestätigte sich die Aussage von Henry Hoper jedoch, als die französische Revolutionsarmee 1795 in die Niederlande einmarschierte und die Familie Hoper in aller Eile nach London flüchtete. Unter dem Einsatz der Familie Baring schickte die britische Royal Navy Kanonenboote, um sie zu eskortieren. Der Sohn von Francis, Alexander Baring, wurde angewiesen, im Büro der Hoper Bank zu bleiben, bis die französischen Stiefel in Amsterdam ertönten.

Mit der Unterzeichnung des Friedens von Amiens im Jahr 1802 war der Krieg in Europa vorübergehend beendet und die Familie Hope war bereit, nach Amsterdam zurückzukehren, um ihre Geschäfte wieder aufzunehmen. 1802 wurde die Familienbank schließlich wieder eröffnet, während der größte Teil des Kapitals in den Händen der Familie Baring blieb. Zu diesem Zeitpunkt war Alexander bereits in den Vereinigten Staaten angekommen, und gegen den Willen seines Vaters Baring zögerte er, in die Niederlande zurückzukehren, um mit Hope zusammenzuarbeiten. Die folgenden Entwicklungen bewiesen, dass Alexander weitsichtig war. Bald wurde der Krieg in Europa wieder aufgenommen, und die Franzosen drangen erneut in die Niederlande ein, wodurch das Vermögen der Familie Hope in den Niederlanden einen großen Verlust erlitt. Bis 1813 war die Familie Hoper auf ein Minimum geschrumpft, und Alexander, das neue Oberhaupt der Baring-Familie, übernahm das Geschäft der Familie Hoper für gerade einmal 250.000 Pfund, wobei er die enge Beziehung zwischen den beiden Familien berücksichtigte und das Vermögen der Familie Hoper nicht vollständig annektierte. Die Familie Hope blieb als wichtigster Handelspartner von Baring unter den Fittichen von Baring bestehen. Die Hopes waren nun keine unabhängige Finanzkraft mehr, und die beiden waren im Wesentlichen zwei in einem.

---

[27] Ebd.

„Red Top Businessmen": Die goldene Macht der Macht

Während das Geschäft nach der Allianz mit Hope sprunghaft anstieg, begann Baring, sich der Politik zuzuwenden. Im Jahr 1786 schrieb Francis an den Marquis von Lansdowne (ehemaliger Earl of Sherborne): "Ich kümmere mich hauptsächlich um drei Dinge: den Familienbesitz, die öffentlichen Angelegenheiten und die East India Company..." Zu diesem Zeitpunkt war sein Blick bereits auf die kolonialen Unternehmungen des britischen Empire im Osten gerichtet, und er war sich der unbegrenzten Geschäftsmöglichkeiten, die sich dort boten, sehr bewusst.

In einem Brief an Henry Dundas, den Marinesekretär von Premierminister Pitt, argumentierte Francis 1787 für die Vorteile eines Handelsvertrags mit den Niederlanden:

> *„Es wäre für unser Land von großem Nutzen, wenn die Niederlande als Handelsnation dazu beitragen könnten, den Markt für unsere Produkte in Indien zu erweitern. Dies gilt zusätzlich zu der starken politischen Unterstützung, die meinem Land zuteil werden kann, da unsere beiden Länder dieselbe grundlegende Philosophie und komplementäre Interessen teilen. Im Falle meines Landes ist das Hauptinteresse die Aufrechterhaltung des Reiches selbst, gefolgt vom Interesse des Handels, während das niederländische Interesse ebenso wichtig ist, nämlich das Monopol der Ostindischen Inseln und das Interesse des Handels. Die grundlegenden Interessen der beiden stehen nicht im Widerspruch zueinander und ergänzen sich wirtschaftlich, und es sollte eine strategische Partnerschaft aufrechterhalten werden."*[28]

Das Schreiben ist angeblich von nationalem Interesse, und die besonderen Interessen der Hope-Baring-Allianz, die sich dahinter verbergen, wurden deutlich gemacht.

Und es war John Dunning, der Francis wirklich in die Politik brachte. Dunning, damals oberster Anwalt des Herzogtums Lancaster, war ein enger Freund von Colonel Isaac Barre, der 1782 Kanzler von Premierminister Pitt gewesen war, und die drei bildeten ein

---

[28] Ebd.

einschüchterndes Dreierbündnis mit dem Marquis of Lansdowne, dem Schatzkanzler von Premierminister Pitt.

Ein wichtiger Grund dafür, dass Dunning Francis beim Einstieg in die Politik half, war, dass er bereits in einer Schuldenfalle steckte und nicht in der Lage war, seine Schulden zu begleichen. Von 1783 an zahlte Francis ihm sechs Jahre lang jährlich 5.000 Pfund.

Im Rahmen der Troika hat der britische Premierminister Pitt Francis zu seinem Ehrengast gemacht, um seine Ansichten über den senegalesischen Sklavenhandel, die türkische Diplomatie, die militärische Präsenz Gibraltars, die Zollreform und andere Themen zu hören.

Das Durchpflügen der politischen Arena durch die Familie Baring hat sich endlich ausgezahlt. Ihre engen Beziehungen und ihr gegenseitiges Vertrauen zu den Ministern der Regierung haben dazu geführt, dass die Familie Baring bei Regierungsaufträgen häufig als Gönner auftritt. Baring wurde mit der Aufgabe betraut, die Front logistisch zu unterstützen, und der Marquis of Lansdowne konnte eine bessere Versorgung seiner Truppen mit Lebensmitteln sicherstellen. 1780 versuchte die britische Regierung, eine Bankfamilie zu finden, die die Kriegsanstrengungen in Nordamerika finanzieren sollte, vorzugsweise mit ihren eigenen Mitteln oder denen ihrer Kunden und externer Investoren, um Kriegsanleihen zu übernehmen. Es handelte sich um ein risikoreiches und lukratives Geschäft, und Francis ergriff die Chance, das Emissionsgeschäft zu übernehmen und verdiente zwischen 1780 und 1784 19.000 Pfund mit nordamerikanischen Kriegsanleihen. Die Zahl scheint gering, aber sie reicht aus, um den Appetit der Regierung zu befriedigen und sich bei der britischen Regierung ein gutes Image zu verschaffen. Die Regierung kennt und vertraut Baring, sie mag Francis und respektiert seine Fähigkeiten und hat immer das Gefühl, ihm etwas zu schulden. Dieses Gefühl wird Baring helfen, mehr Regierungsaufträge zu erhalten.

Im späten 18. und frühen 19. Jahrhundert kam es in England häufig zu Kriegen, enormen Militärausgaben und einem dramatischen Anstieg der Staatsverschuldung. Dies machte Bankiersfamilien wie Baring reich durch die Zeichnung von Kriegsanleihen. In 12 der 16 Jahre zwischen 1799 und 1815 verdienten sie 190.000 Pfund als führende Zeichner britischer Staatsanleihen. Der Ruf der Familie Baring erreichte seinen Höhepunkt in der Londoner Finanzmetropole, da die Länder, die Staatsanleihen ausgaben, zu ihr kamen. [29]

Im März 1797, auf dem Höhepunkt des Krieges gegen Frankreich in Europa, kommt der brasilianische Prinz von Portugal nach London, um 1,2 Millionen Pfund aufzunehmen. Er beabsichtigt, die Gewinne aus dem brasilianischen Diamanten- und Schnupftabakgeschäft als Sicherheit für das Darlehen zu verwenden, und wenn diese Sicherheiten nicht ausreichen, "die reiche Insel Mosambik" hinzuzufügen. Francis war interessiert, holte aber zunächst den Rat von Premierminister Pitt ein. Pitt antwortete, er sei nicht begeistert von dem Darlehen "in einer Zeit großer Schwierigkeiten für Portugal"; er hätte jedoch nichts dagegen, wenn Baring es als privates Unternehmen finanzieren würde, aber es würde keine offizielle Unterstützung geben. In Anbetracht der Meinung von Pitt musste Baring die Gelegenheit ausschlagen.

Im Jahr 1801 brauchten die Portugiesen dringend große Geldsummen, um die enormen Kriegskosten zu bezahlen, und die Frage der Kredite kam erneut auf. Diesmal verließ Premierminister Pitt vorübergehend sein Amt, und Francis beschloss, die Regierung allein zu lassen. Francis erzählte seinem Schwiegersohn und Partner der Familie Hoper, Pierre Labouchere: „In dieser ereignisreichen Zeit des Jahres sollten wir nicht mit Ministern über portugiesische Kredite sprechen, und wie Sie wissen, haben diese Minister meist keine Ahnung von internationaler Finanzierung."

Unter der Leitung von Francis wurden Pierre Loebchelle und George Baring nach Lissabon geschickt, um die Einzelheiten der Kreditkooperation auszuhandeln. Die beiden Männer ritten auf einem Eselskarren den ganzen Weg nach Lissabon und fanden dann den Verhandlungsprozess selbst genauso schwierig wie ihre schlechte Reise. Pierre Loebchelle beklagte sich darüber, dass die Portugiesen "den Verhandlungstext immer wieder änderten, und das war alles Text, den ich nicht verstand, und das machte mich ganz schwindlig". Bis 1802 waren weitere jüdische Bankiers in Lissabon eingetroffen, um sich dem Kampf um den Vertrag anzuschließen, aber George Baring berichtete, dass "diese Juden, obwohl sie formidable Feinde sind, nicht übersehen werden müssen; sie sind zu arm, um den Preis zu zahlen, den

---

[29] N. Baker, *Regierung und Nick Leeson Contractors: Das britische Schatzamt und Kriegslieferanten* (1971).

wir zahlen können", und der Vertrag fiel schließlich an das Baring-Hope-Konsortium, wobei Baring 5 Millionen Gulden übernahm.

Nachdem er das Geld verdient hatte, begann der alte Baring ernsthaft über die Notwendigkeit nachzudenken, ein "roter Spitzengeschäftsmann" zu werden. Der schlechte Ruf des Bankiers hat in der Öffentlichkeit immer den Eindruck eines gemeinen Geschäftsmannes erweckt, und nur wenn man Politiker wird, kann man Mitglied der herrschenden Klasse werden und das Fundament des Familienunternehmens auf ein solides Fundament der Ehre bauen. Nachdem er sich entschieden hatte, gab Francis 3.000 Pfund für die Operation aus, wurde wenig überraschend in das Unterhaus gewählt und seine Familie behielt für die nächsten 150 Jahre oder so ihre Sitze im Parlament.

Transatlantisches Netzwerk von Menschen

Francis erkannte früh die künftige Bedeutung des amerikanischen Marktes und ging bereits 1774 eine Geschäftspartnerschaft mit Thomas Willing und Robert Morris aus Philadelphia, Pa, ein. Thomas Willing wurde später Vorsitzender der ersten privaten Zentralbank der Vereinigten Staaten, der First Bank of the United States, und Robert Morris war eine der berühmtesten Bankiersfamilien Amerikas und einer der wichtigsten Architekten der amerikanischen Nation. Diese schwergewichtigen Verbindungen spielten eine Schlüsselrolle bei der späteren geschäftlichen Entwicklung der Familie Baring in den Vereinigten Staaten.

Ende des 18. Jahrhunderts veranlasste das durch die Französische Revolution verursachte Chaos die Familie Baring, ihren Geschäftsschwerpunkt vorübergehend nach Nordamerika zu verlagern. 1795 benötigte David Humphreys, der amerikanische Minister in Lissabon, dringend Geld, um mit dem nordafrikanischen Berberregime (nordafrikanische Piraten) über die freie Fahrt amerikanischer Handelsschiffe im Mittelmeer zu verhandeln. Die Regierung der Vereinigten Staaten bat die Familie Baring, eine 6-prozentige Staatsanleihe im Wert von 800.000 Dollar zu begeben, und einen Monat später brachte die Familie Baring 200.000 Dollar für die Vereinigten Staaten auf und erleichterte damit die dringende Notlage des Ministers in Lissabon. Rufus King, der damalige US-Minister in Großbritannien, schrieb in diesem Zusammenhang speziell an Baring und beglückwünschte ihn zu seiner "großzügigen Gesinnung und seinem

Geschick, Hafez bei einer so wichtigen Operation zum Erfolg zu verhelfen". und sagte:

> *„Ich habe unserem Finanzminister geschrieben, um ihn über Ihre Taten zu informieren, und bitte ihn, sich mir anzuschließen und ihm zu versichern, dass die Regierung der Vereinigten Staaten einen guten Eindruck von der wichtigen Rolle, die Sie in dieser Angelegenheit gespielt haben, behalten wird."*[30]

Zu dieser Zeit stand der Konflikt zwischen den Vereinigten Staaten und Frankreich kurz vor dem Ausbruch, und die Familie Baring steuerte 45.000 Dollar bei, um 10.000 glatte Gewehre und 330 Kanonen für die Vereinigten Staaten zu erwerben, was damals zur Ausrüstung einer großen Armee ausreichte. Ende des 18.war die Familie Baring noch kein ausgewiesener Europa-Vertreter der US-Regierung, sondern wandte sich immer an Baring, wenn die Amerikaner Geld aus Europa benötigten.

Baring war der Meinung, dass der US-Aktienmarkt ein sicherer Hafen für europäische Anleger sein würde, falls es in Europa aufgrund der Französischen Revolution zu Instabilitäten kommen sollte, und organisierte einen großen Vorstoß britischer Anleger in den US-Aktienmarkt. Im Jahr 1803 hielten ausländische Investoren die Hälfte des gesamten Marktwertes des US-Aktienmarktes (etwa 32 Millionen Dollar). Britische Investoren investieren in US-Aktien, und die USA überweisen Dividenden an Großbritannien, wodurch ein enges transatlantisches Finanznetzwerk entsteht, in dem die Familie Baring die zentrale Rolle spielt.

Thomas Willing war seit 1790 ein treuer Verbündeter der Familie Baring und wurde zum Finanzagenten der Familie in den Vereinigten Staaten. Zu diesem Zeitpunkt war Baring bereits offizieller Vertreter der Regierung der Vereinigten Staaten geworden. Der US-Botschafter im Vereinigten Königreich, Rufus King, teilte Baring mit, dass die US-Regierung beschlossen hatte, "eine Familie britischer Banken von erstklassiger Ehre und Stabilität" als Agenten zu ernennen, um "der Kontinentalkonferenz regelmäßig beträchtliche Finanzmittel zur Verfügung zu stellen" und die diplomatischen Missionen der USA in verschiedenen Ländern zu finanzieren. Im Jahr 1803 wurden die

---

[30] Ebd.

Barings offiziell zu Finanzagenten der Regierung der Vereinigten Staaten in England ernannt.

Louisiana-Finanzierung: Der erstaunlichste Finanzfall aller Zeiten

Die Baring-Familie hat mehr als alles andere in der Geschichte der Weltfinanzierung zur Finanzierung des erstaunlichen Kaufs von Louisiana durch die Vereinigten Staaten beigetragen.

Die Region Louisiana zwischen dem Mississippi und den Rocky Mountains erstreckt sich von Kanada im Norden bis zum Golf von Mexiko im Süden und umfasst eine Fläche, die der Summe der 13 Staaten entspricht, die heute den Mittleren Westen der Vereinigten Staaten bilden. Historisch gesehen war Louisiana eine französische Kolonie, die nach der Niederlage im Siebenjährigen Krieg an Spanien abgetreten wurde. Im Jahr 1800, als das napoleonische Reich in vollem Gange war, musste Spanien die Kolonie an Frankreich zurückgeben. Die US-Regierung zittert bei dem Gedanken an eine mächtige französische Armee vor ihrer Haustür. Großbritannien schlug den Vereinigten Staaten vor, die Kolonie zunächst von Großbritannien zu erobern und das Land nach Beendigung des Krieges in Europa an die Vereinigten Staaten zu übergeben. Dieser Vorschlag macht den Amerikanern mehr Angst als die französische Armee, die bald auftauchen wird. Also schickt Präsident Jefferson einen Gesandten nach Paris, um die Einflüsterungen von Kaiser Napoleon zu prüfen, ob er einen Teil von Louisiana an die Vereinigten Staaten verkaufen könnte. Zur großen Freude der amerikanischen Mission beabsichtigte Seine Majestät der Kaiser, die gesamte Kolonie Louisiana an die Vereinigten Staaten zu verkaufen. Nachdem die allgemeine Richtung festgelegt war, musste nur noch verhandelt werden, wobei Frankreich zunächst 15 Millionen Dollar verlangte und sich schließlich mit 11,25 Millionen Dollar zufrieden gab.

In der Tat hatte Napoleon ein unaussprechliches Leiden. Zu dieser Zeit hatte Napoleon 20.000 Menschen geschickt, um in Haiti einzumarschieren, und er brauchte dringend Geld, um sich neu zu formieren. Im April 1803 unterzeichneten die Vereinigten Staaten und Frankreich einen Friedensvertrag, und die Vereinigten Staaten erwarben mühelos etwa 2,6 Millionen Quadratkilometer Land (das entspricht 3,85 Franzosen) für weniger als 5 Dollar pro Quadratkilometer.

Die Frage ist nun, woher dieses Geld kommen soll. Die Antwort liegt auf der Hand. Nur durch Alexanders Bemühungen erklärte sich Frankreich bereit, den Kaufpreis auf 11,25 Millionen Dollar zu senken, nachdem Alexander als Vertreter der Familie Baring vermittelt hatte, als die Franzosen und die Amerikaner in Paris über die Höhe des Kaufpreises verhandelten. Als das Geschäft abgeschlossen war, übernahm Baring-Hope logischerweise die Aufgabe, Mittel für die Ausgabe von Staatsanleihen für die Regierung der Vereinigten Staaten zu beschaffen, wobei die Hopps 40 Prozent und die Barings 60 Prozent auf dem europäischen Finanzmarkt zu einem Zinssatz von 5 Prozent übernahmen. Dies kam de facto einem Kauf von Louisiana von Frankreich durch das Baring-Hope-Konsortium gleich, das das Land dann an die Regierung der Vereinigten Staaten weiterverkaufte.

Im Juni 1803 wurde der Krieg zwischen Großbritannien und Frankreich wieder aufgenommen und die beiden Länder befanden sich in einer militärischen Konfrontation. Premierminister Addington konnte nicht dulden, dass eine britische Bank monatlich Millionen von Francs an ihre Feinde zahlte, um Napoleon indirekt bei den Kriegsvorbereitungen zu helfen, und zwang die Familie Baring, die französischen Zahlungen einzustellen. Und die Barings umgingen das politische Risiko, indem sie die Verantwortung für die Zahlungen einfach an ihre Verbündeten, die Familie Hope in Amsterdam, übergaben, die diese in ihrem Namen ausführten. Zu diesem Zeitpunkt war die Korrespondenz von Baring mit der Familie Hoper bereits überwacht worden, und Hoper antwortete auf ein Schreiben von Baring, in dem sie die französische Regierung um Zahlungen in ihrem Namen bat, mit den Worten: "Wir haben keine Einwände gegen die Fortsetzung der Zahlungen an Frankreich und können Ihrer Bitte (in ihrem Namen zu zahlen) nicht nachkommen". Die beiden Familien schienen sich nicht einig zu sein, aber in Wirklichkeit wusste Baring, dass Hope auf jeden Fall an Frankreich zahlen würde, und Hope wusste, dass Baring nur vordergründig verbal protestierte, nur um der britischen Regierung etwas vorzumachen. Am Ende verdienten Hope und Baring insgesamt mehr als 3 Millionen Dollar an dem Geschäft mit dem Louisiana-Kauf.

Der anglo-amerikanische Krieg von 1812: Die Familie Baring in und aus

1806 wurde der ehemalige US-Vizepräsident Aaron Burr der Verschwörung zur Zerstückelung der Vereinigten Staaten beschuldigt, und alle glaubten, er wolle das Land wieder unter britische Herrschaft bringen. Die Feindseligkeit in der Bevölkerung zwischen den beiden Ländern nahm in der Zwischenzeit stark zu, und die Wolken des Krieges hingen schwer über beiden Seiten des Atlantiks. Darüber hinaus führte der Krieg zwischen Großbritannien und Frankreich zur Verhängung eines Seeembargos auf dem europäischen Kontinent, was den Handel zwischen den Vereinigten Staaten und Frankreich stark beeinträchtigte. Außerdem setzt die britische Marine regelmäßig das Gesetz in einem Gebiet durch, das weniger als drei Meilen von der Küste der Vereinigten Staaten entfernt ist, was eine eindeutige Verletzung der Hoheitsgewässer der Vereinigten Staaten darstellt, und die Vereinigten Staaten intervenieren, während das Vereinigte Königreich weiterhin tut, was es will. Das Konfliktpotenzial zwischen den beiden Seiten wird dadurch noch erhöht.

Ein weiterer wichtiger Grund für den Krieg war das Problem der First Bank of America. Die First Bank war die erste private Zentralbank in den Vereinigten Staaten, die 1791 gegründet wurde, und die Familie Baring ist einer der Hauptaktionäre der First Bank of America. Thomas Willing ist der Vorsitzende der First Bank of America, und er und Baring sind seit fast 30 Jahren Geschäftspartner.

Als die US-Regierung 1791 die Gründung der First Bank of the United States genehmigte, wurde ihr nur eine Laufzeit von 20 Jahren zugestanden, und die Tätigkeit der First Bank sollte 1811 enden. In den Vereinigten Staaten gab es von Anfang an eine hitzige Debatte über die Gründung der First Bank, und schließlich setzte sich die Meinung der Opposition durch, so dass die Regierung der Vereinigten Staaten am 3. März 1811 der First Bank of the United States keine neue Verlängerung mehr gewährte und die First Bank ihre Pforten schloss. Für die britischen Bankiers, die eine 70-prozentige Mehrheitsbeteiligung an der First Bank of America halten, bedeutet die Angelegenheit einen enormen Aufschwung. Die Kerninteressen von Baring, Rothschild und anderen sind ernsthaft in Frage gestellt.

Auch für die Familie Baring ist dies eine seltene und gute Gelegenheit. Wo Krieg ist, da ist auch eine Chance. Dies gilt insbesondere für einen Mann wie die Familie Baring, der sowohl auf britischer als auch auf amerikanischer Seite ein Meister ist. Mit dem Ausbruch des Krieges musste die Emission von Staatsanleihen auf britischer und amerikanischer Seite zwangsläufig ansteigen. Baring beherrscht zu dieser Zeit das Geschäft mit Anleihen auf beiden Seiten des Atlantiks, und sobald es profitabel ist, kann es im Nu zu großem

Reichtum gelangen. Gleichzeitig zwingt der Krieg die wirtschaftlich schwachen Vereinigten Staaten in eine hohe Verschuldung und erhöht damit ihre finanzielle Abhängigkeit von Baring, und wie kann der Krieg ohne Geld geführt werden? Die US-Regierung musste schließlich politisch nachgeben und einer privaten Zentralbank zustimmen, die unter der Kontrolle britischer Bankiers arbeiten sollte. Zu diesem Zeitpunkt trat Baring erneut auf den Plan, um ein guter Mensch zu sein und sich auf beiden Seiten, sowohl auf der britischen als auch auf der amerikanischen Seite, einen guten Namen zu machen.

Im Jahr 1812 brach schließlich der angloamerikanische Krieg aus. Die Situation hat sich unvorhersehbar entwickelt. Als der Krieg 1814 ausbrach, waren die Vereinigten Staaten verschuldet, und die im Juli verkauften Kriegsanleihen im Wert von 6 Millionen Dollar wurden mit einem kläglichen Abschlag von 2 Prozent auf dem Markt verkauft. In diesem Jahr waren nicht nur die Staatsfinanzen stark unterfinanziert, sondern es gab auch kein Geld für den Krieg von 1815. Der amerikanische Marineminister William Jones rief aus: "Es muss dringend gehandelt werden, und zwar schnell! Andernfalls werden wir uns in einer noch nie dagewesenen Situation befinden, in der wir unsere Armee und Marine ohne finanzielle Mittel aufrechterhalten und einen harten Kampf führen müssen. "Der arme Marineminister durchsuchte wie ein Bettler jeden Winkel der Staatskasse und versuchte, das Nötigste aufzutreiben, um einige der dringendsten militärischen Verteidigungsoperationen zu unterstützen. Die Rekrutierung von Marinesoldaten kam völlig zum Erliegen, denn "Matrosen gehen nie ohne Geld an Bord".

Die Situation im Kriegsministerium ist nicht besser. Das Arsenal in Springfield wurde wegen Geldmangels vollständig stillgelegt. In Virginia, dem "demokratischsten" Staat Amerikas, kam es zu einer Meuterei unter den Soldaten, weil es an Lebensmitteln und Sold mangelte. In New Hampshire fehlt das Geld für die Rückzahlung der Staatsschulden an die Veteranen, was diese dazu veranlasst, die Regierung zu hassen. In anderen Gebieten behaupten die Soldaten, sie würden Kasernen besetzen und Regierungseigentum zu niedrigen Preisen verkaufen, wenn sie ihren Sold nicht rechtzeitig erhielten. Die Soldaten schulden ihren Sold schon seit 6 bis 12 Monaten, in einigen Gebieten sogar noch länger, und sie bekommen nicht einmal die erbärmlichen 30 Dollar pro Jahr. In vielen Gebieten hat das Militär eine große Zahl von Deserteuren zu verzeichnen, und die Offiziere können es sich nicht nur nicht leisten, Deserteure zu fangen, sondern nicht einmal, vor Ort zu werben, um sie zu melden. Militärgefängnisse in Neuengland wurden aufgelöst, weil sie sich den Betrieb nicht leisten konnten, und in den New Yorker Feldlazaretten gab es schon lange keine Medikamente und Vorräte mehr. Regierungs- und Militärbeamte mussten sich manchmal privat Geld von anderen leihen, um einige ihrer dringendsten Ausgaben zu bestreiten. [31]

Der Krieg ist immer eine riesige Maschine, die den Reichtum verschlingt, und es ist illusorisch, einen langen Krieg ohne Geld führen zu wollen. Aus einem anderen Blickwinkel betrachtet, ist Geld wiederum der Herr des Krieges, sowohl als Selbstzweck als auch als Werkzeug, um ihn nutzbar zu machen. Es ist dieses tiefe Verständnis, das die internationalen Banker den Krieg lieben lässt. Sie profitieren nicht nur vom Krieg, sondern können auch die Regierung kontrollieren und die Nachkriegspolitik beeinflussen, um ihr strategisches Ziel der langfristigen Profitabilität besser zu erreichen.

Während des Krieges konnte Baring als britischer Staatsbürger natürlich nicht offen die Vereinigten Staaten auf dem Londoner Markt finanzieren, obwohl es niemanden etwas anging, amerikanische Anleihen über ihre Agenten in anderen europäischen Städten zu zeichnen. Die Familie Baring plante nicht nur aktiv, nach dem Krieg auf den US-Markt zurückzukehren, sondern zahlte sogar weiterhin Dividenden an Investoren, die während des Krieges US-Aktien hielten, und im Juli 1813 schickte die US-Regierung schließlich eine Delegation zu Friedensgesprächen mit Großbritannien nach Europa. In der Annahme, dass Großbritannien Russland als Vermittler begrüßen würde, eilten die Amerikaner zuerst nach St. Petersburg.

Der Sohn von Francis, Alexander Baring, begann, beide Seiten der anglo-amerikanischen Regierung zu beschönigen und ihnen Gefälligkeiten zu verkaufen. Er fungierte als Koordinator zwischen Gallantin, dem Leiter der amerikanischen Delegation, und Castlereagh, dem britischen Außenminister. Er teilte seinen amerikanischen Freunden mit, dass die Briten einen Russen in der Rolle des Vermittlers niemals willkommen heißen würden, und stellte in seinem Brief fest, dass "in einem Familienstreit die Einmischung eines Außenstehenden nur negative Auswirkungen haben kann. "Gallatin traf schließlich im

---

[31] Donald R. Hickey, *Der Krieg von 1812: Der vergessene Konflikt* (University of Illinois Press 1990).

März 1814 in London ein. Gallatins Sohn James beklagte sich: „Ich fand London viel langweiliger als Paris oder St. Petersburg, wir waren nicht in einer beliebten Umgebung, wir wurden oft von vielen Leuten eingeladen, fühlten uns aber immer ein wenig eingeengt... Der einzige Ort, an dem wir uns wirklich zu Hause und wirklich willkommen fühlten, war das Haus von Mr. Barring."

In gewisser Weise war es die "Friedensliebe" der Familie Baring, die schließlich zum Waffenstillstand zwischen Großbritannien und den Vereinigten Staaten im Jahr 1815 führte. Baring und anderen britischen Bankiers gelang es, ein Vermögen zu machen. Die US-Regierung beugte sich dem Druck der internationalen Bankiers und versprach im Dezember 1815 eine zweite Zentralbank in Privatbesitz, die Second Bank of the United States. Baring hielt nach dem Ende der Napoleonischen Kriege jahrzehntelang das Lebenselixier des anglo-amerikanischen transatlantischen Handels und Finanzwesens in Händen, wie es gewünscht war.

Frankreichs Nachkriegsauszahlung: Baring steigt zur sechsten Kraft in Europa auf

> *Heute gibt es in Europa sechs Großmächte: die britische, französische, russische, österreichische, preußische und die Baring-Familie.*
> Premierminister Richelieu von Frankreich.

1815 wurde Frankreich besiegt und Napoleon ins Exil geschickt. Im Rahmen des Wiener Friedensvertrags musste Frankreich 700 Millionen Francs an Kriegsreparationen zahlen und fünf Jahre lang die Kosten für 150.000 alliierte Truppen in Frankreich decken. "1816 fiel die französische Ernte aus und die Staatskasse war leer. Da es den restaurierten Bourbonen nicht gelang, das Vertrauen und die Unterstützung des einheimischen Finanzkonsortiums zu gewinnen, wandten sie sich an die britische Familie Baring, die damals die mächtigste in Europa war, um eine rasche Begleichung ihrer Reparationszahlungen an die siegreiche Nation und einen raschen Abzug der ausländischen Besatzungstruppen in Frankreich zu erreichen.

Mit Unterstützung des britischen Botschafters in Frankreich, des Herzogs von Wellington, und des französischen Premierministers, des Herzogs von Richelieu, Enkel des gleichnamigen Kardinals von Ludwig XIV, reiste Gabriel-Julien Ouvrard im Auftrag Ludwigs XVIII.

nach London, um die Familie Baring zu besuchen. Dieser Offred hatte als Finanzberater Napoleons gedient und war mehrmals wegen unklarer Konten ins Gefängnis geworfen worden. Doch dieser Mann, der sich mit Machtwechseln auskannte und enge Beziehungen zu Premierminister Richelieu und König Ludwig XVIII. unterhielt, war nach heutigen Maßstäben ein gewöhnlicher Flegel.

Offred teilte der Familie Baring mit, dass Premierminister Richelieu und Finanzminister Corvetto ihm die uneingeschränkte Vollmacht erteilt hätten, das Darlehen mit dem anglo-holländischen Konsortium auszuhandeln. Die Familie Baring nahm sich diese Angelegenheit zunächst nicht zu Herzen, da der "Mittelsmann", der keinen Namen und keinen Ruf hatte, nicht zuverlässig war und daher keine klare Haltung einnahm.

Nach seiner Rückkehr erzählte Offred den französischen Ministern, wie sehr Baring und die Familie Hope an der Angelegenheit interessiert waren und wie sehr sie geneigt waren, dem Geschäft zuzustimmen. Premierminister Richelieu und der Finanzminister waren überglücklich. Mit Overds langen Ärmeln machten die Parteien einen Fehler und begannen mit den Verhandlungen über die Einzelheiten des Darlehens. In den Tuilerien in Frankreich, dem Sitz der Verhandlungen, waren die Familien Baring und Hope von Gegnern des Kredits umringt, wobei die Familie Hope noch immer bereit war, sich die Einwände anzuhören, während die Familie Baring verächtlich mit den Schultern zuckte und das Kreditprojekt weiterverfolgte. Der französische Außenminister Talleyrand war aus Eigeninteresse nicht an einem ausgehandelten Abkommen interessiert, während Ludwig XVIII. sich bereit erklärte, Baring in Paris zu empfangen.

Im Dezember 1816 waren die Verhandlungen so weit fortgeschritten, dass der Herzog von Wellington den britischen Außenminister Castlereagh in einem offiziellen Schreiben darüber informierte, dass sich der Gesamtbetrag der französischen Staatsschulden auf etwa 300 Millionen Francs (etwa 12 Millionen Dollar) belief, wovon der Gegenwert eines Anteils von 2 Millionen Pfund auf dem Londoner Finanzmarkt angeboten werden sollte. Die Familie Baring wird von führenden europäischen Politikern wie dem österreichischen Ministerpräsidenten Metternich unterstützt, die ebenfalls privat von der Familie Baring gezeichnete französische Staatsanleihen erworben haben. Die Familie Baring hat zusammen mit ihrem Pariser Partner Jacques Laffitte die Zeichnungsmission erfolgreich abgeschlossen und in drei Raten 315 Millionen Francs für die französische Regierung aufgebracht.

Während des Finanzierungsprozesses begann das französische Konsortium, das zuvor dem Königshaus misstraut hatte, unter der Führung der Familie Baring, die französische Staatsverschuldung zu unterstützen, indem es in den ersten beiden Tranchen ein Viertel und in der dritten Tranche mehr als die Hälfte der Schulden zeichnete. Die Familie Baring war eine Zeit lang führend im französischen Finanzwesen. Der Herzog von Wellington kommentierte dies in einem Brief an seine Freunde:

> *„Baring hat die französischen Finanzen in die eigenen Hände genommen, und französische Anleihen sind auf dem britischen Anleihemarkt so gut wie ein Fisch. Bis zu einem gewissen Grad kontrolliert Baring fast die Finanzmärkte der Welt. Baring wird die Macht spüren, die er hat, und er wird denken, dass jeder Schritt gegen ihn weniger wahrscheinlich ist."*

Als Veteran von hundert Schlachten enthielten Wellingtons Worte sowohl Lob als auch eine Warnung.

Bei dem ganzen Projekt der Vertretung der französischen Regierung wurden die antifranzösischen Verbündeten bezahlt, Frankreich wurde von der Last der ausländischen Besatzung befreit, und die Familie Baring machte ein Vermögen von 720.000 Pfund, nicht nur in Form einer riesigen Geldsumme, sondern auch in Form eines politischen Amtes, das eine Quelle großer Freude war. Die Familie Baring erzielte nicht nur ein lukratives Provisionseinkommen, sondern ihr Ansehen übertraf das jeder anderen Bankiersfamilie bei weitem. Der französische Premierminister Richelieu beklagte sich,

> *„Heute gibt es sechs Großmächte in Europa: die britische, französische, russische, österreichische, preußische und die Baring-Familie."*

Die Karriere der Familie Baring ist auf ihrem Höhepunkt.

Wie bei allem, was seinen Höhepunkt erreicht, läutet der Moment des größten Glanzes oft den Beginn des Niedergangs ein. Wie der Herzog von Wellington sagte, gibt es bereits andere Bankenfamilien, die bereit sind, sich gegen die Alleinherrschaft der Familie Baring im Finanzsektor zu behaupten. Die mächtigste und eindrucksvollste dieser Konkurrenten war die Familie Rothschild, die während der Napoleonischen Kriege zu großer Bekanntheit gelangte. Es waren die

Rothschilds, die Baring vom Finanzthron stießen und zehn Jahre, nachdem die Familie den Höhepunkt ihrer Karriere erreicht hatte, ablösten.

Französische Staatsschuldenverträge: eine Fehde zwischen zwei Männern

Im Jahr 1815, die Rothschild-Familie in der napoleonischen Krieg Blut und Feuer Erfahrung, mit seiner entwickelten finanziellen Intelligenz Netzwerk, um die Ergebnisse der Schlacht von Waterloo früher als der Markt Zeitdifferenz zu lernen, die erste große kurze britische Anleihen, und dann nach dem Sturz in den Preis der öffentlichen Anleihen, eine große Menge zu essen, wie der offizielle Kriegsbericht zurück nach London, die Rothschild-Familie hat die britische öffentliche Anleihemarkt auf einen Schlag Preisgestaltung Rechte beschlagnahmt, zu einem klassischen Fall in der Welt Finanzgeschichte des Krieges.

Die Familie Rothschild, die während der napoleonischen Kriege an der Macht war, stieg auf den europäischen Finanzmärkten rasch auf und hatte am Ende der napoleonischen Kriege den Ehrgeiz und die Kraft, die Finanzwelt zu beherrschen. Mit seinem Kampf gegen Baring um den französischen Staatsschuldenvertrag entfachte Rothschild einen Kampf um die finanzielle Vorherrschaft, der die jüngste Weltgeschichte nachhaltig beeinflusste.

Während Baring mit der französischen Regierung verhandelt, um die französischen Staatsschulden zu vertreten, ist die aufstrebende Familie Rothschild ebenfalls aktiv. Mit Hilfe des starken und effektiven Vertriebsnetzes der Familie, das aus jüdischen Bankiers in Frankfurt, Wien, Paris und London besteht, waren sie entschlossen, sich einen Anteil an diesem riesigen Geschäft mit der Übernahme französischer Staatsschulden zu sichern.

Anfänglich schien die Situation für die Rothschilds günstiger zu sein. Rothschild gewährte der französischen Königsfamilie der Bourbonen während der Restauration Frankreichs große Kredite, und der alte Freund der Rothschilds, der französische Außenminister Talleyrand, war in der bourbonischen Regierung sehr wichtig, und der Einfluss der Rothschilds auf die französische Dynastie war eine Zeit lang bedeutend. Doch die guten Zeiten waren nicht von langer Dauer, und mit dem Abgang von Talleyrand wurde in Frankreich eine neue

Regierung gebildet, an deren Spitze der Herzog von Richelieu stand, der darauf bedacht war, die Position der Rothschilds in Frankreich zu schwächen. James, der fünfte James der Familie Rothschild in Paris, stand dem Sekretär des Premierministers Richelieu sehr nahe, der auch die Familie Rothschild häufig über die wahren Absichten der Regierung von einigem Wert informierte. Im Herbst und Winter 1816 übertrug die französische Regierung dem Baring-Hope-Konsortium das Geschäft der Zeichnung öffentlicher Anleihen. Was die Rothschilds noch mehr bedrückt, ist die Tatsache, dass das Baring-Hope-Konsortium die Familie Rothschild von diesem großen Geschäft völlig ausgeschlossen hat.

James versuchte zunächst widerwillig, sich dem Baring-Hope-Konsortium anzuschließen, um einen Teil der dritten Tranche französischer Staatsanleihen zu übernehmen, was dazu führte, dass die Verhandlungen Ende 1817 scheiterten und Rothschild mit nichts dastand. Empört tadelte James Baring wütend dafür, dass er "mit dem Herzen sagt, was falsch ist, und mit dem Verstand sagt, was falsch ist".

Nach seiner Rückkehr aus Paris nach London konnte Solomon, der zweite der Rothschild-Familie, nicht anders, als die Methoden der Familie Baring zu "beneiden",

> *„Baring ist ein echter Schurke. Heute sind er und Lafayette zu uns gerannt, um mit uns zu speisen ... wir müssen jeden seiner Schritte genau im Auge behalten. Er ist genauso geschickt darin, seinen Einfluss zu nutzen und zu manipulieren wie wir. Jeder Würdenträger in Paris stand in enger Verbindung mit Baring ... Posso di Borgo, der russische Botschafter in Paris, stand auf der Seite Frankreichs und handelte unter Barings Einfluss ... Der französische Schatzkanzler steckte mit Barings Interessen unter einer Decke, und der Schatzkanzler war einfach einer der unersättlichsten Minister."*

Aber auch James musste in seinem Brief an Solomon im März 1817 zugeben: "Du hast mir geraten, mich nicht zu sehr um Baring zu sorgen, denn niemand kann den Himmel mit einer Hand bedecken. Aber Sie wissen nicht, wie klug sie sind. "Einige Tage später traf sich James mit dem Schwiegersohn der Familie Hoper, Pierre Loebchel, der inzwischen de facto das Oberhaupt der Familie Hoper geworden war. James schätzte Rapochet als einen "freundlichen und intelligenten Mann" ein und sagte:

> *„Ich habe noch nie einen Mann wie ihn gesehen. Ich versichere Ihnen, dass sie alle Wirtschaftsexperten sind, und alle äußerst*

intelligente Kerle. Leider haben sie sich so stark entwickelt, dass andere kaum überleben können."

Nach wiederholten Bemühungen belief sich der Anteil der Familie Rothschild an den 1817 übernommenen französischen Staatsschulden auf lediglich 50.000 Pfund. Das ist alles, sagte Baring knauserig. Barings wichtigster Partner in Paris war zu dieser Zeit die Familie Lafayette (Jacques Laffitte).

In einem Brief an Solomon berichtet James, dass er Lafayette besucht hat: "Er versprach mir, dass wir bei der nächsten Zeichnung von Staatsanleihen niemals ausgeschlossen werden würden... Doch ich glaube nicht jedes Wort, das diesem Franzosen über die Lippen kommt. "In den nächsten Monaten besuchte Alexander Barin die Rothschilds und bot ihnen vorläufig an, dem Barin-Hope-Konsortium einen gleichwertigen Anteil an der Übernahme der französischen Staatsschulden zu geben. Doch gegen Ende des Jahres lehnte Baring das Gesetz erneut euphemistisch mit folgendem Satz ab, der unzählige Male verwendet wurde: "Wir können diese französische Staatsschuld zu gleichen Teilen teilen, wenn mein Partner Rebochelle zustimmt, aber Rebochelle sieht sich selbst als mehr als ein Retter und möchte sich allein um diese Staatsschuld kümmern. "Rothschild war fast wütend, und jeder Verrat des Baring-Clans machte die Familie Rothschild verrückt.

Baring war auch einmal bereit, mit der Familie Rothschild und ihrem Geschäftspartner Lafayette zusammenzuarbeiten, änderte dann aber seine Meinung und opferte den Antisemitismus, indem er seinen Partnern mitteilte, dass es ihnen nicht erlaubt sei, ohne Erlaubnis mit Juden Geschäfte zu machen. Als Rothschild diese Nachricht hörte, wollte er sterben und war entschlossen, eine Allianz gegen das Baring-Hope-Konsortium zu bilden, um die finanzielle Vorherrschaft von Baring herauszufordern.

Die Haltung der Familien Baring und Rothschild ist aus mehreren Briefen ersichtlich, die in ihren Familienakten gefunden wurden. Rothschild beklagt sich über Barings "schlechtes Mundwerk" und "Arroganz", und Baring beschuldigt Rothschild des "Betrugs" und der "Bosheit". Fairerweise muss man sagen, dass zumindest einige dieser gegenseitigen Anschuldigungen objektive Bewertungen für die beiden sind.

Am 30. Mai 1818 erhielten Baring und Hope ein Anleihegeschäft in Höhe von 265 Millionen Francs; sie gaben Lafayette eine Linie von

20 Millionen Francs, aber nur 10 Millionen Francs an Rothschild. Im selben Jahr erhielt das Baring-Hope-Konsortium den Zuschlag für eine österreichische Staatsanleihe über 3 Millionen Pfund. Rothschild wurde eingeladen, finanzielle Unterstützung zu leisten, hatte aber keine Befugnis, die Anleihe selbst zu verwalten. James beschwerte sich: "Diese Leute haben eine unglaubliche Arroganz. Gestern plauderte ich im Innenministerium mit Besman, und Ray Porcelle und ich tauschten die Schultern aus, ohne auch nur guten Abend zu sagen..." und das Bild von Ray Porcelle als einem "guten Kerl" ist seitdem aus James' Gedächtnis gelöscht worden.

Der ältere Fourkar in Berlin kommentierte die Verzweiflung des Bruders eher philosophisch:

> „Erstens sind wir Juden, zweitens wurden wir nicht als Millionäre geboren, und drittens stehen wir in hartem Wettbewerb mit der Familie Baring. Warum sollten wir sie dann bitten, unsere guten Freunde zu sein?"

Wer auch immer Recht hat oder nicht, 1818 waren die Rothschilds erzürnt und Baring machte sich einen mächtigen und schrecklichen Feind. Rothschild ist dabei, sich zu rächen.

Rothschild ist endlich der König

Für die Rothschilds ging es 1818 vor allem darum, der Familie Baring so viel wie möglich zu schaden". Natürlich haben die Rothschilds auf diesem Gebiet ihre eigenen Fähigkeiten.

Sie begannen damit, den Markt mit großen Mengen französischer Staatsanleihen zu überschwemmen, die von der Familie Baring repräsentiert wurden, und spekulierten deren Preis in die Höhe. Dann, am Rande des Gipfeltreffens der Alliierten in Aachen, verkaufte der Markt plötzlich diese französischen Anleihen in großen Mengen, und als der Kurs sofort zusammenbrach, geriet der Markt sofort in Panik. Zu diesem Zeitpunkt war die Familie Baring gezwungen, unvorbereitet diese Anleihen in großen Mengen zurückzukaufen, um den Kurs zu stabilisieren, mit dem Ergebnis, dass nichts mehr zu machen war. Die Familie Baring wäre aufgrund von Liquiditätsengpässen fast zusammengebrochen. Glücklicherweise wollten die politischen Führer auf dem Gipfel nicht die explosive Wirkung sehen, die der Zusammenbruch der französischen Staatsschulden auf die Situation in Europa haben könnte, und Metternich sowie die Fürsten und

Ministerpräsidenten Preußens und Russlands sprangen ein, um die Familie Baring politisch zu unterstützen, da ihr eigenes Vermögen auch in diesen französischen Staatsschulden, die Baring vertrat, angelegt war. Die Bank von Frankreich hat auch entscheidende Schritte unternommen, um den Finanzmarkt zu bereinigen und die Spekulationen auf dem Markt einzudämmen, was die Situation stabilisiert hat, und der Preis der französischen Staatsschulden ist wieder stetig gestiegen. Ich weiß nicht, wem die Lehman Brothers heute unterlegen sind.

Dies war jedoch nur ein kleiner Test für die Bemühungen der Familie Rothschild gegen die Familie Baring. Ihr eigentliches strategisches Kalkül bestand darin, dass die Rothschilds, da das Baring-Hope-Konsortium ein Monopol auf die Zeichnung französischer Reparationsanleihen hatte, versuchen sollten, die Finanzagenten der "heiligen Allianz" von Russland und Österreich zu werden. Nachdem sie diese drei großen europäischen Reiche in ihre eigenen Finanznetze integriert und sie dann organisch mit der beherrschenden Stellung der Familie Rothschild auf dem britischen Markt für Staatsanleihen kombiniert hatten, würden sie den Finanznetzen der Familie Baring sowohl in östlicher als auch in westlicher Richtung einen verheerenden Schlag versetzen und die Macht der Familie Baring letztlich aus der Mitte der europäischen Finanzwelt verdrängen.

Nach 25 Jahren Krieg gegen Frankreich sind die europäischen Länder mittellos und in Trümmern zurückgeblieben und benötigen dringend umfangreiche Mittel zur Wiederbelebung ihrer Volkswirtschaften. Preußen, Österreich und Russland, die Haupttruppen und das Hauptschlachtfeld des europäischen Krieges gegen Frankreich, benötigten ausnahmslos umfangreiche Finanzmittel von den entwickelten anglo-französischen Finanzmärkten.

Wie der britische Premierminister Disraeli einige Jahre später sagte: "Nach 25 langen Jahren blutigen Krieges musste Europa Geld bekommen, um den Frieden zu erhalten... Frankreich brauchte viel Geld, Österreich brauchte mehr, Preußen etwas weniger und Russland brauchte mehrere Millionen. "Zu diesem Zeitpunkt hatte die Familie Baring, die "sechste Macht" in Europa, ihre ganze Energie und ihre finanziellen Ressourcen in die Bedienung der französischen Rückzahlungsanleihen gesteckt und hatte keine Zeit dafür. Die Familie Rothschild nutzte diesen strategischen Moment, um einen entscheidenden Schritt zu tun, und schloss Verträge mit Preußen (1818), Österreich (1820) und Russland (1822) ab, um als Agenten riesige Staatsschulden zu emittieren und diese "heilige Allianz", die seit einiger Zeit in Europa an der Macht war, fest in ihr eigenes Finanznetz einzubinden. Und die drei Länder staunten über die Kontrolle Rothschilds über die Londoner Finanzmärkte:

> „Rothschild hat einen unglaublichen Einfluss auf alle Finanzgeschäfte in London. Der Konsens, und das kommt der Wahrheit am nächsten, ist, dass sie die vollständige Kontrolle über die Zinssätze an der Londoner Finanzbörse Financial City haben. Als Bankiersfamilie ist die Macht, die sie ausüben, nahezu grenzenlos."

Tatsächlich war Rothschilds Einfluss auf die drei Länder der Heiligen Liga so tiefgreifend und so eng, dass behauptet wurde, Nathan Rothschild sei ein "Versicherungsmakler" für die Heilige Liga gewesen und habe ihr geholfen, das "politische Feuer" (d. h. die liberale Welle) in Europa zu löschen. 1821 erhielt Nathan Rothschild sogar einen Morddrohungsbrief, weil "seine Verbindung mit ausländischen Mächten und insbesondere seine starke Unterstützung für Österreich (Metternich) diese Regierung (Metternich) in die Lage versetzte, die Unterdrückung der Freiheit in ganz Europa zu planen".

Die Macht Rothschilds hat sich dramatisch vergrößert, und die Position der Familie Baring als "sechste Macht" steht auf dem Spiel.

Zu diesem Zeitpunkt nahmen die kaufmännische Qualität und der Unternehmergeist der gesamten Familie Baring ab, und die Interessen der wichtigsten Familienmitglieder verlagerten sich entweder auf die Politik oder auf die literarischen Künste und andere lautstarke Leben. Der Kern der Familie, Alexander selbst, engagierte sich immer weniger im Familienunternehmen und widmete sich stattdessen vor allem der Landschaft, der Kunst und den politischen Kämpfen des Unterhauses. Aufgrund der nicht-jüdischen Identität der Familie Baring bieten sich mehr Möglichkeiten in der traditionell antisemitischen europäischen Politik, was die Aufmerksamkeit der Familie stark auf den politischen Kampf lenkt, mit einem entsprechend geringeren Energieeinsatz für das Finanzgeschäft. Das Wichtigste für einen Meister ist es, sich ablenken zu lassen.

Auch die Investitionen der Familie Baring sind in die Irre gegangen. Die erste war die massive Investition in Immobilien, die so umfangreich war, dass die Eigenmittel der Bank zur Unterstützung der Immobilieninvestitionen herausgepumpt werden mussten, mit dem Ergebnis, dass das Eigenkapital der Baring-Investmentbank innerhalb von zwei Jahren von 622.000 Pfund im Jahr 1821 auf etwa ein Drittel dieser Summe sank. Rothschild hingegen verfügt über mehr Kapital und ein weit verzweigtes Netz von Niederlassungen, um sein Investmentbankinggeschäft zu unterstützen. Und die Investitionen der Familie Baring in Lateinamerika haben wiederholt Rückschläge und erhebliche Verluste erlitten, die auch die Finanzkraft von Baring geschwächt haben.

Ein weiterer interessanter allgemeiner Trend ist, dass es zwischen 1809 und 1939 weltweit 31 Investmentbanker mit einem Eigenkapital von über einer Million Pfund gab, von denen 24 jüdisch waren, d.h. 77,4% der Gesamtzahl, und nur vier anglikanisch waren, d.h. 12,9%, von denen Baring einer von vier war. Im Laufe des 19. Jahrhunderts stürzten sich jüdische Bankiers von Deutschland aus schnell auf die Welt und bildeten die Familie Rothschild als Kern, die englische Seite der Armee umfasste die Familie Longhey, die deutsche Seite der Armee umfasste Oppenheimer, Mendelssohn, Bleichröder, Warburg und die Familie Erlanger, die französische Seite der Armee die Familien Fould, Heine, Beret, Walms und Stern und die amerikanische Seite der Armee die Familien Belmont, Selingman, Schiff, Warburg, Lehmann, Kuhn, Leibow und Goldman. Diese Familien haben eine Haltung der Gruppenkriegsführung eingenommen, indem sie sich gegenseitig die Hörner aufsetzten und ihre Interessen miteinander verknüpften und so allmählich ein großes und dichtes Finanznetz bildeten, in das Außenstehende immer schwerer eindringen können. Infolgedessen hat die Familie Baring immer weniger Zugang zu Geschäftsmöglichkeiten in einem von jüdischen Bankern beherrschten Ozean des Investmentbanking.

Der Niedergang der Familie Baring gab der aufstrebenden Familie Rothschild die Chance, aufzuholen. Und die Rothschilds nutzten die Gelegenheit. Zunächst wurde die Zeichnung der 6,5 Millionen Pfund schweren russischen Anleihen von 1822, die bis dahin das Monopol des Baring-Hope-Konsortiums gewesen war, von der Familie Rothschild übernommen. Aus diesem Grund beschuldigte das Baring-Hope-Konsortium die Rothschilds, den russischen Botschafter in London, Fürst Lewin, bestochen zu haben, um den Vertrag über die Staatsschulden zu erhalten.

1824, als die französischen Staatsanleihen zur Ausgabe bereit waren, hatten die Rothschilds ihren Kunden den Rücken gekehrt, und die Familie Baring war eher zu einem Teilnehmer als zu einem Entscheidungsträger geworden. James Rothschild, der in Paris saß, berief ein Treffen seiner Londoner Cousins, des französischen Premierministers, der Familie Baring und Lafayette ein, um einen Plan zur Umstrukturierung der französischen Schulden vorzuschlagen, und Rothschild und Lafayette waren so misstrauisch gegenüber Barings Absichten, dass die beiden diese Klausel in die Zusatzbedingungen des Abkommens aufnahmen: Wenn Baring sich zurückzöge, würden die beiden sich selbst um diese französischen Schulden kümmern und damit die Familie Baring aus dem Kernkreis des Umgangs mit den französischen Schulden ausschließen. In seinem Brief teilte der Baring-Partner Alexander Baring mit, der in dem politischen Strudel schwelgte:

> *„Im Großen und Ganzen waren die Rothschilds gut geplant, sehr klug und altmodisch - aber wie Napoleon in Kriegszeiten fielen sie beim ersten Anzeichen einer Notlage in die Mittelmäßigkeit wie alle anderen. Ich wünschte wirklich, wir könnten uns aus ihrer Umklammerung befreien."*

1825 wurde die Situation immer klarer, und die Rothschilds waren unbestritten der neue Hegemon der internationalen Finanzwelt. Das Kapital der Rothschild-Filiale in London belief sich 1825 auf 1,14 Millionen Pfund, während das entsprechende Kapital der Familie Baring nur 490.000 Pfund betrug, also weniger als die Hälfte des Kapitals der Rothschilds. Und die Rothschild-Familienbank hat ein Gesamtkapital von über 5 Millionen Pfund. Als im Juli 1825 die Dividende der Bank of Baring noch 120.000 Pfund betrug und ein Jahr später ein Verlust von 56.000 Pfund zu verzeichnen war, war sogar der zweite Stuhl der Familie Baring in Gefahr - obwohl Baring immer noch alle anderen Bankfamilien außer Rothschild an Kapitalisierung in den Büchern übertraf, stiegen die Brown Brothers of Baltimore, New York und Boston in den Vereinigten Staaten mit einer Kapitalisierung von 350.000 Pfund in einem alarmierenden Tempo und wuchsen schneller als Baring. Baring hat seine zweite Position nur knapp gehalten und spielt immer noch eine zentrale Rolle im Bereich der internationalen Megakreditfinanzierung und der internationalen Beziehungen, aber die Bühne wurde Rothschild überlassen.

Financiers und Politiker

> *Es besteht kein Zweifel, dass Politik und Finanzen schon immer Hand in Hand gegangen sind.*
>
> - Rothschild[32]

Nach der Mitte des 19. Jahrhunderts, als die Rothschilds ihre Position als finanzieller Hegemon der Welt festigten und gleichzeitig begannen, die Spitze der Macht zu erklimmen, wurden ihr Einfluss und ihre Rolle in der Politik immer deutlicher. Sie knüpften außergewöhnliche persönliche Beziehungen zu Staatsoberhäuptern und Würdenträgern und beteiligten sich umfassend und tiefgreifend an der Entscheidungsfindung und Umsetzung von Staatsangelegenheiten. Vom "Meister" hinter den Kulissen, der auf der Bühne nicht in Erscheinung tritt, entwickelten sie sich allmählich zu einer neuen Kraft, die verschiedene Parteien und politische Kräfte nicht zu unterschätzen wagen, und wurden zu einem wichtigen Objekt, um das heftig gerungen wird.

Der Earl of Glanville, der Führer der englischen liberalen Partei, wandte sich feierlich an die Königin und erklärte, dass die Rothschilds eine besondere Klasse darstellten, deren großer Reichtum, brillanter Verstand, allmächtige Verbindungen und Einfluss auf viele Sitze im Unterhaus nicht ignoriert werden könnten, und dass es am besten wäre, sie so schnell wie möglich in den Adel aufzunehmen, damit sie nicht in das Lager der Tories fielen.

Die Rothschilds hatten eine ungewöhnliche persönliche Beziehung zum britischen Premierminister Disraeli. Disraelis Wahl hing in hohem Maße von der Unterstützung der Rothschild-Familie ab, einem wohlhabenden und robusten Goldmeister. Disraeli hat die Rothschilds und andere jüdische Tycoons wiederholt für ihre Loyalität gegenüber der Liberalen Partei gelobt. Und die Expansion der britischen Regierung nach Übersee und die Unterstützung der zionistischen Bewegung erreichten während seiner Regierungszeit einen noch nie dagewesenen Höhepunkt. Rothschild und Premierminister Disraeli bezeichneten sich gegenseitig als "mein liebster Freund" und "der beste und vertrauenswürdigste Freund unserer Familie".

---

[32] Niall Ferguson, *The House of Rothschild The World's Banker 1849-1999*: Band 2, S. 369.

Der britische Premierminister Disraeli war ebenfalls Jude und machte mehr als dreißig Jahre lang eine politische Karriere in der britischen Regierung. Er kannte Rothschild seit 1838 und war eng mit der Familie Roth befreundet. 1848 wurde er zum ersten Mal zum Premierminister gewählt, und schon 1846 half Lionel Rothschild Disraeli bei den Spekulationsgeschäften mit der französischen Eisenbahn. Der Premierminister war ein erfahrener Politiker und ein produktiver literarischer Schriftsteller, hatte aber großes Pech mit seinen persönlichen Finanzen und stand ständig vor einem Schuldenberg. Dank Lionels Hilfe konnte Disraeli allein im Jahr 1846 über 5.000 Pfund an Rückständen zurückzahlen.

Es kursieren Gerüchte, dass Disraelis persönliche Finanzen in Schieflage geraten sind und er haufenweise Schulden hat. Und die Geldsäcke der Rothschild-Familie seien immer hinter ihm her und kümmerten sich um die Schulden des Premierministers. Die Familie Rothschild leugnete dies offiziell und wies darauf hin, dass die Einkünfte des Ministerpräsidenten, insbesondere die Honorare, die er für die Veröffentlichung seiner literarischen Werke erhielt, ausreichten, um seine Schulden zu begleichen. In der Tat sollte die Familie Rothschild als Gläubiger die Finanzen des Premierministers am besten kennen.

Im Sommer 1845 erklärte Marianne Evelina, die sechsjährige Tochter der Familie Disraeli, zur Alleinerbin des gesamten Anwesens. Charlotte von Mrs. Rowe fühlte sich geschmeichelt und entschuldigte sich demütig. Aber die Frau des Premierministers hatte ihr Testament bereits aufgesetzt: "Wir sind schon lange eine Familie. " Und das beliebteste Schmetterlings-Accessoire für Evelina zu bestimmen.

Das ist keine gewöhnliche Freundschaft.

Disraeli, ein gläubiger Jude, betrachtete Lionel als einen Vertrauten in seinen religiösen Überzeugungen, und die beiden Männer tauschten in unzähligen herzlichen Gesprächen ihre gemeinsamen politischen und nationalen Ansichten aus.

In Disraelis berühmtestem Roman, Coningsby, wird die männliche Hauptfigur als eine Kombination aus Lionel und Disraeli erkannt, und der Held ist eine Kopie von Lionel, was seine Herkunft, seinen Beruf, seine Religion, seine Persönlichkeit und sogar sein Aussehen betrifft. [33]

Neben Premierminister Disraeli wurde sogar ein anderer britischer Premierminister, der Earl of Rosebery, zum Schwiegersohn der Rothschild-Familie, als er Hannah Rothschild heiratete, und 1884, als Rosebery damals britischer Außenminister war, wies die Londoner Bank der Rothschild-Familie 50.000 Pfund aus dem ägyptischen Kredit, den sie gerade an Rosebery vergeben hatte, für seine Verwendung zu, und dieses Geld ging direkt auf Hannahs Konto. Die Rothschild-Bank ist mehr und mehr in der Lage, Weltangelegenheiten, nationale Angelegenheiten und Familienangelegenheiten zu integrieren und auf einen Schlag zu gewinnen.

Dank der richtigen politischen Verbindungen emittierte das Vereinigte Königreich zwischen 1865 und 1914 Staatsanleihen im Gesamtwert von 4 Milliarden Pfund, von denen die Familie Rothschild ein großes Viertel übernahm. Mit der Bank von Baring vor ihnen, der JPMorgan-Gruppe nach ihnen und der amerikanischen Seligman aus derselben Zeit ist die Dominanz der Rothschild-Bank auf den Weltfinanzmärkten unerschütterlich.

Krieg ist zweifellos für alle Politiker teuer, und 1899 schätzte der polnische Schriftsteller und Bankier Ivan Blach die Kosten eines Krieges zwischen den großen europäischen Ländern auf etwa 4 Millionen Pfund pro Tag, und 1902 sagte der berühmte britische Wirtschaftswissenschaftler John Hobson, kein europäisches Land könne es sich leisten, in den Krieg zu ziehen, solange die Rothschild-Bank und ihre Tochtergesellschaften dagegen seien. [34]

Der Suezkanal: Rothschilds finanzieller Blitzkrieg

Für Großbritannien ist der beste Weg vom Atlantik zu seiner größten überseeischen Kolonie, Indien, die Straße von Gibraltar, über Malta nach Ägypten und von Ägypten nach Indien, eine "imperiale Lebensader", die Großbritannien als unanfechtbar betrachtet. Als

---

[33] Benjamin Disraeli, *Coningsby, oder die neue Generation* (Coningsby bei Project Gutenberg, 1844).

[34] Lewis Samuel Feuer, *Imperialism and the Anti-imperialist Mind* (Transaction Publishers, 1989).

maritimes Imperium war Großbritannien auf die Marine angewiesen, die sich ihrerseits auf befestigte Stützpunkte in Übersee stützte, die bereits während der Blütezeit der britischen Marine im 19. Im Atlantik sind dies Felifax und Bermuda in Kanada, im Indischen Ozean Bombay und Trincomalee, im Pazifik Hongkong und Esquimat an der Westküste Kanadas und im Roten Meer Port Aden. Diese Marinestützpunkte befinden sich an den Schnittstellen der Ozeane und kontrollieren wichtige Seewege rund um den Globus. Das ägyptische Suez war jedoch eine Schlüsselregion, die nach Indien, der größten Auslandskolonie des Reiches, führte, und gerade diese Region stellte das schwächste Glied in der Lebensader des Reiches dar.

Seit 1801, als es Napoleon verdrängte, seit 1805, als Muhammad Ali an die Macht kam und ein arabisches Reich errichtete, und seit 1840, als es gezwungen war, den Vertrag von London zu akzeptieren, war Ägypten halbkolonial. Während der Herrschaft von Abbas I. aus der Ali-Dynastie (1849-1854) machten sich westliche Kolonialmächte die Situation zunutze. 1851 erhielt Großbritannien das Privileg, die Alexander-Suise-Eisenbahn zu bauen, und 1854 erhielt Frankreich eine Konzession für den Bau und die Nutzung des Suezkanals, und 1869 baute der französische Ingenieur Ferdinand Le Cypress mit Unterstützung des französischen Kapitals den berühmten Suezkanal, der seitdem das Mittelmeer mit dem Roten Meer verbindet und die Schifffahrtsstrecke vom Atlantik zum Indischen Ozean erheblich verkürzt und zu einer goldenen Wasserstraße von großem strategischen Wert geworden ist. Da 70 Prozent der jährlich durch den Kanal fahrenden Flotte Großbritanniens gehören und 50 Prozent des britischen Handels mit Indien über den Suezkanal abgewickelt werden, ist es nicht verwunderlich, dass der Suezkanal von Bismarck als "das Rückgrat des britischen Empire" bezeichnet wurde.

Die Möglichkeit, dass dieses imperiale Rückgrat von Großbritanniens größtem Rivalen, Frankreich, abgeschnitten werden könnte, ist jedoch ein wichtiger Grund für die Unruhe der Briten.

Als der britische Premierminister Disraeli an die Macht kam, beauftragte er seinen alten Freund Lionel Rothschild, nach Frankreich zu reisen, um zu sehen, ob er für den Suezkanal bezahlen könnte, wurde aber von der französischen Regierung aufgehalten.

Am 14. November 1875, einem Sonntag, stattete Premierminister Disraeli dem Haus von Law einen weiteren Besuch ab. Während die Gäste einander begrüßten, überbrachte der Kurier der Familie

Rothschild einen vertraulichen Brief aus der Pariser Niederlassung der Familie. Lionel sah ihn sich an und teilte Disraeli mit, dass der ägyptische Gouverneur, der verschuldet war und unbedingt 177.000 Aktien der Suezkanal-Gesellschaft verkaufen wollte, zunächst einen Antrag an die französische Regierung gestellt hatte, aber mit dem französischen Angebot und der Schnelligkeit der Antwort so unzufrieden war, dass er schnell Kasse machen wollte, je eher, desto besser.

Disraeli und Lionel erkannten zur gleichen Zeit, dass dies eine große Chance war. Disraeli überlegte einen Moment und fragte nur: "Wie viel? "Lionel holte sofort telefonisch ein Angebot von der Pariser Seite ein. Während er gespannt wartete, brachte Disraeli es nicht mehr übers Herz, das, wie er es nannte, "beste Abendessen in London" bei Law zu probieren. Während er auf den Brandy wartete, traf der Rothschild-Express wieder ein und die andere Seite bot: 4 Millionen Pfund.

Disraeli sagte ohne zu zögern: "Wir müssen den Kanal nehmen. "Lionel nimmt keine positive Haltung ein, er muss die Richtigkeit der Informationen noch einmal überprüfen. Am Montagmorgen wurde die Richtigkeit der Informationen bestätigt.

Ihre oberste Priorität ist es nun, das Abkommen schnell, ohne jegliche Reaktion anderer Länder und unter größter Geheimhaltung abzuschließen. Allerdings war das Parlament zu diesem Zeitpunkt in den Ferien und es war zu spät, um für eine lange Debatte wieder zusammenzukommen. Der Premierminister konnte auch nicht zur Bank of England gehen, die "alte Dame" (Bank of England) war nicht ansprechbar und verfügte nicht über so viel Bargeld, und die Bank of England war per Gesetz nicht befugt, der Regierung während der Parlamentsferien Kredite zu gewähren. Eine Aktienbank zu finden, würde auch nicht funktionieren, man müsste immer noch den Vorstand einberufen und dann eine langsame, britische Gentleman-Diskussion führen. Wenn die Sammlung auf dem Finanzmarkt erfolgt, ist es zum einen schwierig, einen so großen Geldbetrag in kurzer Zeit zu beschaffen, und zum anderen kann zu viel Lärm leicht aus den Nachrichten herauskommen. Nur die Rothschild-Bank ist für diese Rolle geeignet.

Der britische Premierminister Disraeli berief sofort eine Kabinettssitzung ein, in der es darum ging, die Kreditaufnahme bei der Familie Rothschild zu genehmigen. Disraeli schickte seinen engsten

Privatsekretär, der vor dem Kabinettssaal Wache hielt, und sobald ein Beschluss gefasst war, kam er heraus und sagte "Ja", woraufhin der Privatsekretär sofort in den Wagen sprang, der an der Tür gewartet hatte, und losfuhr, um Lionel Rothschild zu treffen. Sobald der keuchende Sekretär Lionel sah, sagte er: "Der Premierminister braucht dringend 4 Millionen Pfund, und zwar morgen. "Lionel schnippelt in aller Ruhe eine Weintraube vor sich her, isst sie langsam auf, spuckt dann die Schale aus und fragt: "Was benutzt der Premierminister als Sicherheit? "Die Antwort lautet: "Die britische Regierung. " Lionel sagte freundlich: „Nun, Sie haben das Geld."

Disraeli berichtete der Königin aufgeregt und aufgeregt:

> „Diesmal ist Frankreich raus, sie sind raus aus dem Rennen. 4 Millionen Pfund! Nehmen Sie es sofort heraus! Es gibt nur eine Bank, die das tun kann: Rothschild!"[35]

Rothschilds Großzügigkeit, einen so schnellen und großzügigen Beitrag zu leisten, war sicherlich keine Heldentat, und wenn die Rendite der Investition nicht seinen Zielen entsprach, ganz zu schweigen von einer Garantie der britischen Regierung oder einer Zusage der Königin, wäre die Familie Rothschild vielleicht nicht bereit, sie zu tätigen. Was Lionel auf einen Schlag zu Fall brachte, waren die Zinsen für die Investition: 150.000 Pfund für drei Monate, was 15% pro Jahr entspricht, das ist schnelles Geld ohne Risiko!

Die tiefere Bedeutung des Rothschild-Schrittes geht über das Geld hinaus: Mit der Finanzierung des Erwerbs des Suezkanals ist Rothschild einen seltenen Schritt näher an den Kern der britischen Innen- und Außenpolitik herangerückt und hat die Beziehungen gefestigt. Mit diesem Geld waren die Außenpolitik und die Angelegenheiten der Familie Rothschild gegenüber Großbritannien und Ägypten "in good standing". Dies wurde zu einem strategischen Wendepunkt, da die Rothschild-Familie begann, mehr Einfluss auf die britische öffentliche Politik und Angelegenheiten zu nehmen als die "politisch dominante" Bank of Baring.

Großbritannien war so sehr an dem Suezkanalprojekt interessiert, um die totale Kontrolle über die politische Wirtschaft Ägyptens zu erlangen. Und als die britische Macht immer weiter nach Ägypten

---

[35] Niall Ferguson, *Das Haus Rothschild - Der Weltbankier 1849-1999*: Band 2.

vordrang, sprang die Rothschild-Bank ein und weitete ihre Finanztätigkeit auf das gesamte Land aus. Zwischen 1885 und 1893 schlossen sich die Rothschild Bank und Bleichröder unter der Leitung der Rothschild-Institute in London, Paris und Frankfurt zusammen, um vier der größten ägyptischen Staatsanleihen im Gesamtwert von fast 50 Millionen Pfund zu zeichnen.

Rothschild und andere jüdische Bankiers wählten die Liberale Partei für ihren "politischen Standpunkt" und unterstützten nachdrücklich ihre "imperialistische" Politik der Expansion nach Übersee. Ende des genährt durch das lukrative Geld jüdischer Plutokraten. Die jüdischen Bankiers, angeführt von Roche, nutzten die britische koloniale Expansion nicht nur, um enorme wirtschaftliche Gewinne zu erzielen, sondern auch, um ihre "goldenen Finger" in den finanziellen Lebensnerv der Welt zu stecken.

Die Rettung der Bank von Baring

In den 1880er Jahren begann in Südamerika eine rasante wirtschaftliche Entwicklung, die auf den reichen Bodenschätzen und natürlichen Ressourcen (Kaffee und Kautschuk in Brasilien, Phosphat und Kupfer in Chile und Eisenerz in Argentinien) beruhte. Argentinien ist das stärkste und einzige Land Südamerikas, das dies tut. Alle Länder Südamerikas bauen ihre Industrien rasch aus, und die Kapazitäts- und Wirtschaftszahlen erreichen immer neue Rekorde. Britische Banken, allen voran die Bank of Baring, halten große Mengen an Anleihen aus südamerikanischen Ländern. Die Bank of Baring hält die meisten Anleihen in Argentinien, während Rothschild eine positive Einstellung zu Brasilien hat.

Im Jahr 1888 begann Nathan Rothschild, der die Rothschild-Bank in London leitete, seine Besorgnis über Argentinien nach und nach zu äußern: "Die argentinische Wirtschaft ist überhitzt. "Das reale Wirtschaftswachstum Argentiniens kann das Schuldenniveau nicht mehr tragen. "Weiter heißt es: "Der argentinische Kapitalmarkt wird zusammenbrechen und die Krise wird schnell auf andere Länder übergreifen".

Zwei Jahre später, im Jahr 1890, platzt die argentinische Wirtschaftsblase in eine Wirtschaftskrise und die argentinischen Anleihen verlieren lawinenartig an Wert. Der erste Leidtragende war die Bank von Baring. Infolge der dramatischen Abwertung der argentinischen Anleihen und des plötzlichen und massiven Abzugs von Einlagen bei den Baring-Banken durch die russische Regierung wurden die Baring-Banken hart getroffen, ihr Cashflow versiegte und sie standen plötzlich am Rande des Konkurses.

Die Bank of England leitete sofort eine Rettungsaktion für die Baring-Banken ein und forderte die Großbanken auf, sich zusammenzuschließen, um Baring zu retten. Nathan Rothschild gab sofort eine positive mündliche Antwort: "Wenn die Bank of Baring untergeht, wird die große Mehrheit der Londoner Finanzinstitute mit ihr zusammenbrechen. "Wir werden unser Bestes tun, um eine Katastrophe zu verhindern. "Als sich die Krise der Baring verschärfte, zog Roche London zweimal innerhalb eines Monats den Gegenwert von 2 Millionen Pfund Kapital und 1 Million Pfund Gold aus ihrer Pariser Niederlassung ab, um der Bank of England zu helfen, ihre Finanzierungslücke zu schließen.

Da die Zeit für die Rettung der Baring-Banken knapp wurde, brachte die Bank of England die Bankengiganten zusammen, um das Rettungsprogramm zu überwachen. Wieder einmal lag das Schicksal von Baring in den Händen von Rothschild. Nathan zögerte mehrmals während der Dringlichkeitssitzung mit der Begründung, er müsse sich mit anderen Brüdern beraten". Nachdem ein weiterer Bankenriese, Corey, beschlossen hatte, sich an der Rettungsaktion zu beteiligen, war die Bank of England verzweifelt und setzte Nathan immer wieder unter Druck: "Wir müssen ohne Sie weitermachen (um die Baring-Banken zu retten). "Schließlich gab Nathan mit großem Widerwillen seine Zustimmung.

Unter der Führung von Rothschild und der Currie Bank haben die Banken Geld in die Baring-Rettungsaktion gesteckt, die innerhalb von 24 Stunden 10 Millionen Pfund erreichte und später auf 17 Millionen Pfund anstieg. [36]

Die Bank von Baring wurde in einem Moment gerettet, in dem ihr Leben auf dem Spiel stand.

In Bezug auf die Rolle der Rothschilds in der Baring-Bankenkrise von 1890 haben sich die Historiker drei Fragen gestellt: Erstens, gab es einen "jüdischen Finger" in dieser Krise? Es ist bekannt, dass die

---

[36] Philip Ziegler, *Die sechste Großmacht*, Alfred A. Knopf, 1988.

Rothschilds und die Familie Baring die Yogis der Finanzwelt sind, und dass sie Todfeinde und starke Rivalen sind. Hat Neti, der die Krise von Baring schon vor zwei Jahren vorausgesagt hat, den Abzug der auf Baring gerichteten Waffe betätigt? Zweitens: Was hat Nathan letztlich dazu bewogen, die Führung bei der Rettung Barings zu übernehmen? Drittens: Warum wurde die Rothschild-Bank nicht wie die Bank von Baring in den Ruin getrieben?

Alphonse Rothschild, Leiter von BNP Paribas, sagte zu den beiden erstgenannten, dass die Bank of Baring im Wesentlichen zum Eckpfeiler der Kreditvergabe für die Unternehmen und die gesamte Wirtschaft im Vereinigten Königreich geworden sei. Wenn Baring fällt, wird die Kreditwürdigkeit Großbritanniens in der ganzen Welt schwer beschädigt. Unter dem Gesichtspunkt des Schutzes ihrer eigenen Interessen hat die Rothschild-Bank schließlich beschlossen, alles in ihrer Macht Stehende zu tun, um Baring zu retten.

Auf die dritte Frage antwortete Rothschild, dass sie mehr Anleihen in Brasilien als in Argentinien hielten, und dass Rothschild, obwohl die Argentinienkrise Südamerika erfasste, den größten Teil seiner brasilianischen Anleihen vor der Krise verkauft hatte. Im Jahr 1886 machten brasilianische Anleihen nur 2,4 Prozent des Vermögens der Bank of London in Roche aus. Außerdem war die Bilanz von Rothschild weitaus besser als die der Bank of Baring, und selbst während der größten und heißesten Phase der südamerikanischen Wirtschaftsblase blieben die Rothschilds stets nüchtern und ruhig und ließen sich nicht überschulden, während die hitzköpfige Bank of Baring zu riskant war.

Auf jeden Fall wurde die Bank von Baring schließlich gerettet, aber sie lag lange Zeit in den letzten Zügen und war in Aufruhr. Die jahrhundertealte Rivalität der Rothschilds verstummte schließlich.

Die Bank of Baring wurde schließlich 1995 von einem jungen 27-jährigen Händler, Nick Leeson, zerstört. Dies ist ein nachträglicher Einfall.

Goldenes Kreuz

Jahrhunderts wurden die massiven Kapitalexporte Großbritanniens weitgehend durch die Entwicklung des Weltwährungssystems vorangetrieben, das in den 1870er Jahren von einem dualen Gold- und Silberstandard auf einen Goldstandard umgestellt und an das Pfund Sterling als Weltreservewährung gekoppelt wurde. Die Rolle der Rothschilds bei diesem bedeutenden Umschwung wurde stets unterschätzt.

In den letzten beiden Jahrzehnten des 19. Jahrhunderts wuchs das Interesse der Rothschilds am Goldbergbau rasant, und die überwiegende Mehrheit der ausländischen Anleihen, mit denen sie in diesen beiden Jahrzehnten handelten, stammte aus Ländern mit Goldstandard.

Nach dem amerikanischen Bürgerkrieg spielten die Rothschilds und ihre amerikanischen Agenten, August Belmont und die Familie Seligman, eine entscheidende Rolle bei der Abschaffung des Lincoln-Greenback und der Wiederverwendung von Goldzahlungen.

Im Herbst 1874 schlossen sich die Rothschild Bank of London und der jüdische Bankier Joseph Seligman aus New York zusammen, um US-Anleihen im Wert von 55 Millionen Dollar zu zeichnen. Später schlossen sich JPMorgan und die First National Bank of New York an und emittierten US-Anleihen im Wert von 25 Millionen Dollar, wovon 55 Prozent auf die Rothschild-Bank entfielen. Zwischen 1873 und 1877 emittierten die Rothschild-Bank von London und Bankiers der Wall Street US-Anleihen im Wert von 267 Millionen Dollar. Diese Anleihen spielten eine wichtige Rolle bei der Stabilisierung der US-Finanzen und legten den Grundstein für die künftige Einführung eines Goldstandards in den Vereinigten Staaten.[37]

Im Oktober 1877 verabschiedeten die Vereinigten Staaten jedoch im 45. Kongress einen Gesetzentwurf zur Wiedereinführung von Silber als gesetzliches Zahlungsmittel im Umlauf. Der Gesetzentwurf wurde von Belmont wütend als "offener Dieb" und "blinder, verrückter Narr" bezeichnet. Unter dem Druck der Rothschild-Bank mussten die Vereinigten Staaten wieder festlegen, dass Silbermünzen nur in sehr begrenztem Umfang in Umlauf gebracht und nicht zur Zahlung von Zinsen für Rothschild-Anleihen verwendet werden durften. US-Finanzminister John Sherman unterzeichnete 1899 über die Belmont Bank erneut einen Kredit in Höhe von 50 Millionen Dollar mit der Rothschild-Bank, der in Goldmünzen beglichen wurde. Dieses Geschäft wurde zu einem wichtigen Wendepunkt in dem Versuch der

---

[37] Niall Ferguson, *Das Haus Rothschild - Der Weltbankier 1849-1999*: Band 2.

Rothschild-Familie, ab 1879 einen Goldstandard in den Vereinigten Staaten einzuführen.

Um die Konvertierbarkeit des US-Dollars in einer Zeit rapide schrumpfender Goldreserven aufrechtzuerhalten, versuchte Präsident Cleveland im März 1893, ein Golddarlehen in Höhe von 50 bis 60 Millionen Dollar zu gewähren. Während das JPMorgan-Konsortium die Gelegenheit nutzte, sich daran zu beteiligen, zögerte Rothschild sehr. Selbst nachdem Cleveland versprochen hatte, den Sherman Silver Purchase Act aufzuheben, der den Umlauf von Silbermünzen bereits stark eingeschränkt hatte, war Alfred Rothschild immer noch sehr unglücklich. Das Verhandlungsgeschick der Rothschild-Brüder war wirklich bemerkenswert, und sie ermöglichten schließlich diese Vereinbarung zu Bedingungen, die der Familie Rothschild außerordentliche Vorteile sicherten. Law's zeichnete US-Staatsanleihen im Wert von 62,3 Millionen Dollar zu einem Kurs von 104,5, die den Besitzer wechselten und zu einem Kurs von 112,25 (der später auf 119 stieg) an eifrige Investoren verkauft wurden. Diese Aktion schuf den Mythos eines Gewinns von 6 Millionen Dollar in 22 Minuten.[38] Dieses Geschäft wurde in den Vereinigten Staaten heftig kritisiert und führte schließlich dazu, dass der Präsidentschaftskandidat der Demokraten von 1896 William Jennings Bryan war, der das Silbergeld favorisierte, und nicht Cleveland.

Im Jahr 1868 waren nur Großbritannien und eine Handvoll britischer Wirtschaftsdependenzen an den Goldstandard gebunden: Portugal, Ägypten, Kanada, Chile und Australien hatten den Goldstandard. Frankreich, Russland, Persien und einige lateinamerikanische Länder verwenden ein duales Standardsystem. Der Rest der Welt, einschließlich des größten Teils Mitteleuropas, arbeitet mit dem Silberstandard, und 40 Jahre später arbeiten nur noch China, Persien und einige mittelamerikanische Länder mit dem Silberstandard. Gold wurde tatsächlich zum Standard für das Weltwährungssystem.

Bei der Umstellung des Währungssystems der großen europäischen Länder - Deutschland (1871-1873), Frankreich (1878), Russland (1897) und Italien (1881-1882) - auf das Goldstandard-System spielte die Rothschild-Bank eine entscheidende Rolle in diesem Prozess. Die Rothschild-Bank in London und Paris wurde de facto zur

---

[38] Ebd.

zweiten Zentralbank dieser Länder. Die Rothschild-Netz von Banken in den internationalen Finanzmarkt in einer großen Anzahl von Kredit- und Devisen-Übertragung, können die Länder nur unter ihrer dominierenden Goldstandard-System, um das Risiko von raschen Wechselkursänderungen zu vermeiden, sein Hauptgeschäft - Staatsverschuldung Transaktionen müssen den freien Austausch von nationalen Währungen zu erhalten, so dass die Länder unter dem Goldstandard-System vereint ist förderlich für Rothschild Geschäft. Aufgrund des Monopols der Rothschild-Familie auf dem Goldmarkt, das indirekt die Kontrolle über die Zentralbanken der Länder bildete, scheute die Rothschild-Bank im späten 19. Jahrhundert keine Mühe, um die Länder zu drängen, das Goldstandard-System zu erreichen, ihre strategischen Absichten sind hier.

China betreten

> *Die Rothschilds sind insofern einzigartig, als sie sich zwar untereinander streiten, sich aber im Kampf gegen die Welt zusammenschließen.*
> -Charles Dilke, berühmter britischer Staatsmann, März 1879[39]

Seit 1874, als die Qing-Regierung in China den ersten ausländischen Kreditvertrag unterzeichnete, hat sie sich bei der Auslandsfinanzierung auf zwei britische Institute verlassen: HSBC und Jardine, Matheson & Co. Im März 1885 hörte Alphonse Rothschild in Paris, dass Bismarck "an einer Einmischung in die chinesische Frage interessiert" sei. Das Rothschild Intelligence Network bestätigte schnell, dass der deutsche Finanzminister David Hansemann vorgeschlagen hatte, dass Rothschild und HSBC Deutschland bzw. das Vereinigte Königreich vertreten sollten, um sich zu gleichen Teilen an der Finanzierung der chinesischen Regierung und der Eisenbahnprojekte zu beteiligen. Alphonsus stimmte sofort zu und argumentierte, dass "der Schritt Deutschlands in den Fernen Osten längst überfällig und die richtige Richtung" sei. Das einzige Problem ist, dass Hansemann mehr als die Hälfte der Rechte in dieser Liga haben will. Während er den chinesischen Botschafter in London nach Deutschland begleitete, drängte Nietzsche Rothschild den britischen

---

[39] Gwynn, Stephen Lucius, *Das Leben des Rt. Hon. Sir Charles W. Dilke*, Band 1 (Projekt Gutenberg, 2003).

Außenminister, "sicherzustellen, dass britische Hersteller einen fairen Anteil an zukünftigen Geschäften und Verträgen mit der chinesischen Regierung erhalten".

Als Hansemann im Februar 1889 auf Initiative von Wilhelm Carl die Deutsch-Asiatische Bank gründete, schlossen sich 13 deutsche Großbanken, darunter die Frankfurter Rothschild-Bank, an. Oppenheimer wurde als Delegierter für eine Studienreise über die wirtschaftliche Situation in China ausgewählt, die von der Rothschild London Agency finanziert wurde.

Was die Interessen im Fernen Osten anbelangt, so stand Großbritannien allein auf einer Seite, während Frankreich und Russland mit ihm konkurrierten. Trotz der wachsenden Macht und des wachsenden Einflusses Russlands im Fernen Osten besiegte Japan schließlich China im Chinesisch-Japanischen Krieg, der 1894 ausbrach, was Berlin und London eine hervorragende Gelegenheit bot, ihre Kräfte zu bündeln. Rothschild und Hansemann sind die Drahtzieher hinter diesem Plan. Ihr Plan: die Zusammenarbeit von HSBC und Waldorf Bank, die von der britischen bzw. deutschen Regierung unterstützt werden, um die weitere russische Expansion in China einzudämmen. Doch die Meinungen von Bankern, Diplomaten und Politikern gehen weit auseinander. Einige Beamte in der deutschen Politik wollten Deutschland dazu bringen, sich auf die Seite Russlands und Frankreichs gegenüber Großbritannien zu stellen, und sprachen sich gegen die Annexion der Halbinsel Liaodong durch Japan im April 1895 aus. Andere Beamte vermuten, dass Rothschild versucht, deutsche Banken vom chinesischen Markt auszuschließen. Und die HSBC ist sicherlich nicht bereit, ihr traditionelles Monopol auf die chinesische Staatsfinanzierung aufzugeben. Rothschilds und Hansemanns Plan kam nicht zustande, und im Mai 1895 kündigte die Qing-Regierung ein Darlehen in Höhe von 15 Millionen Pfund aus Russland an, um die Kriegsreparationen an Japan zu zahlen, anstatt des multinationalen Kredits, den Rothschild und Hansemann so dringend empfohlen hatten. Alphonsus bezeichnete dies als "bittere Pille" sowohl für die britische als auch für die deutsche Regierung.

Tatsächlich hat Russland nicht das Geld, um das Geld zu verleihen, und es ist selbst verschuldet. Russland konnte die Transsibirische Eisenbahn in die Mandschurei bauen, und Frankreich erhielt das Recht, die Eisenbahn in China zu bauen. Auf diesem Zug reitet der russische Bankier Rothstein, der 1896 mit französischen Geldern eine neue russisch-chinesische Bank gründet und ein russisch-chinesisches Bündnis eingeht.

Hansemann war ängstlich und hasserfüllt, und Rothschild war noch mehr darauf bedacht, den verlockenden chinesischen Kreditkuchen in seine eigenen Hände zu nehmen, so dass die beiden Männer schnell zusammenarbeiteten und die HSBC und die Bank of Wales im Juli 1895 eine formelle Kooperationsvereinbarung unterzeichneten. Die Bemühungen waren nicht umsonst, und es war noch rechtzeitig, als China 1898 ein zweites Mal einen Kredit aufnahm, diesmal über 16 Millionen Pfund. Das Dilemma bestand darin, dass die britische Regierung nicht bereit war, dieses Darlehen als Staatsbürgschaft zu gewähren, so dass es schwierig war, den Anteil des Vereinigten Königreichs an diesem Darlehen festzulegen. Die britische und die deutsche Regierung wiederum sind einander nicht wohl gesonnen und verdächtigen sich gegenseitig, territoriale Ambitionen gegen China zu hegen. An diesem Punkt brach ein heftiger Streit zwischen HSBC und Hansemann über den Zugang zur Eisenbahn in der Provinz Shandong aus. Die beiden Rothschild-Brüder Alfred und Neti, die sich aufteilten, um zwischen HSBC und Hansemann zu vermitteln, legten schließlich im August den Zorn beider Seiten nieder.

Alfred selbst lud alle britischen und deutschen Würdenträger zu einem Abendessen im Rothschild-Haus in London ein und ermöglichte es der deutschen Seite, ihre Beschwerden über China auf "freundliche, private und inoffizielle" Weise vorzutragen. Die dortige HSBC-Bank war in heller Aufregung und beschuldigte die Bank des Verrats, und Nathan beeilte sich, zwischen Hansemann und der HSBC-Bank zu vermitteln. Nach langer Arbeit setzten sich Bankiers und Politiker Anfang September 1898 in London an einen Tisch und einigten sich auf die Aufteilung der Eisenbahnrechte in China, wobei die britischen Bankiers die Strecke entlang des Jangtse-Flusses besetzten, die deutschen Bankiers die Eisenbahn auf der Halbinsel Shandong kontrollierten und die Eisenbahn von Tianjin nach Qinhuangdao zu gleichen Teilen zwischen beiden aufgeteilt wurde. Der Naive bekräftigte "die aufrichtige Bereitschaft des deutschen Bundeskanzlers, sich mit dem Vereinigten Königreich sowie mit den Vereinigten Staaten und Japan für die wirtschaftlichen Interessen Chinas einzusetzen". [40]

---

[40] Niall Ferguson, *Das Haus Rothschild - Der Weltbankier 1849-1999*: Band 2.

Im Jahr 1900 schickte Deutschland nach dem Boxeraufstand Truppen nach China, und Russland nahm die Mandschurei direkt ein, und die beiden Seiten wollten sich wieder aneinander reiben, wobei beide Rothschilds Hilfe suchten. Die Familie Rothschild sandte der britischen Regierung die Botschaft, dass "die Russen versprechen, nicht in den Krieg zu ziehen", und vermittelte eine neue Runde von Abkommen zwischen Großbritannien und Deutschland über China, die die Integrität der Qing-Dynastie bewahrten und sie dazu drängten, "ihre Türen für den Außenhandel zu öffnen". 1902 organisierten Nietzsche und Hansemann ein Treffen von Bankiers in Berlin, um das Pekinger Syndikat (eine der Formen der Monopolorganisation) zu gründen, das sich speziell mit der Frage der kommerziellen Zusammenarbeit in China befasste. In diesem Bereich betrachten Großbritannien, Deutschland und Russland Rothschild als "den sichersten und effektivsten Kanal der diplomatischen Kommunikation".

Die Rothschild-Familie betrat China im späten 19. Jahrhundert als Weltfinanzhegemon und hatte einen tiefgreifenden Einfluss auf die Politik, die Wirtschaft und den Kriegsverlauf des Landes. 1979 betrat die Rothschild-Familie China erneut. Nur dieses Mal kamen sie "still und leise".

KAPITEL III

Frankreich: Die Abtretung von Gold

Die industrielle Revolution in Frankreich lag zwei Generationen hinter der britischen zurück, und die Französische Revolution und die darauf folgenden Napoleonischen Kriege im späten 18. Jahrhundert trafen die französische Wirtschaft hart. Nichtsdestotrotz begann Frankreich die industrielle Revolution lange vor Deutschland und den Vereinigten Staaten und verfügte zudem über enorme koloniale Ressourcen in Nordamerika, Indochina, Afrika usw. und entwickelte einen Überseehandel. Die starken Ersparnisse und das Kapital des Landes wurden während der industriellen Revolution zur wichtigsten Finanzquelle Frankreichs. Im 19. Jahrhundert blieb das private Bankwesen die dominierende Kraft im französischen Finanzwesen, wobei die Aktienbanken in der zweiten Hälfte des 19. Jahrhunderts eine beispiellose Konkurrenz zu den Privatbanken darstellten.

Im Laufe der französischen Geschichte haben sich die großen Bankiersfamilien in zwei große Machtgruppen aufgeteilt. Auf der einen Seite standen die so genannten puritanischen Bankiers, die zumeist aus der Schweiz stammten, Familien, die Ende des 18. Als die Revolution außer Kontrolle geriet, begannen sie, Napoleons Machtübernahme zu unterstützen, um die "soziale Ordnung" wiederherzustellen. Als 1811 Napoleons kriegerische Politik und sein diktatorischer Regierungsstil den Interessen der Bankiers zuwiderliefen, begannen sie, heimlich mit den Nachkommen der Bourbonen-Dynastie Kontakt aufzunehmen, um eine Restauration zu erreichen. Zu diesen Familien gehören Mirabaud, Mallet, Hottinguer und andere. Die Macht der Bankiers in Frankreich und in der Schweiz hält bis heute an, wobei die so genannte Geheimkontenfrage, die 2009 von der US-Regierung mit der Schweiz heftig angefochten wurde, Familien wie Mirabeau ins Visier nimmt.

Eine weitere Finanzmacht waren die jüdischen Bankiersfamilien, die zu Beginn des 19. Jahrhunderts an Bedeutung gewannen, vor allem die Rothschilds, Fould, Stern, Worms und andere. Unter diesen jüdischen Bankiersfamilien gab es auch einige wenige, die zum Christentum übergetreten waren, darunter die Familien Pereire und Heine. Auch innerhalb der jüdischen Bankiers herrschte ein harter Wettbewerb, vor allem zwischen dem Rothschild-zentrierten Privatbankensystem und dem innovativen Modell des Aktiensystems, dem französischen Crédit Mobilier, vertreten durch Pereire und Fould.

Das Frankreich des 19. Jahrhunderts war weitaus turbulenter als England, weitaus pluralistischer als Deutschland und weitaus kultivierter als die Vereinigten Staaten. Nach all dem Ruhm und den Träumen, den Misserfolgen und den Demütigungen durchbrach Jin Kwon den Widerstand und wurde allmählich Herr über die Geschicke des französischen Reiches.

Die Schweizer Bankiersfamilie hinter der Französischen Revolution

> *„Obwohl ich bald sterben werde, habe ich keines der gegen mich verübten Verbrechen begangen. Ich vergebe denen, die meinen Tod verursacht haben, und ich bete zu Gott, dass nach dem Vergießen meines Blutes kein weiteres Blutvergießen im Lande Frankreich stattfinden wird. "*[41]
> Die letzten Worte seiner Heiligkeit Ludwig XVI
> vor der Guillotine.

Die französischen Bourbonen befanden sich noch an der Peripherie Europas, als Großbritannien Anfang des 17. Jahrhunderts begann, Kolonien auf dem neuen amerikanischen Kontinent zu gründen. Bis Frankreich aufwachte und mit der Expansion nach Übersee begann, lag es Jahrzehnte hinter Großbritannien zurück. Doch Frankreich holte schnell auf, und während eines Großteils des 18. Jahrhunderts wuchs der französische Atlantikhandel sogar schneller als der britische, wodurch sich wertvolles Rohkapital aus der Zeit der späteren industriellen Revolution ansammelte. Statistiken zufolge verzehnfachte sich der Gesamthandel in den französischen Überseekolonien zwischen 1716 und 1787.

---

[41] Alberge, Dalya, What the King said to the executioner ..., (*The Times*, 8. April 2006).

Als die britischen Erfindungen der Dampfmaschine, der Textilmaschinen, des Bergbaus, der Roheisenverhüttung und anderer Technologien nacheinander nach Frankreich kamen, nahm die französische industrielle Revolution langsam Fahrt auf. Obwohl Großbritannien der Fahnenträger der industriellen Revolution in Europa und ein wichtiger Technologieexporteur war, trug auch Frankreich zu diesem Prozess bei, wie z. B. die Erfindung der Robert'schen Papiermaschine, deren Beitrag zur industriellen Revolution nicht ignoriert werden kann.

Der Prozess der Finanzreform auf der Grundlage von Handel und industrieller Entwicklung wurde in Frankreich durch die "Finanzinnovation" von John Law (1671-1729) von 1718 bis 1720 unterbrochen, und Begriffe wie Banken, Banknoten und Aktien waren den Franzosen noch ein halbes Jahrhundert lang ein Dorn im Auge. Lange Zeit war das Finanzwesen in Frankreich ein Synonym für Betrug, und die einheimischen Franzosen gaben den Gedanken an eine Karriere im Finanzwesen weitgehend auf. In Ermangelung von Finanzinstrumenten und eines starken Finanzmarktes war der ständige Militarismus Ludwigs XIV. auf harte Steuern und teure Auslandsschulden angewiesen, die mit 8,5% bis 10% doppelt so hoch verzinst wurden wie in Großbritannien.

In den 1880er Jahren hatte die Verschuldung des Landes bereits mehr als die Hälfte seiner Steuereinnahmen ausgemacht, und als der unglückliche Ludwig XVI. 1774 den Thron bestieg, stand er vor dem Scherbenhaufen, den der "Sonnenkönig" hinterlassen hatte. Ludwig XVI. war keineswegs ein törichter Herrscher, sondern ein sanftmütiger und bescheidener Mann, und am Vorabend eines sozialen Umsturzes, der sich anbahnte, war sein Charakter schwach, sein Wille nicht stark genug, seine Großzügigkeit reichte nicht aus, um das Volk von ihm zu überzeugen, und seine Unfähigkeit, die Reichen und Mächtigen zum Einlenken zu bewegen, musste in einer Tragödie enden. In gewisser Weise ähnelt seine Situation der des Kaisers Chongzhen aus der späten Ming-Dynastie. Mit der Verschlechterung der Finanzlage des Landes und dem unangemessenen Steuersystem haben sich der Unmut des Volkes und die Unzufriedenheit der Aristokraten ausgebreitet, während das aufstrebende Bürgertum neben seinem Reichtum lange Zeit das Machtmonopol der Feudalaristokratie und der religiösen Kräfte toleriert hat. Die drei großen Machtblöcke der französischen Gesellschaft - der Adel und die traditionellen Machtzentren der Religion, das aufstrebende Bürgertum und das einfache Volk - richten ihren Zorn gegen die französische Regierung, und Ludwig XVI. steht auf dem Gipfel eines Vulkans, der kurz vor dem Ausbruch steht.

Die Franzosen legten keinen Wert auf Finanzen, und die wachsende Auslandsverschuldung Ludwigs XVI. hinterließ ein finanzielles Machtvakuum für ausländische Bankiersfamilien in der Schweiz, Italien, den Niederlanden und Deutschland. Die puritanischen Bankiersfamilien in Orten wie Genf in der Schweiz gehören zu den bekanntesten. Sie kamen nach Paris, um verschiedene "Lösungen" für die Verschuldung anzubieten, die die königliche Familie verzweifelt gemacht hatte. Diese Schweizer Bankiers, die so wohlhabend waren, dass sie der königlichen Familie wiederholt bei der Lösung dringender Probleme halfen, wurden von Ludwig XVI. in Anspruch genommen und übernahmen nach und nach den Finanzdiskurs und die Entscheidungsgewalt über die Steuerreform in Frankreich.

Ludwig XVI. war in finanziellen Schwierigkeiten und musste Jacques Necker, einen "ausländischen Mönch", zum Finanzminister ernennen. Dieser Naik, ebenfalls ein puritanischer Bankier aus der Schweiz, nutzte seinen Einfluss im Kreis der Schweizer Bankiersfamilie, um Geld zu beschaffen, um ein brennendes Problem zu lösen. Die Art dieser Kreditaufnahme ähnelt derjenigen einiger Geschäftsleute, die sich heute gegenseitig Geld leihen. Da es sich um eine kurzfristige Finanzierung in der Nähe von Wucher handelte, erwartete der Kreis der Schweizer Bankiersfamilie eine schnelle Geldanlage mit lukrativen Renditen, während die Ausgaben des französischen Hofadels zu hoch waren, als dass die Finanzen das Defizit kurzfristig ausgleichen könnten. Das kann schlecht für die Banker sein, denn aus "schnellem Geld" wird "langsames Geld", vielleicht wird "langsames Geld" zu "totem Geld", das diese Leute in ihr eigenes Leben nicht mehr zurückholen können. In seiner Verzweiflung beschloss Naik, eine "Schockreform" durchzuführen. Zunächst schaffte er einige Privilegien des Hofadels ab und kürzte ihre Gehälter, dann überarbeitete er das Steuersystem, so dass die Steuerlast von einer "Männersteuer" in eine "Landsteuer" umgewandelt wurde und Adlige, die große Mengen Land besaßen, mit hohen Steuern belegt wurden. Leider, aber nicht überraschend, rührte dies offenbar den Käse der Mächtigen. Die Adligen strömten aus, um Naiks Reformen zu belagern. Im Jahr 1781 veröffentlichte er eine Liste der Ausgaben der Reichen und Mächtigen, die die französische Gesellschaft sofort schockierte. Die französische Öffentlichkeit, die von der seit langem bestehenden liberalen Ideologie von Voltaire, Rousseau und anderen genährt worden war, flog sofort in die Luft, und ihre Wut auf die Mächtigen schlug in Feindseligkeit gegenüber der königlichen Familie um.[42]

Auch Naek trat zurück, weil er so eifrig war. Seitdem hat Frankreich vier weitere Finanzminister gehabt, und die Haushaltslage hat sich weiter verschlechtert. Ludwig XVI. hatte keine andere Wahl, als den Schweizer Bankier Naik 1788 wieder einzustellen. Frankreich befand sich bereits am Vorabend einer gefährlichen sozialen Umwälzung: Die Pariser Bürger und die aufstrebende Bourgeoisie gerieten zunehmend in Konflikt mit der traditionellen Elite, und eine Krise drohte auszubrechen. Auf der anderen Seite haben die kreditgebenden Banken ihre Hebelwirkung auf die "drei Parlamente" verlagert, in der Hoffnung, die Kontrolle über die Finanzen, die Steuern und die Staatshaushalte zu erlangen, um die riesigen Kredite zurückzubekommen. Die neue städtische Bourgeoisie Frankreichs mit ihrem wachsenden Reichtum in den Händen der aufstrebenden Bourgeoisie und ihrem Wunsch nach Teilung der Macht war von eifrig zu ungeduldig geworden, während die feudale Aristokratie und die Kirche an der Spitze standen und diese unvermeidliche Entwicklung völlig ignorierten oder ihr sogar feindlich gegenüberstanden.

Im Juni 1789 wurden die "drei Parlamente", die nur dem Namen nach bestanden, von den Teilnehmern in die "Nationalversammlung" umgewandelt, die über eigene Steuerkompetenzen verfügte, und im Juli änderte die Nationalversammlung ihren Namen in "Konstituierende Nationalversammlung". Am 14. Juli brach die wütende Zivilbevölkerung in eine Revolution aus und besetzte die Bastille. Im August gab die verfassungsgebende Versammlung die allgemein bedeutsame Erklärung der Menschen- und Bürgerrechte heraus, und im Oktober wurde Ludwig XVI. von randalierenden Zivilisten gefangen genommen.

Im Oktober wurde auf Drängen der Schweizer Bankiers das Gesetz des Heiligen Stuhls gegen den Wucher aufgehoben und die Kreditvergabe der Bankiers zu hohen Zinssätzen offiziell legalisiert; im November verkündete die verfassungsgebende Versammlung die

---

[42] George Taylor, Rezension von Jacques Necker: Reform Statesman of the Ancien Regime, von Robert D. Harris (*Journal of Economic History 40*, no. 4 (1980): 877–878).

Konfiszierung der Kirchengüter im ganzen Land; im Dezember wurde die Ausgabe von Banknoten (Assignats) gegen Kirchengüter angekündigt, und die Finanzen Frankreichs verbesserten sich merklich, und die Kreditvergabe der Bankiers setzte sich endgültig durch.

Am 21. Januar 1793 starb Ludwig XVI. im Alter von 39 Jahren. An der Schwelle zum Tod soll er eine ergreifende Botschaft hinterlassen haben:

> *„Ich bin dabei zu sterben, aber ich habe nie ein Verbrechen gegen mich begangen. Ich vergebe dem Mann, der meinen Tod verursacht hat, und ich bete auch zu Gott, dass nach dem Vergießen meines Blutes kein Blutvergießen mehr im Land Frankreich stattfinden wird."*

Vom Ausbruch der Revolution im Jahr 1789 bis zur Niederlage Napoleons im Jahr 1815 herrschte in Frankreich - mit Ausnahme eines kurzen Waffenstillstands in der Mitte - 25 Jahre lang ununterbrochen Krieg. Durch den Krieg wurden enorme Ressourcen vernichtet, mehr als fünf Millionen Menschen starben, Industrie und Handel lagen am Boden und die Inflation war so stark, dass sich die industrielle Revolution in Frankreich um fast 30 Jahre verzögerte, so dass Großbritannien einen absoluten strategischen Vorteil gegenüber Frankreich hatte. Von da an übertraf Frankreich Großbritannien nie mehr an nationaler Stärke. Die politischen und wirtschaftlichen Kosten der Französischen Revolution waren zweifelsohne schwer und hoch.

Banque de France: Die Kapitalrendite des "Putsches vom 18. Brumaire"

Trotz der politischen und wirtschaftlichen Turbulenzen, die durch Frankreichs Kriege im Ausland und später durch die Revolution ausgelöst wurden, blieb Paris, das Juwel des Kontinents, ein Anziehungspunkt für die Wohlhabenden und diejenigen, die in den umliegenden Ländern nach Wohlstand strebten. Frankreich war die Wiege der europäischen Emanzipation, der allmähliche Abbau der katholischen Verfolgung anderer Religionen und die Gewährung der vollen Staatsbürgerschaft für Nichtkatholiken waren für die Puritaner und jüdischen Bankiers, die unter der religiösen Unterdrückung in Europa gelitten hatten, unwiderstehlich. Der extreme Geldbedarf des französischen Königshauses und die Kriege im Ausland boten den Finanziers eine nie dagewesene Möglichkeit, Risiken einzugehen. Von der Zeichnung königlicher Anleihen bis zur Versorgung der Armee, vom Kauf und Verkauf kirchlicher Ländereien bis zur Spekulation mit französischer Währung, von der Diskontierung nationaler Wechsel bis zur Revolvierung britischer Wechsel - die Bankiersfamilien, die davon profitierten, bildeten nach und nach die so genannte "Haute Banque" (Kreis der Bankiers). Zu ihrem Kern gehörten die Schweizer Bankiersfamilien, die heimlich Napoleons "Coup des 18 Brumaire" von 1799 finanzierten.

Die "jüdischen Bank"-Familien wurden großzügig belohnt, als Napoleon an die Macht kam. Napoleon überließ der Schweizer Bankiersfamilie das finanzielle Lebenselixier Frankreichs, indem er der "jüdischen" Familie als Gegenleistung für ihre Machtübernahme die Gründung der ersten französischen Zentralbank in Privatbesitz, der Banque de France, gestattete. In der ersten Hälfte des 19. Jahrhunderts hatten jüdische Bankiers fast ein Monopol auf die Sitze im Verwaltungsrat der Banque de France. Die industrielle Revolution spielte eine Schlüsselrolle bei der Expansion Frankreichs durch die jüdischen Bankiers, die den Bergbau, die Metallurgie, die Textilindustrie, das Transportwesen und andere Industriezweige in ganz Frankreich finanziell monopolisierten.

In der Satzung der Bank von Frankreich sind nur die 200 größten Aktionäre stimmberechtigt. Die gesamte Bank von Frankreich hat 182.500 Aktien mit einem Nennwert von je 1.000 Francs ausgegeben. Von den mehr als 30.000 Aktionären sind die 200 stimmberechtigten Aktionäre berechtigt, 12 Verwaltungsratsmitglieder zu wählen. Unter den 200 größten Aktionären befinden sich 78 Firmen- oder institutionelle Aktionäre und 122 Einzelaktionäre. Eine genauere Analyse zeigt jedoch, dass es sich bei den 200 Aktionären, die im Wesentlichen zur selben Personengruppe gehören, um die 44 großen Familien handelt, die die Bank von Frankreich kontrollieren. Die von diesen Familien gehaltenen Sitze sind vererbbar, und inmitten dieser Familien sind drei Familien seit hundert Jahren unverändert geblieben, nämlich Mallet, Mirabeau und Rothschild.

Unter den Schweizer Bankiersfamilien sind vor allem die Familien Mallet, Hottinguer und Mirabeau zu nennen.

Im Jahr 1557 folgte die Familie Mallet dem berühmten europäischen Reformator Johannes Calvin nach Genf in die Schweiz, um dort ein Vermögen im Handel und im Bankwesen zu machen. 1709 kam Isaac Mallet, 25 Jahre alt, aus der Schweiz nach Paris, um die Genfer Bankiersfamilie in Frankreich zu vertreten und nach finanziellen Möglichkeiten zu suchen. Nach mehr als 70 Jahren harter Arbeit hat sich die Familie Mallet zu einem der größten Bankiers Frankreichs entwickelt. Selbst während der Revolution blieb die Bank der Familie Mallet geöffnet, und 1799 schlossen sich sein Sohn Guillaume Mallet und andere Schweizer Bankiersfamilien zusammen, um Napoleon bei seinem "Staatsstreich" zu unterstützen. Nach Napoleons Machtübernahme wurde Mallet von Napoleon zum Baronet ernannt und diente bis zu seinem Tod 1826 als dritter Vorsitzender im Vorstand der Bank von Frankreich. Danach setzten sich sein Sohn, sein Enkel und sein Urenkel bis zur Verstaatlichung der Bank von Frankreich im Jahr 1936 auf diesen Kreuzsessel. Die Familie Mallett ist die einzige Familie, die von Anfang bis Ende im Vorstand der Bank von Frankreich saß - eine Zeitspanne von 136 Jahren! [43]

Auf die Familie Mallet folgt die Familie Hottinguer, eine puritanische Schweizer Bankiersfamilie. Jean-Conrad Hottinguer, der 1784 als Banklehrling nach Paris kam, eröffnete später seine eigene Bank und fungierte als französischer Vertreter für Bankiers in Zürich, Schweiz, und bot der französischen Königsfamilie Dienstleistungen im Bereich der Schuldenregulierung und Finanzierung an. Hottinguer arbeitete eng mit den frühen Anführern der Französischen Revolution zusammen, darunter auch mit dem späteren mächtigen Abgeordneten Talleyrand. Während der "Schreckensherrschaft" unter der "jakobinischen Diktatur" folgte Hottinguer Talleyrand ins amerikanische Exil und kehrte 1798 nach Paris zurück, um seine Bankgeschäfte wieder aufzunehmen. Für seine Beteiligung an der Finanzierung des Staatsstreichs von Napoleon wurde er zum Baronet ernannt und in den Vorstand der Bank von Frankreich berufen. Der große Einfluss der Familie Hottinguer in den französischen Finanz-, Geschäfts- und Praxiskreisen hält bis heute an. [44]

Zu den Schweizer Bankiers, die sich später dem gotischen Kreis anschlossen, gehörten die Familien Mirabeau, Andes, Odiers, Venus und andere, von denen die meisten auch im Vorstand der Banque de France vertreten waren.

---

[43] Collectif, *Mallet Frères et Cie - 250 ans de banque, 1713-1963* (Presses de Jean Ruchert, Paris, 1963)

[44] http://de.wikipedia.org/wiki/Baron_Jean_Conrad_Hottinguer

Die französische Zentralbank ist durchaus in der Lage, ein Schweizer Bankierskorps zu eröffnen. Das französische politische System hat die Veränderungen von Napoleon, Ludwig XVIII., Karl X., Louis-Philippe und Napoleon III. mitgemacht, darunter die Wiederherstellung der Bourbonen-Dynastie 1815, die Julirevolution von 1830, die Revolution von 1848, den Staatsstreich von Napoleon III. im Jahr 1851, die Gründung der Dritten Französischen Republik im Jahr 1870 durch Pierre Mirabeau (heute Präsident der Schweizerischen Bankiervereinigung). Inmitten dieser häufigen Regimewechsel saßen die Schweizer Bankiers sogar im Vorstand der französischen Zentralbank und wurden zum Finanzmonopol, was wirklich interessant ist. Vor allem die Familie Mirabeau, deren Schweizer Zweig bis heute einflussreich ist, wurde zu einer repräsentativen Figur der puritanischen Bankiersfamilie.

Zu Beginn des 19. Jahrhunderts bauten diese puritanischen Schweizer Bankiersfamilien nach und nach ein ausgedehntes Finanznetz auf, und sie machten weiterhin enge Geschäfte mit den einheimischen Schweizer Bankiersfamilien und monopolisierten die Gelder und Kredite des französischen Bankensystems.

Die Veruntreuung von Vermögenswerten jüdischer Bankiers durch die Deutschen im Zweiten Weltkrieg" und die nachdrückliche Forderung der US-Regierung im Jahr 2009 an die Schweizer Banken, geheime Konten offenzulegen, sollten mit dem jahrhundertealten Bürgerkrieg der internationalen Bankenfamilie in Verbindung gebracht werden.

Das Monopol ist gebrochen: Der Aufstieg der jüdischen Bankiersfamilie

Ein weiterer wichtiger Zweig des gotischen Bankierskreises ist die jüdische Bankiersfamilie, die seit 1780 nach Frankreich eingewandert ist. Im Vergleich zu den Schweizer Bankiers hatten sie einen späten Start in Frankreich, aber sie gewannen an Schwung. Nachdem den jüdischen Bankiers in der Französischen Revolution die gleiche Staatsbürgerschaft zuerkannt worden war, stiegen ihr Reichtum und ihr sozialer Status so schnell an, dass sie allmählich zu einer Rivalität mit der Schweizer Bankiersfamilie wurden.

Die Familien Fould, Pereire und Rothschild bildeten den Kern der französisch-jüdischen Bankiersfamilie.

Die Foulds kamen 1784 nach Paris, und ihr Hauptgeschäft erweiterte sich von der Tätigkeit als Vertreter jüdischer Familienbanken im Ausland auf das Eintreiben von Zinsen auf Staatsanleihen. Während der Revolution begann Fould, sein Vermögen zu machen, indem er zunächst stark auf das neue Papiergeld spekulierte, das die französische Revolutionsregierung 1790 herausgab und das durch Grundstücke abgesichert war, und dann aktiv kirchliche Grundstücke kaufte und verkaufte und so seinen ersten Eimer Gold verdiente.

Fould war ein äußerst geschickter Strippenzieher und schloss enge Freundschaften mit vielen jüdischen Kaufleuten und Bankiers in Deutschland und wurde ihr Vertreter in Frankreich. Achille Fould, der Sohn des älteren Fould, stieg in der politischen und finanziellen Welt auf und führte den Einfluss der Familie fort.

Nachdem er das Familienunternehmen übernommen hatte, ging Asher in die Politik und zog 1842 als Abgeordneter in den Gemeinderat ein. In der Revolution, die im Februar 1848 ausbrach, unterstützte er vorsichtig die Revolutionäre und nutzte seinen finanziellen Einfluss zur Finanzierung der anschließend gebildeten provisorischen Regierung. Kurz darauf veröffentlichte er zwei weitere Pamphlete gegen das Papiergeld. Während der Herrschaft von Napoleon III. war Fould viermal Finanzminister und spielte eine führende Rolle bei den Wirtschaftsreformen in Frankreich. Aufgrund seiner stark konservativen Tendenzen lehnte er das Dogma des Freihandels ab und befürwortete den Staatsstreich von Louis Bonaparte und die anschließende Errichtung des Zweiten Französischen Kaiserreichs unter Napoleon III. Er widersetzte sich aber auch den exzessiven Angriffen Napoleons III. auf seine politischen Feinde, die Familie Orléans, und trat am 25. Januar 1852 als Finanzminister zurück, nachdem der kaiserliche Hof entschieden hatte, dass das Vermögen der Familie Orléans konfisziert werden sollte, wurde aber bald darauf zum Senator ernannt und kehrte bald darauf als Staatsminister an den kaiserlichen Hof zurück, wo er den Vorsitz der Pariser Weltausstellung von 1855 übernahm. Im November 1860 trat er erneut zurück, wurde aber im November des folgenden Jahres wieder eingesetzt und kehrte erst 1867, als er im Sterben lag, in sein altes Amt zurück. In der letzten Phase seiner Amtszeit handelte er eine Reduzierung der kurzfristigen Kreditschulden in Höhe von 300 Millionen Francs aus, die durch die französische Invasion im Mexikokrieg entstanden waren, und stellte damit sein bemerkenswertes Talent als Bankier und Politiker unter Beweis. [45]

Die Credit Mobilier, die die Foulds zusammen mit der Familie Pereire gründeten, übte starken Wettbewerbsdruck auf die Rothschilds aus und wurde zu einem klassischen Beispiel für den internen Kampf jüdischer Bankiers.

Die Familie Pereire war im 19. Jahrhundert neben den Rothschilds eine der berühmtesten Bankiersfamilien Frankreichs und Partner der Rothschilds-Bank. Obwohl die Rothschilds jüdische Glaubensgenossen waren, unterscheiden sie sich von den Pereire, die sephardische Juden aus dem portugiesischen und spanischen Raum waren, eine Gruppe, die ursprünglich aus der italienischen Renaissance nach Westen wanderte. Die Diskontierung von Wechseln war ihre Devise, und sie betrachteten sich selbst als überlegene Juden, edler als diejenigen, die nach Osteuropa ausgewandert waren. [46]

An der Spitze der Familie Pereire standen im 19. Jahrhundert zwei Brüder, Emile und Isaac, deren Vater Jacob Pereire, einer der Erfinder der Gebärdensprache, Übersetzer von Ludwig XV. war. Die Brüder Pereire schufen eine neue Art von Investitionsbank mit der Bank für Kredit und Immobilien als Kernstück, die nicht nur einen wichtigen Teil des nationalen Eisenbahnnetzes kontrollierte, sondern auch sechs Gas- und Straßenbahngesellschaften in Paris, zwei Versicherungsgesellschaften, die Umstrukturierung der Salzindustrie, die Gründung der Immobiliengesellschaft zur Regulierung kommunaler Projekte in Paris und die auf den Außenhandel spezialisierte Pan-Atlantic Company. Darüber hinaus hat die Bank in großem Umfang in Eisenbahngesellschaften in Österreich, Russland, der Schweiz, Spanien und anderen Ländern investiert und Niederlassungen in Spanien, den Niederlanden, Italien und anderen Ländern gegründet. Durch Fusionen und Übernahmen oder finanzielle Kontrolle entstand ein beispiellos großes Konsortium mit dem Crédit Mobilier der Familie Pereire im Zentrum, das zu einem starken Konkurrenten der auf dem europäischen Kontinent unvergleichlichen Familie Rothschild wurde. Ab 1852 gaben die von diesem Konsortium kontrollierten Banken und Unternehmen

---

[45] http: //de.wikipedia.org/wiki/Achille_Fould

[46] http: //de.wikipedia.org/wiki/P%C3%A9reire_brothers

jährlich Aktien im Wert von mehr als 1,5 Milliarden Francs aus, [47]und sein starker Einfluss auf die französische und europäische Wirtschaft erinnert an die katholische Kirche im Mittelalter.

Die mächtigste Bankiersfamilie Frankreichs im 19. Jahrhundert war zweifellos die Familie Rothschild. Im Jahr 1830 verließen die Rothschilds die Bourbonen zugunsten von Louis-Philippe, dem Herzog von Orléans, der den Thron bestieg und damit die "Juli-Dynastie" einleitete, die nie zuvor so mächtig war wie in Frankreich. Das von der Bank von Frankreich kontrollierte Vermögen der Familie Rothschild wuchs von 6 Millionen Pfund im Jahr 1815 auf 14,9 Millionen Pfund im Jahr 1825 und stieg damit von 1/6 auf 1/3 des Gesamtvermögens der Familie. Im Jahr 1836, nach dem Tod von Nathan, dem Kern der englischen Rothschild-Familie, wurde James von Frankreich tatsächlich das neue Oberhaupt der Familie, mit einem persönlichen Vermögen von 40 Millionen Francs, der reichste Mann in Frankreich, 10 mal mehr als die Familie Hottinguer und 20 mal mehr als die Familie Mallett. Zu diesem Zeitpunkt hatte die jüdische Bankiersfamilie das Lager der puritanischen Bankiers deutlich überholt.

Revolution der Finanzinnovation

In der ersten Hälfte des 19. Jahrhunderts spielte die Banque de France als Zentralbank im französischen Finanzsektor keine zentrale Rolle, und der Einfluss der Privatbanken, insbesondere der Rothschilds, überschattete weitgehend den der Banque de France. Diese Situation änderte sich erst mit der Revolution von 1848. Mit der Revolution wurde das traditionelle System der gesellschaftlichen Macht in größerem Maße zerstört, und es bildete sich schnell ein neues Muster der Machtverteilung heraus, auch im Bereich des Handels und der Finanzen.

Nach der Revolution von 1848 ging das Recht der Banque de France, Papiergeld zu emittieren, über Paris hinaus und drang in die wichtigen Industrie- und Handelszentren der Provinzen ein. Die Krise beendete die konservative Diskontierungspolitik der Banque de France, indem sie die Diskontierung auf Lagerscheine, Staatsanleihen und Commercial Papers mit drei Unterschriften ausdehnte und die Ausgabe

---

[47] Ebd.

von 100-Franc-Noten genehmigte, wodurch der Einfluss der Banque de France auf das ganze Land ausgeweitet wurde. Es folgte die Nationale Diskontbank von Paris, die am 8. März 1848 gegründet wurde, um den Pariser Kaufleuten Notliquidität zur Verfügung zu stellen, um die Flut der Massenbankrotte der Pariser Handelsunternehmen aufzuhalten. 1854 gab die Nationale Diskontbank von Paris auf Drängen der Regierung ihren halbstaatlichen Status auf und wandelte sich in eine allgemeine Aktiengesellschaft um, und ihre Tätigkeit verlagerte sich von Finanzdienstleistungen für Pariser Unternehmen auf Finanzdienstleistungen für den Außenhandel. Neben der Nationalen Diskontbank von Paris wurden in ganz Frankreich 76 lokale Diskontbanken gegründet, die vor allem den lokalen Kaufleuten in den Provinzen zur Verfügung stehen und verschiedene Handelspapiere diskontieren.

Zu Beginn des neunzehnten Jahrhunderts erlebten die industrialistischen Ideen des französischen idealistischen Sozialisten Saint-Simon eine Blütezeit, und viele Franzosen wurden von ihnen tief beeinflusst. Saint-Simons Denken ist für seine Industrietheorie bekannt, die das ideale System der Zukunft als "industrielles System" vorsieht. Im Rahmen des industriellen Systems übten Industrielle und Gelehrte die Macht in allen Bereichen der Gesellschaft aus - politisch, wirtschaftlich und kulturell. Der einzige Zweck der Gesellschaft sollte darin bestehen, das Wissen der Wissenschaft, der Kunst und des Handwerks bestmöglich zu nutzen, um die Bedürfnisse des Volkes zu befriedigen, insbesondere das materielle und geistige Leben der ärmsten Klasse, der größten Zahl der Menschen. Jeder soll arbeiten, die Wirtschaft soll sich planmäßig entwickeln, und das Einkommen des Einzelnen soll im Verhältnis zu seinen Talenten und Beiträgen stehen, ohne dass jemand Privilegien genießt. In einer idealen Gesellschaft würde die Politikwissenschaft zur Produktionswissenschaft, die Politik würde von der Wirtschaft erfasst, und die Herrschaft über die Menschen würde zur Verwaltung der Dinge und zur Leitung des Produktionsprozesses. Aufgrund der Begrenztheit der Geschichte betrachtete St. Simeon die in der Industrie tätige Bourgeoisie als dieselben Arbeiter oder "Industriellen" wie die Arbeiter und Bauern, und in der Hoffnung auf die Rationalität und den guten Willen der herrschenden Klasse stellte er sich vor, dass Könige und Bourgeoisie dem Proletariat bei der Errichtung eines industriellen Systems und des Sozialismus helfen würden. Saint-Simon erhebt auch eigene Forderungen für die Entwicklung eines neuen französischen Finanzsektors und die Verbesserung der landwirtschaftlichen Betriebe.

Für die St. Simonisten und andere, die an der langfristigen Entwicklung der französischen Wirtschaft interessiert sind, erfordert der groß angelegte wirtschaftliche Aufbau in Frankreich, insbesondere die Entwicklung der Eisenbahnen, der Schifffahrt, der Kanäle und der großen Industriebetriebe, die groß angelegte Gründung von Aktiengesellschaften mit beschränkter Haftung, die den Reichtum des gesamten französischen Mittelstandes effizient mobilisieren und organisieren und einerseits diesen Aufbau finanzieren und andererseits dem Volk einen Kreislauf der nationalen Stärke und des Reichtums in Form von Dividenden und Ausschüttungen aus der wirtschaftlichen Entwicklung zurückgeben.

Im theoretischen Rahmen des St. Simon'schen Industrialismus bestand die innovative Idee für den Finanzsektor in der Gründung von Investmentbanken auf Aktienbasis, die das traditionelle private Investmentbanking-Modell ersetzen sollten. Die Beschaffung riesiger öffentlicher Mittel in Form von öffentlichen Aktien- und Anleiheemissionen, mit denen private Banken nicht konkurrieren konnten, würde einerseits den Staat aus der finanziellen Abhängigkeit von privaten Banken befreien und andererseits der Entwicklung der Industrie einen stärkeren Impuls verleihen. Saint-Simons industrielle Ideen und Behauptungen zur Industrialisierung wurden zu den dominierenden Ideen der Industrialisierung in der Ära des Zweiten Kaiserreichs und hatten einen bedeutenden und weitreichenden Einfluss auf die jüngste wirtschaftliche Entwicklung Frankreichs. [48]

Die Ausweitung der Bankenmacht in Frankreich und das Entstehen von Investmentbanken auf Aktienbasis stellten in zweierlei Hinsicht eine ernsthafte Bedrohung für die traditionelle Machtstruktur des Privatbankwesens dar. Die Rothschilds verteidigten instinktiv ihre eigenen Interessen, lehnten solche Finanzinnovationen entschieden ab und versuchten mit allen Mitteln, die Entstehung von Aktienbanken zu verhindern. Nachdem sie die von der Familie Pereire vertretenen Innovatoren endgültig besiegt hatten, gründeten die Rothschilds als Reaktion auf die historische Entwicklung auch ihre eigene Version einer Investmentbank auf Aktienbasis, die Paribas-Bank, die das französische Wirtschaftsleben im späten 19. und frühen 20.

---

[48] Rondo E. Cameron, Mark Casson, *France and the Economic Development of Europe, 1800-1914: Evolution of International* (Routledge, 2000).

Credit Mobilier: Die Herausforderung von Pereire

Aus historischer Erfahrung klingen viele der Theorien sehr plausibel, aber eben nur plausibel. Die Praxis folgt nie der Logik der Theorie, weil derjenige, der Theorie praktiziert, immer den Regeln des Interessenspiels folgt. Daher kann die Rolle der Theorie in der Praxis nur durch die Regeln des Interessenspiels, die stillschweigend von denjenigen befolgt werden, die die Theorie der Praxis befolgen, wirklich realisiert werden.

Der Aberglaube von Napoleon III. an die Theorie des Kreditwesens war keine Ausnahme. Der Kaiser selbst war ein begeisterter Anhänger des St. Simonismus und zog es vor, sich als großer Sozialingenieur zu profilieren. Lange bevor er in den 1830er Jahren an die Macht kam, beriet er sich mit seinen engen Finanzfreunden, den Familien Pereire und Fould, über die Einrichtung eines viergliedrigen Systems von Finanzinstituten zur Umsetzung des Saint-Simonschen Industrialismus in Frankreich.

> Geschäftsbank: Banque Nationale Française

> Bank der Industrie: Crédit Mobilier

> Hypothekenbank: Banque Foncière

> Banken auf Gegenseitigkeit: Crédit Mutuel für die Finanzierung kleiner Unternehmen

Im Mittelpunkt steht dabei die Investmentbank, die Crédit Mobilier Bank. [49]

1852 nutzen die Gebrüder Pereire die eitle Ruhmsucht Napoleons III. aus, um ihn von den Vorteilen des Geschäftsmodells des Crédit Mobilier zu überzeugen, und zwar unter dem Vorwand der St. Simon-Idee, dass "alle Klassenwidersprüche angesichts des allgemeinen Glücks, das durch ein neu erfundenes Sozialkreditsystem erreicht werden kann, verschwinden müssen". Das Modell besteht darin, Bankkapital durch den Verkauf von Aktien und Anleihen an die Öffentlichkeit zu beschaffen und diese Mittel dann für den Kauf von Anteilen an den neu gegründeten Industrieunternehmen zu verwenden, die man vergrößern möchte. Die Gebrüder Pereire haben dieses Modell

---

[49] Ebd.

zwanghaft als Mittel zur Verwirklichung des industriellen Sozialismus von Saint-Simon angepriesen.

Dieses neue, von den Brüdern Pereire erfundene Kreditsystem wurde von Napoleon III. enthusiastisch unterstützt, den Marx sarkastisch als "napoleonischen Sozialismus" bezeichnete, "von James Rothschild bis Isaac Pereire, mit einem so interessanten Charakter, dass er sowohl Lügner als auch Prophet ist".[50] In der Tat hat die Einführung dieses Kreditsystems zu zügellosen Spekulationen, Korruption und Betrug an der französischen Börse geführt. In den Augen der damaligen Menschen war es jedoch eine großartige strategische Finanzsysteminnovation, die gut geeignet war, die sich rasch entwickelnde Industrialisierung mit Kapital und Krediten zu versorgen. Das Immobilienkreditgeschäft besteht aus zwei Hauptkomponenten: dem traditionellen Bankgeschäft, zu dem die Entgegennahme von Einlagen, die Diskontierung von Handelspapieren, die Kreditvergabe und das Versicherungsgeschäft gehören, und dem Investmentbanking, zu dem die Zeichnung von Staats- und Unternehmensanleihen gehört.

Neben den Zwängen der idyllischen sozialistischen Ideen griffen die Brüder Pereire und die Foulds auch zu Spaltungstaktiken, um Napoleon III. so schnell wie möglich zu einer Entscheidung zu bewegen. Die großen Bäume winkten, und der Reichtum und die Macht der Familie Rothschild erregten nicht nur die Feindschaft der puritanischen Bankiers, sondern auch die Eifersucht anderer jüdischer Bankiersfamilien, darunter die Familien Pereire und Fould. In seinen Anfangsjahren war Pereire Teilhaber der Rothschild Family Bank, für die die Rothschild-Familie ein Mentor im Finanzwesen war. Später zog sich Pereire zurück, um sich selbständig zu machen, und wurde der Familie Rothschild zunehmend unfreundlich gesinnt. Schurkerei war schon immer das abscheulichste Verhalten der Familie Rothschild.

Fould, der zur gleichen "direkten Truppe" gehörte, die den Staatsstreich von Napoleon III. finanzierte, verfolgte das gleiche Ziel wie die Familie Pereire, die Position des Rothschild-Familienoberhaupts finanziell anzufechten. Als er französischer Finanzminister war, beriet Asher Fould feierlich Napoleon III:

---

[50] Marx, *Die Theorie des Kapitals* (Bd. III), S. 499.

> *„Es ist absolut notwendig, Ihr Reich aus dem Griff von Rothschild zu befreien, der Ihre Herrschaft praktisch ersetzt hat."[51]*

Rothschild ist auch keine Energiesparlampe. James Rothschild wandte sich in einem Schreiben an Napoleon III., um die französische Regierung davon zu überzeugen, die Gründung einer Bank für Wertpapiere zu unterstützen, indem er erklärte, dass die Bank, sobald sie einmal gegründet sei und erfolgreich funktioniere, den größten Teil des öffentlichen Vermögens kontrollieren und schließlich "mächtiger als die Regierung" werden würde.

Napoleon III. hatte die Unterstützung der Familien Pereire und Fould, denen er natürlich gehorsam war, und er glaubte an das theoretische System des Crédit Mobilier. Napoleon III. verstand sich nicht gut mit den Rothschilds, und James Rothschild mochte Napoleon III. nicht und vertraute ihm nicht. In diesem Fall stellte sich die Regierung eindeutig auf die Seite der Brüder Pereire. Seit der Revolution von 1848 sind die Familien Pereire und Fould die herrschenden Helden der Dynastie, während die Familie Rothschild eher an den Rand gedrängt wurde. Auch wenn die Rothschilds zum Aufstieg Napoleons III. beigetragen hatten, so hatten sie doch nicht den Glanz der bourbonischen Restauration und der Julidynastie. Hinzu kam der ständige Wind, der dem Kaiser von Pereire und Fould um die Ohren gehauen wurde, und James hatte eine schwere Zeit hinter sich.

Rothschilds Unterstützer am französischen Hof war der einst sehr beliebte General Changarnier. Doch General Changarnier verlor allmählich an Boden gegenüber Napoleon III., und während des gesamten Jahres 1850 versuchte James, Napoleon III. mit Changarnier zu versöhnen und sich gleichzeitig zusätzliche Pluspunkte beim Präsidenten zu verschaffen (Anmerkung: Napoleon III. war zu diesem Zeitpunkt noch nicht Kaiser):

> *„Der Präsident scheint zu glauben, dass ich ihn missverstanden habe, und es scheint, dass ich mich vor ihm besonders in Acht nehmen muss und dass Fould kein gutes Wort für mich einlegen wird."*

Napoleon III. bevorzugte offenbar Fould und war zunehmend taub für die außenpolitischen Ratschläge von Changarnier und James.

---

[51] Niall Ferguson, *Das Haus Rothschild - Die Bankiers der Welt 1849-1999*, Band 2.

Napoleon III. war entschlossen, Changarnier loszuwerden. James warf einen bösen Blick darauf und überwies das Gold in seiner Hand eilig nach London. Er sagte unbesorgt:

> *„Ich würde lieber mein ganzes Gold nach London bringen und dort 3% verdienen, als in Frankreich zu bleiben, und Napoleon könnte mein Geld konfiszieren, nur weil ich mit Changarnier befreundet bin. Ich habe keine Angst vor ihm, aber ich muss mich vor ihm in Acht nehmen. Es ist ein politisch äußerst schmutziges Land."*

Die Verhaftung von Changarnier im Dezember 1850 bedeutete den völligen Verlust der republikanischen Macht. James war so klug, dass er seine politischen Neigungen nie mit seinen kommerziellen Interessen verwechselte und sofort erkannte, dass sich der Wind drehte und er die Republikaner zugunsten des kaiserlichen Systems im Stich ließ. Aber immerhin war die Haltung nicht so fest wie die von Leuten wie Pereire und Fould, die von Napoleon III. mehr oder weniger als Zaungäste betrachtet wurden.

1852 wurde der Crédit Mobilier, den Pereire und Fould gemeinsam gegründet hatten, mit starker Unterstützung von Napoleon III. formell gegründet[52] und ist seitdem ein erbitterter Rivale der Rothschilds.

„Lügner und Prophet zugleich"

> *„Die dem Kreditsystem innewohnende Doppelnatur besteht einerseits darin, den Trieb der kapitalistischen Produktion - sich durch die Ausbeutung der Arbeitskraft anderer zu bereichern - zu einem System des Glücksspielbetrugs in seiner reinsten und größten Form zu entwickeln und die Zahl der Minderheiten, die den Reichtum der Gesellschaft ausbeuten, zu verringern, und andererseits in einer Übergangsform des Übergangs zu einer neuen Produktionsweise. Es ist diese Doppelnatur, die den großen Propagandisten des Kredits, von John Rothschild bis Isaac Pereire, einen so interessanten Charakter verleiht: Lügner und Prophet zugleich."*[53]

-Marx.

---

[52] Ebd.

[53] Karl Marx, *Zentrales Kompilationsbüro, Sämtliche Werke von Marx und Engels*, Bd. 25, S. 499

Diese Einschätzung von Marx ist insofern interessant, als er sowohl die Rolle des Kredits als Motor der Produktivität versteht als auch sieht, dass diese Gruppe von Menschen, die die Kredittheorie praktizieren, aus Eigeninteresse ein Haufen unverfrorener Lügner sind. Diese Passage von Marx ist ein klassischer Kommentar zur Richtigkeit der Natur aller Finanzinnovationen. Theorie wird immer von Menschen praktiziert, und diejenigen, die sie praktizieren, haben ihr eigenes Interessenmuster; wie man die Ziele der Theorie mit den Interessen der Praktiker in Einklang bringt, ist der wichtigste Unterschied zwischen einem großen Staatsmann und einem großen Denker.

Die Rothschilds und die Pereire werden als Vertreter von "zwei Arten von Juden" beschrieben. Ersterer ist typisch für den "Nordjuden", "immer ruhig und rational", und der Erwerb von Reichtum und Profit ist energiearm und effizient in einem supraleitenden Zustand. Letztere hingegen repräsentieren die "Zentraljuden", die von der liberalen Politik Frankreichs gegenüber den Juden profitiert haben und daher in ihrem Verhalten und ihren Geschäften offener und auf das öffentliche Interesse bedacht sind, eine "Herzenswärme", die einen Energieverlust und eine Störung der Effizienz zur Folge hat. In der damaligen französischen Gesellschaft standen die Rothschilds für das "feudale Finanzwesen", während die Familie Pereire das "demokratische Finanzwesen" repräsentierte.

Die Gebrüder Pereire schlossen ihre Bankorganisation schnell ab, wobei Benoit Fould aus der Familie Fould bis zu seiner Pensionierung im Jahr 1854 als erster Präsident der Bank fungierte. Die alltägliche Arbeit der Bank wurde jedoch von Isaac Pereire übernommen, der als Vizepräsident fungierte. Weitere Mitglieder des Verwaltungsrats sind der mächtige Herzog von Mouchy, Galliera, Graf Andre, Baron F. A. Seilliere, Charles Mallet aus der puritanischen Bankiersfamilie und Auguste de Morny, der den Staatsstreich gegen Napoleon III. plante, der Halbbruder von Napoleon III.[54]

Mit diesem luxuriösen Angebot in voller Stärke, explodiert der Crédit Mobilier mit erstaunlicher Energie, sobald er auf den Markt kommt. Der Kurs der Aktie lag bei 500 Francs, stieg bei der Eröffnung auf 1.100 Francs und am vierten Tag auf 1.600 Francs und erreichte im

---

[54] Rondo E. Cameron, Mark Casson, *France and the Economic Development of Europe, 1800-1914: Evolution of International* (Routledge, 2000).

März 1856 die Marke von 1982 Francs. Und die Dividende stieg von 13 Prozent im Jahr 1853 auf 40 Prozent im Jahr 1855. Den Anlegern der Kreditbanken wird schwindelig, und James Rothschilds Vorhersage, dass Kreditbanken ein finanzielles Desaster sind, klingt eher wie ein Scherz.

Obwohl der Crédit Agricole eine Aktiengesellschaft ist, liegt sein Anfangskapital weit hinter dem der Rothschild-Bank zurück. Während der Crédit Mobilier mit 20 Millionen Francs startete (an denen Pereire mit 29% beteiligt war), betrug das Vermögen der Rothschild-Bank von Frankreich 1852 über 88 Millionen Francs und das der Filialen zusammen über 230 Millionen Francs. Der Crédit Agricole war jedoch von Anfang an dynamisch, stilvoll, extravagant und ehrgeizig und stand im Gegensatz zu der Strenge, der Tradition, dem Understatement und den Klischees der Rothschild-Bank.

In einem Crédit Mobilier sind die Bankangestellten ständig von einer Gruppe von Freunden umgeben, die ihre Ohren spitzen, um sich nach den Bewegungen des Geschäfts zu erkundigen, ob der alte Herr kaufen oder verkaufen will. Und die Angestellten stehen auf der Treppe und begrüßen die Kunden, die sich eifrig nach Geschäftsmöglichkeiten erkundigen. Alle wollen reich werden und tun alles, damit nichts vertuscht wird.

In dieser Zeit erreichte der Eisenbahnbau in Frankreich seinen Höhepunkt, und zwischen 1851 und 1856 verfünffachten sich die Investitionen in Eisenbahnen, wobei in den 1950er Jahren mehr als doppelt so viele neue Eisenbahnen gebaut wurden wie in den 1940er Jahren. Mit der raschen Expansion des Crédit Mobilier war der Wettbewerb mit Rothschild auf dem Gebiet der Eisenbahnen brandgefährlich geworden. Der Crédit Agricole übernahm bald die Kontrolle über die drei wichtigsten französischen Bahnlinien, während Rothschild an seinen beiden ursprünglichen Linien festhielt. Der Crédit Agricole hält acht Verwaltungsratsmandate bei den verschiedenen französischen Eisenbahngesellschaften, während Rothschild 14 besitzt.

Jüdische Bankiers aus beiden Lagern liefern sich ein Tauziehen um die Finanzierung der französischen Eisenbahn. Napoleon III. bevorzugt den Crédit Mobilier und vergibt ein Projekt nach dem anderen zur Finanzierung von Eisenbahnlinien an Pereire. Zu dieser Zeit sieht sein Bruder Mani, der Halbbruder des Kaisers, die Chance der Eisenbahn und ist bestrebt, sich durch sie zu bereichern, und schlägt vor, die kleine Eisenbahngesellschaft zu mehreren Hauptlinien zusammenzulegen.

James ergriff sofort die Chance, die Moony-Linie zu besteigen. Die französische Bank Rothschild hält Aktien der Eisenbahngesellschaft im Wert von mehr als 20 Millionen Francs, was 15 Prozent des Vermögens der Bank entspricht. Diese Aktien sind dank der Politik von Mooney rasch gestiegen. James hat im April 1852 in einer Woche 1,5 Millionen Francs eingenommen, "ohne einen Pfennig zu bezahlen".

Die französische Rothschild-Bank war zu diesem Zeitpunkt führend im Wettlauf um die Finanzierung der Eisenbahnen. Die Movable Property Credit Bank hingegen zeigte keine Schwäche und schuf ein standardisiertes "Paket" aus Aktien und Anleihen verschiedener Eisenbahngesellschaften mit unterschiedlichen Laufzeiten und Konditionen, das als Urheber der heutigen strukturierten Finanzprodukte bezeichnet werden kann. Durch "Finanzinnovation" hat die Movable Property Credit Bank eine große Anzahl neuer Finanzprodukte für Investitionen geschaffen und damit die Lücke zwischen dem Anleihe- und dem Aktienmarkt geschlossen, was sofort zahllose Kleinanleger anzog. Das Vermögen von Movable Credit wuchs rasch auf 60 Millionen Franken an und forderte die Vormachtstellung von Rothschild in der Eisenbahnfinanzierung direkt heraus.

Noch besorgniserregender für James war die Tatsache, dass Pereire sich nach Frankreich ausstreckte und in ganz Europa Fuß fasste. Am 2. April 1853 erhielt der Kölner Bankier Oppenheimer eine Lizenz zur Eröffnung einer neuen Bank in Darmstadt, weniger als 20 Meilen südlich von Frankfurt. Dabei handelt es sich eindeutig um einen deutschen Abklatsch der Kreditanstalt für Movimobil, der direkt auf die Frankfurter Bank der Familie Rothschild abzielt. Die neue Bank wurde von Pereire, Fould, Oppenheimer und Crédit Agricole kontrolliert. [55]

1853 gründete Pereire den spanischen Crédit Mobilier und den belgischen Crédit Mobilier, und 1854 sollte der österreichische Crédit Mobilier gegründet werden. Und nicht nur das, Pereire setzte sich auch in Russland durch.

Russland, das seit der Niederlage im Krimkrieg den strategischen Wert seines Eisenbahnnetzes bedauert, ist entschlossen, ein nationales Eisenbahnnetz mit Moskau-St. Petersburg als Knotenpunkt zu

---

[55] W. O. Henderson, *Die industrielle Revolution auf dem Kontinent: Deutschland, Frankreich, Russland 1800-1914* (Taylor & Francis, 2006).

errichten, das den europäischen Teil Russlands westlich mit der polnischen Grenze südlich mit der Halbinsel Krim verbindet, mit einer Gesamtlänge von über 4.000 Meilen und einer geschätzten Investition von 1 Milliarde Franken. Die Große Russische Eisenbahngesellschaft wurde mit einem Anfangskapital von 300 Millionen Franken gegründet, um diesen strategischen Infrastrukturplan zu verwirklichen. Zu den Aktionären gehörten der zaristische Privatbankier Stieglitz in St. Petersburg, Fraenkel in Warschau, die Gebrüder Baring in London, Hope in Amsterdam, Mendelssohn in Berlin sowie Konkurrenten der französischen Rothschilds, wie die Familien Pereire, Mallet, Fould und Hottinguer. Dem Verwaltungsrat gehörten 10 Russen (darunter der vom Zaren ernannte Vorsitzende), vier Direktoren der Baring-Hope-Gruppe und fünf Direktoren der Bank von Frankreich an, darunter Pereire und Fould. Infolgedessen drangen die französischen Finanzkräfte, vertreten durch die Kreditbank für bewegliches Vermögen, in großem Umfang in alle Bereiche des politischen, wirtschaftlichen und sozialen Lebens Russlands ein und wurden zur Hauptbasis der künftigen russisch-französischen Allianz. [56]

Im Jahr 1856 kommentierte die französische Zeitschrift Industry:

> *„Der Crédit Mobilier ist dazu bestimmt, seinen Einfluss auf die Welt auszudehnen. Sein Pariser Stammhaus ist nach vier Jahren der Entwicklung in französischen Kreisen zu einem Vorbild geworden, mit Semis außerhalb Frankreichs in Österreich, Spanien, Piemont (Norditalien), und, sobald Friedensverträge geschlossen sind (unter Bezugnahme auf den englisch-französisch-russischen Friedensvertrag nach dem Krimkrieg), wird er zwangsläufig Semis in Konstantinopel und St. Petersburg eröffnen ... (weil) alle europäischen Länder anerkennen, dass die Entwicklung der Produktion, der materielle Fortschritt, heute das größte politische Interesse in der Welt ist ... Dafür ist der Kredit unerlässlich."*[57]

Und die Pro-Rothschild-Zeitschrift Railways hat die geschätzte europaweite Expansion des Crédit Mobilier in Frage gestellt, die 1 Milliarde Francs kosten soll und das für die industrielle Entwicklung in Frankreich benötigte Kapital ins Ausland abziehen wird.

---

[56] Rondo E. Cameron, Mark Casson, *France and the Economic Development of Europe, 1800-1914: Evolution of International* (Routledge, 2000).

[57] Ebd.

Trotz der Kritik der Pro-Rothschild-Medien hat sich der Crédit Agricole nicht beirren lassen und baut seine Präsenz in den europäischen Ländern in großem Stil aus. Zeichnung von österreichischen, russischen, türkischen und amerikanischen Staatsanleihen; Investitionen in belgische, österreichische, italienische und rumänische Eisenbahnen sowie Hypothekenanleihen aus den Niederlanden, Österreich und Belgien; Eröffnung einer Zuckerraffinerie in den Niederlanden, eines Eisenwerks in Prag und sogar einer Kaffeeplantage in Ceylon (Sri Lanka). Die größte Leistung der Bank war jedoch die Gründung der Niederländisch-Indischen Handelsbank, der Nationalen Eisenbahngesellschaft und der Niederländisch-Indischen Eisenbahngesellschaft. Die wichtigste von ihnen, die Nederlandsch-Indische Handelsbank, hat Zweigstellen in Singapur und Hongkong und betreibt ein gemischtes Geschäft aus Investmentbanking, Hypothekenbanking, Handelsgeschäften usw. und gilt als Unterbank der Kreditbank für bewegliche Güter.

Bank of France: Strategische Überlegenheit gegen Pereire

Wer die Zentralbank kontrollieren kann, hat einen strategischen Vorteil gegenüber der Konkurrenz. So war es in der Vergangenheit, und so ist es auch heute. Der Untergang von Lehman Brothers ist das Ergebnis der Tatsache, dass man die Lehren aus der Geschichte nicht gezogen hat.

Die Bank von Frankreich, die für sich in Anspruch nahm, ein Finanzzentrum zu sein, das das öffentliche Interesse vertrat, stellte die Tätigkeit der Bank von Frankreich tatsächlich in Frage. Vor 1852 gewährte die Bank von Frankreich keine durch Eisenbahnaktien gesicherten Darlehen und vergab Kredite zu Zinssätzen von bis zu 6%. Im November 1852 betrug der Zinssatz auf Druck des Crédit Mobilier nur noch 3,6%. Auch die Aktien der Banque de France, die Rothschild im gleichen Zeitraum hielt, verloren erheblich an Wert. Rothschild hasste den Crédit Mobilier natürlich noch mehr. Diese Situation führte auch zu einer Allianz zwischen Rothschild und der Banque Française.

Während Rothschild zu Beginn der Gründung von Credit Agricole 5.000 Aktien gekauft hatte, um den Markt zu beobachten, verkaufte Pereire im Stillen. Wie alle Faulenzer wusste auch Pereire sehr genau, dass viele seiner Finanzinnovationen früher oder später schiefgehen würden, und Rothschild sah das mit Argusaugen.

Am 15. November 1852 kritisierte James Rothschild in einem privaten Brief an Napoleon III. Aktienbanken wie den Crédit Mobilier scharf als "eine Katastrophe für die nationale Wirtschaft" und wies darauf hin, dass die Aktionäre von Aktienbanken ihre Namen nicht offenlegten und daher unverantwortlich sein könnten und die Möglichkeit hätten, ihre Macht zu missbrauchen, um über das Eigentum des Volkes zu verfügen. James warnte davor, dass die neue Art von Banken "Handel und Industrie mit ihren riesigen Investitionen beherrschen und Regeln und Gesetze für den Markt aufstellen würden, und dass solche Gesetze unkontrolliert den Wettbewerb überholen würden ... indem sie den Großteil des Reichtums der Nation in ihren Händen konzentrieren ... und dass die Macht dieser Banken schließlich die der Regierung übersteigen würde". Gleichzeitig[58] wies James Napoleon darauf hin, dass die Caisse des Crédit Agricoles movables instabil und "auf den Strand gebaut" sei, weil die von ihr ausgegebenen Anleihen den Anlegern feste Zinsen zahlten und der eigene Beitrag der Bank zu den Investitionen "eine ungewisse und unzuverlässige Variable" sei. Im Falle einer Krise würden die Banken die Wirtschaft als Ganzes "in den Abgrund ziehen". James sah voraus, dass die neue Art von Bank unterreserviert sein müsse und dass die Regierung im Falle einer Krise entweder "den totalen Bankrott" oder "die Beendigung des Austauschs von Gold, Silber und Papiergeld" wählen müsse. Diese Worte waren nicht gerade dazu angetan, Napoleon III. zu erschrecken, und erwiesen sich später nicht als leere Worte. Rothschilds Bewertung des Crédit Mobilier hätte nach dem Finanz-Tsunami direkt auf der Titelseite der *Financial Times* unter dem Titel "Über die Risiken von Finanzderivaten" veröffentlicht werden können, wenn man den Namen und die Jahreszahl geändert hätte. Heute hat die Familie Rothschild den globalen Finanz-Tsunami nicht kampflos überstanden.

Im August 1855 musste die Banque de France 30 Millionen Francs Gold und 25 Millionen Francs Silber von der Bank Rothschild kaufen, um ihre bereits leeren Reserven zu erleichtern. Ein Jahr später verschlechterte sich die Lage, und die Banque de France verlor ihren Antrag auf Beendigung des Umtauschs von Banknoten und Gold und Silber. Die überwältigende Mehrheit der Bankdirektoren stimmte dem Vorschlag zu, nur Alphonse Rothschild war dagegen. Zwischen 1855 und 1857 stellte Rothschild der BNP Paribas Gold im Wert von 751

---

[58] Niall Ferguson, *Das Haus Rothschild - Der Weltbankier 1849-1999*, Band 2.

Millionen Francs zur Verfügung, was einem Gesamtgewinn von 11 Prozent entsprach. Die symbiotische und wohlhabende Beziehung zwischen der Rothschild-Bank und der Bank von Frankreich hat sich wie nie zuvor vertieft.

Auch in Frankreich war die Unterstützung für Belleroy alles andere als einheitlich, und unter der Familie Rothschild wurden hochrangige, für Belleroy eintretende Beamte der Banque de France aus Paris abgezogen, um als Botschafter im Ausland zu dienen; 1855 wurde Alphonse Rothschild zum Präsidenten der Banque de France gewählt, und die Rothschilds wurden ihr größter Aktionär. Der Einfluss der Familie Rothschild auf die französische Steuer- und Währungspolitik wird letztlich darüber entscheiden, wer im Tauziehen zwischen den Rothschilds und Pereire der endgültige Gewinner ist.

Die Expansion der Familie Pereire setzte sich mit der Gründung des österreichischen Crédit Mobilier als Hauptgeschäftsfeld fort.

Isaac Pereire reiste persönlich nach Wien, um ein Bündel von Vorschlägen für die Entwicklung des österreichischen Finanzwesens und der Industrie zu unterbreiten. Er setzte sich beim Landtag und beim Hof dafür ein, dem erfolgreichen französischen Beispiel zu folgen und den österreichischen Crédit Mobilier zu gründen und die Eisenbahnlinie von Wien nach Triest zu bauen, während eine Gruppe von Wiener Adeligen und Bankiers ebenfalls für die Sache eintrat und vom Hof eine Charta zur Gründung des österreichischen Crédit Mobilier forderte. Sowohl Alexander Bach, der damalige österreichische Bundeskanzler, als auch Baron von Bruck, der Schatzkanzler, waren der Ansicht, dass der Vorschlag der Familie Pereire für die wirtschaftliche Entwicklung des Reiches von großem Nutzen sein würde.

Zu dieser Zeit starb Salomon, der Patriarch der Familie Rothschild in Wien, und die Familie Rothschild stand am habsburgischen Hof allein da. Jakob konnte die Abwesenheit von Rothschild-Familienmitgliedern in der neuen österreichischen Finanzinstitution nicht dulden und wählte Anselm Rothschild, den Sohn Salomons, zum Präsidenten des österreichischen Familienunternehmens. Sobald Anselm an die Macht kam, war der österreichische Hof gezwungen, die Stärke des Finanzkonsortiums anzuerkennen, das der Bank feindlich gesinnt war, und die kaiserlichen Minister überredeten die beiden, eine neue Bank zu gründen, um der Habsburger-Dynastie gemeinsam zu dienen.

Als Antwort auf diesen Vorschlag riet Anselm dem kaiserlichen Hof klugerweise, den Tätigkeitsbereich dieser neuen Institution strikt auf das Gebiet der Habsburger Dynastie zu beschränken, um Kapitalflucht zu verhindern und die Entwicklung der österreichischen Industrie im Land zu fördern. Für die Rothschilds, die über Semikolons und Partner in ganz Europa verfügen, sind solche Beschränkungen leicht zu umgehen, aber sie sind eine Zwangsjacke für eine Bank mit beweglichem Vermögen, die sich auf der internationalen Bühne profilieren will und verzweifelt versucht, Ressourcen zu mobilisieren, um ihre Expansion in die weite Welt zu unterstützen.

Isaac musste dem Beitritt zu dem neuen Finanzinstitut unter der Bedingung zustimmen, dass sein ursprüngliches Kapital von 230 Millionen Franken erheblich reduziert wurde. Zu diesem Zeitpunkt war die Familie Pereire jedoch mangels ausreichender Mittel am Ende ihrer offensiven Haltung angelangt.

Nachdem Rothschild die Kontrolle über die Zentralbank übernommen hatte, beschloss er, einen strategischen Gegenangriff auf die etablierte Familie Pereire in Bezug auf die österreichische Mobilienkreditbank zu starten.

Im September 1855, als die Pereire ihre Absicht ankündigten, langfristige Anleihen auszugeben, nutzte Rothschild seinen Einfluss bei der französischen Zentralbank, um die Ausgabe von CMA-Unternehmensanleihen in Höhe von 120 Millionen Francs mit der Begründung zu verzögern und einzufrieren, "den Druck auf die Kapitalmärkte zu verringern", wodurch der Cashflow der CMA weiter reduziert wurde. Nachdem der Crédit Mobiliers die Möglichkeit verloren hat, langfristige Anleihen zu emittieren, ist es für ihn schwierig, weiterhin in große Landentwicklungsprojekte zu investieren. Die Offensive von Pereire wurde schließlich eingedämmt. [59]

Gleichzeitig schürte Rothschild die Skepsis der französischen Regierung gegenüber dem großen Kapital, das die Kreditanstalt in ausländische Märkte investierte, und zwang Isaac schließlich, der österreichischen Regierung mitzuteilen, dass sich die Kreditanstalt nicht an der neu gegründeten Union Credit Bank of Austria beteiligen könne, die sich bald zur führenden Investmentbank des österreichischen Kaiserreichs und zu einem der größten Finanzinstitute in

---

[59] Ebd.

Kontinentaleuropa entwickelte. Im Fall der österreichischen UniCredit Bank scheiterte die Familie Pereire völlig.

Im Jahr 1857, als sich die Wirtschaftskrise in Europa verschärfte, litt die Eisenbahnarbeit stark, und mehrere der Hauptstrecken in den Händen von Pereire gerieten in die roten Zahlen, während die Strecken in den Händen von Rothschild die Krise überstanden. Die Bank von Frankreich hat aus dieser Lektion gelernt, dass die "neue" Bank, die von Pereire geleitet wird, und nicht die "alte" Bank, die Rothschild heißt, den fatalen Fehler hat.

Da der Eisenbahnbau in Europa zunehmend die nationalen Grenzen überschreitet, geht er dazu über, multinationale Territorien zu durchqueren. Die "internationalen" Stärken der Rothschild-Bank treten in dieser Zeit in den Vordergrund, während die Caisse de Crédit Agricole gegenüber den europäischen Niederlassungen der Rothschild-Bank, die sich untereinander abstimmen, und nach 1857 gegenüber der Eisenbahnfinanzierung den Kürzeren zieht.

Nach dem Ausbruch der Finanzkrise im Jahr 1857 waren die Mobiliarbanken zunehmend unterfinanziert, und die Quellen für Bardividenden aus den zahlreichen börsennotierten Unternehmen, die sie zuvor gehalten hatten, versiegten, stattdessen benötigten sie massive Finanzmittel von den Mobiliarbanken. Inmitten des Preisverfalls bei den Vermögenswerten war Pereire nicht in der Lage, die schweren Verluste aus dem Verkauf dieser Aktien aufzufangen, und die Mittel der Mobiliar-Kreditbank waren schnell aufgebraucht.

Die abenteuerlichen Investitionen der Brüder Pereire trugen ebenfalls zum Scheitern des Unternehmens bei. 1854 erhielt Frankreich eine Konzession für den Bau und die Nutzung des Suezkanals. In der Annahme, dass die Eröffnung des Kanals Marseille zum ersten französischen Osthafen machen würde, investierten die Gebrüder Pereire in großem Umfang in Grundstücke in der Nähe von Marseille: 52 Millionen Francs der 55 Millionen Francs, die im gleichen Zeitraum investiert wurden. Nach der Fertigstellung des Suezkanals im Jahr 1869 wurden die riesigen Geldsummen fest in Immobilienprojekte in der Region Marseille investiert, und der Crédit Mobilier wurde auf lustige Art und Weise zu einer "Immobilien"-Kreditbank.

1863 schlugen die Brüder Pereire vor, das Kapital des Crédit Mobilier zu verdoppeln, doch die Regierung lehnte dies ab. Als Pereire schließlich die Genehmigung zur Kapitalerhöhung erhält, ist es zu spät, und die Aktien des Credit Agricole stürzen an den Rand des Konkurses.

Die anderen Finanzinstitute zögerten, zu helfen, und 1868 blieb der Pereire nichts anderes übrig, als die Bank von Frankreich, den "Kreditgeber der letzten Instanz", um Hilfe zu bitten.

Dieses Mal traf es schließlich die Familie Rothschild. Als Bedingung forderte die Zentralbank die Brüder Pereire zum Rücktritt auf und veranlasste, dass ein ehemaliger Präsident der Banque Française Präsident der Credit Agricole wurde und den Wiederaufbau der Bank leitete. Seitdem befindet sich der Crédit Mobilier im Niedergang. Sein Leben endete in der Großen Depression der 1930er Jahre. Der Aufschwung des Crédit Mobilier dauerte tatsächlich nur etwa fünf Jahre von 1852 bis 1857, als die Krise ausbrach.

Eugène Pereire, der Sohn von Isaac, wurde zu einer zentralen Figur in der nächsten Generation der Familie Pereire und gründete 1881 die Transatlantic Bank, heute eine der ältesten Privatbanken Frankreichs. 1909 heiratete Eugènes Enkelin die Rothschilds, die schließlich Schwiegereltern wurden.[60]

Krimkrieg

Mehr als zweihundert Jahre lang dachten die Rothschilds, zwei Dinge würden ihr Finanzimperium beeinflussen: Krieg und Revolution. Egal, ob es sich um eine Revolution oder einen Krieg handelt, die Kriegsparteien sind gezwungen, umfangreiche Finanzmittel zu beschaffen, um organisierte Gewalt ausüben zu können. Kriege und Revolutionen selbst können die ursprüngliche Feudalaristokratie und die herrschende Ordnung der Kirche erschüttern und es der Finanzfamilie ermöglichen, ihren Einfluss auf die Politik auszuweiten. Die Zeit des Wiederaufbaus nach einem Krieg oder einer Revolution erfordert ebenfalls erhebliche Finanzmittel, so dass drei Fliegen mit einer Klappe geschlagen werden können.

Im März 1854 brach ein Krieg aus, der sich über die großen europäischen Länder ausbreitete.

Die Anzeichen für einen drohenden Krieg auf der Krim erregten zunächst nicht die Aufmerksamkeit der Rothschilds, und der Kampf um das "Heilige Land" war der Auslöser des Krieges. Die so genannte

---

[60] http://de.wikipedia.org/wiki/P%C3%A9reire_brothers

"Heilig-Land-Frage" ist der Streit zwischen der von Frankreich unterstützten katholischen Kirche und der russisch dominierten orthodoxen Kirche über die Zuständigkeit für die Kirchen in Jerusalem und Bethlehem. Jahrhunderts im Nahen Osten mit dem Ziel, das im Niedergang begriffene Osmanische Reich zu erobern oder mit den Großmächten zu teilen, die Kontrolle über die Meerenge des Schwarzen Meeres zu erlangen und Russlands langjähriges Bestreben, den Mittelmeerraum nach Süden zu verlassen, zu verwirklichen. Dies führt zu einem scharfen Konflikt mit Großbritannien und Frankreich, die erhebliche politische und wirtschaftliche Interessen im Nahen Osten haben.

Jeder Krieg ist ein Erdbeben auf den internationalen Finanzmärkten, das die finanzielle Situation der einzelnen Länder dramatisch verändert und die Interessenlage auf den internationalen Finanzmärkten neu bestimmt. Also kämpften die Katholiken und die Orthodoxen, und die ersten, die wütend wurden, waren die internationalen Bankiers.

Zu Beginn des Krieges verfielen die Rothschilds in Passivität, weil sie sich zu sehr auf Informationen aus diplomatischen Quellen verließen. Aber St. Petersburg war nicht ehrlich und versprach den Rothschilds bis Juni 1853 wiederholt, dass es keinen Krieg geben würde; im Januar 1854 fuhren die westlichen Verbündeten ins Schwarze Meer ein, und James war immer noch unbesorgt, und im Februar, als Bismarck die Nachricht erhielt, dass der russische Botschafter dringend aus Paris zurückgerufen worden war, wusste er sofort Bescheid:

> „Ich dachte mir: 'Wen kann diese Nachricht am meisten beunruhigen? Mein Blick fiel auf Rothschild. Natürlich reichte ich ihm die Nachricht zum Lesen, und sein Gesicht wurde sofort kreidebleich. Seine erste Reaktion war: 'Wenn ich das nur heute Morgen gewusst hätte'; seine zweite war: 'Können Sie morgen mit mir über das Geschäftliche sprechen'."

Lionel, der Chef der Rothschilds in London, war ebenfalls sehr überrascht von Russlands Schritt, einen Krieg zu beginnen, da er bereits im März 1854 auf Russland herabsah:

> „Ein Land, das bereits mit 800 Millionen Pfund verschuldet ist, sollte sich in der Tat gut überlegen, ob es in einen weiteren Krieg zieht."

Der Krimkrieg, der drei Jahre lang geführt wurde, hat das Geschäft der Rothschild-Bank mit der Finanzierung von Staatsschulden wieder an die Spitze gebracht. Infolge des Krieges überstiegen die Militärausgaben jedes der am Krieg beteiligten Länder bei weitem die Steuereinnahmen, und alle Länder waren gezwungen, in großem Umfang Schulden zu machen und auf den Markt für öffentliche Schulden zu strömen.

Die Situation der Rothschild-Bank, die durch die Familie Pereire in Mitleidenschaft gezogen worden war, änderte sich sofort. Niemand kann an der Vormachtstellung der Rothschild-Bank auf dem internationalen Anleihemarkt rütteln, die sie seit Jahrhunderten durch ihre gezielten Geschäfte innehat. Mehrere Konkurrenten, darunter der Crédit Mobilier, scheiterten im Wettstreit um die Emission der Krimkriegsanleihen, während Rothschilds alter Feind, die Bank of Baring, einen dummen Verlust hinnehmen musste, indem sie auf Russland wettete, das bei der Abstimmung schließlich unterlegen war. Dieser Krieg wurde geführt, und die Rothschild-Bank hatte im Grunde den ganzen Kuchen für sich allein.

Auf britischer Seite hatte die Regierung ursprünglich geplant, sich Geld von der Bank of Baring zu leihen. Da das Geld von Baring gegen Russland gepresst wurde, musste sie zusehen, wie die Rothschild-Bank das Kriegsdarlehen von 16 Millionen Pfund verschlang.

Im Frankreich der Kriegszeit war die Wirtschaft so schwer angeschlagen, dass Napoleon III. sich beeilte, sie mit einer Reihe von Zinsanpassungen zu stimulieren. Die französische Rothschild-Bank und die Familie Hottinguer taten sich zusammen, um die fiskalische Stimulierung der Regierung zur Überwindung der Wirtschaftskrise nachdrücklich zu unterstützen, wobei die Pereire außen vor blieb. Als das französische Schatzamt in den Jahren 1854 und 1855 eine Reihe von dafabetischen Kriegsanleihen erhielt, war die Rothschild-Bank natürlich die erste Wahl. Erst dann reagierte Pereire und kämpfte, so gut sie konnte, um Napoleon III. zu bekommen. Und der französische Finanzminister teilte Napoleon III. mit, dass der französische Inlandsmarkt für Kriegsanleihen nahezu ausgelastet sei, so dass Frankreich den Großteil seiner Kriegsanleihen nach London verlegte. Die Rothschild-Bank in London packte frühzeitig aus, und das französische Anleihegeschäft kam ins Rollen. Schließlich konnte Pereire Rothschild nicht schlagen, der es bereits geplant hatte, und er sah zu, wie die französische Bank und die Londoner Bank das französische Kriegsanleihen-Festmahl auffraßen.

Pereire konnte Rothschild in Frankreich nicht schlagen und beeilte sich, seine Hand in die Türkei zu legen, um sie ihrer Kriegsanleihen zu berauben. Aber die Familie Rothschild hatte wieder die Führung übernommen und bereits ihre Agenten nach Konstantinopel geschickt. Die Kriegsanleihen der Türkei gingen ebenfalls an die Rothschild-Bank in London, und 1857 schrieb *die Times*: „Die türkische Nationalbank ist kurz davor, eine weitere Filiale der Rothschild-Bank zu werden."

Österreich war zwar nicht direkt in den Krimkrieg verwickelt, aber es war auch nicht untätig, verstärkte seine Streitkräfte und zwang Russland schließlich zum Rückzug von der Donau. Österreich hatte keine Zeit, sich darüber zu freuen, dass seine Finanzen in einer schweren Krise steckten und seine Währung sprunghaft abnahm. Der österreichische Finanzminister schickte einen dringenden Hilferuf an James: "Nur Sie können uns retten, bevor unsere Währung nur noch Schrott ist".[61] James versprach, sich mit anderen Rothschild-Filialen zusammenzutun, um Österreich zu retten, unter der Bedingung, dass das Darlehen, das Fould ursprünglich von der österreichischen Regierung gewährt worden war, nun an die Rothschild-Bank gehen würde, so dass die Ente, von der Fould geglaubt hatte, sie sei angekommen, wieder flog.

Die Ausgaben der preußischen Regierung, die während des Krieges um 45 Prozent gestiegen waren, waren längst überlastet. Mit Bismarck an der Spitze gingen die preußischen Kriegsanleihen alle an die Frankfurter Rothschild-Bank. Meyer Karl Rothschild erhielt außerdem die preußische Rote-Adler-Medaille für herausragende Verdienste um sein Land.

Zwischen 1852 und 1855 stiegen die öffentlichen Ausgaben in Österreich um 42%, in England um 68%, in Frankreich um 53% und in Russland um 88%. Die Staatsverschuldung nahm im Vereinigten Königreich um 15%, in Frankreich um 15%, in Österreich um 24% und in Preußen um 11% ab. Da die Mittel für den Krieg allmählich "anämisch" und dann "abgeschnitten" wurden, konnte der Krieg natürlich nicht mehr geführt werden. Der Krimkrieg ist endgültig vorbei.

Die Rothschild-Bank kümmert sich nicht wirklich darum, Schlachten zu gewinnen oder zu verlieren. In den späten 1850er Jahren

---

[61] Niall Ferguson, *Das Haus Rothschild - Der Weltbankier 1849-1999*, Band 2.

wurden die britische, französische, türkische, österreichische und preußische Regierung alle von einer oder mehreren Rothschild-Banken finanziert. Die Rothschild-Bank hatte während des Krieges wieder einmal alte und neue Rivalen ganz und gar ausgelöscht, und ihre Position als Herr des Dschungels bei den Staatsanleihen war nicht mehr zu erschüttern.

Selbst im Jahr 1857, einem Jahr, in dem es unwahrscheinlich war, dass alle Banken dem Bankrott entgehen würden, verlor keine Rothschild-Bank Geld, und der größte Verlust war nichts anderes als eine Verringerung des Gewinns.

Katholische Bankiers: Die dritte Kraft

Die Macht der Bankiersfamilien in Frankreich vor 1870 bestand in etwa aus zwei Lagern jüdischer und puritanischer Bankiers, die sich gegenseitig bekämpften. Unter den jüdischen Bankiersfamilien ist die Familie Rothschild der eindeutige Anführer. In der Mitte des Systems der puritanischen Bankiersfamilien war die Familie Mirabeau das Oberhaupt. Die katholische Bankiersfamilie litt nicht unter religiöser Verfolgung wie die Puritaner und die jüdischen Bankiers, was zu ihrem mangelnden Zusammenhalt beitrug.

Nach dem Deutsch-Französischen Krieg von 1870 bildete sich in Frankreich allmählich eine dritte Bankiersfamilie, die katholische Bankiersfamilie, heraus. Zu dieser Gruppe gehören Bankiersfamilien wie Davillier, Lubersac, Demachy, Goudchaux und Lehideux. Die dritte Kraft ist jedoch weniger stabil und spaltet sich bald wieder in zwei Fraktionen. Die eine Fraktion der katholischen Bankiers verbündet sich allmählich mit dem Rothschild-Lager und unterstützt die Errichtung der Dritten Republik; die andere ist weitgehend mit der aufstrebenden Schwerindustrie verbündet, deren führende Familien katholisch sind und deren Anführer der französische Stahlmagnat Schneider ist. Von diesen drei Kräften befinden sich die Rothschilds in einer deutlich überlegenen Position.

Die Entwicklung der Goldmacht: vom Eigentum zur Kontrolle

Sowohl die Rothschilds als auch die Pereire hatten im Laufe der Geschichte Frankreichs enge Verbindungen zur Regierung, aber ihre

Verbindungen zur französischen Realwirtschaft waren relativ schwach, mit wenig Interesse an Investitionen in die Realwirtschaft, abgesehen von der Eisenbahn, die etwas mehr investierte. Dafür gibt es zwei Hauptgründe: erstens, weil die Nachfrage nach Kapital zu Beginn der industriellen Revolution für Frankreich, das über relativ ausreichende Ersparnisse verfügte, ausreichend war und das reichliche Angebot an Kapital die internationalen Bankiers weniger profitabel und daher weniger motiviert machte, zu konkurrieren; und zweitens, weil die Nachfrage nach öffentlichen Schulden für die Regierung und ausländische Kriege so groß war, dass die Gewinne sowohl hoch als auch garantiert waren, eine Investition, bei der die Gewinne sowohl hoch als auch stetig waren. Darüber hinaus sind Projekte in kapitalarmen Ländern mit hohen Renditen und lokalen Staatsgarantien ebenfalls sehr rentable und zuverlässige Investitionen. In solchen Fällen fließen die Gelder der internationalen Banker nicht direkt in den heimischen realen Wirtschaftskreislauf, sondern jagen international hohen Gewinnen hinterher.

Was das Geschäftsmodell der Banken betrifft, so war das französische Privatbankmodell für den begrenzten Finanzierungsbedarf der Textil-, Metallurgie-, Transport- und Maschinenindustrie in den ersten Jahren des Aufstiegs des Industriekapitalismus in Frankreich geeignet. Gleichzeitig sind die sparfreudigen Franzosen in ihrer Anlageorientierung eher konservativ und bevorzugen den Kauf und Verkauf von stabilen und zuverlässigen Staats- und Unternehmensanleihen und sind nicht besonders an riskanten Anlagen wie Aktien interessiert. Wenn sie in der Industrie investieren, dann eher in Privat- und Familienunternehmen und weniger in große kommerzielle Institutionen oder Unternehmen, so dass sich große Aktienbanken in Frankreich, ähnlich wie im Vereinigten Königreich, nur langsam entwickelt haben.

Diese Situation hat sich jedoch mit dem Bau der großen Eisenbahnprojekte grundlegend geändert.

Die Blütezeit des Eisenbahnbaus in Frankreich war von 1830 bis 1870, und der Bau von Eisenbahnprojekten erforderte häufig umfangreiche Kapitaloperationen, deren Umfang die Kapazitäten des traditionellen Privatbankensystems bei weitem überstieg. Die Investitionen der Privatbank sind weitgehend von den Ersparnissen einer einzigen Bank abhängig, ein Bankenmodell, das im Zeitalter der Großindustrie, insbesondere beim Aufkommen des Eisenbahnbaus im modernen Industriesystem, auf große Herausforderungen stieß. Um das

Finanzsystem an den großen Finanzierungsbedarf der späten industriellen Revolution anzupassen, war es notwendig, neue Arten von Aktien-Investmentbanken, Depositenbanken, Sparkassen sowie neue Arten von Finanzinstitutionen zu gründen, wie z.B. eine Reihe von Versicherungsgesellschaften, die durch die Bündelung der Ersparnisse einer großen Anzahl von Privatanlegern und die anschließende Tätigkeit im Investmentbanking diese großen Kapitalmengen in die Industriesektoren der Realwirtschaft lenkten, wo die Nachfrage nach Kapital besonders hoch ist und beträchtliche Renditen erzielt werden.

Im Rahmen des neuen Modells des Investmentbanking auf Aktienbasis hat sich die Rolle des Privatbankiers von der eines Kreditgebers, der seine eigenen Mittel einsetzt, zu der eines Managers gewandelt, der öffentliche Mittel mobilisiert, ein Prozess, der für den Privatbankier sehr vorteilhaft ist. Da die Privatbankiers früher ihre eigenen Mittel für die Kreditvergabe einsetzten, war die finanzielle Kontrolle der Privatbanken über den Wirtschaftszweig offenkundig, und es fehlte an der nötigen Geheimhaltung. Die neue Rolle des Vermögensverwalters, der mit öffentlichen Geldern arbeitet, verstärkt die Kontrolle des gesellschaftlichen Reichtums und erhöht gleichzeitig die Geheimhaltung. In diesem Modell der Vermögensverwaltung, bei dem sie ihre Identität nicht offenlegen und hauptsächlich hinter den Kulissen agieren, schirmt dieses meisterhafte Arrangement des finanzkapitalistischen Systems die Öffentlichkeit wirksam ab.

Hinter dieser neuen Reihe von Finanzinstituten steht im Wesentlichen dieselbe Bankenfamilie. BNP Paribas ist ein Paradebeispiel dafür.

Von 1870 bis zum Ausbruch des Zweiten Weltkriegs erlebte Frankreich die Dritte Republik, wobei die jüdische Bankiersfamilie mit den Rothschilds an der Spitze die größte Finanzmacht darstellte, die für die Dritte Republik eintrat, während die puritanischen und katholischen Bankiersfamilien tendenziell dagegen waren. Die jüdische Bankiersfamilie mit Rothschild an der Spitze erlangte großen Reichtum durch die Kontrolle der BNP Paribas, Frankreichs größter und wichtigster Investmentbank, die zu Beginn des 20. Jahrhunderts das wirtschaftliche und politische Leben Frankreichs entscheidend beeinflusste.

Bis 1931 hielt die von der Familie Rothschild kontrollierte BNP Paribas Anteile an 357 börsennotierten Unternehmen in Frankreich, und Familienmitglieder und leitende Angestellte der Familienbank kontrollierten 180 Direktorenposten in 120 Unternehmen. Diese Kontrolle erfolgt durch sehr subtile finanzkapitalistische Techniken, wie z. B. die ausgeklügelte Gestaltung von Nicht-Stimmrechten und Mehrfach-Stimmrechten bei Aktien und die Art und Weise, wie die ursprünglichen Direktoren über die Kooptierung neuer Direktoren abstimmen, was alles wirksame Mittel sind, um die Kontrolle über das Vermögen der Mehrheitsaktionäre durch eine sehr kleine Anzahl von Sonderaktionären zu erreichen. Ein weiteres Beispiel: Ein privilegierter Aktionär hat eine Stimme pro Aktie, aber nur 1/10der Stimmen pro Aktie, die an die Öffentlichkeit ausgegeben werden, so dass sichergestellt ist, dass der privilegierte Aktionär die tatsächliche Kontrolle über die Ernennung des Vorstands des Unternehmens und den Betrieb des Unternehmens hat.

Um dem Einfluss der Paribas entgegenzuwirken, gründeten die puritanischen Bankiers 1904 ihre eigene Investmentbank auf Aktienbasis, die Union Parisienne. Von 1904 bis 1919 bündeln die puritanischen Bankiers verschiedene finanzielle Kräfte im Kampf gegen die jüdische Bankenmacht, in deren Zentrum die Paribas steht. Der Kampf zwischen dem puritanischen Bankensystem und dem jüdischen Bankensystem um die politische und wirtschaftliche Macht in Frankreich trug in der Tat zu einem großen Teil zur Lähmung des französischen politischen und wirtschaftlichen Systems bei. Vor allem zwischen 1934 und 1938 erreichte die Rivalität zwischen diesen beiden Machtblöcken glühende Ausmaße, was zu einer langsamen Erholung von der Weltwirtschaftskrise führte, mit der noch schwerwiegenderen Folge der schnellen Niederlage Frankreichs im Zweiten Weltkrieg im Jahr 1940.

Betrachtet man die französischen börsennotierten Unternehmen, so belief sich die Gesamtzahl der 1936 an der Pariser Börse eingetragenen Unternehmen auf 1506. Etwa 600 davon sind superwichtige Unternehmen, die für die Existenz des Landes von Bedeutung sind, und es gibt auch etwa 200 wichtige nicht börsennotierte Unternehmen mit etwa 800 Schwergewichten in der französischen Wirtschaft. Davon kontrolliert die jüdische Bankiersfamilie mehr als 400, ihre Konkurrenten mehr als 300, und nur etwa 100 sind Unternehmen, die nicht kontrolliert werden oder unter der Kontrolle anderer Kräfte stehen. Im Zweiten Weltkrieg, während der vierjährigen deutschen Besatzung Frankreichs, wurde die jüdische Bankiersfamilie ihres Vermögens beraubt, zu dem auch die Kontrolle über börsennotierte Unternehmen gehörte. Nach dem Krieg wurden natürlich alle diese Vermögenswerte von der siegreichen Seite zurückerhalten, und das besiegte Deutschland musste Reparationszahlungen mit Zinsen leisten.

Einschließlich der beiden großen Bankiersfamilien kontrollierten 183 Plutokraten das damalige Frankreich, der Vorläufer der berühmten "200 Familien". Darüber hinaus hat die Finanzfamilie ihr Eindringen in die Politik und die Presse verstärkt, und es gibt zahlreiche Bankiers, die in die Presse investieren oder eigene Zeitungen betreiben. All dies hat tiefgreifende Auswirkungen auf alle Bereiche des politischen, wirtschaftlichen und sozialen Lebens in Frankreich gehabt. Neben den Reichen und Mächtigen haben sich auch Finanzriesen persönlich auf die politische Bühne begeben, wie Achille Fould, der Finanzminister von Napoleon III. Es gibt nicht wenige Vertreter der Bankiersfamilie, die in die Politik gegangen sind, wie der 1962 von Präsident de Gaulle ernannte französische Premierminister Pompidou, der Geschäftsführer der französischen Bank der Familie Rothschild war, und Pompidou war von 1962 bis 1968 französischer Premierminister und von 1969 bis 1974 Präsident.

Nach mehr als 200 Jahren der Entwicklung hat die Kraft der Goldenen Macht in Frankreich Wurzeln geschlagen und ist zu tief, um erschüttert zu werden.

KAPITEL IV

Die Vereinigten Staaten: Der „Kreis der Macht des Goldes"

Das Einzigartige an der amerikanischen Geschichte ist, dass alles fast mit einem leeren Blatt Papier begann. Menschen, die von der Religion zutiefst verfolgt worden waren, strömten aus Europa und anderen Ländern in dieses riesige und dünn besiedelte neue Land, das reich an Ressourcen war, um ihre eigenen Unternehmen von Grund auf aufzubauen. Die Vereinigten Staaten verfügen weder über die primitive Kapitalakkumulation, die in den Tagen des kommerziellen Kapitalismus in England, Frankreich, den Niederlanden usw. vollzogen wurde, noch über die Heimatbasis der Infrastrukturprojekte von Städten, Dörfern, Häfen, Brücken, Autobahnen usw., die in Kontinentaleuropa seit Tausenden von Jahren geschaffen wurden, ein Markt, der seinen Appetit auf Kapital und extrem gefragte Arbeitskräfte fast nie stillen kann.

Drei Faktoren - extremer Reichtum an natürlichen Ressourcen, gravierender Arbeitskräftemangel und hohe Kapitalknappheit - haben eine Finanzökologie geschaffen, die sich von der in Europa stark unterscheidet. Es gibt keine erdrückende feudale Hierarchie, keinen bigotten Wahnsinn religiöser Unterdrückung, es ist ein himmlisches Paradies für internationale Banker. Hier wächst die Goldene Macht wild, dehnt sich unkontrolliert aus, wird von Tag zu Tag dicker und verdunkelt den Himmel. Von der Unterdrückung zur Kontrolle, vom Widerstand zur Duldung, von der Ablehnung zum Bündnis, von der Zusammenarbeit zum Gehorsam hat sich das Regime von der Gesetzlosigkeit unter dem Königtum zur Gesetzlosigkeit unter der goldenen Diktatur entwickelt.

Die goldene Macht ist eine gute Sache, sie nutzt mehr die Versuchung als den Zwang, um ihre Ziele zu erreichen, sie ist mehr darauf bedacht, das innere Verlangen zu stimulieren, als nur Druck von außen auszuüben, und sie betont die Ausgewogenheit der Interessen, ohne bewusst zwischen Feind und Feind zu unterscheiden.

Im Laufe des 19. Jahrhunderts wuchs in den Vereinigten Staaten eine große Zahl internationaler Bankiersfamilien heran, von denen die schillerndsten die jüdischen internationalen Bankiersfamilien waren: Seligman, Belmont, Schiff, Kuhn, Loeb, Warburg, Speyer, Lehman, Goldman, Sachs. Ein bemerkenswertes gemeinsames Merkmal dieser Familien ist, dass sie alle aus Deutschland stammen. Wenn wir sagen, dass 90 Prozent der finanziellen Macht an der Wall Street heute in den Händen jüdischer Bankiers liegt, dann sind diese Familien die Quelle ihrer Macht. Wenn wir ihre Ins und Outs und ihre zwischenmenschlichen Beziehungen verstehen, können wir uns ein grundlegendes Urteil über den Finanz-Tsunami und andere internationale finanzielle Entwicklungen bilden, die heute stattfinden.

Die Gesellschaft besteht ja aus vielen verschiedenen Kreisen von Menschen; jeder Kreis ist durch allgegenwärtige Verbindungen von Menschen verbunden; es ist ein Kreis von Menschen mit außergewöhnlicher Energie.

Seligmann: Vom kleinen Geschäftsmann zum internationalen Bankier

In den 1820er Jahren war die Familie Seligman, die immer noch in der bayerischen Region Deutschlands tätig war, das Wachhundgeschäft der jüdischen Bankiersfamilie für den Geldwechsel. Deutschland war zu dieser Zeit kein einheitliches Land, sondern bestand aus mehr als 30 kleinen konföderierten Staaten, die ihr eigenes Währungssystem hatten, und es war sehr mühsam, die verschiedenen Währungen zu verwenden, die von den Händlern aus dem Süden in den Norden getragen wurden.

Joseph Seligman, das junge Wunderkind der Familie Seligman, half mit acht Jahren den Erwachsenen beim Falschgeldspiel in der Bank und entdeckte beim Geldsammeln bald, dass der Preis der Münzen von Region zu Region variierte. Der junge Joseph wuchs über sich hinaus, begann im Alter von zwölf Jahren auf der Straße zu gehen und entwickelte sich allmählich zu einem gewieften Geldwechsler. Sein Hauptgeschäft bestand darin, auswärtigen Händlern dabei zu helfen, die Gold- und Silbermünzen, die sie aus anderen Regionen mitbrachten, in die einheimische Währung umzutauschen, und dann die gekaufte ausländische Währung an Einheimische zu verkaufen, die verreisen oder anderswo Geschäfte machen wollten, wobei er eine kleine Preisdifferenz erzielte. Durch das Geldwechselgeschäft lernte Joseph Jr. die wirtschaftlichen und geografischen Gegebenheiten der Außenwelt kennen, einschließlich der Wechselbeziehungen zwischen den Währungen, und entwickelte allmählich einen ausgeprägten Sinn für Geschäfte.

In den 1830er Jahren begann in Deutschland die industrielle Revolution, die traditionellen bayerischen Handwerker verloren unter dem Einfluss der großen industriellen Welle allmählich ihre Arbeit, und die Entwicklung des lokalen Handwerks geriet immer mehr ins Stocken, so dass immer mehr einheimische Juden über das Meer auf den neuen amerikanischen Kontinent segelten, um sich dort eine Existenz aufzubauen.

Im Juli 1837, im Alter von 17 Jahren, kam Joseph mit 100 Dollar, die ihm seine Mutter in die Unterwäsche eingenäht hatte, in New York an. Dies fiel mit der Großen Depression von 1837 zusammen, und der junge Joseph begann seine schwierige Reise, um Amerikaner zu werden. Der Börsenkrach und die Rezession in New York machten es Joseph schwer, dort Fuß zu fassen, und er musste den ganzen Weg nach Westen bis nach Pennsylvania laufen, bevor er endlich ankam. Er begann als Kassierer und verdiente nicht mehr als 400 Dollar im Jahr.

Joseph war ein Mann, der die Details des Lebens mit großer Aufmerksamkeit beobachtete. Während seiner Arbeit als Kassierer fiel ihm auf, dass viele Bauern mit ihren Wagen zum Basar der Stadt eilten, um dort einzukaufen. Er führte genau Buch über jeden Artikel, den diese Bauern kauften, und über die Preise, die sie verlangten, und ging nachts nach Hause, um sie sorgfältig zu analysieren. Im Laufe eines Jahres entwickelte er sein eigenes Geschäftsmodell, bei dem die Kunden bereit waren, mehr für die "Mehrwertdienstleistung" zu zahlen, die darin bestand, dass sie dem Landwirt die Waren brachten, die er auf dem Markt benötigte, und ihm so die langen Wege ersparten. Die Idee stand fest, und Joseph kaufte sofort einige Spiegel, Ringe, Messer, kleine Schmuckstücke, Uhren und andere kleine Gegenstände von hohem Wert und geringem Gewicht, packte sie in seinen Rucksack und begann zu Fuß zwischen den Dörfern und Städten in der Wildnis Pennsylvanias von Tür zu Tür zu gehen und die Waren zu verkaufen. Sein Geschäftsmodell erwies sich als großer Erfolg: In weniger als sechs Monaten verdiente er seinen ersten Eimer mit 500 Dollar. Er beeilte sich, seine Verwandten aus seiner alten deutschen Heimat zusammenzutrommeln, und mehrere Brüder begannen eine gemeinsame Geschäftskarriere. Bald taten sich die Seligman-Brüder wieder zusammen, um ein eigenes Lebensmittelgeschäft zu eröffnen und ein Babysitter-Geschäft aufzubauen. Die langjährige Verkaufstätigkeit hat die schilfartige Zunge der Seligman-Brüder geschärft, und ihr berühmter Spruch über das Geschäft lautet: „Es ist nicht das Geschäft, das zu verkaufen, was der Kunde braucht, sondern das, was der Kunde nicht braucht."

Zufällig lernte Joseph Simmons Grant, der damals in der 4. Infanteriedivision diente, schon in jungen Jahren kennen. Grants Garnison befand sich damals in der Nähe von Seligmans Lebensmittelladen, und Grant schlich sich oft in Seligmans Laden, um ein paar schöne Schmuckstücke für seine Verlobte zu kaufen. Bald wurden Joseph und Grant ohne Worte zu Freunden. Wer hätte gedacht, dass dieser Grant einmal General Grant sein würde, der spätere berühmte amerikanische Bürgerkriegsgeneral und spätere 18 Präsident der Vereinigten Staaten. [62]

Joseph's Grocery ist bereits seit einigen Jahren im Geschäft und hat mit einfachen Bankgeschäften begonnen, wie z. B. der Aufnahme von Krediten für Kunden, dem An- und Verkauf einiger ausstehender Schuldscheine und sogar der Entgegennahme einiger Einzahlungen von Kunden und der Eröffnung eines Kontos für die Bezahlung der Waren.

Joseph war ein Mann, der gerne nachdachte, und als er einen Lebensmittelladen betrieb, wurde ihm plötzlich klar, dass es einen großen Unterschied zwischen dem Kauf und Verkauf von Waren und dem Kauf und Verkauf von Geld gibt. Beim Kauf und Verkauf von Waren wird nur dann ein Gewinn erzielt, wenn das Geschäft geöffnet ist und die Waren verkauft werden können; wenn die Waren hingegen nicht verkauft werden, befinden sie sich in einem Zustand des Leerlaufs, der Kapital bindet, oder sogar in einem Zustand der Verschuldung. Anders beim Geld: Geld ist immer aktiv, 24 Stunden am Tag, und seine Kauf- und Verkaufstransaktionen haben nichts mit den Ladenöffnungszeiten zu tun. Sobald das Geld anfängt zu arbeiten, ist es wegen der Zinsen 24 Stunden am Tag, 7 Tage die Woche, 365 Tage im Jahr, ohne Urlaub, ohne Pause und ohne Unterbrechung, unermüdlich und unendlich "autonomes Perpetuum mobile". Joseph kam schließlich

---

[62] Stephen Birmingham, *"Our Crowd" - The Great Jewish Families of New York*, S. 58.

zu der Erkenntnis, dass Geld das wunderbarste Gut ist, mit dem sich schneller mehr Wohlstand schaffen lässt.

Nach 15 Jahren der Anhäufung von Ersparnissen verfügen die Brüder Seligman über einige Ersparnisse, und die zukünftige Ausrichtung ist Gegenstand von Debatten. Nachdem Joseph die "Geldtheorie" erkannt hat, plädiert er nachdrücklich für einen Wechsel ins Bankwesen. Also packen die Brüder ihre Sachen und machen sich auf den Weg nach New York, um einen Beruf zu ergreifen, den alle Juden anstreben - die Finanzbranche. Zu diesem Zeitpunkt konnten die Lebensmittelladenbesitzer selbst nicht ahnen, dass sie in etwas mehr als einem Jahrzehnt internationale Bankiers von Weltrang sein würden, die die Finanz- und Außenpolitik der Vereinigten Staaten von Amerika maßgeblich beeinflussen würden.

August Belmonts „Federal Reserve"

Zur gleichen Zeit wie Seligman kam eine weitere Persönlichkeit in New York an, die in die Geschichtsbücher eingegangen ist: August Belmont. Belmont war ebenfalls Jude, drei Jahre älter als Joseph Seligman, und sein Leben war voller Legenden.

Im Alter von 13 Jahren ging Belmont als freier Lehrling für die Rothschild-Bank nach Frankfurt. Er war schlecht gelaunt, unhöflich und ausschweifend, aber ein begabter Finanzfachmann. Belmont, der zunächst als Kehrer bei der Rothschild-Bank anfing, schlug schon bald verschiedene Aufgaben vor, wobei er ein bemerkenswertes Talent bewies, und wurde bald zu wichtigen Sitzungen zugelassen, an denen nur Partner teilnehmen konnten. Leider machte Belmont mit seinem wilden und völlig aristokratischen Auftreten das Gesicht der Rothschilds in der Öffentlichkeit oft unverkennbar. Die Rothschilds, die ein scharfes Auge für Talente haben, versetzten den jungen Belmont nach Neapel, Italien, um ihn dort zu managen. Im Alter von 21 Jahren wurde Belmont in Havanna, Kuba, stationiert und kam bald darauf nach New York, um sich als amerikanischer Agent für die Familie Rothschild zu entwickeln. [63]

---

[63] Katz, Irving, *August Belmont; eine politische Biographie*. New York und London: Columbia University Press (1968).

Mit der rasanten wirtschaftlichen Entwicklung und dem dramatischen Wachstum des transatlantischen Handels stieg New York schnell zum größten Handelszentrum der Vereinigten Staaten auf: Weizen, Mehl und Baumwolle aus dem Westen strömten nach New York, um nach Europa exportiert zu werden, und europäische Industriegüter gelangten über New York in großer Zahl auf den amerikanischen Markt. Der beispiellose Aufschwung von Wirtschaft und Handel hat eine enorme Nachfrage nach Finanzdienstleistungen in den Bereichen Kredit, Finanzierung, Diskontierung, Clearing, Versicherung, Devisen usw. geschaffen. In New York werden Wechsel von beiden Seiten des Atlantiks zentral diskontiert, Kreditlinien werden intensiv gehandelt, und es fließen häufig große Mengen an Kapital. Die New Yorker Börse, die 1792 gegründet wurde, ist sogar älter als die Londoner Börse, an der schwergewichtige amerikanische Unternehmen notiert sind und an der jährlich Hunderte von Millionen Dollar an Aktien den Besitzer wechseln. All dies trieb die Finanzindustrie in die Höhe, und New York wurde bald zur drittgrößten zentralen Stadt nach Boston und Philadelphia.

Im Gegensatz zum übrigen Neuengland hat New York als aufstrebende Stadt nicht die Starrheit und Unbeweglichkeit der traditionellen New-England-Großstädte wie Boston, Philadelphia und Charleston. Die traditionellen Familien hatten in dieser jungen Stadt keinen klaren Vorteil. Die Mainstream-Wirtschaften von Boston und Philadelphia werden im Wesentlichen von den älteren Großfamilien monopolisiert, mit einem engen und schwerfälligen Stil. Zwei Achsen, wie die Capote-Lowell-Lawrence-Familiengruppe in Boston, die die Textilindustrie vor allem über das Finanzwesen kontrollierte, und die Lee-Higginson-Jackson-Familie, die den Geldmarkt beherrschte, kontrollierten im Wesentlichen die Wirtschaft des Bostoner Gebiets. In Philadelphia hingegen gab es mehrere große nationale Geschäftsbanken, die von den Familien Hamilton, Morris und Welling monopolisiert wurden. Die Kontrolle dieses Trios über das US-amerikanische Geschäftsbankensystem besteht bis heute.

Und im jungen und pulsierenden New York hat die traditionelle Familie keinen klaren Vorteil. In New York, dem historischen Ursprungsort vieler jüdischer Bankiers, die an Land gingen und den Grundstein für eine entscheidende Finanzkraft in den Vereinigten Staaten legten, eröffnete sich eine nie dagewesene Chance für die Finanzwelt.

Belmonts Ankunft in New York fiel auch mit dem Beginn der Großen Depression in den Vereinigten Staaten im Jahr 1837 zusammen. Belmont hat jedoch nicht die gleichen Voraussetzungen wie Seligman, der sich auf die enormen finanziellen Ressourcen der europäischen Familie Rothschild stützt. Belmont kam in New York an und schockierte die Finanzwelt mit einem Schlag. Im Alter von 24 Jahren überschwemmte Belmont den New Yorker Aktienmarkt mit einer Flut von Leerverkäufen von Anleihen und Aktien. Und während zahlreiche New Yorker Banken am Rande der Insolvenz standen, holte Belmont sie mit einer massiven Geldspritze von den Toten zurück. [64]Nach der Schließung der Second Bank of the United States durch Präsident Jackson im Jahr 1836 wurde die private Zentralbank der Vereinigten Staaten, die unter der Kontrolle der Familie Rothschild stand, wieder abgeschafft. Zu diesem Zeitpunkt in der Finanzkrise, die Vereinigten Staaten nicht mehr über einen "Kreditgeber der letzten Instanz", um das Bankensystem am Rande des Scheiterns zu retten, und die Entstehung von Belmont, in der Tat, spielte die Rolle der Zentralbank, um das Finanzsystem zu retten, 24-jährige Belmont tatsächlich spielt eine ähnliche Funktion wie die Federal Reserve heute. In der Tat ist das mächtige Rothschild-Finanzimperium, das hinter ihm steht, die "entfernte Federal Reserve", die wirklich den Kredit- und Geldfluss in den Vereinigten Staaten kontrolliert.

Die New Yorker High Society

Fast über Nacht wurde Belmont zu einer wichtigen Persönlichkeit in New York. Das Ausmaß der Gelder, die er mobilisieren konnte, schockierte nicht nur die New Yorker Finanzwelt, sondern auch die US-Regierung. Belmont wurde sofort zu einem aufsteigenden Star in New York und trat bei verschiedenen gesellschaftlichen Veranstaltungen auf. Er spricht sowohl fließend Spanisch als auch Standarditalienisch und Französisch mit einem merkwürdigen Akzent. New York, das damals von den Europäern als unhöflich und vulgär angesehen wurde, hatte noch keinen edlen Lebensstil und keine aristokratische Haltung entwickelt und war sich des Unterschieds zwischen den verschiedenen Akzenten nicht ganz sicher, was Belmont sofort überraschte.

---

[64] Stephen Birmingham, *"Our Crowd" - The Great Jewish Families of New York*, S. 37.

Das New York seiner Zeit befand sich in einer Phase, in der die Reichen verzweifelt nach ihrer eigenen Nische suchten und sich in den verschiedenen Gesellschaftsschichten Klassenunterschiede bildeten. Die New Yorker fangen an, sich auf ihre Manieren, ihre Kleidung, ihre gesellschaftlichen Kreise und ihre Oberschichtsköpfe zu konzentrieren. Es gibt verschiedene Benimmkurse, in denen beispielsweise gelehrt wird, beim Trinken von Suppe keinen Lärm zu machen, in der Öffentlichkeit nicht in der Nase zu bohren, Fremde nicht anzustarren, nicht in die Öffentlichkeit zu spucken usw.

Es ist wichtig, das Spucken zu bekämpfen. Nach dem Besuch eines Theaterstücks in einem New Yorker Theater findet die Frau, die in der ersten Reihe sitzt, oft den hinteren Teil ihres Rocks mit Spucke von den hinteren Plätzen verschmutzt. Europäische Reisende, die nach New York kamen, waren schlichtweg entsetzt, weil sie nicht wussten, dass New York mit seiner chaotischen Gesellschaftsordnung und seinen schlechten Umgangsformen ein völlig unfruchtbares Land und eine kulturelle Wüste war. Auch die New Yorker High Society beklagt dies.

Zu diesem Zeitpunkt hatte Belmont, eine europäische Familie mit starkem Rothschild-Einfluss, einen glanzvollen Auftritt. Er wurde von der High Society sofort als Vorbild betrachtet, und seine Art zu sprechen, sein Verhalten und sogar sein Akzent wurden zum Gegenstand eines Wettlaufs, dem die Männer der High Society nacheiferten.

Belmont war auch wegweisend für das gesellschaftliche Ethos in New York, wie z. B. die von ihm geprägte "ausschweifende, gleichgültige" gesellschaftliche Haltung, die in der New Yorker Oberschicht weithin nachgeahmt wurde. Wenn die Einladung zum Abendessen um 19 Uhr erfolgt, erscheint Belmont selten vor 21 Uhr. Nach Belmonts aristokratischer Einstellung ist das pünktliche Erscheinen zu einer Verabredung nichts weiter als eine Höflichkeit gegenüber dem unhöflichen Mann.

Belmont hat bei der Einführung europäischer aristokratischer Bräuche oft Aufsehen erregt, und Duelle waren seine Stärke, die die Popularität und die soziale Hierarchie in rasantem Tempo anhoben. Belmont legt besonderen Wert auf die Auswahl der Duellgegner, die aus adligen Familien stammen müssen. Einmal wählte Belmont den Sohn der Familie Hayward aus Charleston als Herausforderer aus, weil Hayward in einem Restaurant mit seiner Freundin über Belmonts Herkunft getratscht und angedeutet hatte, Belmont sei Jude, was

Belmont verärgerte. Bei dem Duell kam niemand ums Leben - Belmont erhielt einen Schuss in den Oberschenkel, aber da die Duellgegner Nachfahren der Familie Hayward waren, war der Schuss den Schaden wert. Sein glänzendes Image in der amerikanischen High Society war sofort etabliert, und angesichts des Medienrummels und der Neugier der öffentlichen Meinung war Belmont schnell als perfekter Aristokrat gebrandmarkt.

Belmont macht in New York große, brandaktuelle Geschäfte. 1844, nur sieben Jahre nach seiner Ankunft in den Vereinigten Staaten, wird Belmont von der Regierung der Vereinigten Staaten zum Minister in Österreich ernannt. Die US-Regierung sieht Belmonts Ursprünge bei der Rothschild-Bank und möchte auch näher an der Kapitalquelle sein.

Die Tatsache, dass Belmont in so jungen Jahren so einflussreich war, weckte sicherlich große Neugier in allen Schichten der New Yorker, insbesondere in der Oberschicht. Belmont selbst sprach nur äußerst ungern über seine Herkunft und seine früheren Erfahrungen, so dass in den oberen Gesellschaftskreisen Gerüchte kursierten, er sei von den Rothschilds so begünstigt worden, dass er ein unehelicher Sohn der Familie Rothschild sein könnte.

In den Augen der wahren Aristokratie war Belmont jedoch nichts weiter als ein neureicher, geldgieriger Ganove. Modische Gesellschaftskreise gehörten nicht zur Oberschicht, und die wirkliche Spitzenaristokratie in Amerika waren die Herren der großen Ländereien aus der Kolonialzeit, an die die Niederländische Westindien-Kompanie, die früheste koloniale Institution in den Vereinigten Staaten, zwischen 1629 und 1640 Land beiderseits des Hudson River in der Nähe von New York direkt aufgeteilt hatte. Dieses System des Feudalismus ähnelte in gewisser Weise dem System der Feudalherrschaft in Europa, bei dem die Familie des Herrn eines großen Anwesens dauerhafte Eigentumsrechte an dem Land besaß und eigene Gerichte und Verwaltungsorgane einrichten konnte, um bestimmte Regierungsfunktionen wahrzunehmen. Die Person, die das Land pachtet, muss dem Grundherrn gegenüber Dienst leisten und Steuern zahlen. In der amerikanischen Kolonialzeit gab es kein Königtum, keinen Kaiser oder König. Dieses System der Grundherrschaft brachte einige der frühesten Aristokraten in den Vereinigten Staaten hervor, die bis heute die älteste Großfamilie des Landes sind. Die berühmten schwergewichtigen Lords von New York, darunter die frühen Vane,

Rossrell, Astor und später Kirst und Morris, gehörten zu den schwersten Familien Amerikas. [65]

Obwohl hinter Belmont Rothschild, ein reicher Mann, stand, wirkte der kleine Bey, der ein neuer Adliger war, immer noch kleinlaut und beschämt, wenn er vor diesen Adligen stand, die die Herren des großen Schlosses waren. Diese großen Familien veranstalten jedes Jahr Versammlungen mit mehreren hundert Personen in Spitzenhotels, und eine Einladung ist der Ausweis der wirklichen "Spitzenleute". Belmont war noch nie eingeladen worden und darüber war er wütend. Irgendwann brach er in das Einladungskomitee ein und drohte: "Ich habe alle Konten Ihrer Leute überprüft und kann Ihnen mit Sicherheit sagen, dass ich entweder dieses Jahr eine Einladung zu Ihrer Party bekomme oder Sie alle in Ungnade fallen lassen werde, sobald die Party vorbei ist." Mit einer fast schon bedrohlichen Taktik drängte Belmont auf die große Familienzusammenkunft. Schließlich erhielt er die Einladung, wie er es sich gewünscht hatte. Doch als er in seinem ganzen Pomp zum so genannten Versammlungsort ging, fand er überraschenderweise niemanden vor - er war der einzige eingeladene Gast.

Trotz des beträchtlichen Einflusses, den die Banker der Wall Street hatten, funktioniert es nicht, wenn es darum geht, sich in die oberen Gesellschaftskreise Amerikas zu integrieren. Die Sache war für Belmont so aufregend, dass er nach links und rechts dachte und beschloss, durch eine Heirat in den Kreis der Kernfamilie einzutreten. Belmont wählte seine Verlobte sorgfältig aus, so wie man Aktien, Wein oder Duellgegner auswählt, nach gründlicher Überlegung und sorgfältiger Prüfung der Familienmacht und des religiösen Hintergrunds, und entschied sich schließlich für Caroline Perry als Verlobte.

Die Perry-Familie selbst ist nicht besonders wohlhabend, zählt aber definitiv zur Oberschicht. Was die Familie Perry ihm verschaffte, war ein sozialer Status, den man mit Geld nicht kaufen kann. Carolines Vater war ein Held des Mexikanischen Krieges und der berühmte General Perry, der später Japan die Türen öffnete und es zur Unterzeichnung eines ungleichen Vertrages zwang. Ihr Onkel war ein berühmter General im Amerikanisch-Britischen Krieg von 1812. Diese

---

[65] Ebd., S. 74.

Heirat steigerte Belmonts sozialen Status erheblich, und Belmonts sozialer Status wurde schließlich bestätigt, als die New Yorker Kernfamilie nicht mehr darüber lachen konnte, dass er nur ein reicher Drecksack war.

Der König der Staatsverschuldung, Seligman

> *„Seligmans Rolle beim Verkauf der Staatsschulden war sogar gleichbedeutend mit der Rolle der US-Armee des Nordens, die den Angriff des Südstaatengenerals Lee in Gettysburg blockierte."*[66]
> -W.E. Dudd, Historiker und Botschafter der Vereinigten Staaten Botschafter in Nazi-Deutschland

Als Oberhaupt der Seligman-Familie war Joseph ein Perfektionist, jede seiner Bewegungen, jedes Wort war genau an seinem Platz. Er hat keine Geduld für Zeitverschwendung und ist voller Ideen bei der Arbeit und den Details des Lebens. Bevor er etwas tut, überlegt er sich sorgfältig die Reihenfolge der Arbeiten, je nach Schwierigkeitsgrad, Zeit und Überschneidung, und ordnet sie präzise an. Er ist in der Lage, viele verschiedene Informationen und Ideen gleichzeitig zu verarbeiten und konstruiert in seinem Gehirn komplexe Pläne und Konzepte in Form von Überbrückungen. Er gewährleistet ein hohes Maß an Effizienz und Planung bei der vielfältigen Bearbeitung komplexer Ereignisse und ist gleichzeitig in der Lage, die Ereignisse als Ganzes ununterbrochen und unabhängig voneinander zu gestalten. Diese Art von Überbrückung der Informationsverarbeitung ist vielen erfolgreichen Menschen gemeinsam.

Joseph war von Natur aus ungestüm, voller Energie, körperlich stark wie ein Stier und kannte keine Müdigkeit. Sein Auftreten ist so einschüchternd, so autoritär und kontrollierend.

Als die Gebrüder Seligman sich auf den Einstieg in das amerikanische Bankwesen vorbereiteten, befanden sich die Vereinigten Staaten im "Zeitalter des freien Bankwesens". Von 1837 bis 1862, mit der Abschaffung der privaten Zentralbank, der Second Bank of the United States, begann in den Vereinigten Staaten ein freies und chaotisches Zeitalter des Bankwesens, in dem es der Öffentlichkeit

---

[66] Bertram Korn, *Das amerikanische Judentum und der Bürgerkrieg*, S. 161.

freistand, sich um die Eröffnung einer Bank zu bewerben. Es schien, als könne sich damals jeder in New York als Bankier bezeichnen, und die einzige Voraussetzung war, sich wie einer zu kleiden.

Seligman ist seit 1852 im Bankensektor tätig und damit in einem traditionell konservativen Geschäft. Zu dieser Zeit boomte die US-Eisenbahnindustrie wie nie zuvor, der Westen war in vollem Aufschwung, und die Aktienkurse von Eisenbahnen und Westernkonzepten schnellten in die Höhe. Spekulanten verpfändeten diese Aktien, um neue Kredite zu beantragen, die wiederum zum Kauf von Aktien verwendet wurden, ein Prozess, der hin und her ging und den gesamten New Yorker Aktienmarkt weiter in die Höhe trieb. Gleichzeitig lockerte die britische Seite die Silberzinsen, und die New Yorker Geschäftsbanken folgten diesem Beispiel. In einem Umfeld lockerer Zinssätze war das Geld zur Hand, die Verbraucher verschleuderten es, die Märkte boomten, und die Risikofreude der Anleger war voll entfacht.

Damals war New York erfüllt von der Atmosphäre reicher Familien, Frauen, die sich luxuriös kleideten, private Partys, um mit der Klasse zu konkurrieren, Villen und Herrenhäuser, das ganze gesellschaftliche Leben ist voller Extravaganz, Aufstieg und Angeberei. Die Illusion des blasenförmigen Reichtums, der an der Börse entsteht, hat die New Yorker das Wort Risiko längst vergessen lassen. Die Aktien von Eisenbahnen an der Börse sind von einem Tag auf den anderen gestiegen, und selbst bei vielen, die noch auf dem Reißbrett festsitzen, sind die Aktien von 25 Cent am Montag auf 4.000 Dollar pro Aktie am Wochenende hochgeschnellt. Wie in jeder verrückten Situation, in der ein Blasenboom nicht aufrechtzuerhalten ist, müssen natürlich alle Blasen am Ende platzen. Mit einem guten Gespür für den Markt vor dem Platzen der Blase verkaufte Seligman rechtzeitig alle seine Aktien und ließ nur eine Handvoll Anleihen übrig. Als der plötzliche Börsencrash von 1857 eintrat, brach eine große Anzahl von New Yorker Geschäftsbanken in kürzester Zeit zusammen, die einzige, die keinen großen Schaden erlitt, war Seligmans Bank.

Doch die Rezession von 1857 kam und verging schnell. Durch die Entdeckung einer großen Goldmine in Kalifornien im Jahr 1858 gelangte Gold im Wert von 8 Millionen Dollar nach New York, was der Gesamtmenge an Gold vor der New Yorker Bankenkrise entsprach. Zwei Monate später stieg der Goldbesitz in New York auf 28 Millionen Dollar. Vor der Krise hatte Rothschild dem US-Markt über Belmont insgesamt 10 Millionen Dollar geliehen, und als er die Kreditvergabe einschränkte, führte dies zu einem Zusammenbruch der Finanzmärkte. Und nur ein Jahr später war der 10-Millionen-Dollar-Kredit der Familie Rothschild dank des Zustroms von Gold an einem Tag problemlos zurückgezahlt. [67]

Nach dem Ausbruch des Bürgerkriegs zwischen den Nord- und Südstaaten begann die Familie Seligman mit der Bundesregierung zu verhandeln, wobei sie vor allem Aufträge für Regierungsuniformen annahm. Zu dieser Zeit bezahlte die US-Regierung für den Lincoln Greenback, eine von der US-Regierung selbst ausgegebene Anleihenwährung mit einem Zinssatz von 5 Prozent, die direkt für den Umlauf verwendet werden konnte. Da der Lincoln Greenback nicht durch Gold gedeckt war und der Norden in den ersten Tagen des Krieges mehrere Niederlagen erlitten hatte, zögerten viele, ihn zu akzeptieren. Als das Ausmaß des Krieges zunahm und die US-Regierung immer mehr Lincoln-Greenbacks in Umlauf brachte, erhielt Seligman mehr und mehr Lincoln-Greenbacks. Aber er geriet oft in Schwierigkeiten, wenn er verschiedene Ausgaben während der Produktion mit Lincoln Greenbacks bezahlte. Seligman kam auf die Idee, Lincoln Greenbacks als Anleihen auf dem europäischen Markt zu verkaufen, um sein Gold abzusichern.

Zu dieser Zeit lagen die Renditen auf dem europäischen Markt für Lincoln-Greenbacks bei bis zu 7,3 Prozent, und diese hohen Renditen führten zu einer weit verbreiteten Wahrnehmung einer sehr instabilen Regierungssituation im Norden mit einem ungewissen Schlachtfeld. Seligman mobilisierte alle Kontakte, die er auf dem europäischen Markt knüpfen konnte, um ihm beim Verkauf der Lincoln Greenbacks zu helfen. Der Absatz war zunächst nicht sehr groß, doch als sich die militärische Lage im Norden allmählich stabilisierte, stieg der Absatz von Greenbacks. Seligman warb weiter für Greenbacks in Frankfurt, München, Berlin, Amsterdam, Paris, London und anderen wichtigen europäischen Märkten, und je mehr Greenbacks verkauft wurden, desto erstaunlicher wurden sie im weiteren Verlauf des Krieges. In dem Maße, wie die Bestände an Anleihen des Nordens steigen und das Schlachtfeld immer günstiger für den Norden wird, sind die europäischen Märkte dem Norden gegenüber zunehmend wohlwollend und unterstützend eingestellt. Schließlich will niemand, dass die

---

[67] Niall Ferguson, *Das Haus Rothschild*.

Anleihen des Nordens zu Altpapier werden. Seligman wurde ungewollt zum mächtigsten diplomatischen Aktivisten der US-Regierung in Europa.

Zwischen Februar 1862 und Juni 1864 gaben die Vereinigten Staaten Lincoln-Greenbacks im Wert von 510 Millionen Dollar und einen Teil ihrer Staatsschulden aus, von denen 25 Millionen Dollar nach Übersee verkauft wurden, wovon Seligman den größten Teil allein zeichnete und den Rest der Verkäufe mitfinanzierte. Amerikanische Historiker haben argumentiert, dass Seligman maßgeblich am Verkauf der US-Staatsschulden und des Lincoln-Greenbacks nach Übersee beteiligt war, sogar in dem Maße, dass die Armee des Nordens den Angriff des Südstaatengenerals Lee in Gettysburg abwehrte. Unabhängig von Europa und den Vereinigten Staaten ist die finanzielle Mobilisierungsfähigkeit in allen Kriegen gleichbedeutend mit der Versorgung mit Nahrungsmitteln und Gras in den alten Kriegen, die zu einem großen Teil die Kriegsführungsfähigkeit der kriegführenden Parteien bestimmt. Es ist eine Binsenweisheit, dass Krieg immer mit Geld und Lebensmitteln geführt wird.

Seligman ist erst seit 12 Jahren im Bankwesen tätig, nachdem er zuvor ein Lebensmittelladenbesitzer war! Er soll ein Wunder in der Geschichte des internationalen Finanzwesens bewirkt haben. Seligman wurde in dieser Zeit jedoch stark stimuliert, und er wurde Zeuge der Energie der Rothschilds und anderer schwergewichtiger europäischer jüdischer Bankiersfamilien, die auf den Finanzmärkten und in der Politik das Sagen hatten, was in ihm den starken Wunsch weckte, ein internationaler Bankier zu werden. Er träumte davon, ein ebenso großes Finanzimperium wie das der Rothschilds aufzubauen.

1865 war die US-Regierung bereit, weitere 400 Millionen Dollar an Staatsanleihen zu emittieren, und Seligman war zu einem der führenden jüdischen Bankiers an der Wall Street geworden. Er bildete eine Emissionsgruppe aus der aufstrebenden jüdischen Bankiersfamilie, die in der Folge aus Deutschland nach New York eingewandert war, und war bereit, 50 Millionen Dollar davon zu übernehmen - eine astronomische Summe für die Wall Street zu jener Zeit. Aus dem einen oder anderen Grund und ohne eine Vereinbarung mit der US-Regierung über den Zeichnungsauftrag machte Seligman einen Alleingang, um die Staatsschulden zu zeichnen, und verkaufte am Ende einen Rekordbetrag von 60 Millionen Dollar!

Seligmanton wurde daraufhin zu einer Legende an der Wall Street, und sein Ansehen in Washington stieg rapide an. Während dieser Krieg Seligman zum Erfolg verhalf, schwächte er auch Belmonts Position erheblich. Präsident Lincoln hatte all seine Hoffnungen beim Verkauf von Anleihen auf Belmont gesetzt, aber die Rothschilds waren mehr als glücklich, die Vereinigten Staaten aus Profitgründen geteilt zu sehen, und drückten die Rabatte bei der Zeichnung nationaler Anleihen so stark, dass Lincoln sich an den unbekannten Seligman auf den internationalen Finanzmärkten wandte. Dies hatte zur Folge, dass der Einfluss von Belmont in Washington einen schweren Schlag erlitt.

Der selbstzufriedene Joseph war bereit, seine große Strategie umzusetzen. Gerade als General Lee aus dem Süden kapitulierte, brachte Joseph seine Brüder zusammen und begann, das Seligman International Banking Network zu gründen. Sein Plan ist im Grunde ein Aufguss dessen, was die Rothschild-Familie vor über 60 Jahren tat. Seligman ist bereit, ein Netzwerk von Banken aufzubauen, das auf dem amerikanischen Kontinent zentriert ist und sich über Europa ausbreitet. Jeder Bruder wurde in eine europäische Stadt geschickt; William Seligman, der guten Wein und gutes Essen liebte, wurde nach Paris geschickt; Henry Seligman, der am längsten in Deutschland gewesen war, wurde nach Frankfurt beordert; und Ithaca Seligman, der erste der Seligman-Brüder, der Präsident Lincoln traf, wurde nach London geschickt. Vor seiner Abreise ermahnte Joseph Thousand ihn, sich nach Kräften um ein Treffen mit Baron Rothschild zu bemühen, um direkte Geschäftsbeziehungen herzustellen. Der ehrgeizige und kampferprobte Joseph befand sich zu dieser Zeit noch außerhalb des Kreises der europäischen internationalen Bankiers.

Seligman schüttelt Finanzminister

Trotz des raschen Wirtschaftswachstums und des Aufstiegs wohlhabender Familien nach dem Krieg war die finanzielle Lage der US-Regierung nicht gut; 1866 befanden sich nur noch etwa 100 Millionen Dollar in der US-Schatzkammer, und die Staatsverschuldung war während des Krieges rasch auf 3 Milliarden Dollar angewachsen. Das US-Finanzministerium ist bereit, langfristige Staatsanleihen mit einer Laufzeit von 10 bis 40 Jahren auszugeben, um die kurzfristigen Schulden zu tilgen, während die Wirtschaft wieder aufgebaut wird. Seligman, ein Star des nationalen Anleiheverkaufs während des

Krieges, übernahm auch einen großen Teil des Geschäfts mit der Ausgabe von langfristigen Anleihen.

Seligman hatte während der Präsidentschaft von Lincoln gute Beziehungen zu allen drei Finanzministern, und Präsident Grant, der 1869 sein Amt antrat, war ein enger Freund von Joseph Seligman, als dieser ein Lebensmittelgeschäft in Pennsylvania eröffnete. Präsident Grant sprach sogar privat mit Seligman und fragte ihn, ob er bereit wäre, den Posten des US-Finanzministers zu übernehmen. Joseph zögerte, obwohl er seine Fähigkeiten nicht in Frage stellen konnte, und lehnte die Einladung von Präsident Grant höflich ab. Unerwarteterweise wurde George Potwell, der von Präsident Grant ernannte neue Schatzmeister, später Josephs Amtskollege. Ihre Beziehung begann gut, mit einem gemeinsamen Plan und einem Konsens über das Finanzministerium, insbesondere über die Umschuldung der Staatsschulden, die Währungsstabilität und den Aufbau des Kredits der US-Regierung im Ausland. Zwei der Bereiche, in denen ein Konsens von entscheidender Bedeutung ist, sind erstens die Wiedereinführung des Metallgeldsystems in den Vereinigten Staaten und das Ende des Lincoln-Greenback, und zweitens die Tatsache, dass der Krieg vorbei ist, die politische Lage stabil ist und der Zinssatz auf US-Staatsanleihen mit 6 Prozent zu hoch ist.

Man beachte, dass Joseph zu diesem Zeitpunkt nicht in der Lage war, die Geld- und Steuerpolitik mit dem Finanzminister zu besprechen, was die Tiefe von Josephs Einfluss auf die US-Regierung zeigt. Ein Beispiel dafür ist die Festsetzung von 6% Zinsen auf die Staatsschulden, die mehr als 3 Milliarden Dollar in den Preis des riesigen Anleihemarktes einbrachte, wobei die Seligman-Familie die Spielregeln festlegte, aber auch ein großer Akteur auf dem Anleihemarkt war, so dass der Interessenkonflikt offensichtlich ist, aber ungehindert bis heute andauert.

Der gesamte US-Anleihemarkt muss bei jedem Urteil und jeder Klarstellung der Familie Seligman genau hinhören, denn jede Veränderung der Basispunkte auf dem massiven Anleihemarkt bedeutet Erfolg oder Misserfolg des Unternehmens. Die Familie Seligman und der Schatzmeister haben sich darauf geeinigt, dass die Zinsen für das US-Schatzamt auf 5 Prozent festgesetzt werden sollten. [68]

Doch als Boutwell dem Kongress den Anleiheplan vorlegte, betrug der Zinssatz nicht mehr 5 Prozent, wie die beiden Männer vereinbart hatten, sondern wurde auf 4,5 Prozent angepasst. Joseph war so empört, dass Boutwell, ohne ihn vorher zu informieren, den Zinssatz auf 4,5 Prozent senkte, eine Differenz von 50 Basispunkten. Ein wütender Joseph ging unter lautem Protest direkt in Boutwells Büro und argumentierte, dass der Zinssatz zu niedrig sei und zu schnell gesunken sei, und betonte, dass sich ein so niedriger Zinssatz auf dem europäischen Markt nicht verkaufen ließe. Für einen Underwriter ist es umso leichter zu verkaufen, je höher der Zinssatz für Treasuries angesetzt ist, und je besser die Underwriting-Gebühr ausfällt. Der Zinssatz von 4,5% für Treasuries erschwert den Verkauf erheblich und verringert die Gewinnspanne der Familie Seligman, kein Wunder, dass er so verärgert ist. Boutwell betrachtet die Angelegenheit jedoch vom Standpunkt der US-Regierung aus, und eine Senkung um 50 Basispunkte würde die Staatsausgaben erheblich verringern, was indirekt die Steuerlast der gesamten Bevölkerung senkt und der Nation zugute kommt. Als Finanzminister sei er auch absolut nicht verpflichtet, sich im Vorfeld mit den Bankern der Wall Street zu beraten. Theoretisch bis theoretisch verstieß Boutwell gegen die "versteckten Regeln", die von den internationalen Bankern aufgestellt wurden.

Vergessen Sie nicht, dass derjenige, der den Kanal der Kredit- und Kapitalströme auf den Weltfinanzmärkten in der Hand hat, der eigentliche Spielveränderer ist! Kanal ist König auf dem Finanzmarkt ist eine noch viel blutigere Wahrheit. Joseph hat es als Broker gewagt, das Büro des US-Finanzministers zu stürmen, um einen Aufstand zu machen, was für die Chinesen einfach unglaublich ist, aber im Westen, wo die goldene Macht regiert, ist das eigentlich normal. Die Wall Street gibt den Kurs vor, Washington setzt die Politik um, so war es in der Vergangenheit und so ist es immer noch.

Joseph bestand darauf, dass ein so niedriger Zinssatz für Staatsanleihen nicht nur auf dem europäischen Markt, sondern überall auf der Welt keinen Absatz finden würde. Aber Boutwells Haltung war

---

[68] Stephen Birmingham, *"Our Crowd" - The Great Jewish Families of New York*, S. 119.

unerschütterlich, und jede Einsparung von 50 Basispunkten bei der Staatsverschuldung in Höhe von 3 Milliarden Dollar bedeutete 15 Millionen Dollar an Staatsausgaben, wenn man bedenkt, dass das gesamte US-Schatzamt zu dieser Zeit nur 100 Millionen Dollar betrug! Boutwell sagte kühl: "Ich habe beschlossen, dass 4,5 Prozent Zinsen sehr angemessen sind. "Joseph war außer sich vor Wut und sagte Boutwell unverblümt: "Sie sind ein Narr, ein sehr dummer! "

Um seine Argumente zu untermauern, schrieb Joseph sofort an seinen Bruder Henry in Frankfurt und bat ihn, sich zu erkundigen, ob die deutschen Bankiers bereit waren, Boutwells Angebot anzunehmen, während er gleichzeitig einen anderen Bruder, William, nach Paris beorderte, um die Reaktion der Pariser Finanzmärkte in Erfahrung zu bringen. Es stellte sich heraus, dass die Reaktion der Pariser Familien Marlette, Mirabeau und Hottinguer genau die gleiche war wie die von Joseph und dass der Verkauf von Boutwells niedrig verzinsten Schatzanweisungen bei der europäischen Emission kaum Erfolg haben würde, da 5% die untere Grenze waren.

Doch Boutwell bleibt bei seinen Ansichten und weigert sich, den internationalen Bankiers Zugeständnisse zu machen. Joseph, der einen Konsens mit den europäischen internationalen Bankiers erzielt hatte, blieb ebenfalls hartnäckig und begann, Lobbyarbeit bei den Abgeordneten zu betreiben, um sie dazu zu bewegen, Boutwell zur Einstellung seiner "absurden" Praktiken zu bewegen. Daraufhin wurde Boutwell wütend. Er protestierte, dass Joseph kein Mandat habe, sich in Regierungsangelegenheiten einzumischen, geschweige denn, sich direkt in Entscheidungen des Kongresses einzumischen, und bald wurde die Feindseligkeit zwischen den beiden Männern öffentlich. Es ist klar, dass derjenige, der den Zugang zu den internationalen Finanzmärkten kontrolliert, Regierungen erpressen und sie sogar direkt konfrontieren kann.

Während der Pattsituation zwischen den beiden Seiten schloss der US-Kongress einen Kompromiss, und am 14. Juli 1870 und am 12. Januar 1871 genehmigte der Kongress zwei Emissionen von Staatsanleihen im Gesamtwert von 1,5 Milliarden Dollar. Der Zinssatz dieser Emission ist etwas einseitig auf Boutwells Schema ausgerichtet, da nur 200 Millionen der 1,5 Milliarden zu einem Zinssatz von 5 Prozent ausgegeben werden, was für die Familie Seligman eine Erleichterung darstellt, und der Rest des Zinssatzes sogar noch niedriger ist als die von Boutwell angebotenen 4,5 Prozent, nämlich nur 3,5 Prozent. Dies hat Joseph traumatisiert und sehr deprimiert, und er fühlte sich ausgenutzt. Tatsächlich wollte Boutwell mit der Zusammenarbeit mit Joseph vor allem dessen finanzielles Fachwissen nutzen, um ihm bei der Ausarbeitung eines Plans behilflich zu sein, und am Ende passte er nur den Zinssatz an, zu dem die Anleihen ausgegeben werden sollten, während er Josephs Plan für den Rest weiterführte. Als Gegenleistung sollte die Familie Seligman das Geschäft mit der Zeichnung von Anleihen im Wert von 200 Millionen Dollar zu einem Zinssatz von 5 Prozent erhalten, und die Marktteilnehmer sahen das auch so, denn die zahlreichen Anleihezeichner der Wall Street strömten zu Joseph und baten ihn um einen Vertrieb.

Niemandem kam in den Sinn, dass das US-Finanzministerium der Familie Seligman einen Kredit von nur 100 Millionen für 5 Prozent ihrer Staatsanleihen gewährt hatte, weniger als die Hälfte der erhofften 200 Millionen, und im März 1871 schrieb William Seligman aus Paris in einem Brief an einen Freund verärgert:

> *„Ich war gestern Abend völlig schockiert über den Inhalt des Telegramms, dass Boutwell Agenten in Europa ernannt hatte, um US-Anleihen zu zeichnen, und in der Liste dieser Unternehmen war Seligman nicht einmal unter den Zeichnern. Es ist das völlige Gegenteil von dem, was wir glauben, daß wir in diesem Fall von der Regierung völlig ausgetrickst werden, und wir wissen nicht, was eine solche Vernachlässigung der Tatsache unserer Existenz und eine solche Ungerechtigkeit in dieser Behandlung verursacht hat, ob es daran liegt, daß Boutwell einen persönlichen Groll gegen uns hegt, oder an einem Mangel an Vertrauen in uns, oder an einer konspirativen List seitens der Konkurrenten?"*[69]

Schatzmeister Boutwell wog ebenfalls das Für und Wider ab und beschloss nach einiger Überlegung, die Familie Seligman in die Emissionsgruppe aufzunehmen, allerdings nur als normale Mitglieder, ohne jegliche Sonderbehandlung. Nach dieser "Demütigung" kam die Familie Seligman zu dem Schluss, dass der Verkauf der Staatsschulden mit Sicherheit scheitern würde. Dank seiner guten Verbindungen in den Kreis der internationalen Bankiers erfüllte sich seine "Behauptung", und der Verkauf der Anleihen verlief insgesamt äußerst schlecht. Am Ende musste Boutwell sogar Anleihen verkaufen, die nicht vollständig abgesetzt wurden. Dieser Versuch, die Finanzkanäle zu umgehen, die

---

[69] Ebd., S. 120.

von den internationalen Bankiers so gewissenhaft betrieben werden, wurde von den internationalen Bankiers auf den Märkten mit einem kollektiven Boykott beantwortet, und die meisten Anleihen konnten einfach nicht verkauft werden. In seiner Verzweiflung musste Boutwell die Familie Seligman einladen, sich zwei Emissionssyndikaten in London und New York anzuschließen. Die Anleihen verkaufen sich gut. Schließlich verkündet Präsident Grant erfreut, dass mit dieser Anleiheemission der Grundstein für die Kreditwürdigkeit der USA im Ausland gelegt wurde.

Seligman: Amerikas Rothschild

Während des Nord-Süd-Krieges hatte William Seligman, der in Paris saß, versucht, mit der Pariser Rothschild-Bank in Kontakt zu treten, und Joseph selbst war nach London gereist, um zu versuchen, die Rothschild-Familie zu erreichen, aber die Rothschild-Familie hatte sich ferngehalten. 1874 wandte sich Joseph an den neuen Finanzminister von Präsident Grant, Benjamin Brestow, um eine neue Tranche von Staatsanleihen im Wert von 25 Millionen Dollar zu zeichnen. Seit der unglücklichen Emission von Staatsanleihen durch seinen Vorgänger Boutwell wollte Brestow eine starke Emissionsgruppe, die die Emission übernehmen sollte, und er deutete Joseph gegenüber an, dass er die Rothschilds für die Emissionsgruppe gewinnen wollte.

Joseph hatte jedoch seine eigenen Überlegungen, und er selbst wollte ein weiterer Rothschild sein. Er unterdrückte seine Wut und fragte höflich, was der Grund für den Eintritt der Rothschilds in das Emissionskorps sei. Er löste den Bürgerkrieg aus, als die Familie Rothschild sich weigerte, den Verkauf von Anleihen des Nordens zu unterstützen. Doch zehn Jahre nach Kriegsende verblasste das "Kriegspech" der Familie Rothschild in den Köpfen der Menschen, und Brestow drängte immer noch darauf, dass Rothschild in das Emissionsregiment aufgenommen wurde.

In seiner Verzweiflung musste Joseph an seinen Bruder schreiben: "Jetzt sind der Präsident und Herr Brestow sehr besorgt und sehr bestrebt, dass wir diese (Staatsschulden-) Zeichnung mit der Rothschild-Familie machen. Wie sie sagen, kann niemand mit einer (mächtigen) Kombination wie der unseren konkurrieren, wenn sie sich zusammenschließen. Aber ich fürchte, dass die arrogante, arrogante Rothschild-Familie uns nicht als gleichberechtigte Partner sehen wird."

Josephs Befürchtungen waren auch zu jener Zeit zutreffend. Obwohl die Vereinigten Staaten schnell wuchsen und er der beste Investmentbanker an der Wall Street geworden war, fühlte sich Joseph angesichts von Rothschild, dem Chef der internationalen Finanzwelt, kurzatmig.

Rothschild, der Hegemon der internationalen Finanzindustrie, hat die ungeschriebene Praxis, Roche-Institutionen von allen Geschäften auszuschließen, die nicht von ihnen dominiert werden können. Finanzminister Brestow setzte sich direkt mit der Rothschild-Familie in Verbindung, und die Antwort der Rothschild-Familie war so einfach wie die Bitte an die Rothschild-Familie, das Lead Underwriting zu übernehmen, so dass sie 5/8 des Anteils erhalten würde, und dann könnten Seligman und eine andere angeblich zuverlässige Bank die restlichen 3/8 übernehmen.

Als Joseph die Nachricht hörte, war er ein wenig verärgert, offensichtlich seine eigene Hand in das Geschäft, die Rothschild-Familie hat noch nicht einen Zentimeter Erfolg etabliert, kommen, um die Führung zu übernehmen, wie kann die Welt einen solchen Grund haben! Er ging sofort zu verhandeln mit der Familie Rothschild. Joseph bot an, das Rothschild-Angebot in Betracht zu ziehen, wenn er Seligmans Namen zusammen mit Rothschilds Namen in alle von ihm gezeichneten Anzeigen aufnehmen könnte. Schließlich bedeutete das Erscheinen des Rothschild-Namens auf den Anzeigen der Versicherungsgruppe den offiziellen Eintritt der Seligman-Familie in den inneren Kreis der internationalen Bankiers, was von großer strategischer Bedeutung war, während weniger Geld an zweiter Stelle stand.

Die Antwort von Rothschild war einfach: Nein. Die Familie Rothschild hat nicht einmal über Werbung nachgedacht, aber jetzt, da Seligman es angesprochen hat, muss die Frage klargestellt werden. In der Haltung der Familie Rothschild gibt es keinen Spielraum, der Name der Familie Seligman darf in der Anzeige nicht auftauchen, auf keinen Fall. An diesem Punkt war Joseph sowohl verärgert als auch nervös, und sein Brief an seinen Bruder Ithaca in London lautete:

> *„Wenn die Rothschilds bis nächste Woche nicht akzeptieren, dass unser Name zusammen mit ihrem Namen veröffentlicht wird, werden wir die Angelegenheit eskalieren und Druck auf die Rothschilds ausüben. Denn ich glaube nicht, dass Brestow uns ignorieren und ein so großes Darlehen nur an die Rothschilds vergeben kann. Während die Rothschilds in der*

> *Lage waren, uns in der Ausschreibung zu überholen, konnten wir von der US-Regierung genutzt werden, und die Rothschilds konnten es nicht."*

Nach Abwägung der Vor- und Nachteile dachte Joseph zweimal darüber nach und kam zu dem Schluss, dass der Branding-Effekt und der potenzielle kommerzielle Wert, der sich ergeben würde, wenn Selligmans Name mit dem Namen der Rothschilds in Verbindung gebracht werden könnte, so groß wäre, dass es einen Kampf wert schien. Dennoch war er untröstlich und hoffte auf einen weiteren Anteil. Also machte er ein neues Angebot und bat die Familie Rothschild, ihm etwas mehr als 2/8 zu geben, etwa zwischen 2/8 und 3/8, was 31,25% entspricht, um genau zu sein. Dieses mütterliche Drängen machte die Rothschilds sehr ungeduldig, und sie antworteten, Joseph könne, wenn er wolle, einen Anteil von 28% an der Emission übernehmen und ihren Namen auf die Anzeige setzen, die natürlich nach den Rothschilds benannt war.

Nach reiflicher Überlegung ging Joseph schließlich einen Kompromiss ein. In seinem Brief an Ithaka sagte er,

> *"Bisher konnten wir zumindest mit den Rothschilds mitbieten, und auch wenn unser Anteil von 28 Prozent etwas gering ist, habe ich beschlossen, zuzustimmen."*

In einer solchen Situation besuchte Ithaca Seligman aus London als Vertreter der Familie Seligman Rothschild mit Ehrfurcht und Nervosität. Ithaca hat die große Welt gesehen, und zwar schon vor 10 Jahren, 1864, als er Gast von Präsident Abraham Lincoln der Vereinigten Staaten war. Aber seine Stimmung war damals angespannter und komplexer, als er Rothschild sah, als er Präsident Lincoln sah. Der Baron Rothschild, den Ithaca sehen sollte, war Lionel Rothschild. Auch er ist ein starrköpfiger Mann, der seit acht Jahren im britischen Parlament sitzt, sich aber weigert, den Eid abzulegen. Denn bei seiner Vereidigung bestand er darauf, das Alte Testament und niemals die Bibel des Neuen Testaments zu verwenden, eine Praxis, die gegen die Tradition des britischen Parlaments verstieß und zu einer großen Kontroverse im britischen Parlament führte. Das Ergebnis der Patt-Situation zwischen den beiden Seiten ist, dass Lionel seit 15 Jahren Mitglied des britischen Parlaments ist, ohne ein Wort zu sagen. Lionels starker Charakter ist offensichtlich.

Ithaca besuchte Lionel an einem Samstag. Nach den koscheren Regeln darf an Samstagen nicht gearbeitet werden. Lionel sagte dem besuchenden Ithaka: "Ich bin ein besserer Jude als du. Weil du am Samstag Geschäfte machst, mache ich am Samstag keine Geschäfte. "Das war Lionels Art, Leichtsinn auszudrücken. Ithaka schaute sich im Raum um, und als er den Stapel Papiere auf Lionels Schreibtisch sah, antwortete er: "Eure Hoheit, der Baron, ich glaube, Sie machen an diesem Samstag mehr Geschäfte als ich in einer Woche. "Der Herr bewegt sich, bis zu dem Punkt.

In einem Brief an Joseph am selben Abend erklärte Ithaca, dass der alte Rothschild relativ freundlich gewesen sei und dass die Beziehung enger hätte gestaltet werden können, wenn er dazu bereit gewesen wäre. Nun hat Ithaca endlich das Eis der Rothschilds gebrochen und ist in den Kernkreis der internationalen Bankiers eingetreten. Als Joseph diese Nachricht erhielt, schrieb er einen dreiseitigen Brief, in dem er die Familie Rothschild in allen Ehren lobte. Er bat Ithaca, dafür zu sorgen, dass Lionel den Brief liest. In dem Brief wirft Joseph der Familie Rothschild einen halb verdeckten, bestickten Ball zu und meint, dass die Familie Rothschild stärker wäre, wenn sie mit sich selbst in New York zusammenarbeiten würde als mit jemandem wie Belmont. Er empfahl sich nachdrücklich als Belmont in allen Bereichen der Fähigkeiten und Talente weit überlegen.

Auch die Familie Seligman erzielte durch die Verbindung mit den Rothschilds einen unerwarteten Effekt, der mit großer geistiger Befriedigung aufgenommen wurde. In seinem Brief an Ithaca schreibt er,

> „Diesmal waren die Familien Morgan und Zogsol sehr eifersüchtig, zum einen, weil wir den Zuschlag erhielten, und zum anderen, weil unsere Verbindung zu den Rothschilds sie sichtlich neidisch machte."

Im Herbst 1874 lud Lionel Ithaca Seligman in sein Büro ein, um ihm die Nachricht zu überbringen, dass der Verkauf von US-Staatsanleihen im Wert von 55 Millionen Dollar bevorstand, und die Familie Rothschild schlug vor, dass die Emissionsgruppe von den drei Bankfamilien Rothschild, Morgan und Seligman gebildet werden sollte. Es war auch das erste Mal, dass Belmont sowohl als Rothschild als auch als gemeinsamer Vertreter der beiden Seligman-Banken die Bühne betrat. Ithaca stimmte ohne zu zögern zu, was bedeutete, dass Seligman von nun an offiziell zu den mächtigsten Finanzkreisen der Welt gehörte.

Zu dieser Zeit wurde in New York und Europa eine große Allianz von vier internationalen Bankiersfamilien - Rothschild, Seligman, Belmont und Morgan - gebildet. Diese Allianz war so erfolgreich und so stark, dass sich um 1880 die gesamte Wall Street darüber beschwerte, dass diese Bankiers in London, Deutschland, im Grunde ein Monopol auf den Verkauf von Anleihen in den Vereinigten Staaten in Europa hatten. Natürlich haben sie ein fast vollständiges Monopol auf den Verkauf von US-Anleihen in Europa. Ab diesem Zeitpunkt wurde Seligman als der "Rothschild von Amerika" bekannt.

1877 kamen Banker der Wall Street nach Washington, um mit Finanzminister Sherman über die Abschaffung des Lincoln-Greenback zu sprechen, wobei Joseph und Belmont die Hauptakteure waren. Sherman bat die beiden, jeweils einen Plan vorzulegen, wie die Regierung ihren Haushalt ausgleichen und die Staatsschulden abbauen könnte. Die beiden hohen Herren gaben daraufhin ihre jeweiligen Empfehlungen ab und sprachen sich einstimmig für die Abschaffung des Lincoln-Greenback aus.

Eine Woche später schickte Sherman eine Nachricht an Joseph, in der er seinen Plan als ausgezeichnet und als den ausgeklügeltsten und praktischsten lobte, der von der Regierung angenommen werden sollte. Der Kern dieses Plans besteht darin, eine 40%ige Goldreserve für die Lincoln-Greenbacks anzulegen und die Goldmünzen zur Zahlung der Zinsen für die Lincoln-Greenbacks zu verwenden. Mit diesem Plan wurde die Ausgabe von Lincoln-Greenbacks effektiv an Gold gebunden, wodurch die Befugnis der Regierung, Geld auszugeben, im Wesentlichen eingeschränkt wurde, ohne dass daraus eine große Sache gemacht wurde - ein cleverer Plan. Die Währung war an das Gold gekoppelt, das sich fest in den Händen der Rothschilds befand. Die Zentralbanken der Länder, die den Goldstandard eingeführt haben, sind nicht die endgültige Währungsbehörde, sondern die Familie Rothschild, die die Goldmineralien, -transaktionen und -ströme der Welt besitzt, ist ihr eigentlicher Hintermann. Gold als Währung hat einen natürlichen Vorteil; wie man das Goldmonopol brechen kann, ist der springende Punkt.

Am 2. Juli 1881 wurde der zwanzigste Präsident der Vereinigten Staaten, Garfield, der gerade sein Amt angetreten hatte, in Washington, D.C., ermordet und zur Behandlung ins Weiße Haus gebracht, wo sich sein Zustand eine Zeit lang stabilisierte; am 6. September wurde er in Seligmans Villa in New Jersey an die "frische Luft" gebracht, um "der Hitze zu entkommen", und sein Zustand verschlechterte sich; am 19.

September, um 10.35 Uhr, starb Präsident Garfield in Seligmans Villa, wo er etwa 13 Tage lang blieb. [70]

Es ist ein äußerst seltenes und zweifelhaftes Stück Geschichte, dass der ermordete US-Präsident Garfield nicht in einem Krankenhaus und auch nicht im Weißen Haus starb, sondern schließlich im Haus von Seligman. Der Präsident der Vereinigten Staaten sollte und wird sich in der Regel nicht in ein Privathaus begeben, um sich medizinisch behandeln zu lassen; er bleibt entweder in einem Krankenhaus oder im Weißen Haus, insbesondere im Falle eines Attentats auf den Präsidenten, wo die Sicherheit oberste Priorität hat. Dies sollte eine "unkonventionelle" Regelung sein. Präsident Garfield ist wie Präsident Jackson ein entschiedener Gegner des privaten Zentralbanksystems in den Vereinigten Staaten, während Seligman und andere internationale Bankiersfamilien eindeutig die mächtigsten Verfechter des privaten Zentralbankwesens sind.

Seligman: der wahre „Vater von Panama"

Nach dem Tod von Joseph Seligman wurde sein Bruder Jesse Seligman neuer Leiter der Familienbank. Mit der Eröffnung des Suezkanals im Jahr 1869 wurde die Idee, die beiden Kontinente durch einen Kanal zu verbinden, zur Realität. Es entstand ein Konzept von großem strategischem Wert - die Schaffung eines Panamakanals in Panama in der Karibik, der den Atlantischen und den Pazifischen Ozean miteinander verbindet und die Transportwege und -zeiten vom Pazifik zur Ostküste der Vereinigten Staaten erheblich verkürzen würde. Es besteht kein Zweifel, dass diese Vision von großem strategischem Wert ist.

Jesse Seligman war die treibende Kraft hinter dem Projekt. Er half bei der Gründung der französischen Panamakanalgesellschaft, die das Projekt durchführen sollte, und die Seligman Bank war für die Ausgabe von Aktien der Gesellschaft verantwortlich. Die französische Gesellschaft war damals so erpicht darauf, mit der Marke der Familie Seligman zu finanzieren, dass sie eine einmalige Zahlung von 300.000 Dollar als spezielle Markenlizenzgebühr verschonte. Panamas

---

[70] Ackerman, Kenneth D. *Dark Horse: The Surprise Election and Political Murder of James A. Garfield,* Avalon Publishing, 2004.

Emissionsgruppe wurde bald in den Vereinigten Staaten gegründet, und Seligman, Zogerso und JPMorgan schlossen sich als Underwriter für die US-Aktienemission zusammen. Für den Vertrieb in Frankreich sind die französische Niederlassung von Seligman und BNP Paribas zuständig.

Mit einer anfänglichen Schätzung von 114 Millionen Dollar für den Bau des Kanals und einem Aktienangebot von insgesamt 600 Millionen Dollar scheint das Geld mehr als ausreichend. Als der Kanal fertiggestellt war, wurde er der französischen Regierung unterstellt. Natürlich erregte die Angelegenheit in den Vereinigten Staaten großes Aufsehen. Viele kritisierten das Projekt, weil es europäische Macht und Kontrolle über lebenswichtige Wasserwege einbrachte, und warfen Seligman vor, amerikanische Interessen zu verraten. Andererseits wollten die Vereinigten Staaten schon vor Jahren einen Kanal bauen, der die beiden Ozeane in Mittelamerika, Nicaragua, verbindet. Geografisch gesehen liegt Nicaragua näher an den Vereinigten Staaten und würde praktischen Erwägungen für den Bau einer Wasserstraße durch den Nicaraguasee eher entsprechen. Vor der Wirtschaftskrise von 1873 gab es bereits erste Erkundungsarbeiten amerikanischer Unternehmen, doch die Krise brachte das gesamte Projekt zum Stillstand. An diesem Punkt sind die beiden Projektprogramme unvereinbar und werden zu einem wichtigen politischen Thema.

Die Familien Seligman und Morgan unterstützten den Vorschlag für den Panamakanal nachdrücklich, und Teile der amerikanischen Medien begannen sie dafür zu kritisieren, dass sie amerikanische Interessen an Frankreich verkauften, während andere behaupteten, es handele sich um eine jüdische Verschwörung. Seligman behauptete in den New Yorker Zeitungen, dass es sich um ein privates Projekt handele, das nichts mit dem Staat zu tun habe, und dass der Betrieb des Unternehmens gut entlohnt werden würde, und dass die Maschinen und Ausrüstungen für das Projekt aus den Vereinigten Staaten bezogen würden und die besten Interessen der Vereinigten Staaten gewährleisten würden. In der Folge wurde der berühmte französische Held de Le Thépe als Leiter des Baus des Suezkanals großartig eingeführt. Da de Le Thépe für den Bau verantwortlich war, wurden die Aktien der Panamakanal-Gesellschaft ohne Probleme in Frankreich und ohne Probleme in den Vereinigten Staaten verkauft. Auch die Erstemission war überzeichnet.

Die Ausgrabungsarbeiten begannen, und de Le Thépe beschloss, zunächst einen Kanal auf Meereshöhe zu bauen, damit keine Schleusen verwendet werden mussten, was etwa sieben Jahre dauern würde. Im Jahr 1884 unterzeichnete die nicaraguanische Regierung einen Kanalvertrag mit den Vereinigten Staaten, der bei erfolgreicher Fertigstellung zwei parallele Kanäle in Mittelamerika zur Folge haben würde. Nachdem der Kanal gegraben war, stieß de Le Thépe bald auf viele unerwartete Schwierigkeiten und sah sich gezwungen, neue Schleusen zu bauen, wobei der Wasserspiegel zwischen den beiden Seiten möglicherweise sinken würde. Er kämpfte noch mehr als 2 Jahre mit den Schleusen und gab schließlich nach 9 Jahren Bauzeit 400 Millionen Dollar aus, was dem Vierfachen des ursprünglichen Budgets entspricht. Aber das Kanalprojekt ist noch nicht einmal zu einem Drittel fertiggestellt, und das ganze Projekt steckt in ernsten Schwierigkeiten. Der französische Held wurde nach Hause entlassen, und der US-Kongress begann, Ausschüsse einzurichten, um zu untersuchen, warum amerikanische Investoren so viel Geld für die Kanäle ausgegeben und so viele Verluste erlitten hatten, während Bankiers wie Seligman und Morgan mit der Zeichnung von Aktien so viel Geld verdient hatten. Die Kommission untersuchte und fand heraus, dass Jesse Seligman seinen alten Freund, den ehemaligen US-Präsidenten Grant, als Vorsitzenden der Kanalkommission mit einem Gehalt von 24.000 Dollar pro Jahr einsetzen wollte, doch Grant lehnte den Posten ab, so dass Jesse den Marineminister von Präsident Hayes, Thompson, fand. Thompson trat als Marineminister zurück und nahm die Stelle an.

Die Untersuchung ergab auch, dass Seligman verschiedene Vereinbarungen und Verträge mit zahlreichen Maschinenherstellern abschloss, was bei einer Untersuchung durch den Kongress einen Interessenkonflikt darstellt. Während der Untersuchung fragte der Senator Jesse Seligman, warum jemand wie Thompson für den Vorsitz der Kanalkommission ausgewählt wurde: "Er ist kein großer Financier, nicht wahr?" Jesse antwortete: "Nein, aber er ist ein großartiger Politiker und Anwalt." Der Senator fragte dann: „Sie haben diesen Posten einmal General Grant angeboten, der ein großer Krieger und ein beliebtes Idol war, aber er war weder ein großer Anwalt noch ein großer Finanzier oder ein großer Politiker, nicht wahr? "Seligman antwortete ruhig: "General Grant ist ein sehr enger Freund von mir, und ich werde mich immer besonders um meinen Freund kümmern."

Thompson schrieb als Marineminister einige Tage nach Josephs Tod einen Brief an Jesse, den Seligman den Unterlagen der Untersuchung hinzufügen wollte. In dem Brief heißt es: „Während meiner Amtszeit hatte ich das Privileg, Josephs Persönlichkeit besser kennen zu lernen, und mein erster Kontakt mit Ihrer Familienbank war durch ihn im Sommer 1877, als das Marineministerium zufällig unter meiner Verwaltung stand. Die Finanzen des Marineministeriums waren zu dieser Zeit peinlich, vor allem die Hunderttausende von Dollar, die Ihrer Familienbank geschuldet wurden, und die Zahl der Schulden wuchs. Zu dieser Zeit war das Marineministerium nicht in der Lage, seine gesamten Schulden zu begleichen, und selbst die Begleichung des größten Teils davon war unmöglich, und die Angelegenheit hatte die Regierung in große Bedrängnis und Verlegenheit gebracht und sich ziemlich ernsthaft auf die Dienste des Ministeriums ausgewirkt. Als Joseph Seligman von der Situation erfuhr, empfahl er sofort, die gesamten Schulden auf das nächste Haushaltsjahr zu übertragen und dem (Marineministerium) zu erlauben, weiterhin Kredite aufzunehmen. Sein Vorschlag war sehr patriotisch. Ich war von Dankbarkeit erfüllt und nahm sein Angebot an, damit unser Marineministerium die schwierigsten Zeiten überstehen konnte."

Der Streifen kommt zur rechten Zeit und ist eindringlich geschrieben, um Seligman zu retten, der in der öffentlichen Meinung unter Beschuss steht. Eine Untersuchung des Kongresses ergab schließlich kein Fehlverhalten von Seligman und anderen, aber die Angelegenheit hatte schwerwiegende negative Auswirkungen auf den Ruf der Familie Seligman und das Image der Wall Street. Daher beschloss der Kongress, sofort mit dem Bau des Nicaragua-Kanals zu beginnen. [71]

Während sich die beiden Seiten heftig darüber stritten, wo der Kanal verlaufen sollte, fand Seligman Freunde im Kongress, darunter Senator Mark Hanna - den Leiter des Ausschusses, der die Festlegung der Kanallinie untersuchte. Seligman bat Senator Mark Hanna, dem Kongress vorzuschlagen, mit einer Entscheidung vorerst zu warten, bis der Bericht dieses Untersuchungsausschusses vorgelegt wird. Der Senator war einverstanden, und der Kongress stimmte zu, noch ein wenig zu warten. Doch die Ergebnisse waren für Seligman so enttäuschend, dass die Kommission in ihrer Untersuchung zu dem Schluss kam, dass die nicaraguanische Route eindeutig vorzuziehen sei.

---

[71] Mellander, Gustavo A., *Die Vereinigten Staaten in der panamaischen Politik: The Intriguing Formative Years*.

In ihrer Verzweiflung suchte die Familie Seligman einen Mann namens Philippe Bunau-Varilla in Paris auf, um Lobbyarbeit zu leisten. [72]

Philippe hatte seit seinem 10. Lebensjahr davon geträumt, einen Kanal in Panama zu graben, und als er hörte, dass de Le Thépe dies in Suez gelungen war, wurde die Idee immer stärker. Als Seligman an ihn herantrat, stimmte Philip ohne zu zögern zu, den Auftrag anzunehmen. Diese Person kam später in die Vereinigten Staaten und begann, überall intensive Vorträge zu halten. Leider hatte Philips monatelange Lobbyarbeit in den USA immer noch keinen Erfolg, und der Kongress stimmte schließlich doch einstimmig für den Weg über Nicaragua. Mit der tatkräftigen Unterstützung von Seligman unternahm Philip eine letzte kritische Lobbyarbeit, um zu versuchen, die Entscheidung des Senats zu ändern. Philip setzte sich fast verzweifelt für die Vorteile der Panama-Linie ein und hielt mehrere leidenschaftliche Reden. Diese Leidenschaft war so übertrieben, dass die französische Botschaft in den Vereinigten Staaten, die Philippe für verrückt hielt, dringend Philippes Bruder in Paris informierte. Sein Bruder eilt von Paris nach Amerika und stellt fest, dass Philippe sich nicht beruhigen kann und, angeregt durch die riesige Geldsumme, in einen Zustand der Paranoia geraten ist.

In diesem dringenden und heiklen Moment kam es zu einer dramatischen Veränderung, als der Berg St. Vincent ausbrach. Der St.-Vincent-Vulkan befindet sich auf den Westindischen Inseln und sein Ausbruch hat Tausende von Menschen getötet. Zwei Tage zuvor war ein vermeintlich erloschener Vulkan, der Mount Pili, ebenfalls ausgebrochen und hatte mehr als 3.000 Menschen in den Tod gerissen. In Nicaragua gibt es Vulkane, in Panama nicht. Philip hatte einen plötzlichen Geistesblitz, als hätte man ihm eine große Dosis Aufputschmittel injiziert, und eilte sofort zum Postamt, wo er in einem Briefmarkengeschäft eine nicaraguanische 5-Peso-Briefmarke fand, die in einer dicken Rauchwolke die Szene eines Vulkanausbruchs zeigte. Sobald er die Idee hatte, kaufte Philip 90 Briefmarken des Vulkanausbruchs, klebte sie auf den Briefkopf und schickte die 90 Briefmarken an jeden Senator. In dem Begleitschreiben vermerkte er, dass das Bild auf der Briefmarke ein historischer Beweis für einen Vulkanausbruch in der Region Nicaragua sei. Dies ist nur drei Tage vor der endgültigen Abstimmung im Senat. Seligman und Phillip

---

[72] Ebd.

verbrachten ihre Tage in bangem Warten. Der Senat stimmte schließlich mit einer Marge von acht Stimmen für die Panama-Linie, und Seligman freute sich. Philip kaufte sofort weitere Vulkan-Marken und schickte sie an alle Mitglieder des Repräsentantenhauses, und schon bald begann das Repräsentantenhaus, seine ursprüngliche Position zu korrigieren.

Bevor Seligman und Phillip feiern konnten, wurden sie mit einem neuen, ernsteren Problem konfrontiert. Panama war damals eine kolumbianische Provinz, und die kolumbianische Regierung hatte ihre Meinung über den Zugang zum Kanal geändert. Philip übte sofort Druck auf Kolumbien aus und setzte viel Geld ein, um Lobbyarbeit bei kolumbianischen Regierungsvertretern zu leisten, aber der kolumbianische Kongress lehnte den Kanalvertrag dennoch ab. Wenn Kolumbien Panamas Kanal nicht genehmigt, wird Seligman umsonst gearbeitet haben und alle Bemühungen wären umsonst gewesen, einschließlich des lebensrettenden vulkanischen Stempels.

Philip fand Seligman fast verzweifelt und klagte: "Wir haben alles verloren und haben nichts mehr, es sei denn, wir lassen Panama aus Kolumbien verschwinden, aber das würde eine Revolution bedeuten. "Jesse Seligman fragte Philip rhetorisch, wie viel es kosten würde, eine Revolution auszulösen. Philip verstand Seligmans Absichten und stellte sofort eine Gruppe panamaischer Separatisten zusammen, um die Pläne für die Revolution zu besprechen und die Kosten dafür zu berechnen. Die panamaischen Separatisten bestehen darauf, dass sie mindestens 6 Millionen Dollar benötigen, um die örtlichen Guerillas zu bezahlen. Philip beeilte sich, Seligman zu berichten, dass 6 Millionen Dollar die Mindestkosten für den Ausbruch der Revolution seien. Seligman hielt das Angebot für unverschämt hoch und nannte einen Mindestpreis von 100.000 Dollar, wobei es sich um eine vollständige Revolution handeln müsse. Die panamaischen Separatisten akzeptierten diese Klausel mit Begeisterung.

Nachdem er von den panamaischen Separatisten ein Versprechen erhalten hatte, kehrte Philip in das Büro von Seligman zurück und entwarf auf dem Schreibtisch seines Bankpartners die panamaische Unabhängigkeitserklärung und die panamaische Verfassung. Dann bestieg er einen Zug aus Washington, um Präsident Roosevelt sen. zu treffen, wie er in seinen Memoiren schreibt: "Ich sagte Präsident Roosevelt und bat ihn, mir eine Bedingung zu versprechen, dass bei Ausbruch der Revolution amerikanische Kriegsschiffe in der Nähe von Panama auftauchen würden, um das Leben und die Interessen der

Amerikaner zu schützen. Dieses amerikanische Interesse schließt auch die Interessen von Seligman ein. Der Präsident schaute mich nur an und sagte nichts, und natürlich war es unmöglich, dass der Präsident der Vereinigten Staaten mir ein solches Versprechen geben würde, schon gar nicht einem Ausländer wie mir. Aber er schaute mich an, und das reichte mir. "Mit anderen Worten: Präsident Roosevelt sen. hatte in dieser Angelegenheit eingewilligt.

Als 1903 die Revolution ausbrach, traf das US-Schlachtschiff Nashville in Panama ein, um den Fortgang der Revolution zu überwachen. Das Erscheinen des Schlachtschiffs Nasivel kann als moralische Unterstützung der panamaischen Separatisten seitens der Vereinigten Staaten angesehen werden und diente in gewisser Weise dazu, die kolumbianische Regierung zu bedrohen, die Waffen niederzulegen und Panama unabhängig zu machen. Dieser Moment bedeutete einen großen Sieg für Seligman. Aus Dankbarkeit für ihren verdienstvollen Diener und Freund haben die Seligmans Philippe eine sehr interessante Aufgabe übertragen. Als französischer Staatsbürger wurde Philippe Bonnefrilla zum ersten Botschafter der Republik Panama in den Vereinigten Staaten ernannt.[73]

Die internationalen Bankiers haben zur Zeit die Macht, eine große Revolution, eine nationale Spaltung oder einen Krieg zu ihrem eigenen Vorteil herbeizuführen. Auf diese Weise ist Panama so wunderbar unabhängig geworden, dass die Familie Seligman der wahre "Vater von Panama" ist.

Das Zeitalter der Schiffe

Die Familie von Jacob Schiff war ebenfalls eine jüdische Familie mit Ursprung in Frankfurt, Deutschland, aber seine Herkunft war ganz anders als die von Seligman. Die Familie Schiff kann als eine angesehene Familie unter den Juden bezeichnet werden. Laut der Jüdischen Enzyklopädie lässt sich die Familie Schiff bis zu den frühesten Ursprüngen des jüdischen Volkes zurückverfolgen. Der Zweig der Familie Schiff auf dieser Seite Frankfurts geht auf das 14. Jahrhundert zurück. Jahrhundert zurück. Jacob Schiff führt seine

---

[73] Stephen Kinzer, *Overthrow - America's Century of Regime Change from Hawaii to Iraq*, 2006.

Abstammung sogar bis ins 10. Jahrhundert v. Chr. zurück, bis hin zur Genealogie König Salomons. Schiff und die Rothschilds stehen sich sehr nahe, und die beiden Familien sind seit Hunderten von Jahren befreundet; im späten 18. Jahrhundert waren Schiff und die Rothschilds eine Zeit lang Nachbarn und besaßen gemeinsam ein mehrstöckiges Haus. Jacob Schiff sagte oft: "Ich gebe zu, dass unsere Familie zwar nicht so reich ist wie die Rothschilds, aber wir sind eine orthodoxere und edlere Familie. "Die Rothschilds sind als eine äußerst lukrative Familie bekannt, aber die Familie Schiff hat nicht nur eine Reihe erfolgreicher Bankiers hervorgebracht, sondern auch eine Reihe herausragender Gelehrter und religiöser Führer. Die Familie Schiff hat eine viel längere Geschichte als die Rothschilds. [74]

Jacob Schiff war keineswegs ein gewöhnlicher Sterblicher, sondern gehörte vielmehr zu einer neuen Generation jüdischer Bankiers mit großem Ehrgeiz, Talent, Einfallsreichtum und Findigkeit. Von klein auf war er ungewöhnlich klar und hartnäckig in Bezug auf seine Ziele. So verheimlichte er seinen Eltern die Ausrede einer Reise nach London im Alter von 18 Jahren, obwohl er in Wirklichkeit bereit war, eine Solo-Tour durch New York zu unternehmen, als er Frankfurt verließ. Als seine Mutter immer wieder seine Briefe aus London erhielt, war Schiff selbst schon längst in New York angekommen. Mit 500 Dollar in der Tasche fand Schiff bald ein paar gleichgesinnte Partner, und die Gruppe beschloss, eine Börsenmaklerfirma zu gründen. Als es an der Zeit war, den Vertrag offiziell zu unterzeichnen, stellte sich heraus, dass Schiff noch nicht volljährig war. Später hinderte ihn seine dominante Persönlichkeit daran, mit anderen zusammenzuarbeiten, und er beschloss, auf der Suche nach neuen Möglichkeiten nach Deutschland zurückzukehren.

Bei seiner Rückkehr nach Deutschland traf er die beiden Brüder Paul und Felix der Warburg-Familie, die einen großen Eindruck auf Schiff gemacht hatten.[75] Diese Begegnung hat weitreichende Auswirkungen auf die Zukunft der gesamten Wall Street und sogar der Finanzindustrie weltweit. In Deutschland freundete sich Schiff mit Abraham Kuhn an. Nachdem er Kuhn, Loeb & Co. an der Wall Street

---

[74] Cyrus Adler, *Jacob Henry Schiff: Eine biographische Skizze*, New York: Das American Jewish Committee, 1921.

[75] Ron Chernow, *Die Warburgs*, Random House, 1993.

gegründet hatte, kehrte Kuhn aus Heimweh nach Frankfurt zurück. Sobald Kuhn Schiff traf, spürte er, dass der junge Mann anders war, und schlug ihm vor, nach New York zu kommen und bei Kuhn, Loeb & Co. einzusteigen. So kehrte Schiff bald nach New York zurück und trat offiziell in die Kuhn, Loeb & Co. Gesellschaft. Man schrieb das Jahr 1873 und Schiff war genau 26 Jahre alt.

Bei seiner Ankunft in New York wurde Schiff von der boomenden Situation in den Vereinigten Staaten und der florierenden Lage im ganzen Land angezogen. Nach dem amerikanischen Bürgerkrieg, mit der großen Entwicklung der Eisenbahnindustrie, schufen Eisenbahnfusionen, Konkurse und Umstrukturierungen große Geschäftsmöglichkeiten für die Wall Street, und um 1870 waren Eisenbahnaktien und -anleihen der größte Markt neben den Staatsanleihen, wurden zur Hauptstütze der Gewinne der Wall Street und machten 85% des Umsatzes des gesamten US-Aktienmarktes aus, und zur gleichen Zeit gab es großes Interesse und Begeisterung für Eisenbahnaktien und -anleihen in Europa. Der Verkauf amerikanischer Eisenbahnanleihen und -aktien in Frankfurt, London, Paris und Amsterdam war ein großer Erfolg und brachte eine große Gruppe von Bankmagnaten hervor. Der führende Mann an der Wall Street war zu dieser Zeit natürlich Joseph Seligman, aber seine Investitionen in Eisenbahnen waren nicht reibungslos verlaufen.

Schiff überprüfte jeden Schritt, den Seligman bei seinen Eisenbahninvestitionen unternahm, und entdeckte bald, wo Seligman sich vertan hatte. Seligman war eigentlich völlig uninteressiert daran, wie Eisenbahnen entstehen, warum sie entstehen, wie sie funktionieren und an konkreten betrieblichen Fragen; er sah sie nur als Mittel und Zweck zum Profit. Aber Schiff war anders, Schiff musste sich erst zum Experten für Eisenbahnen machen, bevor er in sie investierte.

Schiff bereitet sich auf den Einstieg in die Eisenbahnindustrie vor. Zunächst war er als Direktor einer Reihe von Eisenbahngesellschaften tätig und war in jedes Detail des Eisenbahnbetriebs involviert, wie z.B. in alle Vorgänge der Gleisverlegung, der Schienenlagerung, der Gleisproduktionsprozesse, der Transportbedingungen usw. Er fragte auch gerne das Personal um Rat, wenn er auf einer Expedition war, von den Mechanikern bis zu den Ingenieuren, von den allgemeinen Dampflokomotivkohlebeigaben bis zu den leitenden Angestellten und sogar den Rohrbremsern, die alle in sein Blickfeld gerieten. Schiff stellte zahlreiche Fragen und machte sich sorgfältige Notizen, um alle

Einzelheiten des gesamten Eisenbahnverkehrs zu verstehen. Bald wurde Schiff zu einem maßgeblichen Experten für Eisenbahnen.

Es waren Schiff's rigoroser und pragmatischer Ansatz und sein tiefes Verständnis für die Details des Eisenbahnbetriebs, die ihm ein professionelles Urteil darüber ermöglichten, welche Art von Finanzinstrumenten und welche Art von Finanzdienstleistungen die Eisenbahn unter welchen Umständen benötigte. Schiff's Wissen über das Innenleben von Eisenbahnen ermöglicht es ihm, die finanziellen Bedürfnisse des Eisenbahnmanagements genau und effektiv in Investitionsprodukte für die Wall Street zu übersetzen, während er gleichzeitig die Kanäle, das Tempo, das Timing und das Feuer verschiedener Finanzierungsinstrumente beherrscht, was Schiff zu einer unvergleichlichen Stärke im Eisenbahnfinanzwesen macht.

Fast 30 Jahre lang, von 1873 bis 1900, beherrschten die Eisenbahnen die Finanzbranche in den Vereinigten Staaten vollständig. Schiff verfolgte diese Entwicklung und verwandelte Coonrable schrittweise von einer kleinen Investmentbank in einen Giganten, der das amerikanische Eisenbahnfinanzwesen dominierte. Selbst ein schwergewichtiger Banker wie Morgan musste über Schiff's Fähigkeiten staunen, insbesondere über sein detailliertes Verständnis der Kombination von Finanz- und Eisenbahnfachwissen.

Ein weiterer Grund für Schiff's Erfolg war, dass er in der Lage war, direkt und effektiv mit internationalen Bankern in Europa zu kommunizieren. Dank des großen europäischen Kapitals und der starken Unterstützung durch europäische internationale Bankiers konnte Schiff seine Arbeit ungehindert fortsetzen.

Was den finanziellen Einfluss anbelangt, hatte Schiff seinen Vorgänger Seligman zu diesem Zeitpunkt bereits weit übertroffen. Obwohl Seligman auch in Eisenbahnen investierte, hat er das Geschäftsmodell nie verstanden. Die Finanziers der Wall Street glauben, dass sich hinter dem Geschäftsmodell der Eisenbahn in Wirklichkeit ein Immobiliengeschäft verbirgt, und die Menschen machen sich mehr Sorgen um die Grundstücksspekulationen hinter der Eisenbahn als um die Eisenbahn selbst. Nach dem entsprechenden Gesetz der Vereinigten Staaten ist das Land entlang eines bestimmten Umfangs der Eisenbahnlinie Eigentum der Eisenbahngesellschaft, das Land wird für die Finanzierung verwendet, und die Finanzierung wird für den Bau der Eisenbahn abgeschlossen. Ein großer Teil der Spekulationen der Wall Street mit Eisenbahnaktien und -anleihen bezieht sich also auf die Erschließung von Grundstücken und Landinvestitionen entlang der Bahnlinien. In gewisser Weise steckt hinter dem Eisenbahnfieber das Landerschließungsfieber. Finanziers, einschließlich Seligman, interessieren sich nicht wirklich für die Eisenbahn an sich, sie nutzen sie nur als Hype-Thema.

Schiff geht sogar noch einen Schritt weiter und argumentiert, dass die Bahnlinie einen Korridor von Grundstücken erschließt, der an Entwickler aus allen Gesellschaftsschichten verkauft wird, wodurch sich alle Arten von Produktions-, Verarbeitungs- und Handelsaktivitäten entlang der Bahnlinie konzentrieren. Es ist diese kommerzielle Aktivität, die die Nachfrage nach Schienentransporten schafft, die die Kosten für den Bau und den Betrieb der Bahnlinie trägt und der Bahn Vorteile verschafft. Dies ist das Wesen der Eisenbahnfinanzierung.

Schiff recherchierte vier Jahre lang vor, während und nach seinem Engagement für das Projekt der Pacific Union Railroad. Zu dem Zeitpunkt, als Schiff sich für die Strecke interessierte und anfing, sorgfältig darüber nachzudenken, befand sich die Pacific Union Railroad in einer riesigen Schuldenkrise, mit Schulden in Höhe von 45 Millionen Dollar allein bei der US-Regierung, plus einem Zinssatz von 6 Prozent. Diese unbezahlten Zinszahlungen haben sich über fast 30 Jahre angesammelt, die Gesamtlänge der Strecke wurde von über 8.000 Meilen auf 4.400 Meilen reduziert, und verschiedene Belastungen, einschließlich der Verschuldung, haben die Eisenbahn leblos und völlig unrentabel erscheinen lassen. Jeder an der Wall Street beobachtet dieses Projekt bis zum Umfallen. Schiff traf auf Morgan, der zu diesem Zeitpunkt zu einem Wall-Street-Juggernaut der Post-Seligman-Ära geworden war. Morgan machte deutlich, dass er keine Hoffnungen für die Eisenbahn hatte und Schiff vom Haken lassen konnte.

Wie sich später herausstellte, machte Morgan einen großen strategischen Fehler. Mit Morgans Einverständnis begann Schiff mit einer riesigen Mobilisierungsaktion und kaufte im Stillen Aktien und Anleihen der Pacific Union Railway. Schon bald musste er feststellen, dass seine Pläne stets von einer unsichtbaren Hand durchkreuzt wurden. Es gab immer wieder unerklärliche Ereignisse im Kongress, die das Projekt verzögerten, die Medien standen dem Projekt plötzlich feindlich gegenüber, und die Anleihegläubiger in Europa gaben nur langsam grünes Licht für das Projekt. Schiff dachte immer wieder, dass es nur eine Person gibt, die stark genug ist, der Sache ein Hindernis in den Weg zu legen. Zunächst vermutete er, dass es Morgan war, der die

Fäden zog, und er suchte Morgan auf, um ihn zu fragen, ob er seine Meinung geändert hatte. Morgan sagte: "Jetzt, wo ich zugestimmt habe, lass es auf jeden Fall sein und lass dich machen, und ich kann dir helfen, herauszufinden, was die Sache blockiert. "Ein paar Tage später grub Morgan den Mann hinter dem Vorhang aus: Harriman. Harriman war ein Genie in Sachen Eisenbahnbetrieb, und Schiff erklärte sich nach einer kleinen Sparringssitzung bereit, mit Harriman zusammenzuarbeiten.[76] Doch das Projekt der Pazifik-Eisenbahn war so umfangreich, dass Schiff bald erkannte, dass es auf europäisches Kapital zurückgreifen musste, um das Projekt von den Toten auferstehen zu lassen.

Schiff fand einen Jugendfreund, ein Schwergewicht, das den Rothschilds in London zu dieser Zeit nahe stand, Sir Ernest Cassel, selbst ein legendärer schwergewichtiger Finanzier. Sir Ernest war in erster Linie für die Verbindung und den Versand von Geldern mit den Rothschilds in London und anderen internationalen Bankiers zuständig.

Joseph Seligman baute seine Karriere in Amerika aus dem Nichts auf und legte den Grundstein für die jüdischen Bankiers an der Wall Street, während Schiff ein riesiges Konglomerat von Kräften schuf, das die amerikanische Finanzwelt beherrschte. Durch die Zusammenarbeit mit Sir Ernest war Schiff in der Lage, zeitnahe und genaue Informationen über die Bewegungen der Finanzmärkte in London und Europa zu erhalten, insbesondere über die Geldbewegungen von und zu den verschiedenen großen Familien. Mit Hilfe von Sir Ernest aus London erhielten Schiff und Harriman innerhalb von drei Tagen 40 Millionen Dollar an Garantien und Zeichnungen aus Europa. Das Projekt der Pacific Union Railroad, das jahrelang geschlummert hatte und schließlich dem Bankrott geweiht schien, ist wieder auferstanden.

Am 2. November 1897 erwarb die Schiff and Harriman Group offiziell Anteile an der Pacific Union. Die Pacific Union Railroad, die von Schiff und Harriman betrieben wurde, erzielte den großen Erfolg des größten einzelnen Industrieprojekts in der Geschichte bis zu diesem Zeitpunkt. Sie zahlte nicht nur alle Schulden und Zinsen zurück, sondern erwirtschaftete auch einen noch nie dagewesenen Gewinn in Höhe von 210 Millionen Dollar. Darüber hinaus schafft es ein

---

[76] Stephen Birmingham, *"Our Crowd" - The Great Jewish Families of New York*, S. 222.

Vermögen von mindestens 2 Milliarden Dollar. Erst zu diesem Zeitpunkt bereute Morgan seine Entscheidung, da er der Meinung war, dass es ein strategischer Fehler war, das Projekt aufzugeben, da es ein goldenes Ei gelegt hatte.

1895 kamen auf Einladung von Schiff auch Paul und Felix, zwei der Warburgers, nach New York und traten in die Kuhn, Loeb & Co. Die Warburgers aus Deutschland und die Familie Schiff aus den Vereinigten Staaten bildeten damit eine enge und mächtige Verbindung. Die Tochter von Schiff war mit Felix verheiratet, und die Tochter von Loeb war mit Paul verheiratet. Die Tochter von Wolfe, einem weiteren Partner von Kuhn, Loeb & Co. heiratete Oto Kane, den Kane, der das Rückgrat der Familie Speer bildete und später als Nachfolger von Schiff zu Kuhn, Loeb & Co. kam. Der Sohn der Familie Kuhn heiratete eine andere Tochter der Familie Loeb. Nach der vierfachen Heirat verband die Kuhn, Loeb & Co. Company die Familien Warburg, Schiff, Loeb, Kuhn, Kane und Wolfe eng miteinander verbunden und wurde zur jüdischen Bankiersfamilie in Europa und den Vereinigten Staaten, zum dichtesten Netzwerk von Menschen, zur talentiertesten und mächtigsten jüdischen Bankiersfamiliengruppe der Welt.

Die Figuren, die aus dieser Gruppe hervorgehen, sind außergewöhnlich, fast alle sind Supermächte, die die internationalen Finanzmärkte beeinflussen können. Max, der Chef der Warburg-Familie, ist der Finanzberater von Deutschlands Wilhelm II., vertrat Deutschland in den Versailler Friedensverhandlungen, "World War I" nach der Beherrschung der deutschen Finanzen und Finanzmacht, ist ein Direktor der Reichsbank, Hitlers "Finanzzar" Schachts großer Bruder hinter den Kulissen, vom Ende des 19. Jahrhunderts bis zum Ende der 1930er Jahre fast 40 Jahre, auf Deutschlands Politik, Wirtschaft, Finanzen haben einen großen Einfluss gespielt. Paul der Zweite, der Chefarchitekt der Federal Reserve, einer der Entscheidungsträger des amerikanischen Finanzwesens, gehört zu den schwergewichtigsten Bankern der Vereinigten Staaten. Der ältere Felix III., ein Seniorpartner der einflussreichsten Firma Kuhn, Loeb & Co. des frühen 20. Jahrhunderts, gehört zu den großen Tieren der Wall Street. Der ältere Fritz, Vorsitzender der deutschen Hamburger Metallbörse, schloss im späten Ersten Weltkrieg im Namen

Deutschlands einen geheimen Frieden mit dem zaristischen Russland.[77] Otto Kane, nach Schiff einer der führenden jüdischen Bankiers der Wall Street, baute 1919 seine Villa auf Long Island auf einem 1,8 Quadratkilometer großen Grundstück mit mehr als 10.000 Quadratmetern Wohnfläche und 127 Zimmern, der zweitgrößten Villa in den Vereinigten Staaten zu dieser Zeit. Die Kuhn, Loeb & Co. Firma unter Jakob Schiff erlebte ihre Blütezeit.

Schiff und der Russisch-Japanische Krieg

Als 1904 der Russisch-Japanische Krieg ausbrach, bereitete sich Japan ehrgeizig darauf vor, Russland zu besiegen, musste aber bald feststellen, dass die russische Armee so stark war, dass Japan allmählich an die Grenzen seines Kriegshaushalts stieß. Um Geld für den Krieg zu beschaffen, kam der Vizepräsident der japanischen Shogun-Bank, Sir Kiyoshi, nach London, um die internationalen Bankiers zu treffen.

Als Gao Qiao nach London kam, war es Qings ursprüngliche Absicht, die Rothschilds um Hilfe bei der Zeichnung japanischer Kriegsanleihen zu bitten. Die Japaner öffneten die Tür und schlugen eine Finanzierung in Höhe von 5 Millionen Pfund vor, und die Rothschilds machten sich nicht einmal die Mühe, mit den Augen zu rollen. Es ist wichtig zu wissen, dass die Familie Rothschild bei der Zeichnung der französisch-preußischen Kriegsreparationsanleihen vor 30 Jahren in nur zwei Jahren eine riesige Summe von 5 Milliarden Francs (etwa 200 Millionen Pfund) aufbrachte. Obwohl Großbritannien damals Japans größter politischer und kommerzieller Partner war, sahen die Londoner Bankiers keine Möglichkeit für einen japanischen Sieg im Krieg, so dass man Japans Finanzierungsplänen in London die kalte Schulter zeigte.

Mitten in der Depression trifft Gao Qiao Yes Ching bei einem Bankett auf Schiff, der in London arbeitet, und Gao Qiao Yes Ching schüttet Schiff sein Herz aus, der zuhört, während er sein eigenes Spiel spielt. Da die amerikanische Wirtschaft stärker wird, ist die finanzielle Macht der Vereinigten Staaten auf dem Vormarsch, obwohl Schiff ist auch die Nummer eins Figur an der Wall Street, aber in London auch die Rolle der JPMorgan und andere Zeichen müssen vorsichtig sein,

---

[77] Ron Chernow, *Die Warburgs*, Random House, 1993.

beobachten das Gesicht der City of London Financial City Bosse zu sprechen, Schiff versteht sein eigenes Gewicht ist noch weit von der City of London internationalen Banker Bosse. Aber Japan ist wirklich ein neuer Markt, und da die Großen ihn nicht sehen können, sind die Neureichen der Wall Street vielleicht doch interessiert. Und im Gegensatz zu den Londoner Finanziers, die davon ausgingen, dass Japan zwangsläufig verlieren würde, glaubte Schiff, dass das Schlachtfeld des Russisch-Japanischen Krieges weit vom wirtschaftlichen Schwerpunkt Russlands entfernt war, aber vor der Nase Japans lag, und dass das aufstrebende Japan in Verbindung mit der Korruption des zaristischen Hofes und dem Verfall des zaristischen Systems eine große Chance hatte, Russland zu besiegen, weshalb Schiff Kojo Isao versprach, Japan dabei zu helfen, an der Wall Street Geld für den Russisch-Japanischen Krieg zu beschaffen. Es gab noch einen weiteren Grund für Schiffs Bereitschaft, Japan zu helfen: Die Verfolgung der Juden durch das zaristische Russland veranlasste Schiff, das zaristische Russland als öffentlichen Feind der Menschheit zu betrachten, und er befürwortete und unterstützte sogar den Sturz des Zaren durch eine bewaffnete Revolution. Bei allem, was Russland treffen würde, war er bereit zu helfen.

Zu diesem Zeitpunkt finanzierte Schiff den Krieg für Japan im Wesentlichen im Alleingang, und unter diesen Umständen musste Schiff seine ehemaligen Rivalen, die Morgan-Familie und George Baker, zu einem Konsortium zusammenbringen. Nach einigen Diskussionen wurde das Rockefeller-Konsortium eingeschaltet, und zum ersten Mal in der Geschichte Japans war es möglich, Finanzmittel von anderen Finanzmärkten als London zu erhalten.

Japan erhielt während des Russisch-Japanischen Krieges insgesamt drei massive Kredite, hinter denen allesamt das Werk von Schiff stand.[78] Die Finanzspritze aus diesen drei Krediten verbesserte Japans Kriegsfähigkeiten erheblich und wurde zu einem der Schlüsselfaktoren für Japans letztendlichen Sieg im Russisch-Japanischen Krieg.

Vor dem Russisch-Japanischen Krieg waren die europäischen und amerikanischen Mächte im Allgemeinen der Ansicht, dass Japan immer noch ein kleiner Hegemon in Asien war, der sich nicht mit den

---

[78] Dictionary of American Biography, Bd. XVI, S. 431-432.

britischen, amerikanischen, deutschen, französischen, russischen und anderen Weltmächten messen konnte. Der Sieg Japans erschütterte die europäischen und amerikanischen Mächte und verschaffte Schiff einen guten Ruf auf den internationalen Finanzmärkten, und sein strategischer Weitblick beeindruckte die internationale Bankiersgemeinschaft. König Edward VII. von England lud Schiff zum Mittagessen in den Buckingham Palace ein, und der Kaiser von Japan lud Schiff zum Mittagessen in den Kaiserpalast von Japan ein, die höchste Ehrung des japanischen Kaisers, die vor Schiff noch keinem Ausländer zuteil geworden war. Schiff war ein Mann der neuen Mode, und während des Mittagessens mit dem Kaiser im kaiserlichen Palast in Japan schlug er dem japanischen Beamten, der für die Etikette zuständig war, plötzlich vor, einen Toast auf den Kaiser auszubringen. Der japanische Zeremonienmeister, blass vor Schreck, riet Schiff eilig und zitternd davon ab, denn so etwas wie ein Ausländer, der einen Toast auf den Kaiser ausspricht, war am japanischen Hof noch nie vorgekommen, und der japanische Beamte befürchtete, dass der Kaiser ihn missverstehen würde, und war schockiert. Schiff jedoch blieb hartnäckig, stand auf, hob sein Weinglas und wandte sich an das Publikum: "Zunächst einen Toast auf den Kaiser, auf dass er in den Herzen seiner Untertanen immer das Oberhaupt Japans sein möge, im Rauch des Krieges und in den Jahren des Friedens." Nachdem Schiff diesen Absatz beendet hatte, schien der Kaiser gut gelaunt zu sein, und die Herzen des ganzen Volkes waren erleichtert.

Schiff wurde als Ehrengast in das Haus von Baron Gao Qiao is Qing eingeladen, und Schiff saß zufällig neben der 15-jährigen Tochter von Gao Qiao is Qing. "Sie sollten nach Amerika kommen, um eine Weile zu studieren", sagte er beiläufig. Schiff, der sonst so ernst und lässig wirkt, als ob er an der Wall Street das Sagen hätte, nimmt das nicht persönlich. Aber am nächsten Morgen stand Kojo Kiyoshi selbst an der Tür von Schiff's Wohnung und sagte nach einer tiefen Verbeugung zu Schiff,

> *„In Japan ist es zwar ungewöhnlich, dass ein japanisches Mädchen in so jungem Alter sein Heimatland verlässt und sich auf eine so lange und schwierige Reise ins Ausland begibt. Aber weil Sie sich als Freund der Japaner erwiesen haben, habe ich zugestimmt, meine eigene Tochter mit Ihnen nach New York gehen zu lassen."*

Aber er wollte Schiff zu verstehen geben, dass er nicht wollte, dass seine Tochter länger als drei Jahre in Amerika bleibt. Die beiläufige

Höflichkeitsbekundung von Schiff wurde von Japans schwerstem Bankier als Befehl der Wall Street aufgefasst. Schiff war ein Mann, der zu seinem Wort stand, und er war mutig genug, mit Gauchos Tochter nach New York zurückzukehren und Gauchos Tochter nach Ablauf der drei Jahre wie versprochen zurückzuschicken. Von da an verliebte sich Japan in das große Geld der Wall Street.

Neuer Kreis und alter Kreis

Vor 1840 gab es in den Vereinigten Staaten nur zwei Dutzend reiche Familien mit einem Vermögen von mehr als 1 Million Dollar und nicht mehr als fünf superreiche Familien mit mehr als 5 Millionen Dollar, und diese Familien stammten fast ausschließlich von Großgrundbesitzern aus der Kolonialzeit ab. Zu dieser Zeit war New York keine allzu reiche Stadt, und wahrscheinlich mussten alle anderen aufstrebenden Familien, mit Ausnahme der Familie Morris, Handel treiben, um über die Runden zu kommen. Nach dem Bürgerkrieg kam die US-Wirtschaft in Schwung, und die Wohlhabenden tauchten in großer Zahl auf. Allein in New York City gab es Hunderte von Familien mit einem Vermögen von über 1 Million Dollar. Die Explosion neuer Industrien wie Dampfmaschinen, Eisenbahnen, Textilien, Maschinen, Stahl, Militärindustrie, Öl, Telegraf, Telefon und andere aufkommende Industrien, die durch die Industrielle Revolution ausgelöst wurde, brachte die Schaffung von amerikanischem Reichtum in einem Tempo und Ausmaß mit sich, das in der Geschichte der Menschheit beispiellos war.

In New York stehen die Familien vieler traditioneller Großgrundbesitzer vor großen Herausforderungen, da der Reichtum der aufstrebenden Familien rasant zunimmt. Während diese älteren Familien einen hohen Status und Einfluss in der Gesellschaft haben und in ihrer Werteidentität untereinander relativ stabil sind, hat ihr Vermögenswachstum weitgehend mit der Expansion der aufstrebenden Familien Schritt gehalten. Es besteht ein wachsender Konsens zwischen der neuen Aristokratie und den Alteingesessenen, dass die Oberschicht neu definiert werden muss. Die Familie McAllister in New York leistete Pionierarbeit mit der Idee, dass die traditionelle Aristokratie von New York und die aufstrebende Aristokratie eine große Einheit bilden müssen. Während der alte Adel von der Familie Morris repräsentiert wurde, war der Kern des neuen Adels die Familie Vanderbilt. Nach Ansicht von McAllister müssen diese alten und neuen Aristokraten einen Konsens finden, der einen festen Kreis der High Society bildet, einen Kreis des Reichtums, der Macht und der edlen Traditionen, der die verschiedenen so genannten Spekulanten, die Reichen und die töricht Reichen und die Vulgären von der edlen und eleganten High Society fernhält, um den "besten Teil" der Gesellschaft nicht zu verunreinigen und zu verletzen.

Der Ausschluss der Juden aus dem so genannten "Kreis der 400", den McAllister und später Mrs. Astor geschaffen hatten, löste eine Gegenreaktion der jüdischen Bankiers an der Wall Street aus. Die Stellung der jüdischen Bankiers im amerikanischen Finanzwesen, was ihren Reichtum betrifft, ist unbestritten, wie die neuen und alten Aristokraten der amerikanischen Gesellschaft zugeben. Aber in den gesellschaftlichen Kreisen und in der Oberschicht gibt es aufgrund religiöser und traditioneller Vorurteile noch immer keinen Konsens über eine tolerante jüdische Haltung. Auch heute noch lassen sich in der amerikanischen Gesellschaft Spuren der Diskriminierung von Juden finden.

Tatsächlich gibt es unter den Juden in den Vereinigten Staaten verschiedene soziale Schichten. Zu den höheren Juden gehörten die so genannten "sephardischen Juden", ein Zweig, der aus Spanien und Portugal stammt und um 1654 nach Amerika kam. Die sephardischen Juden kamen noch vor den Familien der Great Manor Lords in die Vereinigten Staaten. Die kulturellen Traditionen dieser Juden sind denen der deutschen Juden, die im 19. Jahrhundert in die Vereinigten Staaten kamen, nicht unähnlich, und viele ihrer religiösen Traditionen und Lebensgewohnheiten führen den einzigartigen Stil des Mittelalters fort.[79] Sephardische Juden neigen dazu, sich als eine der edelsten Klassen unter den amerikanischen Juden zu betrachten. Sie können sich im Wesentlichen mit dem amerikanischen Kreis der großen Gutsherrenfamilien identifizieren.

Die zweite jüdische Klasse sind die deutsch-jüdischen Neureichen, vertreten durch Seligman, Belmont, Schiff, Warburg, Speer, Lehman, Goldman, Sykes, Guggenheim, Kuhn, Loeb usw. Sie alle sind in den 1830er Jahren aus Deutschland in die Vereinigten Staaten eingewandert, und die meisten von ihnen, mit Ausnahme von Schiff

---

[79] Kaplan, Yosef, *Ein alternativer Weg zur Modernität: Die sephardische Diaspora in Westeuropa*: Brill Publishers (2000).

und Warburg, hatten in Deutschland keine prominenten Familien. Sie begannen oft als kleine Kaufleute und stiegen dann in den 1950er Jahren mit dem Aufstieg der amerikanischen Wirtschaft sukzessive in den Bankensektor ein und häuften rasch einen erstaunlichen Reichtum an, der im Wesentlichen in den zwanzig bis dreißig Jahren vor und nach dem Bürgerkrieg entstand und die jüdischen Bankiersfamilien in Europa bei weitem übertraf.

Das US-Bankensystem ist in zwei Denkschulen unterteilt, von denen die eine das kommerzielle Bankensystem ist, das dem Hamilton'schen Finanzsystem folgt und sich hauptsächlich auf die traditionellen Großfamilien in Neuengland als Kern stützt, die bis heute das große kommerzielle Bankensystem in den Vereinigten Staaten monopolisieren. Die andere Denkschule ist das Investmentbanking, das von jüdischen Bankiers, insbesondere deutsch-jüdischen Bankiers, beherrscht wird, die das Rückgrat der Wall Street bilden.[80] Sie konzentrieren sich auf den Handel mit Schuldverschreibungen, die Börsennotierung und die Zeichnung von Anleihen. Wenn die Geschäftsbanken die Quelle der Kreditschöpfung sind, vergleichbar mit dem Mark und dem Herz des menschlichen Körpers, die Blut produzieren und liefern, dann sind die Investmentbanken die Kanäle, die Kapital und Kredit kanalisieren, wie die Aorta und die Venen des menschlichen Körpers und die Kapillaren im ganzen Körper. Mit der Gründung einer privaten Zentralbank wurde die Funktion der Herzblutversorgung der Geschäftsbanken auf die Zentralbank übertragen, die von den traditionellen Großbanken und den jüdischen Bankenfamilien gemeinsam kontrolliert wurde, wodurch eine Situation gegenseitiger Kontrolle und Ausgewogenheit entstand. In Zeiten des Wohlstands gingen die beiden Fraktionen ihren eigenen Geschäften nach, und das Brunnenwasser verletzte das Flusswasser nicht. In Krisenzeiten drängten sie gegeneinander, um sich selbst zu schützen, und taten sich manchmal zusammen, um die Regierungen zu Rettungsaktionen zu zwingen. Die Zentralbank ist die Koordinierungsstelle für beide Fraktionen, während die Regierung als Käufer der letzten Instanz fungiert.

Die dritte Gruppe von Juden waren die osteuropäischen Juden, die Ende des 19. und Anfang des 20. Jahrhunderts aus Osteuropa und

---

[80] Walter Lord, *The Good Years, From 1900 to the First World War*, New York: Harper & Brothers, 1960.

Russland in die Vereinigten Staaten einwanderten. In New York beispielsweise betrug die jüdische Bevölkerung im Jahr 1870 etwa 80.000, das sind 9 Prozent der Stadtbevölkerung. Bis 1907 kamen durchschnittlich 90.000 Juden pro Jahr nach New York, wobei die meisten Juden in dieser Zeit russische und polnische Einwanderer waren. Die jüdische Bevölkerung New Yorks belief sich einst auf fast 1 Million, was 25% der gesamten New Yorker Bevölkerung entsprach.[81] Mit der Ankunft einer großen Zahl osteuropäischer Juden kam es zu einer erheblichen Spaltung der jüdischen Gemeinde in New York.

Die deutschen Juden, die von den früheren "sephardischen Juden" verachtet worden waren, als sie Mitte bis Ende des 19. Jahrhunderts in die Vereinigten Staaten kamen, stiegen in die amerikanische Finanzindustrie ein, erwarben großen Reichtum und bildeten allmählich ihren eigenen Kreis der Oberschicht. Als die osteuropäischen Juden in großer Zahl eintrafen, hatten auch die deutschen Juden starke Vorurteile gegenüber den Neuankömmlingen. Deutsche Juden lebten in den aristokratischen Vierteln von New York, waren gut ausgebildet, gut gekleidet, hatten wohlhabende Familien und waren bereits aristokratisch in ihren Umgangsformen und ihrer Sprache. Osteuropäische Juden hingegen lebten eher in den Ghettos, waren grobschlächtig, zerlumpt und zerzaust, trugen verschiedene Kulturen in sich, hatten einen seltsamen Akzent und stritten sich über verschiedene Ideen.

Es gibt einen bedeutenden Unterschied zwischen deutschen Juden und osteuropäischen Juden, und deutsche Juden sind den neuen osteuropäischen Juden äußerst unähnlich: Diese Menschen werfen ihren Müll weg, spucken überall hin, leben in Überbelegung, sprechen laut in der Öffentlichkeit, drängeln und schubsen überall, benehmen sich unhöflich, und sogar Gewalt, Hunger, Kriminalität und andere soziale Probleme sind in den Gemeinden der osteuropäischen Juden häufig. In der Tat haben diese "überlegenen" deutschen Juden genau die gleichen Probleme, die sie hatten, als sie vor Jahrzehnten in die Vereinigten Staaten kamen. Es gab sogar "antisemitische Tendenzen" unter den deutschen Juden, die sich als Angehörige der deutschen Kultur fühlten, voll von den Genen des Friedens, der Freiheit, des

---

[81] Diner, Hasia, *Die Juden in den Vereinigten Staaten*, 1654 bis 2000.

Fortschritts und der Zivilisation, und sich den Juden überlegen fühlten. Wenn sie von den neuen jüdischen Einwanderern aus Osteuropa und Russland sprachen, überschlugen sich Verachtung, Abscheu und Geringschätzung, als ob es sich um eine andere Rasse handelte.

Auf der anderen Seite entdeckten russische und osteuropäische Juden schnell, dass diese deutsch-jüdischen Millionäre auch als Verkäufer von Kleinunternehmen tätig waren und dass sie das, was die deutsch-jüdischen Milliardäre konnten, auch tun konnten. So versuchten viele osteuropäische und russische Juden, dem damaligen Wohlstand der deutschen Juden nachzueifern, und begannen, auf den Straßen von New York eine Vielzahl von Kleinwaren zu verkaufen, was die deutschen Juden wiederum in Verlegenheit brachte und langweilte. Viele osteuropäische Juden versuchten, die Schreibweise ihrer Namen zu "amerikanisieren", um sich zu amerikanisieren, lernten von den deutschen Juden und versuchten, sich in den Kreis der deutschen Juden zu integrieren, aber es gelang ihnen nicht.

Überraschenderweise waren es russische und osteuropäische Juden, die mit ihren tragischen Erfahrungen auf dem alten europäischen Kontinent und ihren strahlenden Visionen für den neuen amerikanischen Kontinent die amerikanische Filmindustrie - Hollywood - aus dem Nichts schufen und ihren "amerikanischen Traum" im Kino und in der realen Welt zu seinem vollen Ausdruck brachten. Die Gründer der sechs ersten Produktionsgesellschaften Hollywoods, Universal, Paramount, Fox, MGM, Warner Bros. und Columbia, waren fast alle jüdische Einwanderer aus Russland und Osteuropa.

Zu Beginn des 20. Jahrhunderts entwickelte sich die Filmtechnik, und jüdische Einwanderer in New York begannen, Kinos zu betreiben und ihrerseits in die Herstellung von Filmen zu investieren. Vom östlichen Filmtrust, der von Thomas Edison angeführt wurde, geächtet, begannen jüdische Produzenten nach Kalifornien auszuwandern, und 1915 begann der jüdische Einwanderer Carl Laemmle seine Karriere in Hollywood mit der Gründung der Universal Studios, der ersten großen Filmstadt der Welt. Bis 1920 wurden fünf weitere jüdische Studios gegründet. In den 1920er und 1930er Jahren wurde das Hollywood-Kino zu einem Mekka der kulturellen Unterhaltung: 3/4 der Amerikaner gingen einmal pro Woche ins Kino.

Der von jüdischen Einwanderern geschaffene "amerikanische Traum" von Freiheit, Demokratie und Selbstbehauptung und die durch

Massenkommunikationsmittel - Filme - verbreiteten kulturellen Symbole fanden wiederum die Zustimmung der weißen amerikanischen Mittelschicht und wurden zum vorherrschenden kulturellen Bewusstsein der amerikanischen Gesellschaft, und Hollywood verbreitete den "amerikanischen Traum" in der ganzen Welt.

KAPITEL V

Ein turbulentes Europa

Ein tiefes Gefühl des Stolzes und der Enttäuschung ist dem deutschen Volk in den Knochen verankert. Die germanische Tradition von harter Arbeit, Strenge, Loyalität und Disziplin hat Deutschland immer eine herausragende Stellung in der modernen Weltgeschichte verschafft, mit einer Reihe von Stars in Wissenschaft, Technik, Literatur, Musik, Poesie, Militär, Politik und Finanzen. Gleichzeitig ist Deutschland aber auch ein seltenes Land in der Geschichte der Menschheit, das voller Tragödien steckt, und kein Land hat jemals so viele bemerkenswerte Beiträge zur menschlichen Zivilisation geleistet und gleichzeitig so viel Leid über die Menschheit gebracht.

Deutschlands größtes Unglück bestand darin, dass es geografisch von zwei europäischen Mächten, Russland und Frankreich, eingeengt und sein Zugang zum Meer von Großbritannien fest abgeschnürt wurde. Je mehr es sich wehrt und je mehr es sich wehrt, desto enger wird das Netz. Vom blutigen 30-jährigen Krieg zwischen den germanischen Völkern (1618-1648), der im 17. Jahrhundert von Richelieu in Frankreich absichtlich provoziert wurde, um das strategische Ziel zu erreichen, dass Deutschland innerhalb von 200 Jahren nicht aufsteigen kann, bis zum Ersten Weltkrieg, als Großbritannien, Frankreich, Weltkriegs, als Großbritannien, Frankreich, die Vereinigten Staaten und Russland sich zusammentaten, um Deutschlands Ambitionen auf einen globalen Aufstieg zu zerstören, bis hin zum Zweiten Weltkrieg, als die vier Länder erneut zusammenarbeiteten, um Deutschlands Versuche, die Welt zu beherrschen, vollständig zu zerschlagen, ist Deutschland dreimal unter dem Gefängnisfeuer der Zerstörung wiedergeboren worden, und seine Vitalität hat die Welt in Staunen versetzt.

Gesellschaften, die sich aus einem rückständigen wirtschaftlichen Zustand heraus entwickeln und ihren Aufholprozess gegenüber fortgeschrittenen Ländern beschleunigen, haben eine gemeinsame Mentalität. In der zweiten Hälfte des 19. Jahrhunderts hinkte Deutschland bei der Industrialisierung und Kolonisierung der überseeischen Gebiete deutlich hinter England und Frankreich hinterher, und die deutschen Industrie- und Handelsunternehmen, die mit ihren mächtigen britischen Konkurrenten konkurrierten, verlangten von der Regierung meist eine Schutzpolitik mit hohen Steuersätzen und niedrigen Kreditkosten. Im Jahr 1871 vollendete Reichskanzler Bismarck schließlich die Einigung Deutschlands. Dies war ein epochales Ereignis, das bedeutete, dass das Gleichgewicht der Kräfte, das den Kontinent mehr als 200 Jahre lang zusammengehalten hatte, zerbrach, dass das laxe und schwache Mitteleuropa plötzlich durch ein geeintes und widerstandsfähiges Deutschland konsolidiert wurde und dass die strategischen Interessen Großbritanniens stark in Frage gestellt wurden. Großbritannien begann, den Aufstieg Frankreichs, Russlands und anderer Länder zu koordinieren, um Deutschland auf dem europäischen Kontinent vollständig zu belagern.

Die internationalen Bankiers haben den Antagonismus und die Feindseligkeit zwischen den Ländern in vollem Umfang ausgenutzt, manchmal sogar geschürt, indem sie zum einen enorme wirtschaftliche Vorteile daraus zogen und zum anderen ihre eigenen größeren strategischen Ziele verfolgten.

Eine unstillbare Sehnsucht: zurückkehren, zurück nach Zion

Im Alten Testament ist Zion der Name, den der Herr denen gegeben hat, die einmütig sind, in Gerechtigkeit wohnen und Gerechtigkeit und Frieden genießen. Zion ist auch der Name des Ortes, an dem sich das gerechte Volk der Vorzeit versammelte und an dem die Auserwählten Gottes eines Tages wieder versammelt sein werden.

Der Berg Zion in Jerusalem, Palästina, wird auch als Bezeichnung für Israel und die antike Region Kanaan verwendet, die das jüdische Volk als seine endgültige Heimat betrachtet. In der israelischen Nationalhymne Hatikvah heißt es: "Ich schaue in die Augen des Ostens, ich schaue auf den Berg Zion" und "Ich bin ein freies Volk, ich stehe über dem Berg Zion und Jerusalem". Beim Bau des jüdischen Tempels von Jeschua wurde das Holz vom Berg Zion genommen, und Kriegsgefangene, die von den Juden in der Antike gefangen genommen wurden, wurden zur Arbeit auf dem Berg Zion gezwungen. Der Berg Zion gilt als ein Symbol des Zionismus.

Die jüdische Lehre, die von Generationen von Juden von Geburt an akzeptiert wurde, besagt, dass Kanaan "ein wunderschönes Land, in dem Milch und Honig fließen" ist, dass der Herr es ihnen zum Leben gegeben hat und dass Gott bestimmt hat, dass das jüdische Volk, wohin es auch verstreut wird, zurückkehren wird und dass keine Macht es aufhalten wird.

Auf der Grundlage dieser unerschütterlichen Überzeugung und dieses spirituellen Antriebs hat das jüdische Volk in Tausenden von Jahren des Umbruchs und des Leidens nie seine Meinung geändert. Es gibt keine Zweideutigkeit in ihrem Glauben, es gibt keinen Raum für Zweideutigkeit in ihrem Wissen über die Welt, für sie sind sie "von Gott auserwählt", um göttliche Autorität im Namen Gottes auszuüben, und ihre Anhäufung von Reichtum und Autorität dient nicht der Verschwendung und Ausschweifung, sondern alles, was sie tun, dient der Ehre Gottes. Seit Tausenden von Jahren glauben sie daran, ohne Heuchelei oder Übertreibung. Jede Erschütterung des Glaubens wird unweigerlich zum Zusammenbruch der gesamten geistigen Welt führen, und schließlich wird die gesamte Nation unweigerlich im Meer der Menschen versinken. Und heute sehen wir nicht nur keine Schwächung des jüdischen Volkes, sondern wir sehen eine Gruppe von mächtigen Kräften, wie wir sie in der Geschichte selten gesehen haben. Wenn es ein Genie unter den Juden gibt, dann ist es untrennbar mit ihrer hochkonzentrierten psychologischen Energie und ihrer unumstößlichen Überzeugung verbunden. Für die Zionisten, die den Berg Zion als Heiliges Land geweiht haben, muss Palästina nach dem Willen Gottes auch das endgültige Ziel der jüdischen Einwanderung sein.

Die jüdische Lehre sagt den Menschen auch, dass der Weg zur Rückkehr voller Entbehrungen, Irrungen und Wirrungen und sogar Verzweiflung ist, aber dass Gott ihnen die Kraft geben wird, sie zu retten und zu führen und sie schließlich zurück in das Land Zion zu führen.

Die deutsche Bankenfamilie: das Feuer der Hoffnung auf eine Rückkehr

Die Wiederherstellung des Staates Israel ist ein sehr großes, äußerst komplexes und fast unmögliches Unterfangen. Nach 2000

Jahren der Vertreibung ist es für die Juden nicht einfach, in das Heilige Land, nach Jerusalem, zurückzukehren, um Israel wieder aufzubauen, das sich vor dem 19. Jahrhundert unter der doppelten Unterdrückung mittelalterlicher europäischer religiöser Kräfte und feudaler weltlicher Vorurteile in einer äußerst schwierigen Phase des Überlebens, geschweige denn des Wiederaufbaus, befand. In diesem Stadium der Geschichte war die Wiederherstellung des Landes nur ein Traum; nach dem 16. Jahrhundert rissen die Reformation und die in Europa aufkommende Aufklärungsbewegung schließlich einen Riss zwischen dem schweren Katholizismus und der strengen feudalen Autokratie, und der Traum von der Wiederherstellung erschien als Hoffnungsschimmer; Ende des 18. Jahrhunderts wurde die französische bürgerliche Revolution schnell zu einem lodernden Feuer, das über den Kontinent hinwegfegte, und das religiöse und feudale traditionelle gesellschaftliche Machtsystem brach zusammen, begleitet vom Aufstieg des Kapitalismus und der beispiellosen Ausweitung der Goldmacht. Mitte des 19. Jahrhunderts wurde der Traum von der Restauration allmählich in die Tat umgesetzt, und die Zionisten begannen, sich in Deutschland zusammenzuschließen, wo das religiöse und gesellschaftliche Umfeld relativ liberal war.

Im Laufe der europäischen Geschichte waren die soziale Existenz und der Status des jüdischen Volkes in etwa in drei soziale Klassen unterteilt. Die erste Klasse gehört zu den allgemeinsten jüdischen Massen, die in Ghettos oder in ihren eigenen einzigartigen Gemeinden leben und durch eine Vielzahl von politischer Macht, religiöser Ausgrenzung und sozialen Traditionen unterdrückt werden. Die zweite Ebene sind die geschützten Juden. Diese Juden gehörten zu einer Gruppe von Menschen, die für die örtliche Regierung wertvoller waren, weshalb man sie als geschützte Juden bezeichnete, vor allem, weil die besondere Industrie, in der sie arbeiteten, mehr zum lokalen Umfeld beitrug. Die dritte Klasse sind die Minderheitsjuden, die einen relativ höheren sozialen Status haben, hauptsächlich aufgrund der Tatsache, dass sie bestimmte einzigartige Dienstleistungen erbringen, wie z. B. Bankiers, die der Regierung des Landes, in dem sie ansässig sind, Geld leihen, und somit einen höheren sozialen Status haben. Diese Menschen wurden Hofjuden genannt. Wohlhabende jüdische Bankiersfamilien, wie die Rothschilds, waren von Haus aus Hofjuden.

Im Laufe der Geschichte war das jüdische Volk immer wieder von Ausgrenzung und Unterdrückung betroffen. Viele Juden wurden an den Rand gedrängt, blieben auf ihre eigenen Gemeinden beschränkt, sprachen ihre eigenen Dialekte, trugen ihre eigene, unverwechselbare Tracht und befolgten religiöse Vorschriften zur Einhaltung besonderer Ernährungsgewohnheiten. Aufgrund der Ausgrenzung der Juden durch die vorherrschenden religiösen Kräfte in Europa und der Diskriminierung der Juden durch die örtliche säkulare Gesellschaft waren die Juden in allen Aspekten der Beschäftigung, der Migration und des Lebens stark eingeschränkt, z. B. durch die Unfähigkeit, Eigentum zu besitzen, Bauernhöfe zu führen und ein Handwerk auszuüben. Dies führte dazu, dass Juden zu gesellschaftlich unbedeutenden Tätigkeiten wie dem Geldwechseln gezwungen wurden. Die Kunden von Geldwechseldiensten sind Menschen, die in verschiedenen Regionen des Landes reisen und Geschäfte machen und ausländisches Geld in lokale Währungen umtauschen müssen, die in den verschiedenen Regionen im Umlauf sind und akzeptiert werden. Die jüdischen numismatischen Makler mit ihren flexiblen Betrieb, Informationen, schnellen Fluss von schnellen, heiklen Funktionen, in einer Vielzahl von numismatischen Märkten zwischen der Ausbreitung, setzen die Achselhöhlen der Pelze, umfangreiche Kontakte, die harte Arbeit der Kunden Ressourcen, nach Tausenden von Jahren der Akkumulation, so dass dieser Beruf hat sich zu einem ikonischen jüdischen Tradition der Industrie, zu erreichen, die Außenseiter sind nicht erlaubt, um das Reich der Tür.

Was den Verlauf der kapitalistischen Entwicklung anbelangt, so verläuft die Entwicklung des Finanzmarktes in etwa parallel zu den vier Phasen der kapitalistischen Entwicklung, nämlich Handelskapitalismus, Industriekapitalismus, Finanzkapitalismus und Monopolkapitalismus. Vom Aufschwung des Mittelmeerhandels, der durch die Kreuzzüge im 13. Jahrhundert ausgelöst wurde, über die anschließende Renaissance-Bewegung, die durch die Wiederentdeckung kanonischer Texte aus der griechischen und römischen Zeit in der arabischen Welt ausgelöst wurde, bis hin zur Entdeckung der Neuen Welt und der industriellen Revolution des 18. Ziel des Handels ist es, eine Brücke zwischen Produzenten und Konsumenten zu schlagen, und der Kaufmann ist der Brückenbauer. Die Zunahme des Handelsvolumens führte auch zu einer Tendenz zur Arbeitsteilung unter den Kaufleuten, wobei sich einige Kaufleute von der Beschaffung, dem Transport, der Lagerung und dem Verkauf von Waren abwandten und stattdessen Finanzdienstleistungen für verschiedene Aspekte dieses Prozesses erbrachten, wie z. B. die Bereitstellung von Kaufkrediten, Transportversicherungen, Wechselakzepten, Wechseldiskontierungen und Finanztransaktionen.

Diese spezialisierte Arbeitsteilung steigerte den Umfang und die Effizienz des Handels erheblich, und es entstand eine große Gruppe von "Merchant Bankers", den Vorläufern der späteren Investmentbanker. Ein großer Zustrom von Juden in das damalige Italien bildete einen wichtigen Teil der "merchant bankers".

Um das 13. Jahrhundert n. Chr., mit den Kreuzzügen und der Entwicklung der Seefahrt, entstand im Mittelmeerraum eine große Nachfrage nach Handel und Warentransport, und Italien wurde allmählich zu einem zentralen Verteilungspunkt für den Personen-, Logistik- und Informationsfluss, und der Reichtum nahm zu. Der auf der Handelsnachfrage basierende Handelskredit und der Handel mit Instrumenten kamen ebenfalls auf und machten Italien zur ersten Region mit Finanzmärkten und Bankdienstleistungen.

Wenn zum Beispiel ein ägyptischer Exporteur mit einem französischen Importeur ein Pelzgeschäft abschließt, muss der Ägypter eine Finanzierung erhalten, bevor die Ware vorbereitet werden kann, oder der französische Käufer hat einen Fehlbetrag und muss einen Kredit aufnehmen, um den gesamten Betrag zu finanzieren. An diesem Punkt trat ein italienischer Handelsbankier als Vermittler von Krediten auf, der dafür Zinsen verlangte, und der Handelskredit war geboren. Als die Ägypter die Häute und Felle verschifften und erwarteten, sofort bezahlt zu werden, und der französische Käufer auf der anderen Seite des Meeres auf das Schiff wartete, weil er es nicht wagte, aus dem Nichts zu zahlen, waren beide Parteien deprimiert. Zu diesem Zeitpunkt tauchten die Italiener wieder auf und entwickelten ein neues Finanzinstrument, den "Wechsel", der den Zeitpunkt und die Währung angab, in der die Franzosen den von den Ägyptern ernannten italienischen Agenten bezahlen würden, und die Ägypter waren sehr froh, ein solches Zahlungsmittel zu akzeptieren. Der Ägypter wachte auf und wollte plötzlich sein Geld in die Tasche stecken und nicht bis zum vereinbarten Zeitpunkt warten, um Bargeld abzuheben, so dass er seinen italienischen Agenten veranlassen konnte, den Wechsel mit einem Abschlag an einen Anleger zu verkaufen, der bereit war, die Fälligkeit abzuwarten, bevor er ihn abhob. Wer will diese Geldanweisungen annehmen? In der Hauptsache intelligente Juden. Die Juden verschafften sich Geldanweisungen zu zwei Zwecken: erstens, um von den Investitionen zu profitieren, und zweitens, um die Beschränkungen der strengen Antisuspendanzgesetze des Heiligen Stuhls zu umgehen, da sich in der Diskontierung von Geldanweisungen hohe Zinskredite verstecken ließen.

Die Renaissance förderte den Aufschwung des städtischen Handels und der Industrie, und die Juden erlangten aufgrund ihrer finanziellen Fähigkeiten eine herausragende Stellung im Handel. Insbesondere seit der Französischen Revolution Ende des 18. Jahrhunderts wurde die Schließung des Ghettos (getto) allmählich aufgehoben. Fünfundzwanzig Jahre Krieg in ganz Europa und die industrielle Revolution, die sich in Großbritannien abzuzeichnen begann, führten zu einer beispiellosen Nachfrage nach Finanzmitteln. Die jüdischen Finanziers nutzten diese strategische Gelegenheit, um schnell vom Münzhandel und -tausch auf die Finanzierung von Königshäusern und Kriegen umzusteigen und so zu großem Reichtum und gesellschaftlichem Ansehen zu gelangen und zum Rückgrat der zionistischen Bewegung zu werden, deren berühmteste Vertreter die Familien Rothschild und Warburg waren.

Das Jahrtausend der Ausgrenzung und Unterdrückung in Europa hat einen einzigartigen und sensiblen jüdischen Sinn für Finanzen hervorgebracht. Das raue äußere Umfeld zwang die Juden, ihren eigenen Lebensweg zu finden, der darin bestand, sich ständig mit allen Arten von Käufen und Verkäufen und Handel zu beschäftigen, von Währungen bis zu Rohstoffen, und dabei niedrig zu kaufen und hoch zu verkaufen, um die entsprechenden Spannen zu verdienen, was wir heute Arbitrage nennen.

Wer den Kanal besetzt, hat einen großen Vorteil. Nach jahrhundertelanger harter Arbeit haben die Juden endlich die feste Kontrolle über die globalen Kanäle der Kapital- und Kreditströme übernommen. Ihre hohe Sensibilität für geschäftliche Intelligenz, ihre weitreichenden Kundenkontakte, ihr akribischer Geschäftssinn und der starke religiöse Zusammenhalt des jüdischen Volkes haben sie zu den Einzigen in der Branche gemacht, die eine solide, unerschütterliche Position aufgebaut haben und diesen Vorteil und dieses Monopol über Generationen hinweg aufrechterhalten werden. In den letzten Jahrhunderten haben sich die Finanzmärkte rasant vergrößert, Tiefe und Komplexität sind nicht mit denen der Vergangenheit vergleichbar, und Kapital, Kredite und Wechsel haben sich zu einer Vielzahl von Wertpapieren entwickelt, bis hin zur modernen Bedeutung von Aktien, Anleihen und Finanzderivaten, die alles umfassen und sich mit jedem Tag verändern. Das Einzige, was sich nicht geändert hat, ist die Dominanz und die Entscheidungsgewalt der jüdischen Finanzfamilie über die globalen Kanäle der Kapital- und Kreditströme. Die jüdische Finanzfamilie bildet die Adern des heutigen Weltfinanzsystems, ein komplettes, solides, effizientes, dichtes und präzises Netz von Finanzkapillaren, die sich über das gesamte globale Wirtschaftsgefüge erstrecken und tief in alle gesellschaftlichen Ebenen, von oben bis unten, eingebettet sind. Und in diesem riesigen Gefäßsystem fließt das reiche Blut der Welt, und für alles Geld, das durch diesen Kanal fließt, müssen verschiedene Gebühren entrichtet werden.

Wenn der Rohstoffkanal König ist, dann ist der Finanzkanal der Taikoo!

Durch die Schaffung von Finanzkanälen hat die jüdische Finanzfamilie mit Deutschland als erstem Geburtsort kontinuierlich Reichtum angehäuft und ihre Macht gefestigt, die schließlich das Feuer der Hoffnung für das Große Reich entfachte.

Das palästinensische Dilemma

Palästina stand von seiner Eingliederung in das Osmanische Reich im Jahr 1518 bis zum Ende des Ersten Weltkriegs unter osmanischer Herrschaft. Für die Zionisten muss das Osmanische Reich zustimmen, damit der jüdische Staat in Palästina wieder errichtet werden kann, und damit das Osmanische Reich Palästina abtritt, gibt es nur zwei Möglichkeiten: die Verlockung des Geldes und den Zwang des Krieges.

In Deutschland, wo jüdische Finanziers an Einfluss gewannen und die Zionisten sich um Palästina den Kopf zerbrachen, kam es in der Bismarck-Ära zu einem wichtigen Wendepunkt. Vor und nach der deutschen Wiedervereinigung entwickelte der Zionismus in Deutschland allmählich ein Klima und wurde zu einem zentralen Bereich der internationalen zionistischen Bewegung. Deutschland war ein Paradies für die Juden des 19. Jahrhunderts, und seine Offenheit und Toleranz wurden zum Garten Eden für Juden, die in Ghettos lebten und unter der doppelten Unterdrückung durch Religion und Feudalismus in ganz Europa, insbesondere in Osteuropa, litten. Historisch gesehen war der jüdische Widerstand in den unterdrückten Regionen Mittel- und Osteuropas, der Wiege des Zionismus, am stärksten. Relativ gesehen waren die reichen und laxen deutschen Juden liberaler und hielten eine gewisse Distanz zum zionistischen Mainstream. In Bezug auf die spirituelle Philosophie gibt es jedoch keinen wesentlichen Unterschied zwischen den beiden Seiten.

In der zweiten Hälfte des 19. Jahrhunderts, mit der Wiedervereinigung Deutschlands, waren die strategischen Ziele

Bismarcks und Wilhelms II. im Osten so klar, dass das Osmanische Reich im Nahen Osten zu einem Objekt wurde, auf das sich Deutschland konzentrieren musste. An diesem Punkt fanden die Zionisten strategische Verbündete. Die Grundidee des Zionismus bestand darin, mit Unterstützung Deutschlands vom Osmanischen Reich, zu dem Deutschland gute Beziehungen unterhielt, einen Passierschein für die Massenauswanderung von Juden nach Palästina und die eventuelle Gründung eines Staates zu erhalten. Und um die deutsche Regierung zu überzeugen, bestand ihre Lobby-Rhetorik darin, eine deutschfreundliche palästinensisch-jüdische Basis im Nahen Osten zu schaffen, die ein wertvoller Aktivposten und ein zuverlässiges Sprungbrett für Deutschlands Strategie nach Osten war. Die Verlockung für das Osmanische Reich bestand darin, dass die Ansiedlung großen jüdischen Kapitals in Palästina die lokale wirtschaftliche Entwicklung erheblich fördern und dem Osmanischen Reich beträchtliche wirtschaftliche Vorteile bringen würde, und dass die internationale jüdische Kapitalmacht der stärkste Käufer der osmanischen Staatsschulden sein würde. Dies war natürlich sehr verlockend für das Osmanische Reich, das sich bereits am Rande des finanziellen Ruins befand. Das in finanzieller Hinsicht stark gestärkte Osmanische Reich wurde seinerseits zu einem starken strategischen Verbündeten im Osten Deutschlands und fügte so dem deutschen Machtgleichgewicht auf dem europäischen Kontinent ein erhebliches Gewicht hinzu. Inmitten all dieser Lobbyarbeit bestand die jüdische Strategie darin, füreinander zu stimmen, und sowohl Deutschland als auch das Osmanische Reich wurden so gekitzelt, dass es unmöglich war, nicht zu schwimmen. Was das Lobbying-Talent angeht, so fürchte ich, dass die Su Qin und Zhang Yi aus der Zeit der Streitenden Staaten ebenfalls über sich selbst seufzen müssen.

Die deutsche Elite hatte ihre eigenen Überlegungen, und die wachsende Zahl osteuropäischer jüdischer Einwanderer, die in großer Zahl nach Westen zogen, führte zu Ressentiments und Ablehnung in allen Teilen des deutschen Vaterlandes. Kaiser Wilhelm II. geriet zunehmend unter politischen Druck. Das Problem der Juden in Deutschland erfordert eine grundlegende Lösung. Die Ansiedlung von Juden in palästinensischen Gebieten würde sowohl die zionistischen Forderungen befriedigen als auch den politischen Druck auf die Antisemiten im eigenen Land verringern. So wurde ein umfassender Konsens zwischen der deutschen herrschenden Klasse, den Zionisten und den antisemitischen Kräften in Deutschland über die Absicht

Bartholomäus' II. erreicht, Palästina als Ort der jüdischen Ansiedlung zu nutzen.

1893 begann Deutschland, die einzige Großmacht unter den europäischen Mächten, die Tabus brach, die Abschaffung der osmanischen Gesetze vorzuschlagen, die weiteren Landerwerb durch Juden im palästinensischen Gebiet untersagten. Die Unterstützung für den Zionismus wurde noch deutlicher, als Kaiser Wilhelm II. im Herbst 1898 das Osmanische Reich besuchte, und sein offizieller Besuch schloss einen Besuch in Palästina ein und arrangierte Gespräche mit der örtlichen zionistischen Hazel. In den Gesprächen mit dem osmanischen Sultan wurde die Unterstützung Wilhelms II. für den Zionismus deutlich, und er zeigte sich optimistisch, dass die Errichtung einer jüdischen Siedlung in Palästina dem Osmanischen Reich zu wirtschaftlichem Wohlstand verhelfen würde. Der Sultan lehnte jedoch die jüdische Option der Eigenstaatlichkeit an Ort und Stelle ab. Es ist auch verständlich, dass das Osmanische Reich ein riesiges und im Niedergang begriffenes multiethnisches Reich war, und wenn es den Juden gelänge, einen Staat zu gründen, und andere ethnische Gebiete dem Beispiel folgen würden, wäre es dann nicht schwierig, die Situation zu bereinigen? Nach dieser Verhandlung war Wilhelm II. sehr erleichtert und hatte das Gefühl, dass man ihn übersehen hatte. Um sich nicht mit dem Osmanischen Reich zu zerstreiten, gab die deutsche Regierung ihre Unterstützung für den Zionismus in der Diplomatie auf.

Die Lobbyarbeit für Deutschland und das Osmanische Reich blieb erfolglos, und die Zionisten wandten sich an Deutschlands Rivalen, Großbritannien, in der Erwartung, einen Krieg zwischen Großbritannien und Deutschland zu provozieren, das Osmanische Reich zu zerstückeln und so Palästina zu bekommen. Gleichzeitig konnten die Bankiers mit der Finanzierung des Krieges, der Reparationszahlungen nach dem Krieg und der Finanzierung des Wiederaufbaus satte Gewinne einfahren und damit zwei Fliegen mit einer Klappe schlagen. Im Ersten Weltkrieg setzten sich die Zionisten erfolgreich bei Großbritannien und den Vereinigten Staaten dafür ein, die jüdische Einwanderung nach Palästina zu unterstützen, wodurch sie Deutschland im Stich ließen und die Vereinigten Staaten ermutigten, Deutschland den Krieg zu erklären.

Belagerung und Aufstieg: Der strategische Wettbewerb von Yingde

Die Grundlage der britischen Staatlichkeit war der Freihandel, eine Idee, die erstmals von dem schottischen Wirtschaftswissenschaftler Adam Smith vorgeschlagen wurde.[82] Nach der Handelstheorie klassischer Ökonomen wie Smith ist der internationale Handel für beide Seiten von Vorteil. Wenn eine Ware in einem anderen Land billiger zu produzieren ist, muss sie nicht in diesem Land hergestellt werden, weil es kostengünstiger und vorteilhafter ist, das Geld auszugeben, um sie in einem anderen Land zu kaufen. Auf der Grundlage seiner riesigen überseeischen Kolonien, die ein Sechstel der Weltfläche ausmachen, zwingt Großbritannien mit seiner Kontrolle über das Meer, die industrielle Technologie, die Finanzen und die Rohstoffe unter dem Slogan des Freihandels die nicht industrialisierten Länder dazu, die Tore des Handels zu öffnen und sich Ressourcen und Märkte anzueignen, um so enorme Gewinne zu erzielen. Der Opiumkrieg war ein Beispiel für die britische Hegemonie über die Qing-Dynastie, und in der ersten Hälfte des 19blieb Deutschland bei der Industrialisierung und Kolonisierung der überseeischen Länder weit hinter Großbritannien und Frankreich zurück. Das "Erfolgsmodell" der Nachahmung der Briten war zu dieser Zeit das vorherrschende Modell in der deutschen Wirtschaft, aber die Rezession der britischen Wirtschaft in den 1870er Jahren brachte die Deutschen dazu, die gravierenden Nachteile des britischen Freihandelsmodells zu erkennen und sich der infantilen Industrieschutztheorie zuzuwenden, die von dem deutschen Ökonomen Friedrich List vertreten wurde.

Lister war ein Kritiker von Adam Smith, der in The National System of Political Economy feststellte, dass "die von Adam Smith begründete kosmopolitische politische Ökonomie, die den Freihandel als Ideal behandelt, in Wirklichkeit britischen Interessen dient. Deutschland will eine nationale politische Ökonomie aufbauen, die seinen Interessen dient, indem es Handelsschutz einführt."[83] Liszt argumentierte, dass es für ein ungeschütztes rückständiges Land nicht mehr möglich sei, sich im freien Wettbewerb mit mächtigen

---

[82] Adam Smith, *Der Reichtum der Nationen.*

[83] Friedrich List, *Das nationale System der politischen Ökonomie.*

Industrieländern zu einem aufstrebenden Industrieland zu entwickeln, da die rückständigeren Länder in der Regel der Dominanz der industriellen, kommerziellen und maritimen Hegemonialmächte unterliegen würden. Das relativ rückständige Deutschland aufzufordern, mit dem entwickelten Großbritannien durch freien Handel zu konkurrieren, ist gleichbedeutend damit, ein Kind mit einem Erwachsenen in ein Tauziehen zu verwickeln. Angesichts dieser Realität müssen die Schwellenländer, wenn sie stark sein wollen, ihre "kindlichen Industrien" schützen. Die Theorie des Schutzes der kindlichen Industrien basiert auf dem Zollsystem, wobei Zollerhöhungen ein Mittel sind, um eine bedeutende Entwicklung der nationalen Produktivität, insbesondere der industriellen Produktivität, zu erreichen.

Deutschland ist entschlossen, die Schifffahrt und die Eisenbahn zu entwickeln, eine Politik des Zollschutzes für die heimische Industrie zu betreiben und wissenschaftliche und technische Talente auszubilden. Im Jahr 1871 vollendete Reichskanzler Bismarck schließlich die Einigung Deutschlands. Dies war ein epochales Ereignis, das bedeutete, dass das über 200 Jahre lang auf dem Kontinent aufrechterhaltene Gleichgewicht der Kräfte durchbrochen wurde und dass die laxe und schwache mitteleuropäische Region plötzlich in ein einheitliches, widerstandsfähiges und explosives Deutschland integriert wurde. Die wirtschaftliche Entwicklung Deutschlands und die Etablierung eines neuen Wirtschaftsmodells stellten das britische Konzept von Staatlichkeit und strategischen Interessen in Frage.

Hamburg-Amerika-Linie: Der Kampf um die maritime Hegemonie

Der deutsche Kaiser Wilhelm II. erkannte, dass die wirtschaftlichen Interessen Deutschlands ohne eine starke Handelsflotte und Flotteneskorte dem maritimen Hegemon Großbritannien für immer ausgeliefert waren. Albert Ballin, der deutsch-jüdische Schifffahrtskönig, und seine Hamburg-Amerika-Linie (HAPAG) spielten eine entscheidende Rolle in der Geschichte der deutschen maritimen Entwicklung, und 1899 wurde Ballin Präsident der Hamburg-Amerika-Linie. Unter seiner Führung verfügte die Hamburg-Amerika-Linie über 175 Megaschiffe, eine Zahl, die die aller kontinentaleuropäischen Konkurrenten übertraf.[84] Später war sogar der deutsche Kaiser Wilhelm II. von dieser riesigen Flotte so überwältigt, dass er für verschiedene Veranstaltungen oft zu Bowlings Flottille kam. Bis 1910 beschäftigte Bowlings Flotte mehr als 20.000 Menschen und Hamburg wurde zum zweitgrößten Hafen der Welt nach New York.

In der Tat ist die Entscheidung Deutschlands, seine Seemacht auf diese Weise auszubauen, geografisch gesehen problematisch. Denn die deutsche Küstenlinie befindet sich in einer sehr ungünstigen Lage. Im Nordwesten liegt die Nordsee des Atlantischen Ozeans, direkt gegenüber von Hamburg, das von Großbritannien blockiert wird, und im Norden liegt die Ostsee, die nur einen sehr schmalen Zugang zum Meer hat, und nachdem sie in die Nordsee mündet, immer noch von Großbritannien blockiert wird. Mit dem Bau des Nord-Ostsee-Kanals wurden die Nord- und die Ostsee miteinander verbunden, aber das Problem des Zugangs der deutschen Marine zum Meer war damit noch nicht gelöst.

Im Gegensatz zu Deutschland, das einerseits die deutschen Exporte aus der Nordsee blockierte und andererseits von seiner Westküste aus freien Zugang zum Atlantischen Ozean hatte, verfügte Großbritannien natürlich über eine maritime Überlegenheit, während Deutschland am Ausgang des Atlantiks eingeschlossen war.

Die damalige Strategie Deutschlands, Riesenschiffe und Hochseeflotten zu entwickeln, erwies sich in den beiden späteren Weltkriegen als großer strategischer Fehlschlag. Die riesige deutsche Kriegsflotte, die in 20 Jahren mit großem Aufwand aufgebaut worden war, wurde im Ersten Weltkrieg weitgehend zerstört. Im Zweiten Weltkrieg spielten Hitlers mächtige Seestreitkräfte, mit Ausnahme der U-Boote, eine gewisse Rolle, und alle schweren Kriegsschiffe, einschließlich der beiden unvollendeten deutschen Flugzeugträger, spielten im Wesentlichen keine wesentliche Rolle, was vor allem an den Schwierigkeiten lag, in die und aus der Nordsee zu gelangen.

Die maritime Geografie, mit der Deutschland konfrontiert ist, ähnelt sehr der maritimen Situation, mit der China heute konfrontiert ist. Obwohl Chinas Küstenlinie 18.000 Kilometer lang ist, zeigt die Karte, dass die Meere des Landes fest durch die erste Inselkette

---

[84] Ron Chernow, *The Warburgs The 20 Century Odyssey of a Rememberable Jewish Family.*

blockiert sind, mit Südkorea im Norden, dem japanischen Archipel, Okinawa, der Insel Taiwan, die in der Mitte an China grenzt, und den Philippinen im Süden, bis hin zu Malaysia und Indonesien sowie der Straße von Malakka. Diese erste Inselkette sperrt Chinas lange Küstenlinie im chinesischen Binnenmeer ein, während eine zweite Inselkette nicht weit entfernt liegt.

Noch einmal zurück ins Deutschland des 19. Pauline wurde eine gute Freundin von Wilhelm II., der sagte, er habe "Pauline nie als Hofjüdin betrachtet", und 1891 hielt Wilhelm II. auf Veranlassung von Pauline eine Rede, in der er sagte:

> *„Wir Preußen sollten zur See fahren und die Grenzen des Meeres erforschen und fruchtbar sein, um Deutschlands und Eurer Gesellschaft willen; es ist eine Sache des gegenseitigen Nutzens und des Besten von beiden Welten."*[85]

Neben dem Bau von Kriegsschiffen ließ Wilhelm II. im Juni 1895 den Nord-Ostsee-Kanal graben, der die gesamte Ostsee mit der Nordsee verband. Diese Fortschritte bestärkten Wilhelm II. in seiner Enttäuschung über die See. Für Wilhelm II. waren eine große Handelsflotte und eine starke Marine untrennbar miteinander verbunden. Paulings große HAPAG-Schiffe konnten bei Kriegsausbruch schnell in die Flotte der deutschen Marine umgewandelt werden.

Im Jahr 1898 unterstützte Bowling öffentlich das deutsche Flottenbauprogramm, als der mächtigste Förderer des Flottenbauprogramms der deutsche Admiral Tepitz war, und im Jahr 1900 genehmigte der Reichstag per Gesetz den Bau von zwei großen Marineschiffen. Das ist eine riesige Geschäftsmöglichkeit für Bowling. Und natürlich vergaß er nicht,[86] seinen vergessenen Freund, den jüdischen Bankier Max Warburg, zu erwähnen.

Max Warburg: Der Wirtschaftszar der Zukunft

Der Aufbau der riesigen deutschen Seeflotte wird zwangsläufig mit hohen finanziellen Aufwendungen verbunden sein, und die

---

[85] Ebd.

[86] Lawrence Sondhaus, Naval warfare, 1815-1914 (Routledge, 2001).

deutschen internationalen Bankiers werden dabei große Gewinne erzielen. Gleichzeitig musste Deutschlands große Marinestrategie Großbritanniens Nerven strapazieren, und Großbritanniens internationale Bankiers vergrößerten die von Deutschland ausgehende maritime Bedrohung auf strategische Höhen für das Überleben des Empire. Die britische Regierung reagierte instinktiv mit dem Bau einer größeren Marineflotte, und so wurde das Wettrüsten zum Auftakt für ein finanzielles Festmahl mit üppigen Genüssen. Das Wettrüsten hingegen ist "organisierte und unsichtbare Gewalt" und muss sich auf eine umfangreiche Finanzierung stützen. Auf diese Weise waren die deutsch-englische Regierung und ihre Verbündeten in Europa, zusammen mit den Pferdestärken zur Ausweitung der militärischen Vorbereitungen, die internationalen Bankiers in ganz Europa "voll von öffentlicher Schulden-Ekstase"!

Max Warburg und Alpert Bowling sind seit über zwei Jahrzehnten befreundet. Mit der tatkräftigen Unterstützung von Bowling wurde Max in den Vorstand von Bowling berufen. Im gleichen Zeitraum wurde Max auf Empfehlung von Bowling in den Vorstand mehrerer anderer Zulieferer von Bowling aufgenommen, darunter eine Gruppe der größten deutschen Schiffbauunternehmen wie Bromworth. Für Bromworth war Bowling der größte Kunde, und als Bowling darum bat, Max in den Vorstand des Unternehmens aufzunehmen, konnte das Unternehmen nicht ablehnen.

Durch dieses Arrangement wurde Max bald zu einer zentralen Figur im deutschen Schiffbau und Handel. Bis 1920 hatten Max und die anderen Partner der Familienbank Aufsichtsratsposten in 80 bis 90 großen Unternehmen inne und waren die führenden Akteure in Industrie, Handel und Finanzen in Deutschland. Dank der intensiven Lobbyarbeit von Max und Bowling war Wilhelm II. von der Aussicht auf das Meer beeindruckt und bereit, groß einzusteigen.

Im Jahr 1893 übernahm Max die Leitung des Familienbankhauses Warburg. Innerhalb von zehn Jahren war aus dem jungen Mann, der damals an der Spitze der deutschen Finanzindustrie stand, ein Riese geworden.

Im Jahr 1903, im Alter von 36 Jahren, wurde Max von Pauline erstmals Kaiser Wilhelm II. vorgestellt. Der damalige deutsche Reichskanzler Blow war der Meinung, dass Kaiser Wilhelm II. Kenntnisse im Finanzwesen benötigte, um die Finanzreform voranzutreiben, und schlug vor, dass Bowling Max Wilhelm II. bei einem gemeinsamen Abendessen vorstellen sollte.

Bowling teilte Max mit, dass Wilhelm II. von Deutschland ihn vorladen wolle, gab ihm aber nur zehn Minuten Zeit, um die finanziellen Probleme zu schildern. Max lehnte sofort ab, als er dies hörte, und sagte hartnäckig, zehn Minuten seien nicht genug. Dank seiner Hartnäckigkeit konnte Wilhelm II. den Empfang auf 32 Minuten verlängern. Nach wiederholten Proben für seinen Auftritt vor dem Kaiser bereitete Max schließlich eine Rede von 25 Minuten vor, wobei weitere 7 Minuten für die Diskussion mit Wilhelm II. vorgesehen waren.

Die Probe war ein Erfolg, aber die öffentliche Aufführung litt darunter. Wilhelm II., dieser Mann, war mürrisch und äußerst launisch. Max hatte gerade mit seiner Rede begonnen, als Wilhelm II. ihn unterbrach: „Das zaristische Russland wird bald am Ende sein." Max entgegnete: „Eure Majestät, das wird es nicht, das zaristische Russland wird nicht zu Ende sein."

Dann begann Max zu erklären, dass dies daran liege, dass Russland gerade eine neue Anleihe aufgenommen habe, mit der die alte getilgt werde, ohne die Gesamtverschuldung zu erhöhen. Als er hörte, dass Max ihm tatsächlich direkt widersprach, brach der Kaiser sofort in Wut aus und brüllte: "Das zaristische Russland muss erledigt werden, und zwar auf ganzer Linie. "Nach dem Gebrüll wedelte er mit dem Ärmel und ging, um dem hilflosen Max Luft zu machen. Später erzählte Max davon und scherzte: "Meine Zuhörer sollten mir eigentlich 32 Minuten geben, aber am Ende hatte ich nur 3 Minuten. "

Trotz des "Misserfolgs der öffentlichen Aufführung" begünstigte Wilhelm II. Max wegen seiner Bedeutung. Im darauffolgenden Jahr rief Wilhelm II. Max erneut zu sich, erhob sein Glas auf ihn und erklärte sich bereit, die lange aufgeschobenen Vorlesungen zur Finanzreform zu hören.

Kaiser Wilhelm II. war ein stolzer und eingebildeter Mann, und es war nicht leicht, ihn zu einem Kompromiss zu bewegen, wie die Stellung von Max in seinem Herzen zeigt. In einem Gespräch räumte Wilhelm II. widerwillig ein, dass es stimme, dass das zaristische Russland in nächster Zeit nicht bankrott gehen würde. Aber Max war undankbar und warf ein: "Ich habe es Seiner Majestät bereits gesagt. "Wilhelm II. schlug verärgert auf den Tisch: "Hast du jedes Mal Recht? "Als Max sah, dass Wilhelm II. wieder losstürmen wollte, entschuldigte er sich sofort, nur um Wilhelm II. einen gut vorbereiteten Vortrag über die Finanzreform halten zu können. [87]

In der Folgezeit trafen sich Max und Wilhelm II. häufig. Die Beziehung zwischen Max und Wilhelm II. unterscheidet sich von der Beziehung zwischen Bleichröder und Bismarck. Bismarck war Bleichröder gegenüber oft diktatorisch, aber sehr subjektiv. Wilhelm II. war einerseits starrköpfig in seinen Ansichten und andererseits "weichgespült" und leicht von anderen zu bewegen. Jedes Mal, wenn Max glaubte, den Kaiser überzeugen zu können, änderte Wilhelm II. plötzlich seine Meinung, wenn er die Version eines anderen hörte.

Im damaligen Deutschland standen der Junker-Adel und das preußische Offizierskorps den Juden feindselig und ablehnend gegenüber, hauptsächlich aus Interessengründen. Der Junker-Grundbesitzadel war in seiner Ideologie relativ konservativ, und ihr Gruppeninteresse bestand darin, den Preis für landwirtschaftliche Produkte zu schützen, indem sie höhere Zölle forderten und ausländische Konkurrenten fernhielten. Die Reedereien und die jüdischen Bankiers, die sich für den Seehandel einsetzen, sind strikt gegen den Handelsprotektionismus. Der Grund dafür ist einfach: Sobald sich der Handelsprotektionismus durchsetzt, kann der internationale Handel nicht mehr funktionieren, und sie haben keinen Markt für die zahlreichen Finanzdienstleistungsgeschäfte des internationalen Handels. Infolgedessen bildeten die Junker-Grundbesitzer und die jüdischen Bankiers einen scharfen und widersprüchlichen Konflikt. Es gibt auch Parallelen zu den heutigen Auseinandersetzungen im Bereich des internationalen Handels. Die Hauptakteure im Kampf für Freihandel, niedrigere Zölle und Globalisierung sind im Wesentlichen supranationale Konzerne und internationale Konsortien; im Gegensatz dazu sind die meisten Gegner des Freihandels und Befürworter des Handelsschutzes nationale und lokale Kräfte, die durch den Freihandel geschädigt würden. Globalisierung und Freihandel sind keine theoretischen und prinzipiellen Slogans, sondern eine Frage des nackten Interesses.

Beeinflusst durch die starke Befürwortung von Max und Bowling, war Wilhelm II. zögerlich, was das Meer betraf, und bereit, es groß zu

---

[87] Ron Chernow, *The Warburgs The 20 Century Odyssey of a Rememberable Jewish Family*.

machen. Zu Beginn des 20. Jahrhunderts begannen die beiden Großmächte Großbritannien und Deutschland im Zentrum des europäischen Kontinents einen Kampf auf Leben und Tod, bei dem es um Belagerung und Gegenbelagerung, Eindämmung und Aufstieg ging, die intensivste und blutigste Szene der modernen Weltgeschichte.

Berlin-Bagdad-Bahn: Deutschlands strategischer Korridor gegen Belagerung

Im Jahr 1885 erfand der deutsche Ingenieur Gottlieb Daimler den mit Erdöl betriebenen Automobilmotor, der wesentlich kompakter und effizienter war als das sperrige und massive, mit Kohle betriebene Dampfmaschinensystem der damaligen Zeit. Diese fortschrittliche Motorentechnologie konnte auch in Schiffen, Kriegsschiffen und später in Flugzeugen eingesetzt werden, und die Erdölressourcen rückten natürlich in den Mittelpunkt des Interesses. Zu dieser Zeit hatten Großbritannien und die von ihm kontrollierten Kolonien noch kein Öl entdeckt, und die Augen der Welt richteten sich auf die Ölvorkommen in der arabischen Region.

Angesichts des Drucks von der See her musste Deutschland versuchen, Möglichkeiten für eine strategische Entwicklung auf dem Landweg zu finden, da es momentan schwierig war, die mächtige Seemacht Großbritannien zu überholen. Seit dem Ende des 19. Jahrhunderts hat Deutschland auf der anatolischen Halbinsel Geschäfte und Investitionen getätigt und Bankinstitute eröffnet. Die anatolische Halbinsel, die im Norden an das Schwarze Meer, im Westen an die Ägäis und im Süden an das Mittelmeer grenzt, ist das strategische Tor Europas zum Nahen Osten. Deutschlands strategisches Ziel war klar: der Bau einer Eisenbahnlinie von Berlin nach Bagdad (die "Orient-Express"-Linie hatte zuvor Istanbul erreicht), die Deutschlands starke industrielle Produktionskapazitäten mit dem Reichtum an Rohstoffen, Öl, Nahrungsmitteln und riesigen potenziellen Märkten im Nahen Osten verbinden, die industrielle Produktion und die Rohstoffressourcen Mitteleuropas, des Balkans und des gesamten Nahen Ostens wirtschaftlich und strategisch integrieren und den politischen Einfluss auf ganz West- und Südasien ausdehnen und so den Seeweg vom Persischen Golf zum Indischen Ozean öffnen würde. Vor allem aber würde dieser Korridor die mächtige britische Seekontrolle umgehen, den unter britischer und französischer Kontrolle stehenden Suezkanal umgehen und als strategische Arterie der deutschen

Sicherheit unter dem Schutz der dominierenden deutschen Landstreitkräfte dienen. Vor diesem Hintergrund schloss sich die Warburg Family Bank in Hamburg im Jahr 1900 mit der Deutschen Bank zusammen und begann, das Eisenbahnprojekt in großem Umfang zu finanzieren.

Es ist klar, dass dieser strategische Versuch Großbritannien sehr nervös gemacht hat. Die deutsch-britischen Spannungen eskalierten allmählich.

Im Jahr 1907 sagte der damalige britische Premierminister Arthur Balfour dem amerikanischen Diplomaten Henry White besorgt: "Großbritannien wird einen törichten Fehler begehen, wenn wir uns nicht beeilen, Deutschland den Krieg zu erklären, bevor die Deutschen weitere Transportsysteme bauen und uns den Handel wegnehmen."[88] White zeigte sich unbeeindruckt und sagte: "Wenn Sie mit den Deutschen im Handel konkurrieren wollen, dann sollten Sie härter arbeiten. " Balfour antwortete: "Das würde unseren Lebensstandard senken und es relativ einfacher machen, Krieg zu führen. Ist es einfach eine Frage von Recht und Unrecht? Es geht hier um die britische Hegemonie. "

Ähnlich wie Großbritannien lehnten auch Frankreich und Russland das Bagdad-Eisenbahnprojekt vehement ab und taten alles, um seinen Bau zu verhindern. Großbritannien versuchte, das Osmanische Reich davon zu überzeugen, dass es sich um eine deutsche Verschwörung zur Kontrolle und Zerstörung der Türkei handelte. Und Frankreich hatte trotz eines lokalen Investitionsinteresses in Höhe von 2,5 Milliarden Francs eine Anweisung der Regierung, den Handel von Anleihen der Bagdadbahn an der Pariser Börse zu verbieten.

Das Bagdad-Eisenbahnprojekt war ein unversöhnliches Bindeglied im Kampf um Belagerung und Gegenbelagerung zwischen Großbritannien, Frankreich, Russland und Deutschland und eine der Hauptursachen des Ersten Weltkriegs.

---

[88] John V. Denson, *Reassessing the presidency: the rise of the executive state and the decline of freedom* (Ludwig von Mises Institute, 2001).

Vorfall in Agadir

Seit den napoleonischen Kriegen von 1815 hat Großbritannien eine unangefochtene Position der weltweiten maritimen Hegemonie inne und kontrolliert fest die wichtigsten Wasserstraßen der Weltmeere.

Churchills Vater Randolph war ein enger Freund der Rothschilds, und die britische Außenpolitik war im Wesentlichen die der Rothschilds. Rothschild war einer der bedeutendsten Befürworter und aktiven Förderer der Royal Navy.

Mit dem Aufkommen des Benzinmotors stieg die Nachfrage nach Öl in der Marine und in allen Industriezweigen unweigerlich an, und der Rothschild-Zweig Frankreichs schloss sich schnell mit den Rockefellers in den Vereinigten Staaten zusammen, um die Ölvorkommen der Welt aufzuteilen. Rothschild brachte Churchill auf die Idee, dass die Grand Navy ohne Ölressourcen nicht entwickelt werden könne. Churchill war davon überzeugt, dass die künftige Seekriegsführung zwangsläufig stark ölgetrieben sein würde, dass der Bau von Seestreitkräften ausgeweitet und das Tempo der Erneuerung beschleunigt werden sollte.

Im Jahr 1888 bot die Rothschild Bank of England 225.000 Pfund in Aktien für die "Naval Construction and Armaments Company"[89]. Nachdem sie ein Vermögen gemacht hatte, war sie nicht zufrieden und befürwortete in der Folge die Ausweitung des Megaschiffsprojekts der Royal Navy mit einer massiven Bereitstellung von Mitteln, um den Bau von Schiffen zu beschleunigen, um der angeblichen Bedrohung durch das schnelle Aufholen der deutschen Marine zu begegnen.

Der "marokkanische Kanonenboot-Zwischenfall" oder "Agadir-Zwischenfall" traf den Nagel auf den Kopf und verdeutlichte unmittelbar die ernsthafte Bedrohung durch die deutsche Marine.

Am 1. Juli 1911 schickte Kaiser Wilhelm II. ein Schlachtschiff, den Panther, an die britisch kontrollierte marokkanische Küste, um bedrohte deutsche Staatsbürger zu retten. Dies wurde zum schwerwiegendsten Vorfall der offenen Herausforderung der britischen

---

[89] Jules Ayer, *Ein Jahrhundert der Finanzen, 1804 bis 1904: Das Londoner Haus der Rothschilds* (W. Neely, 1905).

Seeherrschaft durch Deutschland, der die Briten schockierte und die Wolken des Krieges über Europa aufziehen ließ.

Die so genannte "Agadir-Affäre" ist in der Tat ein komplettes Wrack. Die Geschichte geht so: 1909 traf Max Warburg einen geheimnisvollen jungen Mann namens Dr. Wilhelm Charles Regendanz. Dieser Mann ist ein großer Fan von Cecil Rhodes, und Rhodes ist kein einfacher Mann, wie wir später noch sehen werden. Regendanz behauptete, er habe einen vollständigen Plan für die Kolonisierung Afrikas durch Deutschland ausgearbeitet und vertrat die Ansicht, dass Deutschland entschlossen handeln müsse. Deutschland, damals ein neu imperialistisches Land, hat in den ersten vierhundert Jahren der weltweiten Aufteilung der Kolonien nicht mit dem Glanz Portugals, Spaniens, Großbritanniens, Frankreichs und anderer europäischer Mächte gleichgezogen, ist sehr niedergeschlagen, das Land stark und industriell entwickelt, hat aber kaum Einflussmöglichkeiten im Ausland, was schon immer eine Krankheit des Kaisers und Bismarcks war, so dass jeder Plan für eine Kolonisierung in Übersee leicht die Wut des Kaisers wecken kann. Regendance war offenbar ein junger Mann mit "großen Idealen" und schrieb 1909 in sein Tagebuch: „Ich muss mich vor die Landkarte stellen, um zu sehen, wo ich mir eine Kolonie zulegen kann."

Am 16. Juni 1911 lernte Max Warburg Regentes kennen und lud ihn ein, als "Rechtsberater" für das Bankhaus der Familie Warburg zu fungieren, das sich in der Tat auf die Planung der afrikanischen Kolonien konzentrierte. Regentes stellte Südmarokko als "fruchtbares, an Bodenschätzen reiches Land" dar und bewies, dass es sich um einen Ort handelte, der für Deutschland von zentralem Interesse war. Und tatsächlich ist der Ort eine Wüstengobi. Der Kaiser reagierte zunächst mit heftigem Widerstand, da er befürchtete, einen diplomatischen Konflikt zwischen Deutschland und Großbritannien und Frankreich auszulösen. Zu dieser Zeit war Max Warburg nicht mit dem Kaiser, überredete den Kaiser, dass er gelb werden würde, und in Eile, Pauline, die vom Kaiser begünstigt wurde, schloss sich sofort an, schüttelte seine Lippen und überredete schließlich den Kaiser. Schließlich willigte Wilhelm II. widerstrebend ein, ein Kriegsschiff zu schicken, um sich das anzusehen. Regendance und andere waren begeistert.

Das Problem war jedoch, dass es zu dieser Zeit keinen einzigen Deutschen in Südmarokko gab. Ohne die Deutschen kann man nicht zeigen, dass das Leben der Deutschen durch die Einheimischen bedroht ist, und man kann nicht von ihnen lernen. Deshalb wurde ein

Bergbauingenieur als "lebensbedrohter" Deutscher entsandt. Der Mann sollte am 1. Juli 1911 den ihm zugewiesenen Ort erreichen, aber der alte Mann verirrte sich und irrte durch die zerklüfteten Berge. Dies hielt Deutschland jedoch nicht davon ab, eine marokkanische Warnung herauszugeben, dass die Deutschen am Boden unter schwerem Beschuss standen, und Berlin warnte die anglo-französischen Behörden, dass Deutschland Kriegsschiffe in das Gebiet schicken würde, um Rettungsmaßnahmen durchzuführen. Als das deutsche Kriegsschiff eintraf, war der Ingenieur nirgends zu finden. Als der erschöpfte Ingenieur einige Tage später endlich an Land kam, vermissten ihn die Männer auf dem Kriegsschiff zufällig. Der Ingenieur sprang auf und ab, schrie und brüllte wie ein Verrückter in Eile. Das deutsche Kriegsschiff sah ihn schließlich, ignorierte ihn aber als verrückt. So kam es, dass der "wertvolle Deutsche, dessen Leben in Gefahr war", erst in der Nacht zum 5. Juli an Bord gebracht wurde.[90]

"Unmittelbar nach der Agadir-Affäre wurde Churchill zum britischen Marineminister ernannt und gelobte, die Marine zu stärken und die Hegemonie des "Sonnenstrahlreichs" vor deutschen Angriffen zu schützen. Diese so genannte "Agadir-Affäre" wurde von Großbritannien und Frankreich als bewusste und böswillige Provokation des deutschen Kaisers betrachtet, und der Krieg zwischen den beiden Seiten eskalierte schnell. Großbritannien drohte, Deutschland den Krieg zu erklären, Frankreich begann, sich von Deutschland zu trennen, und die Kriegsdrohung erfasste ganz Europa.

Der junge Mann unbekannter Herkunft, Reagan Danes, hat sich mit der deutschen Familie Warburg, der englischen und französischen Familie Rothschild, dem deutschen Reeder Pauline und anderen zusammengetan, um den Kaiser zu verleiten, auf den Trick hereinzufallen, den Antagonismus zwischen England und Frankreich zu verschärfen, beide Seiten dazu zu veranlassen, massiv in den Bau von Flotten zu investieren, die Nachfrage nach Öl zu steigern und dies durch die Ausgabe von Aktien und Anleihen auf den Kapitalmärkten zu finanzieren, was die internationalen Bankiers reich macht. Darüber hinaus haben sie natürlich noch größere strategische Pläne.

---

[90] Ron Chernow, *The Warburgs The 20 Century Odyssey of a Rememberable Jewish Family.*

Am 17. Juni 1914 schlug Churchill vor, dass die britische Regierung in die iranische Anglo-Persische Ölgesellschaft investieren sollte, ein Pfand, das Rothschild im Voraus angelegt hatte und nur darauf wartete, dass die britische Regierung es überbot. Mit einem solchen Ein- und Ausstieg machte die Familie Rothschild wieder ein Vermögen. Das Unternehmen wurde später als British Petroleum (BP) bekannt.

Die Balfour-Erklärung und der Traum der Bankiers

Anfang des 20. Jahrhunderts erhielt die britische Regierung über die Anglo-Persische Kompanie das Privileg, im neuen persischen Staat (d. h. Iran) Öl zu fördern, der damals einzigen Ölquelle für die britische Marine. Daher musste Großbritannien den Nahen Osten fest im Griff haben. Rothschild nutzte seinen Einfluss in Großbritannien, um die britische Regierung davon zu überzeugen, dass der zukünftige jüdische Staat ein treuer Verbündeter Großbritanniens im Nahen Osten sein würde. Gleichzeitig konnten die Briten über den jüdischen Staat den Nahen Osten fest im Griff behalten und so die britischen Kolonien in Afrika, die reich an Bodenschätzen waren, mit dem Nahen Osten verbinden. Dies war das Commonwealth-Imperium, von dem die britische Führungselite, einschließlich der britischen Premierminister Lloyd George und Arthur Balfour, träumte.

Im Jahr 1914 brach der Erste Weltkrieg aus. Großbritannien gewann die arabische Unterstützung für die Niederlage Deutschlands, die Zerschlagung des Osmanischen Reiches und später die Hegemonie im Nahen Osten unter der Bedingung, dass die Araber im Osmanischen Reich die Gründung eines unabhängigen Staates, einschließlich Palästinas, nach dem Krieg anerkennen und unterstützen würden. Doch dann unterzeichneten die gewitzten Briten hinter dem Rücken der Araber das Sykes-Picot-Abkommen mit Frankreich, in dem es um das osmanische Nachkriegsgebiet ging. Neben der Abgrenzung der Einflusssphären der beiden Staaten sieht das Abkommen eine "internationale Mitverwaltung" Palästinas vor. Später, im November 1917, gab Großbritannien die pro-zionistische Balfour-Erklärung heraus, die die Gründung eines jüdischen Staates in Palästina unterstützte.

Die Balfour-Erklärung ist insofern sehr interessant, als es sich um einen privaten Brief von Balfour, dem britischen Außenminister, an Sir Walter Rothschild (Anmerkung: Baron Rothschild, zweite Generation, und Onkel von Victor Rothschild, dritte Generation; Kapitel 7 wird sich mit Victors Erfahrungen befassen) handelt, der Sir Walter Rothschild beauftragte, ihn an die Zionistische Organisation weiterzuleiten. Der Brief lautet wie folgt.

Britisches Außenministerium
November 2, 1917

Lieber Lord Rothschild.

Im Namen der Regierung Seiner Majestät beehre ich mich, Ihnen mitzuteilen, dass die nachstehende Erklärung über die Sympathie mit den Zionisten dem Kabinett vorgelegt und vom Kabinett unterstützt wurde.

Die Regierung Seiner Majestät befürwortet die Errichtung einer nationalen Heimstätte für die Juden in Palästina und wird ihr Möglichstes tun, um die Verwirklichung dieses Ziels zu erreichen. Es muss jedoch klar sein, dass die bürgerlichen und religiösen Rechte der Nicht-Juden, die sich bereits in Palästina befinden, sowie die Rechte und der politische Status, den die Juden in anderen Ländern genießen, nicht beeinträchtigt werden dürfen.

Ich würde mich freuen, wenn Sie den Inhalt des Manifests an die Zionistische Union weiterleiten würden.

Arthur James Balfour [91]

Die Balfour-Erklärung der britischen Führungselite war ein brillanter einmaliger Schachzug. Erstens war das europäische Schlachtfeld zum Stillstand gekommen, und letztlich konnte ein endgültiger Sieg nur erreicht werden, indem die Vereinigten Staaten in den Krieg hineingezogen wurden, und der Einfluss der jüdischen Bankiers in den Vereinigten Staaten würde ein entscheidendes Druckmittel sein; zweitens würden die Juden der Welt auf ihrer finanziellen Seite zugunsten Großbritanniens fallen, was für einen massiven und anhaltenden geldverbrennenden Krieg unerlässlich wäre; drittens, die deutsch-amerikanischen jüdischen Bankiers daran zu hindern, die deutsche Position zu bevorzugen, insbesondere die jüdische Bankiersfamilie der Wall Street, die von dem deutschsentimentalen Schiff repräsentiert wird; und viertens, die Haltung der

---

[91] Ronald Sanders, *Die hohen Mauern von Jerusalem: A History of the Balfour Declaration and the Birth of the British Mandate for Palestine* (Holt, Rinehart and Winston, 1983).

hochrangigen jüdischen bolschewistischen Führung Russlands zu zügeln, die zu 3/4 bereit war, mit Deutschland Frieden zu schließen.

Wer auch immer die Unterstützung der jüdischen Bankiers zur Zeit der Pattsituation im Ersten Weltkrieg gewinnen kann, wird der endgültige Sieger sein; und wer auch immer die Wiederherstellung Israels unterstützt, wird von den jüdischen Bankiers unterstützt werden!

Obwohl die Vereinigten Staaten Deutschland im April 1917 den Krieg erklärten, "wärmte" sich die US-Armee etwa ein Jahr lang zu Hause auf, ging aber nur langsam nach Europa, um sich am Krieg zu beteiligen. Erst nach der Balfour-Erklärung im November 1917 zogen die amerikanischen Truppen Anfang 1918 an die europäische Front, die den Namen No More Rabbits No More Hawks trägt.

Am 6. November 1917 marschierten britische Truppen mit tatkräftiger Unterstützung des arabischen Aufstands in Palästina ein und besetzten im September 1918 das gesamte Gebiet. 1920 übertrug der Völkerbund Großbritannien das "Mandat" über Palästina, und 1921 verfolgte die britische Regierung in Umsetzung der Balfour-Erklärung eine Politik des Teilens und Herrschens, indem sie Palästina in zwei Teile aufteilte: den Osten, der Jordanien genannt wurde, und den Westen, der Palästina blieb und unter der direkten Herrschaft des von Großbritannien ernannten Gouverneurs stand.

Nach der Balfour-Erklärung und dem britischen Mandat nahm die palästinensisch-jüdische Einwanderung exponentiell zu. Statistiken zufolge hatte die jüdische Bevölkerung Palästinas im April 1917 nicht mehr als 50.000 Einwohner; 1939 war sie auf mehr als 445.000 angestiegen, was einem Drittel der gesamten palästinensischen Bevölkerung entsprach. Die jüdischen Einwanderer hatten mit ihrem enormen Kapital und ihren Fähigkeiten sowie unter dem Schutz der britischen Mandatsbehörden zahlreiche Städte und Industrien in Palästina gegründet, die der arabischen Industrie und dem Handel einen schweren Schlag versetzt hatten. Die Juden hatten auch geheime bewaffnete Organisationen wie die "Hagana", die "Irgun" und die "Stern-Gruppe" gegründet und damit den Konflikt und die Auseinandersetzungen zwischen Arabern und Juden verschärft.

Die jüdischen Bankiers der Wall Street in den Vereinigten Staaten haben den Zionismus von Anfang an unterstützt und üben ständig Druck auf die US-Regierung aus. Bereits im Oktober 1917 brachte Präsident Wilson gegenüber der britischen Regierung seine Unterstützung für den Entwurf der Balfour-Erklärung zum Ausdruck, und am 21. Januar 1919 unterbreiteten die Vereinigten Staaten auf der Pariser Friedenskonferenz "Vorschläge für die Errichtung eines unabhängigen palästinensischen Staates" und "die Anerkennung Palästinas als jüdischer Staat durch den Völkerbund, sobald der jüdische Staat Wirklichkeit geworden ist", und am 30. Juni 1922 verabschiedete der Kongress der Vereinigten Staaten formell eine Resolution zur Unterstützung der Balfour-Erklärung. Zur gleichen Zeit begann die vollständige wirtschaftliche Durchdringung Palästinas.

Mit der starken Unterstützung jüdischer Bankiers machte die zionistische Bewegung schließlich einen großen Schritt nach vorn.

Verrat: Die Widersprüchlichkeit der britischen Führungselite und des Zionismus

Nach der Balfour-Erklärung von 1917 war die zionistische Organisation unter der Leitung von Sir Rothschild von der Hoffnung beseelt, dass der Sieg der alliierten Mächte im "Ersten Weltkrieg" die Tür zur Wiederauferstehung des jüdischen Volkes im Land der göttlichen Verheißung in Palästina öffnen würde, doch die Realität übertraf ihre Erwartungen bei weitem.

Aus der Weltsicht der britischen Führungselite beruhen die strategischen Interessen des Britischen Empire im Nahen Osten auf drei Säulen: erstens die Kontrolle über die reichen Ölvorkommen in der Region; zweitens die Kontrolle über die Region des Nahen Ostens als strategisches Drehkreuz, das die drei Kontinente Eurasien und Afrika miteinander verbindet, um sicherzustellen, dass die britische Einflusssphäre an der Kehle Indiens und anderer fernöstlicher Kolonien liegt; und drittens die Verhinderung, dass eine andere Macht die Region kontrolliert und damit die oben genannten strategischen Kerninteressen des Britischen Empire bedroht. Daher besteht die unvermeidliche Strategie Großbritanniens im Nahen Osten darin, die Region fest in den eigenen Händen zu halten, die gesamte politische, wirtschaftliche und militärische Macht zu monopolisieren und niemals die Entstehung unabhängiger souveräner Staaten in der Region zuzulassen, die schwer zu kontrollieren sind, seien es jüdische oder arabische Staaten.

So brachen die Briten nach dem Sieg im Krieg ihr Kriegsversprechen an die Araber, einen unabhängigen arabischen Staat zu gründen, und brachten die Region im Alleingang in den kolonialen Orbit unter britische kaiserliche Treuhänderschaft, weil sie Verbündete für den Sieg über das Osmanische Reich finden mussten. Jedes weitere Festhalten an den Grundsätzen der Balfour-Erklärung würde unter diesen Umständen unweigerlich eine heftige arabische Gegenreaktion hervorrufen und liegt nicht unbedingt im strategischen Interesse des britischen Empire im Nahen Osten. Das britische Außenministerium, das Kolonialamt und die britische Treuhandbehörde in Palästina verfolgten daraufhin einen Kompromissansatz, der die jüdische Auswanderung nach Palästina förderte, aber eine jüdische Staatlichkeit ablehnte. Dieser Ansatz verärgerte die Araber: Warum sollte der Ort, an dem wir seit Generationen gelebt haben, an die Juden abgetreten werden, wenn es wahrscheinlich ist, dass diese Gruppe einen Staat auf unserem Boden gründen wird? - Die Juden waren wieder wütend: Die Hoffnungen auf einen eigenen Staat hatten sich zerschlagen, und die verräterischen Briten hatten den Fluss eindeutig überschritten.

Die britische Regierung musste angesichts des eskalierenden arabisch-jüdischen Konflikts, der lokalen palästinensischen Bevölkerung und der britischen Treuhandbehörde weitere Anpassungen ihrer Palästina-Politik in Erwägung ziehen.

Im Juli 1922 gab der britische Kolonialminister Churchill im Namen der britischen Regierung eine Erklärung ab, die historisch als Churchill-Weißbuch bekannt ist und deren wichtigste Aussagen darin bestehen: (1) Es bestehe nicht die Absicht, ganz Palästina in eine jüdische Heimstätte zu verwandeln, und (2) es sei notwendig, dass die jüdische Gemeinschaft die Zahl der Einwanderer erhöhe, aber nicht mehr, als die lokale Wirtschaft aufnehmen könne. [92]

Im Oktober 1930 gab der britische Kolonialminister Parsfield im Namen der britischen Regierung eine weitere politische Erklärung ab, die historisch als Parsfield-Weißbuch bekannt ist. Darin werden die im Churchill-Weißbuch dargelegten Grundsätze bekräftigt und die Verteidigung der arabischen Interessen über die Bemühungen um die Schaffung eines jüdischen Heimatlandes gestellt.

Im Mai 1939 veröffentlichte die britische Regierung erneut einseitig das Weißbuch über palästinensische Angelegenheiten, das als Macdonald-Weißbuch bekannt wurde, weil der britische Kolonialminister zu dieser Zeit Macdonald hieß. Es enthielt folgende

---

[92] Martin Gilbert, *Churchill und die Juden: Eine lebenslange Freundschaft* (Henry Holt and Co., 2008).

Hauptelemente: (1) Die britische Regierung erklärte ausdrücklich, dass die Umwandlung Palästinas in einen jüdischen Staat nicht Teil ihrer Politik sei und dass (die Errichtung eines jüdischen Staates) eine Verletzung ihrer Verpflichtungen gegenüber den Arabern im Rahmen des Mandats und ihrer früheren Zusicherungen gegenüber den Arabern darstelle; (2) die Politik der britischen Regierung bestand darin, innerhalb von zehn Jahren einen unabhängigen, mit Großbritannien verbundenen palästinensischen Staat zu errichten, dem Araber und Juden im Verhältnis zu seiner Bevölkerung beitreten sollten; (3) 75.000 Juden durften fünf Jahre lang nach Palästina ziehen, danach durften sie ohne die Erlaubnis der Araber nicht mehr umziehen; (4) die britische Treuhandbehörde erhielt alle Befugnisse, um Landübertragungen während der Übergangszeit einzuschränken oder zu verbieten.[93] Das Macdonald-Weißbuch bedeutete eine Überarbeitung der Balfour-Erklärung und einen grundlegenden Wandel in der britischen Palästina-Politik, indem es die Unterstützung der zionistischen Bewegung praktisch aufgab.

Es ist klar, dass die Änderung der britischen Nahostpolitik 20 Jahre nach dem Ersten Weltkrieg eine allmähliche Abkehr von der Unterstützung des Zionismus war, wie die Führer der zionistischen Bewegung bei der Veröffentlichung des Churchill-Weißbuchs im Jahr 1922 klar erkannten. Das britische Empire nach dem Ersten Weltkrieg, mit der Macht, Deutschland zu besiegen, ist der Sonnenuntergang, bevor die Sonne über dem Empire untergeht.

Die strategische Entscheidung der Zionisten war also klar: Um Israel wieder aufzubauen und die Verheißungen Gottes im Alten Testament zu erfüllen, setzten sie externe Kräfte ein, um die vollständige geopolitische Macht des Osmanischen Reiches im Nahen Osten während des Ersten Weltkriegs zu besiegen. Danach beschlossen sie, das Gleiche noch einmal zu tun, nämlich externe Kräfte einzusetzen, um die Unnachgiebigkeit des Britischen Empire im Nahen Osten zu besiegen und Israel und den "Dritten Tempel" auf den Ruinen der imperialen Herrschaft im Nahen Osten wieder aufzubauen.

Wen also wählt diese äußere Macht? Die einzigen Länder, die in der Lage waren, das Britische Empire zu zerstören, waren die

---

[93] Paul R. Mendes-Flohr, Jehuda Reinharz, *The Jew in the modern world: a documentary history* (Oxford University Press US, 1995).

Vereinigten Staaten, Deutschland und die Sowjetunion, unter denen es undenkbar war, einen globalen Krieg zwischen den Vereinigten Staaten und dem Vereinigten Königreich zu provozieren, der ausgereicht hätte, das Britische Empire zu zerstören, das Stalin in der Sowjetunion nur benutzen, aber nicht kontrollieren konnte. Das Land, das am ehesten in der Lage wäre, aufzuspringen und das Britische Empire mit Gewalt anzugreifen, das geopolitisch dem Britischen Empire selbst am nächsten steht und das für die Kontrolle des jüdischen Kapitals am geeignetsten ist, ist Deutschland, das besiegte Land des Ersten Weltkriegs, das durch den Friedensvertrag von Versailles gedemütigt wurde, das von Rachegelüsten geplagt wurde und das dringend ausländisches Kapital zur Wiederherstellung seiner Volkswirtschaft benötigt. Es war die Weimarer Republik, die nach anglo-amerikanischer liberaler politischer Logik organisiert war, die Deutschland damals regierte, eine schwache Weimarer Republik, die perfekt in die Strategie des Britischen Empire passte, Deutschland zu stabilisieren, ohne es wachsen zu lassen, ein Deutschland, das nicht stark genug war, um die Last zu tragen, das Britische Empire zu Zugeständnissen im Nahen Osten zu zwingen.

Die schwache Weimarer Republik zu untergraben, ein starkes Deutschland wiederaufzubauen und einen gefährlichen Feind für das britische Empire zu schaffen, um Großbritannien wieder in die Abhängigkeit von den Geldsäcken der jüdischen Bankiers zu zwingen, war eine Strategie, die sowohl das strategische Ziel der Restauration erreichen als auch die Früchte ernten würde. Sie rechneten jedoch nicht damit, dass sie eine unzuverlässigere Figur als Stalin finden und aufziehen würden, und dass Deutschland am Ende stark, aber völlig außer Kontrolle geraten würde. Natürlich ist dies ein nachträglicher Einfall.

Die Frage ist, wie man die Weimarer Republik unterwandern kann. Die Bankiers waren unbewaffnet, und die Bedingungen waren bei weitem nicht so, dass in Europa, wo der Krieg gerade zu Ende gegangen war, sofort ein neuer Krieg geführt werden konnte. 1922 bestand die einzige Möglichkeit für die Bankiers darin, einen "Währungskrieg" zu beginnen, um die Grundlagen der Weimarer Republik zu zerstören.

Als sich die internationalen Bankiers an die Arbeit machten, stellte sich bald heraus, dass eine andere Kraft in die gleiche Richtung drängte: die aufstrebende Finanzmacht in den Vereinigten Staaten - die JPMorgan- und Rockefeller-Gruppe. Als die industriellen Produktionskapazitäten der Vereinigten Staaten Ende des 19. und

Anfang des 20. Jahrhunderts das alte britische Empire überholten, expandierte auch die Finanzkraft der Vereinigten Staaten rasant, die ursprünglich den europäischen Banker-Bossen folgten, die dem kleinen Bruder auf den Fersen waren, und allmählich ihre eigenen Ambitionen entwickelten. "Der Kaiser nimmt abwechselnd zu tun, heute zu mir nach Hause" Idee wächst von Tag zu Tag, so früh wie der "World War I" vor dem Ausbruch, begann die Vereinigten Staaten aufstrebenden Elite-Gruppe zu prüfen, anstelle der britischen Errungenschaft der globalen Hegemonie des großen Unternehmens.

An diesem Punkt trafen sich die beiden Kräfte und fanden schließlich ihre Seelenverwandtschaft, und die strategischen Ziele beider Seiten waren fast identisch, und die taktischen Schritte konnten gut koordiniert werden. Das oberste strategische Ziel beider Seiten ist es, die globale Hegemonie des Britischen Empire zu besiegen, die jüdischen Bankiers wollen den Traum von der Wiederherstellung Israels verwirklichen, und die amerikanischen Eliten wollen den Welthegemon. Der "ideale Kämpfer", um dies zu erreichen, ist Deutschland, und ein starkes, aggressives Deutschland liegt im gegenseitigen Interesse beider Seiten. Natürlich muss dem mächtigen Deutschen vorher ein Drahtseil über den Kopf gezogen werden, falls Deutschland zurückbeißt. So muss von der Zentralbank bis zum Finanzsystem, von den Industriekonglomeraten bis zur Rohstoffbasis alles kontrolliert werden, und dann muss die schwache Weimarer Republik durch ein starkes neues Deutschland ersetzt werden, um diese "große" Strategie umsetzen zu können.

Wie kann der wirtschaftliche Lebensnerv Deutschlands vollständig kontrolliert werden? Ein "Währungskrieg" ist aufgetaucht. Die vollständige Zerstörung des deutschen Währungssystems würde alle deutschen Vermögenswerte so billig machen, dass sie leicht wieder kontrolliert werden könnten.

Im Jargon der Aktienmanipulation heißt es: Erst leerverkaufen, beim Tiefstand mitnehmen, dann kaufen und große Gewinne erzielen!

Wirtschaftswaffen und der Versailler Vertrag

Der Engländer Sir Alfred Zimmern schrieb im Ersten Weltkrieg ein 13-seitiges Pamphlet mit dem Titel The Economic Weapon Against Germany (London: Allen & Unwin, 1918), in dem er zum ersten Mal die Idee der "wirtschaftlichen Kriegsführung" erwähnt.[94] Zeman wird von dem berühmten amerikanischen Historiker Professor Quigley als ein Schlüsselmitglied der anglo-amerikanischen Elitenorganisation aufgeführt.

Das Buch trifft den Nagel auf den Kopf, dass sich die mitteleuropäischen Kriegsmächte (Deutschland, Österreich-Ungarn, Türkei usw.) in einer weltweiten Belagerung befinden, die sie aus eigener Kraft nicht durchbrechen können. Zum ersten Mal in der Geschichte wird in dem Buch der Gedanke eines "Wirtschaftskriegs" als Folge einer massiven Wirtschaftsblockade erwähnt, eine Möglichkeit, von der die Deutschen damals noch nicht überzeugt waren.

Im Dezember 1915 sagte der britische Premierminister: "Glaubt irgendjemand ernsthaft, dass wir diesen Krieg wegen des Kautschukmangels verlieren werden? "Denn Großbritannien und die Vereinigten Staaten waren in der Lage, Deutschland auf dem europäischen Kontinent zu blockieren und die übrigen Rohstoffquellen der Welt zu kontrollieren, mit denen Deutschland während des Krieges nicht versorgt werden konnte. Die deutschen Kriegsvorbereitungen basierten auf der Annahme, dass der Krieg höchstens ein Jahr dauern würde. Offensichtlich dauerte der Erste Weltkrieg vier Jahre, und Deutschland war vor dem Krieg sehr schlecht vorbereitet und rechnete nicht damit, dass der Verlust der Seekontrolle und die massive Belagerung Deutschlands durch die britische Wirtschaftsstrategie es erschweren würden, den enormen Mangel an Rohstoffen während des Krieges wieder aufzufüllen, und somit seine Kampfkraft allmählich bis hin zur endgültigen Niederlage verlieren würde. Dies ist eine wichtige neue strategische Frage für Deutschland, wenn es sich erstmals als Kontinentalmacht den Seemächten gegenübersieht.

In seinem Buch erwähnt Zeman außerdem Pläne und Vorhersagen über die Folgen der Niederlage gegen Deutschland, wobei er feststellt, was nach der Unterzeichnung eines normalen Friedensabkommens geschehen würde. Die Aufhebung der Blockade der deutschen Häfen war eigentlich nicht das, was die Angloamerikaner wollten, aber ohne Rohstoffe gäbe es keine Beschäftigung in der deutschen Industrie; ohne

---

[94] Alfred Zimmern, *The Economic Weapon Against Germany*, London: Allen & Unwin, 1918.

Beschäftigung würde die große Zahl demobilisierter Soldaten, die aus dem Krieg nach Hause kämen, eine große arbeitslose Bevölkerung schaffen, die die soziale Ordnung bedrohen würde. Im Gegensatz dazu kontrollierten Großbritannien und die Vereinigten Staaten den Prozess des Wiederaufbaus der deutschen Wirtschaft, da sie die Versorgung mit Rohstoffen kontrollierten. Deutschland wird mit einer allgemeinen Warenknappheit konfrontiert sein, und das wirtschaftliche Chaos wird mindestens drei Jahre andauern, wenn man das Auftreten von Hungersnöten in Betracht zieht.

Als die anglo-amerikanische Wirtschaftsblockade gegen Deutschland nach dem Krieg fortgesetzt wurde, musste Deutschland zwangsläufig eine Warenknappheit erleben, die kein gewöhnlicher Handelsboykott, sondern ein organisierter und systematischer Staatsakt war. Tatsächlich wurde die Versorgungsknappheit in Deutschland von Anfang an von Großbritannien und Amerika absichtlich herbeigeführt. Geleitet von den wirtschaftsstrategischen Überlegungen Zemans, war der Versailler Vertrag von 1919 in Wirklichkeit eine Fortsetzung des Krieges. Wie der Verfasser des Versailler Vertrages, US-Außenminister Robert Lansing, später feststellte, würde der Versailler Vertrag keinen gerechten Frieden bringen und letztlich zu einem Werkzeug und Instrument für die Fortsetzung des Krieges werden. Er sah bereits "eine Enttäuschung, ein Bedauern und eine weitere Depression als Folge des Versailler Abkommens voraus, dessen Bedingungen eindeutig ungewöhnlich hart und beleidigend waren". Und die junge, anglo-amerikanisch geführte Nationale Liga "wird ein Raubtier inmitten einer komplexen Gier sein".

Lansings Rolle als Hauptverhandlungsführer für die Vereinigten Staaten war während der gesamten Friedensgespräche sehr begrenzt, da Bankiers aus verschiedenen Ländern als "Berater" der Verhandlungsführer die Verhandlungen tatsächlich dominierten. "Am 15. Mai erhielt ich ein Rücktrittsschreiben von Mr. Bully, zusammen mit Rücktrittsschreiben von fünf unserer anderen führenden Experten, die sich zusammengefunden hatten, um gegen die Härte und Ungerechtigkeit der Friedensbedingungen zu protestieren. In dem Rücktrittsschreiben heißt es, dass sie einhellig der Meinung sind, dass eine solche Bestimmung gegen die Grundprinzipien verstößt, die die Vereinigten Staaten bei ihrem Kriegseintritt verteidigt haben. "Auch der italienische Kanzler Francisco sagte einmal: „In der zeitgenössischen Geschichte wird der Versailler Vertrag einen sehr schlechten Präzedenzfall schaffen, er verstößt gegen alle

Präzedenzfälle, alle Traditionen, und der deutsche Vertreter hat noch nie von solch ungerechten Bedingungen gehört. Angesichts von Hungersnöten, materiellen Engpässen und einer drohenden Revolution hatten sie keine andere Wahl als zu unterschreiben. Im alten System des religiösen Rechts muss jeder das Recht haben, sich zu beschweren, sogar der Teufel, und die Bösen sollten ein solches Recht haben. Aber die heutige neue nationale Gesellschaft hält sich nicht einmal an die heiligen Grundsätze, die das dunkle Mittelalter geschmiedet hat."

Die Kriegsausgaben der Länder des Ersten Weltkriegs, die zusammen das Dreifache des deutschen Gesamtvermögens ausmachten, würden Deutschland schließlich dazu zwingen, enorme Kriegsreparationen von bis zu 1,7 Mrd. DM pro Jahr zu zahlen, die bis 1988 andauern würden. Schacht äußerte sich auch in diesem Sinne, als er sagte, der Versailler Vertrag sei eine bewusste Konstruktion, eine Konstruktion, die Deutschland wirtschaftlich zerstören würde. Dies entspricht eindeutig den Idealen der herrschenden Elite des britischen Empire.

Unter dem Einfluss des Versailler Abkommens wurden der natürliche Fortschritt jeder Wirtschaft, die Erholung und die Wiederherstellung des Vertrauens in jeder Wirtschaft durch die Kontrolle ausländischer politischer Kräfte unmöglich. Während des Krieges finanzierten die Briten den Krieg hauptsächlich durch Steuern, die 20 Prozent der Kriegsfinanzierung ausmachten, und 6 Prozent für Deutschland. Die deutsche Geldmenge stieg zwischen 1914 und 1918 von 7,2 Milliarden DM auf 28,4 Milliarden DM, was einer Steigerung von 110 DM auf 430 DM für jeden Deutschen entsprach. Das Gesamtpreisniveau in Deutschland, das nach der deutschen Niederlage 1918 auf 234 anstieg, entsprach zu diesem Zeitpunkt in etwa dem des Vereinigten Königreichs, wenn man als Referenzwert das Jahr 1913 mit 100 ansetzt. Die Auswirkungen dieses Preisanstiegs auf das Leben der Deutschen wurden von der deutschen Regierung wirksam abgefedert, und die Löhne in Deutschland stiegen damals von einem Basiswert von 100 im Jahr 1913 auf 248, wobei die Löhne der Deutschen sogar geringfügig über der Inflation lagen. Obwohl der Erste Weltkrieg der deutschen Wirtschaft schweren Schaden zufügte, zerstörte er also nicht das deutsche Währungssystem.

Für die britische Führungselite war es klar, dass sie das Wiedererstarken Deutschlands radikal eindämmen wollte. Ein Deutschland mit einem sogenannten "freien Wirtschaftssystem" kann sich unter der wirtschaftlichen Belagerungsstrategie der Seemächte nicht wirklich entwickeln und stark sein. Ein "relativ stabiles" Deutschland mit einer schwachen Wirtschaft, einer laxen Politik und keinerlei Waffen lag im fundamentalen Interesse des britischen Empire. Infolgedessen befand sich das deutsche Währungssystem vom Kriegsende 1918 bis 1922 in einem Zustand der relativen Ruhe.

Doch als die britische Führungselite im Juli 1922 das Churchill-Weißbuch veröffentlichte, in dem sie erklärte, dass sie "nicht die Absicht habe, ganz Palästina in ein jüdisches Nationalparadies zu verwandeln", und damit auf perfide Weise eine Umkehrung der in der Balfour-Erklärung eingegangenen Verpflichtung gegenüber dem zionistischen Staat herbeiführte, änderte sich plötzlich das deutsche Währungssystem, und der Orkan der Hyperinflation brach ohne jede Vorwarnung los.

Die "Unabhängigkeit" der Deutschen Bundesbank im Jahr 1922: das "Auge des Windes" des superinflationären Orkans

Die deutsche Hyperinflation von 1922 bis 1923 wird in westlichen Lehrbüchern häufig als klassischer Fall einer monetären Katastrophe angeführt, die durch die staatliche Kontrolle des Geldsystems herbeigeführt wurde, wobei die Schlussfolgerung gezogen wird, dass nur Banker, die das Recht haben, Geld auszugeben, "verantwortlich" und "sicher" sind. In Wirklichkeit sind es die Banker und ihre manipulierten Zentralbanken, die hinter der deutschen Hyperinflation stecken.

Die Reichsbank wurde 1876 als Zentralbank Deutschlands gegründet und befand sich im Wesentlichen in Privatbesitz, wurde aber weitgehend vom deutschen Kaiser und der Regierung kontrolliert. Der Präsident und alle Direktoren der Reichsbank sind Beamte der deutschen Regierung, die direkt vom Kaiser ernannt und auf Lebenszeit bestellt werden. Alle von der deutschen Zentralbank erwirtschafteten Einkünfte werden zwischen privaten Aktionären und der Regierung aufgeteilt, aber in gewisser Weise haben diese Aktionäre nicht die Macht, die Politik der Zentralbank zu bestimmen. Es handelte sich um ein für Deutschland einzigartiges Zentralbanksystem, das sich von der Bank of England, der Bank of France und der Federal Reserve unterschied, und dessen hervorstechendstes Merkmal darin bestand, dass der deutsche Kaiser als oberster Herrscher des Landes stets die feste Kontrolle über die Ausgabe von Geld hatte. Seit der Gründung der

Reichsbank verfügt die deutsche Goldmark über einen äußerst stabilen Geldwert, der eine wichtige Rolle für den Aufstieg der deutschen Wirtschaft gespielt hat und ein gelungenes Beispiel dafür ist, dass ein finanziell rückständiges Land den Anschluss an die entwickelte Welt gefunden hat. Selbst nach der Niederlage Deutschlands im Jahr 1918 blieb die Kaufkraft der D-Mark bis 1922 relativ stabil, und die deutsche Inflation unterschied sich nicht wesentlich von derjenigen der Siegermächte Großbritannien, Amerika und Frankreich. Für ein im Krieg besiegtes Land, das sich noch dazu in einer äußerst miserablen Lage befand, dürfte es recht selten gewesen sein, dass die Geldpolitik des Reichstags dieses Niveau und diese Wirkung erreichte.

Nach der Niederlage Deutschlands verabschiedete die Siegermacht jedoch eine Reihe von Gesetzen, die der deutschen Regierung die Kontrolle über die Zentralbank vollständig entzogen, und am 26. Mai 1922 wurde ein Gesetz verabschiedet, das die "Unabhängigkeit" des Reichstags festschrieb, die Zentralbank von der Kontrolle der deutschen Regierung befreite und die Kontrolle der deutschen Regierung über die Geldpolitik vollständig aufhob. Das Recht, in Deutschland Geld zu emittieren, lag nun vollständig in den Händen privater Bankiers, darunter auch schwergewichtige internationale Bankiers wie Warburg.

Dies ist der Schlüsselfaktor für das Auftreten der schlimmsten Hyperinflation der modernen Geschichte in Deutschland!

Was die Ursache dieser Inflation betrifft, so herrscht im Westen die Ansicht vor, dass die deutsche Regierung als Reaktion auf den passiven Widerstand des damaligen deutschen Bundeskanzlers Wilhelm Cuno gegen die französische und belgische Besetzung des deutschen Ruhrgebiets viel Geld drucken musste. Das ist eine Erklärung, die nicht in jeder Hinsicht sinnvoll ist. Erstens: Überdruckt die Regierung das Geld? Das tut sie nicht. Die deutsche Zentralbank wurde im Mai 1922 privatisiert, während das Ruhrproblem im Januar 1923 auftrat, und der übermäßige Druck von Banknoten war das Werk einer Zentralbank unter der Kontrolle internationaler Bankiers.

Zweitens: War das Überdrucken der Banknoten durch die deutsche Zentralbank ein Versuch, die Finanzkrise zu retten? Das ist es nicht. Es stimmt, dass die Besetzung des Ruhrgebiets Deutschland in ernste finanzielle Schwierigkeiten gebracht hat, aber nicht so sehr, dass die deutsche Zentralbank zu "monetärem Selbstmord" gegriffen hat, um damit fertig zu werden, noch hat sie eines der Probleme gelöst. Für den deutschen Bundeskanzler Cuno, der früher Paulings Geschäftsführer bei der Hamburg American Lines (HAPAG) war, gibt es eine ganze Reihe von Möglichkeiten. Max Warburg ist sowohl Direktor der HAPAG als auch Direktor der Deutschen Reichsbank, die zu dieser Zeit eine ungewöhnliche Beziehung zu der mächtigsten Wall-Street-Firma der Vereinigten Staaten, Kuhn Loeb and Co. bei der die beiden Warburg-Brüder Seniorpartner sind, wobei Paul der eigentliche Betreiber der Federal Reserve ist. Unter diesen Umständen war es kein Problem, die kurzfristigen finanziellen Schwierigkeiten, die durch das Ruhrproblem verursacht wurden, mehr als ein Jahr lang zu bewältigen, sei es, dass die deutsche Regierung hochverzinsliche spezielle Staatsanleihen an internationale Bankiers ausgab oder dass die Reichsbank, vertreten durch Max, mit der Federal Reserve, vertreten durch ihren Bruder Paul, eine "internationale Rettungsaktion" aushandelte.

Drittens: Der Reichstag hat Geld überdruckt, um die Kriegsreparationen zu bezahlen; kann das absichtliche Überdrucken der heimischen Währung die Auslandsschulden verringern? Auf keinen Fall. Der Versailler Vertrag hatte nämlich ausdrücklich vorgeschrieben, dass Deutschland Gold, Pfund und Dollar zur Zahlung der Kriegsreparationen verwenden muss. In solchen Fällen hilft die übermäßige Ausgabe von Landeswährungen nicht, und je mehr die indischen Währungen fallen, desto schwieriger wird es, sie in ausländische Währung umzutauschen, um die Auslandsschulden zu begleichen. Dies entspricht der Tatsache, dass Thailand während der asiatischen Finanzturbulenzen seine Auslandsschulden in US-Dollar nicht zurückzahlen konnte, indem es die Landeswährung Baht druckte.

Diese widersprüchliche Erklärung wurde später vom Reichsbankpräsidenten Schacht in seinem 1927 erschienenen Buch Die Stabilität der Deutschen Mark vorgeschlagen. Als traditioneller liberaler Wirtschaftswissenschaftler ist er der Ansicht, dass die Krise der Hyperinflation von der deutschen Regierung verursacht wurde. Er argumentierte, dass die Reichsbank in erster Linie für die Kontrolle der Inflation zuständig war, aber die Reichsbank sah sich außerstande, Entscheidungen zu treffen. Die Reichsbank vertrat damals die Auffassung, dass alle Maßnahmen und Versuche, die Währung zu stabilisieren, nutzlos seien, solange das Ruhrgebiet unter französischer Besatzung stehe, die gesamte Auslandsverschuldung des Krieges nicht behoben sei und die deutsche Regierung nicht über ausreichende finanzielle Mittel verfüge. Um die deutsche Regierung zu retten, ging die Reichsbank auf Geldrausch und schuf einen neuen Reichstag, der der Regierung zur Verfügung gestellt werden konnte. Schacht argumentierte, dass das damals im Krieg besiegte Deutschland auf die Macht der Reichsbank zurückgreifen musste, Geld auszugeben, um sich selbst zu erhalten. Deutschland stand vor einem existenziellen Problem, so dass die Zentralbank keine Möglichkeit hatte, eine unabhängige Geldpolitik zu betreiben.

Schachts Argumentation ist an sich schon schwer zu verstehen. [95]

Der "Währungskrieg", der die Weimarer Republik stürzte

Wie genau wurde die Deutsche Mark zerstört? Kurz gesagt, der einfachste Weg, eine Währung zu zerstören, besteht darin, zu viel davon auszugeben. Eine solche übermäßige Ausgabe von Währungen kann auf verschiedene Weise erfolgen: erstens durch die Zentralbanken selbst, die übermäßig viel Geld ausgeben; zweitens durch private Banken, die übermäßig viele Kredite und Währungen schaffen; und drittens durch Währungsspekulanten auf dem Markt durch massive "nackte Leerverkäufe", die den Wert der Währung eines Landes zerstören und gleichzeitig denselben Effekt haben wie Währungsspekulanten, die große Mengen an Währung ausgeben. Im Mai 1922, als der Reichstag in die Hände internationaler Bankiers fiel, traten tatsächlich drei Formen der Geldüberemission gleichzeitig auf.

Im ersten Fall ist das massive Drucken von Geld durch die Reichsbank eine Tatsache, aber nicht für die Regierung, um Auslandsschulden zu erlassen und finanzielle Schwierigkeiten zu lösen.

Betrachten wir noch einmal das zweite Szenario, die Auswirkung der Geldmenge der privaten Banken auf die Hyperinflation. In Bezug auf die Zeit.

Im November 1921 lag der Wechselkurs der Mark zum Dollar bei 330:1.

Von Januar bis Mai 1922 lag die Mark stabil bei 320:1 gegenüber dem Dollar.

Am 26. Mai 1922 wurde die Reichsbank privatisiert.

---

[95] Hjalmar Schacht, *Die Magie des Geldes* (Oldbourne, 1967).

Im Dezember 1922 lag der Kurs bei 9.000 Mark pro Dollar.

Im Januar 1923 brach die Ruhrkrise aus und der Wert der Mark sank auf 49.000 zu 1 gegenüber dem Dollar.

Im Juli 1923 erreichte die Marke 1.100.000 für den Dollar.

Im November 1923 betrug der Wechselkurs der Mark zum Dollar 2.500.000.000.000:1.

Im Dezember 1923 betrug der Wechselkurs der Mark zum Dollar 4.200.000.000.000:1.

Im Jahr 1923 verdoppelten sich die Preise in Deutschland im Durchschnitt alle zwei Tage.

Zu diesem Zeitpunkt war die Deutsche Mark bereits völlig zerstört. Inmitten des verrückten Ausverkaufs der Mark kam es in Deutschland zu einer Hyperinflation. Viele private Bankiers begannen, ihre eigenen Währungen herauszugeben, die mit Gold oder Devisen unterlegt sein konnten. Die privatisierte Deutsche Reichsbank, die mit voller Kapazität Geld druckte, konnte mit der Gesamtmenge des von den Privatbanken ausgegebenen Geldes nicht Schritt halten. Schacht schätzte, dass etwa die Hälfte der gesamten deutschen Geldmenge, die damals im Umlauf war, von privaten Bankiers und nicht als offizielles Reichstagsgeld ausgegeben wurde. Das übermäßige Gelddrucken der Privatbanken ist also fast die Hälfte der Ursache der Hyperinflation.

Die dritte, am wenigsten offensichtliche, aber tödlichste Maßnahme war das systematische und massive Leerverkaufen der D-Mark, das zu einer dramatischen Abwertung der D-Mark führte, deren Wirkung einer massiven Gelddruckerei gleichkam.

Der grundlegende Mechanismus des Leerverkaufs der Währung eines Landes kann wahrscheinlich in mehrere Stufen unterteilt werden, angefangen bei den offensichtlichen endogenen Problemen mit der Währung. Die damalige Situation in Deutschland entsprach genau dieser Vorgehensweise. Nach dem Ersten Weltkrieg musste Deutschland Devisen für Reparationen verwenden und stand eindeutig unter einem enormen Druck durch Auslandsverschuldung, und die D-Mark selbst hatte einen sehr offensichtlichen Makel. Dies ist vergleichbar mit der Situation der vier kleinen asiatischen Drachen während der asiatischen Finanzkrise, die mit Auslandsschulden überlastet waren und sich Dollar beschaffen mussten, um sie zu begleichen. Unter normalen Umständen kann dieses Problem schrittweise durch die langsame und automatische Anpassung der Wirtschaft gelöst werden. Diese Auslandsschulden könnten schrittweise zurückgezahlt werden, zum Beispiel durch Steuererhöhungen oder eine vorübergehende Senkung des Lebensstandards. Wenn jedoch Währungsspekulationen in großem Umfang, konzentriert und plötzlich auftreten, werden sie den Wert der Währung beeinträchtigen, und diese groß angelegten Währungsspekulationen werden immer noch als legaler Akt betrachtet. Bei der Spekulation erzielen die Spekulanten in der Regel hohe Gewinne, wenn sie die Währung eines Landes vorher in großem Umfang verkaufen, und diese Währung hat endogene Schwierigkeiten und Probleme.

Was ist ein Leerverkaufsmechanismus? Wenn Währungsspekulanten Leerverkäufe tätigen, besitzen sie die Währung nicht wirklich, sondern behaupten, sie zu besitzen. Solange es innerhalb eines bestimmten Zeitraums zu einer erheblichen Abwertung der Währung kommt, können sie riesige Gewinne machen, indem sie die Währung nach der Abwertung zu einem niedrigen Preis vom Markt zurückkaufen und die "Lügen", die sie anfangs "behauptet" haben, ausgleichen. Wenn ein Währungsspekulant eine Währung leerverkauft, die nicht existiert, und behauptet, sie zu besitzen", erhält er im Grunde die Macht, sie für eine bestimmte Zeit zu erschaffen. Diese Währungsspekulanten sind alle gleichzeitig unterwegs und leerverkaufen gemeinsam in ausreichendem Umfang und in ausreichender Menge, und zwar zu einem Zeitpunkt, zu dem die Währung des Landes schwach genug ist, so dass solche Leerverkäufe einen starken "selbsterfüllenden" Effekt haben werden, mit dem Endergebnis einer Abwertung der geshorteten Währung im freien Fall und in schweren Fällen einer Währungspanik. Und eine Währungspanik würde zu einer Kettenreaktion führen, die bei anderen Gesellschaftsschichten eine instinktive Panik auslöst, inländische Währung gegen ausländische Währung in großen Mengen zu verkaufen, was zu einer größeren Leerverkaufsaktion führt.

Bei einem solchen Währungscrash sind die riesigen Gewinne der Spekulanten der Reichtum, den die Produzenten und Sparer dieses Landes über Jahre hinweg angehäuft haben, und die soziale Produktion und die Wirtschaftstätigkeit werden vernichtet. Die so genannten liberalen Ökonomen werden an diesem Punkt alle Fehler auf die fehlerhafte Geldpolitik der Regierung schieben und das riesige Desaster, das die Spekulanten angerichtet haben, ignorieren.

In der Tat waren die Probleme in Deutschland 1923 denen sehr ähnlich, die sich aus den asiatischen Finanzturbulenzen von 1997 ergaben: schwerwiegende inhärente Mängel im lokalen Währungssystem und in der nationalen Wirtschaft, hohe Auslandsverschuldung, der Zustrom ausländischer Währungsspekulanten, Mega-Shorting der lokalen Währung, das Währungssystem am Rande des Zusammenbruchs, die starke Abwertung der lokalen Währung, eine Inflation, die den sozialen Reichtum hinwegfegte und die wirtschaftliche Basis des Landes zerstörte. Der Unterschied besteht darin, dass der Reichstag, anstatt die Währungsspekulationen einzudämmen, den Spekulanten getarnt reichlich Munition liefert; die Privatbanken der internationalen Bankiers gießen ebenfalls Öl ins Feuer, indem sie die Hälfte der gesamten im Umlauf befindlichen Geldmenge inmitten der Hyperinflation emittieren.

Der Grund, warum sich die Geschichte erstaunlich ähnelt, ist, dass die Leute, die sie wiederholen, dieselben sind. Der heutige Soros und die internationalen Banker, die hinter ihm stehen, spielen in der gleichen Liga wie die Währungsspekulanten, die 1923 die Deutsche Mark zerstörten.

Der gesellschaftliche Reichtum der Weimarer Republik wurde im Laufe eines Jahres geplündert. Die Wut des deutschen Bürgertums, das in bittere Armut gestürzt wurde, der Verlust von allem und die Demütigung, die es nach dem Krieg erlitt, haben die Wut in den Herzen der Deutschen zu einer Rache-Mentalität gesteigert wie keine andere. Die deutsche Gesellschaft war zu dieser Zeit bereits ausgetrocknet und wartete nur noch auf einen Funken, der sie zur Explosion bringen sollte.

Schachts Kampf um die "Grundrentenmarke"

Die Glaubwürdigkeit der D-Mark war nach 18 Monaten des Blutvergießens dahin, und die meisten Menschen waren der Meinung, dass aus psychologischer Sicht eine völlig andere Währung erforderlich war. Diese neue Mark, historisch auch als Rentenmark bekannt, war eine neue Währung, die mit allen Grundstücken und Industrieerzeugnissen Deutschlands im Gesamtwert von 3,2 Milliarden Mark besichert war. Die Bodenrentenmark ist an den US-Dollar mit einem Umtauschverhältnis von 4,2:1 und die Bodenrentenmark an die alte Mark mit einem Umtauschverhältnis von 1:1 Billion gekoppelt. Um die Erbbauzinsmark psychologisch von der alten Mark zu trennen, wurde eine neue "Rentenbank" gegründet. Die Rentenbanken versorgten die Deutsche Reichsbank mit neuen Markkrediten, und die Reichsbank wiederum versorgte die Gesellschaft mit Krediten für die Rentenmark. Aber die Erbbauzinsbank hat nie unabhängig von der Reichsbank gearbeitet, sondern lediglich psychologisch als Brandmauer zwischen alter und neuer Mark fungiert. Am 15. November 1923 wurde die Erbpachtmark in Umlauf gebracht. Die neue Mark ist keine französische Währung und hat nicht die Fähigkeit, Staats- und Auslandsschulden zu bezahlen. [96]

Schacht hatte bereits 23 Jahre Bankerfahrung, als er mit der schweren Aufgabe betraut wurde, die Deutsche Mark zu stabilisieren. Als Schacht die neue Grundrente erfand, stabilisierte sie den Wert der Mark nicht sofort; die Überwindung der Währungsspekulationswut war der entscheidende Wendepunkt bei der Stabilisierung des Markwertes, ein Kampf, der ein Jahr lang andauerte. Es bedurfte einer Reihe von Kreditkrisen, bevor das Ziel der Stabilisierung der Mark endlich erreicht war.

Der erste "New Deal" des Schachts bestand darin, die Ausgabe von Mark durch alle anderen Privatbanken sofort einzustellen und alle alten Markbestände sofort auszuzahlen.

Der zweite Schritt war, dass die neue Grundrente ausdrücklich nicht an Ausländer verliehen werden durfte. Schacht weiß, daß ausländische Währungsspekulanten eine wichtige spekulative Kraft beim Leerverkauf der Deutschen Mark sind. Diese Praxis bedeutet, daß ausländische Spekulanten, nachdem sie die Bodenrentenmark geshortet haben, es schwer haben werden, die Bodenrentenmark zu bekommen, um ihre Positionen auf dem Devisenmarkt zu schließen, so daß die Bereitschaft zur Spekulation stark behindert wird. Mit diesem einen Schritt war die erste Niederlage der ausländischen Währungsspekulanten erreicht, und die Beendigung der Währungsspekulation war ein wichtiger erster Schritt der deutschen Währungsreform.

Diese Währungsspekulanten beginnen nun zu begreifen, daß sie allen Spekulationen mit der Mark auf dem Devisenmarkt ein Ende setzen können, wenn die Zentralbank sich dazu entschließt. Schacht hat

---

[96] Ron Chernow, *The Warburgs The 20 Century Odyssey of a Rememberable Jewish Family*.

eigentlich von Anfang an verstanden, wie man mit Währungsspekulationen umgeht, aber einige Monate zuvor, als die schlimmste Inflation stattfand, hat der Reichstag tatenlos zugesehen, wie ausländische Spekulanten die Mark zerstörten.

Die Devisenspekulanten greifen die neue Bodenrentenmarke immer noch ständig an, und der Schacht wird endlich wütend. Ende November 1923 weist Schacht darauf hin, dass

> *„Die Spekulation mit der Landpachtmark ist nicht nur sehr schädlich für die wirtschaftlichen Interessen des Landes, sondern auch an sich äußerst töricht. In den letzten Monaten wurde diese Spekulation (die geforderte Mark) entweder durch einen sehr großzügigen Kredit der Deutschen Reichsbank oder durch das eilige Drucken von Geld durch private Banken im Austausch gegen die Reichsbankmark erreicht."*
>
> *„Nun ist aber dreierlei geschehen: das Notgeld (die von den Privatbanken selbst gedruckten Banknoten) hat seinen Wert verloren; es (die von den Privatbanken gedruckten Banknoten) wurde verboten, mit dem Reichstag zu tauschen; die ehemals großzügigen Anleihen des Reichstages werden jetzt nicht mehr ausgegeben; und die Grundrentenmark ist im Ausland nicht mehr erhältlich. Diese Gründe haben dazu geführt, dass die Spekulanten auf dem Devisenmarkt nicht mehr genügend Mark bekommen konnten, um ihre Schulden zu bezahlen, und dass sie große Verluste erlitten."*[97]

Die Kernaussage des Zusammenbruchs der D-Mark ist in dieser Passage von Schacht durchgesickert. Erstens wurden die massiven Leerverkäufe der Mark "großzügig" von der Deutschen Reichsbank finanziert, da diese Spekulanten damals leicht große, günstige Kredite von der deutschen Zentralbank erhalten konnten, die zum Leerverkauf der Mark als Schlüsselmaßnahme zu ihrer Zerschlagung verwendet wurden. Mit anderen Worten: Die Zentralbanken, die von internationalen Bankiers kontrolliert werden, versorgen die Währungsspekulanten mit reichlich Munition für Leerverkäufe der Mark. Zweitens liehen sich ausländische Währungsspekulanten große Mengen an Mark von Privatbanken auf deutschem Boden, die ihrerseits ausländische Währungsspekulanten "belieferten", indem sie ihre eigenen Banknoten druckten, die dann von der Zentralbank in Mark umgetauscht wurden, und die deutschen Privatbankiers waren eindeutig

---

[97] Hjalmar Schacht, *Die Magie des Geldes* (Oldbourne, 1967).

Komplizen der ausländischen Spekulanten. Schacht nennt einige der prominenten deutschen Bankiersfamilien nicht, die auch nach der Stabilität seines Meisters Marc immer noch an der Spitze operieren. Schacht stellte klar, dass "einige prominente Bankinstitute auch in Währungsspekulationstricks verwickelt sind, und das Land ist immer noch voll von Währungsspekulanten, die sogar den guten Namen und den Ruf der Familienbank in Kauf nehmen, wenn sie damit Geld machen können". Als Strafe hat die Zentralbank die Rückzahlung von Banknoten an diese Banken ausgesetzt. Drittens werden die nationalen Banken auch bestraft, weil sie gegen das Verbot verstoßen haben, Grundrentenmark von ausländischen Spekulanten zu leihen.

Ab dem 7. April 1924 ordnete Schacht an, dass die Deutsche Bundesbank für einen Zeitraum von zwei Monaten keine neuen Kredite mehr ausgeben dürfe. Diese Maßnahme der Zentralbank sollte die Stabilität der Deutschen Mark wiederherstellen. Zur gleichen Zeit verhängte der Schah eine strenge Kreditrestriktion. Er erhöhte den Zinssatz für den damaligen Einmonatskredit von 30 auf 45 Prozent und die Überziehungszinsen von 40 auf 80 Prozent. Dies brachte alle ausländischen Markspekulanten in Bedrängnis und zwang sie, ihre Devisen gegen D-Mark einzutauschen, um das Geld, das sie durch Leerverkäufe der Mark verloren hatten, zu ersetzen. Auf diese Weise erhöhte die Deutsche Bundesbank ihre Devisenreserven erheblich, die im April 1924 etwa 600 Millionen Mark betrugen und sich im August, nach nur vier Monaten dieser Politik, mehr als verdoppelt hatten. [98]

Nach der strikten Umsetzung der oben genannten Maßnahmen durch Schacht wurde die massive Markstrangulierung schließlich von der Kapitalzufuhr abgeschnitten und damit der wilde Angriff der Spekulanten auf die D-Mark mit einem Schlag beendet, woraufhin die D-Mark auf dem Devisenmarkt wieder zur Ruhe kam.

Im Juli 1924, als die Deutsche Mark wieder stabil war, begannen die Kreditzinsen zu sinken. Infolge der von Schacht auferlegten schweren Kreditklemme gründeten viele deutsche staatliche Postämter und Eisenbahnen ihre eigenen Banken. Diese Institutionen sind groß und mächtig und häufen in kürzester Zeit riesige Geldsummen an, und zwar viel schneller als das private Bankensystem. Ende 1924

---

[98] Ron Chernow, *The Warburgs The 20 Century Odyssey of a Rememberable Jewish Family*.

behandelten Unternehmer und andere Geschäftsleute in der deutschen Gesellschaft die Landpachtmark und die Reichsmark gleichwertig. Zu diesem Zeitpunkt wandelte Schacht die Bodenrentenmark erneut in eine von der Deutschen Bundesbank ausgegebene Mark um.

Die Schacht-Initiative ähnelt der "One-Trick-Pony"-Maßnahme der HKMA während der Finanzkrise in Asien 1997, d.h. die Verteuerung der Kreditvergabe an Devisenspekulanten über deren Verhältnisse hinaus, ein Schritt, der die Währungsspekulationen in kürzester Zeit zum Erliegen bringen wird!

All dies musste er nicht preisgeben, aber er wollte nicht, dass man sagt, die Reichsbank sei während der Hyperinflation von 1923 hilflos gewesen. Außerdem war Schacht ein überzeugter Nationalist und setzte sich für die Stabilität der D-Mark ein, was er ebenfalls als seine heilige Pflicht betrachtete. Als er mit ansehen musste, wie die mächtige Mark vor seinem geistigen Auge durch die Hyperinflation zerstört wurde, entstand in seinem Herzen eine unaussprechliche Wut. In Die Stabilität der Deutschen Mark, 1927 veröffentlicht, verteidigte Schacht noch die Untätigkeit der Reichsbank, und als 1967 sein Buch *Die Magie der Finanzen erschien*, wollte er endlich in der Geschichte mitreden". Von 1923 bis 1967, nach 44 Jahren des Schweigens und der Geheimhaltung über die wahren Ursachen der Hyperinflation, durchbrach er endlich eine gewisse Heimlichtuerei in angelsächsischen Finanzkreisen und legte auf äußerst obskure Weise Rechenschaft über sich selbst und die Geschichte ab, in einem kalten Buch über eine längst vergessene 44-jährige Geschichte.

Der Dawes-Plan: Unterstützung des Aufbruchs in Deutschland

Durch die Hyperinflation konnten die internationalen Bankiers die Früchte der "Schafschur" ernten, die Deutschland nicht nur jahrzehntelangen industriellen Wohlstand bescherte, sondern auch die massive Kontrolle über das deutsche Finanz- und Industriesystem übernahm. Gleichzeitig löste sie in der deutschen Bevölkerung eine starke Wut gegen die Weimarer Republik aus und zersetzte so die Volksbasis der Weimarer Republik. Nun war es an der Zeit, Deutschlands industrielle Kapazitäten zu stärken und die Hegemonie des britischen Empire herauszufordern.

Tatsächlich waren es die internationalen Bankiers, die auf der Pariser Friedenskonferenz den Ton angaben: John Foster Dulles, ein Wall-Street-Anwalt, der eine Schlüsselfigur bei den Friedensgesprächen in Versailles und einer der Verfasser des Friedensvertrags war, war für die Ausarbeitung von Artikel 231 des Friedensvertrags verantwortlich, der deutschen "Kriegsverbrecherklausel", die die Geißel der deutschen Rachsucht darstellte. US-Außenminister Charles Evans Hughes, der als Chefsyndikus für Rockefeller Standard Oil tätig war, überredete Präsident Coolidge, Charles Dawes, einen dem JPMorgan-Konsortium nahestehenden Bankier, zum Vorsitzenden der Entschädigungskommission zu ernennen. Von 1924, als der Dawes-Plan umgesetzt wurde, bis 1931 zahlte Deutschland insgesamt 10,5 Mrd. DM an Kriegsreparationen, nahm aber 18,6 Mrd. DM aus dem Ausland auf; nach 1923 war der Schatten jüdischer Bankiers, der Rockefellers und JPMorgan überall zu spüren, ob es sich nun um das deutsche Unternehmen IG Farben, United Steel oder die Deutsche Elektrizitätsgesellschaft handelte, und der Wiederaufbau Deutschlands nach dem Krieg wurde durchweg vom Wall-Street-Kapital kontrolliert, das öffentliche Gelder durch den Verkauf deutscher Anleihen aufbrachte, aus denen die Familien JPMorgan und Warburg zusätzliche große Gewinne erzielten. [99]

Im Jahr 1924 wurde auf amerikanischer Seite der Dawes-Plan ins Leben gerufen. Ziel des Dawes-Plans war es, die deutschen Kriegsreparationen von 132 Mrd. DM auf 37 Mrd. DM zu senken. Die Vereinigten Staaten nutzten das Geld, um Kredite an Deutschland zu vergeben, vor allem um die Schulden Deutschlands bei Frankreich und Großbritannien zu begleichen. Großbritannien und Frankreich lassen sich das Geld von Deutschland zurückzahlen und geben es dann an die Vereinigten Staaten zurück, da sowohl Großbritannien als auch Frankreich den Vereinigten Staaten Geld schulden. Das Ergebnis war, dass die Amerikaner ihrerseits den Deutschen Geld liehen, um es den Anglo-Franzosen zurückzuzahlen, und die Anglo-Franzosen gaben ihrerseits einen Teil der deutschen Rückzahlung an die Vereinigten Staaten zurück, so dass das Geld wieder und wieder in die Vereinigten Staaten floss. In diesem Kreislauf ist der amerikanische Steuerzahler der Verlierer. Die vom Wall-Street-Kapital kontrollierte deutsche

---

[99] Carroll Quigley, *Tragödie und Hoffnung* (MacMillian Company, 1966).

Industrie, die bereits die "Bodenbildung" vollzogen hatte, verringerte dabei ihre Schuldenlast und steigerte ihre Rentabilität, während gleichzeitig alle an den Kapitaltransaktionen beteiligten Bankiers einen großen Gewinn erzielten. Der Dawes-Plan wurde von den internationalen Bankiers sofort begrüßt, als er vorgeschlagen wurde, da alle gleichermaßen an diesem zirkulären Rückzahlungsspiel beteiligt waren. Dawes erhielt 1925 zusammen mit Chamberlain den Friedensnobelpreis und wurde später Vizepräsident der Vereinigten Staaten.

Schacht und die internationalen Bankiers schlugen auch eine neue Ausgleichsklausel vor, nach der alle von der Deutschen Bundesbank erwirtschafteten Gewinne aufgeteilt werden sollten, wobei 45 Prozent der Gewinne an die privaten Aktionäre der Deutschen Bundesbank und 55 Prozent an die Regierung gehen sollten. Schließlich einigten sich alle Zentralbankaktionäre darauf, dass von den ersten 50 Millionen Mark Gewinn die Hälfte an die privaten Zentralbankaktionäre und von den zweiten 50 Millionen Mark Gewinn 25 Prozent an die Privataktionäre gingen, gefolgt von 10 Prozent des Jahresgewinns an die Privataktionäre. [100]

Nachdem Dawes' Plan in Kraft getreten war, fluteten riesige US-Kredite nach Deutschland, es folgte eine große Menge an Auslandskrediten, und die internationalen Bankiers hatten im Allgemeinen ein hohes Maß an Vertrauen in Schacht. Schacht hatte jedoch ungewöhnlich strenge Beschränkungen für die Verwendung ausländischer Gelder erlassen, indem er vorschrieb, dass das Geld nur für die Produktion und nicht für Kredite für Luxusgüter und Konsum verwendet werden durfte. Unter dieser Politik wurde das deutsche industrielle Produktionssystem unter der Kontrolle des Wall-Street-Kapitals von 1924 bis 1929 rasch zum fortschrittlichsten Industriesystem in ganz Europa ausgebaut. Die Schacht'sche Kreditunterstützung für die Produktion und die politische Ausrichtung, den Zugang zu anderen, ähnlichen Aktien-, Immobilien- und Luxuskonsummärkten stark einzuschränken, waren bemerkenswert effektiv. Deutschlands industrielle Stärke wurde schnell

---

[100] Stephen Zarlenga, *Die deutsche Hyperinflation von 1923: Eine "private" Angelegenheit.*

wiederhergestellt und es wurde allmählich gerüstet, um Großbritannien herauszufordern.

Nachdem er die wirtschaftliche und finanzielle Kontrolle über die deutsche Industrie übernommen hatte, bestand der nächste Schritt darin, eine politische Führung und politische Organisation aufzubauen, die in der Lage war, einen Weltkrieg gegen das britische Empire zu führen. Zu diesem Zeitpunkt gerieten Hitler und seine Nazipartei ins Visier der internationalen Bankiers. In der Anfangsphase der Nazibewegung bezogen die Leute an der Wall Street und in den Kreisen des US-Außenministeriums ihre Informationen aus verschiedenen Quellen. Lange vor den Bierhallenkrawallen von 1923 lernte Robert Murphy, ein Beamter des US-Außenministeriums in München, Hitler über General Ludendorffff persönlich kennen - ein Murphy, der später eine zentrale Figur im Bilderberg Club werden sollte. Über diese geheimen Kontakte floss ein ständiger Strom nationalsozialistischer Ideen und organisatorischer Informationen in die geheimen Entscheidungszirkel der Wall Street und Washingtons, um dem inneren Kreis der internationalen Bankiers zur Kenntnis gebracht zu werden. Und bereits 1926 begann Reichsbankpräsident Schacht mit der heimlichen Finanzierung der Nazis. Im Juni 1929 hielten die Bankiers, die die Federal Reserve kontrollierten, eine Sitzung ab und wählten Sidney Warburg aus, um in ihrem Namen weitere "Interviews" mit Hitler in Deutschland zu führen und kooperative Verhandlungen zu führen. Die Wall-Street-Banker stellten die Bedingung, "eine offensive Außenpolitik zu vertreten und Rache gegen Frankreich zu üben". Hitler verlangte nicht viel und gab 100 Millionen Mark (24 Millionen Dollar) für alles. Am Ende einigten sich die Parteien auf 10 Millionen Dollar. Und Hitlers Nazi-Forderungen, über die Sidney nach seiner Rückkehr berichtete, beeindruckten Rockefeller zutiefst, und unmittelbar nachdem die New York Times begann, regelmäßig über Hitler zu berichten, wurden an den Universitäten spezielle Institute für Nazi-Forschung eröffnet. [101]

Was die internationalen Bankiers nicht erwartet hatten, war, dass der Straßengangster Hitler seinen eigenen "großen Plan" hatte und das Geld der internationalen Bankiers für seine eigene "private Arbeit" nahm.

---

[101] Antony C. Sutton, *Wall Street & the Rise of Hitler* (GSG & Associates, 1976).

KAPITEL VI

Hitlers "New Deal"

Im Zweiten Weltkrieg war die Macht der Militärmaschinerie des nationalsozialistischen Deutschlands der Welt schon lange bekannt, und Hitler war ein noch größerer Dämon, den alle Welt herbeisehnte. Außerhalb akademischer Kreise verstehen jedoch nur wenige Menschen die Funktionsweise des Geld- und Wirtschaftssystems in Nazideutschland. In der Wirtschaftskrise, die die Welt in den 1930er Jahren erschütterte, war Deutschland mit seiner schwachen Wirtschaft und der beispiellosen Arbeitslosigkeit am stärksten betroffen. Die Tatsache, dass die Nazis durch demokratische Wahlen legitim an die Macht kommen konnten, steht in engem Zusammenhang mit der Wirtschaftskrise in Deutschland. In einer Zeit sozialer Unruhen und des Umbruchs in den Köpfen der Menschen in Deutschland trafen die Nazis den Nerv der Gesellschaft und gewannen die Wahlen, indem sie die Karte des New Deal ausspielten, um die Wirtschaftskrise zu retten. Hätten sich die Nazis auf bloße Slogans und Propaganda verlassen, ohne wirkliches Talent zur Bewältigung der Wirtschaftskrise, hätten sie bald die Herzen und Köpfe der Menschen verloren und wären schließlich wie die Weimarer Republik zusammengebrochen.

Hitler, der 1933 gerade an die Macht gekommen war, sah sich mit einem wirtschaftlichen Chaos konfrontiert. Von 1929 bis 1932 sank der Auslastungsgrad der deutschen Industrieanlagen auf 36%, die gesamte Industrieproduktion ging um 40% zurück, der Wert des Außenhandels sank um 60%, die Preise fielen um 30%, die Eisenproduktion ging um 70% zurück, die Produktion im Schiffbau sank um 80%, die Arbeitslosigkeit erreichte 30%, die Wirtschaftskrise verschärfte die sozialen Klassenkonflikte, und innerhalb von drei Jahren kam es zu mehr als 1.000 Streiks.

Es muss gesagt werden, dass Deutschland von einer Wirtschaftskrise weitaus stärker betroffen war als andere kapitalistische

Länder in Europa und Amerika. Sobald die Nazis an die Macht kamen, widmeten sie sich sofort der Rettung der Wirtschaft und begannen, was als Hitlers "New Deal" bekannt wurde. Unter einer Reihe von starken wirtschaftlichen Maßnahmen erholte sich die deutsche Wirtschaft schnell und begann stark zu wachsen, wobei die Arbeitslosigkeit bis 1938 auf 1,3 Prozent sank. Von 1933 bis 1938 stieg die deutsche Roheisenproduktion von 3,9 Millionen Tonnen auf 18,6 Millionen Tonnen, die Stahlproduktion von 5,6 Millionen Tonnen auf 23,2 Millionen Tonnen, und die Aluminium-, Magnesium- und Drehbankproduktion war sogar höher als in den Vereinigten Staaten. Von 1933 bis 1939 wuchs die deutsche Schwer- und Rüstungsindustrie um das 2,1-fache, die Produktion von Konsumgütern stieg um 43 Prozent und die Bruttowirtschaft wuchs um mehr als 100 Prozent, während der Bau des Fernstraßennetzes abgeschlossen, das Grundsystem der Schwerindustrie reorganisiert und eine moderne Armee ausgerüstet wurde.

Der Roosevelt New Deal, der 1933 begann, milderte die Krise nur vorübergehend, und die US-Wirtschaft trat in eine lange Periode der so genannten "besonderen Depression" ein. Unter den starken Impulsen des so genannten "New Deal" erholte sich die US-Wirtschaft nur schwach, 1937-1938 fielen die USA erneut in eine schwere Wirtschaftskrise, und erst 1941, nach der Teilnahme der USA am Zweiten Weltkrieg, war die Große Depression vollständig überwunden. Während des Roosevelt'schen New Deal lag die durchschnittliche Arbeitslosenquote in den Vereinigten Staaten bei bis zu 18%, und das Bruttosozialprodukt erreichte erst 1941 wieder das Vorkrisenniveau von 1929. Wäre der Krieg nicht ausgebrochen und wären nicht mehr als 10 Millionen junge Amerikaner zum Militär eingezogen worden, hätte das Problem der Arbeitslosigkeit wahrscheinlich noch eine ganze Weile bestanden.

Deutschland war das Land, das am stärksten von der Wirtschaftskrise in den 1930er Jahren betroffen war, aber es war das erste Land, das die Große Depression überwunden hat.

Die Geschichte der von den Nazis begangenen Kriegsverbrechen ist bereits geklärt und würde daher den Rahmen dieses Kapitels sprengen. Die Geld- und Wirtschaftspolitik im nationalsozialistischen Deutschland ist jedoch ein wenig bekannter Bereich, und wir werden die Interaktion zwischen Politik und Geld in Deutschland zu dieser Zeit aus dieser Perspektive betrachten.

„Zynischer Hitler"

Eines Tages im November 1918 lag der Obergefreite Adolf Hitler vom Wehrmachtsregiment Liszt wie alle anderen Verwundeten ruhig in seinem Lazarettbett und genoss den Schmerz der vorübergehenden Erblindung durch das von den Alliierten verabreichte Giftgas und die Freude über die Verleihung des Eisernen Reichskreuzes. Da traf den Obergefreiten Hitler eine plötzliche Nachricht wie ein Blitz aus heiterem Himmel: Deutschland hatte seine Kapitulation vor den Alliierten angekündigt! Wut und Enttäuschung nagten an dem jungen Hitler wie eine Viper, und was sollte das alles? Ist dies das bittere Ergebnis von vier Jahren Kampf mit unzähligen Kriegskameraden?

Wenig später kam die Nachricht, dass die Regierung der Weimarer Republik den Frieden von Versailles anerkannt hatte: Deutschland hatte etwa ein Zehntel seines Territoriums und ein Achtel seiner Bevölkerung verloren, alle seine Kolonien, die Entmilitarisierung des Rheinlands, die Besetzung des Saarlands durch Frankreich und die Zahlung enormer Reparationen (70 Jahre lang, bis 1988) und vor allem den Vertrag über die Kriegsverbrechen: Deutschland musste die volle Verantwortung für den Beginn des Krieges anerkennen.[102] Wie die meisten der alten Deutschen war auch Hitler zutiefst erzürnt.

Vor der Revolution im November 1918 war die Lage in Deutschland zwar nicht gut, aber noch nicht so weit, dass eine vollständige Niederlage drohte. Auf dem Schlachtfeld der Westfront besetzten die Alliierten nie deutsches Territorium, während die deutschen Streitkräfte tief nach Nordfrankreich vordrangen. Von März bis Juli 1918 starteten die deutschen Streitkräfte an der Westfront fünf Großoffensiven in Folge. Ende Mai desselben Jahres starteten die Deutschen ihre dritte Offensive, der es gelang, die französische Linie zu durchbrechen und in einen nur 37 Kilometer von Paris entfernten Ort vorzustoßen, und am 15. Juli starteten sie ihre fünfte Offensive, die ihre strategischen Ziele nicht erreichte, da die amerikanischen Truppen in Europa eintrafen und die Stärke der alliierten Mächte erheblich zunahm. Daraufhin gehen die Deutschen in Frankreich in eine strategische Verteidigungshaltung über. An der Ostfront entschied das

---

[102] *Die Entstehung des Westens: Peoples and Cultures*, 3 ed. Vol. C. Boston: Bedford/St. Martins, 2009, S. 817.

sowjetische Regime nach der russischen Oktoberrevolution von 1917 zunächst, dass die Lage im eigenen Land so ernst war, dass die russische Armee so kriegsmüde war, dass es unmöglich war, den Krieg fortzusetzen. Lenin war entschlossen, mit Deutschland Frieden zu schließen, und im März 1918 war Russland gezwungen, den äußerst harten Friedensvertrag von Brest-Litowsk mit Deutschland zu unterzeichnen, demzufolge Deutschland fast 1 Million Quadratkilometer russischen Bodens und fast 50 Millionen Einwohner erwerben würde. Und die an Deutschland abgetretenen Gebiete besaßen 90 Prozent des russischen Kohlebergbaus, 73 Prozent des Eisenerzes, 54 Prozent der Industrie und 33 Prozent des Eisenbahnnetzes. Außerdem sah der Vertrag vor, dass die Sowjetregierung die Armee demobilisieren musste, einschließlich der erst kürzlich gebildeten Einheit der Roten Armee[103] Am 27. März desselben Jahres wurden in Berlin drei weitere sowjetisch-deutsche Verträge unterzeichnet, die die Zahlung von 6 Milliarden DM an Deutschland in verschiedenen Formen vorsahen.

Wenn es Deutschland gelänge, die alliierte Offensive an der französischen Front im Westen aufzuhalten und zu verzehren, und der Krieg im Osten beendet wäre, könnte sich die deutsche Armee bald mit voller Kraft auf den Westen konzentrieren, und mit den von Rußland abgetretenen großen Landstrichen und reichhaltigen Ressourcen sowie den gewaltigen Reparationszahlungen von 6 Milliarden Mark würde die deutsche Kriegsmacht grundlegend gestärkt. Selbst wenn Deutschland letztlich um den Sieg ringt, sind die alliierten Mächte wegen der massiven menschlichen und materiellen Auszehrung und der internen Streitigkeiten möglicherweise nicht bereit, sich noch lange zu bekämpfen, und es ist in der Tat möglich, den Krieg mit Würde zu beenden, wenn Deutschland sich zurückhält.

Viele Deutsche waren überzeugt, dass die deutsche Armee unbesiegbar sei und niemals besiegt werden würde. Mit anderen Worten: Solange die Vertreter der Regierung das Land nicht "für den Ruhm verkaufen" und das Land nicht infolge der Revolution zusammenbricht, werden die Deutschen sicher gewinnen. Einige Deutsche glaubten, selbst wenn ein Frieden angestrebt werden müsste, dass die Alliierten gemäß den amerikanischen Vierzehn

---

[103] Liu Debin, Hrsg., *Geschichte der internationalen Beziehungen*, Peking: Higher Education Press, 2003, S. 203-204.

Friedenspunkten Nachsicht mit Deutschland üben würden, dass Deutschland vielleicht die deutschsprachigen Gebiete der ehemaligen österreichisch-ungarischen Monarchie annektieren, einen deutsch-österreichischen Zusammenschluss erreichen und ein Großdeutschland gemäß dem von Wilson versprochenen Prinzip der "nationalen Selbstbestimmung[104]" schaffen könnte - aber die harte Realität gab der deutschen Bevölkerung einen scharfen Geschmack des Getäuscht- und Verratenwerdens. Gab es neben den alliierten Mächten auch innerhalb Deutschlands Verräter, die Deutschland verrieten? Das Volk war sich einig und fand fast sofort Sündenböcke für die Niederlage: die schwachen Sozialdemokraten, die den Friedensvertrag von Versailles anerkannten, und die "internationalen Juden", die als "Novembersünder" bezeichnet wurden und als schuldig galten, die deutschen Interessen zu verraten.

Mit bitterem Hass auf die so genannten "Novembersünder" schied der zynische Hitler mit einer alten Uniform und einem Eisernen Kreuz aus der Armee aus. Arbeitslos, fand Hitler bald eine neue Anstellung als Spion des Heeresnachrichtendienstes, um etwas über die "Deutsche Arbeiterpartei" herauszufinden, eine kleine Partei mit damals nur 55 Mitgliedern. Hitler hatte kein theoretisches Fundament, aber er war ein Mann mit großer Auffassungsgabe, der bei seiner "Spionagetätigkeit" das Beste aus den leidenschaftlichen Rednern der verschiedenen Denkschulen herausholte und in der Lage war, die fatalen Fehler in ihren Ansichten schnell zu erkennen und sein "theoretisches System" zu bereichern.

Eines Tages im September 1919 begibt sich Hitler erneut an den Ort, an dem die Deutsche Arbeiterpartei tagt, um zu erfahren, was dort vor sich geht. Der Inhalt eines Redners erweckte schnell Hitlers Interesse, und der Mann, dessen Ansichten ihn beeindruckten, war Gottfried Feder. In seinem 1924 veröffentlichten Buch "Mein Kampf" sagte Hitler ausdrücklich: "Der Mann, dessen Ansichten ihn beeindruckten, war Gottfried Feder:

> „Nachdem ich Feder zum ersten Mal sprechen gehört hatte, kam mir sofort der Gedanke, dass ich ein wichtiges Prinzip unserer (Nazi-)Partei entdeckt hatte."

---

[104] Ebd., S. 206-207.

Auf Betreiben von Feder trat Hitler der Deutschen Arbeiterpartei bei.[105]

Wer war dieser Feder, und was für eine Art von Hochmut sprach er, dass er Hitler davonkommen lassen konnte und so die Grundsätze fand, auf denen die Nazipartei gegründet wurde?

Feder: Hitlers finanzieller Mentor

Nachdem Hitler der Deutschen Arbeiterpartei beigetreten war, wurde Feder Hitlers Mentor in Sachen Wirtschaft und Finanzen. Hitler, inspiriert von Feder, interessierte sich sehr für Geld, Finanzen, Beschäftigung, Handel, Wirtschaftskrisen und andere Themen.

Feder, der kein Student der Wirtschafts- und Finanzwissenschaften war, begann 1917, den Zusammenhang zwischen Geld, Wirtschaft, Depression, Beschäftigung, Krieg und Staat "selbst herauszufinden", wobei er sich völlig von der traditionellen akademischen Denkweise löste und zu einer Reihe von verblüffenden Schlussfolgerungen gelangte. Er argumentierte, dass der Staat die Macht haben müsse, die Geldmenge zu kontrollieren, dass die Zentralbank verstaatlicht werden müsse und dass eine private Kontrolle der Zentralbank nicht erlaubt sein dürfe. Denn das größte Problem bei einer privaten Kontrolle der Zentralbank besteht darin, dass die Zinserträge und andere Gewinne, die sie erwirtschaftet, in privater Hand sind, anstatt dem Staat und der Öffentlichkeit zugute zu kommen. [106]

Ursprünglich hatte Hitler, der keine Ahnung von Wirtschaft und Finanzen hatte, immer geglaubt, dass die Niederlage des deutschen "Ersten Weltkriegs" und die anschließende Hyperinflation eine rein politische Angelegenheit sei. Nach Feders Ratschlag begriff Hitler sofort, dass das Finanzwesen im Mittelpunkt stand, und war beeindruckt von dem wesentlichen Unterschied zwischen "schöpferischem Industriekapital" und "gierigem, räuberischem Finanzkapital". Als Hitler erkannte, dass das Finanzwesen und die Machtgruppen, die es kontrollierten, die wahren Herren über die Geschicke Deutschlands waren, hob sich sein Reich sofort auf eine neue

---

[105] *München 1923*, John Dornberg, Harper & Row, NY, 1982. P. 344.

[106] *Hitler: A Profile in Power*, Ian Kershaw, Kapitel I (London, 1991, rev. 2001).

Ebene, und er blickte auf viele der Fragen zurück, die ihn zuvor verwirrt hatten, und gewann sofort eine nie dagewesene Einsicht und eine neue Perspektive. Nach und nach entwickelte er einen klaren logischen Rahmen für das künftige Funktionieren Deutschlands und die "wichtigen Grundsätze" der NSDAP.

1920 schlug Hitler nach wiederholten und heftigen Debatten und Überlegungen mit Feder und anderen ein System philosophischer Grundsätze für die NS-Bewegung vor. Aufgrund des philosophischen Niveaus der Plattform glaubte Hitler, dass sie sich "niemals ändern" würde. Dieses Gedankensystem wurde in der 25-Punkte-Plattform zusammengefasst, deren Status auf dem Nürnberger Parteitag 1932 bekräftigt wurde. [107]

Die 25-Punkte-Plattform enthält alle grundlegenden Ideen und Politiken der Nazis. Die Forderungen und Ansprüche in Bezug auf die Wirtschaft spiegeln die wichtigsten wirtschaftlichen Ideen von Feder wider, die wichtigsten Punkte sind.

Punkt 11: "Verbietet unverdientes Einkommen und löst die Zinssklaverei auf. "Dies steht im Einklang mit Feders konsequenter Befürwortung der Abschaffung der "Zinssklaverei" und der Unterscheidung zwischen "kreativem Industriekapital" und "profitfressendem Finanzkapital". Seiner Ansicht nach kann Kapital nur dann Werte schaffen, wenn es tatsächlich in den Kreislauf der Realwirtschaft eintritt, und "räuberisches" Finanzkapital, das nur im Finanzsystem "in und aus dem Profit läuft", ist in Wirklichkeit das Ergebnis der Ausbeutung anderer Arbeitnehmer.

Punkt 12: "Unterdrückung und Konfiszierung aller durch den Krieg ermöglichten illegalen Gewinne. "Hitler behauptet, dass die deutsche Armee im Ersten Weltkrieg nicht militärisch verloren hat, sondern dass die Soldaten an der Front von der Großbourgeoisie und den jüdischen Finanziers, die "das nationale Interesse verkauft" haben, "in den Rücken gefallen" sind.

Punkt 13: "Wir fordern die Verstaatlichung aller Unternehmen (Trusts), die (bisher) zusammengelegt worden sind. "Feder schlägt die Schaffung eines "Flugzeugträgers" aus staatlichen Unternehmen vor, um das staatliche Monopol auf die wichtigsten Ressourcen der

---

[107] *Adolf Hitler, John Toland*, New York: Doubleday & Company, 1976. S. 94-98.

Gesellschaft zu erreichen und so den bösartigen Wettbewerb und die Spaltung zwischen Arm und Reich zu vermeiden, die durch das übermäßige Profitstreben des Kapitals verursacht werden. Er sieht den verstaatlichten Torus als eine Art Gleichgewicht zwischen angemessenen Profiten für Kapitalisten und stabilen Arbeitsplätzen für Arbeitnehmer.

Punkt 14: "Wir fordern eine Beteiligung an der Dividende der Großunternehmen. "Feder besteht darauf, dass große Unternehmen der Gesellschaft etwas zurückgeben und den wirtschaftlichen Wohlstand mit allen Teilen der Gesellschaft teilen müssen.

Punkt 16: "Wir fordern die Schaffung und Erhaltung eines gesunden Mittelstandes, fordern die sofortige Beschlagnahme der großen Kaufhäuser und die billige Verpachtung an Kleinunternehmer, fordern eine besondere Fürsorge für alle Kleinunternehmer bei der Beschaffung von Waren durch den Staat und die Länder. "Diese Auffassung Feders spiegelt die wirtschaftlichen Interessen des Kleinbürgertums und des einfachen Volkes der Gesellschaft wider, obwohl sie gar kein so genanntes philosophisches Prinzip mehr ist, sondern einer bestimmten politischen Ebene angehört.

Punkt 17: "Wir fordern eine Landreform, die den Bedürfnissen des Volkes entspricht. Wir fordern ein Dekret über die unentgeltliche Beschlagnahme von Grund und Boden für das Gemeinwohl, die Abschaffung der Landpacht und ein Ende der Bodenspekulation. "Die unerträglichsten Aspekte von Feders Philosophie sind der "Gewinn durch Nichtstun" und die "Spekulation" sowie sein Wunsch, alle gesellschaftlichen Ressourcen für konkrete produktive Tätigkeiten zu verwenden. Er lebt in der Tat in einer abstrakten und idealisierten Welt und ignoriert die menschliche Natur. Es gibt ein altes chinesisches Sprichwort: "Ein Gentleman ist wie Wasser, ein Schurke ist wie Öl. "Der Gentleman ist natürlich sehr gut, aber wenn man lange mit dem Gentleman zusammenlebt, kann man nur befürchten, dass niemand diese Art von ewiger Stumpfheit und Fadheit ertragen kann; die kleinen Leute haben sicherlich Probleme, aber die kleinen Leute graben sich in ihr Herz, um alle möglichen Probleme zu schaffen, aber sie bringen auch die Höhen und Tiefen und Veränderungen des Lebens mit sich. Schöpfung und Spekulation sind auch dasselbe, ohne Schöpfung haben alle keine Nahrung, aber ohne Spekulation ist das Leben zwangsläufig zu langweilig. Das Problem mit Feder ist, dass er versucht, die Lanze vom Schild zu trennen und nur die Seite zu nehmen, die er will.

Punkt 18: „Todesstrafe für Verräter, Wucherer und Spekulanten."

Darüber hinaus plädierte Feder für die "Autorität des Staates", die Gründung einer Bank für den wirtschaftlichen Aufbau, die Ausgabe von Staatsanleihen und die Finanzierung von Investitionen in soziale öffentliche Projekte. Angesichts der Tatsache, dass die internationalen Bankiers längst das Goldmonopol innehatten, schlug er vor, den Goldstandard abzuschaffen, die umlaufende Geldmenge vom Staat bestimmen zu lassen, die Produktionskapazität der Realwirtschaft des Staates als Deckung für die Währung zu verwenden und Waren mit anderen Ländern zu tauschen, um so der Kontrolle des ausländischen Kapitals über die deutsche Währung und die Devisen zu entgehen. [108]

Hitler unterstützte viele von Feders Ideen konzeptionell, aber er war ein Politiker, der nicht von einem Interesse an der Theorie selbst sprechen konnte, und die Theorie war für ihn immer ein Werkzeug, das er benutzte, wenn es passte, und wegwarf, wenn es nicht passte. Das ewige Gesetz der Staatsmänner ist, dass sich die Macht durch das Streben nach Macht verändert, und durch Veränderung mehr Macht.

Um mehr Macht zu erlangen, musste Hitler mit Leuten zusammenarbeiten, die "wirkliche Macht" besaßen. Für Hitler, der Soldat war, ist die so genannte reale Macht eigentlich ganz einfach: "Gewalt + finanzielle Macht", beides ergänzt sich und ist untrennbar. Es war unwahrscheinlich, dass der arme, klimpernde Hitler mit großen Geldsummen finanziert worden wäre, aber die "gewaltsame" Unterstützung war schon einigermaßen zuverlässig.

Brauereiaufruhr: Hitlers Ruhm

Wenn Feder Hitler die theoretische Waffe der Finanzwirtschaft lieferte, so liegt der Beitrag von Rom (Ernst Rohm) in der Bereitstellung der praktischen Waffe der Gewalt.

Roma trat im Alter von 19 Jahren in die kaiserliche Armee ein und wurde im Ersten Weltkrieg dreimal verwundet, bis er schließlich Unteroffizier wurde. Nach der deutschen Kapitulation trat Roma der paramilitärischen Organisation "Freiheit" als Stellvertreter von Epp, dem Kommandeur der Bayerischen Freiheit, bei und wurde zu einem

---

[108] Ebd.

der mächtigsten Soldaten Münchens. "Nach dem Ende des Ersten Weltkriegs kehrten zahlreiche deutsche Offiziere und Soldaten in ihre Heimatstädte zurück, und unter dem Eindruck der britischen "Wirtschaftswaffen", der Versorgungsknappheit und der Aussichtslosigkeit auf Arbeit schlossen sich diese tatkräftigen Veteranen spontan zusammen und gründeten unter der Führung einiger Offiziere die Freikorps. Die Freikorps wurden von der deutschen Armee heimlich finanziert und ausgerüstet und hatten zunächst die Aufgabe, die lange Ostgrenze zu besetzen, um den unmittelbaren Personalmangel der Wehrmacht zu beheben. Nach dem System der Weimarer Republik gehört die Armee dem Staat und darf sich nicht an der Innenpolitik beteiligen. Nach den politischen Wirren in Deutschland nach dem Ersten Weltkrieg führte die Kommunistische Partei eine Arbeiterrevolution an, und die Freie Armee, auf die sich die von der Regierung und dem Militär vertretenen konservativen Kräfte stützten, bekämpfte und unterdrückte revolutionäre Bewegungen überall mit Blut.

Im Oktober 1919 hielt Hitler seine erste Rede auf einer Kundgebung der Deutschen Arbeiterpartei. Hitler stellte seine wahre Begabung unter Beweis - eine extrem aufrührerische Beredsamkeit, egal wie absurd und ungeheuerlich eine Behauptung ist, die, nachdem sie von seinem paranoiden Gehirn verarbeitet wurde, mit donnernder Wirkung wieder aus seiner glatten Zunge hervorbricht. Es geht ihm nicht mehr um eine Pointe, sondern um das Aufwühlen einer überwältigenden Kraft in intensiver, brennender emotionaler Katharsis und scharfer, kalter rationaler Analyse. Vielleicht wurden die Deutschen zu gründlich beraubt, zu rücksichtslos gedemütigt, zu nackt verraten, und die wilden und extremen, unbewussten Minderwertigkeitsgefühle und die Arroganz in den Knochen der germanischen Nation wurden plötzlich von Hitlers heißem "Wahrheitsflammenwerfer" ausgelöst, und die restliche Schicht des rationalen Schutzes wurde vollständig eingeschmolzen, so dass nur noch fanatischer Glaube und der Drang nach Rache übrig blieben.

Unter den Zuhörern, die davon überwältigt waren, war auch Roma. Roms Bewunderung für Hitler war so groß, dass er ihm eine große Zukunft und das Potenzial zur Führung einer ultranationalistischen Bewegung zutraute. Im Frühjahr 1920 führte er Hitler formell in seinen eigenen militärischen Kreis ein. Mit der Unterstützung der gewalttätigen Gruppen wurde Hitler ehrgeizig und begann zu planen, wie er das Ideal eines reichen Landes mit einer starken Armee erreichen könnte.

1920 entwickelte Hitler mit Hilfe von Feder das theoretische System der 25-Punkte-Plattform ideologisch weiter und beherrschte mit Hilfe von Rom die Mittel der Gewalt. Zu dieser Zeit änderte er den Namen der Deutschen Arbeiterpartei in Nationalsozialistische Deutsche Arbeiterpartei (NSDAP), kurz NSDAP. Auf Romas Betreiben hin war der bayerische Militärchef Epp maßgeblich an der Förderung der schwachen Nazipartei beteiligt, indem er nicht nur finanzielle Unterstützung leistete, sondern Hitler auch in die Kasernen einlud, um für die Nazis zu werben. Hitler war überglücklich, dass das Freikorps nach seinen Worten voller "energiegeladener junger Männer war, die organisiert und diszipliniert waren und im Militär ohne Schwierigkeiten einen unternehmungslustigen Weltgeist vermittelten". Unter der Organisation von Roma stellten die Nazis ihre eigene bewaffnete Truppe auf, die Charge.

Im Jahr 1921 wurde Hitler erwartungsgemäß zum Führer der NSDAP ernannt. Zu diesem Zeitpunkt verfügte die NSDAP sowohl über ideologische Waffen als auch über militärischen Rückhalt. Durch Hitlers beispiellose Aufwiegelung schlossen sich andere rechtsextreme Organisationen in der Weimarer Republik an, und das Ansehen der NSDAP war so groß, dass ihre Mitgliederzahl bis 1923 auf 55.000 anstieg.

1923 explodierte die orchestrierte deutsche Hyperinflation, die Mark stürzte ab, die Finanzwelt befand sich im Chaos, der Wohlstand des deutschen Mittelstandes wurde blutig geschlagen, und Frankreich und Belgien marschierten erneut ein, um das Ruhrgebiet zu erobern. All dies schürte die Wut der deutschen Bevölkerung gegen die Weimarer Regierung, und die patriotische Begeisterung stieg. Am 8. November 1923 putschten Hitler und Ludendorff an der Spitze der bayerischen Militärs und Politiker anlässlich einer Feier in einer Münchner Bierstube. Dies ist der berühmte Bierhallenkrawall der Geschichte. [109]

Obwohl die Unruhen letztlich scheiterten, schockierten sie die Welt und boten den Nazis eine seltene Gelegenheit für internationale Propaganda. Hitlers erstaunliche Redegewandtheit vor Gericht und

---

[109] *The Rise and Fall of the Third Reich: A History of Nazi Germany*, William L. Shirer, (Touchstone Edition) (New York: Simon & Schuster, 1981), S. 312.

seine unaufhörlichen Wutausbrüche erregten die deutsche Öffentlichkeit, und eine große Zahl von Menschen verließ spontan das Gericht, um sich mit den Nazis zu solidarisieren, und alle großen Zeitungen in der ganzen Welt veröffentlichten Hitlers Bild auf der ersten Seite.

Hitler versuchte, die Debatte während seines Gerichtsprozesses in eine eigene politische Rede umzuwandeln, wurde aber dennoch zu fünf Jahren Gefängnis verurteilt. Er verbrachte neun Monate im Gefängnis und diktierte das Buch *Mein Kampf*, das einen schockierenden Entwurf für ein zukünftiges Deutschland unter der Herrschaft der Nazis zeichnete. Im Gefängnis erkannte Hitler, dass die Weimarer Republik voller Flügel war, dass die gewaltsame Revolution keine Aussicht auf Erfolg hatte und dass die einzige Option die "legale Machtergreifung" war. Unmittelbar nach seiner Entlassung aus dem Gefängnis änderte er die Denkweise der Nazipartei und bereitete sich darauf vor, die parlamentarische Demokratie zur legalen Machtergreifung zu nutzen.

Die Bierhallenkrawalle hatten den unbeabsichtigten Effekt, dass Hitler, ursprünglich ein Straßenschläger, über Nacht zu einer "internationalen Berühmtheit" wurde. So kamen Kräfte von allen Seiten zu allen möglichen Zwecken zu Hitler, um über eine Zusammenarbeit zu sprechen. Hitler war mit dem Empfang und den Verhandlungen beschäftigt, eine Reihe von Verhandlungsrunden ging zu Ende, er hatte das Gefühl, dass es zu viele Leute gab, mit denen er kokettieren musste, die wirklich mächtigen großen Akteure erschienen nicht.

In der Tat war es Hitler nicht bewusst, dass jede seiner Handlungen die große Aufmerksamkeit bestimmter Kreise mit großer Energie auf sich zog.

Hitler wurde vom Gott des Reichtums in die Taille getroffen

Bereits um 1920 begannen internationale Bankiers in Deutschland nach politischen Akteuren zu suchen, die in Zukunft das Gewicht der Geschichte tragen könnten. Sie verfolgten die verschiedenen politischen Parteien, die nach dem Krieg in Deutschland entstanden, auf der Suche nach "superprimitiven Aktien", die erstaunliche Renditen bringen würden, und Hitlers kleine Partei mit ein paar Dutzend Leuten ist auf ihrem Radar aufgetaucht.

Die Nachrichtendienste der internationalen Bankiers sind unglaublich effizient. Bereits im Februar 1920 arrangierte Morgan für

Donovan eine geheime Reise nach Europa und zahlte ihm 200.000 Dollar, um systematisch alle Aspekte der Nachkriegssituation in Europa zu untersuchen. Während dieser Europareise traf Donovan Hitler in Berchtesgaden, Bayern, Deutschland, und führte ein langes nächtliches Gespräch mit ihm, den er für einen "interessanten Gesprächspartner" hielt. Dieser Donovan ist der Gründer des Strategischen Nachrichtendienstes der Vereinigten Staaten (OSS), aus dem die Central Intelligence Agency (CIA) hervorgegangen ist.

Natürlich war dieser Kontakt nur eine sehr vorläufige Bestandsaufnahme, denn die politischen Parteien in Deutschland waren damals zahlreich, und das "Risikokapital" der Wall Street musste aus der großen Zahl der Kandidaten das tatsächliche Potenzial der ursprünglichen Aktien herausfinden.

Der superinflationäre Wirbelsturm war schließlich vorbei, nachdem die Spekulationswelle der Deutschen Mark 1924 endete. Nachdem die Wall Street den Tiefpunkt der deutschen Wirtschaft kopiert hatte, wurde der US-Dow-Jones-Plan offiziell eingeführt, und die deutsche Wirtschaft erholte sich rasch, da eine große Menge ausländischen Kapitals in die Bundesrepublik strömte. Als sich die Wirtschaft erholte, schwand der Einfluss der Nazis schnell. Das deutsche Volk und die breite Öffentlichkeit sind in der Tat gleich: Ein Leben in Frieden und Glück, reiches Essen und Kleidung ist das wichtigste Streben der Menschen, das Kämpfen und Töten in einer chaotischen Welt und das Auf und Ab der wirtschaftlichen Turbulenzen sind nicht das, was die Menschen sich wünschen. Sobald die Welt im Frieden war, ließ das alte deutsche Volk den Schmerz und das Unglück der Vergangenheit schnell hinter sich. Von 1924 bis 1929 ging es mit dem Nationalsozialismus in Deutschland bergab, und Hitler musste sich an die Regeln der parlamentarischen Politik halten, in der er nicht sehr gut war.

Während überall in Deutschland nationalsozialistische Basisorganisationen entstanden, war der Wählerzuspruch für die NSDAP eher dürftig. Bei den deutschen Wahlen im Mai 1928 errangen die Nationalsozialisten 12 Sitze im Parlament mit einem mickrigen Stimmenanteil von 2,6 Prozent. Bei den deutschen Wahlen in jenem Jahr erhielt die Linkskoalition, vertreten durch die Sozialdemokratische Partei und die Kommunistische Partei Deutschlands, 40,4% der Stimmen, die Katholische Zentrumspartei 15%, während sich mehrere andere rechte Parteien, wie die Deutsche Volkspartei, die restlichen 42% der Stimmen teilten.

Hitler war ein chaotischer Mann, der niemals aus den Schwierigkeiten herauskommen würde, sein Land zu beherrschen und die Welt zu regeln.

Die Nazis waren bereits wie Fische, die an einem Strand gestrandet waren und tagelang nicht springen konnten. Zu diesem Zeitpunkt brach jedoch die Weltwirtschaftskrise von 1929 aus, und die deutsche Wirtschaft verschlechterte sich drastisch. Die Zahl der Arbeitslosen in Deutschland stieg 1930 auf 2 Millionen und 1932 sogar auf 6 Millionen. Die Nazis nutzten diese historische Gelegenheit sofort, um den Versailler Vertrag und die Kriegsreparationen für die Wirtschaftskrise in Deutschland verantwortlich zu machen und die Schwäche und Unfähigkeit der Regierung dafür verantwortlich zu machen, dass das Volk in den Abgrund gerissen wurde. Die wirtschaftliche Depression und die sozialen Umwälzungen, die dazu geführt hatten, dass das deutsche Volk jegliches Vertrauen in die Weimarer Republik verloren hatte, und die schmerzlichen Erinnerungen an die sieben Jahre zuvor begannen wieder aufzutauchen, nur dass die Krise diesmal viel größer und länger war als 1923, und die Deutschen begannen, sich den Nazis zuzuwenden; bei den Parlamentswahlen im September 1930 erhielten die Nazis 18.Bei den Parlamentswahlen im September 1930 erhielten die Nationalsozialisten 18,3% der Stimmen und überholten damit zum ersten Mal die Kommunistische Partei Deutschlands und wurden nach den Sozialdemokraten die zweitstärkste Partei im Parlament; bei den Parlamentswahlen im Juli 1932 erhielten die Nationalsozialisten 37,4% der Stimmen und überholten die Sozialdemokraten um 36,2% und wurden damit die erste Partei im Parlament.

Als die internationalen Bankiers den Aufstieg der Nazis beobachteten, beschlossen sie schließlich, auf Hitler zu setzen.

Im November 1933 erschien in den Niederlanden plötzlich eine Broschüre mit mehreren Gesprächen zwischen einem Bankier namens Sidney Warburg und Hitler, die enthüllte, dass die führenden amerikanischen Industriellen und Finanziers, darunter Rockefeller und Henry Ford, Hitler vor und nach seiner Machtübernahme über die Bankengruppe JP Morgan und Chase Manhattan mit 32 Millionen Dollar finanziert hatten. Das Buch wurde 1934 zensiert, und die Gebrüder Warburg, die amerikanischen und deutschen Direktoren von Faber & Co., auf die es anspielt, haben jede Verbindung zu seinem Inhalt geleugnet, aber die Einzelheiten des Buches stimmen mit vielen realen Quellen überein und sind daher verdächtig und werden allgemein als Beweis dafür angesehen, dass die internationalen Investoren der Wall Street mit den Nazis kollaborierten. [110]

Ein weiterer internationaler Bankier, der für die Finanzierung Hitlers bekannt ist, war Baron Kurt von Schroeder. Die Familie von Schroeder gehört ebenfalls zu den "siebzehn größten internationalen Bankiersfamilien", mit Banken in London und New York. Schroeder und Rockefeller gründeten 1936 eine Joint-Venture-Bank in New York, wobei der Neffe von John Rockefeller als stellvertretender Vorsitzender und Direktor fungierte. [111]

Schroeder studierte an der Universität Bonn und trat während des Ersten Weltkriegs in die Reichswehr ein. Nach dem Krieg wurde er Partner der Stein Bank in Köln. Aufgrund seiner rechtsgerichteten politischen Überzeugungen sympathisierte er mit der NSDAP und finanzierte sie. Er vermittelte ein Treffen zwischen dem Führer der Deutschen Volkspartei, Barben, und Hitler, das es Hitler ermöglichte, später Kanzler der Regierung zu werden.

Schröder war auch eine Schlüsselfigur im inneren Zirkel der Nazis, dem "Circle of Economic Peers", der auch als "Kepler-Kreis" bekannt ist und von William Kepler gegründet wurde. Kepler ist der Inbegriff eines Geschäftsmannes mit weitreichenden Kontakten in die Politik und einem ausgeprägten politischen Gespür. Der "Kepler-Kreis" wurde erstmals 1931 gegründet. Hitler hatte ein tiefes Gespräch mit Kepler darüber, dass er eine verlässliche Gruppe von Unternehmern brauchte, die die Nazis beraten sollten, sobald sie an der Macht waren, und Hitler sagte: "Finde ein paar Wirtschaftsführer, die jetzt keine Nazis sein können und uns dienen werden, wenn wir an die Macht kommen. " [112]

Kepler blieb seiner Mission treu und schloss seinen Freundeskreis zur Finanzierung Hitlers ein.

> Fritz Kranefuss: Neffe von Kepler und Assistent von Himmler.
> Karl Vincenz Krogmann, Bürgermeister von Hamburg.

---

[110] Antony C. Sutton, *Wall Street and the Rise of Hitler* (GSG & Associates Pub 1976) Kapitel 10.

[111] Richard Roberts, Schroders Merchants & Bankers (MacMillan, 1992).

[112] Nürnberger Militärtribunal Band VI S. 285.

- ➤ August Rosterg, Geschäftsführer der französischen Tochtergesellschaft.
- ➤ Emil Meyer: Direktor der Tochtergesellschaft ITT und GE Deutschland.
- ➤ Otto Steinbrinck: Stellvertretender Vorsitzender, United Steel Corporation.
- ➤ Hjalmar Schacht, Vorsitzender des Verwaltungsrats der Reichsbank.
- ➤ Emil Helffrich: Vorsitzender des Verwaltungsrats der Mobil Holding, Deutsch-Amerikanische Erdölgesellschaft.
- ➤ Friedrich Reinhardt: Vorsitzender des Verwaltungsrats der Handelsbank.
- ➤ Ewald Hecker: Vorsitzender des Verwaltungsrates der ILSEDER HUTTE.
- ➤ Graf von Bismarck: Geschäftsführender Vorsitzender von Steding. [113]

Kepler wurde 1933 in den Reichstag gewählt und wurde eine Zeit lang Hitlers Finanzberater. In wenigen Jahren hat er sich als Direktor mehrerer Unternehmen ein dickes Zubrot verdient, unter anderem als Vorstandsvorsitzender zweier Tochtergesellschaften der Farben-Gruppe. Farben und Mobil Oil haben eine enge Beziehung. Die Technologie zur Herstellung von synthetischem Benzin hatte Farben von Mobil Oil erhalten, das nach Ausbruch des Krieges in Europa mehr als 2.000 ausländische Patente notfalls an Mobil Oil übertragen hatte.

Die American International Telegraph and Telephone Company ITT wurde 1921 von den Brüdern Sosthenes Behn und Hernand Behn gegründet und wurde von der Familie Morgan kontrolliert. Das erste Treffen zwischen Penney und Hitler fand im August 1933 in Berchtesgaden statt.[114] Später schlossen sich Benny und der Kepler-Kreis zusammen und trafen sich mit Schroeder. Da Penney die engen Beziehungen Schröders zu Hitler und den Nazis erkannte, lud er ihn ein, die Interessen von ITT in Deutschland zu betreuen. Schröder half

---

[113] Nürnberger Militärtribunal Band VI S. 287.

[114] Antony C. Sutton, *Wall Street and the Rise of Hitler* (GSG & Associates Pub 1976).

ITT dabei, in lukrative Militärunternehmen in Deutschland zu investieren (darunter Focke-Wulf, das Kampfjets herstellte) und saß in den Vorständen dieser Unternehmen, in die die Gewinne von ITT reinvestiert wurden. Auf diese Weise war Hitler ein Schlüsselakteur im Zweiten Weltkrieg, als er die amerikanischen und alliierten Streitkräfte mit Kampfflugzeugen bekämpfte, die mit amerikanischen Investitionen hergestellt worden waren. Darüber hinaus übertrug er ITT-Gelder an die Gestapo von Himmler, dem Chef des Geheimdienstes, dessen Beiträge ein Viertel der amerikanischen Unternehmensbeiträge an die Gestapo während des Krieges ausmachten.

Das Protokoll des Verhörs von Kurt von Schröder durch die Alliierten nach dem "Zweiten Weltkrieg" am 19. November 1945 zeigt die tief verwurzelte Beziehung zwischen Schröder, ITT und den Nazis.

F: In der vorherigen Aufzeichnung sagten Sie, dass Sie mit mehreren deutschen Unternehmen zu tun hatten, die mit ITT oder Standard Electric in Verbindung standen, hatten ITT oder Standard Electric also mit anderen deutschen Unternehmen zu tun?

A: Ja. Lorenz war vor dem Krieg mit 25 Prozent an Focke-Wulf in Bremen beteiligt, das Jagdflugzeuge für die Luftwaffe baute. Ich glaube, dass Focke-Wulf später aufgrund der Expansion mehr Kapital absorbierte und Lorenz auf knapp unter 25% fiel.

F: Dies geschah also, nachdem Colonel Penney über ITT fast 100 Prozent von Lorenz hielt?

A: Ja.

F: Colonel Penney genehmigte den Kauf der Focke-Wulf-Anteile durch Lorenz?

A: Ich bin mir sicher, dass Oberst Benny zugestimmt hat, bevor sein Vertreter in Deutschland dies formell genehmigte.

F: In welchem Jahr erwarb Lorenz eine 25%ige Beteiligung an Focke-Wulf?

A: Ich erinnere mich an die Zeit kurz vor Kriegsausbruch, vor dem Einmarsch in Polen.

F: Kennt Westlake alle Einzelheiten des Kaufs einer 25-prozentigen Beteiligung von Lorenz an Focke-Wulf? (Westerik war im Ersten und Zweiten Weltkrieg als deutscher Spion tätig).

A: Ja. Sie wissen es besser als ich.

F: Wie viel investiert Lorenz?

A: Ursprünglich waren es 250.000 Mark. Dann wurde es ein bisschen aufgestockt. Wie viel genau, weiß ich nicht mehr.

F: Hatte Colonel Penney die Möglichkeit, die Gewinne, die er vor Kriegsausbruch in Deutschland erzielt hatte, in die Vereinigten Staaten zu transferieren?

A: Ja. Der Transfer zurück in die USA wird wegen des Wechselkurses etwas weniger profitabel sein, aber der größte Teil wird in die USA zurückfließen. Oberst Penney hat dies nicht getan und mich auch nicht darum gebeten. Er scheint gewillt zu sein, die Gewinne in Deutschland für Anlagen und Ausrüstungen und andere militärische Industrieunternehmen zu behalten. Haas in Berlin ist eines von ihnen. Haas stellt militärische Funk- und Radarkomponenten her. Wenn ich mich recht erinnere, hält Lorenz eine 50%ige Beteiligung an Haas.

F: Sie sind seit 1935 Direktor von Lorenz. Während dieser Zeit waren Lorenz und Focke-Wulf in der Produktion von militärischen Industrieanlagen tätig. Wissen Sie oder haben Sie davon gehört, dass Oberst Penney oder seine Vertreter gegen diese Unternehmen, die den Krieg für Deutschland vorbereiten, protestiert haben?

A: Nein. [115]

Der Kepler-Kreis und Himmler kommen sich immer näher, auch bekannt als der "Himmler-Kreis". In einem Brief vom 25. Februar 1936 an seinen Kollegen Emile Meyer vom Himmlerkreis beschreibt Schröder die Ziele und Anforderungen des Himmlerkreises und die langfristigen Ziele des bei der Stein Bank in Köln eröffneten Sonderkontos "S".

Freundeskreis des Führers des Dritten Reiches

Am Ende einer zweitägigen Reise nach München auf Einladung des Führers des Dritten Reiches einigte sich der Freundeskreis darauf, bei der Stein-Bank in Köln ein Sonderkonto "S" zu eröffnen, das dem Reichsführer zur Verfügung steht. Die Gelder werden für außerbudgetäre Missionen verwendet. Auf diese Weise konnte sich der

---

[115] Ebd.

Reichsführer auf alle seine Freunde verlassen. In München wurde beschlossen, dass die Unterzeichner das Konto einrichten und verwalten sollten.

> *„Gleichzeitig möchten wir jeden Teilnehmer darauf hinweisen, dass, wenn er im Namen der Firma oder des Freundeskreises für die oben genannte Mission des Reichsleiters spendet, der Beitrag auf ein vom Freundeskreis vereinbartes Sonderkonto "S" (Reichsleiterkonto, Postscheckkonto Nr. 1392) bei der Stein Bank in Köln eingezahlt werden soll."*
>
> *Heil Hitler!*
Kurt von Schroeder [116]

Dieser Brief erklärt, warum Oberst Bogdan (ehemaliger Leiter der Schroeder Bank in New York) in der Nachkriegszeit große Anstrengungen unternahm, um die Ermittlungen von der Stein Bank in Köln weg auf die großen Banken der Nazizeit zu lenken. Weil die Stein Bank Geheimnisse über die Absprachen zwischen amerikanischen transnationalen Konzernen und den Nazi-Behörden im "Zweiten Weltkrieg" verbarg.

Schröders Unterstützung für die Nazis wurde nach der Machtübernahme der Nazis reichlich belohnt: Schröder bekleidete folgende Ämter.

- Deutscher Vertreter der Bank für Internationalen Zahlungsausgleich.
- Privater Chefberater der Deutschen Reichsbank.
- Leitender Angestellter der Gestapo, Eisernes Kreuz I und II.
- Vorsitzender des Verwaltungsrats der deutschen Verkehrs-Kredit-Bank (kontrolliert von der Reichsbank).
- Generalkonsul in Schweden.

Nach dem Krieg wurde Kurt von Schroeder von einem deutschen Gericht der "Verbrechen gegen die Menschlichkeit" für schuldig befunden, und der prominente internationale Bankier wurde schließlich zu einer dreimonatigen Haftstrafe verurteilt.

---

[116] Nürnberger Militärtribunal Band VII, S. 238.

"Verbrechen gegen die Menschlichkeit" ist kein kleines Verbrechen, und Schröder, der Hitler im Zweiten Weltkrieg direkt finanzierte und "auf frischer Tat ertappt" wurde, erhielt nur eine symbolische dreimonatige Haftstrafe. Im Folgenden werden wir auch die Freilassung des "Geldgottes" Schacht sehen, der Finanzminister der Nazis und Leiter der Zentralbank war und während des gesamten Kriegsverlaufs für die Mittelbeschaffung zuständig war. Es sieht so aus, als hätte Schröder einen weiteren Grund, sich über seine dreimonatige Haftstrafe zu beklagen.

Neben Schröder, einer der "Siebzehn Internationalen Bankiersfamilien", die an der Finanzierung Hitlers beteiligt waren, war auch Max Warburg eine wichtige Figur.

Das Haavara-Abkommen

Hitler redete davon, dass er zwei Feinde und einen Weltfeind habe. Sein Hauptfeind waren die Bolschewiken, und nach Hitlers Ansicht hätte Deutschland nicht besiegt werden können, ohne dass die Bolschewiken in seinem Rücken revoltiert und randaliert hätten - der erste Dolchstoß. Sein zweiter Feind war die internationale jüdische Finanzmacht, die, inspiriert von Feder, Hitler die Macht der Finanzmacht vor Augen führte und ihm die Finanzierung der Alliierten im Ersten Weltkrieg durch die jüdischen Bankiers verübelte, was zur Niederlage Deutschlands und zum Verrat der deutschen Interessen durch Max Warburg und andere im Friedensvertrag von Versailles sowie zur Zerstörung der Wirtschaft durch die deutsche Hyperinflation führte, die Hitler den Juden anlastete. Hitlers Blutfehde richtete sich gegen Frankreich, den jahrhundertealten Feind, der Deutschland zur Unterzeichnung des Vertrages der Schande gezwungen hatte.

Nach der Machtübernahme der Nazis gab es keine unmittelbare Möglichkeit, die Sowjetunion oder Frankreich anzugreifen, aber der Antisemitismus war kein Hindernis. Sein erstes Programm war der "Haavara-Plan" zur Ausgrenzung der Juden.

Das Wort "Haavara" bedeutet auf Hebräisch "Transfer", und der Haavara-Plan wurde im August 1933 von der deutschen Nazi-Regierung und jüdischen Organisationen in Palästina als Plan zur Förderung der jüdischen Einwanderung nach Palästina unterzeichnet.

Für die Nazis war die Vertreibung der Juden von deutschem Boden eine großartige Politik, aber angesichts der damaligen Stärke

Deutschlands konnte sie den internationalen Bankiers, die über einen enormen Zugang zu Geldern in aller Welt verfügten, nicht zu nahe treten. Die meisten dieser Leute waren jüdische Bankiers, und viele waren Juden deutscher Abstammung. Hitlers Antisemitismus war international bereits berüchtigt, und die Massenproteste europäischer und amerikanischer Juden gegen den Boykott deutscher Produkte hatten den deutschen Industrieexporten einen schweren Schlag versetzt, und es lag im Interesse der Nazi-Regierung, die gerade die Kontrolle über das Regime übernommen und noch nicht die Oberhand gewonnen hatte, die internationalen jüdischen Kräfte in ihren Gegenaktionen nicht zu sehr zu stimulieren. Infolgedessen wurde die Politik der Ausgrenzung und Vertreibung in eine Politik der "Förderung der Auswanderung" umgewandelt.

Deutschlands enorme Kriegsreparationen nach dem Ersten Weltkrieg wurden vollständig in Dollar und Pfund Sterling beglichen, so dass die deutsche Regierung den Abfluss von Devisen und Gold streng kontrollierte, was nach der Machtübernahme der Nazis durch eine 25-prozentige Strafsteuer auf Kapitaltransfers von Deutschland nach Übersee im Jahr 1931 noch verschärft wurde. All dies machte die Abwanderung von Geld zu einem der größten Probleme der jüdischen Diaspora. Max Warburg ist bereits einer der bedeutendsten Finanzriesen in Deutschland mit weitreichenden Kontakten zu den Kapitalmärkten in London, Paris und New York, und es wird zu Max' Aufgabe, Mittel für die reibungslose Durchführung des "Haavara-Projekts" zu beschaffen.

Nach langen Beratungen zwischen Max, den jüdischen Organisationen in Palästina und den Nazis wurde schließlich ein Modell ausgearbeitet, das für alle drei Parteien von Vorteil war. Im Rahmen dieses Programms übergaben auswanderungswillige Juden ihre Mark und ihr gesamtes unbewegliches Vermögen in Deutschland an die Nazi-Regierung und erhielten nach einem Jahr den gleichen Wert an Pfund Sterling in Palästina, unter der Bedingung, dass die jüdischen Emigranten das Geld nicht verwenden durften und dass der gesamte Betrag für den Kauf deutscher Industrieprodukte wie Maschinen, Geräte, Rohre, Düngemittel usw. verwendet werden sollte, die nach dem Verkauf dieser deutschen Produkte in Palästina an die jüdischen Emigranten zurückgegeben werden sollten. Tatsächlich zahlte die Nazi-Regierung das Pfund Sterling nicht wirklich, sondern es wurde von der Warburg-Familie und anderen internationalen Bankiers auf große Bankkonten überwiesen, und die Nazi-Regierung kam durch den

Export von Industrieprodukten in den Besitz dieser wertvollen "Pfunde".

Es ist eigentlich ein dreigleisiger Ansatz. Für die Zionisten gaben die große Zahl neuer jüdischer Einwanderer und das starke Kapital, das sie mitbrachten, der Entwicklung der lokalen jüdischen Gemeinschaft einen großen Schub und legten eine solide menschliche und materielle Grundlage für die spätere Gründung eines jüdischen Staates. Die nationalsozialistische Regierung ihrerseits erreichte ihr strategisches Ziel, die Juden auszugrenzen, ohne auch nur einen einzigen Pfennig an Staatsgeldern zu verbrauchen, während sie gleichzeitig die Ausfuhren deutscher Produkte steigerte, Arbeitsplätze in Deutschland schuf und wertvolle internationale harte Währung, das Pfund Sterling, einbrachte, und konnte gleichzeitig dem internationalen Machtblock der jüdischen Bankiers einen Gefallen erweisen, indem sie den schweren Schlag gegen den deutschen Import- und Exporthandel abmilderte, der durch den von ihnen initiierten weltweiten Boykott deutscher Produkte verursacht wurde. Es war auch eine Gelegenheit für internationale Bankiers, ein Vermögen zu machen, und um die Umsetzung des Plans zu überwachen, gründeten deutsche Juden die Palestine Trust Company, und 3/4 der gesamten für den "Haavara-Plan" erforderlichen Mittel und die Kredite für die Exporte nach Deutschland flossen über die Kanäle der Familie Warburg und anderer internationaler Bankiersfamilien in die palästinensische Region, wo die Anglo-Palästinensische Bank gegründet wurde, um die Gelder entgegenzunehmen, und von 1933 bis zum Ausbruch des "Zweiten Weltkriegs" 1939 wanderten 52.000 deutsche Juden (hauptsächlich wohlhabende) erfolgreich nach Palästina aus, und insgesamt wurden über diesen Kanal 140 Millionen DM nach Deutschland überwiesen, wobei die Familie Warburg großzügige finanzielle "Servicegebühren" erhielt.

Der Plan sah vor, dass Nazideutschland deutsche Juden, die nach Palästina auswanderten, mit Industrieerzeugnissen für ihr unbewegliches Eigentum in Deutschland und ihre Siedlungen in Palästina bezahlte und Devisenpfunde erhielt, während ein Teil der Mittel aus Deutschland abfloss. Dieser Plan entspricht nicht den nationalsozialistischen Grundsätzen, sondern Hitlers machtpolitischem Kalkül.

Neben ihrer direkten Einmischung in das deutsche Finanzsystem kultivierten die internationalen Bankiers einen wichtigen Agenten, nämlich den Schacht.

Schacht: der Vermittler der internationalen Bankiers

Horace Greeley Hjalmar Schacht wurde im Januar 1877 in Teinlief (ehemals Deutschland, jetzt Dänemark) als Sohn eines deutsch-amerikanischen Vaters und einer dänischen Mutter, Baronin Constance von Eggs, geboren. Williams Leben war ein Leben im Umbruch, er arbeitete als Landlehrer, Zeitungsredakteur, Buchhalter und ließ sich schließlich bei der American Life Insurance Company nieder. Der von William am meisten bewunderte Politiker war der New Yorker Abolitionist und libertäre Politiker und Journalist Horace Greeley, und zu Ehren dieses libertären Politikers gab William der kleinen Yalma den amerikanischen Namen Horace Greeley und zeigte damit die Verbundenheit der Familie Schacht mit Amerika. [117]

Der kluge und fleißige Schacht jr. spezialisierte sich auf Literatur, Journalismus, Soziologie, Philosophie und Politikwissenschaft und erhielt im Alter von 22 Jahren den Titel eines Doktors der Philosophie, bevor er in die Finanzwelt wechselte und bei der Dresdner Bank arbeitete. Schacht hatte einen intuitiven Blick für das Wesen des Finanzwesens, und seine außergewöhnliche Fähigkeit, unkonventionell zu arbeiten, machte ihn schnell zu einer überzeugenden Finanzelite. [118] 1923 wurde Schacht zum Präsidenten der Reichsbank ernannt, um die angeschlagene deutsche Mark zu retten. [119] Aufgrund von Problemen bei der Überarbeitung des Young-Plans verließ Schacht 1930 die Reichsbank. [120]

Ab 1931 arbeitete Schacht aktiv für die Nationalsozialisten, und im März 1933, als Hitler an die Macht kam, ernannte er Schacht zum Präsidenten der Reichsbank; die Ernennungsurkunde wurde von Hitler und Reichspräsident Hindenburg unterzeichnet. Die Ernennungsurkunde wurde von Hitler und Reichspräsident Hindenburg unterzeichnet. Acht Direktoren der Reichsbank, darunter die drei

---

[117] John Witz, übersetzt von Zhang Yujiu, *Hitlers Bankiers*, Peking: Guangming Daily Press, 2000, S. 6-7.

[118] Ebd., S. 14, 22, 30-31.

[119] Ebd., S. 74.

[120] Ebd., S. 108.

jüdischen Bankiers Mendelssohn, Wasserman und Warburg, unterzeichneten ebenfalls diese Urkunde.

Im Juli 1933 setzte Hitler die "Kommission für Wirtschaftsfragen" ein, um mit der Planung der Wiederbelebung der deutschen Wirtschaft zu beginnen. Die 17 Mitglieder dieses Ausschusses waren allesamt Großkapitalisten und Bankiers, darunter Krupp, Siemens, Bosch, Tyson, Schröder und andere, und der Ausschuss wurde von Schacht geleitet, der von der Gruppe der Kapitalisten gewählt worden war.

Im August 1933 verhandelte Schacht im Namen der deutschen Nazi-Regierung mit der American Bankers Association über einen Kredit. Die Wall Street stimmte bereitwillig einem Moratorium für Deutschlands frühere Kredite zu und versprach, dass in Zukunft der gesamte Erlös des US-Kapitals und der US-Industrie in Deutschland nur in Deutschland verwendet werden würde und dass das Geld für den Aufbau neuer Rüstungsindustrien oder die Erweiterung alter Waffenproduktionsbetriebe verwendet werden würde.

Bei einem Treffen im Juli 1934 fragte Hitler Schacht, was er davon halten würde, wenn Schacht zum Wirtschaftsminister in Deutschland ernannt würde. Schacht überlegte einen Moment und bot vorsichtig an, er wolle wissen, wie Hitler mit dem jüdischen Volk umgehen wolle, bevor er die Ernennung zum Wirtschaftsminister akzeptiere. Hitler antwortete, dass die Juden, was die Wirtschaft betreffe, alle normalen Geschäfte machen könnten, die sie bisher machen konnten. [121] Schacht fragte natürlich nicht nach den gewöhnlichen Juden, sondern um Hitlers Haltung gegenüber Warburg und anderen zu testen. Hitler, der Warburg zu diesem Zeitpunkt offenbar nicht bewegen konnte, antwortete so. In gewisser Weise war Warburg tatsächlich das Auge der Wall Street auf Hitlers Finanzpolitik, das ihm zur Seite gestellt wurde.

Am 2. August 1934, dem Tag des Todes von Reichspräsident Hindenburg und der Machtübernahme Hitlers, wurde Schacht zu Hitlers Wirtschaftsminister ernannt. [122]

Schachts Beziehung zu Warburg ist außergewöhnlich und kann als ehrenhaft und demütigend bezeichnet werden. Einerseits schützte

---

[121] Shacht, *76 Jahre meines Lebens*, S. 404.

[122] John Witz, übersetzt von Zhang Yujiu, *Hitlers Bankiers*, Beijing: Guangming Daily Press, 2000, S. 173-176.

Schacht Warburg geschickt vor Hitler, andererseits war Warburg ein Prüfstein für internationale Bankiers, die Hitler besuchten. Wäre Hitler ein Dissident gewesen, hätte die Finanzierung Deutschlands durch die Wall Street unterbrochen werden können, was fatale Folgen für Hitler gehabt hätte, der gerade angesichts einer Wirtschaftskrise mit verbrannter Erde an die Macht gekommen war. Außerdem hätte Hitlers gesamte Armee ohne die Unterstützung der Wall Street ernsthafte Schwierigkeiten bei der Finanzierung des Krieges gehabt.

Wie das Sprichwort sagt: „Ein bisschen Intoleranz ist eine große Sauerei." Auch Hitler wusste dies sehr wohl. Er nutzte Schachts finanzielle Brillanz, um Warburgs Wall-Street-"Durchzug" zu stabilisieren, und in den sechs Jahren von 1933 bis 1939, als Deutschland sich auf den Zweiten Weltkrieg vorbereitete, nutzte er die DuPont- und Chemiekonzerne, die Rockefeller- und Mobil-Ölkonzerne, die JPMorgan und ihre Telegrafen- und Telefongesellschaften sowie die Ford Motor Company, die alle unter der Kontrolle des Wall-Street-Kapitals standen, voll aus, um die riesigen deutschen Rüstungsaufträge an Land zu ziehen und gieriges Kapital ins Rennen zu locken.

Marx sagte, dass der Kapitalist die Schlinge, mit der er aufgehängt wurde, mit Gewinn an das Proletariat verkaufen könne, wie wunderbar! Der amerikanische Autokönig Henry Ford wurde für seine verdienstvolle Arbeit mit den Nazis mit dem Eisernen Kreuz geehrt, ebenso wie der Generaldirektor von IBM und Präsident der US-Handelskammer Thomas Ding Watson.[123] In den acht Monaten des Jahres 1934 stieg die Zahl der US-Exporte nach Deutschland allein bei Flugzeugen von 1933 auf 1934 um mehr als das Fünffache; es gab mehr als 60 US-Firmen, die in der Rüstungsindustrie in Nazi-Deutschland tätig waren. Neben dem Verkauf von militärischen Spitzenprodukten haben die Vereinigten Staaten großzügig eine Vielzahl von fortschrittlichen Militärtechnologien nach Deutschland geliefert. DuPont verkaufte über die IG Farben Neopren und Flugzeugsprengstofftechnologie an Deutschland; Mobil Oil war aktiv an der Vermarktung von Tankschmierstofftechnologie beteiligt; das Flugbenzin der Luftwaffe wurde von Mobils Flugölwerk in Deutschland geliefert; und die International Telegraph and Telephone

---

[123] Ebd., S. 212-213.

Company unter Morgan war an der Entwicklung neuer deutscher Kriegsflugzeuge beteiligt. Später im Krieg gab sogar der amerikanische Marineminister zu, dass es die Vereinigten Staaten waren, die Hitler mit den modernsten Flugzeugmotoren versorgten.

Hitlers Kriegsvorbereitungen wären ohne die Hilfe von Schacht und Warburg alles andere als reibungslos verlaufen.

Dank dieser Schicht erwirtschaftete die Warburg-Familienbank in Hamburg 1936, drei Jahre nach Hitlers Machtübernahme, immer noch Gewinne. Sie zahlte wie üblich Zinsen und Dividenden an Anleihegläubiger und andere Aktionäre, und das Bankgeschäft der Familie Warburg blieb von den Nazis weitgehend unbehelligt. Selbst 1938 war die Warburg Family Bank noch profitabel.

Zusätzlich zu Warburgs engen Verbindungen zur Wall Street-Firma Kuhn Loeb und Co. hatte Schacht aufgrund seiner Erfahrung persönliche Verbindungen zur anglo-amerikanischen Finanzwelt. Bereits 1905 war er JP Morgan persönlich begegnet, als er mit dem Vorstand der Bank von Dresden die Vereinigten Staaten besuchte. [124]Eine seiner ersten Amtshandlungen, nachdem er 1923 Gouverneur der Reichsbank geworden war, bestand darin, Norman, den Gouverneur der Bank of England, in London zu besuchen, wo er eine lebenslange Freundschaft mit Norman schloss, der später sogar der Patenonkel eines von Schachts Enkelkindern wurde.[125] Schacht sprach Englisch so viel fließender als Deutsch, dass sein Prozess Jahrzehnte später sowohl auf Englisch als auch auf Deutsch geführt wurde. Auf dem Nürnberger Tribunal, das nach dem Krieg gegen die Nazi-Kriegsverbrecher verhandelte, wurden nur drei der Angeklagten freigesprochen und an Ort und Stelle freigelassen. Schacht, der Wirtschaftsminister und Gouverneur der Zentralbank gewesen war und die Mittel für den gesamten Krieg aufgebracht hatte, war einer von ihnen, wobei der sowjetische Vertreter scharf anklagte: "Kapitalisten werden niemals bestraft".

Mit der vollständigen Umsetzung von Hitlers "New Deal" verbessert sich die deutsche Wirtschaft, die Arbeitslosenzahlen gehen zurück, die militärische Macht wird rasch stärker, insbesondere die

---

[124] Ebd., S. 33.

[125] Ebd., S. 78-80.

Olympischen Spiele 1936 in Berlin, so dass das deutsche Volk "in das Herz der vier Meere zurückkehrt", Hitlers Flügel sind allmählich voll.

Nach den deutschen Olympischen Spielen hatte Schacht das vage Gefühl, dass die Situation nicht gut war, nicht nur wegen des strukturellen Ungleichgewichts, das durch die Überbetonung der Rüstungsindustrie in der Wirtschaft verursacht wurde, sondern auch wegen der Tatsache, dass Hitlers Endziel "nicht einfach" schien. In der Zwischenzeit unternahm Hitler nichts, um seine wirtschaftliche Macht aufzuteilen.

Im Herbst 1936 ernannte Hitler Göring zum Vollstrecker des "Vierjahresplans" für die Wiederbelebung der deutschen Wirtschaft und richtete neue Regierungsstellen ein, die speziell für dessen Umsetzung zuständig waren. Es liegt auf der Hand, dass diese neue institutionelle Struktur zu einer ernsthaften funktionellen Überschneidung mit dem Reichswirtschaftsministerium von Schacht führte, was schließlich unweigerlich zu einem Machtkampf zwischen Schacht und Göring führte.

Als Oberhaupt der liberalen Schule in Deutschland war Schacht, dem die Wirtschaft im Rahmen eines staatlichen Plans theoretisch unangenehm war und der sah, dass sie seine Macht unmittelbar schwächte, natürlich gegen den so genannten "Vierjahresplan" und setzte sich sofort dagegen zur Wehr. Hitler hingegen schloss weiterhin Frieden zwischen Schacht und Göring, die sich in Tai Chi üben. Als er sah, wie viele Industrie- und Rüstungsaufträge an Göring flossen, seine eigene Seite aber immer mehr "kalt vor der Tür stand und die Pferde knapp wurden", wurde Schacht allmählich klar, dass er von Hitler hereingelegt worden war.

So reichte Schacht im August 1937 seinen Rücktritt bei Hitler ein, der nach drei Monaten "guter Worte" Schacht im November offiziell als Wirtschaftsminister absetzte. Nicht bereit, sich geschlagen zu geben, will Schacht, der immer noch Gouverneur der Deutschen Bundesbank ist, auch die Währungsmacht als letztes Mittel einsetzen. Ab 1938 verschärft Schachts Weigerung, das Arbeitsbeschaffungsgesetz" erneut zu diskontieren, schließlich seinen Konflikt mit Hitler. Zu diesem Zeitpunkt hatte Hitler alle Vorbereitungen für die Verstaatlichung der Zentralbank rechtlich abgeschlossen, und im Januar 1939 wurde Schacht aus dem Präsidium der Reichsbank entfernt und unter Beibehaltung des fiktiven Titels eines Kabinettsmitglieds faktisch von Hitler aus dem Zentrum der

Macht in Deutschland geworfen. Die Nachricht von Schachts Ausscheiden aus dem Zentralbankamt wurde mehr als fünf Monate lang bis kurz vor Ausbruch des Ersten Weltkriegs unter Verschluss gehalten. Hitlers politische Machttricks und Schachts Finanzstrategien waren meisterhaft, aber am Ende übertrumpfte die Politik die Finanzen.

1944 wurde Schacht wegen des Verdachts der Beteiligung am Bombenanschlag auf Hitler in Steffenberg in das Konzentrationslager Dachau eingeliefert.[126] Anstatt die wichtige Aufgabe zu erfüllen, Hitler auszuspionieren, wurde Schacht von Hitler, ohne es zu merken, ausgespielt, und es war nur natürlich, dass der Gedanke an Rache aufkam.

Das große Spiel des Schachs

Als Hitler, unterstützt von internationalen Bankiers, 1933 schließlich wie erhofft den Thron des deutschen Führers bestieg, spielten mehrere wichtige Machtgruppen der Welt ihr eigenes Spiel.

Die herrschende Elite des Britischen Weltreichs ist zweifellos davon überzeugt, dass das britische System die perfekteste Form der gesellschaftlichen Organisation in der Weltgeschichte ist und dass es nicht nur innerhalb der bestehenden Grenzen des Britischen Weltreichs, sondern auch in größerem Umfang in allen Ländern der Welt umgesetzt werden sollte, wobei das Hauptinteresse darin besteht, das System der globalen Hegemonie des Britischen Weltreichs zu konsolidieren und zu stärken. Zu diesem Zeitpunkt hatte das Britische Empire einen in der Geschichte noch nie dagewesenen Einflussbereich erreicht, und auf dem europäischen Kontinent war der größte strategische Herausforderer, Deutschland, völlig besiegt und sein wirtschaftliches und militärisches Potenzial im Rahmen des Versailler Systems radikal unterdrückt worden. Westlich von Deutschland hatte der Weltfeind Frankreich Großbritannien fest an seinen eigenen Wagen gefesselt, und die enormen Verluste des Krieges und die potenzielle Bedrohung durch Deutschland machten Frankreich für sein Überleben von Großbritannien abhängig.

In Afrika erstreckt sich der britische Einflussbereich über den größten Teil des afrikanischen Kontinents, mit nicht weniger als 21

---

[126] Ebd., S. 284-299.

Ländern, die dem britischen Empire unterworfen sind, und großen Mengen an Rohstoffen und natürlichen Ressourcen, die Großbritannien zur Verfügung stehen; im Nahen Osten kontrolliert Großbritannien den größten Teil des Nahen Ostens, von Palästina und Saudi-Arabien bis zum Iran und Irak, und besitzt die Ölquelle im Nahen Osten; in Asien beherrscht Großbritannien große Gebiete von Indien und Malaya bis Myanmar und Hongkong, China, mit enormen Humanressourcen, natürlichen Ressourcen und strategischen Korridoren, die alle unter britischer Kontrolle stehen; in Ozeanien wird es von Commonwealth-Abhängigkeiten wie Australien und Neuseeland als Industrierohstoff unterstützt; in Amerika versorgen Kanada, Guyana, Jamaika, die Bahamas und andere das Britische Empire mit endlosen strategischen Vorräten, von Flottenstützpunkten bis zu natürlichen Ressourcen.

Großbritannien hatte auch die mächtigste Seemacht der Welt und kontrollierte alle wichtigen Wasserstraßen der Welt, und das britische Empire der frühen 1930er Jahre blickte mit großem Ehrgeiz auf den Globus.

Natürlich gibt es im Vereinigten Königreich einige verborgene Sorgen, wie das erstaunliche industrielle Potenzial der USA. Aber in der üblichen Denkweise der britischen Führungselite bleiben die Vereinigten Staaten eine ehemalige britische Kolonie, der es an einer globalen Strategie mangelt. Der Finanzplatz steckte in den Kinderschuhen, es herrschte ein großes Spekulations- und Regulierungschaos, es gab schwere Überkapazitäten, die für die heimischen Märkte unverdaulich waren und stark von der globalen Marktnachfrage unter britischer Kontrolle abhingen, es gab nur wenige Kolonien in Übersee, denen es an Preisgestaltungsmacht über die Ressourcen fehlte, und das US-Militär, das damals noch im Amateurbereich angesiedelt war, verfügte über keine globale Militärbasis.

Die Art und Weise, wie Großbritannien Amerika kontrolliert, ist also sehr einfach: Großbritannien bestimmt die weltweiten Kosten des Geldes, Großbritannien hat ein Monopol auf die weltweiten Rohstoffpreise, Großbritannien kontrolliert den Fluss der weltweiten Aufträge, Großbritannien teilt die Nachfrage auf dem Weltmarkt auf und Großbritannien schützt die Handelsschifffahrtswege. Mit diesen fünf strategischen Schwerpunkten, die den Vereinigten Staaten fest im Nacken sitzen, werden die Vereinigten Staaten immer die globale Produktionsstätte des britischen Imperiums sein, und die Aktionäre, die diese Produktionsstätte kontrollieren, werden britisches Kapital sein.

Mit einem Wort, das Vereinigte Königreich positioniert sich als Organisator des Weltmarktes, während die USA lediglich der Produzent sind. Solange es keinen groß angelegten Krieg gibt, um die ganze Welt zu unterwandern, hat Großbritannien nichts von den Vereinigten Staaten zu befürchten, die versuchen, "die Macht an sich zu reißen".

Das einzige, was die Briten wirklich beunruhigte, war das Potenzial der Sowjetunion. Obwohl sich die Sowjetunion Anfang der 1930er Jahre gerade erst von den Kriegswirren erholt hatte und alle Bereiche noch in Unordnung waren, sorgte das sowjetische Modell der wirtschaftlichen Entwicklung für große Spannungen im britischen Empire. Wenn das sozialistische Wirtschaftsmodell in der Lage ist, sich ohne koloniale Expansion zu industrialisieren und gleichzeitig eine starke Streitmacht aufzubauen, stellt dies nicht nur eine ernsthafte militärische Herausforderung dar, sondern es ist sogar noch gefährlicher, dass das sowjetische Modell die Ideologie der Welt "durcheinanderbringt". Hätte die Sowjetunion ihr Ziel, reich und mächtig zu werden, aus eigener Kraft erreicht, hätte das britische Kolonialmodell im Rückblick hässlich ausgesehen und wäre nicht in der Lage gewesen, seine vernünftige und legitime Herrschaftsordnung aufrechtzuerhalten. Infolgedessen wurde die Sowjetunion von Großbritannien als sein gefährlichster Feind ins Visier genommen.

Aus britischer Sicht hatte der Aufstieg der deutschen Nazis sowohl Vor- als auch Nachteile; der Nachteil bestand darin, dass die deutsche Aufrüstung eine Bedrohung für Großbritannien darstellte, und der Vorteil war, dass Großbritannien eine rechte Hand hatte, um mit der Sowjetunion als Todfeind umzugehen. Großbritannien nahm die Nazis nicht allzu ernst, in erster Linie ein starker psychologischer Vorteil, die deutsche Wirtschaft war bereits unter dem Verbrauch des Versailler Systems zerbrechlich, die internationalen Bankiers hatten die vollständige Kontrolle über Deutschlands Zentralbank und Finanzsystem und das Lebenselixier der chemischen Schwerindustrie, und Hitler war nichts weiter als eine Marionette im Vordergrund. Solange sie das Lebenselixier der Nazis kontrollieren können, werden sie sich nicht scheuen, zurückzuschlagen. Für Großbritannien wäre es eine freudige Sache gewesen, Deutschland in eine starke Position gegen die Sowjetunion zu führen. Daher war die britische Führungselite in der Nazifrage in zwei Fraktionen gespalten: die pro-deutsche Fraktion, vertreten durch den berühmten "Duke of Windsor", und die andere Fraktion, vertreten durch den späteren Kanzler Churchill, der Angst vor

Deutschland hatte und entschieden gegen jede Idee war, die Deutschland wieder an die Macht bringen würde.

Die aufstrebenden Finanzmächte in den Vereinigten Staaten haben jedoch ihre eigenen strategischen Überlegungen. Schon lange vor dem Ausbruch des Ersten Weltkriegs und dem explosionsartigen Wachstum der amerikanischen Industriemacht hatte die herrschende Elite Amerikas Pläne geschmiedet, wie sie das britische Empire als neuen Welthegemon ablösen könnte. Schließlich ist es die Stärke, die die Denkweise bestimmt, die Denkweise, die die Vision bestimmt, und die Vision, die die Strategie bestimmt!

Die größte Stärke Großbritanniens ist in den Augen der Vereinigten Staaten auch die größte Achillesferse des Landes. Das Kernproblem von Großbritanniens breiter Aufteilung der globalen Produktion, Ressourcen und Märkte liegt in der Aushöhlung der britischen Industrie im eigenen Land, und Großbritanniens selbstgefälliges Finanzzentrum wäre sofort dem Zerfall preisgegeben, wenn es die solide Realwirtschaft verlassen und sich einer losen Interessengemeinschaft in der globalen Arbeitsteilung anschließen würde.

Ein groß angelegter Krieg, bei dem die Vereinigten Staaten die Kriegsdividende einstreichen und gleichzeitig die britische Vorherrschaft erheblich schwächen und Möglichkeiten für ihre Ablösung schaffen könnten, steht also voll und ganz im Einklang mit den strategischen Interessen des entstehenden US-Finanzmachtblocks.

Auf der anderen Seite haben die internationalen jüdischen Finanzkräfte, die auf der strategischen Idee beruhen, das britische Kolonialsystem zu besiegen und Palästina zu erobern, um den großen Staat Israel wieder aufzubauen, und die aufstrebenden Finanzkräfte in den Vereinigten Staaten sofort miteinander kooperiert, und die beiden Gruppen von Kräften an der Wall Street haben ein hohes Maß an stillschweigendem Einvernehmen erzielt.

Zu dieser Zeit hat die europäische Landschaft eine dramatische Situation, Großbritanniens primären Feind für die Sowjetunion gesperrt, die Vereinigten Staaten aufstrebenden finanziellen Kräfte Ziel, Großbritannien zu ersetzen, die jüdischen finanziellen Kräfte vor allem die Wiederherstellung Israels angegriffen, diese drei Kräfte haben gemeinsam für verschiedene Zwecke zu einem starken Deutschland kontrollieren kann als Revolverheld handeln.

Hitler verstand, dass alle Kräfte ihn benutzten, um ihre eigenen Ziele zu erreichen, aber Hitler hatte seine eigene Agenda, er war völlig inakzeptabel, beherrscht und kontrolliert zu werden, er war bereit, alle Parteien zu benutzen, um seine strategischen Ziele zu erreichen, und Hitler war entschlossen, die führende Rolle in der komplexen internationalen strategischen Spiellandschaft zu spielen.

Soziale Machtplattform in Nazi-Deutschland

Viele Menschen glaubten fälschlicherweise, dass das NS-Regime eine Diktatur war, die über die gesamte Macht in der Gesellschaft verfügte, dass es über alle gesellschaftlichen Ressourcen nach Belieben bestimmen konnte und dass Hitler über das Schicksal aller Menschen entscheiden konnte. In Wirklichkeit war Hitler als Politiker auf die Zusammenarbeit der vier Ebenen der Macht in der deutschen Gesellschaft angewiesen, um seine Regierung zu führen.

Vor dem Ausbruch des Ersten Weltkriegs wurde die gesellschaftliche Machtplattform in Deutschland von der Armee, den Junker-Grundbesitzern, der bürokratischen Klasse und schließlich den Industriekapitalisten beherrscht. In der Kaiserzeit war die wichtigste Macht die kaiserliche Macht, und der Kaiser führte das Regime im Namen der vier großen Machtsysteme. Zur Zeit der Weimarer Republik und vor und nach der Machtübernahme durch die Nationalsozialisten wurde die gesellschaftliche Machtbasis trotz des Zusammenbruchs der kaiserlichen Macht nicht grundlegend verändert, nur die Reihenfolge der Macht änderte sich: Die Industriekapitalisten wurden zu den Bossen, die Armee trat an die zweite Stelle, die bürokratische Klasse blieb an dritter Stelle und die Junker-Grundbesitzerklasse fiel an den unteren Rand. Nach dem Ersten Weltkrieg war die Junker-Grundbesitzerklasse wohl der größte Verlierer im deutschen Machtsystem.

Der Niedergang der Junker-Grundbesitzerklasse in Deutschland begann 1880, und die deutsche Landwirtschaft befand sich aufgrund des Aufstiegs der Industrie, der Abwanderung landwirtschaftlicher Arbeitskräfte, verschiedener Naturkatastrophen und der Änderung des Zollschutzes im Jahr 1895 tatsächlich in einem historischen Prozess des Niedergangs. Zu diesem Zeitpunkt befand sich die Juncker-Grundbesitzerklasse am Rande des Bankrotts, und ihr wirtschaftlicher Abstieg musste zwangsläufig ihren politischen Einfluss schmälern.

Als die Nazis an die Macht kamen, lag die Kontrolle über die Landwirtschaft in den Händen der Regierung und der Nazis. Der Schlüssel zur so genannten Kontrolle ist die Preissetzungsmacht, und wer die Preissetzungsmacht in einem Bereich kontrollieren kann, hat auch die entsprechende Kontrolle über diesen Bereich. Als die Junker-Grundbesitzerklasse ihre Preissetzungsmacht in der Landwirtschaft verlor, verlor sie gleichzeitig auch ihre entsprechende politische Macht. Aufgrund der tiefen historischen Bindungen zwischen den Streitkräften, deren Kern das preußische Offizierskorps bildete, und der Junker-Grundbesitzerklasse musste Hitler die Interessen der Junker-Grundbesitzerklasse verteidigen, um die militärische Unterstützung für die Nazis aufrechtzuerhalten. Daher entschädigten die Nazis die Junker-Grundbesitzer entsprechend und machten sie finanziell profitabel.

Der Hauptzweck der Agrarprogramme in Deutschland bestand darin, den Junkern ein stabiles Marktpreissystem für landwirtschaftliche Erzeugnisse zu bieten, in dem ihre Produkte geschützt waren. Gleichzeitig wurde durch die strenge Kontrolle der Nazis über die gesamte Gesellschaft die Grundlage für die durch den Liberalismus verursachten sozialen Unruhen beseitigt, und der gesamte Markt wurde von der durch die politischen Unruhen verursachten Instabilität und Preisschwankung ausgeschlossen. Die Naziregierung führte auch Preiskontrollen für landwirtschaftliche Erzeugnisse ein und legte die Preise innerhalb einer Spanne fest, die nicht zu hoch war, aber der Juncker-Grundbesitzerklasse einen ausreichenden Gewinn garantieren konnte. Darüber hinaus gewährten die Nazis den Junkern eine großzügige Behandlung und entsprechende Privilegien. Was den wirtschaftlichen Ertrag betrifft, so lagen die Agrarpreise für Junker-Grundbesitzer 1937 nur 3 Prozent über denen von 1933. Die Regierung gewährte ihnen außerdem Garantien und verschiedene Anreize, wie z. B. das Verbot, landwirtschaftliche Gewerkschaften zu gründen, Landarbeiter zu bestreiken oder höhere Löhne zu fordern. Durch die Regulierung von Gewerkschaften, Streiks und Lohnerhöhungen verschaffte die NS-Regierung der Junker-Grundbesitzerklasse ein relativ stabiles Einkommen und eine stabile Gewinnspanne. Darüber hinaus reduzierten die Nazis die Zinsen und Steuern auf Kredite an die Junker-Grundbesitzer, 1933 bis 1936 sanken die Zinszahlungen der Junker-Grundbesitzer für verschiedene Kredite von 950 Millionen Mark auf 630 Millionen Mark, drei Jahre nach der Machtübernahme durch die Nazis sanken die Zinszahlungen der Junker-Grundbesitzer für landwirtschaftliche Kredite um 320 Millionen Mark, die Steuern fielen von 740 Millionen Mark auf 460 Millionen Mark, was für die Junker-Grundbesitzer eine große wirtschaftliche Entlastung bedeutete.

Darüber hinaus ist die Junker-Wirtschaftsklasse vollständig von der Verpflichtung befreit, die Arbeitslosenversicherung an die Regierung und den Staat abzuführen. Die damals in Deutschland eingeführte Arbeitslosenversicherung war das erste Sozialfürsorgesystem der Welt, aber die Junker-Grundbesitzer wurden von dieser Last befreit, und zwischen 1932 und 1933 erhielten die Junker-Grundbesitzer insgesamt 19 Millionen DM an Leistungen aus der Entlastung der Arbeitslosenversicherung. Das größte Problem, das die Junker-Grundbesitzerklasse seit langem plagt und bedroht, ist der Konkurs aus verschiedenen Gründen. Diese Gefahr des Konkurses wurde von der Nazi-Regierung "wohlüberlegt" beseitigt, und weder die Regierung noch private Kreditgeber durften Schulden bei der Junker-Grundbesitzerklasse eintreiben, damit die Junker-Grundbesitzerklasse nicht in den Konkurs getrieben wurde.

Diese von den Nazis verfolgte Agrarpolitik begünstigte die Großbauern mehr als die Kleinbauern, und je größer die Junker-Grundbesitzerklasse war, desto größer waren die Vorteile, die sie erhielt, und desto größer war die Unterstützung dieser Menschen für die Nazis, die durch diese Politik gefestigt wurde.

Eines der Hauptziele Hitlers bei der Heranziehung der Junker-Grundbesitzer war es, die Unterstützung der Armee zu gewinnen. Das preußische Offizierskorps bestand im Wesentlichen aus der Junkerklasse, und alle Generäle in der deutschen Armee, die "von" im Nachnamen trugen, stammten von den Junkern ab, die im selben Boot saßen wie die Armee und deren Knochen und Bande gebrochen waren.

Das preußische Offizierskorps, der elitäre Kern der deutschen Armee, war weitaus stärker von den Nazis beeinflusst als von der Weimarer Republik. Zu Zeiten der Weimarer Republik hätte sich das Offizierskorps niemals auf so etwas wie die Ermordung eines Generals eingelassen, während solche Dinge in der Zeit Hitlers häufig vorkamen. Dies stellt einen allmählichen Rückgang der militärischen Macht dar, obwohl dieser Rückgang mehr mit dem Staat als mit den Nazis zu tun hat.

Tatsächlich hatten die Nazis die Armee nicht vollständig unter ihrer Kontrolle. In der Zeit des Dritten Reichs wurde die deutsche Armee noch weitgehend von der Regierung kontrolliert, und die Nazis hatten keine direkte Kontrolle über die Armee. Weil die Nazis die deutsche Armee nicht direkt kontrollieren konnten, wurde ihre eigene Armee, die SS, gebildet, und es gab immer wieder Reibereien zwischen der SS und der regulären deutschen Armee. Mit anderen Worten: Das deutsche Militär unterstand weitgehend nicht der vollständigen Kontrolle Hitlers.

Das damalige deutsche Gesetz besagte eindeutig, dass bewaffnete Mitglieder der Armee nicht gleichzeitig Mitglieder der NSDAP sein durften. Da die deutsche Armee traditionell immer dem Staatsoberhaupt gehorcht, nutzte Hitler, als er Staatsoberhaupt wurde, geschickt die Gelegenheit, die Armee aufzufordern, ihm persönlich die Treue zu schwören. Und der Hauptgrund, warum die Militärs dies zuließen, war, dass sie sich konzeptionell weitgehend mit der von der NSDAP verfolgten Politik identifizierten. In den Jahren 1938-1939 gab es unter den deutschen Militärgenerälen kaum Opposition gegen Hitler, da sie keinen Grund hatten, sich ihm zu widersetzen, und die Ergebnisse von Hitlers Politik waren genau das, was diese hohen Militärgeneräle erreichen wollten. Nach 1939 begannen jedoch einige Generäle des Militärs, einige von Hitlers Entscheidungen in Frage zu stellen und sein Urteilsvermögen in Zweifel zu ziehen. Die ranghohen Generäle dieser Armeen waren jedoch nicht in der Lage, eine Einheitsfront oder eine entscheidend einflussreiche Kraft gegen Hitler zu bilden.

Was die bürokratische Klasse betrifft, so ist ihre Macht insgesamt stark geschwächt worden. Viele Juden und Anti-Nazis, die in der Regierung arbeiteten, wurden in den Vorruhestand versetzt. Das hierarchische System der Bürokraten im alten Deutschen Reich umfasste sowohl Bürokraten mit als auch ohne akademischen Hintergrund. Bürokraten mit akademischem Hintergrund gehörten zu den mittleren und oberen Rängen der bürokratischen Hierarchie, diese Menschen waren akademisch geprüft und die Naziherrschaft traf sie nicht hart. Die unteren bürokratischen Klassen waren jedoch stärker betroffen, insbesondere einige der unteren und ungelernten Bürokraten, die in großer Zahl durch Mitglieder der NSDAP ersetzt wurden. Im Jahr 1939 gab es in Deutschland 1,5 Millionen Beamte, von denen 282.000 Mitglieder der NSDAP waren.

Die von den Nationalsozialisten 1933 eingeführte Politik des Ausschlusses von Nichtariern und politisch instabilen Elementen betraf nur 1,1 Prozent des höheren Dienstes. Und die unteren Beamten, insbesondere die neu eingestellten, waren überwiegend Mitglieder der NSDAP. Nach dem deutschen Beamtengesetz von 1937 müssen Beamte nicht ausdrücklich Mitglieder der NS-Partei sein, aber sie müssen der NS-Ideologie treu sein. In der Klasse der Beamten war ihre tägliche Arbeit jedoch nicht an die NS-Parteisatzung, sondern an das Beamtenrecht gebunden, das in der Bürokratie einen höheren Stellenwert hatte. Insgesamt waren die unteren Beamten stärker von den Nationalsozialisten beeinflusst, während die oberen Beamten ihre bisherigen Arbeitsbedingungen und Arbeitsweisen weitgehend beibehielten.

Aus dieser Sicht der deutschen Kapitalisten wurden sie im Großen und Ganzen nicht allzu sehr von den Nazis beeinflusst und gestört. Die Kapitalistenklasse verließ sich in erster Linie auf ihre Selbstdisziplin und nicht darauf, von den Nazis reglementiert zu werden. Im Allgemeinen hatten die deutsche Industrie und der Handel zu dieser Zeit einen etwas ungewöhnlichen Status. Erstens waren die Industrie- und Handelskapitalisten die Klasse, die nach der Machtübernahme durch die Nazis erheblich an Macht gewann. Zweitens ist die Klasse der Industrie- und Handelskapitalisten nicht in großem Umfang organisiert und wird auch nicht durch ein Prinzip der Loyalität gegenüber einem bestimmten Führer kontrolliert und gezwungen. Die nationalsozialistische Regierung hat sich im Wesentlichen nicht in die freie Tätigkeit von Industrie und Handel eingemischt, und die Nationalsozialisten hatten, außer im Kriegsfall, keine große Kontrolle über die Industriekapitalisten im Allgemeinen.

Die traditionelle Auffassung, dass das nationalsozialistische Deutschland ein staatskapitalistisches und völlig autoritäres politisches System praktizierte, war in der Tat unzutreffend, da sich ein solches Organisationsmodell in Deutschland zu dieser Zeit nicht wirklich etabliert hatte. Es sollte gesagt werden, dass dieses System in Nazideutschland ein autoritärer Kapitalismus, aber kein diktatorischer Kapitalismus war, dessen Hauptmerkmal die effektive Organisation der Gesellschaft als Ganzes war, unter Bedingungen, in denen verschiedene soziale Handlungen und Ressourcen in erster Linie zur Befriedigung kapitalistischer Zwecke im Streben nach Profit mobilisiert wurden.

Das Wirtschaftssystem von Nazi-Deutschland

Wenn der traditionelle Kapitalismus ein profitorientiertes Wirtschaftssystem ist, dann geht es in diesem System nicht in erster Linie um Produktion, Konsum, Wohlstand, Beschäftigung, nationale Wohlfahrt oder irgendetwas anderes; sein ganzes Augenmerk liegt auf dem Profit selbst. Dieser Ansatz, der nur den Profit im Auge hat und andere Faktoren außer Acht lässt, macht sich zwangsläufig Feinde in allen Bereichen der Gesellschaft und löst damit einen Rückschlag in der übrigen gesellschaftlichen Machthierarchie aus, der letztlich dem bürgerlichen Profitsystem selbst schadet, wenn sich andere gesellschaftliche Machtplattformen gegen es verbünden.

Der nationalsozialistische Entwurf des Wirtschaftssystems musste auf den vier Plattformen der Macht in der deutschen Gesellschaft aufgebaut werden, und er war darauf ausgerichtet, die Interessen dieses profitorientierten Systems mit den von ihm geschaffenen Feinden auf allen Seiten auszugleichen. Einerseits unterdrückten die Nationalsozialisten die extremen Ego-Tendenzen des Profitsystems, um den Rückstoß der durch das System hervorgerufenen sozial antagonistischen Kräfte zu mildern; andererseits hielten sie das Funktionieren des Profitsystems aufrecht, indem sie die ihm zugrunde liegenden Faktoren unterdrückten, die es bedrohten.

Was den nationalsozialistischen Regierungsansatz betrifft, so unterdrückten sie hauptsächlich die verschiedenen potenziellen Bedrohungen des Profitsystems auf sechs Arten: erstens, um die Regierung selbst gegen das Profitsystem zu unterdrücken; zweitens, um die organisierte Arbeit zu unterdrücken; drittens, um den Wettbewerb zu unterdrücken; viertens, um Depressionen zu vermeiden; fünftens, um kommerzielles Scheitern zu vermeiden; und sechstens, um die Entwicklung anderer wirtschaftlicher Modelle in der Wirtschaftstätigkeit zu unterdrücken, die produktions- oder nicht gewinnorientiert sind.

Da staatliches Handeln selbst nicht gewinnorientiert ist, stellt es eine erhebliche Bedrohung für das Gewinnsystem dar. Im nationalsozialistischen Deutschland wurde die Bedrohung durch die Regierung jedoch beseitigt, weil die Industriekapitalisten die Nazis, die die Regierung leiteten, unterstützten und kontrollierten, und so wurden die Nazis effektiv zu Agenten der indirekten Kontrolle der Industriekapitalisten über die Regierung.

In der Tat stellt die IAO keine direkte Bedrohung für das Profitsystem dar, da die Interessen der Arbeitnehmer selbst eng mit dem Profitsystem verbunden sind. Aber die organisierte Arbeiterschaft, insbesondere die Arbeiterschaft mit politischen Überzeugungen, wird das kapitalistische Profitsystem direkt bedrohen. Um die Zerstörung des Profitsystems durch die Arbeiterorganisationen zu kontrollieren, mussten die Nazis also die Köpfe der Menschen und die

Arbeitergruppen kontrollieren. Diese Kontrolle kann sich in der Kontrolle der Freizeit und der Erholung der Arbeitskräfte manifestieren, so dass eine Person, die viel Freizeit hat, immer über Dinge nachdenkt und viele abgelenkte Gedanken bekommt. Der Ansatz der Nazis war nicht die Abschaffung der Gewerkschaften, sondern die Regulierung aller organisierten Gewerkschaftsgremien. Unter dem NS-Regime verschlechterten sich die Löhne und die sonstigen Lebensbedingungen der Werktätigen tatsächlich allmählich. Für die Ausbeutung der Arbeiter ergriffen die Nazis jedoch andere Mittel, um sie in gewisser Weise zu kompensieren.

Die Nazis verabschiedeten unter anderem ein Verbot von Entlassungen durch das Industriekapital und Garantien, dass die Arbeitnehmer ihren Arbeitsplatz nicht verlieren würden. Betrachtet man die Beschäftigungszahlen in Deutschland, so lag die Zahl der Erwerbstätigen 1929 bei 17,8 Millionen und 1932, im Jahr vor der Machtübernahme der Nationalsozialisten, als sich die Wirtschaftskrise verschärfte, bei nur 12,7 Millionen. Aber 1939, sechs Jahre nach dem Machtantritt der Nazis, erreichte die Zahl der Erwerbstätigen 20 Millionen, zu einer Zeit, als die Arbeitslosigkeit in anderen europäischen und amerikanischen Ländern hoch war.

Was die Unterdrückung des wirtschaftlichen Wettbewerbs anbelangt, so setzten die Nationalsozialisten hauptsächlich auf die Unterdrückung des Preiswettbewerbs. Für die Unternehmenstätigkeit besteht ein Preiswettbewerb um Marktelemente wie Kapital, Rohstoffe, Maschinen und Ausrüstungen, Technologiepatente und Arbeitskräfte, und der Wettbewerb stellt eine Unsicherheit dar, die potenziell die stabilen Abläufe und Produktionspläne des Unternehmens beeinträchtigt und die Gewinne des Unternehmens bedroht. Im Allgemeinen neigen Unternehmen dazu, mit Konkurrenten zusammenzuarbeiten, um Preise zu vereinbaren und die Kosten dann gemeinsam an die Verbraucher weiterzugeben. Die Nationalsozialisten nutzten hauptsächlich verschiedene institutionelle Arrangements, um den Wettbewerb zu unterdrücken: erstens die monopolistischen Wirtschaftsverbände, zweitens die Berufsverbände und drittens die Arbeitgeberverbände, um die Interessen der Wettbewerber des Unternehmens zu koordinieren. Die monopolistischen Handelsverbände legen die Preise fest, organisieren die Produktion und teilen den Markt auf; die Handelsverbände, vor allem als politische Gruppierungen, organisieren effektiv die kommerziellen und landwirtschaftlichen Aktivitäten; und die Arbeitgeberverbände kontrollieren die Arbeit. Infolge der gründlichen sozialen Kontrolle konnten die Faktoren des wirtschaftlichen Wettbewerbs, wie drastische Veränderungen der Kapitalkosten, Schwankungen der Rohstoffpreise, Streiks der Arbeitnehmer und soziale Auseinandersetzungen, wirksam kontrolliert werden. In einem solchen Umfeld sind Unternehmensinsolvenzen äußerst selten, und alternative Geschäftsmodelle, die das Gewinnsystem ersetzen, können nicht überleben.

Nachdem diese Bedrohungen beseitigt waren, versuchte die deutsche Gesellschaft, einen Weg einzuschlagen, der die Depression gänzlich vermeiden würde. Aber es besteht die größere Gefahr, dass sich ein solches System der gesellschaftlichen Produktion und des gesellschaftlichen Betriebs zu einer größeren Verirrung entwickelt, dass sich nicht das gesamte gesellschaftliche System um den Profit dreht, und dass sich ein solches System durchaus zu einer größeren Verirrung entwickeln kann.

Was die Funktionsweise des nationalsozialistischen Deutschlands anbelangt, so mussten sich die Nazis selbst an die vier Plattformen der Macht in Deutschland binden und darüber hinaus versuchen, ein ausgewogenes und reguliertes Gewinnsystem zu entwickeln. Unabhängig davon, ob dieses System effizient funktionieren kann oder nicht, wird es sich nicht nur nicht entwickeln, sondern auch nicht überleben, wenn die Nazis diese Plattformen der Macht und die Systeme der wirtschaftlichen Tätigkeit verlassen.

Hitlers „New Deal"

Hitler, der 1933 gerade an die Macht gekommen war, sah sich mit einem wirtschaftlichen Chaos konfrontiert. Von 1929 bis 1932 sank der Auslastungsgrad der deutschen Industrieanlagen auf 36 Prozent, die gesamte Industrieproduktion ging um 40 Prozent zurück, der Wert des Außenhandels sank um 60 Prozent, die Preise fielen um 30 Prozent, die Eisenproduktion ging um 70 Prozent und die Schiffsproduktion um 80 Prozent zurück. Die Industriekrise wiederum führte zu einer Finanzkrise, und im Juli 1931 löste der Zusammenbruch der Darmstädter Bank einen Ansturm auf die Banken aus, der die deutschen Goldreserven von 2,39 Milliarden DM auf 1,36 Milliarden DM und die neun Berliner Großbanken auf vier reduzierte. Die Arbeitslosenquote stieg stark an und erreichte 1932 fast 30%, und zusammen mit den Unterbeschäftigten erreichte die Gesamtzahl der Arbeitslosen und

Unterbeschäftigten in Deutschland 1932 die Hälfte der Gesamtzahl der Arbeitnehmer. Die Wirtschaftskrise hat die Klassenkonflikte in der Gesellschaft verschärft, und innerhalb von drei Jahren kam es zu mehr als L.000 Streiks.

Deutschland wurde von einer Wirtschaftskrise getroffen, die weitaus schlimmer war als die anderer kapitalistischer Länder in Europa und Amerika. Kaum war Hitler an der Macht, stürzte er sich sofort in die Aufgabe, die Wirtschaft zu retten. Besonders erwähnenswert ist Hitlers "New Deal". Unter einer Reihe von starken wirtschaftlichen Maßnahmen wuchs die deutsche Wirtschaft schnell und die Arbeitslosigkeit sank auf 1,3 Prozent im Jahr 1938. Von 1932 bis 1938 stieg die deutsche Roheisenproduktion von 3,9 Mio. Tonnen auf 18,6 Mio. Tonnen, die Stahlproduktion von 5,6 Mio. Tonnen auf 23,2 Mio. Tonnen, und die Aluminium-, Magnesium- und Drehbankproduktion war sogar höher als in den Vereinigten Staaten. Von 1933 bis 1939 wuchs die deutsche Schwer- und Rüstungsindustrie um das 2,1-fache, die Konsumgüterproduktion stieg um 43 Prozent und die Bruttowirtschaft wuchs um mehr als 100 Prozent, während der Bau des Fernstraßennetzes abgeschlossen, das Grundsystem der Schwerindustrie reorganisiert und eine moderne Armee ausgerüstet wurde.

Wer Renee Riefenstahls berühmten "Olympia" (Triumph des Willens) gesehen hat, wird von der geballten Kraft und der mentalen Verfassung Deutschlands im Jahr 1936 beeindruckt sein. Die Jubelrufe, die in den Wolken ertönten, wie die stehenden Arme von Lin, die imposanten Gebäude, die Athleten, die so schön wie Gott waren, all das deutete auf die Stärke und die Vorherrschaft der Welt hin. Auch Hitlers persönliches Prestige war auf dem Höhepunkt, und er musste nicht einmal mehr die "brennende Leidenschaft" seiner früheren Rednerfähigkeiten zeigen, sondern zeigte einfach sein Gesicht in der Öffentlichkeit, und Tausende von Menschen wurden automatisch wie ein Betrunkener hypnotisiert. Die Unterstützung der Deutschen für die Nazis beruhte nicht nur auf Gehirnwäsche und Indoktrination, und die herausragende Rolle der Nazis bei der Überwindung der Wirtschaftskrise in den ersten Tagen ihrer Herrschaft und die greifbaren wirtschaftlichen Vorteile für die deutsche Bevölkerung waren wahrscheinlich überzeugender als die eigene Propaganda der Nazis.

Im Vergleich zu Deutschland, den Vereinigten Staaten "Roosevelt New Deal", die im Jahr 1933 begann, nur vorübergehend gelindert die Depression, die Wirtschaft der Vereinigten Staaten in eine lange Zeit der so genannten "besonderen Depression", trotz der "New Deal" und andere Maßnahmen zur Linderung der Krise, die Wirtschaft der Vereinigten Staaten ist immer noch schwach Erholung. Bis 1937 befanden sich die Vereinigten Staaten erneut in einer schweren Wirtschaftskrise, und erst 1941, als die Vereinigten Staaten in den Zweiten Weltkrieg eintraten, konnten sie die Große Depression überwinden. Während des Roosevelt-New-Deals lag die durchschnittliche Arbeitslosenquote in den Vereinigten Staaten bei bis zu 18%, und das Bruttosozialprodukt erreichte erst 1941 wieder das Vorkrisenniveau von 1929.

Hitlers "New Deal" schuf ein Wirtschaftswunder, das trotz der ihm innewohnenden Schwächen die Wirtschaftskrise wirksam rettete.

Heute steht die Welt erneut vor einer schweren Rezession, die mit der von 1933 vergleichbar ist, und eine sorgfältige Analyse der Vorzüge und Nachteile von Hitlers "New Deal" wird von einiger Bedeutung sein.

Hitlers erstes Feuer des New Deal: Verstaatlichung der Zentralbank

Bereits im September 1919 war Hitler beeindruckt, als er zum ersten Mal eine Rede von Feder zum Thema Geld hörte, und es war diese Rede, die Hitler in die Deutsche Arbeiterpartei lockte.

Hitler verfügte über keine systematische theoretische Grundlage im Finanzwesen, genauer gesagt, er war fast ein finanzieller Analphabet. Aber Hitler, der sehr aufgeklärt war und kein systematisches Wissen hatte, konnte den Kern des Problems sofort erfassen. Solche Menschen lernen im Gespräch, denken in der Befragung und haben Epiphanien in der Debatte. Wie alle Führungspersönlichkeiten muss er kein Experte auf seinem Gebiet sein; was er braucht, ist ein scharfes Gespür für Unterscheidungen und eine tiefe Einsicht, die die richtige Stimme inmitten der Vielzahl von Worten auffängt.

In den Gesprächen mit Feder kam Hitler zu der grundlegenden Erkenntnis, dass Zentralbanken in Privatbesitz enorme Vorteile daraus ziehen, dass sie die Ausgabe der Landeswährung kontrollieren und damit ihre Kontrolle und Ausbeutung der gesamten Bevölkerung finanzieren. Feders Theorie ist eindeutig ein unorthodoxer Irrtum, der von der orthodoxen Wissenschaft nicht toleriert werden kann, die versucht, die Phänomene durch das Spiel der menschlichen Interessen zu erklären, während der Theoretiker nur die "objektiven" Fakten untersucht, nachdem er die menschliche Natur der sieben Leidenschaften entfernt hat. Schacht widerspricht Feders Ansichten, insbesondere wenn es um das Prinzip von "richtig und falsch" im Zentralbanksystem geht. In der Tat sind Schachts "theoretische Ansichten" und der "praktische Hintergrund" seiner engen Beziehung zur Wall Street untrennbar miteinander verbunden, und die Schlüsselfrage ist immer noch von Interesse.

Als er die hitzigen Auseinandersetzungen zwischen den beiden Seiten hörte, war Hitler wie ein Spiegel in seinem Herzen, der die Ideen von Feder aus tiefstem Herzen akzeptierte und in die Praxis umsetzte, aber nach außen hin Schacht wiederholte und Feder kalt abwies. Feder, der eine bahnbrechende Rolle im deutschen Wirtschaftsdenken vor dem Nationalsozialismus spielte, wartete bis zur Machtübernahme durch die Nazis, um dann als Dozent an den Universitäten verdrängt zu werden. Der Grund dafür ist einfach: Die Großindustriellen und Großbankiers mochten Feders Theorie nicht, unterstützten aber begeistert Schacht, und genau diese Großmächte waren die Grundlage für das Überleben von Hitlers Nazipartei. Hitler hasste diese "Novembersünder" aus tiefstem Herzen, musste sich aber mit ihnen arrangieren und mitspielen. Weil er Politiker ist, kann er nur nach den Spielregeln des Interesses spielen und niemals das persönliche Wohl oder Übel über die Spielregeln stellen.

Hitler ging jedoch keine Kompromisse mit Schacht und anderen in Bezug auf das wichtige Prinzip der Verstaatlichung der Zentralbank ein, und 1933, sobald seine Regierung an die Macht kam, wurde das Bankgesetz sofort überarbeitet, um Folgendes vorzusehen: die Abschaffung der Unabhängigkeit des Reichsbankdirektoriums und die Übertragung der Befugnis zur Ernennung des Reichsbankgouverneurs und der Mitglieder des Direktoriums auf den Staatschef; die Befugnis zur Durchführung der Offenmarktpolitik wurde der Reichsbank erteilt, die jedoch nur selten genutzt wurde; und die Reichsbank konnte "Arbeitsbeschaffungswechsel" diskontieren, um der neuen Regierung die Finanzierung der Arbeitsbeschaffung zu ermöglichen. Dieser "Arbeitsbeschaffungswechsel" ist die "Feder-Währung", die zuerst von Feder vorgeschlagen wurde und später einen schweißtreibenden Beitrag zur Verwirklichung von Hitlers "New Deal"-Wunder leistete.

Natürlich war das erwähnte Vorgehen der NS-Regierung, das von den Reichsbankdirektoren entschieden abgelehnt wurde, dagegen machtlos. Im Februar 1937 wurde die Unabhängigkeit der Reichsbank mit dem Erlass des Reichsbankneuordnungsgesetzes, das die direkte Leitung des Reichsbankdirektoriums durch den Führer vorsah, vollständig beseitigt. 1939 wurde auch das Direktorium der Reichsbank endgültig aufgelöst. Im selben Jahr erließ die NS-Regierung auch das Reichsbankgesetz, das vorsah, dass der Umtausch von Gold in Banknoten eingestellt wurde, dass die Bestimmung über die Ausgabe von 40 Prozent Gold und Devisen vollständig durch Arbeitswechsel, Schecks, kurzfristige Schatzanweisungen, Reichsschatzbriefe und andere ähnliche Anleihen ersetzt werden konnte und dass die Höhe des Kredits der Zentralbank an das Reich letztlich vom "Führer und Reichsführer" festgelegt wurde. Dies bedeutete in der Tat, dass Deutschland seine Freiheit vom "goldenen Kreuz" der Rothschilds im Währungssystem gewonnen hatte. Zu diesem Zeitpunkt hatte die NS-Regierung die rechtliche und politische Verstaatlichung der Zentralbank endgültig abgeschlossen.

Um eine heftige Gegenreaktion der internationalen Bankiers zu vermeiden, musste Hitler seine Fortschritte verlangsamen, und es dauerte sechs Jahre, bis er schließlich die Macht der Zentralbank in seine eigenen Hände nahm.

„Federity": Deutschlands Lincoln Greenbacks

Die Theorie, an der Feder immer festgehalten hat, ist Georg Friedrich Knapps Theorie des Nominalwerts des Geldes, und sein Buch Die Staatstheorie des Geldes geht davon aus, dass Geld ein Produkt des Rechts ist, so dass die Untersuchung der Geldtheorie die Geschichte des Rechts untersuchen muss. Ein wichtiger Meilenstein in der Entwicklung der Gesellschaft ist die Legalisierung der Zahlungsmittel. Es gibt nur ein einziges Kriterium, um zu bestimmen, was Geld ist und was nicht, und das ist, ob dieses Geld als ein für die Regierung akzeptables Zahlungsmittel verwendet werden kann. Nach dieser Theorie hat die Regierung die Macht, die Währung zu definieren, und ist nicht mehr auf Gold angewiesen, das in den Händen internationaler Bankiers kontrolliert wird. Die Regierung kann einen Stein oder ein Stück Holz als gesetzliches Zahlungsmittel bezeichnen, um nach Belieben Steuern an die Regierung zu zahlen. Mit anderen Worten, das Geld hätte keine nennenswerte Knappheit und würde auch nicht als Vermögensspeicher dienen; es wäre einfach ein zirkulierendes Symbol, das zum Tausch verwendet wird, ohne jeglichen inneren Wert.

Im wirtschaftlichen Notprogramm der NSDAP von 1932 wurde dieser Gedanke in politische Worte gefasst, indem die damals populäre "Kapitalknappheitstheorie" widerlegt wurde: Wenn Geld nur als Handelssymbol verwendet würde, könne von "Knappheit" natürlich keine Rede sein. In dem Programm heißt es: „Unsere wirtschaftlichen Probleme sind nicht auf einen Mangel an Produktionsmitteln zurückzuführen, sondern auf die Tatsache, dass die vorhandenen Produktionsmittel nicht voll ausgeschöpft werden. Um die Arbeitslosigkeit zu verringern, besteht die dringendste Aufgabe heute darin, die ungenutzten Produktionsmittel zu nutzen und den Binnenmarkt durch eine Reihe von öffentlichen Arbeitsprogrammen zu beleben, wie z. B. die Wiedergewinnung von Brachland, die Landgewinnung, den Bau von Autobahnen und Kanälen sowie den Bau von Arbeitersiedlungen. Um diese Programme zu finanzieren, sollten produktive Kredite investiert werden. Zwanzig bis dreißig Prozent dieses Kredits können durch die Beschaffung von Mitteln gedeckt werden, und der verbleibende größere Teil kann durch Einsparungen bei der Arbeitslosenunterstützung und durch höhere Steuern finanziert werden."

Woher soll das Geld für "produktive Kredite" kommen? Feder ist der Ansicht, dass die Regierungen unter völliger Umgehung der Zwänge der traditionellen Geldtheorie und frei von den Zwängen der Gold- und Devisenreserven eine neue Form von Währung, den "Mefo Bill", für produktive Kredite schaffen können. Feders Ideen haben einen starken "Joker"-Touch; seiner Ansicht nach gibt es einerseits einen "Mangel an Kapitaltheorie" und andererseits eine große Menge an "ungenutzten Produktionsmitteln" und Arbeitskräften, während orthodoxe Theoretiker betonen, dass der Mangel an Geld den Leerlauf von Produktionsmitteln und Arbeitskräften verursacht. In ihren Büchern heißt es, dass Geld von "verantwortungsbewussten" Bankern bereitgestellt werden muss, und jetzt werden die Banker es nicht bereitstellen, so dass die Wirtschaftskrise vorbei ist. Feder argumentiert seinerseits, dass eine solche Logik völlig absurd ist: Wie kann ein lebender Mensch an Urin ersticken? Wenn die Banker nicht bereit sind, Geld zur Verfügung zu stellen, dann können die Regierungen direkt Geld schaffen, und sobald diese "neuen arbeitsplatzschaffenden Währungen" in die Realwirtschaft gelangen, können sie sofort die "ungenutzten Produktionsmittel" und die Arbeitskräfte wiederbeleben und so Wohlstand und Beschäftigung schaffen.

Der in Cobain geborene Shaikh, der sich wiederholt mit Feder über den Vorschlag einer "neuen Währung" gestritten hat und die Interessen der Bankiers vertritt, hat eine instinktive und extreme Abneigung gegen diese Art der Umgehung der Bankiers und der direkten Geldschöpfung durch die Regierung und geht sogar so weit, Feders Vorschlag als "eine sehr verrückte und extreme Stimme von Interessengruppen, deren Ziel es ist, unser Geld- und Bankensystem völlig zu destabilisieren", anzuprangern. Schacht überredete Hitler, "die dümmsten, absurdesten und gefährlichsten Ideen, die oft aus den sehr dummen Erkenntnissen der Nazipartei über Banken und Geld stammten", nicht in die Tat umzusetzen.

Hitler, der ein weiser Mann war, verstand die Theorien Feders und Schachts Position. Hitler, der gerade an die Macht gekommen war, wollte Schacht und die hinter ihm stehenden Finanzmächte nicht vor den Kopf stoßen und "lud" daher einerseits Feder, den Gründer der Partei und Begründer der nationalsozialistischen Wirtschaftstheorie, ein, bestimmte untätige Posten zu übernehmen, und ernannte andererseits Schacht zu seinem Wirtschaftsminister, als Zeichen seiner Demut gegenüber der "Befehlsempfängergruppe" der Finanzmächte. Hitler war jedoch fest entschlossen, die Praxis des "Wechsels zur Schaffung von Arbeitsplätzen" zu verwirklichen, und befahl Schacht, so bald wie möglich ein Programm vorzulegen.

Schacht konnte Hitlers Hartnäckigkeit nicht ertragen und entwarf einen Plan zur Umsetzung. Schacht schlug die Gründung einer "Schattengesellschaft" (Metallurgische Forschungsgesellschaft) mit einem Grundkapital von nur 1 Mio. DM vor, die als eine Gesellschaft verstanden werden könnte, die im Namen der deutschen Regierung Waren und Dienstleistungen von Unternehmen "kauft", die in der Lage sind, Arbeitsplätze zu schaffen, und die mit einem "Arbeitsbeschaffungswechsel" bezahlt wird, einem kurzfristigen Wechsel mit einem Zinssatz von 4,5 Prozent für einen Zeitraum von drei Monaten, der über einen Zeitraum von bis zu fünf Jahren verlängert werden kann. Wenn der Unternehmer einen "Arbeitsbeschaffungswechsel" erhält, kann er zu jeder deutschen Bank gehen, um zu "diskontieren", deutsche Mark in bar zu erhalten und dann Arbeiter einzustellen, Rohstoffe zu kaufen und die Produktion zu organisieren. Banken, die "Arbeitsbeschaffungsanträge" erhalten, können diese entweder selbst halten oder sie an die Zentralbank weiterleiten, um sie erneut zu diskontieren und Bargeld zu erhalten. [127]

Der "Wechsel zur Schaffung von Arbeitsplätzen" war eine ziemlich avantgardistische "Finanzinnovation" der Nazis, und seine Auswirkungen waren offensichtlich. Mit ihm sollte eine Reihe wichtiger Herausforderungen angegangen werden.

Erstens legten die Alliierten, insbesondere Frankreich, eine gesetzliche Obergrenze von 100 Millionen DM für die direkte Kreditvergabe der Deutschen Bundesbank an die deutsche Regierung fest, um eine weitere Superinflation zu verhindern, schränkten aber in Wirklichkeit die Ausgabenmöglichkeiten der deutschen Regierung stark ein und hinderten Deutschland finanziell daran, einen massiven militärischen Bereitschaftskrieg zu führen.

(a) Mit dem "Arbeitsbeschaffungsgesetz" soll diese gesetzliche Beschränkung umgangen und der deutschen Regierung geholfen werden, mehr Kredite von der Zentralbank zu erhalten.

(b) Da der "Arbeitsbeschaffungswechsel" von der NS-Regierung über die MEFO-Gesellschaft direkt an die arbeitschaffenden Unternehmen gezahlt wurde, erfüllte er eine währungsähnliche Funktion. In diesem Sinne entspricht der "Wechsel zur Schaffung von Arbeitsplätzen" den "Lincoln Greenbacks", die von der Lincoln-Regierung während des amerikanischen Bürgerkriegs ausgegeben wurden. Der "Wechsel zur Schaffung von Arbeitsplätzen" wurde jedoch zur Schaffung von Arbeitsplätzen verwendet, und der "Lincoln-Greenback" wurde direkt in den Kampf geworfen. Im Grunde genommen hat die Regierung die Befugnis, Geld auszugeben, wiedererlangt.

(c) Drittens wird das "Arbeitsbeschaffungsgesetz" direkt von der Regierung an Unternehmen gezahlt, die Arbeitsplätze schaffen können, wodurch die Regierung in die Lage versetzt wird, eine auf "Beschäftigung" ausgerichtete Wirtschaftspolitik zu betreiben und die "profitorientierte" Kreditvergabe der Geschäftsbanken zu umgehen, die in Zeiten der Rezession unweigerlich zu "Kreditknappheit" und Deflation führt, und dafür zu sorgen, dass das neue Geld direkt in den realen Wirtschaftskreislauf fließt, indem ungenutzte Produktionsmittel

---

[127] Ebd., S. 163-164.

und Arbeitskräfte in die Produktion umgewandelt werden, wodurch mehr Wohlstand geschaffen wird, der den Krediten für die Expansion entspricht.

(d) Viertens fielen die Gold- und Devisenreserven der Deutschen Bundesbank zwischen 1929 und 1933 von 2,6 Milliarden Mark auf 409 Millionen Mark, und 1934 waren nur noch 83 Millionen Mark übrig, was zu einem schweren Geldmangel führte. Nach der traditionellen klassischen Geldtheorie stand Deutschland bereits am Rande des Bankrotts und seine starke Produktionskapazität würde in einer schweren "Kapitalknappheit" verhungern. Die Finanzinnovationen des "Arbeitsbeschaffungsgesetzes", das Gold und Devisen von Zwängen befreite, und die Deutschen bewiesen in der Praxis, dass die sogenannte klassische Geldtheorie nicht stichhaltig war.

(e) Fünftens erfüllt das "Arbeitsbeschaffungsgesetz" die Rolle einer heimlichen Aufrüstung, die von der Außenwelt nur schwer zu erkennen ist.

(f) Sechstens bietet der Jahreszins von 4,5% des "Arbeitsbeschaffungsgesetzes" eine bequeme und kostengünstige Möglichkeit für Unternehmen, sich zu finanzieren.

Obwohl der Wechsel zur Schaffung von Arbeitsplätzen" von Shahid umgesetzt wurde, stammt die Idee und die Seele des Wechsels von Feder.

"Finanzinnovation" rettet die deutsche Wirtschaft

Am 31. Mai 1933 gab die deutsche Regierung die Ausgabe eines "Arbeitsbeschaffungswechsels" in Höhe von 1 Milliarde DM bekannt, der in erster Linie der Finanzierung besonderer technischer Projekte dienen sollte. Diese erneuerbaren Wechsel werden von der Regierung an Arbeitgeber gezahlt, die große Projekte durchführen und eine große Anzahl von Arbeitnehmern beschäftigen, so dass jeder, vom Unternehmer bis zum normalen Haushalt, von dem "Arbeitsbeschaffungswechsel" profitieren kann. Wenn diese Instrumente in das Bankensystem einfließen, entsteht ein ständiger Verstärkungseffekt, und sie können bei der Deutschen Bundesbank rediskontiert werden, was bedeutet, dass die "Arbeitsbeschaffungsrechnung" zusammen mit Gold, Devisen und langfristigen Anleihen die Grundlage der deutschen Geldmenge bildet.

Einer der Hauptgründe, warum die meisten der anfänglichen "Arbeitsbeschaffungsscheine" von der Deutschen Bundesbank nie wieder diskontiert wurden, war, dass ihr Zinssatz von 4,5 Prozent attraktiver war und eine große Anzahl von Banken und anderen Institutionen sich dafür entschied, sie zu halten, anstatt sie wieder zu diskontieren. Statistiken zufolge stieg die Ausgabe von Arbeitsbeschaffungsscheinen" von 1933 bis 1938 von Jahr zu Jahr an, und 1938 belief sich der Saldo auf 12 Milliarden DM oder 85 Prozent aller staatlichen Defizitausgaben. Etwa die Hälfte davon diente der Finanzierung von direkt arbeitsplatzschaffenden Unternehmen, die andere Hälfte wurde für die heimliche militärische Expansion Deutschlands verwendet.

Ein großer Vorteil des "Arbeitsbeschaffungsgesetzes" besteht darin, dass es den neu eingestellten deutschen Arbeitnehmern reale Kaufkraft verschafft. Da diese Scheine liquider wurden, stieg die Nutzung der ungenutzten Ressourcen stark an, während die Arbeitslosenquote rasch sank.

Im öffentlichen Bau, insbesondere im Wohnungsbau für den aufstrebenden Mittelstand, spielte das Arbeitsbeschaffungsgesetz" eine Schlüsselrolle; 1932 gab es in Deutschland etwa 141.000 Wohnungen, 1934 waren es bereits 284.000 Wohnungen aller Art. Offensichtlich verdoppelte sich durch das Arbeitsbeschaffungsgesetz" die Zahl der im Bau befindlichen Wohnungen in Deutschland innerhalb von zwei Jahren. Gleichzeitig wurden die Gelder für den Ausbau des deutschen Straßennetzes verwendet: Tausende von Straßenkilometern wurden mit dem Arbeitsbeschaffungsgesetz gebaut, so dass ein flächendeckendes Autobahnnetz entstand.

Die von Hitler verfolgte Wirtschaftspolitik, die weitgehend eine starke Schutzwirkung für den deutschen Mittelstand und die armen Bevölkerungsschichten hatte, rief auch bei ausländischen Bankiers starke Ressentiments und ernste Bedenken hervor. Deutschlands unmittelbare Währung, der "Wechsel zur Schaffung von Arbeitsplätzen", der direkt von der Regierung ausgegeben wird, umgeht weitgehend die Kontrolle der deutschen Wirtschaft durch internationale Bankiers. Einige Wirtschaftswissenschaftler sind der Ansicht, dass eine der Hauptursachen für den Zweiten Weltkrieg darin lag, dass sich die deutsche Regierung durch die Ausgabe einer eigenen Währung völlig von der anglo-amerikanischen Kontrolle befreite. Aufgrund der Devisen- und Goldknappheit musste sich Deutschland bei internationalen Bankiers im Vereinigten Königreich und in den

Vereinigten Staaten verschulden, und diese Verschuldungsbeziehung führte dazu, dass Deutschlands Politik, Wirtschaft, Politik und damit verbundene lebenswichtige Interessen direkt und indirekt von internationalen Bankiers beeinflusst wurden. Aber wenn die Verbindung zu Mai gegeben ist, hat Hitler die Macht, über die wirtschaftliche Entwicklung Deutschlands zu entscheiden.

In den ersten Jahren seiner Amtszeit erlangte Hitler große gesellschaftliche Akzeptanz und Unterstützung in der Bevölkerung, vor allem weil er die wirtschaftliche Entwicklung Deutschlands von den Fesseln der britischen und amerikanischen Wirtschaftstheorie befreite und die deutsche Wirtschaft wieder aufbaute. Man kann mit Sicherheit sagen, dass die internationalen Bankiers eindeutig gegen Hitler als Schatz wetteten. Hitler würde nicht bereitwillig als Marionette eines anderen agieren.

Schachts Ansichten über den "Wechsel zur Schaffung von Arbeitsplätzen" sind eindeutig ambivalent. Am Anfang, als er sich mit Feder stritt, hatte er gesagt, dass dies eine sehr dumme und sehr schlechte Idee sei, aber dann musste er auch seine eigenen Worte essen. Jahrzehnte später haben ihn viele immer wieder gefragt, ob diese Beschäftigungs-Geldanweisung ein erfolgreiches Konzept ist oder nicht, ob diese Substitution von Kapitalersparnissen durch Zentralbankkredite, wenn es ein Spardefizit gibt, nachhaltig ist oder nicht. Schacht erkannte auch die Gültigkeit des Beschäftigungsentwurfs in der Theorie an, obwohl er noch eine Reihe von Einschränkungen vorbrachte, dass die Maßnahme nur unter bestimmten Umständen wirksam sein könne. Damals hatte Deutschland keine Rohstoffvorräte, die Fabriken standen leer, Maschinen und Anlagen waren völlig ungenutzt, und mehr als sechs Millionen Erwerbstätige waren arbeitslos - nur in einer solchen Situation, wenn dem Unternehmer ein Kredit gewährt wurde und die Arbeiter die Möglichkeit hatten, die Fabrik neu zu nutzen, die Rohstoffe zu verwenden, mit den Maschinen zu produzieren, konnte ein solches Mittel die kapitalbildende Kraft retten.

Schacht war jedoch mit dieser Vorgehensweise aus tiefstem Herzen unzufrieden, und seine letztendliche Entlassung stand in direktem Zusammenhang mit seiner Weigerung, solche Arbeitswechsel "umzudiskontieren". Nach eigenen Angaben übermittelte die Deutsche Zentralbank im Januar 1939 Hitler ein Memorandum, in dem sie ihm anbot, der deutschen Regierung weitere Kredite zu verweigern,[128]was schwerwiegende Folgen hatte.[129] [130] Am nächsten Tag erließ Hitler einen Befehl, dass die Deutsche Zentralbank der Regierung alle Kredite gewähren müsse, und zwar immer dann, wenn die Regierung sie benötige.

Nach Schachts Entlassung hielt die deutsche Regierung dies mehr als fünf Monate lang, bis zum Vorabend des Zweiten Weltkriegs im Juli 1939, vor der Öffentlichkeit geheim. Seine Weigerung, der deutschen Regierung weitere Kredite zu gewähren, mag ein wichtiger Faktor für seine spätere Flucht vor den Nürnberger Prozessen gewesen sein.

1948, nach dem Krieg, entwirft eine Gruppe amerikanischer Professoren erneut ein Währungsreformpaket für das damals besiegte Deutschland: Die Deutsche Bank-Mark wird eingeführt, und zunächst erhält jeder eine Auszahlung von 40 Mark, während Firmenangestellte 60 Mark und staatliche Stellen die entsprechende Mark für ein Monatsgehalt erhalten. Aber alle Reichstagswährungen, ob Sparkonten oder Schuldbeträge, werden auf 10 Prozent ihres Nennwerts reduziert. Dagegen bleiben Aktien, Vermögenswerte und andere Sachwerte unterbewertet. Dies ist ein noch nie dagewesener Akt der "Scherung", da das Vermögen der Armen auf Sparkonten liegt, während das Vermögen der Reichen hauptsächlich in Vermögenswerten besteht. Diese Art von "direktionalem Ausbruch" der Währungsabwertung hat tatsächlich einen gewaltigen Prozess des Vermögenstransfers ausgelöst, der zu einer tiefgreifenden Veränderung der Sozialstruktur geführt hat, die so schwerwiegend, ja sogar brutal war, wie die Hyperinflation von 1923.

Rothschild und Hitler

Am 12. März 1938 marschierte Hitlers Armee in Österreich ein. Hitler hielt eine Liste mit gefangenen schwergewichtigen österreichischen Bürgern in Händen. Der Name von Baron Louis Rothschild, dem Chef des österreichischen Rothschild-Zweiges, ist auf dieser Liste aufgeführt. Unter den Familienmitgliedern war Louis

---

[128] Ebd., S. 243

[129] Schacht, *76 Jahre meines Lebens*, S. 495.

[130] Ebd.

Rothschild derjenige, den der spätere große Sieger des Rothschild-Zweiges in England am meisten bewunderte.

Drei Stunden nach Hitlers Einmarsch in Österreich fuhren deutsche Nazi-Offiziere vor die Tür von Rothschilds Villa in Österreich, bereit, Rothschild zu verhaften. Nachdem sie an der Tür geklingelt hatten, warteten sie einen Moment, bis Rothschilds Diener an der Tür erschien und sie in aller Ruhe öffnete. Der Nazi-Offizier bat darum, den Baron zu sehen. Die Diener sagten ihnen, sie sollten vor der Tür warten, und gingen hinein, um sich zu informieren. Der Nazi-Offizier wartete brav vor der Tür. Es verging eine lange Zeit, bis der Diener wieder herauskam und sagte, dass Baron Rothschild jetzt beim Abendessen sei und nicht gestört werden könne. Nachdem er das gesagt hatte, holte der Diener einen Stift hervor und sagte höflich: "Wenn Sie den Baron sehen wollen, machen Sie zuerst einen Termin. "Der Nazi-Offizier war halb verblüfft und wusste nicht, was er tun sollte, und ging voller Depression.

Daraus folgt, dass die Verfolgung der jüdischen Bankiers durch die Nazis 1938 noch nicht begonnen hatte. Die Haltung der Nazis gegenüber den jüdischen Bankiers bestand darin, dass sie nominell gegen sie schrien und tatsächlich versuchten, sie auszubeuten, denn jeder wusste, dass das, was Hitler am meisten fehlte, um in den Krieg zu ziehen, Geld war. Daher nahmen sich die Rothschilds die Initiativen Hitlers nicht zu Herzen.

Hitler hätte keinen einzigen Pfennig mehr von den Finanzmärkten bekommen, wenn er sich zu diesem Zeitpunkt für den Schulterschluss mit den internationalen Bankiers entschieden hätte. Hitler hatte nicht die Absicht, sich zu diesem Zeitpunkt zu lösen, zumindest nicht, bevor er 1938 dazu bereit war. Am nächsten Tag rief Victor aus England an und forderte Louis auf, nicht länger zu bleiben und Österreich so schnell wie möglich zu verlassen. Louis versprach es, während er in aller Ruhe seine Koffer packte und einen halben Tag brauchte, um seinen Bankangestellten dazu zu bringen, auch seine Sachen zu packen. Der Nazi-Offizier, der den Rest seines Lebens umsonst verbracht hatte, stand wieder einmal vor der Tür und nahm Louis "ohne Termin" mit.

Victor und andere Familienmitglieder begannen, die Nazi-Regierung zu drängen, Luis so schnell wie möglich freizulassen. Die Naziregierung stellte Bedingungen, die Menschen freizulassen, aber nur, wenn zuvor das gesamte Vermögen von Luis in Österreich beschlagnahmt würde. Die Nazis waren besonders an den großen

Eisenerz- und Kohleminen interessiert, die der Familie Rothschild in der Tschechoslowakei und anderen mitteleuropäischen Regionen gehörten. Die Nationalsozialisten bereiteten sich auf einen Krieg im großen Stil vor und benötigten dringend Rohstoffvorkommen, um die deutsche Rüstungsindustrie zu versorgen. Die Spione der Familie Rothschild in Wien und anderswo gaben die Informationen sofort an Louis Rothschild im Gefängnis weiter.

Louis Rothschild erfuhr davon und begann mit der Übertragung von Kohle- und Eisenerzbeständen in der Tschechischen Republik und Österreich an die Rothschild-Familienniederlassung im Vereinigten Königreich. Im Gefängnis waren die Louisianer immer noch gut informiert, und die "große Übertragung" der Vermögenswerte wurde nicht verzögert, und die erforderlichen rechtlichen Dokumente wurden sorgfältig ausgefüllt, und die Kontrolle über die Vermögenswerte wurde reibungslos auf die britische United Insurance Company, die britische Rothschild-Familie, übertragen.

Diese geheimen juristischen Dokumente wurden ohne Wissen der Götter unterzeichnet, nachdem sie von Wien und Portugal offiziell gebilligt worden waren. Nachdem alle rechtlichen Verfahren für die Übertragung von Vermögenswerten in Kraft gesetzt worden waren, entdeckten die Nazis, dass das österreichische Vermögen der Rothschilds, von dem sie dachten, es sei in ihrem Besitz, nun den britischen Rothschilds gehörte und außerhalb ihrer Reichweite lag. Als Hitler davon erfuhr, wies er die Nazi-Regierung an, Louis mit langen Gefängnisstrafen zu drohen, falls er sein Vermögen nicht herausgeben würde.

Louis erklärte dem Nazi-Offizier ruhig, dass die Vermögenswerte nicht mehr ihm gehörten, sondern den britischen Rothschilds. Wenn die Nazis diese Vermögenswerte kaufen wollten, hätten sie sich direkt an die Londoner Seite wenden müssen. Die Nazi-Regierung konnte nichts anderes tun, als Louis als Gegenleistung anzubieten, dass er für sie arbeiten müsse, wenn er frei sein wolle. Ohne darüber nachzudenken, lehnte Louis das Ansinnen der Nazi-Regierung verächtlich ab und erklärte Hitler, wenn die Nazis die Vermögenswerte besitzen wollten, könnten sie nur über die Rothschilds in England verhandeln. Hitler wollte zu diesem Zeitpunkt nicht in einen direkten Konflikt mit der britischen Seite geraten. Dann senkte er erneut den Preis und bot an, auf das Geschäft zu verzichten, wenn Lewis 2 Millionen Pfund übergibt.

Die britische Seite zahlte 2 Millionen Pfund, sobald sie die Bedingungen hörte. Hitler unterzeichnete den Entlassungsbefehl, sobald er das Geld erhalten hatte. An diesem Tag hatte Louis gerade zu Abend gegessen und ruhte sich aus, als die Nazibeamten zum Gefängnis kamen, um ihn zu entlassen. Louis streckte sich und sagte dem Nazi-Offizier, dass es schon zu spät sei und dass er beschlossen habe, noch eine Nacht im Gefängnis zu bleiben und am nächsten Tag zu gehen. Nachdem er das gesagt hatte, drehte er sich um und schlief mit ihm ein. Die Nazi-Offiziere hatten keine andere Wahl, als zu warten, bis Louis im Gefängnis eingeschlafen war, bevor sie weiterzogen.

Hitlers Machtspiel

Was die Art und Weise anbelangt, wie Hitler an die Macht kam und die Wirtschaftskrise rettete, so war Hitler nicht der verrückte und irrationale Mensch, an den die Leute normalerweise denken, im Gegenteil, als Politiker verfügte Hitler über beträchtliche politische Machtfähigkeiten.

Er stützte sich auf Feders Ideen und befürwortete sie aufrichtig, wählte aber letztlich den weniger gleichgesinnten Schacht als Wirtschaftsminister, weil Hitler wusste, dass Schacht ein "mächtiger Mann" war. Als Hitler an die Macht kam, befand sich die Wirtschaft im Niedergang, die Arbeitslosigkeit war hoch, es gab viele soziale Unruhen und das Regime war instabil. Er musste die internationalen Bankiers stabilisieren und seine wahren strategischen Ziele nicht zu früh preisgeben, um nicht "zu sterben, bevor er aussteigen kann". Er machte sich Schachts finanzielle Brillanz zunutze, blieb ihm gegenüber jedoch äußerst misstrauisch.

Obwohl Hitler, der gerade an die Macht gekommen war, den Antisemitismus als politisches Banner benutzte, handelte er bei der tatsächlichen Durchführung seiner Politik oft mit Interessen. Das gilt für den Haavara-Plan, das gilt für die österreichische Behandlung der Familie Rothschild, und das gilt für die geheimen Kontakte mit der zionistischen Organisation, von denen im nächsten Kapitel die Rede ist.

Als Juden hätte die Familie Warburg von den Nazis in Deutschland verfolgt werden müssen, aber die Bank der Familie Warburg in Deutschland arbeitete 1938, fünf Jahre nach der Machtübernahme der Nazis, immer noch wie gewohnt und machte riesige Gewinne. Darüber hinaus war Max Warburg bis zu seiner Emigration in die Vereinigten

Staaten im Jahr 1938 unter Hitlers Aufsicht Direktor der Deutschen Bundesbank und des IG-Farben-Konzerns, des größten deutschen Industriekonzerns. Hitler wollte die internationalen Bankiers nicht durch eine vorzeitige Aufdeckung seiner Versuche beunruhigen und blieb daher von Max unbeeindruckt.

Erst nachdem Hitler die Wirtschaftskrise in den Griff bekommen hatte und die Nazipartei auf dem Vormarsch war, bereitete er sich darauf vor, die Macht der internationalen Bankiers am Vorabend des Krieges in Europa zu beseitigen. Er trieb Max 1938 in die Vereinigten Staaten, entließ Schacht 1939 und löste den Vorstand der Deutschen Bundesbank auf.

Hitler, der genau wusste, dass er von den internationalen Bankiers benutzt wurde, nutzte die Situation aus, um Zeit und Bedingungen zu kaufen, um seinen Plan in aller Stille durchzuführen, während er den Eindruck erweckte, er sei gehorsam. Während er Deutschlands mächtige Kriegsmaschinerie aufbaute, um die britische Führungselite zu verwirren, gewann er Chamberlains "Beschwichtigungspolitik", indem er behauptete, untrennbar mit der Sowjetunion verbunden zu sein, selbst als die anglo-französischen alliierten Streitkräfte an der Westfront in aller Ruhe darauf warteten, dass Hitler Polen einnehmen und den Angriff auf die Sowjetunion im September 1939 fortsetzen würde. Im kritischen Moment der endgültigen Vernichtung der britischen und französischen Streitkräfte befahl Hitler den Truppen an der Front plötzlich, ihren letzten Angriff abzubrechen und die britischen und französischen Streitkräfte am Leben zu lassen. Dies war einer der größten ungelösten Fälle des Zweiten Weltkriegs, und viele Militärhistoriker sind der Meinung, dass Hitler einen schweren militärischen Fehler begangen hat, während er sich in Wirklichkeit politischer Kindereien schuldig gemacht hat.

Hitler war im Grunde seines Herzens ein überzeugter Nationalist und besiegte Frankreich nur, um den Frieden von Versailles zu rächen. Er wollte und konnte nicht mit den internationalen Bankiers brechen, also ließ er 330.000 britische und französische Alliierte am Leben und überließ der Vichy-Regierung ein Stück Land in Südfrankreich. Hitlers Idee war es, seine große Rache zu vollziehen und dabei noch Platz zu lassen, um dann selbst nach Osten zu gehen, um die Sowjetunion zu zerstören, die Kontrolle über das riesige Gebiet und die Ressourcen des westlichen Teils der Sowjetunion zu übernehmen und dann die Briten und Amerikaner getrennt zu bekämpfen. Die Bombardierung Großbritanniens war nichts weiter als die übliche Drohung eines

Schurken, um seine Verhandlungsbasis für eine friedliche Aufteilung der Beute mit dem alten Kolonialreich zu vergrößern. So schickte Hitler am Vorabend des Krieges gegen die Sowjetunion seinen eigenen Kumpan, den stellvertretenden Führer der Nazipartei, Rudolf Hess, zu geheimen Friedensgesprächen nach Großbritannien. Hitlers Bedingungen waren die Rückgabe aller besetzten Gebiete der westeuropäischen Länder, eine Entschädigung für die Kosten des Wiederaufbaus, eine alleinige deutsche Polizeipräsenz in diesen Ländern und ein Friedensvertrag mit Großbritannien. Dann griff er die Sowjetunion an und forderte die Zusicherung einer starken britischen Unterstützung. Heß befand sich mit seinem neuesten Kampfflugzeug auf einem Fallschirmabsprung über dem schottischen Teil des Vereinigten Königreichs, als er von der örtlichen Miliz gefangen genommen wurde und die Geschichte der britischen Öffentlichkeit bekannt wurde.

Hitler hatte einen guten Plan, aber er hatte einen großen Fehler gemacht. Nach Ansicht der internationalen Bankiers war Hitler nun völlig außer Kontrolle geraten, und eine so starke Militärmacht und ein bodenloser Stil des Handelns waren zu einer großen Gefahr geworden, sogar gefährlicher als die Sowjetunion, so dass alle Kräfte gebündelt werden mussten, um Hitler zu vernichten.

Infolgedessen wurde Heß in England als psychotischer Irrer "identifiziert", und Churchill bezeichnete Heß' Waffenstillstandsbedingungen als "Gegenstand psychiatrischer Untersuchungen". Der "Psychopath" wurde vom britischen Geheimdienst streng bewacht und durfte von Außenstehenden nicht besucht werden. In den Nürnberger Nachkriegsprozessen wurde Heß der "Verbrechen gegen den Frieden", nicht aber der "Kriegsverbrechen" und "Verbrechen gegen die Menschlichkeit" für schuldig befunden. Dennoch wurde der "Psychopath" Heß zu lebenslanger Haft verurteilt, und auch nach der vorzeitigen Entlassung der meisten Nazi-Kriegsverbrecher in den 1970er Jahren wurde Heß weiterhin in strenger Haft gehalten. Erst 1987 kletterte Heß im Alter von 93 Jahren im Gefängnis in die Höhe, erdrosselte sich mit einem elektrischen Draht den Hals und beging einen hohen und schwierigen "Selbstmord". Von da an schloss Heß, der engste Sekretär des Führers, der Hitler vom

Gefängnis über *Mein Kampf*[131] bis an die Macht der Nazis folgte, für immer die Augen.

---

[131] Siehe *Mein Kampf,* Omnia Veritas Ltd - www.omnia-veritas.com

KAPITEL VII

Banker und Geheimdienstnetzwerke

Seit ihren Anfängen war das Wesen der Finanzwirtschaft nie eine leere und illusorische theoretische Erforschung, sondern eine kalte und präzise Informationspraxis. Die Aufgabe des Finanziers besteht darin, Informationsasymmetrien auszunutzen, um Arbitragemöglichkeiten auf dem Markt zu finden, zu entdecken und zu nutzen. Finanziers hingegen sind auf ihrem Höhepunkt, wenn sie Informationsasymmetrien schaffen, die das Denken und Urteilen anderer Marktteilnehmer stören, täuschen und verwirren und so Arbitragemöglichkeiten schaffen.

Das Wichtigste, was ein Financier lernt, ist nicht, wie man Informationen gerecht verteilt, sondern wie man Informationen manipuliert. Wenn der Markt aus Menschen besteht und Menschen von Natur aus egoistisch sind, dann ist die gleichmäßige Verteilung von Marktinformationen eine "utopische" Vorstellung, die es nie gegeben hat und nie geben wird. Und alle theoretischen Systeme, die auf "Utopien" beruhen, werden immer ein wunderbares Mittel sein, um eine Informationsasymmetrie in den Augen der großen Finanzakteure zu schaffen.

Auf dem Weg der Informationsverbreitung wird die Quelle der Informationsgenerierung entdeckt, isolierte Informationen werden zentralisiert, unübersichtliche Informationen werden klassifiziert, Verbindungen zwischen klassifizierten Informationen werden hergestellt, verzerrte Informationen werden reduziert, und das Produkt der Informationen - die Intelligenz - wird gewonnen. Die umgekehrte Ausführung dieses Prozesses ist die Gegenspionage. Auf dem Finanzmarkt gibt es immer ein Spiel zwischen den Meistern der Spionage und der Gegenspionage.

Finanzen und Intelligenz werden also immer eine Familie sein.

Die Einrichtung und Entwicklung des internationalen Nachrichtendienstes ist weitgehend Ausdruck des Willens der internationalen Bankiers, der von den Interessen ausgeht, sich um sie dreht und schließlich zu ihnen zurückkehrt. Ein tiefes Verständnis des Willens der internationalen Bankiers und des Musters ihrer Interessen ist von großem Wert, wenn es darum geht, die Kernfunktionen der internationalen Nachrichtendienste und die Menschen, denen sie heute in der Welt dienen, ins rechte Licht zu rücken.

Die "Cambridge Five" des KGB

Ich fürchte, niemand, der sich mit internationalen Geheimdiensten auskennt, kennt Kim Philbys großen Namen nicht. Als hochrangiger Spion des sowjetischen KGB, Philby Undercover britischen Geheimdienstes für mehr als 20 Jahre, und ist der britische Senior Liaison Officer zu den Vereinigten Staaten CIA (Central Intelligence Agency), verantwortlich für die Koordinierung der britischen und amerikanischen Geheimdienst-Systeme der antisowjetischen Spionage-Operationen, der Schlüssel zu seiner Position, die lange Zeit der Inkubation, die britische und amerikanische Spionage-Netzwerk der zerstörerischen Kraft, kann der Kalte Krieg genannt werden.

Ich fürchte, es gibt nichts Komischeres und Ironischeres als die Tatsache, dass der oberste Chef der anglo-amerikanischen Spionage gegen die Sowjetunion selbst ein sowjetischer Spion ist. Philby war 1963 über Beirut in die Sowjetunion übergelaufen, wurde 1965 mit der Roten Fahne der Sowjetunion ausgezeichnet und veröffentlichte 1968 seine Memoiren "Mein stiller Krieg", die in kürzester Zeit weltweit auf den Bestsellerlisten standen. Die Philby-Affäre ist vielleicht der größte Skandal, den die britischen und amerikanischen Geheimdienste je erlebt haben.

Tatsächlich war Philby innerhalb des anglo-amerikanischen Geheimdienstsystems nicht allein; er war von einer bekannten Kerngruppe, den "Cambridge Five", umgeben. Fünf "Handlanger" aus der Cambridge-Ära bildeten später das Rückgrat des sowjetischen KGB beim Eintritt in anglo-amerikanische Geheimdienstkreise.

Die ersten von ihnen, die ihre Identität preisgaben, waren Donald Duart Maclean und Guy Burgess. Maclean bekleidete Schlüsselpositionen in den britischen Geheimdienstdirektionen 5 (Spionageabwehr) und 6 (Auslandsnachrichtendienst), bevor er an die britische Botschaft in Washington, D.C., wechselte und dort nachrichtendienstliche Aufgaben übernahm. Viele wichtige Informationen über die Entwicklung der Atombombe und den Verlauf der politischen Entscheidungen zwischen Churchill und den Präsidenten Roosevelt und Truman gelangten durch Macklin zum sowjetischen KGB. Besonders bemerkenswert ist, dass McLean der erste war, der der Sowjetunion die wahren Absichten des "Marshall-Plans" verriet.

Der "Marshall-Plan" war im Wesentlichen eine Luftnummer, deren Kern darin bestand, die deutschen Kriegsreparationen zu ersetzen und dem Prozess des Wiederaufbaus der sowjetischen Wirtschaft einen schweren Schlag zu versetzen und gleichzeitig die Beherrschung des europäischen Wiederaufbaus durch amerikanische Finanzblöcke zu erreichen. Das Abkommen von Jalta und die Potsdamer Proklamation machten deutlich, dass die Sowjetunion Kriegsreparationen von Deutschland erhalten würde, die in Form von deutschen Maschinen und Ausrüstungen, Industrieunternehmen, Autos, Schiffen, Rohstoffen usw. gezahlt werden konnten, und zwar zu einem Zeitpunkt, als die Sowjetunion so große Kriegsschäden erlitten hatte, dass sie kaum noch in der Lage war, Devisen durch Exporte zu erwirtschaften, so dass die deutschen Kriegsreparationen zur wichtigsten externen Ressource im Prozess des sowjetischen wirtschaftlichen Wiederaufbaus werden würden. Kernstück des "Marshall-Plans" war die verdeckte Abschaffung der deutschen Kriegsreparationen an die Sowjetunion und ihre Ersetzung durch Finanzhilfen der Vereinigten Staaten an Europa. Obwohl die Hilfe angeblich sowohl der Sowjetunion als auch Osteuropa offenstand, stellte der Marshallplan Bedingungen für die wirtschaftliche Liberalisierung auf, die mit dem planwirtschaftlichen System der Sowjetunion unvereinbar waren und die Sowjetunion somit aus der Hilfe "herauszwangen".

Eine weitere "Schönheit" des Marshall-Plans war die Verwendung amerikanischer Steuergelder zur "Entschädigung" europäischer internationaler Bankiers für ihre Verluste im Krieg. Der "Marshall-Plan" war in Wirklichkeit eine Neuauflage des amerikanischen Dawes- und Young-Plans nach dem Ersten Weltkrieg, bei dem satte 13 Milliarden Dollar an europäische Bankiers "verliehen" wurden, die das Geld außer in Deutschland nie zurückzahlten. In der Tat macht es für die internationalen Bankiers keinen großen Unterschied, ob der Krieg gewonnen oder verloren wird, es geht nur darum, wer die Schulden bezahlt. Seltsamerweise, aber nicht überraschend, wurden die

Steuerzahler der Vereinigten Staaten, der Siegernation, zu den größten Käufern der beiden Weltkriege.

Es war Macklins präziser Aufklärung zu verdanken, dass die sowjetische Seite den Marshallplan von Anfang an durchschaute. Die Sowjetunion weigerte sich nicht nur, dem Programm beizutreten, sondern verhinderte auch mit Nachdruck den Beitritt anderer osteuropäischer Länder und beschleunigte den Abtransport verschiedener schwerer Industrieanlagen aus Deutschland.

Am 25. Mai 1951, Macleans 38. Geburtstag, lief Maclean, der vom britischen Geheimdienst bereits verdächtigt wurde, zusammen mit Burgess, einem weiteren Mitglied der "Cambridge Five", in die Sowjetunion über und wurde zum Oberst des KGB ernannt.

Auf dem Höhepunkt des Zweiten Weltkriegs übertrug Burgess zusammen mit einem anderen der "Cambridge Five", Sir Anthony Blunt, einen großen Teil der strategischen Planung und Außenpolitik der Alliierten an den KGB, während er im britischen Außenministerium arbeitete. Burgess wurde später auch in die britische Botschaft in Washington entsandt und lebte mit Philby zusammen. Nachdem er in die Sowjetunion übergelaufen war, starb er an massivem Alkoholismus.

Der vierte der "Cambridge Five", der enttarnt wurde, war Sir Anthony Bronte. Er arbeitete als Spionageabwehr-Agent für den britischen Geheimdienst Five und ließ große Mengen entschlüsselter deutscher Militärinformationen an die Sowjetunion durchsickern. Vor Kriegsende wurde er von der britischen Krone heimlich beauftragt, nach Deutschland zu reisen, um vertrauliche Korrespondenz zwischen dem Herzog von Windsor in England und Hitler sowie zwischen Königin Victoria in England und ihren deutschen Verwandten zu finden. Königin Victoria war die Großmutter von Kaiser Wilhelm II. von Deutschland, und Anthony wurde 1956 von der britischen Krone zum Ritter geschlagen und wurde später Professor für Kunstgeschichte an der Universität Cambridge. Nachdem sein Status als sowjetischer Spion aufgedeckt worden war, wurde ihm der Ritterschlag von der englischen Königin Elisabeth II. aberkannt, und die damalige britische Premierministerin Margaret Thatcher nannte Sir Blunt öffentlich einen sowjetischen Spion. Im Jahr 1983 starb Anthony Bronte in seinem Haus in London.

Die Identität der fünften Person der "Cambridge Five" wurde jedoch nie enthüllt, was zu einem großen Geheimnis in der Welt der Geheimdienste geworden ist. Im Laufe der Jahre gab es viele

Unstimmigkeiten und Debatten darüber, wer die "fünfte Person" wirklich ist.

Der international renommierte Geheimdienstwissenschaftler Roland Perry hat mit einer Fülle von Fakten klargestellt, dass Victor Rothschild der geheimnisvolle "fünfte Mann" ist.[132]

„Der Fünfte Mann"

In der Tat sind die Rothschilds die Erfinder des internationalen Nachrichtendienstes. Schon während der Napoleonischen Kriege hatte die Familie Rothschild auf den Londoner Finanzmärkten mit Informationen über den Verlauf der Schlacht von Waterloo 24 Stunden vor dem Markt einen erstaunlichen Gewinn erzielt. Für die zahlreichen internationalen Bankiersfamilien, die auf den grenzüberschreitenden Finanzmärkten Arbitrage betreiben, sind genaue und schnelle Informationen die "erste Produktivität" beim Geldverdienen. Technologische Erfindungen haben die Entwicklung von Nachrichtensystemen maßgeblich beeinflusst. In einer Zeit, in der es noch kein Telegrafentelefon gab, leistete die Familie Rothschild Pionierarbeit bei der Verwendung von Brieftauben zur Übermittlung von Daten und Handelsaufträgen auf den Finanzmärkten. Um zu verhindern, dass Informationen während der Übermittlung abgefangen werden und Geheimnisse preisgeben, entwickelte die Familie Rothschild außerdem eine Reihe von Verschlüsselungstechniken für Informationen. Für die Familie Rothschild ist der Geheimdienst eine alte Familientradition.

In dieser Atmosphäre wuchs Victor Rothschild, der Baronet-Erbe der dritten Generation der Familie Rothschild, auf. Als Erbe des englischen Zweigs der Familie trug Victor ein hohes Maß an Ehre und Erwartungen mit sich. Es scheint, dass sein Vater Charles ein schwaches Glied in der Familienkette war, der unter schweren Depressionen litt und schließlich beschloss, sich das Leben zu nehmen, weil er die Schmerzen der Schlaflosigkeit sechs Jahre lang nicht ertragen konnte. Zu diesem Zeitpunkt war Victor erst 12 Jahre alt. Doch als Nachfolger des Familienunternehmens sah er sich einer Reihe von beispiellosen Belastungen ausgesetzt.

---

[132] Roland Perry, *Der Fünfte Mann* (London: Pan Books, 1994).

Der erste Druck ist der der Rasse. Als Jude hatte er einen hochsensiblen Komplex, weil er diskriminiert wurde, und gleichzeitig ein extrem starkes Gefühl der Überlegenheit. Trotz ihrer Ausgrenzung und Diskriminierung ist das jüdische Volk davon überzeugt, dass es das einzige auserwählte Volk des biblischen Gottes ist und dass seine Macht als Herrscher der Welt von Natur aus unersetzlich ist. Juden haben ein extrem starkes Selbstwertgefühl, gemischt mit einem extrem starken Gefühl, unterdrückt zu werden. Und eine starke psychologische Belastung kann oft zu einer starken Motivation und Widerstandsfähigkeit führen.

Der zweite Druck ist der Ruf der Familie. Da Rothschild die jüngere Weltgeschichte seit über hundert Jahren maßgeblich beeinflusst, war der Druck, der auf seinem Ruf lastete, nie leicht. Die meisten Schüler der aristokratischen Schule, in der Victor Jr. eingeschrieben war, stammten aus prominenten Familien. Dennoch blickten alle Klassenkameraden ehrfürchtig, als Victor Jr. seinen Familiennamen nannte. Ein so hohes Ansehen und ein so hoher Status sind jedoch ein zusätzlicher Druck, und bei einem solchen Ruf darf Victor Jr. nicht die Fassung verlieren und den anderen unterlegen sein, er muss und wird immer der Erste sein.

Der dritte Druck ist die intellektuelle Herausforderung. Victor war ein äußerst intelligenter Mann mit einem IQ von 184, eine Einschätzung, die später von Nazi-Experten auf der Grundlage seiner Leistungen in allen Bereichen vorgenommen wurde. Victor war in der Tat ein sehr vielseitiger Mann, ein Bankier mit einer ausgezeichneten Erfolgsbilanz, ein anerkannter Experte für Spionageabwehr, ein Biologe, ein Meister der atomaren Kernphysik und ein Meister der Malerei, Kunst und Musik. Victor eignete sich ständig neues Wissen an und hatte in seinem Leben keine freie Zeit.

Der junge Victor, der am Trinity College in Cambridge studierte, ist voller Energie und liebt das Abenteuer. Zu dieser Zeit beschäftigte er sich ausgiebig mit verschiedenen Disziplinen, darunter Physik, Biologie und Psychologie. Er hatte schon immer ein großes Interesse an den Naturwissenschaften und eine besondere Vorliebe für Französisch. Als er Französisch lernte, holte er sich einen älteren Schüler, der drei Jahre älter war als er, als außerschulischen Tutor. Dieser Mann war der später berühmte Sir Anthony Bronte, der vierte der "Cambridge Five", der enttarnt wurde.

Brontes Beziehung zu Victor entwickelte sich schnell, und Bronte brachte Victor oft im Einzelunterricht die Aussprache der französischen Sprache bei.

Im Mai 1928, während seines zweiten Studienjahres, trat Bronte den Cambridge Apostles bei, einer bekannten Geheimgesellschaft am Trinity College in Cambridge. Es handelte sich um einen Geheimbund, der 1820 von 12 so genannten "Aposteln" gegründet worden war, 12 der klügsten Studenten der ganzen Schule, und nicht nur das, die 12 Männer mussten auch von adliger Herkunft sein und weitreichende familiäre Verbindungen zur englischen Oberschicht haben. Diese beiden Anforderungen stellten sicher, dass die Mitglieder des "Apostolischen Ordens" in Zukunft unweigerlich zur herrschenden Elite Großbritanniens gehören würden. Blunt wurde später Victors "Initiator" in den "Apostolischen Orden".[133]

Am 12. November 1932 schlossen sich Burgess und Victor der Apostolic Society an und bildeten eine kleine Gruppe, deren Kern aus Bronte, Victor, Burgess und anderen bestand.

Der Kreis des Apostolischen Konzils

Der Kreis, den die Mitglieder des "Apostolischen Rates" bilden, verfügt über ein ausgeprägtes System von Glaubenswerten, Organisationsformen, Auswahlmechanismen und Ritualen. Ihre Zusammenkünfte sind keine entspannte gesellschaftliche Angelegenheit, bei der jeder isst und trinkt, sondern ein hohes Maß an rigorosem Training, um die Gesellschaft in Zukunft "besser" zu führen, basierend auf tiefen historischen Wurzeln, familiären Bindungen, gegenseitiger Bewunderung und hoher Intelligenz. Was sie gemeinsam haben, ist eine starke Motivation für einen zukünftigen gesellschaftlichen Wandel. Mit anderen Worten, es handelt sich um einen Kreis politisch ambitionierter Menschen, die keineswegs nur eine akademische Gruppe, eine Wiedervereinigung oder ein bloßer Geheimbund sind. Dies ist besonders wichtig wegen ihres außergewöhnlichen familiären Hintergrunds, ihres Reichtums, ihrer Intelligenz und Energie und vor allem wegen des "Elite"-Komplexes, der es der Gesellschaft ermöglicht, nach ihrem Willen zu funktionieren.

---

[133] Ebd., S. 36-37.

Eine solche Gruppe von Menschen organisierte sich und wurde zu lebenslangen Verbündeten, die einander nie verrieten, sich gegenseitig aufrichteten und ermutigten, um eine unzerbrechliche Interessengemeinschaft zu bilden, die die Tradition der "Apostolischen Kirche" ist. Das Band, das eine solche Gruppe hochintelligenter, energiegeladener Menschen zusammenführen kann, ist keineswegs mehr als Interesse; der Glaube ist eine tiefere Kraft.

Auf Vermittlung von Freunden der "Apostolischen Gesellschaft" lernte Victor Peter Kapitza kennen, einen sehr berühmten sowjetischen Wissenschaftler, der zu dieser Zeit in Cambridge lehrte. Kapitza ist ein weltberühmter Physiker und Nobelpreisträger. Kapitza nahm daraufhin eine Einladung der Royal Academy an, am Rutherford Laboratory in Cambridge zu arbeiten. Sobald Kapitza in Cambridge angekommen war, gründete er den "Kapitza Club", der in Cambridge ziemlich berühmt wurde. In diesem Club trafen sich einige der besten Physiker der Stadt, um über die neuesten Entwicklungen in der Physik zu diskutieren. Die Cambridge-Physiker scherzten, dass Kapitza die Kampagne ins Leben gerufen hatte, um sich durch den Informationsaustausch zwischen diesen herausragenden Physikern regelmäßig über die neuesten, bahnbrechenden Fortschritte in der Physik zu informieren, ohne selbst die langweiligen Papiere lesen zu müssen. Tatsächlich hatte Kapitza auch die wenig bekannte Aufgabe, die neuesten Informationen über die verschiedenen Fortschritte in der Physik aus Cambridge zusammenzustellen, in Berichte über die Grenzen der Physik zu sortieren und regelmäßig nach Moskau zu schicken. [134]

Der junge Victor fühlte sich in der Tat zu den Ideen von Kapitza hingezogen, dem ersten sozialistischen politischen System der Welt, das von der Sowjetunion entwickelt wurde. Dieses politische System, das als wissenschaftlicher Sozialismus bezeichnet wird, baut ein vollständiges soziales und wirtschaftliches System auf, das auf der theoretischen Grundlage strenger wissenschaftlicher Gesetze beruht. Victor interessierte sich am meisten für Physik und Naturwissenschaften. Als er also von dieser Idee hörte und erfuhr, dass es sich um einen Plan für die Entwicklung der Gesellschaft auf der Grundlage wissenschaftlicher Prinzipien und mit der Präzision eines

---

[134] Ebd., S. 37-38.

Ingenieurs handelte, so dass das gesamte politische und wirtschaftliche System der Gesellschaft ausschließlich auf der Grundlage präziser, objektiver wissenschaftlicher Theorien und Normen funktionierte, hielt seine Intuition dies sofort für eine wunderbare und meisterhafte Idee. Diese Gedankentheorie faszinierte Victor damals nicht nur, sondern fand auch in den elitären "apostolischen" Kreisen der Universität Cambridge Absatz.

Die "Apostolische Gesellschaft" organisiert regelmäßig Diskussionen, bei denen jeder Teilnehmer einen Beitrag zu Fragen des Funktionierens der Gesellschaft veröffentlicht. Die meisten der eingereichten Themen konzentrierten sich auf das sowjetische Modell und die einschlägigen Erfahrungen der UdSSR. Die Mitglieder dieser kleinen Gruppe waren sich einig, dass ein solches Modell der Sowjetunion die Krisen und Probleme der Welt lösen könnte.

Die zahlreichen von Victor vorgelegten Arbeiten drehen sich um den logischen Faden der Erforschung der Rolle des Bankwesens für das Funktionieren der Gesellschaft. Einer seiner wichtigen Artikel trägt den Titel "Kommunismus und die Zukunft des Bankwesens".[135] Dieser Artikel ist voller neuartiger Weisheiten und interessanter und umsetzbarer Vorschläge, aber die Apostolische Kirche hat darauf nicht mit großer Begeisterung reagiert. Da die meisten dieser Apostel nicht über die entsprechenden Kenntnisse auf dem Gebiet der Finanzen verfügten und sich nicht sehr gut mit geschäftlichen Abläufen auskannten, neigten sie dazu, bei der Erörterung von Themen eher akademisch zu sein. Sie befassten sich eher mit dem sozialen Wandel, dem Funktionieren der Gesellschaft und den ihr zugrunde liegenden Institutionen.

Unter ihnen war Bronte ein "Pionier", der sich das theoretische System des wissenschaftlichen Sozialismus vollständig zu eigen gemacht hatte. Gleichzeitig versucht er, Victor auf denselben Weg zu führen. Im täglichen Gespräch fragt er Victor oft subtil, was er von seiner eigenen Familienbank hält. Diese Frage bringt Victor unweigerlich in eine schwierige Lage. Einerseits ist er der Meinung, dass das gesamte Bankgeschäft seiner Familie eine sinnlose Bewegung von Geld von einem Ort zum anderen ist, um daraus Profit zu schlagen, und glaubt, dass das von der internationalen Bankiersfamilie

---

[135] Ebd., S. 45.

aufgebaute Finanzsystem der Gesellschaft keinen größeren Nutzen bringt; andererseits will er nicht auf der Gegenseite der mächtigen Gruppe internationaler Bankiers stehen, die seine Familie vertritt.

Victor, der zu dieser Zeit in seinen Zwanzigern war, erlebte einen gewaltigen Schock an Ideen und Werten. Bronte vermittelte Victor immer wieder den Gedanken, dass das von den internationalen Bankiers errichtete Bankenmonopolsystem nicht ohne Nutzen war und auch für die Gesellschaft von großem Vorteil sein könnte, wenn eine Revolution ausbräche und das gesamte Bankensystem vollständig verstaatlicht und vom Staat kontrolliert würde.

Victor ist in den Augen von Bronte und Kapica kein "weißer Hase". Dank seiner frühreifen Persönlichkeit und seiner tief verwurzelten religiösen Überzeugungen sowie seiner angeborenen familiären Prägung war Victor bereits in jungen Jahren ein Mann mit einem aktiven und komplexen Geist, einem starken Willen und großem Ehrgeiz. Sein wichtigstes Merkmal ist seine extreme Subjektivität, und er wird sich niemals durch Überzeugungsarbeit und theoretische Einflüsse von außen radikal verändern lassen. Sein Verstand ist konsequent, nachdenklich, tiefgründig, verborgen und auf Klarheit ausgerichtet. Er hatte eindeutig seine eigenen Überlegungen und Absichten, und diese Art des Denkens wurde über Generationen von Familien weitergegeben.

In seinem Kopf braut sich ein weitaus ehrgeizigeres Ziel zusammen, sogar ein gesellschaftlicher Entwicklungsplan, der weit über die Ideologie hinausgeht. Während er sich die Ideen seiner Mitmenschen zu eigen macht, überlegt er auch, wie er diese Menschen für seine Ziele nutzen kann. In Victors Natur waren die Gene des Geschäftsmannes aktiv, dessen Wunsch, Profit zu machen, immer sein Interesse an der Theorie überlagerte.

In den apostolischen Kreisen gab es einen weiteren großen Namen: den berühmten britischen Wirtschaftswissenschaftler Keynes. Victor und Cairns standen sich sehr nahe. Cairns war ein frühes Mitglied des "Apostolischen Ordens" und lehrte in den 1930er Jahren an der Universität Cambridge, wo er ein eigenes Büro am King's College hatte. Keynes war kein Anhänger des Kommunismus, aber er interessierte sich für die Idee, dass die Regierung in die Abläufe der Wirtschaft einbezogen werden sollte, und er hatte eine Reihe von Wirtschaftsreformen und die Dynamik in der Sowjetunion genau beobachtet, wo die 1929 einsetzende Weltwirtschaftskrise das kapitalistische Denksystem in eine schwere Krise stürzte und wo das soziale Denken aller Art versuchte, einen Ausweg aus der sozialen Entwicklung zu finden, und die Ökonomen waren da keine Ausnahme. Man kann sagen, dass Keynes zu dieser Zeit auch von der sowjetischen Idee eines planwirtschaftlichen Modells beeinflusst war.

Victor ging oft in das Büro von Cairns an der Universität Cambridge, um mit Cairns zu sprechen. Jedes Mal, wenn er Cairns' Büro besuchte, sah er Cairns in einem Schaukelstuhl sitzen und ein philosophisches Werk von Locke oder Hume lesen. Victor sah Keynes fast nie, wenn er sich mit Wirtschaft beschäftigte. Die beiden treffen sich, um über ihre gemeinsamen Interessen und Hobbys - das Sammeln von Büchern - zu sprechen, und es gibt unendlich viel zu erzählen. Aber Victor fragte sich immer, wann Keynes das tun würde, was er tun sollte.[136]

Cairns war zwanzig Jahre älter als Victor, aber der Alters- und Erfahrungsunterschied hinderte sie nicht daran, enge und vergessliche Freunde zu werden. Victor Cairns braucht nie einen Termin im Voraus zu vereinbaren, er kann zur Tür kommen, wann immer er will. Wenn die beiden sich treffen, gibt es immer endlos viel zu besprechen, von Philosophie, Gesellschaft und Literatur über Theorie und Praxis des sozialen Wandels bis hin zur großen Frage, wie die Gesellschaft eigentlich funktionieren sollte. Ein weiteres wichtiges Thema, das Victor und Keynes häufig erörterten, war die Wahrnehmung des britischen Goldstandards. Die besondere Stellung der Familie Rothschild in der Welt des Goldes ist nicht zu übersehen, und Victor hatte natürlich ein ungewöhnliches Interesse an der Rolle des Goldes im britischen Bankensystem und im Weltwährungssystem.

Die beliebtesten Seminare des "Apostolischen Konzils" waren die Reden und Vorträge von Keynes. Cairns war damals fast fünfzig Jahre alt, und seine sozialen Erfahrungen und Einsichten sowie sein Wissen aus erster Hand über sozioökonomische, politische und diplomatische Informationen und Materialien ließen diese Studenten in ihren frühen Zwanzigern sicherlich zu ihm aufschauen. Er hat sowohl theoretischen Tiefgang als auch eine Fülle von Einsichten und Erfahrungen in der sozialen Praxis. Keynes hielt auf einem Seminar des "Apostolischen Rates" einen Vortrag mit dem Titel "Staatliche Intervention", der die

---

[136] Ebd., S. 43.

meisten Mitglieder des "Apostolischen Rates", darunter auch Victor, inspirierte und schockierte. Victors Interesse war nie rein theoretisch oder abstrakt; er befasste sich vielmehr mit praktischen, operativen Details. In einem Brief an einen Freund bezieht sich Victor auf diese keynesianische Abhandlung und beklagt, dass

> *„Die "Apostolic Society"-Gang schwadroniert ständig darüber, wie eine kommunistische Gesellschaft aussehen sollte, ein Thema, das eigentlich ziemlich langweilig ist. Burgess, Waterson und Richard Davis reden alle mit beiden Augen schwindlig und verschwitzt über solche theoretischen Probleme, aber sie sagen alle Dinge, denen es, zumindest für mich, an logischer Kohärenz mangelt."*[137]

Ein weiteres Argument Victors war vage und prätentiös, und sein Papier mit dem Titel "Der Kommunismus und die Hoffnung der Wissenschaft" wurde im "Apostolischen Konzil" hoch gelobt und einhellig bejubelt. [138]

In der Zwischenzeit kam ein neues Mitglied der Clique hinzu, ein Student der Soziologie an der Universität Cambridge, der Philby, der dritte entlarvte KGB-Spion der "Cambridge Five", war.

Philbys Vater

Philbys Vater, John Philby, war ebenfalls eine Legende. John Philby war ebenfalls Absolvent des Trinity College in Cambridge, und sein Klassenkamerad Nehru war später Premierminister von Indien. Obwohl John Philby als Jude weniger berühmt war als sein eigener Sohn, beschäftigte er sich intensiv mit der Situation im Nahen Osten und in Palästina und spielte eine entscheidende Rolle und einen großen Einfluss auf die Geopolitik des Nahen Ostens. John Philby war ein Offizier des britischen kolonialen Geheimdienstes, der an der Planung des großen arabischen Aufstands gegen die osmanische Herrschaft und am Schutz der Ölfelder in der Region Basra beteiligt war, der einzigen Ölquelle der britischen kaiserlichen Marine zu jener Zeit. John Philby sagte den Arabern seine Unterstützung bei der Errichtung eines einheitlichen arabischen Bundesstaates zu. John Philby war zusammen

---

[137] Brief von Victor Rothschild an Keynes, *Keynes Papers*.

[138] Roland Perry, *The Fifth Man* (London: Pan Books, 1994), S. 43.

mit dem berühmten "Lawrence von Arabien" (Thomas Edward Lawrence) an den arabischen Aufständen beteiligt, aber die beiden Seiten unterstützten unterschiedliche arabische Führer, wobei John Philby Ibn Saud, einen arabischen Stammesscheich, und Lawrence den König Hussein von Hedschas unterstützte.

Das Haus der Haschemiten, ein direkter Nachfahre des Propheten Mohammed, ist seit 700 Jahren der gesetzliche Hüter der heiligen Städte Mekka und Medina in der Region Hedschas. König Hussein war in der islamischen Welt als großer Scheich der Araber allgemein geachtet, und im Oktober 1915 schloss der britische Vertreter McMahon mit Hussein ein Abkommen, das ihm die Unabhängigkeit nach dem Krieg versprach, wenn die arabischen Stämme einen Aufstand anzettelten, um sich dem Krieg anzuschließen.

Weder Shad noch Hussein wussten, dass sich Großbritannien und Frankreich insgeheim über die Aufteilung der Macht im Nahen Osten nach dem Krieg geeinigt hatten. Im Mai 1916 unterzeichneten sie den Sykes-Picot-Vertrag, der vorsah, dass von den arabischen Provinzen der osmanischen Nachkriegstürkei Frankreich Syrien und den Libanon und Großbritannien Jordanien, Palästina und den Irak erhalten sollte.[139] Im November 1917 gaben die Briten die Balfour-Erklärung heraus, die Palästina als jüdisches Heimatland auswies,[140] als Gegenleistung für die militärische Forschung des jüdischen Wissenschaftlers Chaim Weizmann, des ersten Präsidenten Israels. Die von Großbritannien versprochene Große Arabische Föderation ist nichts weiter als ein Betrug. Der britische Verrat wirft noch viele Jahre lang einen Schatten auf die Beziehungen zwischen der arabischen Welt und dem Westen. Philby und Lawrence sind nichts weiter als Schachfiguren für die britische Regierung. Am Ende wurde Ibn Saud, der von John Philby unterstützt wurde, König von Saudi-Arabien, während Feisal, der Sohn von Hussein, der von Lawrence unterstützt wurde, König von Irak wurde.

1921 wurde John Philby von der britischen Regierung zum obersten Geheimdienstchef für die britische Region Großpalästina ernannt, deren Zuständigkeitsbereich das gesamte Gebiet des heutigen

---

[139] Liu Debin, Hrsg., *Geschichte der internationalen Beziehungen*, Peking: Higher Education Press, Ausgabe 2003, S. 275.

[140] Ebd., S. 277.

Israel, Palästina und Jordanien umfasste. Hier entwickelte John Philby eine langjährige Beziehung zu Allen Dulles, dem späteren Direktor der amerikanischen CIA. Dies ist ein wesentlicher Grund dafür, dass Kim Philby lange Zeit in der CIA untertauchen konnte, ohne Verdacht zu erregen.

Ende 1922 kehrte John Philby nach London zurück, um an politischen Diskussionen über die Palästina-Frage teilzunehmen. Zu den Hauptakteuren gehörten König George von England, der spätere Premierminister Churchill, Rothschild und Weizmann, der Führer der zionistischen Bewegung. Danach begann John Philby als hochrangiger Berater der Saudis zu arbeiten und half ihnen, die von Saudi-Arabien kontrollierten Gebiete zu erweitern und zu stärken, wodurch er zu einer der mächtigsten Persönlichkeiten des Landes wurde.

1933 brachte John Philby die amerikanische Ölmacht in den Nahen Osten, als er mit der Standard Oil Company ein 60-jähriges Exklusivrecht zur Ausbeutung der Hasa-Region am Persischen Golf unterzeichnete. In der Tat ist John Philby der wichtigste Kontaktkanal für die besonderen Beziehungen der USA zu Saudi-Arabien.

Im Jahr 1936 wurde die Arab-American Oil Company (ARAMCO) als Joint Venture zwischen der Standard Oil Company of California und der East Suez Company gegründet, wobei John Philby die saudischen Interessen vertrat.

1937 begann John Philby mit der Planung einer Massenauswanderung von Juden in die palästinensischen Gebiete, wobei Saudi-Arabien geheimen Schutz gewährte. Gleichzeitig verhandelte John Philby mit Nazi-Deutschland und dem faschistischen Spanien darüber, dass die neutralen Saudis im Falle eines Krieges ihr Öl an das neutrale Spanien verkaufen und dann von Spanien aus nach Deutschland transitieren würden. Das Nazi-Sonderermittlungsteam des US-Justizministeriums hatte festgestellt, dass Adolf Eichmann, Leiter der jüdischen Abteilung der deutschen Gestapo, Mitte der 1930er Jahre im Nahen Osten mit John Philby zusammengetroffen war.

Nach dem deutschen Anschluss Österreichs 1938 war Eichmann für die Zwangsumsiedlung der Juden in Österreich verantwortlich und arbeitete mit der zionistischen Agentur "Aliyah Bet" zusammen, um den Prozess der Zwangsumsiedlung effizienter und solider zu gestalten.

Im Februar 1939 war John Philby in London, um mit Ben Gurion (Israels erstem Premierminister) und Weizmann über die jüdische

Einwanderung in Palästina zu sprechen. John Philby schlug vor, dass Weizmanns zionistische Organisation den Saudis 20 Millionen Pfund für die Wiederansiedlung palästinensischer Araber zahlen sollte, woraufhin Weizmann antwortete, dass diese Angelegenheit mit US-Präsident Roosevelt besprochen werden müsse. Im Oktober versprach die zionistische Organisation den "Philby-Plan", doch die Araber lehnten ihn aufgrund von Indiskretionen entschieden ab. Angesichts der religiösen Empfindlichkeiten Palästinas wurde dieser Plan drei Jahre lang auf Eis gelegt, und am 3. August 1940 wurde John Philby in Bombay wegen Sympathie für die Nazis verhaftet (Defense Regulation 18B) und anschließend nach England zurückgeschickt. Er wurde sieben Monate später dank der Rettung durch Cairns und andere freigelassen.

Im August 1943 kam Harold Hoskins, der Gesandte von Präsident Roosevelt im Nahen Osten, nach Saudi-Arabien, um den "Philby-Plan" wiederzubeleben, wobei er erklärte, dass die Kosten für die 20 Millionen Pfund "von Präsident Roosevelt der Vereinigten Staaten garantiert" würden. Der saudische König befindet sich angesichts dieser riesigen Summe in großen Schwierigkeiten, da schon seit langem durchgesickert ist, dass er, wenn er sie annimmt und die Araber aus Palästina abzieht, von der gesamten arabischen Welt zweifellos als "Bestechung" betrachtet werden wird. Nach reiflicher Überlegung hat der saudische König diesen heißen Stein schließlich aufgegeben.

Kim Philby und Victor Rothschild

Im Juni 1933 hatte Philby gerade ein Studium der Wirtschaftswissenschaften an der Universität Cambridge abgeschlossen und ein Stipendium für das Trinity College mit Bestnote erhalten. Philby verwendete einen Teil des Geldes, um die gesamte Karl-Marx-Sammlung zu kaufen, und den Rest des Geldes, um ein gebrauchtes Motorrad zu kaufen. Philby war bereit, mit seinem gebrauchten Motorrad durch ganz Europa zu reisen. Schließlich war es der Sohn von John Philby, den der Drang zum Abenteuer umgab. [141]

Dies hat zweifellos eine starke Irritation für Victor Rothschild ausgelöst. Sein familiärer Hintergrund, sein besonderer Status, sein Reichtum und sein Ruhm weben unsichtbare Fäden, die ihn daran

---

[141] Roland Perry, *The Fifth Man* (London: Pan Books, 1994), S. 47.

binden, dass er niemals "mit Stil zurückkehren" kann, wie es Philby tat. Die Versuchung, so nah und doch so fern zu sein, übt eine noch stärkere Anziehungskraft auf Victor aus. Victor konnte nicht widerstehen, Philby zu fragen, ob er ihn mitnehmen dürfe. Vielleicht weil es unwahrscheinlich war, dass dieser Wunsch in Erfüllung gehen würde, war Philbys abreisende Gestalt in Victors Augen von außergewöhnlichem Schwung und Selbstbewusstsein erfüllt.

Als Philby im Mai 1934 seine Europatournee, die etwa ein Jahr gedauert hatte, beendete und Victor wiedersah, war er von einer weiteren Verlobten umgeben, Rietz Friedman, einer österreichischen jüdischen Untergrundkommunistin. Dieser Ausflug spielte eine wichtige Rolle in Philbys Leben. Während seiner Zeit in Österreich freundete er sich mit Ritze an und war an einer Reihe geheimer Untergrundtätigkeiten beteiligt, darunter die Rettung von Juden, die damals von den Nazis verfolgt wurden, die Verschleierung der Untergrundaktivitäten der Kommunisten, die Beschaffung von Geldmitteln gegen den Faschismus, die Rettung von gefangenen Arbeitern vor der Verfolgung durch die Nazis, die Übermittlung geheimer Briefe und sogar die Verkleidung als Journalist, um Nazigeheimnisse zu erfahren. [142]

In Philby sah Victor ein Leben, das er in seinem Leben nie hatte ausprobieren können, und tief in seinem Inneren konnte er die Tage mit solchen Abenteuern und Aufregungen kaum erwarten.

Einmal, nach einem Essen, testete Philby Victors Bereitschaft, etwas Unmittelbareres zu tun als Geld für die Unterstützung der jüdischen Einwanderung zu spenden. Victor wusste bereits, dass ein großer Teil von Philbys Erfahrung einen sowjetischen Hintergrund hatte, und er wusste, dass er selbst zu einem Unterstützer der Sowjetunion werden würde, wenn er versprach, Philby direkter zu helfen.

Für Victor war dies eine wichtige Lebensentscheidung. Er entschied sich, der Sowjetunion nicht nur aus rein theoretischen Gründen von Gut und Böse zu helfen, sondern auch wegen seiner tief verborgenen "privaten" Pläne. Da er aus einer Geheimdienstfamilie stammt, hat Victor ein ziemlich tiefes Verständnis für den Wert von Geheimdiensten. In einer Welt, die sich immer mehr dem Krieg nähert,

---

[142] Ebd., S. 49.

würde der Verlust von Geheimdienstinformationen eine große Krise für die jahrhundertealte Stiftung der Familie bedeuten, und die Bereitstellung von Geheimdienstinformationen an die Sowjetunion würde den Rothschilds Verhandlungsmasse für ihre Geschäfte mit der Sowjetunion, der zukünftigen Weltsupermacht, liefern. Die überwältigende Wahrheit der Rothschild-Familie seit hundert Jahren ist es, auf beide Seiten zu setzen und immer auf der Seite des Gewinners zu stehen.

Nachdem er diese Wahrheit erkannt hat, ist Victor entschlossen, ein Spiel des Gleichgewichts zwischen den Supermächten der Welt zu spielen und der endgültige Gewinner zu sein.

Die "Cambridge Five" durchdrangen den britischen Geheimdienst

Da die Familie Rothschild bereits ein großes Netzwerk von Kontakten im Vereinigten Königreich aufgebaut hatte, musste Victor, als die Apostolic Friends ihren Abschluss machten und sich auf die Arbeitssuche und den Eintritt in die britische Oberschicht vorzubereiten begannen, seine Energie einsetzen und eine entscheidende Rolle bei ihrem beruflichen Aufstieg spielen. Zunächst nutzte er seine Beziehungen, um seinen guten Freund Burgess bei George Ball, einem Schwergewicht der damaligen britischen Konservativen Partei, vorzustellen. George Ball war der leitende Beamte des British Intelligence Five und der Gründer des Tory-Geheimdienstes. Später trat Burgess auf Empfehlung von Victor und George Ball in die Abteilung D des britischen Geheimdienstes Sechs ein, wo sein erster Auftrag darin bestand, die Judenfrage in Palästina zu untersuchen. Der von den Vorgesetzten erteilte Auftrag bestand darin, unter den Juden einen Gegenpol zur zionistischen Organisation unter Weizmann zu schaffen, um die jüdische Lobbymacht gegenüber dem britischen Parlament zugunsten eines Kompromisses zwischen der britischen Regierung und den Arabern zu dezentralisieren. Die Regierung schlug vor, dass die Gegenseite vorzugsweise von Victor geführt werden sollte. Tatsächlich war Victor ein überzeugter Befürworter des Zionismus, und aufgrund der traditionellen Zurückhaltung und Taktik wurde die Familie Rothschild von Außenstehenden im Allgemeinen als eine gemäßigtere Position angesehen.

Aufgrund seiner ausgezeichneten Arbeit stellte Burgess Philby auch der D-Sektion des Geheimdienstes VI vor, und Burgess stellte auch Guy Liddell, den stellvertretenden Direktor der B-Sektion des Geheimdienstes V, Victor vor, wodurch die Voraussetzungen für Victors späteren Wechsel zum Geheimdienst V geschaffen wurden.

Die Rothschilds hatten auch eine ungewöhnliche Beziehung zu Churchill. Churchill war seit den Tagen von Victors Großvater Neti ein fester Bestandteil der Familie. Churchill war einer der Vorgänger, die Victor hatten aufwachsen sehen. Churchills Unterschrift im Gästebuch der Rothschilds erstreckte sich über 40 Jahre, von 1890 bis 1930, und führte sogar zu einer außergewöhnlichen Freundschaft mit Victors Onkel Walter. Churchill war stets ein starker Befürworter von Walters Ideen für die Gründung eines jüdischen Staates, Israel, in Palästina. Dies war auch der Grund dafür, dass Churchill zum Objekt der starken Unterstützung der Familie Rothschild in der britischen Politik wurde.

Im Jahr 1939 legte Victor Churchill eine Analyse des deutschen Bankensystems vor, in der er eine unorthodoxe, aber höchst visionäre Denkweise vertrat. Die verschiedenen Finanztransaktionen, die von den Rothschilds in ihren Niederlassungen in verschiedenen Ländern gesammelt wurden, enthielten Schlüsseldaten und Informationen über alle Arten von Käufen und Transaktionen von Gütern in Deutschland, und alle Käufe von Gütern durch die Nazi-Regierung, sofern sie über Bankgeschäfte erfolgten, standen unter der Kontrolle der Rothschilds. Durch eine sorgfältige Analyse dieser Finanzdaten gelangte Victor zu einer Projektion von Deutschlands zukünftigen Käufen von Militärmaterial und Waffen und kam zu dem Schluss, dass die Nazis einen militärischen Expansionsplan durchführten. Churchills Kriegsministerium lobte die neuartigen Forschungsideen des jungen Mannes. Dieser Artikel ebnete den Weg für Victors reibungslosen Eintritt in das British Intelligence V Bureau, Part B, im Jahr 1940, wo er in erster Linie für die kommerzielle Spionageabwehr tätig war. [143]

Victors hervorragende Arbeit und Leistungen beim britischen Geheimdienst V halfen ihm, Bronte in die D-Sektion des Geheimdienstes V zu bringen und Maclean dem Geheimdienst VI zu empfehlen.

Zu diesem Zeitpunkt hatten die "Cambridge Five" den britischen Geheimdienst und die britische Außenpolitik vollständig infiltriert und spielten eine entscheidende Rolle für den Verlauf des Krieges. Victor

---

[143] Ebd., S. 89-90.

Rothschild war das zentrale Mitglied der "Cambridge Five", von dem alle Verbindungen ausgingen und gesammelt wurden.

Zwischen Sumerisch und Amerikanisch, den zwei Seiten derselben Medaille

1937 starb Victors Onkel, Sir Walter. Da Walter selbst keine Kinder hatte, erbte der 26-jährige Victor den Titel des Ritters und wurde der dritte Sir Rothschild. Als erblicher Lord von England wurde Victor automatisch Mitglied des britischen Oberhauses, und sein soziales Engagement wurde erheblich verstärkt.

Der sowjetische Physiker Kapitza, der sich zu dieser Zeit in England aufhielt, war nach Moskau zurückgekehrt, und Victor stand in engem Kontakt mit Kapitza und schickte ihm regelmäßig Berichte über den Stand der Forschung in verschiedenen Disziplinen, einschließlich der neuesten Entwicklungen in der Atomphysik, sowie wichtige Ergebnisse und Daten aus anderen Disziplinen, die in internen Fachzeitschriften veröffentlicht wurden. Diese Daten und Informationen sind von hoher Sensibilität und Vertraulichkeit und sind über die üblichen internationalen wissenschaftlichen Forschungskanäle nicht zugänglich. Zu diesen Bereichen gehört auch die Forschung über Biotoxine, deren Ergebnisse direkt für die Herstellung biologischer Waffen verwendet werden können. Solche aktuellen Informationen und Daten sind in den Händen sowjetischer Wissenschaftler von unschätzbarem Wert. [144]

Victor ist ein fleißiger Mann mit einem überraschend hohen IQ. Er liest Forschungsarbeiten in einer Vielzahl von Disziplinen und vertieft sich in sie, mit Ausnahme des Bankwesens, das sein angestammtes Fachgebiet ist. In der Biologie, die für ihn so weit entfernt zu sein scheint wie ein Berg, hat er sich beispielsweise auf die Analyse der Gesetze der Spermienbewegung spezialisiert und versucht, dem Geheimnis auf die Spur zu kommen, warum nur ein Spermium in den Moment des Zusammentreffens mit dem Ei eindringen kann und wie das "Gewinner"-Spermium eine ausschließende Wirkung hat. Was die Atomphysik betrifft, so verlangt er von sich selbst, dass er die gesamte wissenschaftliche Literatur und verschiedene offene und vertrauliche

---

[144] Ebd., S. 77.

Papiere liest, und er hat in seinem Studium der Atomphysik ein ziemlich professionelles Niveau der Tiefe erreicht.

Victors erste Aufgabe beim britischen Nachrichtendienst5 bestand darin, zu analysieren, ob die Aktivitäten aller im Vereinigten Königreich tätigen deutschen Handels- und Industrieunternehmen eine Sicherheitsbedrohung für das Vereinigte Königreich darstellten. Bereits Anfang der 1940er Jahre hatte er herausgefunden, dass zahlreiche getarnte deutsche Wirtschaftsunternehmen in Wirklichkeit hinter den Kulissen für die Nazi-Regierung arbeiteten. In seinem Bericht heißt es insbesondere, dass diese Einrichtungen das Vereinigte Königreich wahrscheinlich ausspionieren und dass das Netz so weit verbreitet und doch so undurchsichtig ist, dass es schwierig ist, das komplexe und ausgedehnte Netz der mit normalen Mitteln organisierten Wirtschaftsspionage zu durchschauen.

Zu dieser Zeit war die britische Maschinenbauindustrie bei der Herstellung einer Vielzahl von Formen stark auf deutsche Zulieferer angewiesen. Victor wurde auf diese Situation aufmerksam. Er schlägt vor, die gesamte Lieferkette aller deutschen Zulieferer auf amerikanische Unternehmen zu übertragen. Die US-Beamten waren von Victors Vorschlag so begeistert, dass sie ihn eilig in die US-Botschaft einluden, um konkrete Transferfragen zu besprechen. Auf diese Weise konnte Victor einfliegen und ein wichtiges Vertrauensverhältnis zu den US-Beamten aufbauen.

Aufgrund seiner hervorragenden Arbeit im Bereich der Spionageabwehr wurde Victor vom OSS (Office of Strategic Services), dem Vorgänger der CIA, gebeten, künftige US-Geheimdienstler auszubilden. Das von Victor verfasste Material zur Spionageabwehr wurde zu einem offiziellen Lehrbuch für die US-Geheimdienste. Dafür erhielt Victor Rothschild die Special Medal of Honor der US-Armee sowie das Eiserne Kreuz des Vereinigten Königreichs, und Präsident Harry S. Truman ehrte Victor Rothschild ausdrücklich für seinen Beitrag zur US-Armee.

Die Familie Rothschild hat schon früh eine enge Beziehung zur Haganah aufgebaut. Die Haganah war eine geheime zionistische Geheimdienstorganisation, die 1920 als Vorläufer des späteren israelischen Mossad gegründet wurde. Die Hauptaufgabe der Haganah war die Gründung Israels, und die von den Rothschilds stark finanzierte Organisation errichtete ein ausgedehntes Spionagenetz und Überwachungssystem in ganz Europa, das alle antizionistischen politischen Organisationen in den großen Städten heimlich überwachte.[145]

Bei seinen Bemühungen, den "Vermögenswert" seines politischen und militärischen Nachrichtendienstes zu erhöhen, ging es Victor vor allem darum, größere Verhandlungsmasse zu schaffen, um den Weg für zukünftige Pläne zu ebnen. Es ist ihm bereits gelungen, die amerikanischen Interessen in Schach zu halten, indem er amerikanische Hersteller als Mittel gegen Wirtschaftsspionage ausgewählt hat. Gleichzeitig schenkte er den Forschungsfortschritten im Bereich der militärischen Spitzentechnologie mehr Aufmerksamkeit und war bereit, die Sowjets zu beschwichtigen, indem er ihnen die militärtechnischen Informationen lieferte, die sie am dringendsten benötigten. Dank seines Verständnisses für die Dynamik des amerikanisch-sowjetischen Geheimdienstes, des britischen Geheimdienstes und seiner engen Verbindungen zum zionistischen Geheimdienstnetzwerk Haganah wurde Victor zum wichtigsten Informations- und Geheimdienstzentrum des Zweiten Weltkriegs.

Kernstück vertraulich

Victor nutzte seine Verbindungen nach Cambridge, um sich einen wichtigen Forschungsposten in Porton Down zu sichern, einem britischen Labor für Verteidigungswissenschaft und -technologie. Bei den in Bordens Labor durchgeführten Arbeiten handelt es sich um ein streng geheimes Projekt, bei dem es hauptsächlich um die Erforschung biologischer und chemischer Waffen geht, die schließlich für die Herstellung bakteriologischer Kriegswaffen verwendet werden sollen. Das Ziel des Forschungsprogramms für biologische Waffen ist es, innerhalb von drei Jahren waffenfähig zu sein und in Massenproduktion hergestellt zu werden, um als letztes Mittel gegen Deutschland eingesetzt werden zu können. Sobald Hitler wirklich die Kraft entwickelt hätte, eine Landung auf britischem Boden zu bekämpfen, würde Großbritannien nicht zögern, tödliche biologische Waffen gegen Deutschland einzusetzen.

Natürlich geht es bei dieser Forschungsarbeit um die Erfindung von Giften, aber auch um die Schaffung von Gegenmitteln, und die

---

[145] Ebd., S. 79-80.

Entwicklung biologischer und chemischer Waffen geht Hand in Hand mit der Entwicklung von Impfstoffen. Victor widmete diesen beiden kritischen Daten große Aufmerksamkeit, während er unermüdlich Daten des Forschungsinstituts für bakteriologische Kriegsführung in Maryland und die Ergebnisse der in Mississippi, USA, durchgeführten Tests sammelte. Die im Labor durchgeführten Arbeiten waren eines der geheimsten Projekte des gesamten Krieges. Innerhalb von vier Monaten nach Victors Ankunft im Labor erhielt der sowjetische KGB eine große Menge an Versuchsdaten, und das Tempo der sowjetischen Forschung im Bereich der biologischen und chemischen Waffen folgte dicht auf dem Fuße. Victors "nachrichtendienstliches Vermögen" wurde auf sowjetischer Seite schnell geschätzt. [146]

Während des Krieges konzentrierte sich Victors wissenschaftliches Interesse vor allem auf die Forschung im Bereich der Massenvernichtungswaffen. Je mehr massenvernichtungsfähige Waffen ein Kriegsgegner besitzt, desto schwieriger und potenziell einflussreicher sind sie zu erforschen, und desto mehr sind die Staaten bestrebt, sie um jeden Preis zu erforschen, und diese Informationen stellen ein "gutes Gut" mit dem Potenzial für einen erheblichen Mehrwert dar. An Geld hat es Victor nie gemangelt, und finanziellen Gewinn hat er nicht angestrebt. Ihm schwebte ein weitsichtiger Versuch vor, diese "guten Vermögenswerte" in ein wichtiges internationales geopolitisches Druckmittel zu verwandeln, im Austausch für die Unterstützung der israelischen Staatlichkeit in Palästina.

Die Atombombe ist ein viel größeres "Gut" als eine biologische Waffe, und Victor schmälert ihren Wert keineswegs.

In den ersten Tagen des Zweiten Weltkriegs entdeckte Victor den strategischen Wert der Atombombe für künftige Kriege. Damals empfahl er Churchill nachdrücklich, seine Forschungen an der Atombombe zu intensivieren. Churchill setzte daher Prioritäten für die damalige britische Forschung: erstens die Entwicklung des Radars, um den unmittelbaren Bedarf an Frühwarnungen vor deutschen Luftangriffen zu decken, und zweitens die Entwicklung der Bombe.

Während der Entwicklung der Atombombe war Victor ein wichtiger Akteur bei dem gesamten Projekt.

---

[146] Ebd., S. 95.

Die geheime Entwicklung der Atombombe im Vereinigten Königreich wurde von Sir William Axe bei Imperial Chemical Industries (ICI) unter dem Codenamen "Tube Alloys" durchgeführt. [147]

Im Oktober 1941 trat Victor in den Kernausschuss ein, der alle Schritte bei der Entwicklung der Atombombe überwachen sollte, und nutzte seinen Einfluss in Großbritannien ausgiebig, um Sir William Axe dabei zu helfen, die staatliche Finanzierung der Forschung zu sichern. Während des gesamten Zweiten Weltkriegs war Victor der sachkundigste, kenntnisreichste und am besten informierte Experte des anglo-amerikanischen Geheimdienstes über die Atombombe.

Ende 1941, kurz nach dem Ausbruch von Pearl Harbor, kamen zwei führende amerikanische Wissenschaftler der Columbia University ins Vereinigte Königreich und schlugen vor, dass das Vereinigte Königreich und die Vereinigten Staaten ihre Ressourcen für die Kernwaffenforschung zusammenlegen sollten. Man war sich einig, dass die Atombombe vor den Nazis entwickelt werden musste. Premierminister Churchill verfolgte die Fortschritte der Atombombenforschung so genau, dass er sich fast täglich Viktors Vortrag über die Fortschritte der Atombombenforschung anhören musste.

Zu diesem Zeitpunkt befand sich Victor in einer besonderen und vorteilhaften Position, da er Zugang zu allen vertraulichen Unterlagen und experimentellen Daten hatte. Während seines Studiums an der Universität Cambridge hatte er sich ein umfangreiches Wissen über Kernphysik angeeignet. Während er die vertraulichen Papiere sorgfältig las, fragte er immer wieder einige hochkarätige Wissenschaftler, um sicherzugehen, dass er alle damit zusammenhängenden Detailfragen verstand. Victor wurde schnell zu einer führenden Autorität auf dem Gebiet der Atombombenforschung. Als er alle Details verstanden hatte, begann er sogar, direkte Änderungen an den verschiedenen experimentellen Problemen bei der Entwicklung der Atombombe vorzuschlagen.

Victor kannte nicht nur die Details der Forschung, sondern hatte auch einen umfassenden und systematischen Überblick über den Gesamtfortschritt und die Reichweite der britischen und amerikanischen Atombombenprogramme. Dadurch war er in einer sehr

---

[147] Ebd., S. 113.

guten Position auf dem gesamten Gebiet der Atombombenforschung und konnte andere Informationen analytisch in einen umfassenden Bericht über den Gesamtfortschritt der Bombe integrieren. Die "nachrichtendienstlichen Mittel", über die Victor zu diesem Zeitpunkt verfügte, reichten aus, um den gesamten Verlauf des Krieges entscheidend zu beeinflussen.

Rudolf Peierls, ein jüdischer Kernphysiker, der 1933 nach Großbritannien eingewandert war, hatte bereits theoretisch nachgewiesen, dass atomare Kettenreaktionen möglich waren und dass man daher Reaktoren zur Herstellung von Brennstoff für die Atombombe bauen konnte. Pierce schlug erstmals vor, dass ein Kilogramm U235, das abgetrennt wurde, für den Bau einer Atombombe ausreichte. Bis 1940 gingen alle Wissenschaftler davon aus, dass für die Herstellung einer Atombombe eine Tonne U235 benötigt würde, doch Pierces Berechnungen erschütterten alle Erwartungen. Unmittelbar danach arbeiteten Peirce und Sir Mark O'Riffin von der Universität Birmingham zusammen, um die Machbarkeit ihrer Technologie zu prüfen und eine Reihe von Konstruktionslösungen zu entwickeln. Der Plan wurde schnell von Victor akzeptiert, der ihn anschließend eingehend analysierte und untersuchte.

Der Plan wurde rasch an die Sowjetunion weitergeleitet. Die Sowjetunion zeigte sich sehr interessiert an der Entwicklung der Atombombe. Zu dieser Zeit wächst der Druck Hitlers auf die Sowjetunion. Nach der Schlacht von Stalingrad herrschte auf dem sowjetisch-deutschen Schlachtfeld eine Pattsituation, und Informationen über den Verlauf der Entwicklung der Atombombe waren für die Sowjetunion eine tödliche Versuchung.

Die sowjetischen Physiker wie Kapitschka waren in ihren Forschungen auf dem Gebiet der Atombomben zum Stillstand gekommen, als neue Ideen von Victor, wie der Regen nach einer langen Dürre, Kapitschka und andere dazu inspirierten, die Entwicklung von Atombomben mit sofortiger Wirkung zu beschleunigen. Auf amerikanischer Seite schlug Fermi 1942 im Chicagoer Experiment vor, dass Plutonium in Atombomben verwendet werden könnte, und baute den ersten Kernreaktor der Welt, der auf der Theorie der Pierce-Kettenreaktion basierte.

Fermis Denkweise wurde im Vereinigten Königreich von Leuten wie Pearce in Frage gestellt. Unter diesen Umständen musste Victor ausgedehnte Exkursionen zu fast allen Forschungszweigen der

Verteidigungswissenschaft und -technologie unternehmen und ein breites Spektrum von Forschern aus allen Bereichen befragen, um die wichtigsten technischen Aspekte des gesamten Atomreaktors zu verstehen, damit er genau weiß, ob Plutonium als Brennstoff für den Reaktor verwendet werden kann. Eine derartig aufsehenerregende Untersuchung der Details der Atombombe weckt jedoch zwangsläufig Misstrauen.

Wer ist Victor? Er hat sich schnell und ruhig eine perfekte Lösung ausgedacht.

Victor schrieb zunächst einen Bericht an Guy Liddell, den stellvertretenden britischen Minister für die Abteilung B des Geheimdienstes V. Darin wies er darauf hin, dass das Sicherheitsbewusstsein in den nationalen Laboratorien und den kooperierenden Agenturen im kommerziellen Bereich nur schwach ausgeprägt und bei der Verhinderung der Infiltration durch deutsche Spione unwirksam sei. Er empfahl, das Sicherheitsmanagement dringend zu verstärken, um ein Gefühl der Alarmbereitschaft zu schaffen. Liddell hielt Victors Bericht für sehr sinnvoll und übertrug Victor die Verantwortung für die Sicherheit des gesamten wissenschaftlichen Spitzenforschungsprogramms der Verteidigung. Diese Position ist genau das, was Victor im Sinn hatte, und mit dem kaiserlichen Schwert konnte er die "Sicherheitslage" des Fortschritts aller Projekte, an denen er interessiert war, rechtmäßig überprüfen. Victor wird der "Sicherheitsinspektor" für alle sensiblen Projekte im Vereinigten Königreich.

1942 besuchte er die Universität von Birmingham, um sich "stichprobenartig" über den Fortgang der Arbeiten in den Labors von Pearce und Furyk zu informieren, und "auf dem Weg" zu einem anderen Büro, um die Arbeit von Orion zu überprüfen. Zu dieser Zeit forschte Orion im Bereich Radar. In seinen Memoiren von 1994 schreibt Oriffin,

> *„Das war das einzige Treffen, das ich mit ihm (Victor) hatte, und Victor wollte alles über den Fortschritt des Projekts wissen, und er besuchte das ganze Labor, las jeden Forschungsbericht und nahm alle detaillierten Informationen darin auf, und er war kein Experte, aber er tat auch nicht so, als ob er alles wüsste, sondern stellte immer wieder viele Fragen, machte sich wieder Notizen und diskutierte dann lange mit mir. Wir diskutierten über die verschiedenen Probleme im Zusammenhang mit*

wissenschaftlichen Experimenten. Er ist ein sehr intelligenter Mann und ich mag Sir Rothschild sehr gerne."[148]

Tatsächlich geht diese Art der Sicherheitsprüfung durch Intelligence 5 weit über den allgemeinen Sicherheitsschutz hinaus. Victor erfährt tatsächlich alle Einzelheiten des Projektfortschritts, insbesondere die technischen Details. Er nutzte Orions Unaufmerksamkeit, um aus dessen Büro eine Magnetronröhre mit drei Zoll Durchmesser zu entwenden, die mit drei Magnetpolen ausgestattet war und zur Erzeugung von Kurzwellen diente, ein hochmodernes Gerät für Radar. Noch am selben Abend ließ Victor in seinem Haus in Cambridge alle Details und Komponenten dieses Geräts genau aufzeichnen. Victors zeichnerische Fähigkeiten sind ausgezeichnet, und seine dreidimensionalen Zeichnungen, die auf seinen eigenen Beobachtungen und seinem Verständnis beruhen, sind weitaus verständlicher als die von einer Kamera aufgenommenen Fotos. Schon bald lag ein Bild dieses wunderschönen dreidimensionalen Diagramms auf dem Schreibtisch des KGB.

Am nächsten Morgen schickte Victor das Magnetron mit einer Notiz an Orion zurück,

"Vielleicht sollten Sie Ihr Sicherheitsmanagement verstärken. Ich freue mich sehr, Sie zu treffen. Ihr treuer Freund, Victor Rothschild."[149]

Orion erhielt die Streifen und brach in kalten Schweiß aus, weil das Magnetron fehlte und er es überraschenderweise nicht bemerkt hatte. Orion hatte keinerlei Zweifel an diesem Schachzug von Victor, und in gewissem Sinne war er sogar dankbar dafür, denn mit Victors Position und Verantwortung war er durchaus in der Lage, Berichte zu schreiben, in denen er die Sicherheitslücke in Orions Team kritisierte, was in Orions Labor eine Menge Ärger verursacht hätte, aber Victor hatte nur eine Notiz der Freundlichkeit als Erinnerung geschrieben, was eine große Aufgabe war. Orifin wagte es nicht, nachzulassen, und antwortete sofort, indem er das Sicherheitsmanagement verstärkte, um sicherzustellen, dass alle Laborgeräte nicht unangemeldet entwendet wurden.

---

[148] Ebd., S. 116-117.

[149] Ebd., S. 117.

Anfang 1943 besuchte Victor erneut das Labor von Professor Thomson am Imperial College London, wiederum im Namen von Sicherheitsüberprüfungen. Professor Thomson erläuterte Victor die Einzelheiten der Herstellung einer Atombombe aus Plutonium. Das Thomson-Team hatte das Prinzip zwar richtig verstanden, setzte aber schweres Wasser als Neutronenverzögerer im Reaktor falsch ein, so dass das Experiment scheiterte.

Victor nahm den Forschungsfortschritt von Thomsons Team schnell wieder auf, zeichnete ihn erneut in präzisen dreidimensionalen Diagrammen auf und leitete ihn an Bronte weiter, der ihn wiederum an den KGB schickte. Die sowjetischen Physiker stellten später fest, dass dies die Daten waren, nach denen sie gesucht hatten, und dass Victors Informationen ihnen halfen, die Forschungszeit erheblich zu verkürzen. Die Sowjetunion gab Jahre später zu, dass die erste Atombombe, die 1949 gezündet wurde, nur eine Aufbereitung des amerikanischen Entwurfs war, eines Entwurfs, der für sie eine völlig neue Denkweise darstellte und den sowjetischen Atomphysikern half, die grundlegenden Prinzipien von Atomreaktoren zu verstehen. Ich fürchte, dass keiner der hochrangigen Regierungsbeamten und führenden Wissenschaftler in ganz Großbritannien und den Vereinigten Staaten, nicht einmal Churchill, so umfassend und akribisch wie Victor über alle Aspekte der Atombombe Bescheid wusste. [150]

Victor war zu diesem Zeitpunkt zu einer unverzichtbaren Quelle strategischer Geheimdienstinformationen für die Sowjetunion geworden. Schließlich unterbreitete er der Sowjetunion ein Angebot.

Victors Preis: Der geheime Tausch von Atombomben gegen die Gründung des Staates Israel

Ab 1947 änderte die Sowjetunion abrupt ihre konsequente Haltung in der Frage der israelischen Staatlichkeit und unterstützte ausdrücklich die Wiedererrichtung Israels in Palästina.

In der internationalen Geschichtsschreibung hat es diesbezüglich viel Verwirrung gegeben. Seien Sie sich bewusst, dass Marx von Anfang an entschieden gegen das zionistische Denken war. Marx machte deutlich, dass die Gründung des jüdischen Staates eine Illusion

---

[150] Ebd., S. 118.

war. Er stand dem Zionismus entschieden kritisch gegenüber. Stalin vertrat dieselbe kritische Haltung gegenüber dem Zionismus. Nach der Gründung der Sowjetunion änderte sich ihre negative Haltung gegenüber dem Zionismus in der Politik nicht. Die offizielle Position der sowjetischen Regierung war eindeutig: Der Zionismus wurde als reaktionäre Ideologie bezeichnet, die von jüdischen Kapitalisten zur Ausbeutung der jüdischen Arbeiter benutzt wurde, während die Idee, eine jüdische nationale Heimstätte in Palästina zu errichten, als historischer Rückschritt und als Widerspruch zur proletarisch-internationalistischen Bewegung betrachtet wurde, und im Mai 1939 veröffentlichte Großbritannien ein Weißbuch gegen den Zionismus.[151] Nach dem Ausbruch des deutsch-sowjetischen Krieges 1941 lockerte die Sowjetunion ihren Widerstand gegen den Zionismus, aber ihre allgemeine Position änderte sich nicht.

Im April 1947, als die Vereinten Nationen eine Sondersitzung zu Palästina einberiefen, machte die sowjetische Position zur Überraschung aller eine 180-Grad-Wendung und sprach sich für die Teilung Israels und Palästinas aus.[152] Gromyko, der Vertreter der Sowjetunion bei den Vereinten Nationen, hielt eine lange Rede bei den Vereinten Nationen, in der er sein Mitgefühl für das "extreme Unglück und Leiden" der Juden während des Krieges zum Ausdruck brachte. Der Wunsch der Juden, einen eigenen Staat zu gründen, könne daher nicht ignoriert werden. Im Namen der sowjetischen Regierung schlug er "die Errichtung eines unabhängigen, dualistischen, demokratischen und arabisch-jüdischen Staates gleichen Charakters" in Palästina vor. Sollte sich diese Option nicht verwirklichen lassen, müsse man die "Teilung Palästinas in zwei unabhängige, autonome Staaten, einen jüdischen und einen arabischen, in Betracht ziehen". Es wäre "unfair", den Anspruch und das Recht des jüdischen Volkes auf die Erfüllung dieses Wunsches nicht zu berücksichtigen oder zu leugnen. Als Israel am 15. Mai 1948 zum Staat erklärt wurde, erkannte die Sowjetunion es sofort an, richtete am 26. Mai eine Botschaft in Israel ein und unterstützte Israel in der Folgezeit in vielerlei Hinsicht. Am 11. Mai 1949 unterstützten die Sowjetunion und die Vereinigten Staaten gemeinsam die Vollmitgliedschaft Israels in den Vereinten Nationen.

---

[151] Paul R. Mendes-Flohr, Jehuda Reinharz, *The Jew in the modern world: a documentary history* (Oxford University Press US, 1995).

[152] Roland Perry, *The Fifth Man* (London: Pan Books, 1994), S. 176.

Es ist äußerst selten, dass Israel mit der gemeinsamen Unterstützung von zwei Supermächten geboren wird.

Eine Analyse des Zeitraums zeigt, dass Victor Rothschild die Sowjetunion mit vielen wichtigen Informationen versorgte, insbesondere mit strategischen Informationen über die Entwicklung der Atombombe, die in einem eindeutigen zeitlichen Zusammenhang mit dem Wandel der sowjetischen Haltung gegenüber dem Zionismus standen.

Die erste Atombombe der Sowjetunion wurde am 29. August 1949 erfolgreich gezündet. Mit anderen Worten, der Zeitpunkt der plötzlichen Anpassung der Politik der Sowjetunion gegenüber Israel fiel mit dem Zeitpunkt der aktiven Vorbereitung des Atombombentests durch die Sowjetunion zusammen.

Atomwaffen waren für die Sowjetunion zweifelsohne von großer strategischer Bedeutung. Die Vereinigten Staaten besaßen 1945 die erste Atombombe der Welt, während die Sowjetunion im Schatten der amerikanischen Atomwaffen leben musste. Dieses anhaltende Gefühl der Unterdrückung hat den Kreml unruhig werden lassen. Nur der Besitz der Atombombe konnte die Sowjetunion als Supermacht etablieren. Daraus ist zu schließen, dass für die Gründung des Staates Israel wichtige Informationen ausgetauscht wurden. Betrachtet man den Zeitraum, in dem sich die beiden Ereignisse ereigneten, so wird deutlich, dass es einen inneren Zusammenhang gibt.

Wie in der amerikanischen Fachzeitschrift Atomic Scientists News Briefing berichtet wird, geht aus den KGB-Archiven hervor, dass die erste Atombomben-Information, die die sowjetischen Stellen erhielten, im Oktober 1941 im Kreml eintraf: die Kopie eines Memorandums britischer Atomphysiker, in dem Churchill zum Bau von Atomwaffen aufgefordert wurde. Dies löste in der sowjetischen Hierarchie eine Panik aus, und Stalin hielt es für eine Desinformation. Victor wurde im Oktober 1941 "zufällig" Mitglied des Kernkomitees des britischen Atombombenprojekts "Alloy Tubes" und überwachte alle Schritte zur Entwicklung der Bombe.

Auch das Bulletin of Atomic Scientists berichtete: "Anfang 1943 ernannte er (Stalin) den Physiker und patriotischen Jugendlichen Kurtschatow zum Leiter des sowjetischen Atombombenprojekts. Im Gegensatz zu den Amerikanern, die bei Null angefangen hatten, hatte Kurtschatow das Wesentliche der westlichen Kernforschung in den Händen von Berias Spionen gemeistert. Die Kuriere transportierten die geheimen Informationen nach Moskau, wo sie dann in die 400 Kilometer entfernte Atomwaffenfabrik Saru gebracht wurden. Unter strenger Geheimhaltung begannen sowjetische Wissenschaftler mit dem Nachbau von Teilen der Atombombe. "Victor wiederum besuchte Anfang 1943 "zufällig" das Labor von Professor Thomson am Imperial College London unter dem Vorwand einer "Sicherheitsüberprüfung". Professor Thomson erklärte Victor bis ins Detail, wie man eine Atombombe aus Plutonium herstellt.

Victor verfügte nicht nur über die umfassendsten und detailliertesten Kenntnisse über die Entwicklung der britischen Atombombe, sondern war auch mit der amerikanischen Bombe bestens vertraut. Victor ist eng mit dem Vorsitzenden der US-Atomenergiekommission Lewis Strauss befreundet. Strauss ist auch Seniorpartner bei Kuhn, Loeb & Co. und hat enge Beziehungen zu der internationalen Bankiersfamilie.

Der Wert von Victors "nachrichtendienstlichen Vermögenswerten" in der Sowjetunion wurde durch die herausragende Stellung der Rothschild-Familie in der internationalen Finanzwelt und durch Victors zentrale Geheimnisse in der britischen Geheimdienstgemeinschaft in Bezug auf eine große Anzahl von Atombomben und biologischen und chemischen Waffen sowie durch seinen starken Einfluss und seine Kontakte in der britischen Politik noch erhöht.

Zu diesem Zeitpunkt unterbreitete Victor der sowjetischen Regierung das Angebot, die Kontrolle der jüdischen Einwanderung nach Palästina zu lockern und die Gründung Israels in Palästina zu unterstützen.

Nach dem Ende des Krieges forderte Victor immer offener und nachdrücklicher die Rückkehr der Juden nach Palästina, um den Staat Israel zu gründen. Damals hielt er im britischen Unterhaus eine Reihe von Reden zu diesem Thema, um die Öffentlichkeit auf das Thema aufmerksam zu machen, das in allen Bereichen der britischen Gesellschaft große Beachtung fand.

Es besteht ein heftiger Interessenkonflikt zwischen Juden und Arabern über die Gründung des Staates Israel, und alle arabischen Länder sind entschieden gegen die Gründung irgendeiner Form eines jüdischen Staates. Aus der Sicht der arabischen Staaten sind diese Landgenerationen arabische Wurzeln und es ist unmöglich, jüdischen Einwanderern die Wiedererrichtung eines Staates Israel zu gestatten.

In dem komplizierten und heiklen Spiel der internationalen Politik tanzt Victor mit seinen langen Ärmeln und zeigt großes politisches Geschick. Er nutzte die Medien, um sich durch den besonderen Einfluss der Familiengruppe in den Medien als neutraler und gemäßigter jüdischer Rationalist darzustellen, und er wurde als die pro-arabischste politische Figur in der gesamten jüdischen Welt porträtiert.

Am 31. Juli 1946 trat Victor in einer Polemik gegen den Status von Palästina in den Vordergrund. Die Kontroverse wurde durch eine Reihe von Terroranschlägen ausgelöst, die im palästinensischen Gebiet verübt wurden. Höhepunkt war der massive Bombenanschlag jüdischer Terroristen auf das King David Hotel, bei dem mehrere britische Soldaten getötet wurden.

In seiner Rede ging Victor zum ersten Mal ausdrücklich auf den Vorschlag der USA zur Teilung Palästinas ein.[153] Nachdem er zunächst geleugnet hatte, Zionist zu sein oder irgendeine Verbindung zur zionistischen Organisation zu haben, begann er, mit Ergriffenheit von der Verfolgung und Unterdrückung der Juden in Europa im Laufe der Jahrhunderte zu erzählen. Dann sprach er über das berühmte britische Weißbuch des britischen Außenministeriums aus dem Jahr 1939, das sich ausdrücklich gegen die jüdische Ansiedlung in Palästina aussprach. Dies wurde von den Juden in aller Welt als Verstoß gegen die britische "Balfour-Erklärung" von 1917 und als beschämender Verrat betrachtet. Victor zitierte auch Churchills Ansicht über das Weißbuch, dass "dies ein klarer Verrat eines früheren Versprechens ist, das ein anderes Münchner Abkommen war". Auf den Vorschlag der Vereinigten Staaten zur Zonierung antwortete Victor, dass die erste Bedingung des Vorschlags die Einstellung aller terroristischen Handlungen und die vollständige Entwaffnung der in den palästinensischen Gebieten verteilten Streitkräfte sei, was eine Voraussetzung für die Einwanderung neuer Juden nach Palästina sei. Seiner Ansicht nach ist die derzeitige Situation eindeutig ungünstig für das jüdische Volk, da mehrere arabische Staaten bereit sind, in der Nähe Palästinas Gewalt anzuwenden. Mit anderen Worten: Victor ist der Ansicht, dass jüdische bewaffnete Gruppen in palästinensischen Gebieten vernünftigerweise und notwendigerweise existieren und sich entwickeln sollten.

---

[153] Ebd., S. 152-155.

In diesem Teil des historischen Rückblicks stellt Victor bewegt fest, dass die Juden nach mehr als zweitausend Jahren der Wanderschaft endlich in ihr eigenes Land und in die Häuser, in denen sie einst lebten, zurückkehren konnten. Er prangerte die Verfolgung der Juden durch die Nazis an und betonte, dass die extremen Gräuel, die die Juden während des "Zweiten Weltkriegs" erlitten haben, es notwendig und dringend erforderlich machten, dass die Juden einen echten Zufluchtsort für sich selbst haben, um zukünftige Verfolgungen zu verhindern. Seine Rede erregte die Aufmerksamkeit der Welt. Für die Rothschilds war der Krieg noch nicht zu Ende, und ihre Entschlossenheit, einen Staat Israel zu gründen, würde nie ins Wanken geraten.

Wenn die Sowjetunion die Zusammenarbeit mit Victor und anderen jüdischen Wissenschaftlern bei der Entwicklung der Atombombe fortsetzen wollte, musste sie diplomatische Kompromisse eingehen und die Idee der israelischen Staatlichkeit unterstützen.

Auf die sowjetische Unterstützung für die israelische Staatlichkeit, die 1947 begann und nur 20 Jahre bis 1967 dauerte, folgte die Rückkehr zu einer jahrhundertealten Tradition.

Im gleichen Zeitraum wurden auch die "Cambridge Five" enttarnt, und Victor selbst beendete seine Zusammenarbeit mit dem KGB Anfang der 1960er Jahre. Angesichts zahlreicher "Gerüchte", die seine Beziehung zum KGB in Frage stellten, veröffentlichte Sir Victor Rothschild im Dezember 1986 bewusst einen offenen Brief in einer britischen Zeitung: "Ich bin kein Spion der Sowjetunion und war es auch nie." [154]

„Zielscheibe Patton"

Im November 2008 wurde in den Vereinigten Staaten ein Buch mit brisantem Inhalt veröffentlicht - *Target Patton*. Darin wird behauptet, dass General Patton, der berühmte amerikanische General des Zweiten Weltkriegs, nicht tatsächlich bei einem Autounfall ums Leben gekommen ist, sondern ermordet wurde.

In amerikanischen Militär- und Geschichtskreisen werden seit langem ähnliche Behauptungen aufgestellt, die auf verschiedene

---

[154] Ebd., S. 365.

Spekulationen über das Motiv für den Mord hinauslaufen: Eine Behauptung lautet, dass die deutschen Nazis es getan haben. Aber der Krieg ist vorbei, die Nazis in Deutschland sind im Grunde zerfallen, und die Ermordung amerikanischer Generäle hat keine Bedeutung für den Verlauf des Krieges, was nicht sehr wahrscheinlich ist.

Man könnte auch sagen, dass es von sowjetischer Seite gemacht wurde. Da Patton der Sowjetunion gegenüber immer feindselig eingestellt war und am Ende des Zweiten Weltkriegs sogar arrogant von den Vereinigten Staaten die Freilassung der deutschen SS forderte, die er zusammen mit seinen Männern in einer Offensive gegen die sowjetische Armee führen würde, hatte die Sowjetunion ein Motiv, Patton zu ermorden.

Man kann auch sagen, dass Patton ein Meister des Verdienstes ist. Er spielte in der zweiten Hälfte des Zweiten Weltkriegs eine Schlüsselrolle bei der Befreiung Europas und erregte die Eifersucht der amerikanischen Militärhierarchie, insbesondere von Eisenhower und Bradley. Das Argument dieser Behauptung war, dass Eisenhower und Bradley damals viele militärische Operationen Pattons verzögerten und sich ihnen widersetzten, indem sie lebenswichtiges Material und Benzin an Montgomery verteilten, nicht aber an Patton. Es wird vermutet, dass Pattons Vorgesetzte aus Zynismus und Eifersucht oder um zu verhindern, dass Patton ihre Inkompetenz und ihr Fehlverhalten an den Pranger stellt, den Mann schließlich umbrachten.

In dem Buch "Target Patton" wird eine weitere schockierende Behauptung aufgestellt, dass der strategische US-Geheimdienst OSS (der Vorgänger der CIA) der wahre Drahtzieher hinter der Ermordung Pattons war und dass der Gründer der OSS, Bill Donovan, den die internationale Geheimdienstgemeinschaft "Crazy Bill" nannte, die ganze Angelegenheit beherrschte. [155]

In dem Buch wird die Ermordung eines von Pattons Vertrauten namens Bazata erwähnt. Während des Zweiten Weltkriegs war Bazata ein Spion der Alliierten, ein Scharfschütze, der behauptete, einer seiner Auftraggeber zu sein, und eines Tages im April 1945, kurz vor Ende des Krieges in Europa, traf Donovan mit Bazata zusammen und sagte, dass eine Mission "einige komplexe amerikanische Interessen" betreffe und "Ihre patriotischen Qualitäten des Mutes" erfordere. Bei diesem

---

[155] Robert Wilcox, *Target Patton* (US: Regnery Publishing, Inc. 2008), S. 25.

Auftrag handelt es sich um die Ermordung Pattons. Donovan wies Bazata an, seine eigenen Helfer zu finden, wenn er handelte, und keine Agentur würde dies zugeben, geschweige denn offizielle Unterstützung haben. Im Herbst 1945 unterzeichnete er mit Donovan einen Vertrag über die Ermordung von Patton für 10.000 Dollar. Donovan behauptete: "Ich erhielt Befehle von oben, und eine Menge Leute wollten, dass dies geschieht. " [156]

Am Morgen des 9. Dezember 1945 fuhren Patton und sein Gefolge in seiner Cadillac-Limousine auf einer zweispurigen Autobahn. Es war ein Sonntag, und es gab nur wenige Autos auf der Straße, die Straße war gerade und die Sicht reichte bis zu einer halben Meile weit. Barton schaute gerade aus dem Fenster, als der Unfall passierte. Zu diesem Zeitpunkt kam ein Militärlastwagen auf die Gegenfahrbahn und fuhr, weniger als sechs Meter von Pattons Auto entfernt, plötzlich in einer scharfen Kurve von fast 90 Grad geradeaus, wobei der Lastwagen seitlich vor den Cadillac geriet. Der Fahrer konnte gerade noch bremsen, als er versuchte, das Auto links zu treffen, aber es war zu spät, und der Cadillac prallte frontal in den Lkw. Barton wurde vom Rücksitz auf den Vordersitz geschleudert und blutete mit einer klaffenden Wunde von der Nasenwurzel bis zum Scheitel. Barton sagte, sein Hals tue weh, dann fügte er hinzu: "Ich konnte nicht atmen. Helfen Sie mir, meine Finger zu bewegen. "Um 12.30 Uhr an diesem Tag raste Patton, der im Rettungswagen schwer verletzt wurde, in Richtung des nächstgelegenen 130 Resident Hospital in Heidelberg. [157]

Barton schwebte tagelang in Lebensgefahr, und die Sanitäter haben ihn Tag und Nacht reanimiert. Trotz dieser schweren Verletzung erholt er sich recht schnell. Der Arzt sprach von einem Wunder, und die Wolke der Traurigkeit auf den Gesichtern der Familie und der Geistlichen löste sich langsam auf. Am 18. Dezember, dem zehnten Tag nach dem Unfall, hatten sich Pattons Verletzungen stabilisiert, und er war bereit, zu Weihnachten in die Vereinigten Staaten zurückzukehren, doch am 19. Dezember, dem Tag vor Pattons Abreise, verschlechterte sich sein Zustand plötzlich, und er entwickelte ein Blutgerinnsel. Für kurze Zeit verschlechterte sich sein Zustand drastisch, und am

---

[156] Ebd., S. 92-99.

[157] Ebd., S. 20, 167-170.

Nachmittag des 21. Dezember starb Barton. Die Leiche wurde nicht seziert.

Aus dem Buch geht hervor, dass der Mordplan nicht vorsah, dass Barton bei einem Autounfall stirbt, sondern dass stattdessen Drogen eingesetzt wurden. Die Verwendung von "Zyanidextrakten, die Blutgerinnsel, Herzversagen usw. verursachen können. " im Krankenhaus führte zum Tod von Barton. Die Droge wurde in der Tschechoslowakei hergestellt und konnte bei geringer Dosierung in "18 bis 48 Stunden" zum Tode führen. [158]

Alle Unterlagen im Zusammenhang mit dem Unfall von Barton, wie offizielle Unfallberichte, Augenzeugenberichte und andere Unterlagen, fehlen bei dem Unfall von Barton. Bartons Cadillac wurde anschließend eilig abgeschleppt, ohne dass ein Unfallprotokoll oder eine Inspektion durchgeführt wurde, und ist seitdem nie wieder gesehen worden. Wenn man davon ausgeht, dass die Sowjets Patton im Krankenhaus vergiftet haben, wäre es schwierig, systematisch alle relevanten Archivinformationen zu vernichten, die nur in den Händen des US-Militärs liegen.

Einmal wurde Barton offenbart, dass "einer der Seinen" ihn verletzen wollte. Barton antwortete daraufhin: "Komm schon, sie können schnell genug rennen, um mich zu fangen. "Möglicherweise hatte Barton eine vage Ahnung, dass jemand ein Komplott gegen ihn plante, da er innerhalb eines Monats in drei bizarre Autounfälle verwickelt war.

Es wäre auch rätselhaft, wenn es sich bei dem Drahtzieher um Bill Donovan, den Gründer der CIA, handeln würde. Als Begründer des strategischen Nachrichtendienstes der USA wurde er einst von Präsident Harry S. Truman als "ein Mann, der bedeutende Beiträge für die Vereinigten Staaten geleistet hat", hoch geschätzt. Außerdem haben Donovan und Barton keine persönliche Vergangenheit. Warum sollte er Barton ermorden? Darauf gibt es in diesem Buch keine wirklichen Antworten. Wer zum Teufel ist Bill Donovan? Was genau war sein wirkliches Motiv für den Mord an Patton?

---

[158] Ebd., S. 16-7, 202-204.

Donovans Herkunft[159]

Donovan wurde am 1. Januar 1883 in Buffalo, New York, geboren und absolvierte die Rothschild School der Columbia University, wo er ein Klassenkamerad des späteren Präsidenten Franklin D. Roosevelt war. Von 1903 bis 1908 wurde er von einem berühmten Professor der Columbia Rothschild School, Harlan F. Stone, dem berühmten Richter des Obersten Gerichtshofs der Vereinigten Staaten, gefördert.

Einer der Studenten, die Professor Harlan Stone neben Donovan besonders bewunderte, war John Edgar Hoover, der spätere Leiter des amerikanischen FBI. Auch Hoover ist kein unbeschriebenes Blatt. Harlan Stone, damals Generalstaatsanwalt der USA, ernannte Hoover zum ersten Direktor des FBI, eine Nachricht, die Washington schockierte. Hoover war von 1924 bis zu seinem Tod im Jahr 1972 der erste Direktor des FBI und blieb 48 Jahre lang im Amt, was ihn zum mächtigsten und einschüchterndsten Leiter des Geheimdienstes in der amerikanischen Geschichte machte.

Ein weiterer "Ehrengast", den Donovan während seiner Zeit an der Columbia kennenlernte, war Professor Jackson E. Reynolds. Er wurde Präsident der First National Bank of New York und war ein starker Mann im J.P. Morgan-Konsortium, und mit seiner Unterstützung wurde Donovan Leiter des Strategischen Nachrichtendienstes der USA OSS.

Donovans Gesellschaftsverzeichnis ist voll von Prominenten, darunter die berühmte Schauspielerin Eleanor Robson, die Schwiegertochter von August Belmont, dem Agenten der Familie Rothschild in New York.

Donovan eröffnete eine Anwaltskanzlei in Buffalo, New York, und freundete sich mit Ross Romsey an. Rose Romsey stammte aus einer illustren und wohlhabenden Familie; ihr Vater, Dexter Romsey, und ihr Onkel Bronson besaßen einst 43 Quadratmeilen Land in Buffalo, und um 1890 verfügte die Familie über ein Vermögen von mehr als 10 Millionen Dollar. Auch Rose Romseys Mutter war die Tochter einer wohlhabenden Familie, deren Vorfahren Tausende von Sklaven besaßen, wahrscheinlich die meisten Sklavenhalter in der

---

[159] *Wild Bill Donovan: The Last Hero,* von Anthony Cave Brown, New York: Times Books, 1982.

amerikanischen Geschichte. Nach einigen Irrungen und Wirrungen heiratete Ross Romsey schließlich Donovan.

Donovan wurde 1915 von der Rockefeller-Stiftung nach Europa geschickt, um dem "War Relief Corps" während des Ersten Weltkriegs beizutreten, nachdem er von Freunden an der Columbia University und an der Wall Street gefördert worden war. Herbert Hoover, ein Kollege, der damals von der Stiftung mit der Leitung des Projekts betraut war, wurde der 31Präsident der Vereinigten Staaten.

Nachdem die Vereinigten Staaten in den Ersten Weltkrieg eingetreten waren, war Donovan an der Front und wurde ehrenhaft verwundet. Im Kriegsverdienstregister ist vermerkt, dass er am 15. Oktober 1918 ein deutsches Maschinengewehrkommando gefangen nahm. Donovan wurde dafür mit der Ehrenmedaille des Kongresses ausgezeichnet. Seine mutigen Taten wurden in den amerikanischen Medien breit bekannt gemacht und von den Bankern der Wall Street geschätzt. 1919 und 1920 unternahm Donovan geheime Wall-Street-Missionen nach China und Sibirien.

Nach dem Ende des Ersten Weltkriegs gründete JP Morgan die Overseas Business Corporation, um eine Anleiheemission in Höhe von 2 Milliarden Dollar zur Finanzierung des Nachkriegseuropas vorzubereiten, und im Februar 1920 lud Morgan Donovan gegen ein Gehalt von 200.000 Dollar erneut zu einem geheimen Besuch nach Europa ein, um vor allem geheime Informationen über den europäischen Anleihemarkt zu erhalten. Donovan wurde mit dieser Aufgabe betraut, weil er über Erfahrungen auf den Schlachtfeldern Europas verfügte, viele Jahre in Europa gelebt und ein Netz von Kontakten und Informationen aufgebaut hatte. Während dieser Europareise traf Donovan Hitler in Berchtesgaden, Bayern, Deutschland, und führte über Nacht ein langes Gespräch mit ihm. Er hielt Hitler für einen "interessanten Gesprächspartner".

Donovan wurde 1922 in den New Yorker Bezirk berufen, und 1924 wurde er vom ehemaligen Columbia-Rothschild-School-Professor Harlan Stone nach Washington gerufen. Donovans erste Forderung, als er seinen Lehrer traf, war die Absetzung des FBI-Direktors Edgar Hoover. Stone ist sowohl Donovans Beschützer als auch Hoovers Unterstützer, so dass Donovan nicht bekommt, was er will. Wie aus diesem Vorfall hervorgeht, gab es eine offensichtliche Fehde zwischen Donovan und Hoover, was einer der Gründe dafür gewesen sein könnte, dass die CIA und das FBI bei ihrer späteren Zusammenarbeit immer wieder ins Straucheln gerieten.

Zwischen 1924 und 1928 wurde Donovan ein enger Mitarbeiter des späteren Präsidenten Hoover. Hoover empfahl Präsident Coolidge, Donovan zu ernennen, um die volle Verantwortung für die Organisation und Koordination des Hoover-Damms zu übernehmen. Während Hoover reibungslos in die Politik wechselte, diente Donovan vier Jahre lang treu als strategischer Berater auf höchster Ebene. Hoover lud Donovan sogar ein, während seines Präsidentschaftswahlkampfes sein Kandidat zu sein, aber weil Donovan katholisch war, ließ Hoover Donovan nach einigen Überlegungen fallen, da er befürchtete, durch eine Kandidatur mit ihm einen großen Teil der nicht-katholischen Wählerschaft zu verlieren. Nach der erfolgreichen Kampagne von Präsident Hoover zur Übernahme des Weißen Hauses war es selbstverständlich, verdienstvolle Männer zu belohnen. Und überraschenderweise erhielt Donovan, der zum Kernteam der Kampagne gehörte, keinen Sitz im Kabinett. Deprimiert ist Donovan bereit, sich von der politischen Bühne in Washington zurückzuziehen.

Von 1936 bis 1937 luden Donovans Freunde in der Nazi-Regierung in Deutschland ihn ein, den Verlauf des Spanischen Bürgerkriegs zu besuchen. In Spanien traf er Kim Philby von den "Cambridge Five".

1937 geriet die Bank der Rothschilds in Wien in Schwierigkeiten, da sich die Annexion der Tschechoslowakei durch die Nazis negativ auf die Kredite der Rothschilds in diesem Land auswirkte. Donovan hatte zufällig einige Kontakte in den inneren Kreis der Nazis. Also bat Rothschild Donovan, sich in die Nazi-Regierung einzuschalten und dort herumzuschnüffeln. Mit dieser Hilfe wurden Donovans Beziehungen zu den Rothschilds weiter vertieft und gefestigt.

OSS - "Oh So Social" [160]

Am 29. Mai 1940 traf William Stephenson, der mit Donovan im "European Relief Corps" von 1915 zusammengearbeitet hatte, in New York mit einem Brief von General Brinker Howe, einem ehemaligen

---

[160] *OSS: The Secret History of America's First Central Intelligence Agency*, von R. Harris Smith, University of California Press, 1972.

Bekannten in Europa und damaligen britischen Geheimdienstoffizier, ein, in dem er den Vereinigten Staaten empfahl, so bald wie möglich einen strategischen Geheimdienst einzurichten.

Donovan nahm den Brief mit zu einem Freund an der Wall Street und Kommilitonen an der Columbia Rothschild School - Präsident Franklin D. Roosevelt -, um Lobbyarbeit zu leisten. Roosevelt beorderte Donovan daraufhin nach London, um die Gründung des strategischen US-Geheimdienstes OSS vorzubereiten, und obwohl es sich um eine so genannte verdeckte Operation handelte, spekulierten viele US-Medien, dass Donovans London-Reise in geheimer Mission von Präsident Roosevelt erfolgte. Donovan machte auch einen Zwischenstopp in Südosteuropa, um sich über das Land unter deutscher Besatzung zu informieren, und obwohl die deutsche Seite wusste, dass er in der Mission war, einen amerikanischen Spionagedienst einzurichten, störte ihn das überhaupt nicht, zum Teil weil Deutschland sich nicht mit Amerika anlegen wollte.

Donovan kehrte nach Europa zurück und präsentierte die Informationen, die er erhalten hatte, Präsident Roosevelt, der Donovan am 13. Juni 1942 offiziell zum Direktor des OSS ernannte. Von da an wurde Donovan von Roosevelt als "mein geheimes Bein" bezeichnet und half Roosevelt vor allem bei der Durchführung von Geheimplänen.

In der OSS unter Donovan war JP Morgans Sohn Niels Finanzchef, Paul aus der Familie Mellon hatte Schlüsselpositionen inne, und sein Schwager David Bruce leitete die Londoner Niederlassung der OSS und wurde später US-Botschafter in Frankreich. Der Sohn von Paul Warburg aus der Warburg-Familie, "der Chefarchitekt der Federal Reserve", Jamie Warburg, ist Donovans persönlicher Assistent. Aber auch die Familien Vanderbilt, Dupont und Lane haben Familienmitglieder in wichtige Positionen in der OSS gebracht. Kein Wunder, dass manche Leute die OSS "Oh So Social" nennen ("It's all about relationships"). Was die Beziehungen angeht, so ist die U.S. Strategic Intelligence Agency nichts anderes als ein internationaler Bankierskreis, der in erster Linie die schwergewichtigen Finanzfamilien Rockefeller, JPMorgan, Rothschild, Warburg, Vanderbilt, Mellon, DuPont und Ryan bedient.

Intelligenz und Finanzen werden immer eine Familie sein.

Das Motiv für den Mord an Patton

Nachdem wir von Donovans Verbindungen zur OSS erfahren haben, kehren wir zu dem Buch Target Patton zurück. Wenn Donovan und Patton keine persönliche Vendetta haben, wer ist dann Donovans "Vorgesetzter", wenn er behauptet: "Ich habe Befehle von oben erhalten, und viele Leute wollen, dass dies geschieht"? Ist es sein Name, der den Präsidenten der Vereinigten Staaten anführt, oder ist es seine substanzielle "oberste" und "viele" Familie der internationalen Banken?

Patton war ein äußerst feindseliger General gegenüber der Sowjetunion, und seine ständigen Reibereien mit der Sowjetunion drohten einen militärischen Konflikt zwischen den Vereinigten Staaten und der Sowjetunion oder sogar einen Krieg auszulösen, wenn er nicht in Schach gehalten werden konnte. Es wäre ganz im Interesse der internationalen Bankiers gewesen, die USA und die Sowjetunion zu diesem Zeitpunkt im Krieg zu sehen, vor allem in der Zeit von 1945 bis 1948, die für Israel eine kritische Zeit für die Vorbereitung der Staatlichkeit war. Die Zionisten hatten sich auf fast ein Jahrhundert Größe auf einen Schlag vorbereitet.

Durch den Ersten Weltkrieg war das Osmanische Reich gefallen und die palästinensische Region endgültig abgetrennt worden; durch den Zweiten Weltkrieg war eine große Zahl jüdischer Einwanderer nach Palästina gekommen. Als Nazideutschland völlig zerstört war, Großbritannien und Frankreich noch in den Trümmern des Krieges lagen, die Vereinigten Staaten unter dem Druck der Goldmacht, die Sowjetunion dem Wunsch nach der Atombombe nicht widerstehen konnte, erschienen die Großmächte aus unterschiedlichen Gründen gerade in der Frage der Gründung des Staates Israel, Wenn wir zulassen, dass Patton, der in den Vereinigten Staaten ein hohes Ansehen genießt, über reiche Kontakte und militärische Loyalität verfügt, die Vereinigten Staaten und die Sowjetunion dazu bringt, sich in Feindschaft oder sogar in einen Krieg zu verwickeln, wird der zionistische Traum von hundert Jahren kompliziert und kann sogar vollständig und endgültig zerstört werden, dieser Preis ist auf jeden Fall untragbar. Es ist absolut unerträglich, dass ein Patton, aber zehn Patton, in einer solch kritischen Phase auftauchen und Unruhe stiften!

Der Blick einer Handvoll elitärer Entscheidungsträger, tief und kalt, ist auf das gemeinsame Endziel ihres Glaubens gerichtet. Jedes

Hindernis oder jede Störung auf dem Weg wird im Handumdrehen beseitigt.

KAPITEL VIII

Die herrschende Elite und die „unsichtbaren Oligarchen"

> *„Reichtum allein kann die Gelüste und Begierden der Superreichen nicht stillen. Stattdessen nutzten viele von ihnen ihren Reichtum und den Einfluss, den ihnen dieser Reichtum brachte, um mehr Macht zu erlangen. Diese Macht blühte in einer Weise auf, von der die Tyrannen und Despoten der ersten Jahre nicht einmal zu träumen gewagt hätten. Es ist eine Macht, die die Welt beherrscht, nicht nur den Reichtum der Welt, sondern auch diejenigen, die in ihr leben."*[161]

Diese Passage beschreibt sehr genau den ultimativen "großen Plan" der internationalen Bankiers, nämlich die Errichtung einer Weltregierung mit der "angloamerikanischen" Machtgruppe an der Spitze der Pyramide. Dies ist keine phantasievolle Spekulation oder wilde Vermutung, sondern ein strategischer Prozess, der sich über Generationen von Entwicklungen entwickelt hat.

Von der frühen britischen Rhodes Society bis zur späteren American Foreign Relations Association hat die herrschende Elite Großbritanniens und der Vereinigten Staaten eine ganze Reihe von theoretischen Untersuchungen und praktischen Übungen durchgeführt, um ihr strategisches Ziel der Weltherrschaft zu erreichen. Die Umsetzung dieses massiven und organisierten Plans kann ohne die finanzielle Unterstützung der drei Mächte nicht durchgeführt werden.

Die westliche Gesellschaft, die wir heute sehen, ist angeblich demokratisch, frei und pluralistisch, und die Finanzoligarchen der

---

[161] Gary Allen, *Die Rockefeller-Akte*, Buccaneer Books, Inc. 1976.

Vergangenheit wurden durch das heilige demokratische System erfolgreich von der Macht vertrieben. Die mächtigen und superreichen Familien haben sich in Luft aufgelöst und sind nirgendwo mehr zu sehen. Wurde die Geschichte verändert? Dient der Kapitalismus nicht mehr einer Minderheitenmacht? Haben die internationalen Banker wirklich die Initiative ergriffen, ihre Vorherrschaft aufzugeben und in die Berge zurückzukehren, um das Leben der einfachen Leute zu leben?

Die menschliche Natur ändert sich eigentlich nicht, und das Verlangen nach Gier und Kontrolle hat sich vom Beginn des menschlichen Lebens bis zur modernen Gesellschaft nie geändert und wird sich auch in der denkbaren Zukunft nicht ändern. Veränderung ist einfach eine Form von Gier und Kontrolle. Vom Handelskapitalismus zum Industriekapitalismus, vom Finanzkapitalismus zum Monopolkapitalismus und dem heutigen so genannten pluralistischen Kapitalismus hat sich das Wesen der Beherrschung der Mehrheit der Gesellschaft durch eine mächtige Minderheit nie geändert, nur die Mittel und Formen der Beherrschung haben sich heute erheblich verändert. Die direkten, sichtbaren, nackten Finanzoligarchen sind hinter den Kulissen verschwunden, und an ihre Stelle ist das entstehende, riesige System von Stiftungen getreten, die heute ein wichtiger Teil der herrschenden Macht in der westlichen Welt sind, während ihre Kontrolleure immer noch die ehemaligen Goldmachtsfamilien sind.

Der mysteriöse Absturz von Korean Air KAL007

In den frühen Morgenstunden des 31. August 1983 wurde auf einem sowjetischen Luftverteidigungsradarschirm auf der Insel Kupai ein nicht identifiziertes großes Flugzeug gesichtet, das in die Luftverteidigungsidentifikationszone der Interkontinentalraketen-Abschussbasis Fernost eindrang, und zwei sowjetische SU-15-Kampfjets der Luftverteidigung erhielten den Befehl, dringend zu starten, um es abzufangen; fünf Minuten später forderte der sowjetische Pilot operative Anweisungen von der Basis an, und der Kommandant der Basis gab den Befehl, "das eindringende Flugzeug zu zerstören". An diesem Tag verbreiteten Nachrichtenagenturen in aller Welt die Nachricht, dass die Boeing 747 der Korean Air KAL007 von einem sowjetischen Flugzeug über der Insel Kochi abgeschossen wurde und alle 269 Menschen an Bord ums Leben kamen. Die Nachricht schockierte sofort die Welt und wurde zu einem der schwerwiegendsten Ereignisse des Kalten Krieges.

Der Erklärung der Vereinigten Staaten zufolge war die Fehlleitung des Fluges KAL007 von Anchorage, Alaska, nach Seoul in den Luftraum der Sowjetunion über Kamtschatka und der Insel Kupala in den frühen Morgenstunden des 31. August ein zufälliges mechanisches Versagen, das nicht absichtlich herbeigeführt wurde und daher nicht rechtzeitig hätte vorhergesehen und gestoppt werden können. Infolgedessen wurde KAL007 um 3:27 Uhr nachts von Raketen der sowjetischen Luftwaffe über der Insel Chuppa abgeschossen, wobei keiner der 269 Passagiere und Besatzungsmitglieder überlebte. Der damalige Präsident der Vereinigten Staaten, Reagan, bezeichnete den Vorfall als kaltblütiges Massaker an unbewaffneten Zivilisten, das unentschuldbar sei und internationale Sanktionen und Verurteilungen verdiene. Im Gegenteil, die sowjetische Seite wies darauf hin, dass das Eindringen von KAL007 in ihren Luftraum durch eine vorsätzliche Spionagemission, die militärische Einrichtungen auf der Halbinsel Kamtschatka und den Kusai-Inseln ausspähen sollte, und dass die sowjetischen Streitkräfte daher den Befehl hatten, das Flugzeug abzuschießen, nur um die nationale Sicherheit zu verteidigen, ein angemessener Akt der Selbstverteidigung war, der ihnen aufgezwungen wurde und daher kein unangemessenes Missverständnis und keine gezielte Verurteilung verdiente.

Seit mehr als 20 Jahren ist die Kontroverse um den mysteriösen Flugzeugabsturz des Korean-Air-Fluges KAL007 ungebrochen, wobei die stärkste Behauptung darin besteht, dass streng geheime Insiderinformationen, die 1992 von Agenten des israelischen Geheimdienstes Mossad aus der Sowjetunion erlangt wurden, besagen, dass KAL007 nicht unmittelbar nach dem Einschlag einer Luft-Luft-Rakete explodierte, sondern seinen Flug etwa 12 Minuten lang fortsetzte und schließlich auf der Insel Khuppa oder in angrenzenden Gewässern landen konnte. Nach der Notlandung von KAL007 verteilten die sowjetischen Behörden die Passagiere auf das Lubjanka-Gefängnis in der Nähe von Moskau und den Frengel-Bunker im Fernen Osten, und am 15. Januar 1996 wurde im koreanischen Fernsehen eine ähnliche Enthüllung gemacht, in der es hieß, dass KAL007 nicht abgestürzt sei und die meisten Überlebenden an Bord noch immer in zwei russischen Bunkern festgehalten würden. In dem 38-seitigen Dokument behauptete die CIA, dass der Flug KAL007 der Korean Air nach einem Angriff sowjetischer Kampfflugzeuge mit Raketen erfolgreich auf dem Meer gelandet sei und dass die meisten Besatzungsmitglieder an Bord verschont geblieben seien, ihr Verbleib jedoch unbekannt sei. [162]

Unter den 269 Passagieren des Fluges KAL007 befand sich eine ganz besondere Person, der US-Kongressabgeordnete Lawrence Patton McDonald. Der Kongressabgeordnete McDonald ist der Cousin des berühmten amerikanischen Generals Patton aus dem Zweiten Weltkrieg. Die beiden Cousins haben, ohne dass es einen Zwischenfall gab, eines der auffälligsten Merkmale gemeinsam, nämlich ihre entschiedene Ablehnung der Idee der so genannten "Neuen Weltordnung" und aller Versuche, die nationale Souveränität im Namen des "Internationalismus" und der "Globalisierung" zu zerstören, und beide haben großen Einfluss und Anziehungskraft in den Vereinigten Staaten, wo sich MacDonald darauf vorbereitet, die Demokratische Partei bei den Präsidentschaftswahlen 1988 zu vertreten. Zu dieser Zeit war McDonald der "lauteste" und destruktivste Politiker in den Vereinigten Staaten, der die American Foreign Relations Association und die Trilaterale Kommission angriff.

Nach dem Zwischenfall auf dem Flug KAL007 wurde Macdonald lebendig und tot zurückgelassen. Jerry Falwell, ein bedeutender evangelikaler Führer, der einen großen Einfluss auf die amerikanische Gesellschaft hatte, teilt die gleichen Grundgedanken wie MacDonald und fällt in die Kategorie des amerikanischen rechten Flügels. Seine instinktive Reaktion auf den Absturz des Fluges KAL007 war: "Was mich wirklich beunruhigt, ist, dass die Sowjetunion KAL007 abgeschossen hat, wobei 269 Menschen ums Leben kamen, und ihr Hauptziel war MacDonald. "[163] Wie bei den Spekulationen über die Ermordung von General Patton, waren die Sowjets wirklich die Schuldigen? Möglicherweise gibt es noch andere Möglichkeiten.

Die politischen Kräfte, die von MacDonald vertreten werden, gehören der traditionellen Rechten in Amerika an. Ihre Grundphilosophie besteht darin, die Verfassung und den Gründungsgeist der Vereinigten Staaten aufrechtzuerhalten, die Bill of

---

[162] Schlossberg, Bert (2000). *Rescue 007: The Untold Story of KAL007 and its Survivors*. Xlibris. ISBN 0-7388-5775-0.

[163] *Wer tötete den Kongressabgeordneten Lawrence Patton Mcdonald*, von Todd Brendan Fahey (fargone@disinfo.net) - 01. Juli 2001.

Rights zu unterstützen, an die Freiheit des Einzelnen und die Demokratie zu glauben, sich einer übermäßigen Einmischung der Regierung in die Bürgerrechte zu widersetzen, für eine durchgängige Marktwirtschaft einzutreten und eine entschiedene Haltung gegen alle internationalen Kräfte einzunehmen, die die Souveränität außer Kraft setzen. Diese Fraktion hat eine starke öffentliche Meinungsbasis in den Vereinigten Staaten, insbesondere das historische Erbe des Amerikanischen Unabhängigkeitskrieges gegen die britische Kolonialherrschaft, was sie zu der Überzeugung führt, dass das Volk Waffen besitzen und ein Recht auf bewaffneten Aufstand im Falle von Tyrannei und Diktatur durch die Regierung haben kann. Sie glauben, dass eine kleine Regierung dem Volk dient, während eine große Regierung das Volk beherrscht. Sie haben die Macht der Bundesregierung auf jede erdenkliche Weise eingeschränkt, ganz zu schweigen davon, dass sie einer "Weltregierung", die über die "amerikanische Souveränität" hinausgeht, erlauben, über das amerikanische Volk zu herrschen.

Diese politische Überzeugung steht in krassem Gegensatz zu dem allgemeinen politischen Ansatz der "Globalisierung" und "Weltregierung", in dessen Mittelpunkt die Interessen der internationalen Bankiers stehen.

Im November 1975 forderte der Kongressabgeordnete MacDonald die internationalen Bankiers öffentlich heraus und schrieb in seinem Vorwort zu einem Buch mit dem Titel *The Rockefeller File*.

> *„Reichtum allein kann das Verlangen und die Gier der Superreichen nicht stillen. Stattdessen nutzten viele von ihnen ihren Reichtum und den Einfluss, den ihnen dieser Reichtum brachte, um mehr Macht zu erlangen. Diese Macht blühte in einer Weise auf, von der die Tyrannen und Despoten der ersten Jahre nicht einmal zu träumen gewagt hätten. Es ist eine Macht, die die Welt beherrscht, nicht nur den Reichtum der Welt, sondern auch die Menschen, die in ihr leben.*
> *Seit mehr als hundert Jahren, seit den Tagen, als John D. Rockefeller mit skrupellosen Mitteln ein Ölmonopolimperium aufbaute, wimmelt es von Büchern über die Rockefellers, die eine ganze Bibliothek füllen könnten. Ich habe viele dieser Bücher über Rockefeller gelesen, und keines von ihnen hat es gewagt, den wichtigsten Teil der Rockefeller-Geschichte aufzudecken: dass Rockefeller und seine Verbündeten die letzten 50 Jahre damit verbracht haben, sorgfältig zu planen, wie sie ihre wirtschaftliche Macht nutzen können, um die politische*

> *Macht an sich zu reißen, um zunächst die Vereinigten Staaten und dann die Welt zu kontrollieren.*
> *Spreche ich von einer Verschwörung? Ja, so ist es. Ich bin davon überzeugt, dass es eine Verschwörung gibt: Es handelt sich um einen bösen Plan von internationalem Ausmaß, der seit Generationen geplant ist und an sich nicht hinterfragt werden kann."*
>
> November 1975 [164]

Während die Mainstream-Medien in den Vereinigten Staaten vor einer solchen Herausforderung die Augen verschlossen haben, hat MacDonald sogar persönlich mit Propagandamaterial auf der Straße gestanden und es lautstark jedem interessierten Passanten gepredigt, mit einer Besessenheit, die weit über die unterschwelligen Ziele amerikanischer politischer Kreise hinausgeht, bis zu dem Punkt, an dem sie für die internationale herrschende Elite unerträglich ist.

Zu allem Überfluss bereitet sich MacDonald auch noch auf seine Kandidatur für das Präsidentenamt vor. In seinen Wahlkampfreden wird er über die Pläne der internationalen Bankiers sprechen, die Kontrolle über die Welt zu übernehmen, und Millionen von Menschen werden diese "harten" Aussagen live hören. Macdonalds harte Arbeit ist seinem Cousin, General Patton, nicht verborgen geblieben, der niemals eine Niederlage eingestehen würde, und die beiden Brüder sind im amerikanischen Volk als "Helden" bekannt, die weder vor Himmel noch Erde zurückschrecken. Wenn er bei den Präsidentschaftswahlen kandidiert, wird Gott weiß was für dramatische Veränderungen eintreten und die Situation wird höchstwahrscheinlich außer Kontrolle geraten. Während Präsident Kennedys Kontrollverlust offensichtlich war, stellte McDonnell eine größere Bedrohung dar als Kennedy, der nicht nur über eine breite zivile Anziehungskraft verfügte, sondern durch die Autorität von General Patton auch die Unterstützung einer großen Zahl hochrangiger Militärgeneräle hatte, die sich dauerhaft den nationalen Interessen der "Vereinigten Staaten von Amerika" verpflichtet hatten, einer Gruppe, die die Idee einer "Weltregierung", die über die "amerikanische Souveränität" hinausging, nicht abnahm. Mehr noch, MacDonald und seine Verbündeten haben sogar ihr eigenes geheimes Geheimdienstnetz aufgebaut, um den Kräften der CIA und des FBI etwas entgegenzusetzen. Wenn wir weiterhin die Masse der

---

[164] Gary Allen, *Die Rockefeller-Akte*, Buccaneer Books, Inc. 1976.

Menschen, die "bewaffnet und vernünftig" sind, vereinen, könnten die Vereinigten Staaten wirklich "die Farbe wechseln".

Wer waren die Verbündeten in McDonnells angeblichem Plan "Generationen von Rockefeller und seinen Verbündeten"? Wie hat sich der Plan über die Generationen hinweg entwickelt? Um dies alles herauszufinden, müssen wir an der Quelle des Plans beginnen.

Das Diamantenimperium und die Elite der Väter

John Ruskin sagte den Studenten in Oxford, dass die Oberschicht, in der sie lebten, eine große Tradition der Bildung, der Kunst, der Rechtsnormen, des freien Willens, der Gnade und der Selbstbeherrschung habe. Aber diese Traditionen müssen auf die unteren Klassen in England und in der ganzen Welt ausgedehnt werden, und nur dann können die unteren Klassen gerettet werden und verdienen es, gerettet zu werden. Wenn die Oberschicht Großbritanniens ihre wertvollen Traditionen nicht verbreiten kann, wird sie bald von einer weitaus größeren Unterschicht verschluckt werden, und diese Traditionen werden weggeworfen werden. Um solche schlimmen Folgen zu vermeiden, müssen sie ihre Traditionen so schnell wie möglich in jeden Winkel der Welt tragen.

Ruskins "bewegende" Rede wurde von einem Studenten, Cecil Rhodes, aufgezeichnet, der die Notizen die nächsten 30 Jahre bei sich behielt.[165]

"Ein Diamant hält ewig, ein Diamant, der ewig hält." Hinter diesem beliebten Werbeslogan steht der weltgrößte Diamantenriese, die De Beers Group. Die Gruppe hält heute 40 Prozent des Weltmarktes für Diamanten, eine Zahl, die einst sogar 90 Prozent betrug.

Der Gründer von De Beers, Cecil Rhodes, wurde 1853 geboren und war ein britischer Politiker und prominenter Geschäftsmann, der Rhodesien (alter Name für Simbabwe) kolonisierte und nach dem Rhodesien benannt wurde. Durch die Ausbeutung der natürlichen Ressourcen des südlichen Afrikas erwarb Rhodes einen großen Reichtum und gründete nach seinem Tod das Rhodes-Stipendium.

---

[165] Carroll Quigley, *Tragödie und Hoffnung*, GSG & Associates, 1996.

Als Sohn eines Vorstadtpredigers gilt Rhodes als "Held" der britischen Kolonialexpansion im Alleingang. Rhodes verdiente sein Vermögen in Südafrika mit dem Abbau von Diamanten und baute das Diamantenimperium De Beers auf, das einst 90 Prozent der weltweiten Diamantenindustrie kontrollierte. Doch sein Ehrgeiz ging weit darüber hinaus, und selbst die Briten glaubten, dass "er nicht nur die ganze Erde britisch haben wollte, sondern auch den Mond unter britische Herrschaft bringen wollte".

Bereits 1882 versuchte Rhodes über einen von den Rothschilds aus San Francisco nach Afrika entsandten Agenten, der den Diamantenabbau überwachen sollte, die Familie Rhodes zu erreichen. Zu dieser Zeit lag die südafrikanische Diamantenindustrie in einem harten Wettbewerb auf dem letzten Loch. Rhodes schätzte richtig ein, dass derjenige, der zuerst finanzielle Unterstützung aus London erhalten würde, im Kampf um die Diamanten die Nase vorn haben würde. Er beschloss in weiser Voraussicht, sich in den großen Baum der Familie Rothschild zu verlieben. Schließlich traf Rousey 1885 auf einem Schiff nach London einen anderen amerikanischen Ingenieur, der in der Rothschild-Familie für den Diamantenabbau zuständig war, und bot ihm den Posten des Generaldirektors der De Beers Company an. Durch seine Vermittlung konnte Roz zwei Monate später eine offizielle Bekanntschaft mit Nathan Rothschild, dem Oberhaupt der Familie Ro in London, machen. [166]

Niti war so begeistert von De Beers, dass er zunächst 5.754 Aktien von De Beers für sich selbst kaufte und sofort der größte Aktionär wurde. Mit der Unterstützung der Roz-Familie fraß Roz' De Beers die großen Fische, schluckte die mächtigeren Diamantenunternehmen auf einen Schlag und begründete schließlich das weltweite Diamantenimperium.

Rousey hatte großes Vertrauen in Rothschild, und bei einem Treffen im Jahr 1888 vertraute Rousey Nathan an: "Mit Ihrer Unterstützung hinter mir glaube ich, dass alles, was ich sage, getan werden kann. "Dieses Vertrauen machte die beiden Unternehmen bald zu engen strategischen Verbündeten, und 1889 emittierte De Beers Unternehmensanleihen im Wert von 1,75 Millionen Pfund, wobei die Rothschild Bank of London 17,8 Prozent kaufte, und 1894 emittierte

---

[166] Niall Ferguson, *The House of Rothschild*, Penguin Books, 1999.

die Rothschild Bank of London einfach weitere 3,5 Millionen Pfund an eigenen Anleihen für De Beers.

Mit der Unterstützung und dem Zuspruch der Familie Roz hat sich die Expansion schrittweise vollzogen.

Die De Beers Diamond Company wuchs durch eine Reihe erfolgreicher Fusionen schnell und ihre jährliche Dividende betrug von 1896 bis 1901 1,6 Millionen Pfund (40% pro Aktie) und von 1902 bis 1904 2 Millionen Pfund.

Im Jahr 1900 sprach Nathan in höchsten Tönen von Rhodos:

> *„Sie haben De Beers zu einem Mythos gemacht. Sie haben ein Monopol auf die Diamantenproduktion errichtet, Sie haben den Markt für den Verkauf von Diamanten im Alleingang kontrolliert, und Sie haben es geschafft, eine ganze Reihe von Mechanismen einzurichten, um dieses Geschäftsmodell aufrecht zu erhalten."*

Rhodes und Nathan stimmten in der politischen Philosophie des Kolonialismus und der imperialen Expansion überein, und die beiden wurden zunehmend gleichgesinnt. Als Rhodes 1889 die British South Africa Company gründete, war Nietzsche Gründungsaktionär und Anlageberater, und im Juni 1888 änderte Rhodes sein Testament, um Nietzsche alle seine Anteile an der De Beers Company zu übertragen, die er an seine Geschwister vererben wollte. In dem Begleitschreiben zu seinem Testament wies er Nathan an, das Geld für die Gründung einer Gesellschaft zu verwenden, die zum Nutzen des Reiches ausgewählt wurde". Rousey bezeichnete Rothschild als den einzigen "Adeligen", der ihn bei der Verwirklichung seiner Vision unterstützen könne. [167]

Während Rothschilds Augen fest auf den immensen kommerziellen Wert der Diamantenindustrie von De Beers gerichtet waren, schweifte Roz' Blick über Netis Schulter auf den weiten fruchtbaren Boden Afrikas und der Welt. Der Diamant in Rhodes' Auge ist eher ein Symbol für sein unermüdliches Streben nach politischem Einfluss. In seinem Brief an Neti schrieb Rhodes, De Beers müsse "eine andere Ostindien-Kompanie" werden und von Afrika aus "den Rahmen für die endgültige Verwirklichung des Ideals" schaffen.

---

[167] Carroll Quigley, *Tragödie und Hoffnung*, GSG & Associates, 1996.

Der Lodz Club, die „Whampoa Military Academy" der britischen Führungselite

> „Kein Land, das Wert auf seine Sicherheit legt, wird es zulassen, dass die Milner-Gruppe ihr Ziel erreicht, dass eine kleine Gruppe von Menschen so viel Macht über die Regierung und die Politik ausüben kann, dass sie so viel Einfluss auf die Informationskanäle ausüben kann, die die öffentliche Meinung bilden, und dass sie ein vollständiges Monopol auf das Schreiben und Lehren der Geschichte ihrer Zeit hat."
> -Caroll Quigley [168]

Das Recht, Geschichte zu schreiben, ist vielleicht die höchste Macht in der Politik, denn die Nachwelt kann das Leben und die Gefühle früherer Epochen nie vollständig erfahren und kann sich nur auf die Brechung der Geschichtsbücher verlassen, was in der Vergangenheit geschah, und das Aufnehmen, Schneiden, Bearbeiten und Kommentieren von historischem Material kann die Sichtweise der Menschen dramatisch verändern. Wer auch immer die Kontrolle über das Schreiben von Geschichtsbüchern hat, wird den endgültigen "Abbildungseffekt" des Spiegels der Geschichte haben, der Hässliches in Schönheit und den Teufel in einen Engel verwandeln kann. Die Geschichte prägt das Bewusstsein der Menschen, und die Geschichte prägt die heutigen Urteile.

Clintons Mentor am College, Professor Carroll Quigley, stellte in seinem 1949 erschienenen Buch The Anglo-American Power Bloc fest, dass die 1891 gegründete Rhodes Society "die Welt durch Propaganda beherrschen" würde, eine wenig bekannte Geheimorganisation, die im 20.

In seinem ersten Testament, das er 1877 im Alter von 24 Jahren in Oxford verfasste, legte Rhodes die "edlen" Ziele des Geheimbundes dar:

> „Die Herrschaft des Britischen Reiches über die ganze Welt auszudehnen; das System der Ausdehnung des Britischen Reiches nach außen zu vervollkommnen; alles, was lebensfähig war, durch britische Staatsangehörige zu kolonisieren ... die Vereinigten Staaten von Amerika wieder in das Britische Reich

---

[168] Carroll Quigley, *Das anglo-amerikanische Establishment* (GSG & Associates, 1981).

einzugliedern; das ganze Reich zu vereinigen; eine koloniale Vertretung im kaiserlichen Parlament einzuführen und die verstreuten Glieder des Reiches zu vereinigen und so eine Welt zu schaffen, die frei von Krieg und mit dem Wohl der Menschheit vereinbar ist."[169]

Nach den Vorstellungen von Rhodes lässt sich dieses Ziel am besten durch geheime Zusammenschlüsse einer Reihe von Personen erreichen, die sich gegenseitig loyal sind und sich einer gemeinsamen Sache widmen wollen. Die Mittel zur Umsetzung sind die Ausübung von politischem und wirtschaftlichem Einfluss hinter den Kulissen und die "Manipulation der Presse, des Bildungswesens und der Informationsagenturen". Um dieses Ziel zu erreichen, setzte Rhodes testamentarisch sein gesamtes Vermögen ein, um in der ganzen Welt eine geheime Organisation von "Propagandisten" im Dienste des britischen Empire, die Rhodes Society, zu gründen, die der Kirche Christi ähnelt.

Die Rhodes-Gesellschaft besteht aus 3 konzentrischen Kreisen. Der innere Kreis wurde von Rhodes selbst beherrscht, und seine Mitglieder waren allesamt wohlhabende Männer mit großem Privatvermögen, die die Idee eines dauerhaften britischen Empire teilten und die Rhodes Secret Society bildeten (nach 1901 als Milner Group bekannt); der zweite Kreis war der Cecil Bloc, der aus mächtigen politischen Persönlichkeiten bestand, die vom Marquis von Salisbury (Robert Cecil) beherrscht wurden; der äußerste Kreis wurde von Arnold Toynbee, dem Onkel von Arnold J. Toynbee, dem Autor von *The Study of History*, und Lord Milner, dem Finanzier, beherrscht wurde, und setzte sich aus Intellektuellen aller Couleur zusammen, die als Toynbee-Gruppe bekannt waren.[170]

Die zweite der drei Gruppen der Rhodes Society war für die Beeinflussung von Bildung und Propaganda im britischen Empire verantwortlich, kontrollierte ein halbes Jahrhundert lang die "Times" und übte durch Stipendien erheblichen Einfluss auf die Eton Public School und das All Souls College in Oxford aus. Die drei Kreise sind vereint und verstärken sich gegenseitig, wobei die "Toynbee-Gruppe" ideologische Unterstützung leistet, die "Cecil-Gruppe" politischen

---

[169] Ebd.

[170] Ebd.

Einfluss ausübt und die "Milner-Gruppe" finanziellen Rückhalt bietet, und die Trinity-Gruppe eine geheime Organisation bildet, um das Schicksal des britischen Empire und der Welt zu beeinflussen.

Bis 1938 hatte die Rhodes Society eine große Zahl wohlhabender Menschen aus der Oberschicht aufgenommen und bildete die einflussreichste politische Kraft in Großbritannien.

Die Kernmitglieder des Lodz-Clubs werden durch ein Standard-Auswahlverfahren herangezogen: Die besten Studenten aus Oxford werden für die Aufnahme am All Souls College ausgewählt, und die "gesetzten" Studenten werden dann für die Auswahl am Royal Institute of International Affairs, der Times, dem Round Table Magazine, dem Außenministerium oder dem Kolonialamt geprüft und ausgeschieden. Natürlich haben diese Leute bestenfalls den zweiten Kreis erreicht, wo sie Schlüsselpositionen in der Wissenschaft einnehmen und die öffentliche Meinung über die Nachrichtenmedien lenken und beeinflussen, wie der große Isaiah Berlin und Arnold J. Toynbee, Autor von Historical Studies, der schon in jungen Jahren in das Royal Institute of International Affairs aufgenommen wurde. Die Strategie der Rhodes Society besteht darin, mehr Menschen zu bremsen, indem sie einige wenige kritische Eliten beeinflusst und die Elite der Gesellschaft ins Visier nimmt.

Die folgenden historischen Ereignisse zeigen, wie die Lodz-Gesellschaft, die sich der "Weltherrschaft durch Propaganda" rühmte, die jüngere Geschichte beeinflusst hat.

- Initiierte den "Jameson Raid" von 1895
- Führte zum Burenkrieg 1899-1902
- Gründung der Südafrikanischen Union 1906-1910
- 1910 Gründung der Zeitschrift *"The Round Table"* (Sprachrohr der Rhodes-Gesellschaft), einer Zeitschrift des Britischen Empire
- 3 Colleges, die die Universität Oxford lange Zeit beeinflusst haben: All Souls, Balliol, New College
- Kontrolle der *Times* seit über einem halben Jahrhundert
- Leitung der britischen Delegation in Frankreich für die "Pariser Friedenskonferenz" im Jahr 1919
- Hauptdesigner und Manager des Völkerbundes

> Er gründete und leitete 1919 das Royal Institute of International Affairs.

> 1917-1945 dominierte die britische Politik gegenüber Irland, Palästina und Indien

> Beeinflusste die Beschwichtigungspolitik gegenüber Deutschland von 1920 bis 1940

kontrolliert noch immer die Quellen und die Aufbereitung historischer Informationen über die Innen- und Außenpolitik des britischen Empire seit dem Burenkrieg

Das Konzept des "Commonwealth" ist dasjenige, das entstanden ist, weithin bekannt gemacht wurde und somit Wirklichkeit geworden ist.

Die Rhodes-Gesellschaft hat Niederlassungen in den Vereinigten Staaten, Kanada, Indien, Australien, Neuseeland und Südafrika sowie in den Kolonien und ehemaligen Kolonien des britischen Empire. Der prestigeträchtige amerikanische "Council on Foreign Relations" (CFR) ist der amerikanische Zweig der Rhodes-Gesellschaft. Der Lodz-Club traf sich von Zeit zu Zeit heimlich in den autonomen Gebieten des Britischen Empire, plante und setzte einheitlich ein, beeinflusste hinter den Kulissen die Formulierung und Umsetzung politischer und wirtschaftlicher Maßnahmen und manipulierte die Presse, das Bildungswesen und die Propaganda-Institutionen mit dem vorrangigen Ziel, die englischsprachigen Länder in Form einer Föderation zu vereinen und schließlich eine Art Weltregierung zu errichten und "eine Welt" zu schaffen. Die Weltregierung, die Weltwährung, die Weltbesteuerung usw., die in der Welt populär sind, beruhen alle auf diesem Verein.

Der Marquis von Salisbury, die zentrale Figur der "Cecil-Gruppe", war ein dreimaliger Premierminister, der 14 Jahre lang regierte, länger als jeder andere Premierminister in der jüngeren britischen Geschichte. Er übte seinen Einfluss aus, indem er erstens die drei Richtungen Politik, Bildung und Journalismus infiltrierte, zweitens talentierte Personen (vor allem von der All Souls Academy) rekrutierte und diese Personen durch Assoziation, Ruf oder Machtposition mit der Cecil-Gruppe verband, und drittens Kernmitglieder in wichtigen

Machtpositionen platzierte, um die öffentliche Politik so diskret wie möglich zu beeinflussen. [171]

Weitere Kernmitglieder der "Cecil-Gruppe" sind: Balfour (Außenminister), Viscount Lyttelton (Viscount Cobham), Baron Wyndham (Barons Leconfield), Duke of Grosvenor (Herzöge von Westminster), Earl of Palmer (Earls of Selborne), Duke of Cavendish (Herzöge von Devonshire), Earl of Gathorne-Hardy (Earls of Cranbrook).

"Milner-Gruppe"

Die "Cecil-Gruppe" bestand auch nach dem Tod des Marquis von Salisbury, dem Oberhaupt der Cecil-Familie, im Jahr 1903 noch einige Zeit weiter, doch der mangelnde Ehrgeiz und die Entschlossenheit ihres neuen Führers, Balfour, führten zu einer langsamen Auflösung der Organisation, die nach und nach durch die "Milner-Gruppe" ersetzt wurde. Milner mangelt es nicht an Ehrgeiz und Entschlossenheit, er opfert sein persönliches Glück und sein soziales Leben, um politische Ziele zu erreichen, was der vergnügungssüchtige Balfour nicht akzeptieren kann. Milner ist sich darüber im Klaren, dass es unmöglich ist, sich weiterhin auf familiäre Bindungen zu verlassen, um die Gruppe zu konsolidieren, und wendet sich der Ideologie zu. Salisbury versuchte, eine Clique aus Freunden und Verwandten zu bilden und Politik zu machen, um das alte England zu erhalten, das sie liebten. Milner hingegen war kein Konservativer; er hatte seine eigenen Ideale: Er wollte das Sozialsystem des britischen Empire, das für die britische Lebensart unerlässlich war, ausbauen und integrieren und der Welt "die britische Lebensart, die beste und fähigste der Menschheit" nahe bringen. Doch die Welt hat sich verändert, und seither legt er mehr Wert auf Lobbyarbeit und konzeptionelle Einheit innerhalb der "Milner-Gruppe".

Der Einfluss von Arnold Toynbees Ideen auf die Milner-Gruppe war dreifach: Erstens vertrat die englische Geschichte die große moralische Idee - die Entwicklung der Freiheit des Denkens, die der vollständigen Einheit des britischen Empire am meisten förderlich ist; zweitens sollte das Gefühl der Pflicht und der Verpflichtung, dem Land

---

[171] Ebd.

zu dienen, für jeden ein vorrangiges Anliegen sein; und drittens die Notwendigkeit, dass die arbeitenden Menschen in der englischen Gesellschaft soziale Dienste leisten, insbesondere im Bildungswesen.

Die *Times* war ein wichtiger Teil des elitären Einflusses der "Milner-Gruppe", die sich eher an eine einflussreiche elitäre Minderheit als an die breite Öffentlichkeit richtete. Sie und die anderen autonomen Zweige der "Milner-Gruppe" arbeiten eng zusammen, um die Leser zu beeinflussen und den Einfluss der einzelnen Zweige zu vergrößern. Die Außenwelt erscheint wie verschiedene Seiten derselben Wahrheit. So kündigt beispielsweise ein Parlamentsmitglied (Panelist) fast zeitgleich mit dem Royal Institute of International Affairs die Veröffentlichung einer Studie zum selben Thema an, ein Forscher des All Souls College (Panelist) veröffentlicht einen Band zum selben Thema (über den entsprechenden Verlag des Panels), ein "Leitartikel" in der Times analysiert die Politik des Parlamentsmitglieds kritisch, befürwortet sie aber letztlich, und in der "Literaturbeilage" der Zeitung (der einflussreichsten Zeitschrift für Literaturkritik in Großbritannien) werden zwei Publikationen gleichzeitig rezensiert (dieselbe Rezension). Die Rezensionen der "Leitartikel" und "Literaturbeilagen" wurden von den Mitgliedern des Runden Tisches anonym verfasst. Schließlich wird in einem anonymen Roundtable-Artikel dieselbe Politik nachdrücklich befürwortet. Während jeder einzelne Trick und Schritt nur einen Teil der Bevölkerung betrifft, ist die kumulative Wirkung dieser Strategien erheblich. Bei Bedarf könnte der Sekretär des Rhodes Trust in die Vereinigten Staaten reisen, um eine Reihe von informellen Interviews mit ehemaligen Rhodes-Stipendiaten zu führen, und gleichzeitig einen prominenten Politiker im Ruhestand (z. B. den ehemaligen Gouverneur von Indien) überreden, bei der Enthüllung einer Gedenktafel für den verstorbenen Kanzler am All Souls College oder New College in Oxford ein paar Worte zu sagen. Es ist ein merkwürdiger "Zufall", dass sowohl das amerikanische Interview als auch die Rede bei der Enthüllung in Oxford dasselbe Thema betrafen.

Die erste Ausgabe von The Round Table erschien am 15. November 1910, ohne die Unterschrift des Herausgebers und der fünf Autoren der Artikel zu tragen. Diese Tradition hat sich bis heute gehalten. Die Zeitschrift argumentiert, dass die Anonymität für mehr Unabhängigkeit und Freiheit steht. Der wahre Grund ist jedoch viel praktischer. Die Redakteure und Autoren des Magazins waren größtenteils unbekannt und hätten die Leser zum Lachen gebracht, wenn ihre Namen unterschrieben worden wären. Wenn bestimmte

Autoren zu "hohen Tieren" werden und die Redakteure das Bedürfnis haben, ihren politischen Ruf zu schützen, ist es üblich, Autoren bis zu ihrem Tod anonym zu halten und selbst dann ihre veröffentlichten Artikel nicht zu veröffentlichen. Der Runde Tisch ist das wichtigste Propagandainstrument der Rhodes-Gesellschaft oder der "Milner-Gruppe". Die Redakteure und Autoren des Runden Tisches sind als "Round Table Group" bekannt. Sie waren der festen Überzeugung, dass Freiheit, Zivilisation und Menschenwürde am besten durch das britische Empire entwickelt werden können.

Die Meinungen der Mitglieder des Gremiums sind in der Regel einhellig, wobei die größten Unterschiede aus den schwächsten und konservativsten Wirtschaftsbereichen dieser Gruppe stammen. Bis 1931 wurde die finanzielle Perspektive des Gremiums von Robert Brand, einem Partner der Longhey Brothers, vertreten. Die Gebrüder Lange gehören auch zu den "Siebzehn internationalen Bankiersfamilien", die die Ansicht der internationalen Bankiersfamilien des späten 19. Jahrhunderts vertreten, dass der Schlüssel zu wirtschaftlicher Entwicklung und Wohlstand im Bank- und Finanzwesen liegt. Eine gesunde Währung, ein ausgeglichener Haushalt und ein internationaler Goldstandard werden zu wirtschaftlichem Wohlstand und einem höheren Lebensstandard führen. Dies steht im Gegensatz zu Milners Standpunkt. Milner besteht darauf, dass das Finanzwesen der Wirtschaft und die Wirtschaft der Politik untergeordnet werden sollte. Wenn eine deflationäre Politik aus finanziellen Gründen negative wirtschaftliche oder politische Folgen hat, sollte sie abgeschafft werden. Milner argumentiert, dass die Finanzpolitik, die das britische Empire 12 Jahre lang betrieb und die Brand 1919 befürwortete, katastrophal war, weil sie Arbeitslosigkeit, Rezession und die Zerstörung der Exporte verursachte. Er sprach sich dafür aus, das britische Empire durch Zölle und andere Schranken von der Welt abzuschotten und die wirtschaftliche Entwicklung durch staatliche Ausgaben, Selbstregulierung von Kapital und Arbeit sowie soziale Wohlfahrt zu fördern.

In der Tat stellen die Ansichten der "Milner-Gruppe" einen bedeutenden Wandel in der Denkweise der internationalen Mainstream-Banker über Gold und Geld dar, da die Beschränkungen des Goldes für Staatsausgaben und Kriegsfinanzierung nicht mehr den Bedürfnissen der Banker entsprechen und die Idee des billigen Geldes in großem Maßstab allmählich zum neuen Mainstream wird.

Milners Ansichten beruhen auf dem "Monopolkapitalismus" oder sogar "Staatskapitalismus" und nicht auf dem veralteten "Finanzkapitalismus", den Brand vertritt. Diese Ansicht wurde von den meisten Mitgliedern der "Milner-Gruppe" nach 1931 akzeptiert. Die Abschaffung des Goldstandards im selben Jahr bewies das völlige Scheitern der von Brand 1919 befürworteten Finanzpolitik. Infolgedessen setzte sich nach 1931 die "Milner-Gruppe" durch, die für einen von der Regierung geförderten Monopolkapitalismus eintrat. In der Tat haben Milner und Toynbee nie an den wirtschaftlichen Individualismus geglaubt.

In der Tat spielt es keine Rolle, worüber Milner und Brand uneins waren, wichtig ist, dass die Ansichten von Brand die "Milner-Gruppe" zwischen 1919 und 1931 dominierten, während die Ansichten von Milner nach 1931 vorherrschten. Diese Tatsachen beweisen, dass die Finanzpolitik des Britischen Empire zwischen 1919 und 1945 genau mit der Politik der "Milner-Gruppe" im gleichen Zeitraum übereinstimmte. Und die "Milner-Gruppe" hat den Rat der Konservativen seit dem "Ersten Weltkrieg" dominiert. Dies zeigt, in welchem Maße die Milner-Gruppe die britische Innenpolitik beeinflusst hat.

Von 1919 bis 1939 stellten die Mitglieder der "Milner-Gruppe" ein Fünftel bis ein Drittel des Kabinetts, was die von der "Milner-Gruppe" befürwortete "Appeasement"-Politik der britischen Regierung gegenüber Deutschland erklärt.

Die Deutschlandpolitik der "Milner-Gruppe" basiert auf zwei Kernpunkten [172]

Einerseits sehen sie die Geschichte als das Ergebnis des Kampfes zwischen Gut und Böse. Die Deutschen seien in "preußische Diktatoren" und "gute Menschen" gespalten. Wenn der preußische Diktator seine Macht und seinen Einfluss verliere und letzterem Gnade gewährt werde, werde Deutschland die "asiatische Diktatur" endgültig verlassen und zur "westlichen Zivilisation" zurückkehren. Vom Rahmen her ist die Theorie vernünftig, aber schwierig. Denn es kann keine objektiven Kriterien für die Unterscheidung zwischen "guten" und "schlechten" Deutschen geben. Die Tatsache, dass eine

---

[172] Ebd.

überwältigende Mehrheit der Deutschen am Ersten Weltkrieg teilgenommen hat, und die Dezemberausgabe 1918 von "The Round Table" vertraten die gleiche Ansicht, aber die "Milner-Gruppe" erinnerte sich nicht daran, dass sie die "schlechten" Deutschen 1918 noch als mit dem Kaiser vertrieben ansah. Der deutsche Kaiser ist nur ein Vertreter der anderen vier großen Machtblöcke. Zu den vier großen Machtblöcken in Deutschland gehörten preußische Offiziere, Junker-Grundbesitzer, Regierungsbürokraten und Industriegiganten, die, um sich selbst zu retten, den zur Last gewordenen Kaiser im Stich ließen. Ihre Macht und ihr Einfluss sind immer noch da, sogar noch größer. Die hohen Tiere der Armee können dem Ministerpräsidenten direktere Befehle erteilen als dem Kaiser. Kurz gesagt, 1918 gab es in Deutschland keine Revolution, und die "Milner-Gruppe" hat die Augen davor verschlossen. Dafür ist vor allem Brand verantwortlich, der argumentiert, dass Chaos und soziale Unruhen nur vermieden werden können, wenn sich die deutsche Wirtschaft so schnell wie möglich erholt. Ohne die Industriekapitalisten und Banker an der Macht ist nach Ansicht der traditionellen Banker wirtschaftlicher Wohlstand nicht zu erreichen. Außerdem ist Brand davon überzeugt, dass die alten Industrieblöcke schnell wiederbelebt werden, wenn die Ausschüttungen gelockert und die Kredite nach Deutschland ausgeweitet werden.

Der Podiumsteilnehmer Philip Kerr hingegen plädierte für die in Großbritannien seit dem 16. Jahrhundert übliche Politik des Gleichgewichts der Kräfte, d.h. die Unterstützung der zweiten Macht in Kontinentaleuropa gegen die erste. Die "Milner-Gruppe" hatte auf der Pariser Friedenskonferenz 1919 die Erfahrung gemacht, dass es unmöglich war, eine autonome oder parlamentarische Regierung auf den europäischen Kontinent zu exportieren. Aufgrund des Beharrens Frankreichs auf der Anwendung von Gewalt als Grundlage des sozialen und politischen Lebens, insbesondere seines Beharrens auf einer deutschen Militärpräsenz und der Einrichtung einer internationalen Polizei unter direkter Autorität des Völkerbundes, hat sich die Kluft zwischen der Fraktion und Frankreich vertieft. Nach der christlichen Philosophie der "Milner-Gruppe" ist Gewalt in moralischen Fragen unwirksam und kann nur diejenigen korrumpieren, die sie besitzen, und die wahre Grundlage des sozialen und politischen Lebens sind Gewohnheit und Tradition. Das Gleichgewicht der Kräfte hatte also ein doppeltes Ziel: Deutschland durch einen Kompromiss zu einem erlösbaren Sünder zu machen, ein regeneriertes und geläutertes

Deutschland gegen die "böse" Sowjetunion, und das vom Nationalgefühl überforderte Frankreich zu schwächen.

Während sich Hitlers Aufstieg zur Macht die Fehleinschätzung der britischen Führungselite zunutze machte und die Idee des aufstrebenden Machtblocks in den Vereinigten Staaten durchschaute, der die globale Hegemonie des Britischen Empires ersetzen wollte, und das Bestreben der jüdischen internationalen Bankiers, das Kolonialsystem des Britischen Empires zu besiegen, um den Traum von der Wiederherstellung Israels in Palästina zu verwirklichen, integrierte Hitler organisch die beiden politischen Kräfte und die finanzielle Unterstützung, die Deutschlands aggressive Expansionspolitik förderten und den wirtschaftlichen Aufschwung und militärischen Wiederaufbau Deutschlands beschleunigten. Man kann sagen, dass Hitler von 1933 bis 1938 die Absprachen zwischen den Großmächten in Europa und Amerika und den jüdischen Finanzkräften voll ausnutzte, um seine eigenen strategischen Ziele zu erreichen, und die Großmächte mit großem politischen Geschick in die Hände einiger weniger von ihnen spielte.

"Anglo-amerikanischer Machtblock"[173]

Seit den 1920er Jahren bemühte sich der Lodz Club um den Aufbau einer besonderen anglo-amerikanischen Beziehung, die schließlich zur anglo-amerikanischen Einheit führen sollte. In Tragedy and Hope: World History in Our Time (Tragödie und Hoffnung: Weltgeschichte in unserer Zeit) beschreibt Quigley die Existenz eines "anglo-amerikanischen Machtblocks" zwischen den Vereinigten Staaten und Großbritannien, um die oben genannten strategischen Ziele zu erreichen.

Die fünf Zeitungen mit dem größten Einfluss auf die öffentliche Meinung in den USA - die *Boston Evening News*, der Christian Science Monitor, die New York Times, die New York Herald Tribune und die Washington Times - befinden sich alle in den Händen dieser Machtgruppe. Und diese Handlanger der Mainstream-Medien "empfehlen" sich gegenseitig, wie z. B. der Chefredakteur des Christian Science Monitor, der die amerikanische Verbindung zur britischen

---

[173] Carroll Quigley, *Tragödie und Hoffnung*, GSG & Associates, 1996.

Zeitschrift The Round Table war, und der ursprüngliche Chefredakteur von The Round Table, Lord Lotta, der für den Christian Science Monitor schrieb, als er britischer Botschafter in den Vereinigten Staaten und Generalsekretär des Rhodes Trust war. Mehrere bekannte Finanziers der Wall Street waren als Botschafter der USA im Vereinigten Königreich tätig.

Quigley stellt fest, dass zumindest zu Beginn des zwanzigsten Jahrhunderts die Entscheidungsgewalt an wichtigen amerikanischen Universitäten in den Händen des "anglo-amerikanischen Machtblocks" lag. Bis in die 1930er Jahre kontrollierte JPMorgan im Wesentlichen die Entscheidungsgewalt an den Universitäten Harvard und Columbia; die Universität Yale unterstand der Rockefeller-Gruppe von Standard Oil; und die Universität Princeton war der Prudential Life Insurance Company unterstellt. Zu Beginn des 20. Jahrhunderts erließ die Regierung der Vereinigten Staaten unter dem Druck der "progressiven Bewegung" mehrere für die Gruppe ungünstige Steuergesetze, insbesondere die Erbschaftssteuer, und die Gruppe übertrug nach und nach riesige Mengen an Privatvermögen von der Wall Street auf steuerbefreite Stiftungen und vollendete damit erfolgreich eine unsichtbare und großartige Vermögensumwandlung.

Walter Lippmann, ein amerikanischer politischer Kommentator und Regierungsberater, der Mitglied der Rhodes Society war, hatte einen tiefgreifenden Einfluss auf die amerikanische Gesellschaft und Außenpolitik des 20. Er entwarf als erster den berühmten "Marshall-Plan" für den Wiederaufbau Europas, leitete die Entwicklung amerikanischer Strategien zur psychologischen Kriegsführung während des Ersten und Zweiten Weltkriegs sowie des Kalten Krieges und war eine wichtige Verbindungsperson zwischen der Association for Foreign Relations und der britischen Rhodes Society. Als wichtiger Stratege für die aufeinanderfolgenden US-Präsidenten von Wilson bis Nixon gründete er die Association for American Foreign Relations, während er Präsident Woodrow Wilson zur Pariser Konferenz nach dem Ersten Weltkrieg begleitete.

Ungeachtet des Hintergrunds und des Auftrags seiner Mitglieder, der Art und Weise, wie sie die öffentliche Meinung und die Politik der Vereinigten Staaten und des Auslands beeinflussen, ist der Council on Foreign Relations als "Schattenregierung" der Vereinigten Staaten und als britischer Lodz Club in den Vereinigten Staaten bezeichnet worden. Das Flaggschiff des Councils zur Beeinflussung der Außenpolitik der Vereinigten Staaten ist Foreign Affairs, die "Organzeitung" des Council on Foreign Relations und ein wichtiges Sprachrohr der United States Foreign Policy Group. Zu den führenden Autoren der Zeitschrift Foreign Affairs gehören fast alle Schwergewichte der amerikanischen Außenpolitik, darunter Lippman, George Kenan, Brzezinski und Kissinger, und Huntingtons The Clash of Civilizations wurde erstmals in der Zeitschrift veröffentlicht.

Als 1919 die Pariser Friedenskonferenz stattfand, wollten sowohl Großbritannien als auch die Vereinigten Staaten ihre siegreiche Position nutzen, um ein von ihnen dominiertes System der internationalen Gesellschaft zu errichten. "Nach der Pariser Friedenskonferenz gründeten Lippmann und andere anwesende Amerikaner, von denen die meisten Mitglieder der Rhodes Society waren, in einem Hotel in Paris das "Royal Institute of International Affairs".

Als Zweig der Rhodes Society trat die "Foreign Relations Society" in den Vereinigten Staaten zunächst unter dem Namen "American Section of the Royal Institute of International Affairs" auf. 1921 fusionierte die "American Section of the Royal Institute of International Affairs" mit der "Foreign Relations Society", einer 1918 von Bankern und Anwälten in New York gegründeten Organisation zur Erörterung von Fragen des Kriegsgeschäfts und des Bankwesens, unter dem alten Namen "Foreign Relations Society", wie wir ihn heute kennen.

Die American Foreign Relations Association, die inzwischen seit mehr als 80 Jahren besteht, hat sich zweifellos längst von Rhodes' ursprünglichem Wunsch nach einer erneuten Herrschaft Englands über die Vereinigten Staaten von Amerika verabschiedet, verwirklicht aber allmählich den Traum anglo-amerikanischer Interessen, die Weltherrschaft zu übernehmen. Während China die Globalisierung bejubelte, frage ich mich, ob irgendjemand das kalte Gesicht und das selbstgefällige Lächeln der Rhodes-Gesellschaft hinter dieser riesigen sozialen Maschine gesehen hat?

Die Vorstellung, dass die Welt von einer Handvoll Geheimgesellschaften manipuliert wird, ist nicht neu und auch nicht ungewöhnlich. Wie ein britischer Gelehrter es ausdrückte: „Es hätte uns schon vor langer Zeit auffallen müssen, dass die Mächtigen und Reichen nach ihren eigenen Interessen handeln, und das nennt man Kapitalismus."

Die westliche Welt, die wir heute sehen, ist angeblich eine demokratische, freie und pluralistische Gesellschaft, in der die

Finanzoligarchen der Vergangenheit durch das heilige demokratische System erfolgreich von der Macht verdrängt worden sind. Die mächtigen und superreichen Familien haben sich in Luft aufgelöst und sind nirgendwo mehr zu sehen. Wurde die Geschichte verändert? Dient der Kapitalismus nicht mehr einer Minderheitenmacht? Haben die internationalen Banker wirklich die Initiative ergriffen, ihre Vorherrschaft aufzugeben und in die Berge zurückzukehren, um das Leben der einfachen Leute zu leben?

Die menschliche Natur ändert sich eigentlich nicht, und das Verlangen nach Gier und Kontrolle hat sich vom Beginn des menschlichen Lebens bis zur modernen Gesellschaft nie geändert und wird sich auch in der denkbaren Zukunft nicht ändern. Veränderung ist einfach eine Form von Gier und Kontrolle. Vom Handelskapitalismus zum Industriekapitalismus, vom Finanzkapitalismus zum Monopolkapitalismus und dem heutigen so genannten pluralistischen Kapitalismus hat sich das Wesen der Beherrschung der Mehrheit der Gesellschaft durch eine mächtige Minderheit nie geändert, nur die Mittel und Formen der Beherrschung haben sich heute erheblich verändert. Die direkten, sichtbaren, nackten Finanzoligarchen sind hinter den Kulissen verschwunden, und an ihre Stelle ist das aufstrebende und riesige System von Stiftungen getreten, die heute ein wichtiger Teil der herrschenden Macht in der westlichen Welt sind, während die Leute hinter den Kontrollen immer noch die Finanzfamilien von einst sind.

Die Stiftung: Das unsichtbare Rothschild des Reichtums

"Der große Weg ist unsichtbar" und "die große verborgene Dynastie", die Chinesen haben lange Einblick in die Geheimnisse des menschlichen Herzens. Die tiefsten Wahrheiten sind oft überall zu finden, und die höchste Stufe eines jeden Herrschers ist es, seinen Gegner sichtbar zu machen, aber nicht sich selbst, so dass er immer unbesiegbar bleiben kann.

Zu Beginn des zwanzigsten Jahrhunderts, als der Finanzmonopolkapitalismus seinen Höhepunkt erreichte, waren die internationalen Bankiers reich an Familienvermögen und mächtig an politischem Einfluss, aber auch die Nebenwirkungen waren gravierend. Je größer die Macht der Finanzoligarchie, desto breiter der Gegensatz, desto stärker der Widerstand, desto größer die Unzufriedenheit und desto deutlicher das Gefühl des Hasses. Das Beängstigende ist, dass die

Finanzoligarchie Gefahr läuft, in einen Zustand des Zusammenbruchs zu geraten, wenn sich die verschiedenen gegensätzlichen Kräfte der Gesellschaft zusammenschließen.

Als die internationalen Bankiers dies schließlich erfuhren, schienen sich alle einig zu sein, und die großen Familien verschwanden fast gleichzeitig vor und nach dem Ersten Weltkrieg aus dem Blickfeld der Öffentlichkeit. Als Reaktion darauf gaben sie eine durchweg unauffällige Erklärung ab, die besagte, dass die Nachkommen der Familie nicht mehr an der Kontrolle des Besitzes interessiert waren und jeder von ihnen diversifizierte Interessen und Karrieren verfolgte, und dass der Familienbesitz hauptsächlich als Investitionen strukturiert war. Mit der rasanten Entwicklung der neuen Industrien und der Hochtechnologie in der modernen Gesellschaft hat sich der traditionell von der Familie angesammelte Besitz stark verringert. Das Feng-Shui-Rad, die Welt ist eine völlig andere Welt gewesen, die Menschen sind auch völlig andere Menschen, die alte Familie ist für immer rückläufig, die traditionelle reiche Familie in der heutigen Zeit hat sich von der historischen Bühne zurückgezogen, das Rampenlicht auf die "rising stars".

Ist das wirklich wahr?

Tatsächlich ist das Vermögen der großen reichen Familien keineswegs geschrumpft, sondern wurde legal und vernünftig versteckt. Die Superreichen haben sich einfach vor aller Augen "umgedreht" und es geschafft, "unsichtbar" zu sein. Die tatsächliche Kontrolle und Dominanz über den Reichtum verlieren sie nie. Stattdessen wurde ihr Zugriff auf den Reichtum vergrößert. Nur waren die Eigentumsetiketten der Vergangenheit direkt und deutlich auf Ihre Köpfe geschrieben, während die modernen Reichen sie schon längst entfernt haben. Sie sind unsichtbar, schweigsam, allgegenwärtig und allmächtig, und ihre Herrschaftsstrategie hat allmählich das Reich der "Allee der Unsichtbarkeit" erreicht, wobei sie sich hauptsächlich auf Agenten stützen, die an der Front eine Show veranstalten, während sie selbst tief hinter den Kulissen verborgen sind und das Funktionieren der Gesellschaft kontrollieren.

Diese perfekte neue Regel des Reichtumsspiels ist das riesige System von Stiftungen, die jetzt tatsächlich die Gesellschaft in Europa und Amerika manipulieren.

In der ersten Hälfte des 20. Jahrhunderts vollzog der Finanzkapitalismus seinen Übergang zum Monopolkapitalismus, und die Finanzblöcke gingen von der direkten Kontrolle des industriellen Kapitalismus an der Front zu einem Modell der indirekten Kontrolle hinter den Kulissen über. Im Mittelpunkt der sich herausbildenden Unternehmensstruktur steht die Trennung von Eigentum und Kontrolle, die weitreichende Mobilisierung des gesellschaftlichen öffentlichen Kapitals, deren Ziel es ist, mit minimalem Kapital und maximaler Hebelwirkung den gesellschaftlichen Mega-Reichtum zu kontrollieren, die Führungspersönlichkeiten in allen Bereichen der Gesellschaft, die die Basis der Pyramide des Monopolkapitalismus bilden, weitestgehend zu kontrollieren, ohne sich nach außen hin als der wahre Kontrolleur zu offenbaren. Das Unternehmen wird vorgeblich von professionellen Managern geführt, aber der Verwaltungsrat und die wichtigsten Aktienkontrollen sind vollständig in den Händen einiger weniger Finanzfamilien konzentriert. Das Herzstück der Spielregeln ist das riesige System von Stiftungen und anderen Investmentgruppen, die von Finanzfamilien kontrolliert werden, die die "diskrete" Kontrolle über die wichtigsten Aktien und den Vorstand über angebliche Ersatzinstitutionen durchsetzen. Bei den Holding-Institutionen handelt es sich um die bekannten Finanzinstitute und Vermögensverwaltungsgesellschaften (Street Names), die als "Firewall" für die von Finanzfamilien kontrollierten Stiftungen und Investmentgruppen fungieren, um die Öffentlichkeit aus dem eigentlichen Kreis der Aktionäre herauszuhalten. Je weiter wir in die Ära des pluralistischen Kapitalismus vordringen, desto mehr verbreitet sich dieses Phänomen.

Um an dieser neuen Art von Spiel teilnehmen zu können, müssen die reichen Familien jedoch zunächst "Opfer" bringen. Wie das Sprichwort sagt: "Wenn du deine göttlichen Kräfte ausüben willst, solltest du das Schwert aus dem Palast ziehen. "Wie kann man es sonst bekommen? Geben Sie den Namen auf und holen Sie sich die Substanz. Die "Einweihung" des Großen Rothschild der Vermögensverschleierung ist die Schenkung, und die theoretische Grundlage für die Schenkung ist die legale Verschleierung von Eigentum durch Aufgabe des Eigentums und Ausweitung der Kontrolle. Was die Tycoons verloren haben, sind einfach die Ketten des "Gegrilltwerdens" in den Charts und im Rampenlicht der Medien, und was sie gewonnen haben, ist die kühle Freiheit und die vervielfachte Kontrolle über ihren Reichtum hinter den Kulissen.

Die Stiftung vermeidet die Erbschaftssteuer, die Einkommenssteuer, die Schenkungssteuer und, was noch besser ist, die

Kapitalertragssteuer auf die Investitionen der Stiftung, die die Wohlhabenden am meisten hassen. Dank der vollständigen Steuerbefreiung wächst das Vermögen der Stiftung wie ein Schneeball. Aus Berichten des US-Kongresses geht hervor, dass dank der Stiftung bis zu 2/3 des jährlichen Gesamteinkommens in den USA steuerfrei sind. Dementsprechend wird die Steuerlast des Staates immer stärker auf die Mittelschicht abgewälzt, die nie in der Lage sein wird, eine eigene Stiftung zu gründen. Das Stiftungsvermögen der Superreichen breitet sich rasant aus wie eine Krebszelle, die sich ständig von den familiären Vermögenszellen der Mittelschicht ernährt, und die Verteilung des gesellschaftlichen Reichtums wird noch ungleicher.

Statistiken zufolge war das Nettoeinkommen von 596 Stiftungen in den Vereinigten Staaten im Jahr 1969 mehr als doppelt so hoch wie das Nettoeinkommen der 50 größten Banken in den Vereinigten Staaten. Seit der Gründung der ersten Stiftung im Jahr 1790 hat die Zahl der Stiftungen in den Vereinigten Staaten zugenommen.

- 18 vor 1900)
- 76 von 1910 bis 1919.
- 173 zwischen 1920 und 1929.
- 288 von 1930 bis 1939.
- 1.638 zwischen 1940 und 1949.
- 2.839 zwischen 1950 und 1959
- Im Jahr 2002 waren es bereits 62.000 [174]

Stiftungen müssen nur 5 Prozent pro Jahr zu ihrer Philanthropie "beitragen", und die Mittel, mit denen internationale Banker ihr Geld verdienen, sind mehr als nur 5 Prozent Rendite. Darüber hinaus können diese 5 Prozent philanthropischer Investitionen auch dazu verwendet werden, soziale Auswirkungen und akademische Forschungskontrolle zu erzielen und sich selbst ein besseres soziales Klima und rechtspolitische Neigung zu größerem Profit zu verschaffen.

Heutzutage haben die Reichen und Berühmten das gleiche Spiel gelernt. Warum in der Fortune-Liste erscheinen? Warum den Reichtum

---

[174] David Rivera, *Letzte Warnung: A History of the New World Order - Illuminism and the Master Plan for World Domination*, 1994.

auf den eigenen Namen schreiben und nicht auf den Namen eines anderen, wenn er doch unter der eigenen Kontrolle ist? Der Hauptzweck von Reichtum ist nicht die Befriedigung der Eitelkeit, sondern die Erlangung von Kontrolle, die für immer anhält! Auf diese Weise können sich die tatsächlichen Kontrolleure des börsennotierten Unternehmens dem Risiko entziehen, oft durch Aktiensurrogate. Der Unterschied zwischen China und Europa und den Vereinigten Staaten besteht darin, dass es kein "legales", "immerwährendes", "steuerfreies", "vererbbares", "Finanzgeheimnis", "verriegelbares", "ableitbares" juristisches Vehikel wie in Europa und den Vereinigten Staaten gibt, das den Reichen dabei hilft, ihren Reichtum zu verstecken, um ein großes "Upgrade" der Strategie der Vermögenskontrolle zu erreichen, nämlich den Übergang von der direkten zur indirekten Kontrolle und von der expliziten zur impliziten Kontrolle.

Die Hühnersuppe des Herzens sagt: Je mehr du aufgibst, desto mehr hast du.

Die Geschichte von Rockefellers späten Jahren wurde immer wieder als Klassiker in den Büchern von Chicken Soup for the Soul erzählt: Der alte Rockefeller lebte von Geld und sparte so viel er konnte, aber im Alter von 53 Jahren wurde bei ihm eine unheilbare Krankheit diagnostiziert, seine Medikamente waren unwirksam, und er konnte kaum mit weniger als zwei Dollar für Kekse und Joghurt überleben, obwohl er jede Woche Millionen von Dollar verdiente. Als er wieder zur Vernunft kam, begann er, den größten Teil seines Besitzes zu spenden, um wissenschaftliche Einrichtungen und Wohltätigkeitsorganisationen zu gründen, was seinem Leben eine neue Wendung gab, und er lebte glücklich bis zum Alter von 98 Jahren.

Chicken Soup for the Soul sagt also jedem: Je mehr du aufgibst, desto mehr hast du. Das stimmt tatsächlich, und die Rockefellers haben durch Spenden mehr bekommen. Und der Träger dieses "Wunders" ist die Stiftung.

Der alte Rockefeller war dafür berüchtigt, dass er in seinen Anfängen grausame, unversöhnliche und weithin kritisierte Taktiken anwandte. Er war einst der meistgehasste Mann in der amerikanischen Öffentlichkeit. Um das öffentliche Image zu revolutionieren, nimmt Rockefeller Sr. den Rat eines Beraters an, mit der Philanthropie groß herauszukommen.

Tatsächlich war der Schritt von Rockefeller Sr. weitaus effektiver und sinnvoller als nur das öffentliche Image zu verbessern.

Er spendete in erheblichem Umfang Eigentum, aber das "gespendete" Eigentum war nicht außerhalb seiner Kontrolle. Durch eine Reihe strategischer Maßnahmen, wie z. B. Stiftungen, hat Rockefeller eine immer stärkere Kontrolle über sein "geschenktes" Eigentum erlangt. Dies ist das "wissenschaftliche Prinzip des Gebens" von Rockefeller: Je mehr man gibt, desto mehr Kontrolle hat man.

Die erste von Rockefeller gegründete Stiftung war die Rockefeller Foundation, die 1910 ins Leben gerufen wurde.[175] Bis 1910 hatten die meisten US-Bundesstaaten das 16 Amendment verabschiedet, das eine Einkommenssteuer auf progressives Einkommen vorsah. Die Rockefeller Foundation ist wohl der erfolgreichste und effektivste "Vorsteuerplan", der die progressive Einkommenssteuer auf einen Schlag legal und vernünftig umgeht. Im gleichen Zeitraum wurde Standard Oil auf Anordnung des Richters Kenesaw Landis ausgegliedert, woraufhin das Rockefeller-Konsortium sofort mit der Gründung von vier steuerbefreiten Stiftungen reagierte und anschließend den größten Teil der Aktien des Konsortiums spendete. Das ist so, als würde man Geld aus der linken Tasche nehmen und es in die rechte stecken, aber das Geld verteilt sich und der Ruhm ist ein anderer. So konnten die verschiedenen ausgegliederten Ölgesellschaften das benötigte Geld erhalten und gleichzeitig Steuern auf ihre Gewinne und Vermögenswerte vermeiden. Die Aufnahme der Nachkommen der Familie in die Stiftungssatzung wird der Stiftung noch über Generationen hinweg "dienen", mit einem entscheidenden Vetorecht, und alles, was bleibt, ist der unerschöpfliche Nutzen. Dass das Rockefeller-Konsortium die Kontrolle durch das Eigentum an der Immobilie ersetzte, diente nicht nur der Steuervermeidung, sondern bewirkte auf wundersame Weise auch einen erheblichen Vermögenszuwachs. Da Stiftungen eine Vielzahl von Vermögenswerten, einschließlich Immobilien und Wertpapieren, kaufen und verkaufen können und keine Jahresabschlüsse veröffentlichen müssen, können sie einen unsichtbaren Einfluss auf den Markt ausüben.

---

[175] Ron Chernow, *Titan: The Life of John D. Rockefeller*, Sr., New York: Warner Books, 1998, (S. 563-566).

Das Geld wird in die Stiftung eingebracht, in mehrstufige Unternehmen in verschiedenen Branchen reinvestiert, und wenn der Umfang der Investition ausreicht, muss der Vorstand aller Unternehmen, in die investiert wird, von der Stiftung ernannt und delegiert werden. Obwohl das Geld also nicht mehr auf den Namen einer bestimmten Familie lautet, bleiben der eigentliche Verwalter und das Recht, das Geld zu verwenden, fest in deren Händen. Es ist zu beachten, dass das Geld jetzt nicht mehr auf den Namen, sondern auf den Nachnamen lautet. Auf diese Weise entfällt erstens die persönliche Einkommenssteuer, die auf das gesamte Geld von Lo erhoben worden wäre; zweitens wird auch die Schenkungssteuer eingespart, die auf das Geld von Lo erhoben worden wäre, wenn er es an "Zhong Lo", "Little Lo" und "Little Lo" verschenkt hätte; und drittens beträgt die Erbschaftssteuer, die fast das einzige Instrument ist, mit dem die Vererbung des Vermögens reicher Leute eingeschränkt werden kann, in den Vereinigten Staaten bis zu 50%, und da das Geld nicht mehr auf den Namen von Lo lautet, entfällt natürlich auch die Erbschaftssteuer. Durch Schenkungen hinterließ Lao Rothschild auf legale und vernünftige Weise Geld für sich selbst und "Zhong Rothschild", "Little Rothschild", "Little Rothschild", und "seine Kinder und Enkelkinder sind in unendlicher Not".

Seitdem hat Lowe's die Hälfte seines Jahreseinkommens an die Stiftung gespendet und damit sein steuerpflichtiges Einkommen erheblich gemindert. Bei der älteren Lowe's entfällt die Einkommenssteuer, bei der mittleren Lowe's, der kleinen Lowe's und der kleinen Lowe's werden Erbschafts- und Schenkungssteuern vermieden, und was noch besser ist, die Gewinne aus den Investitionen dieser Stiftungen sind auch von der Kapitalertragssteuer befreit. Dank der Vorteile der Steuerbefreiung konnte das Vermögen der Stiftung sprunghaft ansteigen. Was als gemeinnützig bezeichnet wird, ist im Grunde eine Nichtbesteuerung.

Rockefeller Sr. spendete Millionen von Aktien der Titanic Oil Corporation, die er besaß, an eine Stiftung namens Do Good Foundation, eine von Rockefeller kontrollierte Organisation. Die "Sublimierung" seines Besitzes war leicht zu bewerkstelligen, indem er die auf seinen Namen lautenden Aktien einfach auf die Stiftung übertrug. Stiftungen und Wohltätigkeitsorganisationen wie die Do Good Foundation sind zahlreich und vielschichtig, und sie leisten einen Beitrag zu zahlreichen Forschungs- und Medizinprojekten sowie zur Armutsbekämpfung, aber diese Ausgaben verblassen im Vergleich zu den versteckten Vermögenswerten der Wohlhabenden und den Steuern, die durch das Stiftungssystem vermieden werden. In Verbindung mit der Tatsache, dass die Kapitalerträge aus dem der Stiftung geschenkten Vermögen ebenfalls steuerfrei sind, ist das Rockefeller-Konsortium einerseits der eigentliche Eigentümer des Vermögens und andererseits von der Kapitalertragssteuer befreit, was sein Vermögen noch schneller wachsen lässt.

Die Washington Post hat berichtet, dass nach zwei Generationen sorgfältiger Familienführung der größte Teil des Vermögens des Rockefeller-Konsortiums auf Stiftungen verschiedener Ebenen und Stufen sowie auf deren Derivate, Tochtergesellschaften und Unternehmen unter direkter und indirekter Kontrolle übertragen wurde, was zu einem riesigen Netzwerk von Stiftungen führte. Die Finanzberichte der einzelnen Knotenpunkte des Stiftungsnetzes werden nicht geprüft, unterliegen nicht der Öffentlichkeit, und alle damit verbundenen Ermittlungen werden höflich und rechtlich zurückgewiesen, so dass sie aus dem Blickfeld der Buchhaltungs- und Regulierungssysteme geraten. Dies ist eigentlich die Erfindung der Rockefeller-Familie des großen Gesetzes der Vermögensverschleierung, dem die heutigen Superreichen alle folgen. Das Spiel von Gates und Buffett mit der Schenkung von Reichtum ist nichts anderes als eine Fortsetzung der Praxis der alten Rothschild-Familie aus dem frühen 20.

Nach sechzig oder siebzig Jahren im Geschäft kontrolliert die Familie Low einige Hundert oder sogar Tausende von Stiftungen und Tochtergesellschaften, ein Netzwerk, das niemand klar durchschauen kann. Das öffentlich ausgewiesene Vermögen der Familie Rock beläuft sich auf etwa 1 bis 2 Milliarden Dollar. Die Spitze des Eisbergs zu nennen, um alles zu beschreiben, dürfte nicht zutreffen. Der tatsächliche Reichtum der Superreichen lässt sich nicht messen, überprüfen und verfolgen.

Das ist das Geheimnis: Je mehr man aufgibt, desto mehr hat man unter Kontrolle.

Die Rockefellers, die "Familie der Straße"

Die Massenmedien vermitteln der Öffentlichkeit seit Jahren, dass die heutigen Großkonzerne von Lowe längst in Ungnade gefallen sind und nichts weiter sind als reiche Leute der Mittelschicht. Wenn der

Niedergang der Familie Rothschild von der führenden Position der Reichen in Europa auf die aufeinanderfolgenden Kriege in Europa und die Verwicklung der Rothschilds in die allgemeine Situation zurückgeführt wird, wie lässt sich dann das Verschwinden des Reichtums der Rothschilds vernünftig erklären? Das Rockefeller-Konsortium hat seit jeher die Öl-, Chemie- und Pharmaindustrie der USA kontrolliert und mehr als ein Jahrhundert lang die wichtigsten Banken geleitet, und die Geschichte der US-Wirtschaft wurde nicht durch aufeinander folgende Kriege unterbrochen. Bis heute beläuft sich das Gesamtvermögen der Rothschild-Familie auf nur 2 Milliarden Dollar, vergleichbar nur mit den reichen Chinesen, die in den letzten 20 Jahren ein Vermögen gemacht haben? Wir können genauso gut sehen, ob die internationalen Banker wirklich zu Hause sind.

Während der Präsidentschaftskampagne von Nelson Rockefeller in den 1960er und 1970er Jahren führte der US-Senat regelmäßig Anhörungen zu seinem Vermögensstatus durch. Nielsen gab zunächst an, sein persönliches Vermögen betrage etwa 33 Millionen Dollar. Nach einer ersten Untersuchung durch den Senat und nach wiederholten Konsultationen mit Nielsen änderte Nielsen seine Meinung und gab zu, dass sein persönliches Vermögen 218 Millionen Dollar betrug, sechsmal mehr als ursprünglich angegeben. Zu dieser Zeit, als der Dollar noch in der Ära des US-Dollars war, entsprach ein Dollar 0,88 Gramm Gold, und sein persönliches Vermögen belief sich auf 191 Tonnen Gold, die beim derzeitigen Goldpreis (900 $/Unze) heute das 25-fache wert sind wie damals. Die Zahl von 218 Millionen Dollar, die Nielsen dem Senat vorgelegt hat, ist schon ziemlich schwindelerregend, weit mehr als das persönliche Vermögen der ersten 37 US-Präsidenten zusammen.

Bei diesem persönlichen Vermögen handelte es sich jedoch bereits um die Stiftung der Familie Rockefeller, die den größten Teil des Vermögens an ihre eigene Familie "gespendet" hatte, während der Rest nach der Verteilung auf die 84 Familienmitglieder Nielsens eigener Anteil war.

Bei der Untersuchung des Privatvermögens von Nielsen durch den Senat wurde dieser mit der Tatsache konfrontiert, dass Nielsen in den 1970er Jahren mehrere Jahre lang keinen Pfennig Einkommensteuer gezahlt hatte, konnte sich dies aber nicht erklären. Der Grund dafür ist einfach: 1970 nahm Nielsens Team aus Finanzberatern und Rechtsanwälten eine "Aufteilung und Anpassung" seines Vermögens in seinem Namen vor, mit der unmittelbaren Folge, dass Nielsen danach mehrere Jahre lang überhaupt keine Einkommensteuer zahlen musste. Es wird geschätzt, dass das letzte, was die an der Untersuchung beteiligten Mitarbeiter damals tun wollten, war, die Telefonnummer von Nelsons engagiertem Steuerberater zu hinterlassen und sie anzurufen, wenn sie ihre eigenen Steuern einreichten.

Während der Untersuchung des Senats zu Nelsons Vermögen sprach er wortgewandt, und wenn Sie sich fragen, ob unsere Familie eine Art riesige wirtschaftliche Macht manipuliert, lautet meine Antwort, dass es sie nicht gibt. Wir investieren lediglich, wir kontrollieren nicht. Familienmitglieder sind nicht daran interessiert, Eigentum zu kontrollieren. Ob es sich um ein Familienmitglied oder ein Vermögensverwaltungsteam handelt, das Ziel und die Erwartung eines jeden ist es, eine angemessene Rendite zu erzielen. Wie groß ist also das Vermögensverwaltungsteam der Familie Loh?

Das Mastermind des Lowe's-Konsortiums ist Richardson Dilworth. Er schloss sich dem Lowe's-Konsortium 1958 an und wurde zum Hauptverantwortlichen für die Vermögensverwaltung der Familie. Bevor er zu Lowe's kam, war Richardson Dilworth ein Hauptpartner bei Kuhn, Loeb & Co. dem Äquivalent des heutigen Goldman Sachs zu Beginn des 20. Jahrhunderts, der bekanntesten Investmentbank der Wall Street, die eine entscheidende Rolle im Finanzsystem spielte. Zu ihren wichtigsten Partnern gehören Leibow, Kuhn, Warburg, die Familie Schiff und andere jüdische Finanzfamilien, die allesamt angesehene Investmentbanker sind. Kuhn, Loeb & Co. unterhält enge Beziehungen sowohl zum Rockefeller-Konsortium als auch zu JP Morgan.

Der umfangreiche Nachlass von Richardson Dilworth umfasst rund 1,033 Milliarden Dollar an persönlichen Vermögenswerten, die auf die Namen von 84 Nachkommen von Lowe lauten. Das Vermögen wurde hauptsächlich in zwei komplexen Trusts gehalten, die John D. Rockefeller Junior 1934 für seine Kinder und 1952 für seine Enkelkinder eingerichtet hatte. Es gibt mehr als 200 Stiftungen aller Art, die den Namen der Familie Low tragen, und die Zahl der Stiftungen und Trusts, die direkt oder indirekt über verschiedene Ebenen des Aktienbesitzes kontrolliert werden, ist weitaus größer und geht nach vorsichtigen Schätzungen in die Tausende. Alle Stiftungen und Trusts sind internationaler Natur, und ihre Aktivitäten und Gelder fließen ungehindert rund um den Globus und unterliegen kaum einer Regulierung, so dass es völlig unmöglich ist, ihre tatsächlichen Finanzströme und -volumina zu ermitteln. Die einzigen Namen, die wir sehen, sind Merrill Lynch oder Goldman Sachs, sowie andere wohlhabende Konsortien, die bei ihren massiven Investitionen und Projekten keine echten Namen nennen. [176]

Diese Stiftungen und Trusts nutzen und verwerten moderne kommerzielle institutionelle Beteiligungen in all ihren Formen und Nomenklaturen, mit komplizierten, ineinandergreifenden und verwirrenden Schichten und Verbindungen und mit einem starken Team von Star-Managern und Anwälten auf allen Ebenen, von denen man befürchtet, dass nur einige wenige hochrangige Vermögensanwälte eine Vorstellung von der wahren Anzahl und dem Umfang der Vermögenswerte haben. Nach dem Grundsatz des Schutzes des Privateigentums und der Vertraulichkeit von Informationen werden die finanziellen Verhältnisse und Details solcher Einrichtungen niemals offengelegt oder veröffentlicht und sind völlig undurchsichtig. Strukturell gesehen kann eine solche Einrichtung ohne jede Einschränkung auf der Ebene der Hierarchie, der Unterordnung und der Unterordnung eingerichtet werden, so dass der wahre Zustand der Einrichtung gut und dicht verborgen ist.

Die vom Senat veröffentlichten Ergebnisse geben nicht die Anzahl der Vermögenswerte der einzelnen Mitglieder der Familie Low an, sondern nur eine Gesamtzahl. Auch hier ist der Grund, dass die Privatsphäre in vollem Umfang respektiert werden sollte. Die Protokolle und Unterlagen über die Finanztreffen der Familie Low dürfen der Öffentlichkeit vorenthalten werden. Das Banner der Geheimhaltung privater Informationen verdunkelt sofort das Recht der gesamten Öffentlichkeit auf Kenntnisnahme.

Die Öffentlichkeit kann nur aus einer kleinen Menge öffentlich zugänglicher Informationen lernen, wie z. B..

Eines der Grundstücke der Familie Low in New York hatte 1930 einen Wert von mehr als 50 Millionen Dollar allein für das Land. [177]

Das Anwesen von Nielsens Sohn Steve hat 70 Meilen oder umgerechnet 100 Kilometer Privatstraßen auf mehr als 4.000 Acres, und frühere Informationen ergaben, dass das Anwesen 7.500 Acres (etwa 45.000 Acres) umfasst. Im Jahr 1929 gab es 75 Gebäude, in denen

---

[176] Gary Allen, *Die Rockefeller-Akte*, Buccaneer Books, Inc. 1976, p. 11.

[177] Ebd., S. 13.

mehr als 100 Familien lebten. Allein die Sammlung der familieninternen Dokumente des Anwesens hat einen Wert von 4,5 Millionen Dollar.

Unter Bezugnahme auf die "aufwendige Renovierung" des Anwesens zahlte Rockefeller Sr. 700.000 Dollar an Amtrak, um einen Abschnitt der Eisenbahnlinie auf dem "Territorium" des Anwesens abreißen zu lassen, und weitere 1,5 Millionen Dollar an ein College auf dem Anwesen als "Umzugskosten".

Dies ist nur eines der Anwesen der Lowe-Familie im Jahr 1930, ein weiteres Herrenhaus in New York mit 32 Zimmern, ein Schloss in Washington, mehrere weitere Anwesen in Maine, und nicht zu vergessen die verschiedenen Plantagen in Mittelamerika wie Venezuela, mehrere Farmen in Brasilien...

1975 kaufte Nielsen 18.000 Hektar Land in Texas mit dem einzigen Zweck, es als "Veranstaltungsort im Freien" zu nutzen.

In Pocantico Hill gibt es mehr als 500 Hausangestellte aller Art auf Abruf, darunter Reinigungskräfte, Sicherheitspersonal, Köche und Gärtner, 45 Hausangestellte in einem Resort in Seal Harbor und 15 Hausangestellte in einem Privathaus in Nelson. Die unvollständige Zählung der Bediensteten der Familie Rothschild hatte 2.500 überschritten. Alle Räumlichkeiten des Anwesens werden in perfektem Zustand gehalten, bereit für jeden Besuch, den die Gastgeber machen möchten.

Neben Immobilien halten die Lowers auch Aktien, die von Konsortien gehalten werden, um nur das Beispiel der Exxon Oil Company zu nennen, der umbenannten New Jersey Standard Oil Company, die nach ihrer Abspaltung Teil der Standard Oil Company war. Der Wert der von den Lowers direkt gehaltenen Exxon-Aktien belief sich auf 156 Millionen Dollar (1974), wobei die von den Lowers indirekt in Form von Stiftungen, Trusts usw. gehaltenen Aktien noch nicht berücksichtigt sind.

Das berühmte Rockefeller Center mit seiner veröffentlichten Bewertung von 98 Millionen Dollar ist eine lächerliche Zahl, und in einem Artikel in der Los Angeles Times vom 30. September 1974, der sich mit der Frage der genauen Bewertung des Rockefeller Centers befasste, hieß es, dass verschiedene Experten zu dem Schluss gekommen seien, dass eine Schätzung unmöglich sei. Auf dem Markt herrschte allgemein Einigkeit darüber, dass dieser Vermögenswert im Jahr 1974 1 Milliarde Dollar wert gewesen sein sollte. [178]

Zählt man die vom Rockefeller-Konsortium im Jahr 1975 verwalteten Anlagewerte grob mit, so umfasst die Aktienklasse California Standard im Wert von 85 Millionen Dollar, IBM im Wert von 72 Millionen Dollar und Unternehmensaktien im Wert von über 10 Millionen Dollar: Chase Manhattan, Mobil Oil, EaMac, General Electric, Texas Instruments, Minnesota Mining & Manufacturing, usw.

Das Rockefeller-Konsortium hält bedeutende Anteile an den 50 wichtigsten Unternehmen in den Vereinigten Staaten. Eine unvollständige Zählung zeigt, dass das Lowe's-Konsortium 154 Vollzeitmitarbeiter beschäftigt, die dieses Vermögen verwalten, und dass die direkten Assistenten des Big-Money-Verwalters Richardson Dilworth 15 Top-Finanzfachleute sind. Diese Mitarbeiter der Vermögensverwaltung sind auch als Direktoren und Manager bei verschiedenen Arten und Ebenen von Stiftungen und Trusts tätig und verwalten ein Vermögen von 70 Milliarden Dollar. Nochmals, um die Aufmerksamkeit des Lesers auf die Tatsache zu lenken, dass es sich um 70 Milliarden Dollar im Jahr 1974 handelt!

Das gilt für die Rockefellers, nicht aber für die Rothschilds und andere internationale Bankiersfamilien.

Neben ihrem Reichtum erweiterten die Rockefellers auch ihren gesellschaftlichen Einfluss, indem sie durch umfangreiche Mischehen engere strategische Allianzen mit den mächtigsten Familien Amerikas eingingen. Unvollständigen Statistiken zufolge unterhält die Familie Lowe's eine "Top-Down"-Ehebeziehung mit der Hälfte der 60 reichsten Familien in den Vereinigten Staaten. Dazu gehören vor allem Stillman, Dodge, McAlpin, McCormick, Carnegie und Aldrich.

Hebelwirkung und Vermögenskontrolle

Exxon löste 1974 General Motors als größtes Industrieunternehmen in der Liste der größten börsennotierten Unternehmen der Zeitschrift Fortune ab. Rockefeller hält Öl-Aktien im Wert von 324 Millionen Dollar, was in etwa einem Anteil von 2 Prozent

---

[178] Ebd., S. 15.

an jeder der vier größten Ölgesellschaften entspricht, und aus den Informationen, die in der Patman Congressional Inquiry von 1966 offengelegt wurden, geht hervor, dass neun Rockefeller-Familienstiftungen zusammen etwa 3 Prozent der Unternehmen unter Standard Oil halten. Mit dieser Zahl halten die Rockefellers effektiv einen Anteil von etwa 5 Prozent an den vier großen Ölgesellschaften. Zusammen mit den beträchtlichen Beteiligungen von Trusts, Banken, Versicherungsgesellschaften und Universitätsförderern unter ihrem Dach hat die Familie Low die direkte und absolute Kontrolle über die US-Ölindustrie.

Im Bankensektor gehören zu den von den Lowers kontrollierten Banken die First Nation City Bank und die Chase Manhattan Bank. Die Chase Manhattan Bank ist das drittgrößte Bankinstitut der Welt, und dieses Drittel ist in Bezug auf die Größe, es ist tatsächlich die einflussreichste Bank der Welt. Die Chase Manhattan Bank ist ein Zusammenschluss der Chase Bank und der Manhattan Bank, die von einer bekannten jüdischen Finanzfamilie kontrolliert werden. Dieser Zusammenschluss hat beiden Partnern erhebliche wirtschaftliche Erfolge und Vorteile gebracht. Später wurde diese Bank in die heutige JPMorgan Chase umgewandelt.

Das ist nicht alles, was sie besitzt.

In dem Bericht der *New York Times* wird argumentiert, dass ein Großteil der Geschäftstätigkeit der Chase Manhattan Bank über ihre ausländischen Institute abgewickelt wird und in den veröffentlichten Bilanzen nicht ausgewiesen ist.

Im Jahr 1975 enthüllte das Time Magazine, dass die Chase Manhattan Bank über 28 Niederlassungen in Übersee und mehr als 50.000 angeschlossene Banken weltweit verfügt. Geht man davon aus, dass eine Filialbank über Vermögenswerte im Wert von 10 Millionen Dollar verfügt, dann hat die Chase Manhattan Bank die Macht, über bis zu 500 Milliarden Dollar an potenziellem Vermögen zu verfügen. Einfluss und Dominanz in dieser Größenordnung können sofort enorme Schocks auf den weltweiten Währungs-, Devisen- und Goldmärkten auslösen und diese Schocks dann nutzen, um Paniksituationen zu erzeugen und davon zu profitieren, was eine typische Scherungsoperation ist.

Nielsen erklärte bei einer Anhörung, für das Amt des Vizepräsidenten kandidieren zu wollen: Ich selbst besitze keine Aktien der Chase Manhattan Bank.

Diese Aussage ist technisch einwandfrei und es gibt tatsächlich keine einzige Aktie der Chase Manhattan Bank unter seinem persönlichen Namen. Allerdings besitzt die Familie Low 623.000 Aktien (das entspricht 2,54%) der Chase Manhattan Bank, die Rockefeller Brothers Foundation 148.000 Aktien, die Rockefeller University 81.000 Aktien und die Rockefeller-Familie und mit ihr verbundene Institutionen besitzen zusammen den Gegenwert von 4% der Mehrheitsbeteiligung an der Chase Manhattan Bank.

Der Jahresbericht von Chase für 1974 wies ein Gesamtvermögen von 4,2 Milliarden Dollar und ein jährliches Nettoeinkommen der Familie Low von 170 Millionen Dollar aus.

Die Kontrolle und der Besitz eines Unternehmens durch eine wohlhabende Familie ist ein sorgfältig gehütetes Geheimnis, und wenn sie aufgefordert wird, einschlägige Informationen offenzulegen, geben sie die Namen einer Reihe von Finanztreuhandbüros (Street Names) an, um leicht davonzukommen. Die Angaben zu den Besitzverhältnissen der Finanzintermediäre sind in der Tat sehr vage und weichen stark von der tatsächlichen Situation ab, und einige Intermediäre sind so fiktiv, dass die so genannten Depotinformationen überhaupt nicht die Identität der tatsächlichen Inhaber und Begünstigten widerspiegeln.

Neben der Chase Manhattan Bank kontrolliert das Lowe's-Konsortium auch die größte Bank von New York, die National City Bank (NCB). Der Vorsitzende der Bank, Stilgman, war ein Geschäftspartner von William Rockefeller und einer der Manager der Standard Oil Trust Company. Seine beiden Töchter waren jeweils mit den beiden Söhnen von William Rockefeller verheiratet. Stilgemann war auch mit der wohlhabenden Familie Carnegie verheiratet. Diese "Top-Down"-Beziehung vergrößert die Macht der Familie Rockefeller.

Die dritte vom Lowe's-Konsortium kontrollierte Bank, die Hanwha Bank (Chemical Bank), wird hauptsächlich von der Familie Harkness kontrolliert. Edward Harkness, ein langjähriger Partner in engen Geschäftsbeziehungen mit Rockefeller Sr. und einer der Verwalter der Standard Oil Trust Company, war 1939 der zweitgrößte Aktionär von Standard Oil, gleich hinter Rockefeller Sr.

Außerhalb des Bankensystems verstärkt das Rockefeller-Konsortium seine De-facto-Kontrolle des Geschäfts durch das Versicherungssystem. Es ist allgemein bekannt, dass Geschäftsbanken der Hauptkanal für die Gewährung kurzfristiger Kredite an Unternehmen sind, während Versicherungsgesellschaften langfristige

Kredite bereitstellen. Das parallele Halten von Geschäftsbanken und Versicherungsgesellschaften ist gleichbedeutend damit, den Lebensnerv des Unternehmenskapitals in zwei Händen zu halten.

Infolgedessen hat sich die Gesamtkontrolle des Rockefeller-Konsortiums über das Unternehmen deutlich erhöht.

Das Rockefeller-Konsortium geht mit drei großen US-Versicherern Beziehungen ein, bei denen die Mitglieder der Geschäftsleitung ineinandergreifen: Metropolitan Insurance, Metropolitan Life Insurance und New York Life Insurance. Schätzungen zufolge kontrolliert das Rockefeller-Konsortium 25 Prozent des Vermögens der 50 größten Geschäftsbanken des Landes und 30 Prozent des Vermögens der 50 größten Versicherungsgesellschaften.

Durch die hohe Multiplikatorwirkung wird die Kontrolle des Rockefeller-Konsortiums über die sozioökonomischen Verhältnisse und den Wohlstand in beispielloser Weise verstärkt.

Einem Bericht des Bankenausschusses des Senats aus dem Jahr 1974 zufolge kontrollierte das Lowe's-Konsortium eine große Anzahl von börsennotierten Unternehmen zu 5%. Über andere Finanzinstitute wie Banken und Versicherungsgesellschaften wurde die Kontrolle des Rockefeller-Konsortiums über diese Unternehmen in Form von 5% direktem Eigenkapital plus 2% sonstigem Eigenkapital plus Managementbeteiligung erheblich verstärkt. Zu diesen Unternehmen gehören ExxonMobil Oil, Standard Oil of California, Standard Oil of Indiana, usw.

Zusätzlich zu den drei großen Banken und den drei großen Versicherungsgesellschaften hat das Rockefeller-Konsortium durch die Kontrolle der Treuhandabteilung der Bank eine weitreichende Kontrolle über das Geschäft erlangt. Die Treuhandabteilung der Bank spielt sowohl beim Aktienbesitz als auch bei den Stimmrechten eine entscheidende Rolle. Eine große Anzahl von Großanlegern vertraut ihre Aktien der Treuhandabteilung der Bank an und überträgt gleichzeitig die entsprechenden Stimmrechte an die Treuhandabteilung der Bank, damit diese in ihrem Namen die Entscheidungsgewalt über das Unternehmen ausübt.

Der Volksmund sagt, dass jedes Unternehmen zimperlich mit der Treuhandabteilung einer Bank umgeht. In den Händen der Treuhandabteilung einer Bank liegt eine bedeutende und entscheidende

Entscheidungsbefugnis. 1967 besaß sie 35 Milliarden Dollar an Treuhandvermögen, das sind 14 Prozent des gesamten Treuhandvermögens der Nation.

Durch diese direkten und indirekten Beteiligungen hat das Rockefeller-Konsortium eine starke und effiziente Kontrolle über Unternehmen in einer Vielzahl von Branchen erlangt.

Chase Trust Investment Management ist der größte Einzelaktionär von 21 der wichtigsten Unternehmen in den Vereinigten Staaten. Zu den Unternehmen, die direkt vom Lowe's-Konsortium kontrolliert werden, gehören United Airlines, Northwest Airlines, Long Island Power, National Steel, American National Airlines und 16 weitere große Unternehmen.

Unternehmen wie IBM, AT&T, Central Railroad, Delta Air Lines, Motorola, Safeway, Hewlett-Packard und andere wurden durch eine stark vergrößerte Kontrolle in das Reich des Rockefeller-Konsortiums einbezogen.

Zu den Unternehmen, die durch den Einfluss von Bankkrediten und die Verflechtung von Aufsichtsratssitzen in großen Unternehmen kontrolliert werden, gehören DuPont, Shell und andere.

Als wir die Informationen zu den verschiedenen Hinweisen zusammenfassten, stellten wir mit Erstaunen fest, dass das Rockefeller-Konsortium tatsächlich 37 der 100 größten Industrieunternehmen in den Vereinigten Staaten, 9 der 20 größten Transportunternehmen, alle größten Strom-, Wasser- und Gasunternehmen, 3 der 4 größten Versicherungsunternehmen sowie unzählige kleine und mittlere Investitionen, Kredite und Einzelhandelsgeschäfte kontrolliert.

Eine wirtschaftliche Kontrolle dieser Größenordnung und dieses Ausmaßes, das die Vorstellungskraft übersteigt, zieht zwangsläufig einen entsprechenden politischen Einfluss nach sich. Es ist schwierig geworden, zwischen den superreichen Konglomeraten und der Regierung zu unterscheiden, wer für die Entscheidungsfindung zuständig ist, und die beiden Seiten haben sich tief ineinander verwoben und sind zu einem Ganzen verschmolzen.

Die Washington Post schreibt, dass Nielsen, sobald er zum Vizepräsidenten gewählt wurde, in fast allen Fragen der öffentlichen Wirtschaft auf Interessen stoßen würde, die mit dem Rockefeller-Konsortium verbunden sind, was einen klaren Interessenkonflikt darstellt.

Darüber hinaus gibt es eine Verflechtung des Managements und eine gegenseitige Kontrolle unter den großen Stiftungen, wie dies bei prominenten großen Stiftungen wie der Rockefeller Foundation, der Ford Foundation und der Carnegie Foundation der Fall ist. Die Carnegie Foundation ist ein wichtiger Teil der Rockefeller Foundation, deren Hauptakteure Mitglieder der Association for American Foreign Relations sind, die von der Rockefeller Foundation kontrolliert wird, und zwei der sechs Hauptmitglieder des Financial Management Board sind Direktoren des Rockefeller Consortium Financial Institutions. Der Präsident der Ford Foundation von 1953 bis 1965 war Vorsitzender der Manhattan Bank, und sein Nachfolger war ebenfalls Direktor der Bank of Manhattan und diente als Präsident der Weltbank. Mehrere der Direktoren und Mitarbeiter der Ford Foundation sind Mitglieder der American Foreign Relations Association.

Untersuchung des Kongresses

Eine derart starke Kontrolle des Reichtums und des politischen Einflusses durch die Rockefellers erregte sicherlich schon früh die Aufmerksamkeit des US-Kongresses.

1950 leitete der Kongressabgeordnete Peterman eine Untersuchung des Stiftungsvermögens ein, um zu prüfen, ob die Stiftung verschiedene Vermögensportfolios zur Verschleierung von Marktmanipulationen nutzte. Die Ergebnisse dieser Untersuchung lauteten unter anderem: „Das Wirtschaftsleben unseres gesamten Landes ist mit den Geschäftspraktiken einer großen Anzahl von Stiftungen verflochten. Wenn nicht sofort etwas unternommen wird, wird jeder Aspekt des amerikanischen Lebens unter die Kontrolle der Stiftung geraten."[179]

Der Bericht wurde ohne weitere Maßnahmen vorgelegt, und es wurden keine Maßnahmen ergriffen, so dass er ohne Folgen endete.

1952 leitete der Kongressabgeordnete Eugene E. Cox die zweite Untersuchung des Kongresses über steuerbefreite Stiftungen, um gründlich festzustellen, ob diese Stiftungen ihre Mittel für Zwecke einsetzten, die den nationalen Interessen und Traditionen Amerikas zuwiderliefen. Von dem Tag an, als die Untersuchung eingeleitet

---

[179] Ebd., S. 40.

wurde, nutzte das Rockefeller-Konsortium seine alteingesessene Fraktion der Demokratischen Partei, um sie auf jede erdenkliche Weise zu behindern. Zunächst sparte es "Zeit wie Gold", und es wurden nur sechs Monate für diese riesige Untersuchung bewilligt, deren Abschluss mehrere Jahre in Anspruch nahm, dann verzögerte es wiederholt die Bereitstellung von Mitteln, errichtete zahlreiche Hindernisse und verzögerte immer wieder die Zeit, indem es die Einzelheiten des Untersuchungsprozesses diskutierte.[180]

Nach monatelanger Beharrlichkeit und vielen Rückschlägen und Schwierigkeiten war Senator Cox schließlich nicht mehr in der Lage, die Hindernisse seines Gegners zu überwinden, und im Laufe der Ermittlungen erkrankte er und starb schließlich.

Seitdem hat der Kongressabgeordnete Carroll Reece (R-Ky.) eine dritte Untersuchung eingeleitet, um die Ermittlungen im Laufe der Zeit zu vertiefen und fortzusetzen. Dieser Schritt löste sofort eine heftige Gegenreaktion des Lowe's-Konsortiums aus. Jedem ist klar, dass das System der Stiftung stark angefochten und bekämpft und höchstwahrscheinlich aufgelöst werden wird, wenn die Schlussfolgerungen der Untersuchung die Art der Stiftungsaktivitäten offenlegen.

Die Washington Post, die enge Beziehungen zu Low unterhält, schaltete sich sofort ein und beschuldigte die Untersuchung in einem selten harschen Ton, völlig dumm, nutzlos und eine Verschwendung öffentlicher Ressourcen zu sein.[181]

Die großen Mainstream-Medien, die nicht zurückbleiben wollen, haben Reese und die Untersuchung angegriffen, sie als "Verschwörungstheorie" bezeichnet und alles in ihrer Macht Stehende getan, um Reese zu verleumden, anzugreifen und lächerlich zu machen, indem sie ihn als "McCarthyisten" darstellten.

Die Ermittlungen werden fast völlig unterbrochen. Als die Untersuchung mit extremen Schwierigkeiten voranschritt, entdeckte Reese, dass vier der fünf Mitglieder des Untersuchungsausschusses alle Vertreter von Lowe's waren, außer ihm selbst. Von diesen Mitgliedern

---

[180] David Rivera, *Letzte Warnung: A History of the New World Order - Illuminism and the master plan for world domination*, 1994.

[181] Gary Allen, *Die Rockefeller-Akte*, Buccaneer Books, Inc. 1976, p. 43.

war der Abgeordnete Wayne Hays (R-Ky.) derjenige, der sich am lautesten gegen die Untersuchung wehrte, sie behinderte und sich ihr in den Weg stellte. Hayes ging regelmäßig jede Woche zum Mittagessen in ein Washingtoner Hotel und traf sich in dieser Zeit mit Vertretern mehrerer großer Stiftungen, um die Reaktion zu besprechen.

Hayes' Fähigkeit, zu unterbrechen, war während der Anhörung zum Ermittlungsverfahren so ausgeprägt, dass er während einer Anhörung, die 185 Minuten dauerte, 264 Mal unterbrochen hat. Er weigerte sich auch, sich an das Anhörungssystem zu halten, indem er ständig Zeugenaussagen angriff, beschimpfte und herabsetzte, ohne Unterbrechung unterbrach und schließlich die Unterbrechung der Anhörung veranlasste.

Hayes enthüllte auch, dass er von Seiten des Weißen Hauses kontaktiert wurde, um zu besprechen, wie die weitere Untersuchung der Kommission beendet werden kann.

Die Rees-Kommission hatte keine andere Wahl, als den Umfang ihrer Untersuchung immer wieder einzuschränken und sich schließlich auf die drei größten Stiftungen zu konzentrieren. Aufgrund des zunehmenden Drucks und der Obstruktion sowie zeitlicher, finanzieller und personeller Engpässe ist dies nun aber endgültig beendet worden.

Am 19. August 1954 fasste Reese diese Ermittlungsarbeit mit den Worten zusammen,

> *„Vielleicht sollte der Kongress anerkennen, dass die Stiftung in bestimmten Bereichen mächtiger geworden ist, zumindest mächtiger als die Legislative der Regierung."*[182]

Seitdem hat es keinen organisierten Widerstand der Regierung und des Kongresses mehr gegen die Stiftung gegeben.

Stiftungen, elitäre Gruppen und Regierungen

Der Höhepunkt des Monopolkapitalismus ist die Unterdrückung von Konkurrenten und die Ausschaltung des Wettbewerbs. Um dies zu erreichen, ist eine Zusammenarbeit mit der Regierung erforderlich. Und um eine größere Kontrolle über Industrie, Handel, Kapital,

---

[182] David Rivera, *Letzte Warnung: A History of the New World Order - Illuminism and the master plan for world domination*, 1994.

Technologie, Arbeitskräfte und Ressourcen im weiteren Sinne zu erreichen, bedarf es der Synergie mit der Regierung, bis eine Weltregierung erreicht ist.

Der Einfluss der internationalen Bankiers auf Politik und Regierung wird weitgehend indirekt durch die Initiierung und Finanzierung der American Foreign Relations Association erreicht. Die American Foreign Relations Association steht seit ihrer Gründung bis heute unter der Kontrolle des Lowe's Consortiums.

Jede gesellschaftlich einflussreiche Person in der amerikanischen Gesellschaft, von Anwälten, Bankern, Professoren und Generälen bis hin zu Journalisten, Redakteuren und Beamten, fast ausnahmslos Schwergewichte, die einen gewissen Einfluss auf die politischen Entscheidungen der US-Regierung, insbesondere die Außenpolitik, haben, wurden vom Council on Foreign Relations rekrutiert.

Die überwiegende Mehrheit der aufeinanderfolgenden Präsidenten seit Präsident Roosevelt in den Vereinigten Staaten waren auch Mitglieder des Council on Foreign Relations. Die Präsidenten wechseln nach Amtszeiten, und die Regierungsbeamten sind Soldaten, aber der goldene Herr, der hinter dem Präsidenten steht, die Familienmachtgruppe hinter der Regierung, die goldene Macht hinter den drei Gewalten, hat sich nie geändert.

Der Einfluss der Rockefeller-Familie auf das Weiße Haus, der sich bereits während der Präsidentschaftswahlen von McKinley 1894 abzeichnete, setzte sich in der Roosevelt-Ära fort, wo der Einfluss von Low allmählich eine entscheidende Rolle spielte. Der New Deal von Roosevelt war eigentlich der New Deal von Rockefeller. Die meisten der im Rahmen des New Deal eingeführten Maßnahmen spiegeln die Geschäftsinteressen wider, die dem Lowe's-Konsortium zugute kommen.[183] Der wichtigste Vermittler, den Rockefeller um Roosevelt scharte, war Harry Hopkins. Hopkins leitete eine Sozialeinrichtung, die zehn Jahre lang von der Rockefeller-Stiftung finanziert wurde. Hopkins war das Alter Ego von Franklin Roosevelt, und ihre Beziehung war vergleichbar mit der von Colonel Howes und Präsident Wilson. "Hopkins' tatsächliche Macht während des Zweiten Weltkriegs war nach Präsident Roosevelt die zweitmächtigste Figur in Washington.

---

[183] Antony C. Sutton, *Wall Street und FDR*, Arlington House Publishers, 1975.

Hopkins gibt zu, dass Low ihm sehr geholfen hat und dass er Rockefeller viel zu verdanken hat.

Die Beziehung zwischen Nelson Rockefeller und Roosevelt reicht weit zurück. Während seiner Amtszeit als US-Handelsminister war Nelson Rockefeller eine wichtige Führungskraft im Rahmen von Roosevelts New Deal.[184] In einem Artikel der *New York Times* vom 20. Mai 1960 hieß es, dass Rockefeller ein sehr enger und guter Freund von Roosevelts Verwandten war. Sie verbrachten den Urlaub gemeinsam in Shangri-La, dem heutigen Camp David.

Eisenhowers erster Außenminister, Dulles, war ein Cousin von Rockefeller, und der zweite Außenminister, Chris, war Mitglied des Council on Foreign Relations und eine wichtige Führungskraft bei Standard Oil. Eisenhowers Generalstaatsanwalt war Mitglied der Foreign Relations Association und ein ehemaliger Rockefeller-Mitarbeiter. Bei seinem Amtsantritt wählte Eisenhower Hunderte von Bundes- und Bezirksrichtern und Anwälten sowie hochrangige Regierungsbeamte aus, die alle, ebenso wie 17 wichtige Regierungsbeamte der Eisenhower-Regierung, Mitglieder der Foreign Relations Association waren.

Präsident Kennedy selbst war Mitglied der Foreign Relations Association, und sein Außenminister Dean Rusk war ein Agent von Rockefellers direkter Vereinbarung. Kennedy hatte diesen Außenminister nicht einmal kennengelernt, bevor er ihn ernannte. Es ist nicht ungewöhnlich, dass Präsidenten wie Reagan und Jimmy Carter bei ihrer Ernennung zum Außenminister und zum Vorsitzenden der Federal Reserve diese Personen nie getroffen haben. Rusks offizielles Amt als Außenminister war auch das der Rockefeller-Stiftung, und er nahm tatsächlich eine "Beurlaubung" als Außenminister der Regierung der Vereinigten Staaten. Kennedys stellvertretender Außenminister ist ebenfalls Mitglied der Foreign Relations Association sowie Verwalter und Direktor der Rockefeller Brothers Foundation. Sein stellvertretender Handelsminister, Alexander Trowbridge, ist Mitglied des Council on Foreign Relations und Verwalter von Standard Oil. Er wurde während der Amtszeit Kennedys zum Handelsminister befördert, und der stellvertretende Verteidigungsminister, der zur gleichen Zeit befördert wurde, war Mitglied des Council on Foreign Relations.

---

[184] Gary Allen, *Die Rockefeller-Akte*, Buccaneer Books, Inc. 1976, p. 156.

Der Generalstaatsanwalt von Präsident Nixon war der königliche Berater von Rockefeller. Er war Nixons allgemeiner nationaler Koordinator und Berater während der Wahl. [185]

Nixons erster Vizepräsident Spiro Agnew, der bei den Wahlen 1968 Vorsitzender des Rockefeller-Wahlkomitees war, stellte sich bei den allgemeinen Wahlen gegen Nixon und wurde ihm später als politischer Berater zur Seite gestellt. Nixons prominentester Berater war Kissinger, der 10 Jahre lang als persönlicher außenpolitischer Berater von Nelson Rockefeller fungierte.

Kissinger war 1956 aus Deutschland in die Vereinigten Staaten eingewandert, und in weniger als 20 Jahren wurde er von einem ruhigen Harvard-Professor zur Seele der amerikanischen Politik, gerade weil er einen mächtigen Rockefeller-Vorstoß hinter sich hatte. Kissinger und Nixon waren sich in vielen politischen Fragen uneinig, und die beiden hatten sich nur ein einziges Mal getroffen, bevor Nixon Kissinger zum Assistenten für nationale Sicherheit ernannte, und Nixon hatte keine guten Gefühle für Kissinger. Aber Kissinger wurde von Rockefeller persönlich ernannt, und Nixon konnte bei der Ernennung nur "tun, was ihm gesagt wurde".

Alle 115 Beamten auf allen Ebenen der Nixon-Administration waren Mitglieder der Foreign Relations Association, von denen die meisten auch während der Ford-Administration in Schlüsselpositionen blieben. Während der republikanischen Präsidentschaft platzierte Nelson Rockefeller eine Reihe von Schlüsselkandidaten in Schlüsselpositionen wie den verschiedenen politischen Ausschüssen des Repräsentantenhauses und des Senats.

Was den Einfluss der Lowers auf das Weiße Haus angeht, so schätzte jemand 1975, dass mehr als 5.000 Beamte in hohen Positionen der Bundesregierung Kandidaten für das Rockefeller-Powerhouse waren.

Die Rockefellers haben ein großes Interesse an internationalen Angelegenheiten, insbesondere an auswärtigen Angelegenheiten, und haben dafür gesorgt, dass die beiden Schlüsselpositionen des Außenministers und des Leiters der CIA in den Händen der Rockefellers in aufeinanderfolgenden Regierungen liegen. Mit

---

[185] Ebd., S. 157.

Rockefellers Cousin Allen Dulles als erstem Direktor und einer kompletten Mannschaft ist die CIA vom Personal her fast der Übersee-Strafverfolgungsarm von Standard Oil. Der andere Cousin von Low, John Foster Dulles, war Eisenhowers Außenminister. [186]

Die Rockefeller-Gruppe und die aufeinanderfolgenden US-Regierungen sind wirklich zu einer Familie geworden, nicht zu einer von uns.

Rockefeller sagte, dass das Außenministerium in Washington unsere größte Hilfe sei, mit zahlreichen Botschaftern und Ministern, die uns helfen, neue Märkte in den entlegensten Winkeln der Welt zu erschließen. Die US-Regierung dient den Interessen und verfolgt die Politik der Rockefeller-Gruppe auf allen Ebenen. Der Reporter der Washington Post, Jack, schreibt, dass die politischen Entscheidungen des US-Außenministeriums in gewisser Weise auf die Interessen der Ölgesellschaften ausgerichtet sind. Wenn eine Ölgesellschaft im Ausland einen bestimmten Vorteil nicht erhalten kann, schreitet das US-Außenministerium ein, um das Problem zu lösen. In vielen Ländern fungiert die US-Botschaft als Auslandsbüro eines Ölkonzerns. Der Schatten der sieben großen Ölgesellschaften ist in der Politik des Staatsrats allgegenwärtig.

> Rockefeller hat auch die Wahl des Finanzministers fest im Griff, um sicherzustellen, dass das Finanzministerium als Bankzweig von JPMorgan Chase fungiert.
> Robert Anderson, Eisenhowers Schatzmeister, ist Mitglied des Council on Foreign Relations
> Douglas Dillon, Kennedys Schatzmeister, ist Mitglied des Council on Foreign Relations und Treuhänder der Rockefeller Brothers Foundation
> Johnsons Schatzmeister, Henry Fowler, ist Mitglied der Foreign Relations Association
> William Simon, der Finanzminister von Ford, ist Mitglied der Foreign Relations Association.

---

[186] Ebd., S. 159.

In den letzten Jahren wurde diese Macht jedoch nach und nach von den Investmentbanken der Wall Street an sich gerissen.

Stiftungen und das Bildungssystem

Im Jahr 1890 veröffentlichte Andrew Carnegie eine Sammlung von elf seiner Essays in einem Buch mit dem Titel The Gospel of Wealth. In seinem Buch geht er davon aus, dass das System der freien Marktwirtschaft vor den Industrie- und Finanzgiganten ihrer Generation, die nicht nur über absoluten Reichtum verfügen, sondern auch die Regierung kontrollieren, an sein Ende gekommen ist. Er befürchtet jedoch, dass die nächste Generation von Menschen heranwächst, den Ernst des Problems erkennt und sich gegen dieses für sie vorteilhafte System auflehnt. Seine Schlussfolgerung ist, dass das Bildungssystem kontrolliert werden muss.

In der Erkenntnis, dass die regionale Zersplitterung des Bildungssystems in den Vereinigten Staaten wahrscheinlich nicht von Fall zu Fall "ausgemerzt" werden kann, verfolgen die Superreichen weiterhin eine "Channel King"-Strategie und konzentrieren sich auf Investitionen in Lehrerverbände und die Entwicklung von Bildungsmaterialien, die das Bildungssystem wirksam kontrollieren können, solange sie die Lehrer und die Bildungsinhalte fest im Griff haben. So investierte die Rockefeller-Stiftung in großem Umfang in das General Education Board, die wichtigste Lehrervereinigung in den Vereinigten Staaten.[187]

Rockefeller sagte einmal, dass wir über unbegrenzte Mittel verfügen, um Menschen gefügig zu machen, und dass die derzeitige Art der Erziehung längst überholt ist.

Die Rockefeller Foundation und die Carnegie Endowment finanzieren gleichzeitig die Entwicklung und den Vertrieb von Schulbüchern in großem Umfang und üben so auf indirektem Wege Einfluss auf das Bildungssystem aus. Wenn zwei oder mehr Generationen unter dem erzieherischen Einfluss der gleichen Ideologie aufwachsen, werden sich die Denkmuster mehrerer Generationen allmählich in eine Richtung entwickeln. Die Rockefeller Foundation und die Carnegie Foundation haben die Schulbuchindustrie in Schulen

---

[187] Ebd., S. 44.

und Bildungseinrichtungen auf allen Ebenen in den Vereinigten Staaten seit den 1920er und 1930er Jahren ohne Unterbrechung voll finanziert.

Neben dem Kanal liegt ein weiterer Schwerpunkt auf der Kontrolle des oberen Bereichs. 2/3 der Bildungsgelder der Rockefeller Foundation und der Carnegie Foundation sind für die Hochschulbildung bestimmt. In den 1930er Jahren stammten 20 Prozent der gesamten Hochschulfinanzierung in den USA von der Rockefeller Foundation und der Carnegie Endowment. Sie fungierten zum Teil als das US-Bildungsministerium. Der Einfluss, den diese beiden Stiftungen auf das amerikanische Hochschulwesen ausgeübt haben, war effektiv.

Die National Education Association, die größte Lehrervereinigung in den Vereinigten Staaten, die von den Rockefeller- und Carnegie-Stiftungen kontrolliert wird, erklärte 1934 in einem Bericht, dass das sterbende Modell des freien Marktes vollständig zerstört werden müsse und sich alle einer stärkeren sozialen Kontrolle unterwerfen sollten.

Diese Ansicht unterstützt die Idee von Rockefeller voll und ganz. Roche schlägt vor, dass "Wettbewerb eine Sünde" ist und beseitigt werden sollte. Diese Idee zielt darauf ab, Konkurrenten zu unterdrücken und auszuschalten, Monopole zu erlangen und eine größere Kontrolle über die Gesellschaft zu erlangen.

Öffentliche Meinungsbildung

Eine Beeinflussung der politischen und öffentlichen Meinung ist ohne Kontrolle der Medien nicht möglich.

Der Einfluss der Rockefeller-Stiftung auf die Medien beruht ebenfalls auf dem Grundprinzip "Der Kanal ist König". Erstens, die Kontrolle der Nachrichtenquellen durch die Kontrolle der drei großen Nachrichtenagenturen, die drei großen Nachrichtenagenturen sind die Quelle der Nachrichten für alle lokalen Printmedien, das Layout Inhalt und redaktionelle Ideen der großen lokalen Medien, die drei großen Nachrichtenagenturen sind die erste Priorität. Mit den drei großen Nachrichtenagenturen in ihren Händen hat die Rockefeller-Stiftung Printmedien wie Bücher, Zeitungen und Zeitschriften zusammengeführt.

Neben dem Grundsatz "Der Kanal ist König" müssen die Medien auch das hohe Niveau kontrollieren. Nach dem Prinzip "Fangt den Dieb vor dem König" hat Lok zunächst die New York Times, das Leitmedium der großen Medien, zu Fall gebracht. Die Position des Leitartikels der New York Times wird als Maßstab für die Perspektiven und Haltungen aller Mainstream-Medien dienen, die alle gleich bleiben, da die New York Times ihre Berichterstattung sofort anpasst.

Low schätzte auch die Washington Post sehr. Die in der Hauptstadt des Landes erscheinende Washington Post ist für Politiker ein unverzichtbarer täglicher Schreibtisch. Ihre Direktorin, Katharine Graham, ist Mitglied der Foreign Relations Association. Franklin Murphy, der die größte Zeitung des Westens, die Los Angeles Times, leitet, ist ebenfalls Mitglied der Foreign Relations Association. Low koordiniert die Interessen der großen Gatekeeper der Medien, indem er die Foreign Relations Association initiiert und finanziert.[188]

Im Bereich der Fernsehmedien ist William S. Paley, der CBS-Chef, dem mehr als 200 Fernsehsender und 255 Radiostationen gehören, Mitglied des Council on Foreign Relations und Hauptverwalter der Rockefeller Foundation.

NBC ist ein Fernsehsender, der mit der RCA verbunden ist. Ihr Direktor, David Sarnoff, ist Mitglied des Council on Foreign Relations.

ABC hat 153 Fernsehsender und ist auf Unterhaltungsprogramme ausgerichtet. Die Chase Manhattan Bank hält einen Anteil von 6,7 Prozent an ABC.

Durch Bank- und Treuhandbeteiligungen hält Rockefeller einen Anteil von 14% an CBS und einen Anteil von 4,5% an RCA.

Diese TV-Mediengiganten sind eigentlich alle unter dem Dach des Rockefeller-Konsortiums. Einige haben scherzhaft gesagt, ob ABC, CBS oder NBC, es ist eigentlich RBC, oder Rockefeller Broadcasting Company.

Es gibt noch einen anderen Bereich der Medien, der nicht ignoriert werden kann, und das ist die Werbung. Die Werbeeinnahmen machen 2/3 bis 3/4 der Gesamteinnahmen der Printmedien aus und sind sicherlich das goldene Huhn, das die Medien schätzen. Die größten Kunden für Werbung sind Ketten und Einkaufszentren. Die

---

[188] Ebd., S. 68.

Medienredakteure werden nicht zulassen, dass die Stimmen gegen die Goldmasters offen lauter werden.

Die größten Handelsketten und Fachgeschäfte in den Vereinigten Staaten, wie Macy, JCPenny, Sears usw., haben mindestens eines ihrer Vorstandsmitglieder, das Mitglied der Foreign Relations Association ist, und sind mit den Vorstandsinteressen von Banken und Unternehmen verflochten, die von Mitgliedern der Foreign Relations Association kontrolliert werden.

Darüber hinaus sind die Ölgesellschaften und Finanzinstitute wichtige Werbekunden in den Medien. Welche Art von Medien hat den Mut, sich herauszupicken, was die großen Goldmünzen nicht hören wollen?

Die Stiftung legt auch Wert auf die Ausrichtung religiöser Stimmen; die Vereinigten Staaten sind schließlich eine religiöse Macht, und der Einfluss religiöser Macht auf die Gesellschaft darf nicht unterschätzt werden. Die Rockefeller Foundation und die Carnegie Foundation finanzieren das New Yorker Theologische Seminar und den Bundesrat der Kirchen. Die Stimme der sozialen "Mainstream"-Theologie hat sich allmählich dahingehend verschoben, dass sie für die Entwicklung von Sozialplanung und -kontrolle sowie für die Kontrolle über Geld und wirtschaftliche Aktivitäten eintritt. Der Bundesrat der Kirchen hat über 40 Millionen Mitglieder in den Vereinigten Staaten. Die Machtwirkung eines solchen ideologischen Einflusses ist unermesslich.

Weltregierung: das Ziel des "anglo-amerikanischen Machtblocks"

> *„Einige glauben sogar, dass wir Teil einer geheimen Gruppe sind, die versucht, die Kerninteressen der Vereinigten Staaten zu gefährden, indem sie meine Familie und mich als "Internationalisten" darstellen, die sich verschwören, eine globale politische und wirtschaftliche Struktur - eine einzige Welt(regierung) - in Zusammenarbeit mit einigen Leuten in verschiedenen Ländern (mit den gleichen Idealen) zu schaffen.*

> *Wenn dies eine Anschuldigung ist, dann bekenne ich mich schuldig, aber ich bin stolz darauf."* - David Rockefeller [189]

Rhodes' ultimative Vision war es, dass die Vereinigten Staaten in den Schoß des Britischen Empire zurückkehren und dann mit den Briten und Amerikanern im Zentrum Mechanismen aufbauen, die das Evangelium ihres "guten Sozialsystems" in der ganzen Welt verbreiten und von einer darauf basierenden "Weltregierung" träumen. Natürlich ist dies keine gerechte Machtpyramide, und die anglo-amerikanische "Oberschicht" mit ihrer "großen Tradition" und "Eleganz" wird sich schamlos an die Spitze der Pyramide setzen, um die Welt "in einem viel größeren Maßstab als ihre Unterschicht" zu beherrschen.

Für dieses "große Ideal" richtete Rhodes einen Rhodes-Fonds ein, um junge Amerikaner zu ermutigen und zu finanzieren, in Europa zu studieren und die amerikanische Jugend zu erziehen, damit sie auf das Ziel einer weltweiten Einheitsregierung hinarbeitet. Jahrzehntelang haben große Gruppen der amerikanischen Eliten, die von der rhodesischen Denkweise beeinflusst waren, die Idee einer Weltregierung aufgegriffen und verfolgt. Der ehemalige US-Präsident Clinton wurde mit dem Rhodes-Stipendium ausgezeichnet.

"Nach dem Ende des Zweiten Weltkriegs hatte Großbritannien unwiederbringlich die Möglichkeit verloren, die Vereinigten Staaten in seine eigene Umlaufbahn zurückzudrängen, und die Stärke beider Seiten hatte sich grundlegend verändert, während sie eine weitaus ernstere Bedrohung als Nazi-Deutschland teilten, nämlich die Sowjetunion.

So wurde eine vollständige Integration der beiden Seiten angestrebt, um die Herausforderungen der Sowjetunion und anderer Mächte zu überwinden und eine "Weltregierung" zu errichten.

Wenn es um die Weltregierung geht, sind die Eliten in zwei große Fraktionen gespalten: fortschrittlich und radikal.

Die Progressiven befürworten eine Weltregierung durch die Organisation regionaler Bündnisse, die schrittweise erweitert und dann miteinander verbunden werden.[190] Die Bildung der Atlantischen

---

[189] David Rockefeller *Memoirs*, Random House, 2002, S. 405.

[190] Clarence K. Streit, *Union Now*, Harper & Brothers, 1940.

Allianz ist ein typisches Beispiel dafür. Die Atlantische Allianz verstößt im Grunde genommen gegen den Geist der US-Verfassung und verrät die autonomen Ziele einer unabhängigen und souveränen Nation, aber diese Organisation und die Ideen, die sie vertritt, werden von einer großen Anzahl wohlhabender Personen geteilt. Die Atlantische Allianz hat 871 wohlhabende Mitglieder, von denen 107 Mitglieder der Foreign Relations Association sind. Mitte der 1970er Jahre zählte die Atlantische Allianz über 2.000 Mitglieder. Eine wichtige von der Organisation geförderte Resolution ist die "Atlantic Alliance Resolution", die für die Aufhebung der Unabhängigkeitserklärung der Vereinigten Staaten und die Schaffung einer neuen anglo-amerikanischen Union jenseits der Grundsätze der Verfassung der Vereinigten Staaten eintritt.

1949 wurde die "Atlantic Alliance Resolution" offiziell in den Kongress der Vereinigten Staaten eingebracht und natürlich nicht vom Kongress angenommen, ein Vorschlag, der für die große Mehrheit seiner Mitglieder zu schockierend war, um ihn sofort zu akzeptieren. Seitdem wurde der Vorschlag jedes Jahr zur Diskussion gestellt und von Schwergewichten wie Rockefeller, Nixon, Eisenhower, den Gebrüdern Dulles, Kissinger und McCarthy befürwortet und unterstützt. 1975 wurde er erneut in das Repräsentantenhaus eingebracht, wo er von 111 Mitgliedern des Hauses unterstützt wurde. Jahrelang hatte die Atlantische Allianz die heimliche Unterstützung der Familie Rockefeller. Nelson Rockefeller bietet der Atlantischen Allianz kostenlos ein Bürogebäude in der 10 East 40Street in New York zur Nutzung an.[191]

Der radikale Flügel der Weltregierung wird von James Warburg vertreten, dem Sohn von Paul Warburg von den "Siebzehn Großen Bankiersfamilien". Paul war der Chefarchitekt der Federal Reserve, ein Partner der bekannten Wall-Street-Investmentbank Coon Rapo, und James war Finanzberater von Präsident Roosevelt. Die United World Federal (UWF), die James 1947 gründete, wurde in großem Umfang von den Rockefellers finanziert. James Warburgs berühmter Slogan lautet "Eine Welt oder keine". Unter anderem schrieb der sehr radikale Professor Milton 1949 einen Artikel, in dem er forderte, die amerikanische Flagge abzureißen und auf sie zu spucken.

---

[191] Gary Allen, *Die Rockefeller-Akte*, Buccaneer Books, Inc. 1976.

Eine der wichtigsten Quellen geistiger Stärke für den radikalen Flügel der Weltregierung war die Zündung der ersten Atombombe in der Geschichte der Menschheit durch die Vereinigten Staaten im Jahr 1945, und als James Warburg 1947 die "Weltföderationsbewegung" (UWF) gründete, besaß kein zweites Land mehr Atomwaffen. Die Massenvernichtungswaffen verleihen den Elementen der "Weltföderationsbewegung" psychologisch gesehen ein hohes Maß an Arroganz, und diejenigen, die mir folgen, werden Erfolg haben, und diejenigen, die sich mir widersetzen, werden untergehen, und diejenigen, die es wagen, sich der Weltregierung zu widersetzen, werden vom Angesicht der Erde getilgt werden. Dies ist der Vorschlag von James Warburg aus dem Jahr 1954:

> *„Wir sollten eine Weltregierung haben, ob es den Menschen gefällt oder nicht. Die Frage ist nur, ob diese Weltregierung durch (friedlichen) Konsens oder (gewaltsame) Eroberung zustande kommt."*

"Die Idee der World Federal Movement ist, dass der Weltfrieden durch eine einheitliche Weltorganisation und ein einheitliches Weltsystem erreicht werden kann. Eine große Anzahl junger Menschen in den Vereinigten Staaten ist von diesem Trend beeinflusst worden und glaubt, dass ein solches System die individuelle Freiheit, die Freiheit des religiösen Denkens und den Weltfrieden vollständig garantieren würde. "Die World Federal Movement arbeitet seit Jahrzehnten an der Errichtung einer Weltregierung, ohne sichtbare Fortschritte zu erzielen.

Die Rockefeller-Gruppe hat die Aktionen sowohl der Progressiven als auch der Radikalen in verschiedenen Formen stark finanziert, aber die amerikanische Öffentlichkeit im Allgemeinen dazu zu bringen, die traditionelle Vorstellung eines unabhängigen Staates zugunsten einer Weltregierung aufzugeben, wird keineswegs über Nacht geschehen. Progressive und Radikale haben jahrzehntelang unermüdlich daran gearbeitet, aber sie sind noch weit von ihrem eigentlichen Ziel entfernt.

Daher schufen die Befürworter der Idee einer Weltregierung ein drittes Organisationsgremium, die Trilaterale Kommission, um die Perspektiven und Ansätze zu ändern und weiter auf ihr Gesamtziel hinzuarbeiten. Die Trilaterale Kommission wurde von Brzezinski geleitet, der eine andere Auffassung vertrat als die Atlantische Allianz und die "World Federal Movement". Brzezinski argumentiert, dass es weder intuitiv noch gefühlsmäßig akzeptabel ist, von den Amerikanern zu verlangen, die Idee eines unabhängigen Staates, die eine jahrhundertealte Tradition darstellt, völlig aufzugeben. Die Förderung der Weltregierung sollte allmählich das Endziel der "Rettung der Nation in der Kurve" durch indirekte, langsame, euphemistische, raffinierte und gewundene Mittel und Wege erreichen.

Die Vorstellungen des Atlantischen Bündnisses sind zu eng gefasst, um den Herausforderungen der schrittweisen Multipolarisierung der Welt seit den 1970er Jahren, einschließlich der Situation des Kalten Krieges und der komplexeren internationalen Spielbeziehungen, gerecht zu werden. Anstatt direkt und offen für ein einfaches Konzept einer Weltregierung einzutreten, sollte die öffentliche Aufmerksamkeit auf die gemeinsamen Probleme der Welt und die Suche nach kohärenten Lösungen gelenkt werden, wie z.B. die Wirtschaftskrise, die Verschlechterung der ökologischen Umwelt, die Erschöpfung der Energievorräte usw.

Es liegt auf der Hand, dass dieser Prozess nicht vorankommt, wenn sich die Regierungen und die Öffentlichkeit nur mit lokalen Fragen und internen Angelegenheiten befassen.

Die Einrichtung einer globalen Weltregierung kann nur dann wirklich in Angriff genommen werden, wenn alle Länder der Welt, von den nationalen Führern bis hin zur breiten Öffentlichkeit, sich gemeinsam auf dieselben Themen konzentrieren und allmählich einen Konsens und ein einheitliches Denken erreichen.

Die Befürworter der Idee einer Weltregierung lassen sich in vier Hauptrichtungen einteilen.

(1) Die Schaffung eines neuen Weltwährungssystems.

(2) Die weltweite Ressourcen- und Umweltkrise.

(3) Förderung der Integration und Konsolidierung des Welthandels.

(4) Energiekrise.

Ihre allgemeine Idee ist es, zu integrieren und zu kriseln, den Konsens bei der Integration voranzutreiben, auf die Bedingungen zu warten, während man vorankommt, eine Krise zu schaffen, während man wartet, in der Krise zu handeln.

Jedes Land, das diesen Weg nicht einschlägt und sich nur auf seine eigenen internen und lokalen Probleme konzentriert, wird zwangsläufig mit drei großen Herausforderungen konfrontiert: der Nahrungsmittel-, der Energie- und der Finanzkrise. Das Ausmaß und die zerstörerische Kraft dieser Krisen wären mit der Großen Depression der 1920er und 1930er Jahre vergleichbar. Die Staats- und Regierungschefs mussten sich zusammensetzen, um die dringende Notwendigkeit zu erörtern, Kompromisse zu schließen und einen Teil ihrer wirtschaftlichen und monetären Souveränität aufzugeben, um einen wirksamen Konsens zu erzielen.

An diesem Punkt mag mancher ein triumphierendes Lächeln auf dem Gesicht haben. Man fragt sich, warum die internationalen Bankiers, die enormen Einfluss und Kontrolle über die Vereinigten Staaten erlangt haben, sich für die Abschaffung der amerikanischen Unabhängigkeit und Souveränität und die Errichtung einer Weltregierung einsetzen.

Dies ist die Ideologie, die von mehr als 95 Prozent der Mitglieder der American Foreign Relations Association geteilt wird und die in gewisser Weise die unabhängige Souveränität der Vereinigten Staaten aufhebt und abschafft, um eine breitere und tiefere globale Kontrolle zu erreichen und die "ehrgeizige Vision" einer Weltregierung zu verwirklichen. Dieses ehrgeizige Ziel hat verschiedene Formen von Prozessen durchlaufen, manchmal radikal, manchmal langsam, manchmal auf Umwegen, aber diese allgemeine Plattform hat sich nie geändert.

In einer Zeit, in der die schlimmste Wirtschaftskrise seit acht Jahrzehnten über den Globus hinwegfegt, rückt ein scheinbar unerreichbares Ideal näher. Der Finanz-Tsunami von 2008 könnte das lang erwartete Geschenk des Himmels gewesen sein!

KAPITEL IX

Nach dem Finanz-Tsunami

Roosevelt sagte bekanntlich,

> *„Keines der großen historischen Ereignisse ist zufällig und natürlich eingetreten, und alle sind ausnahmslos das Ergebnis einer sorgfältigen Planung."*

Oder hat Roosevelt durch die Linse gesehen, dass hinter allen Ereignissen Menschen stehen und dass sich ein Ereignis nicht zu einem Großereignis entwickelt, wenn es ohne Nutzen für alle beteiligten Parteien stattfindet. Je weitreichender und komplexer ein Ereignis ist, desto größer sind die Notwendigkeit einer starken organisatorischen Koordinierung und die Schwierigkeiten, die überwunden werden müssen, um es zu verwirklichen. Es ist schwer vorstellbar, dass jemand bereit wäre, etwas so mühsam Unattraktives zu tun, wenn er nicht ein erhebliches Interesse daran hätte.

So ist es mit politischen Ereignissen in der Geschichte, und so ist es mit finanziellen Ereignissen. Hinter den Finanzmärkten steht nach wie vor das Spiel des menschlichen Interesses, und der ganze Zweck der Beteiligung der Menschen an den Finanzmarktaktivitäten besteht darin, Gewinne zu erzielen. Wie bei anderen Interessenspielen müssen sich die Teilnehmer an die Spielregeln halten, einschließlich aller potenziellen Regeln. Der Unterschied auf den Finanzmärkten besteht einfach darin, dass die Interessen der Menschen standardisiert und so verpackt und bepreist wurden, dass sie besser "liquide", weniger kostspielig und schneller zu transferieren sind. Infolgedessen spiegeln große Finanzereignisse auch die Interessenlandschaft der supergewichtigen Teilnehmer wider, und diese energiegeladenen Superspieler spielen oft eine entscheidende Rolle bei der Beeinflussung des Marktes an wichtigen Wendepunkten.

Der globale Finanz-Tsunami von 2008 war nichts anderes als eine Wiederholung der menschlichen Natur, mit einem ähnlichen Muster von menschlicher Gier und Angst und Super-Gewinnern, die die menschliche Schwäche sehen und sie bis zum Äußersten ausnutzen und den größten Nutzen daraus ziehen, verglichen mit den Krisen der Geschichte.

Der Kern des Zinsspiels ist ein Nullsummenspiel, und solange die Legalität des Privateigentums in Kraft bleibt, kann es irgendwann nur noch einen einzigen Eigentümer desselben Vermögenswerts geben, ob materiell oder immateriell. Was auf den Finanzmärkten gehandelt wird, ist das Eigentum an standardisierten Interessen (verkörpert in Vermögenswerten oder Rechten an den Erträgen von Vermögenswerten), das niemals geteilt werden kann und in der Regel exklusiv ist.

Das Wesen dieses Finanz-Tsunamis besteht darin, dass Finanzderivate die Illusion von Mehrfacheigentum an ein und demselben zugrundeliegenden Vermögenswert schaffen, und wenn der zugrundeliegende Vermögenswert nicht durchgängig ausreichende Renditen erwirtschaftet, um das geschaffene Benefit-Ownership zu füllen, und schließlich von den Marktteilnehmern entdeckt wird, manifestiert sich eine Krise der Verdrängung des Benefit-Ownership. Finanzielle Vermögenswerte wie CDOs sind ihrem Wesen nach iterative und mehrfache Reproduktionen des Eigentums an Vermögenserlösen, und diese virtuellen Eigentumstransaktionen sind typisch für "Schneeballsysteme".

Die Frage ist, ob die internationalen Banker wirklich nicht verstehen, dass ein solch offensichtliches "Schneeballsystem" zwangsläufig in einem finanziellen Desaster enden muss. Es gibt nichts "unvorhergesehenes" Neues an solchen Betrügereien, die sich im Laufe der Geschichte viele Male wiederholt haben. Die Krise war eigentlich vorherbestimmt und wurde lange vorhergesagt.

Tatsache ist, dass Buffett bereits 2005 Finanzderivate als "Massenvernichtungswaffe" bezeichnete; Paulson erklärte Präsident Bush bereits 2006 in Camp David, dass die Finanzderivatekrise kurz vor dem Ausbruch stehe; Fannie Mae und andere Unternehmen begannen ebenfalls im Sommer 2006, in großem Umfang Mitarbeiter zu entlassen; auf dem Titelbild der Januarausgabe 2007 des britischen Magazins *The Economist* war bereits deutlich zu sehen, wie Greenspan seinem unglücklichen Nachfolger Bernanke den "Zünder" der US-

Wirtschaft hinhielt.Die [192]Manager großer Hedgefonds bloggten 2005 darüber, wie man CDOs und anderen "toxischen Schrott" an "dumme" asiatische Investoren verkaufen kann. Selbst als Currency Wars in der zweiten Jahreshälfte 2006 fertiggestellt wurde, wies es eindeutig auf die große Krise bei den Finanzderivaten und die unvermeidliche Entstehung des "Zwei-Raum-Problems" sowie auf die großen Risiken für den US-Dollar und die US-Staatsschulden hin und sagte voraus, dass sich die Subprime-Hypothekenkrise unweigerlich zu einem globalen Finanz-Tsunami entwickeln würde, der schließlich zu einer schweren Rezession in der Weltwirtschaft führen würde.

Und stimmt es, dass Greenspan, der Chef der US-Geldpolitik, die herannahende Krise 2006 immer noch nicht erkannte? War seine Nachsicht mit Finanzderivaten unbeabsichtigt oder absichtlich? Stimmt es, dass eine solche globale Finanzkrise, die es seit einem Jahrhundert nicht mehr gegeben hat, "zufällig" und "unvorhergesehen" ist?

Um all dies zu verstehen, müssen wir uns zunächst in die geistige Welt von Greenspan begeben, der so sehr für die Krise verantwortlich ist, und erfahren, was er und die von ihm vertretene herrschende Weltelite wirklich denken und welche strategischen Ziele sie zu erreichen versuchen, wohin sich die Welt bewegt und wie sich die Krise entwickeln wird.

Was China am meisten fehlt, ist nicht ein Experte in einem bestimmten Bereich, sondern ein strategischer Denker, der die Grenzen zwischen den Bereichen überwinden kann. Im Rahmen des konformistischen Bildungssystems wurden die meisten Fachleute in verschiedenen Bereichen zu "Bücherregal"-Gelehrten geformt, deren Gehirne in erster Linie dazu dienen, Informationen zu speichern und sie nach vorgegebenen Mustern zu verarbeiten. Die richtige Frage zu stellen, bedeutet bereits die Hälfte des Problems zu lösen. Was bedeutet es, kreativ zu sein? Das Herzstück der Kreativität ist die Fähigkeit, Fragen zu stellen, die von der Norm abweichen, und die Perspektive der Frage bestimmt die Breite und Tiefe der Ideen, die den "zentralen Prozessor" bilden, der die riesigen und komplexen Informationsressourcen sammelt, verarbeitet und aufbereitet. Forschung, die nicht die richtigen Fragen stellt, ist so seelenlos wie ein

---

[192] *The Economist*, 2006.

wandelnder Leichnam, und Forschung, der es an starken Ideen mangelt, kann nur den Juckreiz kratzen.

Wir wissen, was wir wissen, und wir wissen, was wir nicht wissen, aber wir wissen nicht, was wir nicht wissen.

Greenspan: Ingenieur der Wirtschaftsmaschine

Der Name Greenspan, der größte Mathematiker des 20. Jahrhunderts, hat leider keinen Platz in der Rangliste, aber unter den Wirtschaftswissenschaftlern ist er ein absolutes Genie für seine Super-Sensibilität für Zahlen und Modelle.

Während seines Studiums an der NYU School of Business belegte Greenspan wichtige Kurse in Finanz- und Rechnungswesen. In seiner Autobiographie erwähnt er ein Praktikum bei einer amerikanischen Wirtschaftsorganisation während seiner Schulzeit. Bei diesem Unternehmen handelt es sich um die Brown Brothers, die sich an der Wall Street einen großen Namen gemacht haben.

Eines der ersten Dinge, die Greenspan bei Brown Brothers tat, war die Zusammenstellung und Anpassung einiger der von der Federal Reserve veröffentlichten Daten, insbesondere der großen Supermarktketten, auf wöchentlicher Basis. Die Aufgabe mag einfach erscheinen, ist aber umständlich und mühsam. Da es damals noch keine Computer gab, war es nicht einfach, Statistiken rein von Hand zu erstellen. Viele manuelle Berechnungen, ständiges Zeichnen von Diagrammen mit Bleistift und ein Prozess, bei dem ein Datensatz mit einem Schlag angepasst wird. Es ist ein superlangweiliger Job, den Greenspan mit großem Interesse ausübt. Er scheint mit einem hohen Maß an Sensibilität für Zahlen geboren zu sein, und angesichts langweiliger und uninteressanter Zahlen ist er in der Lage, Dinge zu erkennen, die andere mit ihren Augen nicht sehen können. Durch diese Arbeit hat sich Greenspan die soliden Grundlagen der Statistik angeeignet. Vor allem aber hat seine Supersensibilität für Daten, die sich an der wissenschaftlichen Methode orientiert, den Bereich erreicht, in dem er "die Daten ihre eigene Geschichte erzählen lässt".

Nach dem College arbeitete Greenspan in der Statistikabteilung von The Conference Board, einer in New York ansässigen

Denkfabrik,[193] einer Einrichtung, die genau der Federal Reserve Bank of New York diente. Die umfangreiche Bibliothek der NIA wurde zum wichtigsten Teil von Greenspans Leben. Durch diese Bücher und statistischen Berichte begann Greenspan, die Mechanismen der amerikanischen Wirtschaft zu verstehen und[194] zu begreifen, wie die verschiedenen Industriesektoren funktionieren und miteinander verbunden sind und zusammen das gesamte nationale Wirtschaftssystem bilden. Greenspan verstand die Entwicklung der industriellen Systeme seit Beginn der industriellen Revolution, von der Dampfmaschine bis zur Textilindustrie, von der Eisenbahn bis zur Metallurgie, von der Schifffahrt bis zum Schiffbau, vom Maschinenbau bis zur Rüstungsindustrie, vom Telegrafen bis zum Telefon, von der Kohle bis zum Erdöl, vom Auto bis zum Flugzeug ... unzählige sozioökonomische Schrauben wurden in seinem Kopf zusammengeschraubt, um die riesige Maschine der Volkswirtschaft in Gang zu halten.

Die Bibliothek der NIA bot Greenspan auch eine große Auswahl an Statistiken. Die meisten dieser Statistiken sind "alt", und viele stammen aus der Zeit um den Bürgerkrieg im Jahr 1861, als die Gesellschaft eine vollständige und umfassende Sammlung detaillierter Statistiken über fast alle wichtigen Industrie- und Handelszweige in den Vereinigten Staaten zusammenstellte. Greenspan ist in der Bibliothek der NIA wie eine Maus, die in eine Reisschüssel gefallen ist, und ist von diesen Statistiken einfach begeistert. Wenn er sich mit der Baumwollindustrie befasst, verbringt er seine Tage damit, alle Arten von Baumwolle zu studieren, von den Zutaten über die Sorten bis hin zu den Kategorien, den Produktionsprozessen, einschließlich der verschiedenen Baumwollsorten in der Industrie, wie sie zu verwenden sind, wie sie zu verarbeiten sind, welche Baumwollverarbeitungsmaschinen verwendet werden müssen und der gesamte Produktionsprozess, bis hin zu den Marktverkäufen, diese Daten sind in Greenspans Augen eine bunte Welt. Daten über die Bedeutung der Vereinigten Staaten, wie z.B. der nationale Eisenbahnverkehr, die US-Kautschukindustrie und die Demographie

---

[193] Martin, J. (2000) *Greenspan: Der Mann hinter dem Geld*.

[194] Greenspan, Alan (2007) *Das Zeitalter der Turbulenzen*. Penguin Press.

der USA von 1890, sind für Greenspan noch überzeugender.[195] Diese grenzenlosen Zahlen und Informationen hätten andere in eine Falle gelockt, aber Greenspan las zu viel, um sie zu veröffentlichen. In einem Meer von Daten eingetaucht, erlangte Greenspan schnell ein tiefes und umfassendes Verständnis der amerikanischen Statistiken über alle Branchen hinweg.

Im Laufe der Jahre hatte Greenspan ein Verständnis für die Gesamtmechanik der US-Wirtschaftsmaschine gewonnen, und mit seinem sorgfältigen Studium historischer Daten aus verschiedenen Branchen war der junge Greenspan zu einem erfahrenen "technischen Arbeiter" auf dem Gebiet der Wirtschaftsmaschine geworden. Er ist mit den Grundsätzen der Maschine vertraut, kennt die verschiedenen Betriebsparameter gut und hat beträchtliche "historische Erfahrungen" mit den dynamischen Daten der einzelnen Komponenten und deren Verknüpfungseffekten gesammelt.

Sein Gehirn ist mit einer Software ausgestattet, die den aktuellen Zustand und die Trends der Industrie in den Vereinigten Staaten als Ganzes schnell analysiert und den Daten das genaue Muster und den Puls der wirtschaftlichen Aktivität entnimmt. Durch intensives Lesen und Sammeln von Daten über Jahre hinweg ist es dem "Geiger-Modell" gelungen, einen einzigartigen und genauen Datenfluss und ein Datenmodul für die Analyse des Betriebszustands der gesamten Wirtschaftsmaschine und der lokalen Industriekomponenten zu schaffen. Wird eine Reihe von Grundparametern der Wirtschaftstätigkeit eines Unternehmens eingegeben, so kann in Greenspans Gehirn sofort ein Bericht erstellt werden, der den makroökonomischen Zyklus vorhersagt, automatisch begleitet von einem vollständigen Histogramm und einem Liniendiagramm.

Wie Ingenieure in anderen Berufen interessierte sich Greenspan nicht sehr für die Wirtschaftstheorie, denn Ingenieure interessieren sich für die Lösung der verschiedenen Probleme, die sich in der Praxis stellen, und nicht für abstrakte theoretische Erkundungen. In seiner Autobiographie erwähnt Greenspan auch, dass er sich nicht sehr für Keynes' Makrostudien interessierte und dass seine Begeisterung auf der technischen Ebene lag, insbesondere bei Daten und Modellen. Greenspan interessiert sich mehr dafür, wie die Wirtschaftsmaschine

---

[195] Ebd.

tatsächlich funktioniert, und weniger dafür, wie die Wirtschaftstheorie erklärt wird.

Von den theoretischen Studien war die einzige, die Greenspan beeindruckte, ein Kurs, den er 1951 bei Jacob Wolfowitz belegt hatte und der Datenstatistik mit Wirtschaftstheorie verband.[196] Der Professor war der Vater von Wolfs, der später als stellvertretender Verteidigungsminister der Vereinigten Staaten während der Amtszeit von Bush Jr. diente. Wolfs Jr. war einer der Hauptarchitekten des Irakkriegs, ein führender Vertreter des Neokonservatismus, nachdem er aus dem Verteidigungsministerium ausgeschieden war und später als Präsident der Weltbank diente.

In dem von Wolfs geleiteten Kurs machte sich Greenspan zum ersten Mal mit der völlig neuen Idee vertraut, Variablen zwischen wirtschaftlichen Strukturen mithilfe der mathematischen Statistik zu konstruieren. Bevor er mit der heute als Ökonometrie bezeichneten Theorie in Berührung kam, hatte Greenspan bereits ein erstes, von ihm selbst entwickeltes "Greystoke-Modell", um eine vollständige und ausgereifte Analyse der gesamtwirtschaftlichen Entwicklung und der dynamischen Trends zu erstellen, aber er hatte noch kein relativ klares theoretisches System entwickelt und es fehlte ihm an mathematischen Werkzeugen für eine genaue Darstellung.

Als Greenspan zum ersten Mal von den ökonometrischen Konzepten von Professor Wolfezy hörte, war er sofort begeistert und spürte, dass er sich in diesem Bereich auszeichnen würde. "Sobald die Daten in das mathematische Modell der Ökonometrie importiert sind, kann es sofort Vorhersagen über künftige wirtschaftliche Trends machen. Da Greenspans Daten aus der Produktionspraxis stammen und über eine riesige Zeitspanne von Jahren gesammelt wurden, führt die mathematische Vorlage des "Greystoke-Modells" in Verbindung mit der Superdatenbank in seinem Gehirn zu Ergebnissen, die weitaus genauer und realistischer sind als rein theoriegestützte Wirtschaftsmodelle.

Die Datenbank in Greenspans Gehirn ist nicht nur reichhaltig und umfassend, sondern auch insofern einzigartig, als sie eine riesige Menge an historischen Informationen umfasst. Im Laufe der langen Geschichte haben sich die Branchen ständig weiterentwickelt und

---

[196] Ebd.

verändert, und verschiedene Daten haben im Laufe der Entwicklung der Wirtschaftssysteme dynamische Datenflusswege gebildet. "Der theoretische Rahmen und das Modellsystem des Gertrude-Modells sind nicht statisch und isoliert, sondern haben ein beträchtliches Maß an selbst-evolutionären und selbst-lernenden Eigenschaften. Sein Verständnis für die Gesetze des wirtschaftlichen Funktionierens gewann im Wesentlichen an Bedeutung, als er die Unterstützung durch mathematische Werkzeuge erhielt.

In Greenspans Gehirn entstehen klare makroskopische Bilder, die die Naturgesetze und die Himmelskörper im Sinne Newtons nachahmen. In seinem Kopf lässt sich die Welt vollständig in ein komplexes mathematisches Modell einbauen, und solange sich die Daten lange genug ansammeln, ist es logischerweise möglich, mithilfe dieses Modells künftige Wirtschaftstrends vorherzusagen. Wenn die richtigen Ausgangsvariablen eingegeben werden, werden die vom Greco-Modell ausgegebenen künftigen Wirtschaftstrends der Realität sehr nahe kommen.

Zu diesem Zeitpunkt hatte Greenspan in seinem Herzen den Mount Everest erklommen, und er konnte die Weltwirtschaft mit einem Gefühl von Größe und Mut betrachten. Er versucht, der Welt mit seinem eigenen Modell einen Sinn zu geben, und nutzt seine Daten, um diese Spekulation zu überprüfen.

Der Koreakrieg machte Greenspan über Nacht zum Erfolg

Greenspans Besessenheit und sein Vertrauen in Daten und mathematische Modelle erreichten mit dem Ausbruch des Koreakrieges ihren Höhepunkt.

Während des Krieges wurden Informationen über die Rüstungsindustrie, wie z. B. Daten über die Herstellung von Kampfjets, Bombern und anderen neuen Flugzeugtypen, aufgrund der massiven Vorbereitungsmaßnahmen des US-Verteidigungsministeriums als militärisches Geheimnis blockiert. Viele Glieder der Wirtschaftskette sind eng mit dem Flugzeugbau verbunden, z. B. Hersteller von Spezialmetallen, Aluminium, Kupfer und Stahl, Spezialhandwerker und Ingenieure, und diese Industriegruppen benötigen dringend Informationen über die militärische Produktion. Die sozioökonomischen Auswirkungen des militärischen Flugzeugbaus sind insgesamt enorm, insbesondere im Steuerjahr 1953, als die

Militärausgaben 14% des BIP betrugen, was ziemlich alarmierend ist. In Ermangelung von Daten über die Rüstungsindustrie tappen die Analysten an der Wall Street und in vielen Branchen im Dunkeln, was die Auswirkungen von Kriegshandlungen auf die künftige wirtschaftliche Entwicklung angeht.

An diesem Punkt meldete sich Greenspan zu Wort. In der Überzeugung, dass die Fortsetzung der kollektiven Blindheit der Wall Street und der mit ihr verbündeten Industriezweige sich negativ auf die US-Wirtschaft auswirken würde, meldete er sich freiwillig, um seine eigenen Informationen über die militärische Produktion zu projizieren, die von den Militärs streng blockiert und geheim gehalten wurden. Greenspan stützt sich dabei auf sein übergroßes Vertrauen in das "Greystoke-Modell", das sich auf statistische Daten stützt, die im Laufe der Jahre über verschiedene Industriezweige in den Vereinigten Staaten gesammelt wurden, und das durch die mathematischen Werkzeuge der Ökonometrie ergänzt wird.

Greenspan durchforstete zunächst öffentliche Informationsquellen und entdeckte sofort, dass das militärische Geheimhaltungsbüro kein Vegetarier war und dass alle Informationen über die Herstellung von Militärflugzeugen, von Flugzeugtypen, verwendeten Materialien, Flugzeugkonfigurationen bis hin zur Anzahl der geplanten Flugzeuge, vom Militär bis ins kleinste Detail blockiert worden waren.

Greenspan musste auf öffentliche Informationsquellen verzichten und stattdessen nach Daten aus der Zeit des Zweiten Weltkriegs suchen. Denn im Jahr 1940 hatte das US-Militär diese militärisch-industriellen Daten nicht geheim gehalten. Greenspan durchsuchte die Kongressakten der 1940er Jahre nach den begrenzten Daten über Anhörungen und offizielle Veröffentlichungen in den betreffenden Branchen, wobei er die in den Akten der 1940er Jahre gesammelten Daten als Maßstab nahm, und versuchte auf möglichst vielen Wegen, die öffentlich verfügbaren Daten und Informationen zu allen Aspekten der Flugzeugindustrie zusammenzutragen. Auf einmal stapelten sich auf Greenspans Schreibtisch die Betriebshandbücher der Ingenieure, die Produktionsaufstellungen der verschiedenen beteiligten Unternehmen, die Managementerklärungen und die umfangreichen statistischen Aufstellungen des Bundes sowie die vom US-Verteidigungsministerium zugänglichen Auftragsdaten der peripheren Industrien.

Das "Gertrude-Modell" ist in Betrieb.

Auf der Grundlage von Referenzdaten aus der Zeit des Zweiten Weltkriegs mit begrenzten öffentlichen Informationen, wie z. B. dem Gewicht eines bestimmten Flugzeugtyps, beginnt das "Greystoke-Modell" mit der Berechnung des Anteils und der Menge von Aluminium, Kupfer und Stahl in den Materialien, die in den Flugzeugkomponenten verwendet werden, und berechnet nach und nach das in jedem Flugzeug verwendete Material, um dann die Gesamtsumme zu konsolidieren und wiederum die wirtschaftlichen Auswirkungen der US-Militärindustrie auf die Komponenten der gesamten Wirtschaft, wie Kupfer, Stahl, Metallurgie, Schienenverkehr, Elektrizität und andere Industrien, zu extrapolieren.

Im Jahr 1952 wurden Greenspans Forschungen bekannt. Der Artikel mit dem Titel "The economics of the United States Air Force" löste im Pentagon sofort ein "Erdbeben" aus. Die erste Reaktion des Militärs war, dass es sich bei Greenspan um einen hochrangigen Spion handeln musste, denn die von ihm veröffentlichten Statistiken stimmten so gut mit den geheimen Daten des US-Militärs überein, dass das Pentagon sofort zu dem Schluss kam, dass "dieser Mann über unsere geheimen Daten verfügt haben muss, denn sonst wären sie nicht so genau gewesen".

Aber Greenspan kann in der Tat mit aller Aufrichtigkeit versichern, dass "dies wirklich nicht der Fall ist. "Er sagte, dass diese Ergebnisse vollständig aus dem "Greco-Modell" abgeleitet wurden.

Das Pentagon war fassungslos und sprachlos.

In der amerikanischen Wirtschaftswelt ist Greenspan wie ein aufsteigender Stern in das Bewusstsein vieler Menschen gerückt.

In den 1950er Jahren hatte Nova Greenspan guten Grund zu der Annahme, dass er zum Newton der Physik aufgestiegen war. Die grundlegenden Gesetze und universellen Regeln der Weltwirtschaft waren fest in seiner Hand. Mit dem geringsten Anstoß von Gottes Hand kann er alle Richtungen der Weltwirtschaft präzise berechnen.

Gerade als Greenspan wie ein Stern aufging, stürzte ein anderer heller Stern am Nachthimmel auf ihn herab. Ihr gleißendes Licht schoss direkt in Greenspans Herz und verblasste nicht mehr.

Ayn Rand: Greenspans spiritueller Leiter

> *„Die Giganten des Denkens, die Sie so sehr bewundern, haben Sie gelehrt, dass die Erde flach ist und Atome die kleinste Materie sind. Der gesamte Prozess der Wissenschaftsgeschichte ist ein Prozess, in dem immer wieder Irrtümer aufgedeckt werden, und nicht ein Prozess, in dem etwas erreicht wird.*
> *Nur die Unwissendsten und Ignorantesten glauben noch an diese altmodische Aussage, die Dinge so zu sehen, wie sie sind. Was man sieht, ist das, was man in erster Linie anzweifeln muss."*
>
> Ayn Rand [197]

Wenn es jemanden gibt, der den Namen von Ann Rand nicht kennt, dann kann diese Person sicherlich nicht als American Pass bezeichnet werden. Ann Rands Schriften haben die Weltanschauungen der Eliten in den Vereinigten Staaten und in der gesamten westlichen Welt seit den 1950er Jahren tief beeinflusst.

Ayn Rand ist eine Schriftstellerin sowjetisch-jüdischer Abstammung, die in ihren jungen Jahren in der Sowjetunion lebte und als junger Mann in die Vereinigten Staaten einwanderte. Sie hat enge und ungewöhnliche Beziehungen zur internationalen Bankenfamilie in Europa und Amerika. Ihr 1957 veröffentlichter *Atlas Shrugged* war mit 1.168 Seiten und einer Auflage von 80 Millionen Exemplaren nach der Bibel das am zweithäufigsten verbreitete Buch der westlichen Welt. Es wurde gesagt, dass das Buch "einen Zug entgleisen lassen könnte, wenn man es auf die Gleise stellt". Vor der Veröffentlichung schlug ein Redakteur von Random House vor, Teile zu streichen, worauf Ann Rand antwortete: "Würden Sie die Bibel streichen? "Daraufhin wurde der Roman wortwörtlich veröffentlicht und löste in der[198] Folgezeit ein überspanntes geistiges Erdbeben in der amerikanischen Geisteswelt aus. Im Laufe des letzten halben Jahrhunderts wurde das Buch von der Kritik sehr gelobt und hat stark polarisiert.

1952, im Alter von 26 Jahren, wird Greenspan, der bereits für sein Talent bekannt ist,[199] durch einen Freund in den "Ann-Rand-Kreis" aufgenommen. Der ernste und etwas langweilige Greenspan hat sich gerade der glamourösen Schönheitsschriftstellerin Ann Rand genähert

---

[197] Rand, Ayn (1957), *Atlas Shrugged*, 50 Anniversary Edition.

[198] Martin, J. (2000) *Greenspan: Der Mann hinter dem Geld*.

[199] Ebd.

und verehrt sie bis zum Äußersten. In den folgenden mehr als acht Jahren reist Greenspan fast wöchentlich zu Ann Rands Haus, um mit ihr zu diskutieren. Es ist etwas rätselhaft, dass sich der "Ayn-Rand-Kreis" mit "hochkarätigen" philosophischen und ideologischen Fragen befasst, während Greenspan mit diesem Kreis eindeutig "nichts zu tun" hat, da er ein Experte für mathematische Modelle und Datenstatistiken ist und erwähnt hat, dass er in seiner Jugend nicht viel über makroökonomische Denkgewohnheiten verfügte und sich nicht für theoretische Fragen interessierte und dass sich die Aufregung hauptsächlich auf die praktische Ebene der Fähigkeiten oder Daten konzentrierte. Was um alles in der Welt hat ihn an Ann Rands kleinem Salon so interessiert?

Natürlich lieben wir alle die Schönheit, aber Greenspan schien sich nicht für die Schönheit zu interessieren, sondern der Mann, der Greenspan Ann Rand vorstellte, wurde schließlich der Liebhaber der Schönheitsschriftstellerin.

Stellen Sie sich vor, Sie würden acht Jahre lang einige Stunden pro Woche an einer Diskussion teilnehmen, was für moderne Menschen mit einem vollen Terminkalender zweifellos nicht leicht zu bewerkstelligen ist. Selbst wenn man in derselben Stadt wie ein geliebter Mensch oder ein Elternteil lebt, schafft es die große Mehrheit der Menschen nicht, zu einem wöchentlichen Treffen zu gehen, ganz zu schweigen von dem vielbeschäftigten Greenspan. Greenspan war eindeutig kein Romancier, geschweige denn ein Philosoph oder jemand, der sich für Makrotheorie interessiert. Er hielt so lange durch, dass es offensichtlich war, dass der kleine Salon von Ann Rand einen super "mentalen Magnetismus" besaß, der Greenspan mit seiner außergewöhnlichen Anziehungskraft faszinierte.

In der Tat waren es die Ideen und die Weltanschauung von Ayn Rand, die Greenspan anzogen, eine große seelische Herausforderung, der er nie zuvor begegnet war, ein geistiges Reich, das er sich nie zuvor hätte vorstellen können, eine intellektuelle Sublimierung, um die Mechanismen der Weltwirtschaft neu zu entdecken!

Der Zeitraum von 1952 bis 1957 war der Höhepunkt von Ann Rands Schaffen von Atlas Shrugged, und es waren auch die fünf Jahre, in denen sich Greenspans Weltbild grundlegend veränderte. Dieses Buch verpasste Greenspan nicht nur eine dauerhafte "Gehirnerschütterung", sondern machte Ann Rand auch zu einer lebenslangen geistigen Mentorin für Greenspan.

Der Atlas Achselzucken ist der griechische Gott Herkules, der mit einer Hand den geneigten Himmel trug und die Menschenscharen beschützte, aber die Menschen, die davon profitierten, schätzten ihn nicht so sehr, wie sie es hätten tun sollen, und waren respektlos gegenüber Herkules' selbstloser Hingabe.[200] Im Mittelpunkt des Buches steht die Tatsache, dass nur wenige Eliten in der Welt die "Herkules" sind, die "den Himmel tragen", die Eliten, die die Entwicklung der menschlichen Geschichte vorantreiben und die Quelle des sozialen Fortschritts sind. Aber diese Eliten wurden sozial ungerecht behandelt und nicht ausreichend gestärkt. Da die große Mehrheit der asylsuchenden Normalbürger ohne Geist und Seele jederzeit streiken oder sich wehren kann, was wird aus der Welt, wenn eines Tages auch die Eliten streiken?

Ann Rand wirft die ungewöhnlich brisante Frage nach der historischen Perspektive und Weltanschauung auf: Wer ist die treibende Kraft der Geschichte? Im Laufe der Jahrtausende langen Menschheitsgeschichte ist diese Frage immer wieder heftig diskutiert worden, ob die Masse der Menschen oder einige wenige Eliten die Haupttriebkräfte der historischen Entwicklung sind. [201]

Das "Auge des Buches" ist, dass Geld die zentrale Achse der verschiedenen Mechanismen ist, die das Funktionieren der Gesellschaft ausmachen, und dass sich die gesamten soziopolitischen, wirtschaftlichen, militärischen, kulturellen, künstlerischen, historischen und anderen Aspekte der Gesellschaft tatsächlich um Geld drehen. Die Idee dieses Buches ist es, keine Moral anzuerkennen, sondern zu glauben, dass Geld der einzige Maßstab für Moral ist. Diejenigen, die Geld haben, sind weitaus besser in der Lage, Reichtum zu schaffen als normale Menschen und werden zwangsläufig gesellschaftlich mächtig werden. Ann Rand war der Meinung, dass die Gesellschaft nur dann Fortschritte machen kann, wenn sie die Starken fördert und kein Mitleid mit den Schwachen hat.

Diese Sichtweise deckt sich sehr gut mit dem grundlegenden Ansatz und der Denkweise des Aufstiegs der Goldmächte. Mit anderen Worten: Wenn die Macht des Goldes nach Tausenden von Jahren der

---

[200] Rand, Ayn (1957), *Atlas Shrugged*, 50 Anniversary Edition.

[201] Rubin, Harriet (2007). "Ayn Rands Literatur des Kapitalismus". *Die New York Times*.

Unterdrückung in der Gesellschaft die Oberhand gewonnen hat und die Macht des Goldes in hohem Maße entfesselt wurde, werden die internationalen Bankiers, die im Besitz der Macht des Goldes sind, zu Recht die Herren der ganzen Welt und die Vorbilder und Verkörperungen der Moral werden.

Dieses Buch genießt in den oberen Rängen der amerikanischen Gesellschaft hohes Ansehen, weil es ihnen aus dem Herzen spricht. Der Bestseller des Buches ist zum großen Teil das Ergebnis eines konzertierten Vorstoßes und einer konzertierten Anstrengung der Weltelite, der herrschenden Elite, das Buch zu nutzen, um eine gründliche moralische Gehirnwäsche der Gesellschaft insgesamt durchzuführen.

The Atlas Shrug" wurde 2007 in China eingeführt, aber viele Menschen verstehen den spirituellen Inhalt des Buches nicht wirklich und halten es eher für ein Philosophiebuch oder einen Roman, und die Leser halten es für ein Buch, das eine rebellische Denkweise repräsentiert. Tatsächlich ist das Wichtigste an diesem Buch, dass es die geistige Welt der Supereliten, die diese Welt beherrschen, anschaulich darstellt. Durch die Lektüre dieses Buches kann der Leser die lebendige Seele des "anglo-amerikanischen Machtblocks" von erstaunlicher Energie berühren.

Wer ist die Hand Gottes?

> *„Es gibt viele Menschen auf dieser Welt, aber letztendlich gibt es nur zwei Arten von Menschen: die, die führen und die, die folgen. Das heißt, nicht der Protagonist zu sein, ist ein Drachensatz."*
>
> -Volksmärchen

Im Alter von 26 Jahren war Greenspan davon überzeugt, dass die Gesetze der Weltwirtschaft bereits in seinem "Greystoke-Modell" enthalten waren und dass sein "Greystoke-Modell" mit den richtigen Ausgangsvariablen in der Lage sein würde, die Gesetze der gesamten Wirtschaft zu berechnen, so wie es Newton in der Welt der klassischen Mechanik getan hatte.

Die Frage ist jedoch, wer die Anfangsvariable festgelegt hat. Darüber hatte Greenspan noch gar nicht nachgedacht. Nach Newton hat die Hand Gottes die Welt in Bewegung gesetzt, und der Rest ist so weit, wie die Newtonsche Mechanik es zulässt. Aber wer ist Gott im

Wirtschaftsleben? Wessen Hand hat das Wirtschaftssystem angetrieben und wessen Handfläche hält den Schlüssel zur Wirtschaftsmaschine? Mit dieser Frage wurde Greenspan zum ersten Mal frontal konfrontiert.

Nach der Begegnung mit Ann Rand erkannte Greenspan erstmals die Bedeutung der "Hand Gottes". Es war Ayn Rand, die Greenspans "Brainstorming" in Gang setzte, und es war Ayn Rand, die Greenspan eine Epiphanie von Antworten gab.

In seiner Biografie betont Greenspan, dass ihm die Bedeutung des Menschen für die Wirtschaftstätigkeit erst bewusst wurde, als er Ayn Rand kennenlernte, und als sich seine Beziehung zu Ayn Rand vertiefte, dämmerte ihm plötzlich, dass der Mensch tatsächlich das wichtigste Studienobjekt im Bereich der Wirtschaft war.[202] Natürlich war der Mensch, auf den sich Greenspan bezog, weder die alte Dame, die an der Tür Eis verkaufte, noch der alte Mann, der auf der Straße Tai Chi spielte; er bezog sich auf genau die herrschende Elite, die Ayn Rand so sehr gelobt hatte.

Sie sind es, die die Richtung bestimmen, in die die Wirtschaftstätigkeit läuft, sie sind es, die sie vorantreiben, und Greenspan hat immer nur den Zustand des sozioökonomischen Betriebs gesehen, nachdem er von ihnen angetrieben wurde, und diesen Zustand korrekt beschrieben, und das ist alles. Und er hatte nie zuvor darauf geachtet, wie die Anfangsbedingungen gesetzt wurden und wer diese Anfangsbedingungen setzte, wer die Wirtschaft in die eine Richtung trieb und nicht in die andere, wer die treibende Kraft der Wirtschaft war, wer die Hand Gottes war.

Es war diese Reihe von donnernden Fragezeichen, die Greenspan dazu brachten, Ann Rand acht Jahre lang zu besuchen, beginnend im Alter von 26 Jahren. Dieses geheimnisvolle und mächtige Magnetfeld ist weder Philosophie noch Kunst, geschweige denn Fiktion. Als Greenspan sich dem Zentrum des Magnetfelds immer mehr näherte, fragte er sich, wie die Hand Gottes zuschlagen würde.

Ann Rand wurde für Greenspan zum Leitstern, der sein Leben völlig neu gestaltete. Greenspans Epiphanie befreite ihn von mathematischen Modellen und Datenbeschränkungen. Seitdem ist Greenspan von Erfolg zu Erfolg geeilt.

---

[202] Greenspan, Alan (2007). *Das Zeitalter der Turbulenzen*. Penguin Press.

Ayn Rands Pseudo-Propaganda

Ann Rand ist eine entschiedene Kritikerin aller Formen von Politiken der sozialen Gerechtigkeit und staatlicher Eingriffe in die Wirtschaft, die sie als einen Akt der Beraubung der Reichen zur Unterstützung der Armen bezeichnet. Sie bringt extreme Verachtung und entschiedene Ablehnung gegenüber diesen sozialen Ideen zum Ausdruck, die die Gerechtigkeit betonen. Sie argumentiert, dass die Menge des Geldes die Fähigkeiten einer Person misst und dass nur die Starken mehr Reichtum schaffen und einen größeren Wert für die Gesellschaft darstellen können, weshalb sie nicht bestraft werden sollten. Das bestehende Sozialsystem besteht größtenteils darin, die schnellen Kühe zu peitschen, die Starken zu bestrafen und die Starken und Klugen zu zwingen, die Nutzlosen und Schwachen zu unterstützen, und in Ann Rands Augen ist dies sicherlich eine Sünde.

Ob die Regierung den von den Starken geschaffenen Reichtum mit Gewalt und Macht plünderte oder die Schwachen die Starken mit Weinen und Mitleid anflehten, zu geben, oder andere gesellschaftliche Moralvorstellungen und die öffentliche Meinung Druck auf die Starken ausübten, zu geben, oder alle möglichen verachtenswerten Menschen das Geld und den Reichtum der Starken stahlen und plünderten, diese Handlungen erschienen Ayn Rand als extrem falsch und absurd.

In der gegenwärtigen chinesischen Gesellschaft mögen ihre Ideen von einem Teil der Menschen mit großem Reichtum und materiellen Vorteilen von Herzen unterstützt werden.

Die Idee von Ayn Rand kann nicht von sich aus als Irrtum gewertet werden; sie verkörpert lediglich eine Disposition. Wer Recht und wer Unrecht hat, hängt davon ab, auf welcher Seite des Problems der Beobachter und Richter steht. Als Mitglied der gesellschaftlichen Elite würde man sich natürlich mit Ann Rands Urteil und Philosophie identifizieren und dieses Buch von Ann Rand von Herzen loben. Umgekehrt sind die Unterprivilegierten, diejenigen, die keinen Zugang zu großem materiellen Reichtum in der Gesellschaft haben und selbst arm sind, natürlich negativ und abweisend gegenüber Ayn Rand, die sie als inkompetente, unfähige und geborene "Parasiten" der Allgemeinheit bezeichnet.

Ann Rand stellt auch das Konzept der Parasiten auf einzigartige Weise in Frage. Während die gängige Meinung lautet, dass Kapitalisten und die Bourgeoisie Parasiten sind, die das Proletariat ausbeuten, stellt

Ann Rand in ihrem Buch eine Reihe scharfer rhetorischer Fragen: Warum werden die Eliten als Parasiten beschuldigt, wenn sie doch mehr Wohlstand geschaffen haben? Die Eliten schaffen Arbeitsplätze, warum werden sie als Ausbeuter betrachtet? Wie kommt es, dass die Elite, die die treibende Kraft hinter allen möglichen Erfindungen ist, von der Gesellschaft als unproduktiv eingestuft wird? Wie kommt es, dass die Elite, die weiß, wie man eine Sozialwirtschaft führt und somit eine Schlüsselposition einnimmt, von den Massen beschuldigt wird, zu mächtig und zu gut bezahlt zu sein? Mit einem Wort: Diese Leute haben das Geld und kontrollieren den Reichtum, und das steht ihnen zu, weil sie die größeren Anstrengungen unternommen haben. Die Allgemeinheit hingegen ist voller Lebensmittel, nutzlos, niederträchtig, unmoralisch, kurzsichtig, nachtragend, inkompetent und eifersüchtig auf die Starken. Die Schlussfolgerung ist also, dass die wenigen Eliten die treibende Kraft der historischen Entwicklung sind und die breite Öffentlichkeit der unfehlbare Parasit.

Ihre Worte und Ideen sind in der Tat sehr anregend und herausfordernd.

Keine Regierung würde die Ansichten von Ayn Rand offen unterstützen, nicht einmal in einem für Elitediktaturen so typischen Land wie den Vereinigten Staaten. Auch die Regierung kann angesichts einer solch nackten moralischen Predigt der heiligen Überlegenheit der Goldenen Macht durch Ann Rand nur schweigen. Denn auch die Vereinigten Staaten müssen über die Moral der Aufrechterhaltung einer oberflächlichen sozialen Harmonie nachdenken. In jeder Gesellschaft sind die extrem intelligenten und extrem fähigen Menschen die Minderheit an der Spitze der Pyramide, während die große Mehrheit der Menschen mit mittelmäßigen Fähigkeiten und durchschnittlicher Intelligenz den Großteil der Gesellschaft ausmacht. Jede Regierung ist sich der Tatsache bewusst, dass sie, wenn sie sich eindeutig auf die Seite der Wenigen stellt und sich gegen die politische Haltung der Mehrheit wendet, zwangsläufig große Erschütterungen und Unruhe in der Gesellschaft und der öffentlichen Meinung auslösen wird. Daher können sich weder die US-Regierung noch die Mainstream-Medien auf die Seite von Ann Rands Ansichten schlagen. Und so nahm die Kontroverse immer mehr an Schärfe zu.

Eine beträchtliche Anzahl von Menschen in der amerikanischen intellektuellen Klasse war gegen Ann Rands Ansichten. Ann Rand hat auch eine Reihe von Tiraden gegen sie verfasst, in denen sie diese Menschen als heuchlerisch und nutzlos bezeichnet. In diesem Punkt ist

Ann Rands Einschätzung nicht ganz falsch, aber keine Gesellschaft kann so gegensätzlich sein, so schwarz und weiß, wie sie behauptet. Die Kritik der Intellektuellen an dem Buch rührt von ihrem Unbehagen an der extremen Rhetorik Ayn Rands her, die ein prätentiöses und falsches Element enthalten mag, aber mehr noch von der Tatsache, dass Ayn Rands Theorie von der Vorherrschaft der Reichen die Grundfesten der menschlichen Natur in Frage stellt, d. h. die grundlegenden Werte dessen, was gut und was schlecht ist, werden gründlich in Frage gestellt und untergraben, und die Intellektuellen, die die Welt als ihr Geschäft betrachten, weigern sich natürlich, tatenlos zuzusehen. Die Vorstellung, dass Geld moralisch ist, ist für viele ebenfalls inakzeptabel, und wenn Geld als einziges Kriterium für die Beurteilung des Erfolgs einer Person herangezogen wird oder dafür, ob eine Person einen existenziellen Wert hat oder nicht, dann besteht kein Zweifel daran, dass die internationalen Banker die wertvollsten Menschen in der Gesellschaft sind, weil sie am besten wissen, wie man Geld macht und die Quelle und den Fluss der Geldschöpfung kontrollieren, und es ihr natürliches Recht ist, die Welt zu beherrschen, was ist mit allen anderen? Sind sie dazu bestimmt, als Sklaven geboren zu werden? Eine solche Sichtweise ist gefährlich und bedroht die Stabilität der gesamten Gesellschaftsstruktur.

Die Debatte darüber, ob Geld für Moral oder Sünde steht, ist nicht der springende Punkt; die zentrale Frage ist, ob die Verteilung des Geldes vernünftig und gerecht ist. Geld ist Reichtum, und Reichtum ist der gemeinsame Beitrag der Elite und der Allgemeinheit. Die Ungerechtigkeit in dieser Gesellschaft liegt letztlich im Geldverteilungssystem. Die Wurzel des Übels ist ein unvernünftiges Geldsystem, das institutionell dafür sorgt, dass die Verteilung von Leistungen einseitig zugunsten einiger weniger Eliten erfolgt und für die Allgemeinheit eine grobe Ungerechtigkeit darstellt.

Was Ann Rand vorschlägt, ist also nur ein Pseudo-Vorschlag. Es ist nicht nötig, darüber zu urteilen, ob Geld schön oder hässlich ist, das ist nicht der Kern des Problems, der wahre Kern ist, wie Geld rational verteilt wird. Ann Rand weicht dem Kern der Sache mit einem gigantischen Aufsatz aus, nämlich dass es die ungerechte Verteilung von Reichtum und die ungerechte Aufteilung und Aneignung von Reichtum ist, die die Wasserscheide zwischen Moral und Sünde darstellt.

In diesem Buch versucht Ann Rand, die Sichtweise des Geldes, die Moral der elitären Minderheit und damit die Akzeptanz der Rationalität einer von einer Minderheitenelite regierten Gesellschaft durch die

Allgemeinheit zu rechtfertigen. Dieses Buch von Ann Rand wurde als Pflichtlektüre für Grund- und Sekundarschüler in den Vereinigten Staaten bezeichnet. Wessen Regeln sind das? Natürlich der herrschenden Elite. Die herrschende Elite bringt der jungen Generation der Vereinigten Staaten diese Idee systematisch bei, indem sie die Bildungseinrichtungen und die American Teachers Association kontrolliert, einschließlich der Auswahl der Lehrmaterialien, und verschiedene Schulen weisen verschiedenen Altersgruppen verschiedene Kurzfassungen und verschiedene Stufen von Atlas Shrug zu. 80 Millionen sind keine vermarktbare Summe, sondern ein Zeugnis, das von der Elite durch eine gründliche Gehirnwäsche der gesellschaftlichen Bevölkerung "gefördert" wird. Dies ist der Grund, warum sich das Buch so gut verkauft, aber nicht der wahre Grund, warum es ein weltberühmtes Buch ist.

Die Mentalität, die Ayn Rand als selbstgerechte Herrscherin der Welt, als auserwählte Gruppe Gottes, als unvermeidliche und natürliche Herrscherin der Welt vertritt, schürt die Unzufriedenheit der Mehrheit, wo auch immer sie hingestellt wird. Denn die Allgemeinheit strebt von Natur aus nach einer Gesellschaft der Gleichheit und des wahren Guten, und niemand will ein Sklave sein, und Ayn Rands Buch stellt die Grundwerte und die moralische Grundhaltung der Menschen offen in Frage. Sie betont und vermittelt eine ungerechtfertigte Rationalität, und noch nachdrücklicher und wiederholt die besondere Bedeutung des Geldes und die Heuchelei der Sozialethik, die beide in direktem Widerspruch zum gesunden Menschenverstand und zur Intuition stehen.

„Wenn Herkules zuschlägt"

In dem Buch erzählt Ayn Rand die Geschichte einer massiven Systemkrise des "kollektiven Streiks des Herkules", den die herrschende Elite inszenierte und aufrechterhielt, um mehr Macht zu erlangen.[203] In einem bestimmten Zeitraum verschwanden plötzlich und ohne Anzeichen alle elitären Kräfte der Gesellschaft, wie der Vorsitzende des Bankensektors, der Besitzer des Eisenbahntransportwesens, der Ölmagnat, der König der Metallindustrie und die jahrhundertealten Gründerfamilien mit riesigen

---

[203] Rand, Ayn (1957), *Atlas Shrugged*, 50 Anniversary Edition.

Bergbauressourcen, zusammen mit den berühmten Politikern, Wissenschaftlern, Künstlern, Erfindern usw., der Kern der herrschenden Elite, die alle wichtigen Komponenten und Konstruktionen der gesamten sozioökonomischen Maschine kontrollierte und diese riesige Maschine betrieb. Sie folgen einer vorbestimmten Abfolge von Schritten und Zeitplänen, um sich aus allen wichtigen Teilen der Gesellschaft zurückzuziehen und sich in den tiefen Bergen zu verstecken, um zu entkommen. Was wird mit der roten und wolkenverhangenen Welt geschehen, die von der breiten Öffentlichkeit repräsentiert wird, die sie zu diesem Zeitpunkt im Stich gelassen und bestraft haben?

Im Entwurf von Ayn Rand wird diese gesellschaftliche Elite, wenn sie sich aus den Schlüsselsektoren zurückzieht, bewusst einen "selbstzerstörerischen" Ansatz wählen. Der Protagonist der Kupfermine im Roman zerstört persönlich die Grundlage des seit Hunderten von Jahren überlieferten Familienunternehmens, und zwar so vollständig, dass nach seiner Zerstörung niemand mehr in der Lage sein wird, ein weiteres Kilogramm Kupfer aus den Trümmern auszugraben; wenn sich die Eisenbahngesellschaft zurückzieht, wird die gesamte Eisenbahn, an der Generationen gearbeitet haben, verschrottet; und wenn sich die Bankiers zurückziehen, führt dies zur vollständigen Lähmung des Finanzsystems der gesamten Gesellschaft. Das Wirtschaftssystem der Vereinigten Staaten bricht zusammen, die Gesellschaft stürzt allmählich in ein ernsthaftes Chaos, und das Feuer der Zivilisation wird allmählich erlöschen, bis es ausgelöscht ist. Während die Welt in Dunkelheit und Aufruhr versinkt, wird dem einfachen Volk endlich klar, dass es die Elite nicht verlassen kann und seine einzige Möglichkeit darin besteht, die Elite anzuflehen, aus dem Berg zu kommen und die Welt wieder zu retten. Die Eliten machen zur Bedingung, dass sie mehr Macht monopolisieren müssen, dass sie die notwendige Kontrolle über die Gesellschaft ausüben müssen und dass die Gesellschaft nach ihren Vorstellungen funktionieren muss. Kurz gesagt, die Elite muss das oberste Ziel erreichen, letztlich alle gesellschaftlichen Ressourcen zu monopolisieren.[204]

Vergleicht man die in diesem Buch beschriebene chaotische Situation mit der heutigen Finanzkrise, so stellt man ein hohes Maß an

---

[204] Ebd.

Ähnlichkeit zwischen beiden fest. Ist die derzeitige Dekonstruktion der Wirtschaftseinheiten und der Zusammenbruch des Finanzsystems wirklich spontan und unausweichlich? Ist es möglich, dass die Eliten im Streik sind? Ist es möglich, dass sie vom "anglo-amerikanischen Machtblock" geplant und inszeniert wurde, um mehr soziale Kontrolle und mehr Macht über das Funktionieren der Welt zu erlangen?

Roosevelt zufolge ist kein politisches Ereignis völlig ungeordnet und zufällig, und hinter jedem politischen Ereignis steht eine sorgfältige Planung. Politische Ereignisse sind so, also sind wirtschaftliche Ereignisse, große Veränderungen im Finanzsystem, alle zufällig? Wenn nicht, muss hinter diesen Ereignissen ein großes Komplott und eine sorgfältige Planung stehen.

Die Elite, mit Ayn Rand als ihrem Sprachrohr, glaubte, dass sie Intelligenz und Fähigkeiten besäße, die weit über die der "Sterblichen" hinausgingen, und dass sie von Gott durch "natürliche Auslese" auserwählt worden und dazu bestimmt sei, eine besondere Gruppe zu sein. Und die "Normalen" außer ihnen, die "Heiden", wie die Bibel sie nennt, sollen sich einer hoffnungslosen Prädestination unterwerfen, um die Regierung von Gottes auserwähltem Volk zu akzeptieren und sich ihr zu unterwerfen.

Auf diese Weise können die "Nichtjuden" niemals die wahren Auserwählten Gottes sein. Wenn wir die Indoktrination mit solchen Ideen und Ideologien akzeptieren, gibt es keinen Zweifel daran, dass wir keine andere Wahl haben, als gehorsam Sklave zu sein und uns nach den von der angloamerikanischen Elite aufgestellten Regeln regieren zu lassen. Tief verwurzelte Unterschiede auf geistiger Ebene können nicht unter dem politischen Deckmantel der so genannten demokratischen Freiheiten in Einklang gebracht werden. Was die Eliten den "Sterblichen" zugestehen, ist weder ein gleiches Spiel, noch ein gleiches Leben, geschweige denn eine gleiche Gesellschaft.

Wenn Sie "The Atlas Shrug" beendet haben, werden Sie ein tieferes Verständnis für die gesellschaftliche Realität der absoluten objektiven Rationalität, aber auch des verzweifelten Bedauerns haben, und ein tieferes Verständnis dafür, warum diese Menschen denken, dass sie die Herrschenden sind, warum sie so denken, wie sie es tun, und warum sie es tun. Wenn Sie den Vorhang dieses Verständnisses lüften, werden all die Kriege, Staatsstreiche und sozialen Umwälzungen, die sich heute in der Welt ereignen, vor Ihren Augen ein anderes Bild ergeben.

Müssen wir die Welt "mit anderen Augen" sehen und die Wahrheit hinter dem Vorhang finden? Akzeptieren wir immer noch unhinterfragt die von den westlichen Mainstream-Medien vermittelte Botschaft?

Und in wessen Händen sind die internationalen Medien? Es ist auch ein internationaler Bankier. Wenn diese Leute den nachrichtendienstlichen Kampf zwischen dem KGB und der CIA in die Medien verpflanzt haben, wie viel von dem, was wir als "echte Informationen" sehen, ist dann eine grobe Verzerrung der Tatsachen und wie viel ist ein Zaubermittel?

Die Frage, wie man die Wahrheit sieht und mit welcher Einstellung man den wahren Stand der Dinge in der heutigen Welt versteht, ist eine wichtige Frage, der sich jedes Mitglied einer wirklichen Gesellschaft mit der Fähigkeit zum selbständigen Denken stellen und ernsthaft nachdenken muss.

Gold: die ideale Währung für die Elite

In der Geschichte von Ayn Rand "streiken" die Eliten in aller Stille aus allen wichtigen Positionen der Gesellschaft und flüchten gemeinsam in die Berge von Colorado, um dort ein paradiesisches Land wieder aufzubauen.[205] Das Interessanteste an diesem weltlichen Paradies ist, dass die Währung, die sie verwenden, weder amerikanisches Geld noch irgendeine Form von Papiergeld ist, sondern echtes Goldgeld. Ob es nun Greenspans Darstellung des Goldes in Gold and Economic Freedom aus dem Jahr 1966 ist,[206] die fast hundertjährige Kontrolle der Rothschild-Familie über den Goldpreis oder die hinterhältige Manipulation des Goldes durch die schwergewichtigen Zentralbanken und Superbanken der Welt - das besondere Interesse der internationalen Bankiers am Gold ist nicht zu leugnen.

Die Vorherrschaft des Goldes im Herzen und in der wahren geistigen Welt der internationalen Banker erklärt, warum diese Menschen so fest daran festhalten, während sie anderen eine Gehirnwäsche verpassen, damit sie denken, es sei nicht wichtig. Das

---

[205] Ebd.

[206] Greenspan, Alan (Juli 1966). "Gold und wirtschaftliche Freiheit". *Der Objektivist*.

Buch dreht und wendet sich und gibt auf subtile Weise eine klare Antwort.

In Atlas Shrugs ist Francisco die Seele der ganzen Geschichte, und bei der Erklärung, was Geld und was Reichtum ist, stellt er immer wieder ein wichtiges Kriterium vor, nämlich dass Geld auf einem Standardwert basieren muss und dass dieser Wert eine reale Bedeutung haben muss, um ein objektives Maß für den Wert wirtschaftlicher Aktivitäten zu sein. Eine objektive Preisskala setzt voraus, dass ihr Bezugswert eine Ware ist, beispielsweise eine Einheitsmenge Gold. Gold ist ein Vermögens- und Wertaufbewahrungsmittel und spiegelt die Anerkennung des in verschiedenen Waren und Dienstleistungen enthaltenen Wertes genau wider.

In Franciscos Worten wird die Rolle des Geldes als Wertmaßstab durch die Inflation ausgehöhlt. Francisco vertrat die Auffassung, dass die Entwertung der Währung vor allem durch die Ersetzung des Goldes durch Papiergeld erreicht wird, was seiner Meinung nach eine wichtige und wesentliche Ursache für den moralischen Verfall der Gesellschaft ist.[207] In den Augen der herrschenden Elite der Welt und der internationalen Bankiers ist Gold also eine ehrliche Währung, die einen objektiven, gerechten und betrügerischen Tauschakt darstellt, das feierliche und unverfälschte Versprechen von Transaktionen zwischen den verschiedenen Mitgliedern einer Gesellschaft, und es steht dafür, dass der Reichtum, den man heute hat, morgen, im nächsten Jahr, in ferner Zukunft gegen Waren und Dienstleistungen in gleicher Höhe wie heute eingetauscht werden kann.

Gold fungiert als fairer und objektiver Gesellschaftsvertrag, der alle an der Transaktion beteiligten Parteien eng und gleichberechtigt einbindet, ohne Täuschung oder Fälschung, und Francisco ist der Ansicht, dass Gold als fairer und rationaler Maßstab und Vermögensspeicher in der Mitte des gesamten Geldsystems fungiert. Und ein vernünftiges Geldsystem ist wiederum ein System zur Verteilung des Reichtums in der Gesellschaft, und ob es gerecht und vernünftig ist oder nicht, bestimmt, wie hoch oder niedrig das moralische und ethische Niveau der Gesellschaft als Ganzes ist. Ein vernünftiges Geldsystem würde denjenigen soziale Gerechtigkeit und Gleichbehandlung gewähren, die hart arbeiten, sich um die Schaffung

---

[207] Rand, Ayn (1957), *Atlas Shrugged*, 50 Anniversary Edition.

von Wohlstand bemühen und gut darin sind, zu sparen und anzuhäufen. Diejenigen, die schleichen und spekulieren, werden in einem solchen vernünftigen Geldsystem gebremst und eingeschränkt, das daher ein wichtiger Eckpfeiler der Sozialethik ist.

Da das Geldsystem die Art und Weise bestimmt, wie der Reichtum verteilt wird, bestimmt es letztlich auch die Grundlage der sozialen Moral und Ethik, und während ein rationales Geldsystem die Schaffung von Reichtum fördert und von Spekulationen abhält, ermutigt ein unvernünftiges Geldsystem umgekehrt die Spekulation und entmutigt die Schaffung echten Reichtums. Unter einem unvernünftigen Geldsystem wird die Grundlage der sozialen Moral schließlich zerfallen, das gesamte ethische System wird zusammenbrechen, und die soziale Zivilisation wird unweigerlich in Vergessenheit geraten und aussterben. Aus der Sicht von Francisco, einem Vertreter der internationalen Bankiers, ist ein irrationales Geldsystem ein Mittel und eine Verschwörung zur Ausplünderung des Reichtums.

Greenspans Aufsatz "On Economic Freedom" aus dem Jahr 1966 ist eine gründliche und klare Formulierung von Ideen, die mit Franciscos Ansichten und theoretischen Konnotationen völlig übereinstimmen. Franciscos Abneigung gegen Geldentwertung und Inflation kommt in Greenspans Aufsatz ebenso deutlich und tiefgründig zum Ausdruck. Es ist klar, dass diese Gruppe kollektiv gegen die so genannte lockere Geldpolitik und das so genannte System der gesetzlichen Zahlungsmittel ist und davon überzeugt ist, dass sich weder die Regierung der Vereinigten Staaten noch die Federal Reserve in das Funktionieren der Wirtschaft einmischen sollten. Sie sind überzeugte Verfechter einer durch und durch kapitalistischen Laissez-faire-Wirtschaft.

Dies lässt uns keinen Raum für Zweifel. Greenspan war 40 Jahre alt, als er diesen Artikel 1966 veröffentlichte, und seine persönlichen Ansichten, Werte und Weltanschauungen waren längst festgelegt. Doch als er den Vorsitz der Federal Reserve übernahm, ließ er die Dollarflut los, was zu einer langen Periode der lockeren Geldpolitik in den Vereinigten Staaten führte, die schließlich den Finanz-Tsunami auslöste, der heute die Welt überschwemmt. Was genau hat sich Greenspan dabei gedacht? Was er tatsächlich tat, war ganz anders und sogar unvereinbar mit seinen eigenen Überzeugungen.

Die Tatsache, dass Greenspans Worte und Taten bei der Gestaltung und Umsetzung der Geldpolitik in so krassem Gegensatz zu seinen konsequenten Überzeugungen und seinem Beharren stehen, gibt uns umso mehr Anlass, die derzeitige Finanzkrise mit einem zusätzlichen Fragezeichen zu versehen. Konnte Greenspan wirklich nicht sehen, dass die Wirtschaftskrise kommen würde? Mit seinen Fähigkeiten, seiner Kompetenz, seiner mathematischen Modellierung, seinem präzisen Verständnis von Daten und seiner hohen Sensibilität für makroökonomische Messungen konnte Greenspan 1957, als er als Berater für US-Stahlunternehmen tätig war, die Wirtschaftskrise von 1958 sechs Monate im Voraus vorhersagen, während er 2002 eine geldpolitische Lockerung durchführte, große Geldmengen in das Wirtschaftssystem einspeiste und den Fisch aufzog, aber die Augen vor dem weiteren Wachstum der Immobilienblase verschloss. Sieht er wirklich nicht den Sturm kommen, der schließlich zu einer Finanzkatastrophe führen wird?

Greenspan sprach bis Anfang 2007 davon, dass die Subprime-Hypothekenkrise kein großes Problem darstellen würde.[208] Wenn sein Urteilsvermögen wahr wäre, würde er nicht Greenspan heißen.

Besteht die Möglichkeit, dass Greenspan bewusst den Wert des Dollars zerstört, den Kredit des Dollars zerstört, die Grundlage seiner Existenz vernichtet? Es sei darauf hingewiesen, dass der Zusammenbruch des Dollars keineswegs einen Zusammenbruch der Vereinigten Staaten bedeutet; im Gegenteil, nachdem sie sich aller Dollarschulden entledigt haben, konnten die Vereinigten Staaten einen leichten Angriff starten. Die Vereinigten Staaten haben sich aufgrund ihrer starken militärischen Macht, ihrer wissenschaftlichen und technologischen Innovationsfähigkeit und ihrer reichhaltigen Ressourcen vollständig aus den Schuldenverstrickungen befreit und die Spielregeln der Weltwährung durch den "Konkursschutz" geändert. Am Ende werden die Vereinigten Staaten den Boden ihrer 8100 Tonnen Goldreserven und 3400 Tonnen IWF-Gold ausschöpfen. Um den "Währungskredit" zu retten, müssen die Vereinigten Staaten die "neue Währung" mit Gold verbinden, um den Weltkredit zu gewinnen. Natürlich werden die Länder der Welt, die keine Goldreserven haben, die größten Verlierer sein. An diesem Punkt würde der Dollar eine "Schuldenkette" verlieren und eine ganz neue Welt aus Gold gewinnen.

---

[208] Greenspans Blasen: Das Zeitalter der Unwissenheit bei der Federal Reserve.

Werden wir eine Wiederholung der deutschen Hyperinflation von 1923 erleben? Wenn ja, dann sind die wenigen, die den Dollar in großem Stil leerverkaufen, eine gefährliche Fackel.

Der verzerrte Dollar und die "Schuldenlagune"

„Der Dollar löst nicht das Problem, der Dollar selbst ist das Problem."

-Weise Männer des Volkes

Wenn wir uns ein Land als ein Unternehmen vorstellen, dann hat das Land auch eine eigene Bilanz. Auf der Aktivseite dieser Bilanz steht der Reichtum eines Landes, d. h. die durch Arbeit geschaffenen Güter und Dienstleistungen, und auf der Passivseite stehen die "Einnahmen", d. h. das Geld, aus den Früchten dieser Arbeit. Geld ist nicht Reichtum an sich, sondern lediglich ein "Anspruchsrecht" auf Reichtum und ein "Verteilungsrecht" auf Reichtum.

Wenn der realwirtschaftliche Teil einer Gesellschaft hauptsächlich darin besteht, "den Kuchen zu backen", dann besteht die zentrale Aufgabe des Geldsystems darin, "den Kuchen zu schneiden". Das Geldsystem bestimmt die Wertorientierung der Vermögensverteilung einer Gesellschaft und bildet damit die Grundlage für ein System von Belohnungen und Bestrafungen für Vermögensschöpfer und -besitzer. Ein vernünftiges Geldsystem funktioniert, indem es "harte Arbeit belohnt und Faulheit bestraft", die systematisch geschützt und systematisch belohnt wird, wenn man sich bemüht, Reichtum zu schaffen und die Früchte der Arbeit ehrlich zu sparen, und so die Menschen ermutigt, mehr Reichtum zu schaffen und eine gerechte Verteilung der Früchte zu genießen. Im Gegenteil, ein unvernünftiges soziales System wird unweigerlich dazu führen, dass "Faulheit belohnt und Fleiß bestraft wird", was die Spekulation mit Reichtum und das Glücksspiel auf bösartige Weise anregt, den Mechanismus der Verteilung des gesellschaftlichen Reichtums ernsthaft verzerrt, die ehrlichen Schöpfer von Reichtum schwer bestraft und die Sparer, die ihren Anteil geteilt haben, grausam ausbeutet. Warum müssen die Menschen hart arbeiten, wenn sie mit Aktienspekulationen ein Vermögen machen können? Wer würde sich die harte und mühsame Arbeit in der Realwirtschaft antun, wenn alle es sich leicht machen und auf den Finanzmärkten riesige Gewinne erzielen? Mit dem zunehmenden Trend zu Eitelkeit und harter Arbeit und dem nachlassenden Geist der Sparsamkeit, der Sparsamkeit und der harten

Arbeit wird die Begeisterung der gesamten Gesellschaft für die Schaffung von Wohlstand ernsthaft erodieren, und schließlich wird das Land und sogar die Zivilisation untergehen. Der berühmte Monetarist Franz Pick hat einmal gesagt: "Das Schicksal des Geldes wird schließlich auch das Schicksal der Nation sein. "

Das Geldsystem ist der moralische und ethische Eckpfeiler einer Gesellschaft und sogar einer Zivilisation. Unter diesem Gesichtspunkt haben Greenspan und andere seit langem eine gründliche Einsicht darin, was ein ehrliches Geldsystem für die menschliche Zivilisation wirklich bedeutet. Dies ist der wesentliche Grund, warum sie das bestehende, wirtschaftlich verschuldete und moralisch mangelhafte Dollarsystem schließlich aufgeben müssen.

Die Finanzkrise, die den Globus überrollt hat, ist nicht das Ergebnis einer Reihe zufälliger Ereignisse, sondern vielmehr die lang erwartete vollständige Beseitigung der schwerwiegenden strukturellen Ungleichgewichte in der Wirtschaft auf globaler Ebene. Der wichtigste Faktor, der zu einer solch schwerwiegenden und in der Weltgeschichte seltenen Verzerrung der Wirtschaftsstruktur beigetragen hat, war die übermäßige Emission des Dollars seit dem Zusammenbruch des Bretton-Woods-Systems im Jahr 1971. Nach mehr als drei Jahrzehnten des langsamen Verfalls und der unvermeidlichen Beinahe-Nicht-Nachhaltigkeit des Dollars, die sich von Jahr zu Jahr verstärkt und nach und nach potenziell gefährliche Elemente in der Weltwirtschaft zusammengeführt hat, ist die Krise schließlich ausgebrochen.

Das Wesen der Krise ist eine große Krise des Dollarsystems, anders als die vorherigen Rezessionen seit den 1930er Jahren, und egal, wie diese Krise endet, die Welt wird niemals zu ihrem früheren Muster zurückkehren. Vom Modell der weltwirtschaftlichen Entwicklung bis zur Arbeitsteilung im internationalen Handel, vom globalen Währungsmechanismus bis zum Wiederaufbau der Finanzmärkte, vom Kräfteverhältnis in den internationalen Beziehungen bis zur geopolitischen Landkarte, von der neuen Energierevolution bis zum Anbruch des grünen Zeitalters - die Auswirkungen dieser Finanzkrise auf das bestehende Weltmuster werden nicht weniger als ein Krieg von Weltrang sein.

1971 schafften die Vereinigten Staaten das Bretton-Woods-System einseitig ab. Von nun an unterliegt die Ausgabe des Dollars weder den starren Zwängen des Goldes noch der sanften Aufsicht der internationalen Institutionen. Die Vereinigten Staaten haben bei der

Ausgabe des Dollars einen Weg der Nachsicht eingeschlagen, indem sie ihre privilegierte Stellung als weltweite Reserve- und Abrechnungswährung nutzen, um die enormen Vorteile einer Münzsteuer für die Welt zu ernten.

Seit 1959 hat die Dollarausgabe das Wachstum der Realwirtschaft im BIP der Vereinigten Staaten ständig übertroffen, und diese Überemission von Dollars ist nach 1997 in eine neue Phase des raschen Anstiegs eingetreten, wobei[209] der Abstand zwischen den beiden Linien in gewisser Weise die "Münzsteuer" widerspiegelt, die die Vereinigten Staaten der Welt seit Jahrzehnten durch die übermäßige Ausgabe von Dollars auferlegt haben. Insbesondere haben die Vereinigten Staaten 1971 einseitig das Bretton-Woods-System abgeschafft, was einen großen internationalen Ausfall des US-Dollars in Bezug auf den US-Währungsbestand und das reale BIP bedeutete. Das Bretton-Woods-System ist ein rechtsverbindliches internationales Übereinkommen, das von den wichtigsten Ländern der Welt gemeinsam unterzeichnet wurde, und die Regierung der Vereinigten Staaten hob die Bindung des Dollars an das Gold ohne Konsultation abrupt und einseitig auf, was einen schwerwiegenden Ausfall für den Dollar bedeutete. Da der Dollar eine solche "Ausfallgeschichte" hinter sich hat, ist es nicht undenkbar, dass es in Zukunft zu einem weiteren plötzlichen Ausfall und einer schlechten Verschuldung kommen wird.

Wenn es heißt, dass absolute Macht zwangsläufig zu absoluter Korruption führt, dann trifft diese Aussage auch auf den Dollar zu. Das Privileg des Dollars hat den Vereinigten Staaten zwar große Vorteile gebracht, aber auch zunehmend ernste Nebenwirkungen.

Einerseits ist das Drucken von Dollars, um die Früchte der Arbeit anderer zu genießen, das Vergnügen, etwas umsonst zu bekommen, wie eine Drogensucht, die den puritanischen Geist und das soziale moralische und ethische System der Sparsamkeit und der harten Arbeit, das die Vereinigten Staaten seit der Gründung des Landes hochgehalten haben, nach und nach zerstört hat; es widerspricht dem Geist des "amerikanischen Traums", hart zu arbeiten, um Reichtum zu schaffen; Sie züchtet und nährt die bösartigen Vorstellungen der gesamten Gesellschaft, die Spekulation zu fördern, den Luxus zu verehren, dem

---

[209] Batra, R. X. (2005), *Greenspan's Fraud: How Two Decades of His Policies Have Undermined the Global Economy.*

Konsum zu frönen, alles zu essen, was sich anbietet, und sich selbst zu erweitern; sie zersetzt den Enthusiasmus der neuen Generation der Gesellschaft, wirklichen Reichtum zu schaffen, und sie leert zunehmend den gesellschaftlichen Reichtum, den die Vereinigten Staaten in 200 Jahren angesammelt haben.

Auf der anderen Seite, in den Prozess der Ausfuhr von Dollar-Scheine für die Welt Rohstoffe, ist es zwangsläufig zu großen Defiziten und Schulden zu akkumulieren, das zunehmende Ausmaß der Schulden und die Kosten für die Zinszahlungen, grundlegend schwächt die nationale Stärke der Vereinigten Staaten, um das Defizit auszugleichen kann nur das Ausmaß der Gelddrucken zu erhöhen, was zu den wachsenden Ungleichgewicht in der Verteilung des gesellschaftlichen Reichtums, der Mittelklasse Schuld Druck steigt von Jahr zu Jahr, während das Einkommensniveau ist weit hinter, die finanzielle Situation der Haushalte ist zunehmend fragil, und die Zahlungskrise hat gerade Gestalt angenommen.

Es ist die chronische Überemission des Dollars, die zu einer schweren Verzerrung der globalen Wirtschaftsstruktur geführt hat. Das extreme Ungleichgewicht zwischen Überschuldung und Konsum in den Vereinigten Staaten und Überproduktion und Ersparnis in den Schwellenländern wäre ohne das ungerechtfertigte System des Dollars unmöglich aufrechtzuerhalten gewesen. Kein anderes Land in der Geschichte der Menschheit war in der Lage, mehr als 30 Jahre lang ein Handels- und Haushaltsdefizit aufrechtzuerhalten, wie es die Vereinigten Staaten getan haben, und seine Volkswirtschaft unter hohem Schuldendruck zu halten, ohne dass es zu einem systemischen Zusammenbruch gekommen wäre, und zwar aus dem Grund, dass die Vereinigten Staaten nach der Abkopplung des Dollars vom Gold keinerlei Anstrengungen unternehmen mussten, um ihre Schulden zu begleichen, und sie hätten sie erheblich reduzieren können, indem sie einfach ihre Gelddruckmaschinen angeworfen hätten, während die Folgen der Inflation gleichmäßig über die Welt verteilt worden wären. Die Absurdität, Verderbtheit und Ungerechtigkeit eines solchen Geldsystems sind in der Weltgeschichte beispiellos.

Dennoch kann das Dollarsystem nicht ewig aufrechterhalten werden.

Im Jahr 2008 belief sich die Gesamtverschuldung der USA (Staatsverschuldung, Verschuldung der Gebietskörperschaften, Unternehmensverschuldung, Finanzverschuldung, private

Verschuldung) auf 57 Billionen Dollar und ist in den letzten Jahren mit einer jährlichen Rate von 7% bis 8% gestiegen, während das jährliche nachhaltige BIP und das Nationaleinkommen der USA nur um etwa 3% zunahmen. Da die Kosten der Verschuldung seit 1980 stets über der durchschnittlichen Wachstumsrate des Nationaleinkommens von 3% lagen, ist die Gesamtverschuldung der USA (nicht nur die Staatsverschuldung) im Verhältnis zum BIP seit fast 30 Jahren gestiegen, und zwar von 163% auf derzeit 370%. Das Ausmaß des Anstiegs der Gesamtverschuldung der USA wird aufgrund des Gewinnmitnahmeeffekts immer schwindelerregender, je weiter er in die Zukunft reicht. Gegenwärtig hat die Gesamtverschuldung der Vereinigten Staaten eine gefährliche "Schuldenlagune" geschaffen.

Die Gesamtverschuldung der Vereinigten Staaten ist um durchschnittlich 6 Prozent pro Jahr gestiegen, seit der Dollar 1971 das Gold verlassen hat, und seit 2000 um 7 bis 8 Prozent. Wenn wir von einer konservativen Wachstumsrate von 6% ausgehen, wird sich die Gesamtverschuldung der Vereinigten Staaten in 41 Jahren auf schwindelerregende 621,5 Billionen Dollar belaufen! Während das Nationaleinkommen der Vereinigten Staaten von seiner gegenwärtigen Größe von 11 Billionen Dollar bei einer langfristig nachhaltigen Wachstumsrate von 3 Prozent nach 41 Jahren nur 37 Billionen Dollar betragen wird, werden die Schulden von 621,5 Billionen Dollar so groß sein wie 37,3 Billionen Dollar an Zinszahlungen, wenn man mit durchschnittlichen Zinskosten von 6 Prozent rechnet.

Mit anderen Worten, das Jahr 2051 wird ein entscheidendes Jahr sein, in dem die gesamten Zinszahlungen für die gesamte Verschuldung der Vereinigten Staaten das gesamte Nationaleinkommen der Vereinigten Staaten übersteigen werden, was bedeutet, dass die Vereinigten Staaten wirtschaftlich endgültig bankrott sein werden!

In diesen Schulden sind die versteckten Verbindlichkeiten der Medicare- und Sozialversicherungsfonds, die derzeit 10 Billionen Dollar übersteigen, nicht enthalten.

Die amerikanische Gesellschaft arbeitet bereits mit einer hohen Verschuldung. Die gesamte Volkswirtschaft wird irgendwann nicht mehr in der Lage sein, einem so hohen Schuldendienstdruck standzuhalten, was zu einem endgültigen Zusammenbruch führen wird.

Es ist also nicht die Frage, ob die Dollarkrise ausbricht oder nicht, sondern nur wann. Wahrscheinlicher ist, dass der Zusammenbruch bereits stattgefunden hat, bevor die große Dollargrenze im Jahr 2051 erreicht wird. Vielleicht war der Finanz-Tsunami von 2008 der Startschuss für den Zerfall des Dollars.

Die Zukunft der Weltwirtschaft: 14 Jahre der „Großen Depression"

Wir müssen uns nicht mehr darauf konzentrieren, was während des Finanz-Tsunamis passiert ist, sondern darauf, was in der Welt danach passieren wird.

Betrachtet man die aktuellen wirtschaftlichen Fundamentaldaten, so scheint die Panik über die Finanzkrise vorerst abgeklungen zu sein, und das Licht der Hoffnung auf eine wirtschaftliche Erholung scheint am Horizont aufzutauchen, da die weltweiten Aktienmärkte seit 2009 einen unerwarteten Aufschwung erlebt haben: Ist dies der Beginn eines neuen Bullenmarktes oder eine schreckliche Erholung des Bärenmarktes? Steht die Weltwirtschaft wirklich vor einem Aufschwung?

Der Einbruch des US-Aktienmarktes im Jahr 1929 war lediglich der Auftakt zur Großen Depression, und eine ähnliche Bärenmarktrallye am US-Aktienmarkt im Jahr 1930 löste ein ebenso starkes Gefühl der Hoffnung aus. Was jedoch folgte, war ein weitaus größerer finanzieller Zusammenbruch im Jahr 1931, der das Vertrauen in die Finanzmärkte völlig untergrub und eine zehn Jahre andauernde Depression auslöste.

Greenspan, der den Finanz-Tsunami als ein Jahrhundertereignis bezeichnet hatte, verdiente es natürlich nicht, dass nach dem Ausbruch der Krise ein grundsätzliches Umdenken stattfand: von einem "Vertrauensvorschuss", der die enormen Risiken der Finanzkrise völlig ignorierte, hin zu der ernsten Feststellung, dass die Krise noch schlimmer sein würde als 1929.

In der Tat dürfte es viele Menschen geben, die bereits eine sehr düstere wirtschaftliche Zukunft für die Welt sehen, und die wirtschaftliche Depression der 1930er Jahre ist eigentlich gar nicht so weit von der heutigen Welt entfernt. Es war immer selbstverständlich, dass sich die Welt von heute in unbeschreiblicher Weise von der Vergangenheit unterscheidet, dass die Menschheit ein Plateau des permanenten Wohlstands erklommen zu haben scheint, dass jeder Niedergang nur von kurzer Dauer ist und dass jeder Aufschwung schnell erfolgt. Die Zentralbanker scheinen das Allheilmittel für die

Große Depression gefunden zu haben, die Geldpolitik kann Wohlstand aus dem Nichts schaffen und die Ausbreitung aller Krisen stoppen, und die Regierungen sind überzeugt, dass die Steuerpolitik das Blatt wenden und nach Belieben dauerhaften Wohlstand schaffen kann. Wenn es in der Wirtschaft tatsächlich inhärente Gesetze gibt, dann ist es die Aufgabe des Menschen, mit dem Strom zu schwimmen, die Gesetze zu erkennen und die Höhen und Tiefen zu meistern, was für die Anleger wichtig ist.

Nach den aufregenden Stromschnellen kamen die Menschen frohgemut an einen großen See, wo sich alles zu beruhigen schien. Nur diejenigen, die auf der Höhe standen, bemerkten plötzlich, dass sich flussabwärts, nicht weit vor dem See, ein schaurig großer Wasserfall befand.

Für die 77 Millionen "Babyboomer" in den Vereinigten Staaten beginnt damit die "Ära der Großen Depression".

Die "Baby-Boomer"-Generation in den Vereinigten Staaten bezieht sich auf das Phänomen "4664" in den Vereinigten Staaten nach dem Zweiten Weltkrieg: Von 1946 bis 1964 wurden in den Vereinigten Staaten in diesem 18-jährigen Zeitraum 77 Millionen Menschen geboren, was einem Viertel der US-Bevölkerung entspricht, und diese Gruppe ist heute das Rückgrat der amerikanischen Gesellschaft. In den 1960er und 1970er Jahren trieben die Babyboomer das Wachstum von Spielzeug, Zeichentrickfilmen und populärer Musik voran; in den 1970er und 1980er Jahren trieben die heiratswilligen Babyboomer das Wachstum der Immobilien- und Automobilindustrie voran; in den 1980er und 1990er Jahren trieben die Babyboomer, die sich im goldenen Zeitalter des Konsums befanden, das Wachstum von Computern und des Internets voran. In dieser Zeit sorgten die "Babyboomer" für die größten Börsengewinne der Geschichte, für Preissteigerungen bei Immobilien und für die Nachfrage nach internationaler Luftfahrt, Personalcomputern, Computernetzwerken sowie Sport- und Freizeitgeräten.

Der letzte Wendepunkt in der Spitzenzeit für die Geburt der "Babyboomer"-Generation war 1962, eine demografische Kurve, die um die Einwandererbevölkerung bereinigt wurde, da die Vereinigten Staaten eine große Einwanderernation sind. Anmerkung: Merken Sie sich diese Zahl für 1962.

Nach Angaben des US-Arbeitsministeriums erreichen die Ausgaben der Amerikaner im Alter von 47 Jahren ihren Höhepunkt, wenn sie sich in ihren besten Jahren und mit ihrem besten Einkommen befinden. Nach dem 47. Lebensjahr beginnen die Menschen an den Ruhestand und das Alter zu denken, ihr Körper wird älter, sie müssen sich auf Arztbesuche und Medikamente vorbereiten, von diesem Zeitpunkt an sinken die Erwartungen an das zukünftige Einkommen, der Konsum beginnt allmählich zu sinken und das Leben wird immer sparsamer. Wenn wir älter werden, gehen verschiedene Wünsche synchron zurück.

Die "Babyboomer" in den Vereinigten Staaten haben nie gespart, und die erste Hälfte ihres Lebens kam gerade rechtzeitig, um die Vereinigten Staaten zu einem hegemonialen Imperium zu machen, das die Welt beherrscht, und es herrscht ein allgemeines Gefühl des Superoptimismus in Bezug auf die Zukunft in ihrem Denken. Sie haben nicht die mürrischen Erinnerungen an die Große Depression ihrer Väter oder die brutale Taufe des Zweiten Weltkriegs, wo du stirbst und ich lebe, alles ist so glatt und alles ist so brillant.

Nach 47 Jahren extravaganten Lebens erreichten die Kinder, die am Wendepunkt des Babybooms im Jahr 1962 geboren wurden, den Wendepunkt des Schicksals der amerikanischen Nation im Jahr 2009. Die Welt wurde plötzlich düster, der wirtschaftliche Wohlstand verschwand abrupt, finanzielle Tsunamis wurden ausgelöst und eine Welle der Arbeitslosigkeit schwappte heran. Zu diesem Zeitpunkt stellten sie plötzlich fest, dass sie fast die Hälfte ihrer in den Aktienmarkt investierten Rente verloren hatten, während die Einlagen auf den Bankkonten aufgrund ihrer ganzjährig großen Hände und Füße nie "so dünn wie Zikadenflügel" waren, während gleichzeitig nachsichtige Lebensgewohnheiten und rücksichtslose Ausgaben sie vorzeitig in die Schuldenfalle trieben. In einem solchen Szenario wird ihr Konsum von der normalen alternden Konsumkurve abfallen und sie müssen den Gürtel ihrer Hosen schneller und härter schnallen, um mit der bevorstehenden brutalen wirtschaftlichen Kältewelle fertig zu werden.

2009 wird ein Wendejahr für die Weltwirtschaft sein, und wir können in der Grafik sehen, dass der Dow-Jones-Aktienindex überraschenderweise sehr gut mit der Alterskurve der Bevölkerung übereinstimmt. Die Logik liegt auf der Hand: Der Aktienmarkt spiegelt die Leistungserwartungen der börsennotierten Unternehmen wider, und die Leistung eines Unternehmens hängt von den Produktverkäufen ab, die natürlich aus dem Konsum der Menschen stammen, der 72% des BIP in den USA ausmacht.

Historisch gesehen erlebte der US-Aktienmarkt von 1966 bis 1982 eine fast 16-jährige Börsenbaisse (inflationsbereinigt), ein Bärenmarktzyklus, der genau mit der letzten Welle der Alterungszykluskurve der Bevölkerung zusammenfiel. Nach den 1980er Jahren, dem "Babyboom" in den frühen 1960er Jahren, dem Höhepunkt der Bevölkerung, die das College absolvierte und in den Arbeitsmarkt eintrat, stimulierte diese große Gruppe junger Menschen, die kräftig, risikofreudig und unternehmerisch waren und sich trauten, Geld auszugeben, die US-Wirtschaft, steigerte den Verbrauch erheblich und schuf eine beispiellose Ära des wirtschaftlichen Wohlstands, auf die eine Hausse von fast 20 Jahren folgte.

Und das Jahr 2009 liegt genau in der Verbrauchskurve der Bevölkerung, die durch den Klippenrand dargestellt wird, ein Schritt vorwärts ist der "Verbrauchswasserfall" des Wendepunkts. Wenn die letzten 1962 geborenen "Babyboomer" im Jahr 2009 das Höchstalter von 47 Jahren überschreiten, wird eine dramatische Abwärtsspirale des Konsums folgen, die bis 2024 andauern wird. Es wird ein 14 Jahre dauernder Zyklus des Konsumrückgangs sein, und mit einem hohen Verschuldungsgrad wird sich der US-Konsummarkt in einer langen Eiszeit befinden, die mit der der 1930er Jahre vergleichbar ist!

Es sei darauf hingewiesen, dass weder die Geld- noch die Steuerpolitik eine spürbare Wirkung auf die alternde Generation haben werden, denn sie werden die Menschen nicht in ihre Kindheit zurückversetzen. Es ist nicht sehr realistisch, ältere Menschen zu ermutigen, mutig Kredite aufzunehmen, um Geld auszugeben, und der jährliche Rückgang des Verbrauchs wird den "grünen Trieben" der derzeit scheinbar glänzenden wirtschaftlichen Erholung den Nährboden für Kredite entziehen. Schließlich ist der Konsum der Motor für 72% des Wirtschaftswachstums in den USA!

Japan erreichte den Höhepunkt des Bevölkerungsverbrauchs im Jahr 1994, gefolgt von mehr als einem Jahrzehnt wirtschaftlicher Depression, die japanische Regierung senkte die Zinssätze bis auf Null, die gesamte Staatsverschuldung durch fiskalische Anreize belief sich auf 160% des japanischen BIP, und die japanische Wirtschaft kann immer noch nicht anspringen. Dies hängt eng mit der Unfähigkeit der Regierung zusammen, die Älteren zu zwingen, hohe Kredite für einen Konsum aufzunehmen, an dem nur die Jüngeren interessiert sind.

Noch gravierender ist, dass der demografische Zyklus Europas mit dem der USA zusammenfällt und beide Wirtschaftssektoren in Europa und den USA gleichzeitig in eine langfristige Konsum-Eiszeit fallen werden. Dies wird für alle Schwellenländer, die auf dem europäischen und dem amerikanischen Markt als ihren wichtigsten Exportzielen ernsthafte Überkapazitäten aufweisen, eine große Veränderung in der wirtschaftlichen Ökologie bedeuten. Länder, die sich diesem katastrophalen Wandel nicht anpassen können, werden von der Bildfläche verschwinden, und der weitere Weg wird äußerst schwierig sein.

Als grundlegendes Gesetz der Wirtschaft haben die Eliten, die die Welt regieren, es schon lange kommen sehen, und alles, was sie tun müssen, ist, es zu nutzen, um ihre großen strategischen Ziele zu erreichen, auf die sie schon lange gewartet haben. Die Leser werden erneut daran erinnert, dass 2024 ein entscheidendes Jahr für die Welt sein wird. Dies ist das Jahr, in dem der jahrhundertealte Traum der internationalen Banker wahrscheinlich Wirklichkeit werden wird!

KAPITEL X

Zurück in die Zukunft

Back to the Future ist ein amerikanischer Science-Fiction-Blockbuster, in dem der High-School-Schüler Martin unerwartet aus dem Leben flieht und in einer von Dr. Brown entworfenen Zeitmaschine von 1985 nach 1955 reist, wo er eine Reihe von spannenden und bizarren Geschichten erlebt.

In diesem Kapitel machen wir auch einen Zeitsprung von 2009 ins Jahr 2024, 14 Jahre später, wenn die Welt eine Weltzentralbank und eine einheitliche Weltwährung haben wird.

Der Sinn für nationale Souveränität und Nationalismus war schon immer der Todfeind der Idee einer Weltregierung, und der ganze Sinn einer einheitlichen Weltwährung liegt in der Abschaffung der souveränen Währungen. Die Frage nach dem Recht, Geld auszugeben, ist keineswegs eine rein theoretische, sondern eine Frage der realen Interessen. Wenn die Währung keine Macht ist, dann kann ich mir nicht vorstellen, dass sie überhaupt etwas zu sagen hat.

Wenn der Trend zu einer einheitlichen Weltwährung unumkehrbar ist, stellt sich die Frage, wer sie beherrschen wird. Eine Währung impliziert das Recht, den gesellschaftlichen Reichtum zu verteilen, was das zentrale Interesse der Macht eines jeden Staates ist, und die Einführung einer Weltwährung setzt unweigerlich voraus, dass souveräne Staaten ihr Recht zur Verteilung des Reichtums aufgeben.

In einem Spiel, das für eine Weltmacht von Interesse ist, in dem China noch keine beherrschende Stellung einnimmt, wird der Beitritt zu einem von anderen beherrschten Spiel der Währungskontrolle für die nächsten 50 Jahre eine Frage des nationalen Schicksals Chinas sein, wobei der Wohlstand von 1,3 Milliarden Chinesen auf dem Spiel steht - die wichtigste, aber auch die unbedeutendste aller chinesischen strategischen Entscheidungen.

Beherrschen oder beherrscht werden, das ist hier die Frage!

Am 1. Januar 2024 wird die einheitliche Weltwährung eingeführt.

> *„Die Kontrolle über das Geld ist ein großer Kampf, und die Kontrolle über seine Ausgabe und Verteilung bedeutet die Kontrolle über den Reichtum, die Ressourcen und die Menschheit als Ganzes."*[210]
> -Jack Weatherford, berühmter amerikanischer Anthropologe und Historiker des Geldes.

Am Neujahrstag 2024 wurde die offizielle Einführung der Weltwährung durch die Weltzentralbank in Basel, Schweiz, 24 Stunden lang im Internet, im Fernsehen, in Zeitungen und Magazinen auf der ganzen Welt durch fortlaufende Berichte der wichtigsten Nachrichtenagenturen mit einem Teppich bombardiert. Ein Leitartikel der britischen *Financial Times vom* Neujahrstag mit dem Titel "The world enters perpetual prosperity" (Die Welt tritt in den ewigen Wohlstand ein) lobte enthusiastisch:

> *„Die Völker der Welt haben endlich die Vorteile der Weltwährung erkannt, und auf ihr Geheiß haben die Regierungen die seit Jahrhunderten bestehenden souveränen Währungen aufgegeben. Dies ist ein großer Moment in der Geschichte der Menschheit und bedeutet eine neue Phase des dauerhaften Wohlstands für die menschliche Gesellschaft."*

Die britische Zeitschrift *The Economist* kommentierte ihrerseits mit Autorität und Professionalität:

> *„Mit der Verwendung einer einheitlichen Weltwährung werden die Märkte nicht mehr auf umständliche Währungsumtausche oder teure Absicherungen angewiesen sein, um mit Wechselkursschwankungen fertig zu werden. Währungsspekulationen, das Risiko eines Währungszusammenbruchs und Ungleichgewichtsprobleme würden verschwinden. Dieser Tausch von Währung gegen realen Wert wird effektiver sein, wenn die politischen Winde nicht berücksichtigt werden."*

Das *Wall Street Journal* verkörpert die amerikanische Einstellung, das Gute zu nehmen, wie es kommt:

---

[210] Weatherford, Jack, *Die Geschichte des Geldes* (Crown Publishers, 1997).

> *„Amerika kann sich den unausweichlichen Trends der Geschichte nicht in den Weg stellen. In der Tat würde die Aufgabe des Dollars und die Unterstützung der weltweiten Einheitswährung die legitimen Interessen der Vereinigten Staaten nicht ausschließen, sondern vielmehr ihre dominante Rolle und ihre Macht des Engagements unterstreichen. Es ist besonders wichtig, dass die eigenen Interessen der Vereinigten Staaten gerade in der Abschaffung des Währungsprivilegs und der Rückkehr zu einem fairen Wettbewerb liegen, denn nur so kann der Bann des sinkenden Schicksals des Dollars grundlegend gebrochen werden, wie das Paradoxon von Trayvon zeigt, und dass die Vereinigten Staaten in einer einzigartigen Position sein werden, um die starke Kraft der Realwirtschaft auf dem globalen Markt wiederzubeleben, ihre Position als zentrale Macht in der politischen und wirtschaftlichen Weltordnung aufrechtzuerhalten und ihre historische Rolle als Anführer der fortschrittlichen Strömung in der Welt zu spielen."*

Die chinesische Website Sina.com veröffentlichte einen Chor von Beifallsbekundungen von Mainstream-Ökonomen:

> *„Dank der gemeinsamen Anstrengungen aller Länder der Welt haben wir endlich einen neuen Frühling der Globalisierung eingeläutet. China wird einer der größten Nutznießer einer gerechteren Weltfinanzordnung sein. Obwohl unsere Devisenreserven durch den Rückzug des Dollars aus dem Verkehr einen gewissen Verlust und eine gewisse Unsicherheit erlitten haben, ist dies langfristig der Preis, den China für seine reibungslose Integration in die internationale Gesellschaft zahlen muss. Langfristig gesehen ist China immer noch der Gewinner der Globalisierung."*

Im krassen Gegensatz zur unterstützenden, einseitigen Haltung der internationalen Medien sind in den Vereinigten Staaten die schlimmsten Anti-Globalisierungsdemonstrationen des 21. Jahrhunderts ausgebrochen. Jahrhunderts ausgebrochen. Die Arbeitslosigkeit in den Vereinigten Staaten hat unter der Last einer lang anhaltenden Rezession einen Höchststand von 15 Prozent erreicht, und die Unzufriedenheit mit der Regierung hat mit der großen Zahl von Amerikanern, die ihr gesamtes Eigentum und ihre Renten- und Gesundheitsleistungen verloren haben, einen Wendepunkt erreicht. Große Massendemonstrationen von Millionen von Menschen in New York und Philadelphia, Vereinigte Staaten von Amerika, um gegen das Ende des Umlaufs des US-Dollars zu protestieren, wobei die Menschen in einer Vielzahl von Kostümen im Stil des Dollars gekleidet waren und sich um die Freiheitsglocke, das Symbol der Amerikanischen Revolution, versammelten, wobei Hunderttausende von Menschen "The Star-Spangled Banner will never fall" skandierten, wobei die Anführer der Demonstrationen die Unabhängigkeitserklärung und die Verfassung der Vereinigten Staaten rezitierten und ihre Entschlossenheit bekundeten, den Dollar bis zum Tod gegen das Diktat der Weltzentralbank zu verteidigen, die über dem Kongress der Vereinigten Staaten stand. Auf der großen Rasenfläche des Washington Monuments skandierten eine halbe Million Demonstranten aus dem Osten wütend Slogans wie "Das Weiße Haus hat Amerika verraten", und große Slogans wie "Stoppt den Verrat", "Hängt den Verräter", "Zur Hölle mit der Weltwährung" und "Verteidigt die Verfassung" bedeckten die gesamte Pennsylvania Avenue und 7 bis 14 Blocks. Während sich der Kampf zwischen den Gesetzgebern auf dem Capitol Hill zuspitzte, kam es vor dem Lincoln Memorial zu blutigen Zusammenstößen zwischen Polizei und Demonstranten, der Verkehr auf dem 495 Beltway kam völlig zum Erliegen, und die achtspurige Straße wurde zum Basislager für die Demonstranten, die dort übernachteten. Es gab Bombendrohungen gegen die Gebäude der Weltbank und des Internationalen Währungsfonds, rechtsgerichtete Organisationen wie die American Association of Gun Owners konspirierten im Geheimen, um einen "bewaffneten Aufstand" zum Sturz der verräterischen Regierung zu starten, und es gab eine verräterische Situation im Pentagon, wo sich einige Generäle im Militär, die den Interessen der Vereinigten Staaten von Amerika treu ergeben waren, heimlich trafen, um einen Staatsstreich zu planen. (Richard Kubo, Quelle: offizielle Website der Harvard-Universität)

Paris, Frankreich, wurde in einen Zustand der Anarchie gestürzt, mit zerschlagenen Banken, geplünderten Geschäften, verbrannten Autos, abgeschnittenen öffentlichen Verkehrsmitteln und Massenstreiks, die zu einer Erklärung der militärischen Kontrolle führten. Die Proteste in London haben sich allmählich in Krawalle verwandelt, die Financial City of England ist fast tot, große Finanzinstitute haben angekündigt, alle Mitarbeiter ohne Bezahlung zu beurlauben, die Armee in die Stadt, um die Ordnung aufrechtzuerhalten. Städte wie Berlin, Frankfurt, Rom, Wien, Moskau, Tokio und Seoul waren ebenfalls in unterschiedlichem Maße betroffen.

Die Internationalisten haben die Entschlossenheit und Stärke des nationalistischen Widerstands eindeutig unterschätzt. Der Aufstieg des

Internets hat das Informationsmonopol der Mainstream-Medien gebrochen, und immer mehr Menschen beginnen zu begreifen, dass der Verlust des Rechts des Staates, Geld auszugeben, die totale Versklavung bedeutet. In einer Demokratie sind allgemeine Wahlen eines der wirksamen Mittel, mit denen die Öffentlichkeit Einfluss auf die politischen Entscheidungsträger nehmen kann, und auf nationaler Ebene ist das Recht zur Ausgabe einer souveränen Währung für die Wähler weiterhin von Bedeutung. Wenn jedoch die souveräne Währung abgeschafft wird, wird die Zentralbank der Welt zu einem Super-Finanzmonster, das über allen demokratisch gewählten Regierungen steht, unabhängig von der Regierung, unkontrolliert, ungewählt und ohne jeden demokratischen Prozess, der sie wirksam einschränken könnte.

Die Ausgabe der einheitlichen Weltwährung wird der historische Moment in der Geschichte der Menschheit sein, in dem die Macht des Goldes den Gipfel ihrer Macht erreicht. Dieser Moment ist nicht "zufällig" oder "zufällig" eingetreten. Er hat sogar einen genauen Zeitplan. Eine Organisation namens "World Single Currency Association" plant dies,

> „Zeitplan für das Programm bis 2024. Im Einklang mit der realistischen Strategie wird der Fortschritt dieses Plans sicherstellen, dass das Ziel einer einheitlichen Weltwährung bis 2024 erreicht wird. Als Professor Richard Cooper 1984 eine Währungsunion in den Industrieländern vorschlug, entwarf er einen 25-Jahres-Zeitplan, um sie voranzubringen, und dieser Zeitplan führte uns bis 2009."[211]

- Neues Mitglied der Eurozone im Jahr 2009: Slowakei
- 2009 Fünf Länder des Westafrikanischen Währungsgebiets: Ghana, Nigeria, Sierra Leone, Gambia, Guinea, mit gemeinsamer Währung: ECO
- 2010 planen die Länder des Golf-Kooperationsrates (GCC) die Einführung einer neuen gemeinsamen Währung, darunter: Baring, Kuwait, Oman, Katar, Saudi-Arabien, VAE

---

[211] Cooper, Richard N., "Gibt es einen Reformbedarf". (Rede auf einer Konferenz der Federal Reserve Bank of Boston, Mai 1984).

- 2011 50. Jahrestag der Veröffentlichung von Mondales Aufsatz "The Theory of the Optimal Monetary Zone" im American Economic Journal
- Neue Mitglieder der Eurozone im Jahr 2012: Beitritt von Estland
- 2012 Fünf ostafrikanische Länder führen eine gemeinsame Währung ein: Burundi, Kenia, Uganda, Tansania, Ruanda
- Internationale Konferenz 2012 zur Vorbereitung der Weltwährungsunion
- 2013 Neue Mitglieder der Eurozone: Lettland, Litauen, Bulgarien
- Neue Mitglieder der Eurozone im Jahr 2013: Tschechische Republik, Beitritt von Polen
- Neue Mitglieder der Eurozone im Jahr 2014: Beitritt von Ungarn
- Neue Mitglieder der Eurozone im Jahr 2015: Rumänien
- 2016 Südafrikanische Währungsunion der 14 (SADC): Angola, Botsuana, Kongo, Lesotho, Madagaskar, Malawi, Mauritius, Mosambik, Namibia, Südafrika, Swasiland, Tansania, Sambia und Simbabwe
- 2017 Wahl eines globalen Währungsnamens weltweit (der Euro wurde 1995 benannt und vier Jahre später eingeführt)
- 2018 Wirtschaftswissenschaftler prognostizieren die Einführung einer weltweiten Einheitswährung, zumindest in den meisten Industrieländern 1988 Wirtschaftswissenschaftler prognostizieren die Einführung einer weltweiten Einheitswährung 30 Jahre später
- 1. Juni 2020: Gründung einer Weltzentralbank, die teilweise oder vollständig dem Internationalen Währungsfonds oder der Weltbank nachempfunden ist
- 1. Januar 2021: Neue einheitliche Weltwährung bereit für elektronische Transaktionen
- 2021 Die 2001 gegründete Afrikanische Union hat sich zum Ziel gesetzt, eine panafrikanische Währungsunion zu schaffen.

➢ 1. Januar 2024: weltweite Transaktionen werden über die neue Weltwährung abgewickelt; 1. Mai: danach werden alle alten Währungen nicht mehr für Transaktionen verwendet und können bei den benannten Banken in den Mitgliedsländern in die neue Weltwährung umgetauscht werden, das Währungsrisiko endet und die Vermögenswerte werten weiter auf.

Die einheitliche Währung: das Ende der Geschichte

> *Wir freuen uns darauf, die Weltwährungspolitik in einer Krisenzeit wie dieser zu fördern. Die derzeitige Finanzkrise ist der einzig mögliche Zeitpunkt, denn nur in einer Krise kann man Dinge wie diese tun, um ein neues System aufzubauen.* [212]
> - 13. November 2008, "Vater des Euro" Mondale

> *Die globale Wirtschaft braucht eine globale Währung.* [213]
> -Paul Volcker, ehemaliger Vorsitzender der Federal Reserve

> *Die Kontrolle von Geld und Kredit kann den Kern der nationalen Souveränität angreifen.* [214]
> - Alden W. Clausen, Präsident der Bank of America und Präsident der Weltbank

> *Sobald die Währung und der Kredit eines Landes teilweise kontrolliert werden, spielt es keine Rolle mehr, wer die Gesetze des Landes macht.* [215]
> W. L. Mackenzie King, ehemaliger Premierminister von Kanada

Es gibt immer kluge Leute auf dieser Welt, die das Spiel mit dem Geld lesen, und Kiyosaki, Autor von Poor Dad, Rich Dad, ist einer von

---

[212] Mondale: Die Förderung einer Weltwährung kann nur in Zeiten der Krise erfolgen (CBN, 13. November 2008).

[213] Bonpasse, Morrison, *Die einheitliche globale Währung* (Single Global Currency Association, 2006).

[214] Clausen, A. W., in einem Interview mit dem Freeman Digest 1979, "International Banking".

[215] Mackenzie King, William Lyon, in einer Rundfunkansprache, 2. August 1935, Zitat abgedruckt in Walter Stewarts Buch *Bank Heist* (Harper Collins, 1997).

ihnen. Kurz nach dem Ausbruch des Finanz-Tsunamis im September 2008 erwähnte er in einem Artikel vom 24. November 2008,

> „1910 hielten sieben Männer, die schätzungsweise ein Sechstel des weltweiten Reichtums besitzen, ein geheimes Treffen auf Jekyll Island vor der Küste Georgias ab. Sechs von ihnen sind Amerikaner, die JPMorgan, Rockefeller und die US-Regierung vertreten. Der andere kam aus Europa und vertrat Rothschild und Warburg, und die Gründung der Federal Reserve im Jahr 1913 war ein direktes Ergebnis dieses Geheimtreffens. Interessanterweise ist die Federal Reserve Bank of the United States weder eine Bundesbank noch eine Reserve noch eine Bank ... sie kontrolliert das Bankensystem und die Geldversorgung in den Vereinigten Staaten. Das Bretton-Woods-System führte 1944 zur Gründung des Weltwährungsfonds und der Weltbank, die geschaffen wurden, um das Bankensystem und die Geldversorgung der Welt zu kontrollieren, so wie es die Federal Reserve Bank für die Vereinigten Staaten tat. 1971 verkündete Präsident Nixon die Aufhebung der Bindung des Dollars an das Gold, was bedeutete, dass der erste Schritt zur Kontrolle des weltweiten Finanzsystems vollzogen war. Im Jahr 2008 befand sich die Weltwirtschaft in einer Krise, und die Reichen wurden schließlich noch reicher, die meisten Armen jedoch noch ärmer. Ein großer Teil dieser Krise geht direkt auf diese geheimen Treffen vor Jahrzehnten zurück. Mit anderen Worten: Ein großer Teil des Finanz-Tsunamis wurde inszeniert."[216]

Braucht die Welt eine globale Zentralbank? Wenn ein einheitliches Weltwährungssystem erreicht werden soll, ist eine Geldpolitik von noch nie dagewesenem Ausmaß erforderlich, um das internationale Finanzsystem aufzurüsten. Eine einheitliche Weltwährung würde es den Banken ermöglichen, Macht über Nationen, Rassen und Sprachen zu erlangen. Der frühere kanadische Abgeordnete Paul Hellyer kommentierte die Weltwährung 1994 folgendermaßen: "In einem solchen globalen Währungs-/Banksystem würden die Interessen der Bürger, der einzelnen Staaten, nur noch den Interessen des internationalen Finanzsystems untergeordnet werden ... die Staaten wären nicht mehr in der Lage, eine unabhängige Politik zu

---

[216] Kiyosaki, Robert, *How the Financial Crisis Was Built Into the System* (Yahoo Finance, 24. November 2008).

betreiben."²¹⁷ Das mächtigste Finanzsystem, das über den souveränen Staaten steht, wird von Weltmachtgruppen betrieben, die niemandem Rechenschaft schuldig sind.

Es handelt sich nicht um ein Tagesprojekt; es muss über einen langen Zeitraum konzipiert, gesammelt, geplant und theoretisch erforscht werden, und man muss den richtigen Zeitpunkt abwarten, um es zu starten. Der richtige Zeitpunkt ist dabei der kritischste, und ein zu früher oder zu später Start kann gleichermaßen schädlich sein. Die theoretische Erforschung der einheitlichen Weltwährung war bereits in den 1960er Jahren recht weit fortgeschritten. Unter ihnen sind einige wichtige Aussagen über die einheitliche Weltwährung von eindeutiger Bedeutung.

1969:

> *„Lassen Sie mich von pingeligen Einwänden zu aktiveren Diskussionen übergehen und mit den besten und schlechtesten internationalen Währungssystemen beginnen. Das beste Währungssystem ist meiner Meinung nach eine einheitliche Weltwährung mit einer weltweiten Finanzbehörde."*[218]
> Charles P. Kindleberger, Professor für Wirtschaftswissenschaften, Massachusetts Institute of Technology, Redner auf der Tagung der Federal Reserve in Boston

1984:

> *„Ich habe eine radikale Option für das nächste Jahrhundert vorgeschlagen: eine einheitliche Währung für alle industriellen Demokratien auf der Grundlage einer gemeinsamen Geldpolitik, mit einer gemeinsamen geldausgebenden Bank, die die Geldpolitik bestimmt... Dieser Vorschlag ist in der Tat kurzfristig zu radikal, könnte aber eine Vision oder ein Ziel bieten, das die nächsten Schritte leitet..."*[219]
> Richard N. Cooper, Professor, Harvard Universität, Vereinigte Staaten von Amerika, Redner, Konferenz der Federal Reserve Boston

---

[217] Hellyer, Paul, *Funny Money* (Chimo Media, 1994).

[218] Kindleberger, Charles P., spricht auf einer Konferenz der Federal Reserve.

[219] Cooper, Richard N., "Gibt es einen Reformbedarf". (Rede auf einer Konferenz der Federal Reserve Bank of Boston, Mai 1984).

1998:

> „Für die Welt als Ganzes mag die Geschwindigkeit des Übergangs zu einer einzigen Weltwährung viele überraschen. In 10 Jahren (2008) könnte sich die Welt von heute über 200 Währungen zu einer einzigen entwickelt haben, und in 25 Jahren (2023) werden sich die Historiker fragen, warum es so lange gedauert hat, eine Währung abzuschaffen, die seit 20 Jahrhunderten existiert hat."[220]
>
> Bryan Taylor, Chefvolkswirt, Global Financial Data, Inc.

(Das ist ein ziemlich gutes Niveau für eine Person des öffentlichen Lebens, die solche Dinge vor mehr als 10 Jahren sagte. (Es wäre genauer zu sagen, dass er kein Prophet war, sondern ein Planer).

2001:

> „Als VISA vor 25 Jahren gegründet wurde, sahen die Gründer die Welt als ein System, das eine einheitliche Währung für den Austausch benötigt, und alles, was wir tun, basiert auf einer globalen Vision und dem Bemühen, unsere globale Vision Schritt für Schritt zu erreichen."[221]
>
> Sarah Perry, Leiterin der strategischen Investitionsplanung, VISA

2004:

> „Wenn die globale Marktwirtschaft in den kommenden Jahrzehnten florieren soll, erscheint die Entstehung einer globalen Währung logisch."[222]
>
> Martin Wolf, Chefkommentator der Financial Times, leitender Wirtschaftswissenschaftler bei der Jahrestagung der Weltbank

Am 5. Januar 2007 veröffentlichte Ben Steyer, Direktor der Abteilung für internationale Wirtschaft der Foreign Relations Association der Vereinigten Staaten, in der Financial Times des Vereinigten Königreichs einen Artikel mit dem Titel "Digital gold and the shortcomings of the monetary system" (Digitales Gold und die Mängel des Währungssystems), in dem er die Vor- und Nachteile freier und fester Wechselkurse verglich und wiederholt betonte, dass das

---

[220] Bonpasse, Morrison, *Die einheitliche globale Währung* (Single Global Currency Association, 2006).

[221] Ebd. S. 7.

[222] Wolf, Martin, schreibt für die *Financial Times*, 3. August 2004.

Währungssystem der heutigen Welt das schwächste Glied im Globalisierungsprozess sei und die Lösung in der Remonetarisierung des Goldes liege, wobei elektronisches Gold als Zahlungsmittel unter modernen technologischen Bedingungen verwendet werde. Er schließt,

> *("Ein Währungssystem für digitales Gold") mag radikal und unerreichbar klingen, aber die Elektronisierung einer Goldwährung, die die Menschen seit 2.500 Jahren praktizieren, könnte sich letztlich als nachhaltiger erweisen als eine souveräne Währung, die nur eine kurze Probezeit von 35 Jahren hat.[223]*

Am 9. Mai 2007 veröffentlichte die Zeitschrift Diplomacy, das Sprachrohr der American Foreign Relations Association, einen weiteren Artikel von Ben Steyer mit dem Titel "The End of National Sovereign Currency". In seinem Artikel erklärt Stahl: "Um eine sichere Globalisierung zu erreichen, sollten die Länder den monetären Statismus aufgeben und unnötige Währungen abschaffen, die die Quelle vieler heutiger Unruhen sind. "Nach Ansicht von Steyr ist die Hauptursache für die heutigen Finanzturbulenzen in der Welt die Einmischung von "souveränen Währungen". Er sagte: "Warum ist das Problem einer Reihe von Währungskrisen in den letzten Jahrzehnten so ernst geworden? Ab 1971 entkoppelte Präsident Nixon offiziell den Dollar vom Gold, so dass die Währung, die um die Welt ging, keinen Anspruch mehr auf irgendetwas Physisches darstellte. Die Währungen der Welt sind nun rein souveräne Erscheinungen, die von den Regierungen herbeigezaubert werden... Der Mythos der Verknüpfung von Währungen und Souveränität ist kostspielig und manchmal gefährlich. Monetärer Statismus ist mit der Globalisierung unvereinbar. "Es ist sicher, dass Herr Steyer im Begriff ist, das Konzept einer "einheitlichen Weltwährung" einzuführen, so dass die souveräne Währung abgeschafft werden muss. Mr. Steyer erklärte weiter,

> *„In den letzten Jahrzehnten hat sich der Dollar zur unangefochtenen Weltwährung entwickelt, und Länder auf der ganzen Welt halten Dollars, um auf verschiedenen Märkten, insbesondere dem Ölmarkt, zu handeln. Der privilegierte Status, den der Dollar heute genießt, ist nicht gottgegeben. Der Dollar war ursprünglich auch durch eine andere integre Währung (Gold) gedeckt, und andere sind bereit, den Dollar zu*

---

[223] Steil, Benn, Digital gold and a flawed global order (*Financial Times*, 5. Januar 2007).

> *akzeptieren, weil sie glauben, dass das, was sie in der Vergangenheit gekauft haben, in der Zukunft gegen eine gleichwertige Ware eingetauscht werden kann. Dies bedeutet eine enorme Belastung für die US-Regierung, diese Integrität zu gewährleisten. Leider haben diese Institutionen es versäumt, diese Last zu tragen. Die rücksichtslose US-Finanzpolitik schwächt die Position des Dollars als Weltwährung."[224]*

Und was ist die Lösung, die Herr Steyer vorschlägt? Wiederum die Remonetarisierung von Gold und der Weltwährung. Er sagte:

> *„Aber es gibt bereits private Goldbanken, bei denen die Kontoinhaber internationale Zahlungen in Form von echten Goldbarren als Aktien tätigen können. Die Gold- und Silberindustrie ist zwar noch ein kleiner Wirtschaftszweig, hat aber in den letzten Jahren mit dem Rückgang des Dollars ein beträchtliches Wachstum erfahren. Es klingt sicherlich ungeheuerlich, von einem neuen internationalen Währungssystem auf Goldbasis zu sprechen. Aber so war es auch bei einem Währungssystem ohne Gold im Jahr 1900. Die moderne Technologie hat es möglich gemacht, Goldgeld durch private Goldbanken wiederherzustellen, auch ohne staatliche Unterstützung."[225]*

Dieser Absatz ist der Höhepunkt des Artikels, und er ist das eigentliche Thema des Artikels. Mit anderen Worten, die Abschaffung der souveränen Währungen, auch ohne die Unterstützung der Regierungen, und die Einführung einer einheitlichen Weltwährung mit Gold als Kernstück!

Es ist klar, dass die Werte des Goldgeldes von Steyer, Ann Rand und Greenspan, die eng miteinander verwandt sind, auf die finanziellen Vorstellungen vieler Bankiersfamilien im alten Europa, insbesondere der Rothschilds, zurückgehen und sich stark von den monetären Ansichten der aufstrebenden Machtgruppen in den Vereinigten Staaten unterscheiden. Das Hauptmittel der Rothschilds, um zweihundert Jahre lang mit ihren Gegnern aufzuräumen, besteht darin, "zuerst unbesiegbar zu sein, um dann zu warten, bis der Feind unbesiegbar ist". Wenn es heute zwei große Kräfte in der Finanzwelt gibt, dann sind es die "Gold-Umweltschützer" mit der Familie Roche im Zentrum und die "Öl-

---

[224] Steil, Benn, "Das Ende der nationalen Währung" (*Foreign Affairs*, Mai/Juni 2007).

[225] Ebd.

Kriegsfraktion" mit den Rockefellers als Banner, einer Dollar-ausgebenden Interessengruppe. Die beiden Seiten sind sich über die Strategie für die künftige Kontrolle der Weltwährung einig, aber auf der Ebene der Interessen und der Währungsphilosophie gibt es große Unterschiede.

Die "Gold-Umweltschützer" legen mehr Wert auf die moralischen Eigenschaften des Geldes und betonen seine inhärente Fairness und Vernünftigkeit. Sie sind der festen Überzeugung, dass die künftige Weltwährung zwei grundlegende Elemente enthalten muss, nämlich Gold und Umweltschutz, um der Ehrlichkeit und Flexibilität des Geldes zu entsprechen. Die "Ölkriegsfraktion" hingegen schätzt den Gewaltfaktor, der hinter der Währung steht, und glaubt, dass, solange sie die Ölversorgung im Nahen Osten kontrolliert, sie keine Angst haben wird, den Kopf unten zu halten, und dass, gepaart mit einer starken militärischen und kriegerischen Abschreckung, niemand in der Welt es wagen wird, den Dollar einfach abzulehnen. Selbst die Abschaffung des Dollars und die Ablehnung der Dollarschulden, die neue Weltwährung ist ein "Kredit", der mit dem Bajonett bearbeitet werden kann. Diese beiden Machtblöcke konkurrieren auf internationaler Ebene in den Vereinigten Staaten gegen das alte Europa oder den Dollar gegen den Euro und auf innenpolitischer Ebene in den Vereinigten Staaten im Tauziehen zwischen den umweltbewussten Demokraten und den ölkriegsorientierten Republikanern.

Die Frage, wie man zwischen diesen beiden Parteien einen Hebel ansetzen kann, um Chinas strategische Interessen zu maximieren, wird eine wichtige Frage sein, die Chinas diplomatisches Geschick auf die Probe stellen wird.

Am 7. Januar 2008 veröffentlichte die britische *Financial Times* einen Artikel mit dem Titel "Gold is the new global currency" (Gold ist die neue Weltwährung), einer der deutlichsten Aufrufe zur Remonetarisierung von Gold in den europäischen und amerikanischen Mainstream-Medien der letzten Jahre. In dem Artikel wird argumentiert, dass der jüngste Anstieg des Goldpreises die Nervosität der Anleger in Bezug auf die derzeitige internationale Finanzlage widerspiegelt und dass Gold, wenn es schließlich zu einer Währung wird, nicht nur gegenüber dem Dollar, sondern auch gegenüber dem Pfund und dem Euro an Wert gewinnen wird. Der Artikel argumentiert,

> *„Eine bessere Sichtweise auf Gold könnte sein, dass die Zentralbanken Gold vor der Aufgabe des Goldstandards durch*

die USA nicht als Ware, sondern als eine andere Währung verstanden."

Wenn wir die meisterhafte und geschickte Manipulation der Medien und der öffentlichen Agenda durch die "anglo-amerikanischen Machtblöcke" seit den Tagen der Rhodesier verstehen, können wir die "persönlichen Ansichten", die von ikonischen Sprachrohren unter direkter Kontrolle der herrschenden Weltelite wie Diplomacy, The Economist, The Financial Times und Schwergewichten wie Ben Steyer geäußert werden, nicht einfach ignorieren, denn sie sind keineswegs bloße Äußerungen persönlicher Ansichten, sondern wichtige Indikatoren für den Willen der Interessengruppen und Teil einer ausgeklügelten und massiven Propagandaoffensive. Ist dies nicht zu erwarten, so werden mit zunehmender Verschärfung der Krise immer mehr westliche Medien und Marktteilnehmer ein "zufälliges" Interesse an Gold entwickeln. Letztlich wird der steigende Goldpreis zum "Dolchstoß" für das Dollarsystem.

Unmittelbar nach dem Bilderberg-Treffen vom 17. Mai 2009 begannen unter anderem Rogers und Soros häufig zu warnen, dass die kommende Krise eine Währungskrise sein würde, und sie scherzten nicht. Eine ernsthafte Währungskrise, die durch eine Dollarkrise gekennzeichnet sein wird, soll zwei Hauptzwecken dienen: erstens, den Vereinigten Staaten zu helfen, eine vollständige Abkehr zu vollziehen, und zweitens, das bestehende Weltwährungssystem zu erschüttern und dem Konzept einer weltweiten Einheitswährung Schwung zu verleihen. Dies dürfte in etwa mit der Krise von 1907 vergleichbar sein, die zur Gründung der Federal Reserve im Jahr 1913 führte. Man würde sehen, wie zerbrechlich die Weltwirtschaft ohne eine Weltzentralbank und eine einheitliche Weltwährung sein würde.

Die Krise kommt zum richtigen Zeitpunkt

> *["Eine internationale Währungsreform ist in der Regel nur angesichts globaler Krisenreaktionen und Bedrohungen möglich."] Der Nobelpreisträger wies auch auf mögliche Krisenauslöser hin, indem er sagte, dass "die globale Wirtschaftskrise definitiv den Dollar einbeziehen wird" und dass*

eine einheitliche Weltwährung als "ein Glücksfall" der globalen Dollarkatastrophe angesehen werden wird. [226]
Mai 2007, "Vater des Euro", Mondale

„*In meiner gesamten beruflichen Laufbahn habe ich noch nie erlebt, dass eine Zentralbank (die Federal Reserve) in den letzten sechs oder sieben Jahren die (Geld-)Theorie mit einer solchen Verzerrung untersucht hat. Von den Lobpreisungen der 'New Economy' in den späten 90er Jahren bis zur aktuellen (Befürwortung) neuer Theorien über Leistungsbilanzanpassungen hat die US-Zentralbank Versuche angeführt, die traditionelle Makroökonomie umzuschreiben und zu versuchen, die Marktteilnehmer von diesen 'korrigierten' Theorien zu überzeugen... Ich selbst habe nie an Verschwörungstheorien geglaubt, aber nachdem ich gesehen habe, was die Fed seit Ende der 90er Jahre getan hat, musste ich meine Meinung ändern.*"[227]

- 25. April 2005, Stephen Roach, Chefvolkswirt, Morgan Stanley

Man beachte, dass der Zeitpunkt von Mondales Rede im Mai 2007 war, drei Monate vor dem Ausbruch der US-Subprime-Hypothekenkrise, und sogar noch früher, zwei Jahre vor Ausbruch der Krise, im April 2005, als Stephen Roach in seinem Artikel "Erbsünde" bereits genau beschrieben hatte, wie und warum sich die Finanzkrise entwickelte! Die Behauptung, es gäbe keine Anzeichen für eine Finanzkrise oder die Welt sei unvorbereitet, ist unhaltbar. Der "Harem" der Federal Reserve hat "3.000 schöne" Ökonomen, mit den umfassendsten Daten und Statistiken, während der Chef von Greenspan ein Genie in Daten und Modellen ist, zu sagen, dass er noch kein Gefühl für die bevorstehende Finanzkrise im Jahr 2006 hat, ist jedenfalls nicht überzeugend.

Die historische Erfahrung hat gezeigt, dass Krisen Gelegenheiten sind, große Reformen durchzuführen, und wie der Finanzmagnat Alden Clawson es formulierte: "Neue umfassende politisch-ökonomische Systeme, über Rassengrenzen hinweg, entstehen immer aus Eroberungen oder aus einer gemeinsamen Krise."

---

[226] Mundell, Robert, "Ein Jahrzehnt später: Asia New Responsibilities in the International Monetary System", Vortrag in Seoul, Südkorea, 2. und 3. Mai 2007.

[227] Roach, Stephen, Erbsünde (Global Economic Forum in Tokio, 25. April 2005).

In seinem krisenähnlichen Denken scheint Herr Steyer eine "altruistische" Lösung anzubieten. Um eine Krise zu vermeiden, müssen die Länder nur ihre Währungssouveränität aufgeben, bevor das Problem unumkehrbar ist. Die Regierungen müssen über die fatalistische Vorstellung von Souveränität hinausgehen, dass die nationale Unabhängigkeit die Ausgabe und Kontrolle einer gemeinsamen Währung auf ihrem eigenen Territorium sein muss. "Nationale Währungen und globale Märkte können nicht einfach miteinander vermischt werden, sonst werden sie tödliche Währungskrisen und angespannte geopolitische Situationen hervorbringen und dies als Vorwand für einen zerstörerischen Protektionismus nutzen. "Warten Sie nur ab, die "Prophezeiung" von Herrn Steyer wird sich "selbst erfüllen". (Alden Clawson, Quelle: Offizielle Website der Weltbank)

Wie sollte man also die Währungssouveränität loswerden? Steyer sagte freimütig, dass die Welt in drei regionale Währungen umstrukturiert werden muss: den Dollar, den Euro und eine neue asiatische Währung. Dieser Vorschlag lehnt sich an die Arbeit von Robert Mondale an, der in der ganzen Welt für eine neue internationale Währungseinheit auf der Grundlage des Dollars (Dollar), des Euros (Euro) und des Yens (Yen) wirbt. Nach Mondales Plan soll auf der Grundlage dieser drei Währungen eine "Weltwährungseinheit" mit der Bezeichnung "Tropfen" (DEY) gebildet werden, deren Verwaltung der Internationale Währungsfonds übernehmen soll. [228]

> *„Die Frage ist nicht, ob die Welt eine einheitliche Weltwährung einführen wird, sondern wann und wie reibungslos und billig, anstatt grob, kostspielig und verwirrend. Für die Internationalisten ist die nationale Souveränität das größte Hindernis, und damit eine globale Zentralbank und eine einheitliche Weltwährung existieren können, muss eine politische Vereinbarung getroffen werden."*

In einem Vortrag mit dem Titel "The International Monetary System and the Case for a World Single Currency" (Das internationale Währungssystem und die Notwendigkeit einer einheitlichen Weltwährung) aus dem Jahr 2003 ging Robert Mondale offen auf die politischen Hindernisse ein: "Eine einheitliche Weltwährung ohne eine

---

[228] Mundell, Robert, "Ein Jahrzehnt später: Asia New Responsibilities in the International Monetary System", Vortrag in Seoul, Südkorea, 2. und 3. Mai 2007.

Weltregierung ist nicht möglich. Die Durchsetzung einer einheitlichen Währung würde erhebliche organisatorische Auswirkungen haben. " (Morrison Bumpas, Quelle: www.itp.net)

Im Mai 1999 empfahl die Wirtschaftswissenschaftlerin Judy Shelton dem Banken- und Finanzausschuss des US-Repräsentantenhauses offiziell die Einführung einer einheitlichen nordamerikanischen Währung, des amerikanischen Dollars (Amero), und andere Wissenschaftler haben diese interkontinentale Währungsoption mit dem Ziel untersucht, ein zunehmend verbindliches neues regionales Währungssystem zu schaffen, das Kanada, die Vereinigten Staaten und Mexiko umfasst.

Doch wie werden sich die regionalen Währungen zu einer einzigen globalen Währung entwickeln? Morrison Bonpasse ist Präsident der Single Global Currency Association (SGCA), einer Gruppe von Wirtschaftswissenschaftlern, die sich mit der weltweiten Einheitswährung beschäftigen. Bonpasse argumentiert, dass

> „Die Währungsunionen des 21. Jahrhunderts und die des 20. Jahrhunderts, die überlebt haben, sind Meilensteine auf dem Weg in die Zukunft und zu einer globalen Währungsunion. Dank des Erfolgs der europäischen und anderer Währungsunionen wissen wir heute, wie eine Währungsunion der dritten Generation geschaffen und aufrechterhalten werden kann: eine globale Währungsunion mit einer globalen Zentralbank und einer weltweiten Einheitswährung. Die Welt bereitet sich darauf vor, mit den Vorbereitungen für eine einheitliche Weltwährung zu beginnen, so wie sich Europa auf den Euro und die arabischen Golfstaaten auf ihre eigene gemeinsame Währung vorbereiten. Mit der Einführung einer globalen Einheitswährung, die von einer repräsentativen Gruppe von Ländern mit einem bedeutenden Anteil am weltweiten BIP angestrebt wird, kann das Projekt ebenso vorankommen wie die Regionalwährungen, die ihm vorausgingen."[229]

> „Kurz gesagt, das regionale Währungsmodell ist das Sprungbrett zum Weltwährungsmodell. Dennoch überwiegt jetzt der Nationalismus. "Bumpas schreibt: "Das lässt sich ganz einfach veranschaulichen: Wie kommt man von den derzeitigen

---

[229] Bonpasse, Morrison, *Die einheitliche globale Währung* (Single Global Currency Association, 2006).

147 Währungen zu einer einzigen? Die sich entwickelnden Überbleibsel des Nationalismus und der politische Wille sind die größten Herausforderungen auf dem Weg zu einer weltweiten Einheitswährung."[230]

Möglicherweise wird die Weltwirtschaft zwischen 2009 und 2024 in eine Ära nie dagewesener Turbulenzen eintreten. Diese Ära der Krise wird zu einer vollständigen Demontage vieler wichtiger wirtschaftlicher Regeln führen, die wir heute kennen, und höchstwahrscheinlich auch zu größeren Veränderungen im Weltwährungssystem. Leider könnten wir dann plötzlich feststellen, dass wir kaum noch Gold in Händen halten, sondern nur noch eine große Menge an zunehmend entwerteten, protzigen Dollarscheinen. In einem Szenario, in dem sich die Spielregeln dramatisch ändern, wird China wahrscheinlich die Möglichkeit verlieren, die Regeln des Währungsspiels mitzubestimmen. Ohne Gold in der Hand hat es kein Mitspracherecht im künftigen Weltwährungssystem und kein Druckmittel bei den Verhandlungen über die künftigen Spielregeln der Währung. In Chinas Devisenreserven werden Menschen mit Gold von Menschen beherrscht, und Menschen mit Dollar von Menschen beherrscht.

Das Jahr 2024 ist in diesem Zusammenhang keine spontane Ohrfeige. Bei der Art und Weise, wie die internationalen Banker seit Jahrhunderten agieren, haben sie sich zwar verkalkuliert, aber strenge Überlegungen und wissenschaftliche Berechnungen waren wichtige Gründe für ihre wiederholten Erfolge. In Kapitel IX haben wir darüber gesprochen, dass ab Ende 2009 Europa und die Vereinigten Staaten einen 14-jährigen Zyklus schwerer Konsumkontraktion erleben werden, in diesem konsumgetriebenen Wirtschaftswachstum werden fast zwei Drittel der beiden größten Volkswirtschaften der Welt gleichzeitig in den Zustand des Konsumrückgangs "Resonanz" geraten, die vollständige Erholung der Weltwirtschaft wird ein "schmerzhafter und extrem langer" Prozess sein, und in dieser Zeitspanne sind die Bedingungen für eine neue Währungskrise leicht verfügbar. In einem langen Zyklus des Rückgangs der europäischen und amerikanischen Verbrauchermärkte zu starken Handelsprotektionismus zu produzieren ist ein äußerst natürliches Phänomen, in einem Handelskrieg der Baken und Wölfe, die Szenen der nationalen Währungen zu konkurrieren, um

---

[230] Ebd.

die Exporte zu fördern abwerten kann klar vorgestellt werden, ohne viel Gehirnschmalz. Die Folgen der Währungsabwertung werden natürlich zu einer weltweiten Inflation führen, und vor allem ein rascher Anstieg der Rohstoffpreise, insbesondere des Erdöls, wird die Produktionskosten in allen Sektoren in die Höhe treiben und einen Anstieg der Preise für das Endprodukt auslösen, was zur Verwirklichung von Inflationserwartungen führt. Die massive Freisetzung von Liquidität durch die Regierungen zur Bewältigung der Finanzkrise, die sich in einem Zustand der Sedimentation und der Langsamkeit des Geldes befand, war wie ein riesiger Stausee mit ruhigem Wasser, während eine abrupte Umkehrung der Inflationserwartungen einem Dammbruch gleichkäme und der reißende Strom der Liquidität eine erstaunliche inflationäre Energie freisetzen würde, die die Zentralbanker nicht mehr auffangen könnten. Der Kampf gegen die Hyperinflation würde mindestens ein Jahr dauern, so wie es in den Jahren 1923 bis 1924 der Fall war, als Deutschland eine Hyperinflation erlebte.

Nach der Währungskrise ist der Schweiß der Regierungen noch nicht getrocknet, und weltbekannte Ökonomen und internationale Think Tanks werden ihre Ratschläge anbieten und argumentieren, dass souveräne Kreditwährungen, allen voran der US-Dollar, die Schuld an der Währungskrise tragen und dass das Fehlen einer rechtzeitigen und wirksamen Koordinierung der Geldpolitik die zweite Hauptursache der Währungskrise sein wird, da die Zentralbanken auf eigene Faust handeln. Die Schlussfolgerung wäre, dass die Krise der Globalisierung eine globale Zusammenarbeit erfordert, dass souveräne Staaten allein nicht in der Lage sein werden, sie zu lösen, dass die einheitliche Weltwährung eindeutig das "Allheilmittel" dafür ist und dass die Weltzentralbank, die die Weltwährung ausgibt, "unabhängig" von "Einmischung und Behinderung" durch nationale Regierungen sein muss. Natürlich werden die Regierungen nicht bereitwillig ihre Macht über die Verteilung ihres Reichtums aufgeben, und Verhandlungen sind unvermeidlich und werden noch viele Jahre andauern, idealerweise bis etwa 2020. Das ist das Jahr, in dem die Vereinigten Staaten mit einem potenziellen Defizit von 100 Billionen Dollar und der vollständigen Implosion ihrer Sozialversicherungs- und Medicare-Systeme eine vollständige "Konkurssicherung" durchlaufen müssen, um dem drohenden Schuldensee vollständig zu entkommen. Von 2020 bis 2023, nach mehreren Jahren des Probebetriebs, wird 2024 ein guter Ausgangspunkt sein, Europa und die Vereinigten Staaten neue Generation von Bevölkerung Verbrauch Höhepunkt ist genau in diesem

Jahr zu starten. Mit der Einführung der einheitlichen Weltwährung wird die Welt in den kommenden Jahrzehnten "definitiv" einen Wirtschaftsboom erleben.

Die Weltzentralbank wäre wie eine Aktiengesellschaft mit Anteilen aus allen Ländern der Welt, mit der Ausnahme, dass Großbritannien und die Vereinigten Staaten das Privileg eines Mehrheitsaktionärs oder eines Vetorechts haben würden. Künftig würde die Herrschaft über den gesamten von allen Menschen auf der Erde geschaffenen Reichtum effektiv in die Hände einer sehr kleinen Anzahl von Menschen fallen. Die Verteilung des Reichtums der Welt, die zweifellos die größte Macht sein wird, die sich die Menschheit je vorgestellt hat, und von der die große Mehrheit derjenigen, die ihn geschaffen haben, ausgeschlossen sein wird, um die Früchte ihrer Arbeit selbständig zu verteilen, wird ein wichtiger Wendepunkt in der Geschichte der menschlichen Zivilisation sein. Dunkelheit und Licht, Freiheit und Sklaverei werden die Geschichte in diesem Moment in zwei Hälften teilen.

Das Schicksal des Geldes und das Schicksal der Nationen

Wenn die einheitliche Weltwährung letztlich unvermeidlich ist, welche Art von Währung kann dann wirklich die Verantwortung für eine gerechte Verteilung des Wohlstands unter allen Umständen übernehmen?

Das Wesen des Reichtums ist das Produkt der Arbeit der Menschen, und Geld stellt das "Recht auf Inanspruchnahme" der Früchte dieser Arbeit dar. Jeder in der Gesellschaft sollte das "Recht" haben, die Früchte der Arbeit anderer zu beanspruchen, indem er die Früchte seiner eigenen Arbeit verkauft. Wenn ein solches "Anspruchsrecht" übertragen wird, fungiert es als "Zahlungsmittel"; wenn ein "Anspruchsrecht" allgemein akzeptiert wird, wird es zu einem "Tauschmittel". Entscheidet sich der Inhaber des "Anspruchsrechts" dafür, seine Erfüllung hinauszuzögern, erfüllt es die Funktion eines "Vermögensspeichers"; wird dieses "Anspruchsrecht" schließlich eingefordert, ist es in der Lage, die Früchte der Arbeit eines anderen unversehrt zu erhalten, und dieses "Anspruchsrecht" ist ein guter "Maßstab für den Wert". Zusammen bilden diese vier Faktoren eine perfekte Entsprechung zwischen Geld und Reichtum.

Von den vier Hauptfunktionen des Geldes ist die zentralste die Funktion der "Vermögensspeicherung". Je intakter die verzögerte Einlösbarkeit des Vermögens ist, desto mehr kann das Geld die wichtige Rolle der "Werteskala" erfüllen, desto beliebter ist es auf dem Markt und desto leichter zirkuliert es und wird so zu einem hochwertigen "Tauschmittel" und "Zahlungsmittel".

Der Kern des "Reichtumsspeichers" ist die Tatsache, dass der "Anspruchsberechtigte" des heutigen Reichtums in der Lage sein muss, die Früchte der Arbeit anderer in der Zukunft ohne Verlust und "gerecht" zu erhalten. Diese "Fairness" ist nicht das Äquivalenzprinzip, wie wir es gemeinhin verstehen, und in der Tat ist es schwierig, im eigentlichen Tauschprozess eine gültige Wertbestimmung vorzunehmen. Gerechter Zugang ist dann gegeben, wenn beide an einem Tausch beteiligten Parteien die Fairness der Transaktion auf der Grundlage ihrer unterschiedlichen Bedürfnisprioritäten beurteilen, und weil verschiedene Menschen unterschiedliche Definitionen dessen haben, was sie "am meisten brauchen", kann die Transaktion auf komplementäre Weise erfolgen.

"Erwartungen" werden zu einem wichtigen Bestandteil des Geldes, weil der Austausch der Früchte der gegenwärtigen und der zukünftigen Arbeit zeitlich versetzt erfolgt. Historisch gesehen stellte die primitive Währung ein "Anspruchsrecht" ohne "Erwartung" dar, alle Transaktionen mussten auf der Grundlage der Früchte der bereits geleisteten Arbeit durchgeführt werden, die Gesellschaft verfügte nicht über einen Überschuss an Produkten für den zukünftigen Austausch, und die Funktion des "Vermögensspeichers" war nicht offensichtlich. Mit der Entwicklung der Produktivität gibt es in der Gesellschaft einen Überschuss an Arbeitsergebnissen, der für den zukünftigen Genuss verwendet werden kann, und damit kommt das Geld und der Zins auf. Der Zins fungiert als "Erwartung" von mehr überschüssiger Arbeit in der Zukunft und stellt somit eine "Realität + Erwartung" Geldmenge dar.

Als der Seehandel zunahm, brachte das Aufkommen des Wechsels die erwartete Komponente des Geldes auf ein neues Niveau, und wenn der Zins eine vernünftige Erwartung einer landwirtschaftlichen Ernte in einer autarken Wirtschaft darstellte, erweiterte der Wechsel die monetären Erwartungen auf vernünftige Erwartungen des Handels.

Im Zeitalter der industriellen Revolution entstand das "fraktionierte Reservesystem" des Bankensektors, das die erwartete

Komponente des Geldes weiter ausdehnte, um die massive Expansion der industriellen Produktion zu unterstützen.

Das Aufkommen des Informationszeitalters hat zur Verbreitung von Finanzderivaten geführt, einem Prozess, der den Reichtum der virtuellen Welt in die Geldmenge der realen Welt umwandelt und damit die "erwartete" Komponente des Geldes bis an den Rand der unhaltbaren Zerstörung vergrößert, was schließlich zur Finanzkrise führte.

Historisch gesehen ist die Erwartungskomponente des Geldes von Natur aus rational, aber wenn sie übermäßig hoch ist, löst sie den Widerspruch aus, dass die Erwartungen der Vergangenheit von der Realität nicht erfüllt werden können.

Wenn zu den Kernelementen der "Vermögensspeicher" "reale Arbeitsergebnisse + erwartete Arbeitsergebnisse" gehören, dann spiegeln die "realen Arbeitsergebnisse" die Wareneigenschaften des Geldes wider, während die "erwarteten Arbeitsergebnisse" die Krediteigenschaften des Geldes widerspiegeln. Die vollständige Abschaffung des Warencharakters des Geldes würde zu einer Dysfunktion und Dysregulierung des "Wohlstandsspeichers" führen, und jede historische Währung wäre nach der Abschaffung des Warencharakters des Geldes schließlich einer ständigen Entwertung ausgesetzt.

Die Funktion des Geldes als "Vermögensspeicher" bestimmt nicht nur seine endogene Selbsterhaltung, sondern auch seine Akzeptanz von außen, d. h. seinen Umlaufbereich.

Der Aufstieg und Niedergang großer Zivilisationen im Laufe der Geschichte ist im Wesentlichen ein umfassendes Spiegelbild der Effizienz der integrierten Allokation natürlicher Ressourcen durch diese Zivilisation und ihrer Fähigkeit, soziale Ressourcen unter ihrer Kontrolle zu integrieren, während die Stärke und Schwäche der Währung externe Manifestationen von beidem sind. Der Aufstieg einer starken Zivilisation geht natürlich mit einer starken und robusten Währung und einem expandierenden Geldumlauf einher, der durch die Gewährleistung seiner Stabilität und Zuverlässigkeit ein starkes System des sozialen Vertrauens aufbaut, das einen soliden Vertrag für multilaterale Interessen bildet. In einem starken Währungssystem funktioniert die Gesellschaft nach einem "monetären Rechtssystem". Im Gegenteil, der Wendepunkt, an dem die Zivilisation aufblüht und untergeht, spiegelt sich vor allem in der Unfähigkeit der Fähigkeit zur

Schaffung von Reichtum wider, den ständig steigenden Verbrauch von Ausgaben zu decken, sowie in dem Problem eines diffusen Defizits, das zu einer Abwertung der Währung und einer immer schlimmeren Inflation führt, die wiederum die Dynamik der Schaffung von Reichtum in der Gesellschaft unterdrückt, was zu einer Schrumpfung des Währungsumlaufs führt und die Fähigkeit und Effizienz der sozialen Integration und der Ressourcenallokation schwächt und damit die Verschärfung der fiskalischen Probleme beschleunigt. Gleichzeitig untergräbt die abgewertete Währung die vertraglichen Beziehungen von gemeinsamem Interesse, die sich zwischen den verschiedenen Schichten der Gesellschaft herausgebildet hatten, und die "Geldherrschaft" wird durch die "Geldmenschenherrschaft" ersetzt, was zum Zerfall der sozialen Zentripetalkräfte, zum moralischen Verfall und schließlich zum Umsturz der Staaten und zum Niedergang der Zivilisation führt.

In der Geschichte des Aufstiegs und Niedergangs des antiken Roms ist die Geschichte seines monetären Aufschwungs und Niedergangs gut dargestellt. Während der Regierungszeit Julius Caesars führte er im Alleingang das starke Gold- und Silberwährungssystem des antiken Roms ein, das zusammen mit der Ausdehnung der römischen Armee in das riesige Gebiet um das Mittelmeer herum die Fähigkeit des Römischen Reiches, Ressourcen in das umliegende Gebiet zu integrieren, erheblich stärkte und damit das Reich festigte. In der Blütezeit des jahrhundertelangen Römischen Reiches gab es eine florierende Wirtschaft, stabile Preise, eine moderate Besteuerung, einen fortschrittlichen Handel und kommerzielle Kreditzinsen im normalen Bereich von 4 bis 6 Prozent, dem niedrigsten Wert im gesamten Römischen Reich.

Seit der Zeit des römischen Kaisers Nero im Jahr 54 n. Chr., als die Staatskasse immer knapper und die Ausgaben immer höher wurden, begann Kaiser Nero, das Haushaltsdefizit durch Abwertung der Währung zu decken. Von 54 bis 68 n. Chr. sank der Silbergehalt der römischen Silbermünzen von 100% auf 90%, bis 117 n. Chr. auf 85% und bis 180 n. Chr. auf 75%. Nach zwei weiteren Kaisern betrug der Silbergehalt der römischen Silbermünzen bis 211 n. Chr. nur noch 50%. Der Zyklus der allmählichen Geldentwertung, der zu Neros Zeiten begann, dauerte mehr als 150 Jahre, ein Zeitraum, der auch mit dem Ende der Blütezeit des Römischen Reiches zusammenfiel. Doch der inflationäre Alptraum ging bald in eine Phase des beschleunigten Verfalls über, und von 260 bis 268 n. Chr. sank der Silbergehalt der römischen Silbermünze rasch auf nur noch 4 Prozent. Das Römische Reich befand sich zu dieser Zeit bereits in wirtschaftlichen Schwierigkeiten, mit mehr als einer Rebellion im Inland und jahrelangem Einsatz von Soldaten im Ausland. Der hohe Nennwert der Währung, aber der sehr niedrige Silbergehalt führten zu steigenden Preisen, höheren Steuern und provozierten schließlich eine Meuterei der Soldaten, und König Origen wurde 275 n. Chr. ermordet.

Sein Nachfolger, Kaiser Diokletian, wollte dem Beispiel von Caesar und Augustus folgen und die römische Währung wiederbeleben. Um der Inflation entgegenzuwirken, kündigte er sogar die Neuausgabe vollwertiger Silbermünzen an, verlangte aber fälschlicherweise, dass die neuen Münzen den alten, stark entwerteten Münzen "gleichgestellt" werden sollten, was zur Folge hatte, dass seine neuen Münzen schnell eingezogen und aus dem Verkehr gezogen wurden. Die einzige Möglichkeit, die Inflation zu bekämpfen, war die Kontrolle der Preise, was zum berühmten "Edikt von 301 n. Chr." führte, in dem Höchstpreise für Tausende von Waren und Dienstleistungen festgelegt wurden, die je nach Qualität der Waren und der Art der Dienstleistung variierten. Da die Zinssätze immer weiter ansteigen, begrenzt das Gesetz die Zinsen auf 6 bis 12 Prozent, je nach Höhe des eingegangenen Risikos. Der Mangel an bestimmten Produkten hat zu einem Ausfuhrverbot für verschiedene Lebensmittel und "strategische Güter" wie Eisen, Bronze, Waffen, Armeeausrüstung und Pferde geführt. Die Kontrolle über diese Aspekte wurde im Wesentlichen auf die Hierarchie ausgedehnt. Konstantin der Große verlangte, dass der Sohn eines jeden Soldaten Soldat bleiben musste, es sei denn, er war untauglich für den Militärdienst. Ebenso wird von den Landarbeitern verlangt, dass sie dauerhaft und über Generationen hinweg in der Landwirtschaft arbeiten. Diese Tendenz wurde später auf alle Sektoren ausgedehnt, die als unentbehrlich galten oder denen keiner folgte. Preiskontrollen haben zur Folge, dass die Schöpfer von Reichtum unter einem solchen Preissystem keinen Gewinn erzielen können, so dass große Mengen von Waren auf den Schwarzmarkt umgeleitet werden. Als Reaktion darauf ging der römische Kaiser rigoros gegen Schwarzmarkttransaktionen vor, und das Vorgehen zeigte schließlich Wirkung, allerdings um den Preis, dass die Schöpfer von Reichtum schlichtweg aufhörten, Reichtum zu schaffen, und die Wirtschaft des Römischen Reiches am Rande des Untergangs stand. Zu diesem Zeitpunkt war das Geldsystem des Römischen Reiches vollständig zusammengebrochen, und die Regierung musste die Erhebung von Steuern in Geld aufgeben und stattdessen Waren und Dienstleistungen direkt eintreiben. Das mächtige Römische Reich war völlig auf den Tauschhandel mit Waren reduziert.

Um 350 n. Chr. waren die römischen Silbermünzen nur noch 1/30.000 des augusteischen Wertes wert, und das Weströmische Reich war endgültig an seine Grenzen gestoßen.

Im Gegensatz dazu führte Konstantin der Große im östlichen Rom eine neue Währungseinheit ein, einen neuen starken Währungsmechanismus, der auf der reinen Goldmünze (Solidus) basierte und zu einer wichtigen Garantie für den Fortbestand des byzantinischen Reiches für Tausende von Jahren wurde. Seine Glaubwürdigkeit ist so groß, dass solche Goldmünzen in den feindlichen Nachbarländern und bis nach Afrika und Westeuropa in Umlauf gebracht werden. Einige Historiker sind der Ansicht, dass der Dreh- und Angelpunkt des Jahrtausende währenden Bestehens des Oströmischen Reiches, das von allen Seiten von Feinden umgeben war, seine Wirtschaftsstruktur und sein Finanzsystem waren, die auf einer Goldwährung basierten. Die Reinheit der byzantinischen Goldwährung wurde bis 1034 n. Chr. aufrechterhalten und beschleunigte sich dann ab 1081, als ein starkes Goldwährungssystem, das seine Reinheit fast 800 Jahre lang bewahrt hatte, schließlich zusammenbrach, gefolgt von Byzanz' Status als Welthandelszentrum und der zentripetalen Kraft und der moralischen Ethik eines großen Reiches.

Der Wechsel zwischen starken und schwachen Währungen hat sich nicht nur in der westlichen Geschichte, sondern auch in der chinesischen Geschichte wiederholt. Während der Nördlichen Song-Dynastie führte der allgemeine Mangel an Kupfer in der Region Sichuan dazu, dass im Handel viel Eisengeld verwendet wurde. Damals kostete es 20.000 Eisen-Dollar, um ein Stück Stoff zu kaufen, das etwa 500 Pfund wog und mit dem Auto transportiert werden musste - die Transaktionskosten waren sehr hoch, was die wirtschaftliche Entwicklung stark einschränkte. Um dieses Problem zu lösen, gründeten einige lokale Kaufleute in der Gegend von Chengdu die erste Banknotenausgabestelle der Welt und gaben die erste Papierwährung der Welt, "Jiaotzu", gegen Eisengeld aus. Später begann die Nördliche Song-Regierung in 1024 Jahren, "staatlich geführte Jiaotzi" auszugeben, Sicherheiten werden als Banknoten bezeichnet, in der Regel Eisengeld, ist fast 30% der Menge der ausgegebenen Banknoten, das heißt, etwa dreimal mehr als die fraktionierte Reserve Banknoten Emissionsmodus. In den ersten 100 Jahren der Ausgabe von Jiaozi war das Volumen der Jiaozi noch relativ gering und die sozioökonomische

Entwicklung fand statt, aber bis 1160 war der Anteil der Banknoten auf 1/60 des Volumens des ausgegebenen Papiergeldes gesunken, und später gab die Regierung die Banknoten einfach auf und gab Jiaozi nach Belieben aus. Am Ende der Südlichen Song-Dynastie war die Inflation in 150 Jahren 20 Billionen Mal höher! Tatsächlich brach das Geldsystem der Südlichen Song-Dynastie zusammen, bevor die mongolische Armee mit eisernen Füßen einmarschierte. Der Zusammenbruch des Geldsystems, das Schrumpfen der staatlichen Steuereinnahmen, der Zusammenbruch der Fähigkeit des Landes, sich für einen Krieg zu mobilisieren, und der Zusammenbruch der Song-Dynastie waren in der Tat das Ergebnis des Zusammenbruchs des Papiergeldsystems.

Das Ende der Jin-Dynastie verlief ähnlich wie das der Song-Dynastie, wo eine schwere Inflation, verursacht durch eine schwache Währung, schließlich zum Tod des Reiches führte. Der Goldene Staat gab mehr als 70 Jahre lang Papiergeld aus, die Preise für Waren stiegen um das 60-Millionen-Fache, bis die Herzen der Menschen in Aufruhr waren und der Wohlstand erlosch - das gleiche Geldsystem wie vor dem Zusammenbruch des Reiches.

Bis zur Yuan-Dynastie versuchte die Yuan-Regierung zwar, die Lehren aus dem Zusammenbruch des Papiergeldsystems in der Song- und der Jin-Dynastie zu ziehen, und führte umfangreiche Reformen durch, um das erste Geldsystem der Welt zu schaffen, das dem damaligen Silberstandard ähnelte, aber Kriege, Hungersnöte und übermäßige Ausgaben konnten durch Selbstdisziplin nicht eingedämmt werden. Die Yuan-Dynastie begann mehr als 20 Jahre lang mit der Ausgabe von Banknoten, die Währung wurde drastisch auf 1/10 ihres ursprünglichen Wertes reduziert, am Ende der Yuan-Dynastie stieg der Preis für Reis auf mehr als das 60.000-fache des Preises in den ersten Jahren der Yuan-Dynastie, das Banknotensystem brach völlig zusammen, und die Öffentlichkeit weigerte sich, offizielle Banknoten anzunehmen. Mit dem Verlust des Währungsumlaufs ist die Meta-Regierung nicht mehr in der Lage, die Finanzen und die Besteuerung zu kontrollieren, und das Land verliert an Stärke und bricht schließlich in der Währung zusammen.

Das Experiment der Ming mit dem Papiergeldsystem dauerte weitere 150 Jahre, und 1522 waren die Ming-Bao-Banknoten auf 2 Prozent ihres ursprünglichen Wertes abgewertet, und die Inflation grassierte. Die Ming-Regierung war schließlich gezwungen, das Papiergeldsystem zugunsten einer Rückkehr zum Metallgeldsystem aufzugeben. Nach fast 500 Jahren des Experimentierens mit Papiergeldsystemen von der Song- bis zur Ming-Zeit hat die Geschichte schließlich die Lehre gezogen, dass Papiergeld, ein uneingeschränktes und schwaches Geldsystem, auf Dauer nicht stabil sein kann.

Aus historischer Sicht können diese Banknoten, ob es sich nun um die Song-Dynastie oder die Yuanming-Banknoten handelt, einschließlich der "kolonialen Gutscheine" im amerikanischen Unabhängigkeitskrieg, der "Lincoln-Greenbacks" in der Zeit des Bürgerkriegs und des "Feder-Geldes" in Nazi-Deutschland, zwar eine Rolle bei der Stimulierung der wirtschaftlichen Entwicklung innerhalb einer bestimmten historischen Periode spielen, aber sie können nur als Notbehelf verwendet werden, keinesfalls aber als Weg zu langfristigem Frieden und Stabilität. Jede Papierwährung, die ihre Wareneigenschaften verliert, wird die Geschichte wiederholen.

Seit dem Zusammenbruch des Bretton-Woods-Systems im Jahr 1971, als der Dollar vollständig vom Gold abgekoppelt wurde, ist die menschliche Gesellschaft zum ersten Mal in eine Ära eines reinen Kreditwährungssystems ohne Rohstoffe als Sicherheiten eingetreten. Die Existenz einer Kreditwährung setzt voraus, dass derjenige, der sie schafft, sein Wort halten muss, damit eine darauf basierende Währung einen Wert hat. Der Kern der Finanzkrise in den Vereinigten Staaten bestand darin, dass die Schuldner nicht in der Lage waren, ihren Krediten nachzukommen, so dass der Dollar, der aus solchen Schulden abgeleitet war, zwangsläufig dramatisch an Wert verlor. Das Problem bei Kreditwährungen besteht darin, dass ein ständiges Ausfallrisiko für die Schulden besteht, und eine Währung, die auf diesem Risiko basiert, kann nicht wirklich als "Vermögensspeicher" fungieren.

Die historische Erfahrung hat gezeigt, dass die vier Funktionen des Geldes - "Vermögensspeicher", "Tauschmittel", "Zahlungsmittel" und "Wertmaßstab" - zusammenwirken müssen, damit der Mechanismus des Währungsbetriebs stabil und nachhaltig ist. Ein reines Kreditgeldsystem ohne die Kernfunktion eines "Vermögensspeichers" würde schließlich seine Funktion als "Wertmaßstab" verlieren. Nach nur 38 Jahren Betrieb ist der reine Kreditgeldtisch, der die Weltwirtschaft trägt, bereits stark aus dem Gleichgewicht geraten und wackelt unter den vier Beinen des Geldtisches, von denen zwei fehlen. Bei einem Schuldenstand der USA von derzeit 5,7 Billionen Dollar und einem durchschnittlich um 6 Prozent steigenden Schuldendruck wird die Gesamtverschuldung im Jahr 2020, also in nur 10 Jahren, erschreckende 10,2 Billionen Dollar erreichen, während das gesamte

BIP bei einer potenziell nachhaltigen Wachstumsrate von 3 Prozent nur 18,8 Billionen Dollar betragen wird, wobei allein die Zinszahlungen für die Schulden ein Drittel des gesamten US-BIP auffressen und dieser Zinsdruck weiter hoffnungslos schnell wachsen wird. Würden die Vereinigten Staaten ein faires Spiel mit dem Geld spielen, hätten sie keine andere Wahl gehabt, als "Konkursschutz" zu erklären.

Im Jahr 2020 wird das potenzielle Defizit der US-Regierung bei der Sozialversicherung und Medicare weitere 100 Billionen Dollar an versteckten Verbindlichkeiten "beitragen". Die USA werden keine andere Wahl haben, als in großem Umfang Geld zu drucken, um den Druck der Schuldenzahlungen zu verringern. Aber können die Länder der Welt, die 2009 vom Dollar völlig enttäuscht waren und bereit sind, aus seinen Vermögenswerten zu fliehen, weiterhin den Schmerz und die Hilflosigkeit, den Dollar zu halten, ertragen, wenn sie bis 2020 mit einem viel größeren Dollarabwertungstrend konfrontiert sind?

Wenn der Dollar um das Jahr 2020 herum zusammenbricht, wird es auf der Welt keine souveräne Währung mehr geben, die den Dollar ersetzen kann, und das Kreditwährungssystem steht vor der endgültigen Liquidation. An diesem Punkt wird die Remonetarisierung von Gold unvermeidlich sein. Die Re-Monetarisierung von Gold würde die Funktion des Geldes als "Vermögensspeicher" wiederherstellen und die vier Beine des Geldtisches wieder ins Gleichgewicht bringen. Allerdings, Gold allein als die Säule des modernen Währungssystems, aber es gibt große Mängel, das größte Problem ist, dass der Anstieg der Goldproduktion kann nicht aufholen mit der Geschwindigkeit des weltweiten Wirtschaftswachstums, so dass Gold bei der Stärkung der "Reichtum Spar"-Funktion zur gleichen Zeit, aber gebremst den "Wert Skala"-Funktion der effektiven spielen. Unter einem vollständigen Goldwährungssystem würde sich also die gesamte Weltwirtschaft weiterhin ungleichmäßig entwickeln. Als künftige Einheitswährung der Welt muss Gold ein starkes komplementäres Element sein, um ein Währungssystem zu bilden, das "langfristige Stabilität" gewährleisten kann.

Die perfekte und tödliche Kombination: Welt-Einheitswährung = Gold + Kohlenstoffwährung

Entsprechend der Starrheit des Goldes müssen die neuen monetären Elemente eine "Elastizität" aufweisen, die das Missverhältnis zwischen Gold und wirtschaftlicher Entwicklung ausgleichen kann, so dass die vier Hauptfunktionen des Geldes vollständig und angemessen sind.

Dies ist die Ursache für die CO2-emittierende Währung, die schließlich auf der Weltwährungsbühne glänzen wird.

Dinge sind wertvoller als sie selten sind. Damit das CO2-Konzept, das von den "goldenen Umweltschützern" unter den internationalen Bankern favorisiert wird, einen Wert hat, muss es "rar" werden. Was kann getan werden, um Kohlendioxid, das frei emittiert werden könnte, knapp werden zu lassen? Dann muss es einen "Spruch" der Knappheit geben, und das ist der Umweltschutz. Die zugrundeliegende Logik ist, dass der Schutz der Umwelt eine Frage des Überlebens der Menschheit ist, und dass die Kohlendioxidemissionen das Herzstück des Umweltschutzes sind, und dass daher das Kohlendioxid das Schicksal der Menschheit bestimmt. Da CO2 so wichtig ist, muss es eine "Obergrenze" für seine Emissionen geben, und solange es eine Obergrenze gibt, kann es eine künstliche "Verknappung" geben. Deshalb gibt es das Kyoto-Protokoll.

Kernstück des Kyoto-Protokolls ist die Festlegung einer "Obergrenze" für Kohlendioxidemissionen, die die Länder der Welt zu entsprechenden Emissionsreduktionsverpflichtungen verpflichten würde. Werden die jeweiligen Emissionsreduktionsziele nicht erreicht, müssen die überschüssigen Emissionsziele anderer Länder auf dem CO2-Emissionsmarkt aufgekauft werden, und zum ersten Mal wurde der potenzielle finanzielle Wert von CO2-Emissionszertifikaten in Form eines internationalen Vertrages festgelegt. Künftig werden Kohlendioxid-Emissionszertifikate als handelbares Finanzprodukt wie alle Anleihen und Aktien frei börsennotiert und übertragbar sein, sie können in Banken verpfändet werden und werden schließlich integraler Bestandteil der Basiswährung der Zentralbank.

Die Kohlendioxidemissionen sind ein wunderbares Konzept mit einem hohen Maß an "Widerstandsfähigkeit", da ihre Emissionen von den Menschen kontrolliert und angepasst werden können, wodurch die "Knappheit" gewährleistet wird, die Geld haben muss. Außerdem ist es eine zuverlässige "Ersatzvariable" für die sozioökonomische Aktivität, und wie der Stromverbrauch können die CO2-Emissionen zur Bewertung des Wirtschaftswachstums herangezogen werden, was die Einbeziehung einer angemessenen "erwarteten" Geldkomponente in die Gesamtgeldmenge ermöglicht.

Natürlich ist Kohlendioxid nicht das einzige "elastische" Geldelement, aber so wie es aussieht, hat es das größte Potenzial, einer der Bestandteile der Weltwährung zu werden. Das liegt nicht nur daran, dass es theoretisch sinnvoll ist, sondern vor allem daran, dass die strategischen Interessen der herrschenden Eliten der Welt am besten durch die Verwendung von CO2 als Währungselement bedient werden können. Die Industrieländer Europas und der Vereinigten Staaten, die die Weltwährung bestimmen, werden zwangsläufig die für sie vorteilhaftesten Währungselemente wählen, denn sie haben einen großen Vorsprung im Bereich der Hochtechnologie, ihre sozioökonomische Struktur hat sich bereits von einer Industrie- zu einer Informations- und Dienstleistungsgesellschaft gewandelt, zahlreiche traditionelle Industrien wurden oder werden in die aufstrebenden Entwicklungsländer verlagert, deren Kohlendioxidemissionen tendenziell sinken, während die Schwellenländer sich in großem Umfang industrialisieren und ihre Kohlendioxidemissionen in absehbarer Zeit unweigerlich steigen werden.

Das Geldsystem als oberste Macht in einer Gesellschaft wird immer das "Auge des Windes" im Herzen des Spiels der verschiedenen Machtgruppen sein. Die Wahl eines Geldsystems, das seine eigenen Vorteile maximiert und gleichzeitig den Aufstieg potenzieller Konkurrenten wirksam eindämmt, wird zweifellos im Mittelpunkt vieler Überlegungen und Überlegungen verschiedener Interessengruppen stehen.

Wenn eine "perfekte" Kombination von "Gold + Kohlenstoffemissionen"-Währungen schließlich eingeführt wird, wird der Westen eindeutig der größte Gewinner sein, während Entwicklungsländer wie China die größten Verlierer sein werden. Offensichtlich verfügt der Westen über mehr als 30.000 Tonnen Goldreserven, während China nur 1.000 Tonnen besitzt, und der überwiegende Teil der chinesischen Devisenreserven ist in Dollarwerten konzentriert. Wenn Gold remonetisiert wird und der Dollar gleichzeitig kollabiert, werden die USA auf den größten Teil ihrer Schulden angewiesen sein. Mit den 8.100 Tonnen Goldreserven des Finanzministeriums und den 3.000 Tonnen Gold unter der Kontrolle des IWF wird die US-Wirtschaft leicht belastet sein und sich bald verjüngen, nachdem sie vollständig von ihrer massiven Schuldenlast befreit wurde. Der größte Teil der Früchte von Chinas 30-jähriger Reform- und Öffnungspolitik wurde einerseits von den Vereinigten Staaten konsumiert, andererseits wurden die eingesparten

Handelsüberschüsse von den Vereinigten Staaten geliehen, so dass nur die Schulden der Vereinigten Staaten in den Händen von weißen Scheinen verblieben. Die Remonetarisierung des Goldes wird die 2 Billionen Dollar Reichtum, die China in den 30 Jahren der Reformen angehäuft hat, vollständig ausplündern - das entspricht 30 Jahren, in denen Chinas 1,3 Milliarden Bürger umsonst für den Westen gearbeitet haben.

Wenn Kohlendioxidemissionen monetarisiert werden, dann werden auch Chinas Umwelt-"Strafen" für die nächsten 30 Jahre still und leise eintreffen, was bedeutet, dass das chinesische Volk in Zukunft weitere 30 Jahre lang nichts tun muss. Das weltweit einheitliche Geldsystem mit der Währungskombination "Gold + Kohlendioxidemissionen" hätte die 1,3 Milliarden Menschen in China 60 Jahre im Westen gekostet!

Was bedeutet es, eine Finanzstrategie zu sein? Das ist die Macht der Finanzstrategie! China fehlt es nicht an Experten, sondern an strategischen Denkern!

Wie das Sprichwort sagt, ist es zu früh für keinen Gewinn. Der strategische Westen der Umweltmonetarisierung schmiedet seit 40 Jahren Pläne, wer würde so viel Zeit und Geld aufwenden, um die Idee der CO2-Emissionen zu fördern, ohne ein starkes Interesse zu haben? Wo haben diese "mitfühlenden" herrschenden Eliten der Welt jemals wirklich etwas getan, um Menschenleben zu retten, wo es doch so viele Formen von Altruismus gibt, weitaus unmittelbarere Bedrohungen als Kohlendioxid, wie die Armut in der Dritten Welt, Hunger und Krankheiten, die in Afrika täglich Tausende von Kindern töten? Wenn selbst die unmittelbar bevorstehende Rettung von Menschenleben von diesen Leuten ignoriert wird, wie können die Menschen dann glauben, dass es kein nennenswertes Interesse an den Konzepten von Kohlenstoffwährungen, Kohlenstoffhandel, Kohlenstoffzöllen usw. gibt, die im Westen in aller Munde sind?

Das Fatale ist, dass diese Leute so schlau sind, dass sie mit einer massiven und lang anhaltenden Propagandakampagne das Thema Kohlendioxid zur dringlichsten öffentlichen Angelegenheit der Welt "gemacht" haben, ja, dass das Thema Kohlendioxidemissionen sogar auf die strategische Ebene des Überlebens des Planeten gehoben worden ist. Sie haben die moralische Oberhand in der Welt fest im Griff. Jeder, der sich der CO2-Reduzierung widersetzt, wird als menschenfeindlich, ja sogar als erdfeindlich abgestempelt. Länder, die sich einer Begrenzung der CO2-Emissionen widersetzen, werden zu öffentlichen Feinden der Menschheit und werden in allen Teilen der Welt verdammt. Regierungen und zivilgesellschaftliche Gruppen werden sich erheben und angreifen, indem sie z. B. eine schwindelerregende Steuer auf Kohlenstoffemissionen aus dem internationalen Handel erheben, die die Produkte der "Feinde der Menschheit" vom Weltmarkt verdrängen wird; der Strafkonsens auf den internationalen Finanzmärkten wird die Fusionen und Übernahmen der "Feinde der Menschheit" in Übersee völlig zum Erliegen bringen; und die strafende "Umweltsteuer" wird auf alle internationalen Rohstoffe und Waren erhoben, die für die wirtschaftliche Entwicklung der "Feinde der Menschheit" notwendig sind, was zu einer starken Kosteninflation führt und das wirtschaftliche Entwicklungspotenzial des Landes erheblich schwächt.

Der hohe Preis für diesen Hut ist einer, den sich China absolut nicht leisten kann, und dieser Tag wird vielleicht nicht in ein oder zwei Jahren kommen, aber er wird höchstwahrscheinlich die harte Realität sein, der sich China in 10 Jahren stellen muss.

Zu diesem Zweck ist eine präventive strategische Forschung dringend erforderlich, und China steht bereits vor einem Währungskrieg, der nicht abzusehen ist.

Das Ende des Dollars

Amerikas Schuldenberg von 57 Billionen Dollar, der stündlich wächst, ist in Verbindung mit der enormen Last der versteckten Gesundheits- und Pensionsverpflichtungen in den nächsten zehn Jahren seit langem eine schwere Fessel für das weitere Wachstum der amerikanischen Wirtschaft. Die Vereinigten Staaten werden in der Tat niemals in der Lage sein, diese Schulden zu begleichen. Sie werden mit der Zeit nur immer tiefer in den Schuldensumpf geraten. Die Glaubwürdigkeit des Dollars ist ernsthaft erschüttert, und es ist nur eine Frage der Zeit, bis er von der Welt vollständig aufgegeben wird. Die Macher der Dollarpolitik wissen das ganz genau.

Die Umsetzung der grundlegenden nationalen Politik der "kontrollierten Nullstellung" des Dollars ist bereits der einzige Ausweg und die beste Option für die langfristigen Interessen der Vereinigten Staaten, um die Menschen aller Länder, einschließlich Chinas, so weit wie möglich vor dem totalen Zusammenbruch zu täuschen und sich geschickt auf die Schulden von mehreren Billionen Dollar zu stützen, um das Gesicht der Zukunft zu verändern, um sich leicht wieder zusammenzusetzen. Aber die Abschaffung des Dollars ist etwas, zu dem das amerikanische Volk im Allgemeinen und die Investoren in der ganzen Welt nicht Ja sagen können, so dass nur eine große Krise einen großen Wandel herbeiführen kann. Dies ist einer der Gründe, warum die derzeitige Finanzkrise in den Vereinigten Staaten ausgebrochen ist.

In einer normalen Wirtschaft kann die Währung nur allmählich abwerten, und es braucht viel Zeit und einen langen Weg, um den Dollar vollständig auf Null zu bringen. Über einen so langen Zeitraum wird die wachsende Schuldenlast der Vereinigten Staaten die wirtschaftliche Entwicklung vollständig abwürgen und anderen Ländern genügend Zeit verschaffen, den Dollar aufzugeben. Um dies zu erreichen, muss der Dollar seine Abwertung auf vernünftige und legale Weise beschleunigen, während die Dollaranleger ahnungslos bleiben und sogar die Politik der Fed zur missbräuchlichen Ausgabe von Devisen unterstützen. So wurden die Vorschriften, die es den Bankern verboten, wild zu spekulieren, aufgehoben, eine Vielzahl von finanziellen Massenvernichtungswaffen - Finanzderivate explodierten, die Zinspolitik zur Förderung von Subprime-Hypotheken kam heraus, mit extremem Risiko schnell in den großen Finanzunternehmen der Bosse der super hohen Belohnungen engagiert erschien, eine jahrhundertealte Finanzkrise plötzlich ausgebrochen, die Federal Reserve Hunderte von Milliarden Dollar Gelddrucken Verbrechen war legal, ausländische Investoren äußerten Unterstützung und Verständnis und sogar weiterhin zu kaufen. In dem Bemühen, die Ängste ausländischer Investoren zu beschwichtigen, hat der Dollar auf unerklärliche Weise aufgehört zu fallen und ist wieder angestiegen. Alle möglichen seltsamen Dinge, und alles kam zusammen!

Dollar-Interessen betäuben die Nerven der Welt, indem sie einen Frosch in warmem Wasser kochen. Im Gegensatz zur geradlinigen Aufwertung des Yuan besteht die Taktik der Dollarabwertung aus einem großen Rückgang und einem kleinen Anstieg, einem plötzlichen Rückgang und einem plötzlichen Anstieg, mit immer mehr und immer weniger, so dass diejenigen, die mit dem Dollar short sind, das Timing nicht erkennen können und sich nicht trauen, überstürzt zu handeln, so dass die Inhaber des Dollars und der US-Staatsanleihen in der ganzen Welt schon immer Illusionen über den Dollar hatten, aber nicht in der Lage sind, eine rasche Entscheidung zu treffen und schnell auszusteigen, so dass der Dollar die Anleger weiterhin in Atem halten kann, um den "kontrollierten Nullpunkt" nach dem Zeitplan und auf die Art und Weise zu erreichen, die für die Interessengruppe des Dollars am günstigsten sind.

Doch weder Europa noch die Vereinigten Staaten werden die chinesischen Fischer in dieser Finanzkrise reich werden lassen und groß rauskommen, solange sie noch können. Sie werden dafür sorgen, dass so viele chinesische Passagiere wie möglich auf dem Titanic-Schiff der Dollars Platz nehmen. Und chinesische Passagiere fühlen sich wohl, wenn sie ermäßigte Tickets für dieses Luxuskreuzfahrtschiff besitzen und nach Yellow Springs fahren. Ein mögliches Szenario für die Zukunft ist, dass der Dollar "tausend Leichen ist, die an der Seite eines sinkenden Schiffes vorbeiziehen, die meisten von ihnen Chinesen".

Besonders erwähnenswert ist dabei die Rettungsshow der US-Regierung, die wirklich brillant und wunderbar ist! Zu den dramatischsten gehörte die außergewöhnliche Szene, in der Paulson im Kongress kniete und um die Verabschiedung des 700-Milliarden-Dollar-Rettungsgesetzes bettelte, was das große Drama zu einem tragischen Höhepunkt trieb. Diese Rettungsshows sollen der Welt zeigen, dass ich, die US-Regierung, alles in meiner Macht stehende getan habe, um den Dollar und die US-Wirtschaft zu retten. Sie können sehen, dass ich verzweifelt versuche, den Markt mit 100 Milliarden in drei Tagen und 1 Billion in fünf Tagen zu "retten". Man kann es mir nicht verübeln, wenn ich nicht mehr gerettet werden kann. Als alles fertig war, verkündeten plötzlich eines Tages die Engländer und die Deutschen gleichzeitig, dass sie keine Dollars mehr annehmen würden. Niemand rettete den Aktienmarkt vor dem Absturz, niemand kümmerte sich darum, dass der Dollar abstürzte. Über Nacht verschwanden alle amerikanischen Schulden, die chinesischen Ersparnisse und ein Großteil der Devisenreserven. Die Renten des amerikanischen Volkes sind in der Suppe, die Krankenversicherung ist weg, die US-Staatsverschuldung ist zu Wasser geworden, die Dollarreserven zu Handpapier, all das wird irgendwann explodieren, wenn die Wut nicht auf mich, die US-Regierung, kommt. Ich habe alles getan, was ich konnte, ich habe alles getan, was ich konnte, ich habe alles getan, was ich konnte, ich habe ein reines Gewissen. Die westliche theoretische Gemeinschaft wird die "böse souveräne Währung" ins Visier nehmen, mit dem "unglücklichen" Dollar als Zielscheibe. Schließlich kann die herrschende Elite der Welt den zahlreichen Dollar-Opfern, darunter auch dem hart arbeitenden und gutherzigen chinesischen Volk, nur ihr aufrichtiges Mitgefühl und Beileid aussprechen. Ihre Grabrede wird so enden: „Lasst uns, die Lebenden, aus den Ruinen der souveränen Währungen auferstehen und den neuen Weg der einzigen ehrlichen Währung der Welt einschlagen! Amen."

„Die Welt unter Herkules"

In dem Film *Zurück in die Zukunft* stellt Martin, der 30 Jahre zurück in die Vergangenheit stolpert, fest, dass sein junger Vater und seine junge Mutter versehentlich nicht mehr verliebt zu sein scheinen, und stellt mit Entsetzen fest, dass das Bild der Geschwister und von ihm selbst allmählich von dem Familienfoto verschwindet, das 30 Jahre später aufgenommen wurde! Martin, der so beschäftigt war, entfacht schließlich den Funken der Liebe zwischen seinem Vater und seiner Mutter, und in dem Moment, in dem sich die Eltern des Mädchens und des Jungen im Teenageralter glücklich für das Leben küssen, tauchen 30 Jahre später die Kristalle der Liebe endlich wieder auf dem Familienfoto auf. Martin kam zur Besinnung und erkannte, dass alle seine Handlungen bei der Rückkehr in die Vergangenheit den Verlauf und das Ergebnis seines zukünftigen Lebens verändern würden.

Er sprintete zu der Zeitmaschine, die Dr. Brown gebaut hatte, und stellte die Zeit auf wenige Augenblicke vor der Abreise ein. Nach einem spannenden Wettlauf gegen die Zeit "rannte" Martin 30 Jahre zurück zu dem Moment, als Dr. Brown von den Verbrechern getötet werden sollte. In dem Moment, als die Kugel auf Dr. Brown abgefeuert wurde, flog Martin hoch und änderte das Ende des Todes des Doktors.

An diesem Punkt dämmerte es dem Publikum endlich. Warum heißt es "Zurück in die Zukunft", wenn die Geschichte von "Zurück in die Vergangenheit" handelt? Es stellt sich heraus, dass "Zurück in die Vergangenheit" genau das ist, was die Zukunft verändert, und die Zukunft kann "zurück" umgeschrieben werden.

Die große Schlussszene von Ayn Rands Atlas Shrug ist die triumphale Rückkehr der "weltbesten" herrschenden Eliten, die in einen "kollektiven Streik" getreten sind und damit Erfolg hatten, indem sie in modernen Privatjets flogen. Während sie über den Massen thronen, während die rote Welt allmählich in Chaos, Niedergang und Zerstörung versinkt, ganz nach ihrem sorgfältig ausgearbeiteten Zeitplan, ist die Gruppe der gierigen, schamlosen und törichten Regierungsbeamten, die sie einst bekämpften, völlig besiegt und machtlos, und das wahre Wesen der Welt - Reichtum, Weisheit, Denken - ist nur in den Händen dieser hoch am Himmel fliegenden Elitegruppe konzentriert. Sie lächelten triumphierend und stolz, als sie beobachteten, wie die Welt unter ihnen den "richtigen Weg der Weisheit, der Rechtschaffenheit und der Vortrefflichkeit" nach ihrem Plan einschlug.

Die Regierungschefs, die versuchen, diese herrschenden Eliten zu zügeln, sind im Verlauf der Geschichte das Gegenteil von deren Heuchelei, Dummheit, schamloser Gier, Angeberei und unantastbarer Hässlichkeit. Und all die anderen "kleinen Leute" der Allgemeinheit waren von Anfang an ein praktisch zu vernachlässigender Teil davon. Sie sind inkompetent, unwissend, schwach, kauern neben den kaputten Eisenbahnen, den verlassenen Minen und sind ratlos in den bankrotten Banken, den chaotischen Städten und den hungernden Landstrichen. Ann Rand macht sich einfach nicht die Mühe, diesen entbehrlichen Nebenfiguren der Geschichte Namen zu geben - sie sind ohnehin nur ein blasser Fleck im Hintergrund, eine Wolke des Unterschieds zu den Elite-Helden, die darauf warten, in der Zukunft als Schachfiguren in einer ganz neuen Welt eingesetzt zu werden.

Die "Herkules" haben im Alleingang die alten, ineffizienten und restriktiven Muster auf dem Boden abgeworfen und werden die Gesellschaft mit "größter Weisheit und Genialität, größtem Talent und Design" neu aufbauen. Sie haben sich seit vielen Jahren darauf vorbereitet und geplant, und sie bewegen das gesamte Gesellschaftssystem Schritt für Schritt auf den "blauen Himmel der Auflösung" zu, so wie es Keiji Yokomichi in dem japanischen Film "Die Gejagten" getan hat, nach den Schritten und Rhythmen, die sie genau entworfen haben. Ja, was für ein blauer Himmel, durch den die unwissenden Massen gehen, durch den sie gehen...

Wird "Hercules" wirklich das letzte Wort haben? Stimmt es, dass die "Zukunft", die sie geschaffen haben, nicht geändert werden kann?

Herkules ist davon überzeugt, dass er den goldenen Schlüssel zur Zukunft in der Hand hält und ein bestimmtes Ziel für alle Menschen entworfen hat. Was Herkules jedoch übersieht, ist, dass die treibende Kraft hinter der gesamten Menschheitsgeschichte die Menschen sind! Wasser kann ein Boot tragen, aber es kann es auch umkippen. So war es in der Vergangenheit und so ist es in der Gegenwart. Die Gerechtigkeit der Menschheit sind die Wechselfälle der Welt.

Wenn alle Wesen unter dem Himmel wüssten, dass ihr Schicksal in der Zukunft vom "Herkules" "arrangiert" werden würde, wären sie dann heute noch gleichgültig?

Vielleicht hat "Herkules" sich selbst überschätzt und andere unterschätzt.

Was wird der "Herkules" sehen, wenn er auf die unendlichen Weiten der Erde hinunterblickt?

Vielleicht werden sie sehen, dass Länder wie Russland und Brasilien sich strategisch und entschlossen von großen Mengen an US-Anleihen trennen.

Vielleicht werden sie sehen, wie die Länder des Nahen Ostens hartnäckig ihr vom Petrodollar dominiertes Abrechnungssystem ändern.

Vielleicht werden sie erkennen, dass die Entwicklungsländer, vertreten durch China, sich nicht an das von ihnen erstellte Drehbuch zur Finanzkrise halten und sich an die Regeln halten.

Sie werden auch sehen, dass die Entwicklungsländer ihr eigenes zukünftiges Währungssystem planen, um mit der einheitlichen Weltwährung "Hercules" zu konkurrieren. Wenn die Öffentlichkeit über das künftige Ende informiert ist, werden ihre Handlungen jetzt die Zukunft verändern!

Warten wir ab, was passiert.

Danksagungen und Überlegungen

In dem Jahr, in dem ich nach Hause zurückkehrte und das auch die letzte Zeit war, in der ich an *Currency Wars 2 - The Power of Gold schrieb*, gab es viele Veränderungen im Leben. Diese Veränderungen haben nicht nur dieses Buch hervorgebracht, sondern auch mich neu gemacht. Bevor ich das Vorwort zu diesem Buch schrieb, konnte ich nicht anders, als eine Menge Emotionen zu empfinden.

Im Jahr 2009 ließ mich das Leben mit einem nicht wiedergutzumachenden Bedauern zurück - meine Mutter, Frau Ren Yunqing, verließ die Welt aufgrund einer Krankheit, als der Stift von "Currency Wars 2 - The Power of Gold" geschlossen wurde. Als meine Mutter ernsthaft erkrankte, war ich aufgrund meiner hohen Arbeitsbelastung nicht in der Lage, meine kindliche Pflicht an ihrer Seite zu erfüllen. Obwohl sie immer noch sagt: "Lass ihn nicht zurückkommen, weil er beschäftigt ist", weiß ich nicht, wie sehr sie mich vermisst. In ihrem Herzen bin ich eine Fahne, von der sie hofft, dass ihr Sohn sie immer hochhalten wird, sogar im Himmel, und sie wird froh und stolz darauf sein. Liebe Mutter, dein kleiner Drilling wird hart arbeiten und glücklich leben, und ich bin sicher, dass dein himmlischer Geist mich jeden Moment beobachtet, für mich betet und mir Kraft gibt! Meine beiden Brüder haben sich um meine Mutter gekümmert, als sie schwer krank war, was mich mit Bedauern seufzen ließ. Ich denke, dass wir drei, auch wenn meine Mutter nicht mehr da ist, in unserem Leben auf jeden Fall mehr zusammenhalten werden und uns in Zukunft bis zu unserem Tod gegenseitig helfen können.

Wenn es um meine Mutter geht, kann ich nicht anders, als an meine jüngste Tochter zu denken, die weit weg auf der anderen Seite des Ozeans ist. Baby, bist du erwachsen geworden? Bist du dick geworden? Sind die Lernergebnisse besser geworden? Vielleicht bist du noch zu jung, um zu verstehen, warum Papa dich verlassen hat, um in dein Heimatland zurückzukehren und ein Unternehmen zu gründen, aber bitte glaube mir, dass du immer Papas kleiner Engel sein wirst und dass das Glück deines Lebens mein größter Wunsch ist! Töchter, hört auf eure Mutter, die so hart gearbeitet hat, um euch zu erziehen und zu versorgen, und passt gut auf euch auf, während ich nicht bei euch bin, und eure Dankbarkeit wird in diesem Leben in eure Herzen eingebrannt werden.

2009 war der Beginn meines 40. Lebensjahres, und es war ein schwieriger Prozess für jemanden, der so leidenschaftlich war, aber seinem Land seit Jahren nicht mehr nahe war. Zu dieser Zeit hatte ich das Glück, Frau Ren Wen, die Herausgeberin der Zeitschrift Global Finance, Herrn Xiang Song-jo, den Chefvolkswirt, und Herrn Peng Xiaoguang, den stellvertretenden Chefredakteur, kennenzulernen, und wir gründeten das Global Finance Institute aufgrund unserer gemeinsamen Vision und Überzeugung. Meiner Meinung nach sind Frau Rens reiche Geschäftserfahrung, ihr Geschäftssinn und ihr elegantes Auftreten der Schlüssel für den raschen Aufstieg des Global Institute of Finance and Economics zu einer wichtigen Kraft in Chinas privatem Think Tank in kurzer Zeit. Und Song Jo und Xiao Guang nutzen ihre weitreichenden Kontakte in den Finanz- und Wirtschaftskreisen im In- und Ausland, um dem Global Institute of Finance and Economics eine Brücke in die Welt zu bauen. Die Zusammenarbeit mit Ihnen hat mich die geistige Kraft der neuen Generation der chinesischen Eliten spüren lassen. Ohne Ihre Hilfe hätte sich meine Vision nicht so schnell verwirklicht, und ich hätte heute nicht das starke Team des Global Finance Magazine, des Global Finance Research Institute und der Beijing Jinquan Investment Company Limited hinter mir stehen.

Meine Brüder und Schwestern in meiner Karriere geben mir Zuversicht, wenn ich nicht weiter weiß, geben mir Wärme, wenn ich einsam bin, wir haben keine Beschwerden und kein Bedauern, wir sind vereint und lieben uns, all der Kampf ist nur, weil ich den Moment des Erfolgs liebe!

Viele Menschen sagen, dass Erfolg für diejenigen ist, die vorbereitet sind, aber viele, die vorbereitet sind, haben nicht die Möglichkeit, erfolgreich zu sein, und am 4. Juli 2009, nachdem all unsere Arbeit als einer der Organisatoren des Global Think Tank Summit erfolgreich abgeschlossen war, stand das junge Team von Global Finance endlich auf einem neuen Karrierepfad. Selbst die Tage der Müdigkeit und Anstrengung reichten nicht mehr aus, da wir einen weiteren Kurs für die Zukunft einschlugen. Mein besonderer Dank gilt den Ältesten, nämlich Herrn Zeng Peiyan, Präsident des China Center for International Economic Exchanges, dem Organisator des Gipfels, Herrn Zheng Xinli, Executive Vice President, Herrn Wei Jianguo, Generalsekretär, und Herrn Chen Yanbing, stellvertretender

Generalsekretär. Während der intensiven Vorbereitungen für die Konferenz haben Ihr Vertrauen und Ihre Unterstützung der jungen Generation ein unvergessliches Erlebnis beschert, aber eigentlich braucht man in Ihrem Bereich nicht über Dankbarkeit zu sprechen.

Darüber hinaus möchte ich Herrn Tang Shisheng, dem Vorsitzenden von Hongyuan Securities, für die Freundlichkeit danken, die er mir zu Beginn meiner Rückkehr nach China entgegenbrachte. Sie haben viele wertvolle Vorschläge und Kommentare zum Ursprung und zur Rolle des Kredits, zur Beziehung zwischen Kredit und Geld und zu den Ursachen der Finanzkrise gemacht. Mit Ihrer Ermutigung und Anleitung habe ich Teile des *Gesamtwerks von Max Engels* über Kredit und Geld und die Finanzmärkte im Europa des 19. Jahrhunderts gelesen und war sehr inspiriert.

Darüber hinaus möchte ich Frau L.H., der wichtigsten Recherche- und Schreibassistentin für zwei Exemplare von The Currency Wars, meinen besonderen Dank aussprechen. Ihr Herz und ihre Weisheit fließen in jede meiner Kreationen ein.

Es gibt so viele Menschen, denen ich danken muss: Mr. Robert Mondale, who is easy to talk to, Mr. Chen Jian, who is quietly supportive, Mr. Li Jun, who is the general manager of the Institute, Mr. Liu Congxing, who is strict and meticulous, Mr. Shi Weidong, who is a true friend, Mr. Yang Wei, who gave up his superior life in the United States and returned home to fight with me, Mr. Sheng Jie, der mein Assistent ist, alle Mitglieder, die mich zu Beginn des Instituts beispiellos unterstützt haben, alle Experten im Redaktionsausschuss von Global Finance and Economics, alle treuen Leser, die sich jeden Tag auf die Veröffentlichung von *Currency Wars 2 - The Power of Gold freuen*, Herr und Frau Niu Zhang, die mir in ihrem Leben viel Aufmerksamkeit geschenkt haben, bitte verzeihen Sie mir, dass ich aus verschiedenen Gründen nicht in der Lage bin, all diesen Menschen zu danken. Und an diesem Punkt scheinen alle Worte der Dankbarkeit zu blass, denn ich weiß in meinem Herzen, dass die Unterstützung und das Engagement von Ihnen allen mein größter Gewinn in diesem Leben war. Was bedauere ich an diesem Leben?

Erlauben Sie mir, dieses Buch all denen zu widmen, die mich lieben, und denen, die ich liebe, und mögen Sie immer gesund und glücklich sein!

Nachwort

Dieses Buch wurde nicht geschrieben, um Ihnen beizubringen, wie man investiert, wie man sein Vermögen aufteilt, oder um eine typische Reihe von Methoden zur Währungsabsicherung zu vermitteln. Dieses Buch soll eine Antwort auf die Frage geben, die uns schon so lange beschäftigt und immer noch unbeantwortet ist: Warum gibt es Konflikte zwischen Währungen?

Als begnadeter Wissenschaftler auf dem Gebiet der Weltwirtschaft verbringt Song viel Zeit damit, die Geschichte zu erforschen, die Realität zu studieren und zu versuchen, die Zukunft zu entschlüsseln. Als Song sein zweites Buch "*Currency Wars 2 - The Power of Gold*" schrieb, hatte er mehr als 100 Bücher durchgeblättert und sie 300 Jahre zurückverfolgt, um die Ursprünge des heutigen Finanzsystems zu erforschen. In seinem Buch öffnet Song die "Büchse der Pandora" darüber, wie 17 Familien das Weltfinanzsystem vom Beginn des 19. Jahrhunderts bis heute beherrschen und wie sie das Bankensystem, das Erdöl, die Industrie und die Rüstungsindustrie kontrollierten, indem sie Finanzinstrumente schufen und wichtige Ereignisse herbeiführten, so dass sie die Welt von Anfang an bis heute geschickt und effektiv beherrschen konnten. Sie sitzen an der Spitze der Pyramide und verbergen alle ihre Geheimnisse unter ihrem Thron. Herr Song versucht, sein Land, China, zu drängen, die Trends der Globalisierung zu verstehen. Wenn Sie dieses Buch mit großem Interesse lesen, werden Sie das Gefühl haben, dass die Zeit wie ein Pfeil vergangen ist und sich die Geschichte verändert hat. Ich persönlich halte dieses Buch für eines der besten aller Werke, die solche Themen behandeln. Der Gewinn aus der Lektüre dieses Buches ist zehnmal größer als der aus der Lektüre seines ersten Buches, *Currency Wars*, und ich kann es kaum erwarten, das dritte Buch zu lesen, an dem er gerade arbeitet. Ich bin Herrn Song sehr dankbar, dass er uns mit so wertvollen Gedanken und Perspektiven versorgt und seine Leidenschaft und Beharrlichkeit mit seinen Lesern teilt.

Dr. Mohamed Abdul Haq

Präsident und CEO der G6-Gruppe und
Vorsitzender der Fortune Nest Group

Peking, 28. Juni 2009

DIE MACHT DES GOLDES

Andere Titel

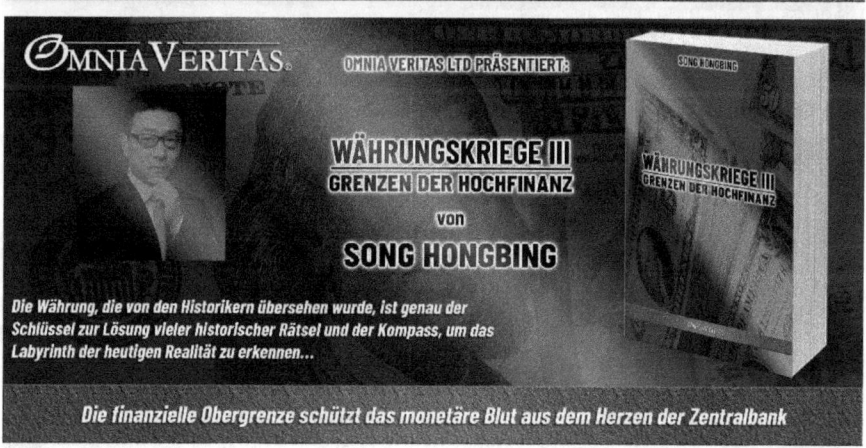

DIE MACHT DES GOLDES

www.ingramcontent.com/pod-product-compliance
Lightning Source LLC
Chambersburg PA
CBHW071309150426
43191CB00007B/555